中华内丹学典籍丛书

紫清全集

（上册）

［宋］紫清（白玉蟾）　撰

周全彬　点校

华龄出版社

HUALING PRESS

图书在版编目（CIP）数据

紫清全集 /（宋）紫清著 ; 周全彬点校 . -- 北京 :
华龄出版社 , 2025. 1. -- ISBN 978-7-5169-2931-5

Ⅰ. B235.71

中国国家版本馆 CIP 数据核字第 2024LW2609 号

策划编辑	南川一滴		责任印制	李未圻
责任编辑	郑 维		装帧设计	何 朗

书 名	紫清全集（上下）		作 者	［宋］紫清（白玉蟾） 著
				周全彬 点校
出 版	华龄出版社			
发 行	HUALING PRESS			
社 址	北京市东城区安定门外大街甲 57 号		邮 编	100011
发 行	（010）58122255		传 真	（010）84049572
承 印	文畅阁印刷有限公司			
版 次	2025 年 1 月第 1 版		印 次	2025 年 1 月第 1 次印刷
规 格	710mm×1000mm		开 本	1/16
印 张	54		字 数	879 千字
书 号	ISBN 978-7-5169-2931-5			
定 价	216.00 元			

《中华内丹学典籍丛书》
编 委 会

白玉蟾真人像

白玉蟾真人像并赞

　　走入混沌窍，拨转玄元机。夺得造化符，天地悉皆归。咦，自从骑鹤上天去，斯道万古无人知。

（明万历二十六年（1598）闽书林安正堂刘双松《新刻琼琯白先生集》刻本）

《白玉蟾集》序

南宋道士白玉蟾是一位传奇人物。

白玉蟾曾任侠杀人，又曾于 24 岁时主持国家级斋醮。宫川尚志教授分析说：介绍白玉蟾参与朝廷重大活动者盖是王居安，王居安与杨皇后亲近，杨皇后信仰道教[1]。

白玉蟾曾经蓬发跣足垢衣，终生嗜酒狂饮长歌，经常"放颠放劣"。白玉蟾《快活歌》第二首曰："破衲虽破破复补，身中自有长生宝。拄杖奚用岩头藤？草鞋不用田中藁。或狂走，或兀坐，或端立，或仰卧，时人但道我风颠，我本不颠谁识我"[2]。这使人们联想到济公的形象。

白玉蟾是文人、诗人，文记书札诗词歌赋无所不精，多与名流唱和，留下了大量作品。白玉蟾的诗文多直抒心臆。比如其《海琼君隐山文》讲在隐逸中追求精神自由曰："乐者在心，不可以形容，不可以知见……人与山俱化，山与人俱忘"[3]。

白玉蟾是书画家。彭耜称赞他："大字草书，视之若龙蛇飞动。兼善篆隶，尤妙梅竹，而不轻作。闲自写其容，数笔立就，工画者不能及"[4]。

白玉蟾精通岐黄之术。飞霞子将白玉蟾与扁鹊、华佗并称曰："卢扁指竖子，华佗剖肠腑，白玉蟾呵癣痏"[5]。

白玉蟾更是创新型的宗教领袖，做到了"真静应物"[6]。他综合诸家符箓，

---

[1] 宫川尚志：《内田吟风博士颂寿纪念东洋史论集》，第 510 页。

[2] 《修真十书》卷 39《上清集》，《道藏》4/783 上。

[3] 《海琼传道集》，《道藏》33/143 下 ~145 中。

[4] 《白真人集》卷 1《海琼玉蟾先生事实》，《道藏精华》第 10 集之二上，第 37 页，台北自由出版社，1980 年。

[5] 明孙一奎撰：《医旨绪馀》卷下《医通绪论章》引。

[6] 请参阅拙文《自然无为，真静应物——论道教教义如何适应现代社会和文化》，见郭武主编：《道教教义与现代社会国际学术研讨会论文集》，第 26~42 页，上海古籍出版社，2003 年。

创新雷法，创立了钟吕金丹派南宗，被尊为南宗五祖①。他立靖收徒，弟子众多，深受崇拜，出行时身后总是尾随着一大批弟子和崇拜者。

白玉蟾更是学者型的宗教领袖，做到了弘扬教理。山泽道人李訦称赞他："著述甚盛，且大聪明。随身无片纸，落笔满四方，人所难及"②。他写下了大量著述，从理论上阐释尊道贵德、济世度人之理，并通过著述传授雷法、讲解丹术、规范科仪。

这样一位非同凡响的高道，受到学术界的重视是理所当然的。一次经历，使我对这一点加深了感受。1999 年 8 月 20 日至 25 日，于武夷山兰亭饭店召开了"1999 武夷山道文化学术研讨会"，会上发表了一批研究白玉蟾和钟吕金丹派南宗的论文。不仅如此，会议期间与会学者还对白玉蟾的踪迹进行田野考察。22 日上午，我们一起沿山谷间的九曲溪"漂筏觅紫清"③。映入我们眼帘的景色，美不胜收，正如同白玉蟾当年吟咏的那样："山耸千层青翡翠，溪头万顷碧琉璃"④。次日上午，我们一起攀登直上直下的天游峰，换一个角度回头俯视碧琉璃般的九曲溪，惊心动魄，"鸟瞰竞回眸……白玉蟾光现"⑤。第三天上午，当逶迤来到白玉蟾修建的止止庵的遗址时，别有洞天。只见葫芦形的山坳峭壁四立，"背倚幔亭峰，面对虎啸岩，左则天柱峰，右则铁视蟑"⑥，山坳上则毛竹掩映，高草萋萋。一位实修内丹的学者兴奋地说这里气场十足，是绝佳的修炼宝地。峭壁上有一石洞，一些学者攀入洞中静坐，体验气场。"教授众疾呼"⑦，与会学者纷纷发表高见，嗓门一个高过一个。有人大声疾呼修复止止庵，作为修炼场所。有人说这里紧接溪边旅游要道，静修不复可能，大声疾呼立碑纪念。无论何种提议，都反映出学者们对白玉蟾的景仰之情。

白玉蟾自称"谪仙"，纵情山水，行踪不定。白玉蟾向往隐逸，隐显莫

---

① 请参阅拙文《白玉蟾创立了钟吕金丹派南宗》，见《全真道与老庄学国际学术研讨会论文集》，第 67~71 页，武汉，2008 年。

② 《白真人集》卷 8《待制李侍郎书》，《道藏精华》第 10 集之二下，第 1168 页。

③ 拙作《五律·漂九曲溪》，载《福建道教》2000 年第 1 期，第 50 页。

④ 《白真人集》卷 6《题武夷五首》，《道藏精华》第 10 集之二下，第 881 页。

⑤ 拙作《卜算子·登天游峰》，载《福建道教》2000 年第 3 期，第 41 页。

⑥ 《白真人集》卷 2《武夷重建止止庵记》，《道藏精华》第 10 集之二上，第 347~354 页。

⑦ 拙作《忆江南·考察止止庵遗址》，载《福建道教》2000 年第 3 期，第 41 页。

测。所以白玉蟾的生平有些模糊，有些人说在白玉蟾羽化后又见到了他。景仰之情是推动学术研究的内在动力之一。"1999武夷山道文化学术研讨会"后，围绕着白玉蟾的生卒年出现了一个小小的研究高潮，延续了八九年时间①。

道教信徒崇拜和继承白玉蟾，离不开捧读白玉蟾的著述，这些著述是整体道经的一部分。学者研究白玉蟾，也离不开校勘、考证和研读白玉蟾笔下的文字。白玉蟾羽化后，其弟子彭耜曾编辑《海琼玉蟾先生文集》，并撰写序文称"凡四十卷"。此本今不传。明朱权将《海琼玉蟾先生文集》重新校正，进行补充，"定为八卷，附录一册"。《海琼玉蟾先生文集》经清乾隆年重新刊刻，称为《白真人文集》；经同治年重新刊刻，称为《白真人集》，凡10卷，第十卷为新增。萧天石影印同治本《白真人集》，收入《道藏精华》第十集，称为《白玉蟾全集》。《白玉蟾全集》还有其他版本。这些古本对于保存白玉蟾的著述，皆功不可没。

对于现代多数读者来说，这些古本需要校勘、辑佚和注释。这种工作已经得到各界重视。近年来出版了一两种《白玉蟾全集》的校注本，可惜质量不甚理想，遭到一些批评。中华书局朱立峰编辑组织《白玉蟾全集》的选校，我的一位学生承接了这项任务。因为某种不可抗拒的原因，这位学生点校的进度很慢，颇感遗憾。

恰在此时，周全彬和盛克琦道长编校的《白玉蟾全集》竣工。两位编校者在精心挑选底本、校本和参校本的基础上，仔细进行了校勘。他们还从各种文献中摘出署名白玉蟾的作品，增补到《白玉蟾全集》中。此外，他们还用现代文献整理的方法，编制了一些附录。这就是说，周、盛两位编校的《白玉蟾全集》校正了古本的一些文字错漏，增补了古本的内容，并添加了现代色彩。相信周、盛本《白玉蟾全集》将给道教界、学术界以及其他领域的读者带来极大的便利。

白玉蟾羽化后，出现了一些假托他的大名的文章诗词，其中一些可能也被古本《白玉蟾全集》和各种文献收录。周、盛本《白玉蟾全集》的前言指

---

① 请参阅拙文《白玉蟾享年36岁考》，见刘凤鸣主编《邱处机与全真道国际学术研讨会论文集》，第340~355页，中国文史出版社，2008年。

出：他们将所能见到的署名白玉蟾的诗文一一增录，注明出处，"以便读者勘对"。迄今为止，对白玉蟾著述的辨伪工作做的还不多。前言提醒我们，这项工作有赖今后着力。

欣闻新本《白玉蟾集》即将出版，谨为序，表示祝贺。

朱越利

2013 年 3 月 2 日

（作者系四川大学道教与宗教文化研究所教授、博士生导师）

整理说明

南宗自张紫阳而下，有石杏林、薛道光、陈翠虚三贤，或为医，或为僧，或为篾匠，皆潜居隐修。殆至南宋间白玉蟾出，得陈翠虚之亲传。复畅游天下名山，奇行异迹，耸动一时；其天纵之资，敏捷之才，获交口称赞。于是，南宗丹法幽隐一线，至白真人而大显。白真人之诞有母梦蟾之兆，因之遂名"玉蟾"。七岁就能诗赋，背诵九经，有"神童"之誉。既攻读诗书，又豪侠习武。后随陈翠虚学道，前后历经九年。曾"姓名达于九重，天子赐以'养素'之褒，笑而不受"。其丹法以清静虚无为宗，并兼传雷法。其歌赋诗文，或弄风吟月、或狂歌当哭，抒性灵之同时，也阐露丹法真机。白真人创建了传道道场，作为讲道、修道之所。开坛立教，弟子很多。期间白真人文集如《武夷集》《上清集》《玉隆集》《海琼集》等行世。但白真人对这些刊刻的文集并不满意，托付大弟子彭耜："诸集皆一时率然而作，亦有托附于其间者，吾子他日为我择之。"后彭耜"手自校勘，妄加纂次，并以诸贤诗文录于篇末，凡四十卷"。明正统年间，臞仙朱权偶得彭本，由于"原本篇叙不一"，因此朱权"重新校正，定为八卷。附录一册，乃霞侣奉酬之玄简，仍缀诸简末，摹写成集，而寿诸梓，以永其传焉"。其后此本迭有翻刻，流行颇广。清乾隆年间，海南人王时宇又据朱权等本"重为编次，悉心校对，重者殳之，讹者正之，缺者补之"。清同治年间，在琼山县知县许宝珩的主持下，根据乾隆刻本，又有重新整理编次的"全集"。

一是本次整理白真人全集，以哈佛燕京大学图书馆省吾庵藏版《白玉蟾集》为底本（题：南极老人臞仙重编，山阴何继高、新安汪乾行、刘懋贤全校。文集六卷，续文集二卷，简称"底本"），以明正统年间臞仙朱权原刊本《海琼先生文集》（六卷、续集二卷、附录一卷，简称"朱本"）、日本元禄十年（1697年）洛阳书林据万历二十二年刻本刊《新刻琼琯白先生集》（计十四卷，分装十四册，第十三册前题"闽刘朝琯校"，第十四册最后有万历甲午林有声序。刘朝琯系刘双松之父，故知此本即刘双松万历之刻本，而为日本所翻刻，简称"刘本"）、清《重刊道藏辑要》之《琼琯白真人集》（简称"辑要本"）、清同治刊本《白真人集》（简称"同治本"）为校本。

参校单行本有：明嘉靖十七年刻《金丹正理大全》卷六《紫清指玄篇》（简称"正理本"）、四川大学古籍整理研究所编辑，线装书局2004年影印出版的《宋集珍本丛刊》第69册《琼琯白玉蟾武夷集》八卷（此本系元建安余氏刻明修本，简称"珍本"）、《道藏·修真十书》所收《武夷集》（简称"《武夷集》"）、北京图书馆2005年《中华再造善本》丛书影印上海图书馆所藏元建安余氏静庵刻本《琼琯白玉蟾上清集》八卷（简称"善本"）、《道藏·修真十书》所收《上清集》（简称"《上清集》"）、《道藏·海琼问道集》（简称"《问道集》"）、《道藏·海琼传道集》（简称"《传道集》"）、《道藏·海琼白真人语录》（简称"《语录》"），以及现代编纂的《全宋诗》《全宋词》《全宋文》《全粤诗》等。而见于《道藏》、方志、笔记、家谱、网络等诗文歌赋，校者能所见及者，皆一一增录，其诗文出处，随文注明，以便读者勘对。末后附录之序跋题记、传记生平①，也可资参考。

全集重新分卷，主要依据底本，然后再依诸本，间按校者之意作相应的调整。整理过程中，底本明显的错误，依据参校本迳改，不出校记；疑似之误，则据校本改之；不能确定者，则标明各版本之间的异同。全集新增篇章，标明以据某某文献增；底本无而同治本据《道藏》及其他文献增补者，校者则直接根据《道藏》或者优于同治本的文献而增录，同治本则仅仅作为诸多参校本之一；文字有脱漏、缺佚、模糊不能辨识处，则用□代替。

二是白真人另有手抄梁陶弘景《真诰》一种，是难得的宋人真迹，原件现藏于上海图书馆，今据《中华再造善本·唐宋编·子部·华阳隐居真诰》影印本付印。原书版框高22.4厘米，宽14.7厘米，共23面，草书凡2371字，笔法开朗洒脱，灵动飘逸，确为艺术珍品。按书末题款，其书写时间为南宋"嘉定壬申上元日"，即1212年的元宵节。众所周知，学界现存最早的《真

---

① 按：白玉蟾的生平，散见于经史子集中，校者遍查诸文献，各种记载类皆相同，所以只是有选择性的收入一些有代表性的传记。而选入的部分传记，基本能囊括白玉蟾的全部事迹。

诰》版本是明《正统道藏》本，而这份抄本的书写时间比《正统道藏》的刊刻时间早了二百多年。因此，该抄本尽管在篇幅上尚不及《真诰》全书的百分之三，却具有独特而珍贵的文献价值。就目前所见资料，《真诰》研究界尚未有人注意到这一稀见文献。

本次整理，主要参考了《道藏·真诰》与《道藏·道枢》卷六《真诰篇》（文物出版社、上海书店、天津古籍出版社 1988 年影印，第 20 册：490~610 页《真诰》，639~641 页《道枢·真诰篇》）、中华书局排印版《真诰》（赵益点校，中华书局 2011 年 9 月出版。以下简称中华版）以及吉川忠夫、麦谷邦夫合著的《真诰校注》（朱越利译，中国社会科学出版社 2006 年 12 月出版。以下简称社科版）。在这些文献基础上，做了如下工作：

（1）辨识草书，给出现代简化字释文，并据文义标出句读。释文主要参考《道藏》；句读则主要参考书局中华版与社科版，择善而从，同时对个别句读有所匡正。

（2）查找核对抄本文句在《道藏》中的对应原文，并用"〔〕"符号附在释文之后，以便对照。同时指出原文在中华书局版《真诰》中所处的页码、卷次、段落序号（标于原文之前），以及在《道藏》中相应的页码（标于原文之末）。凡原文与抄本完全一致时，则只指出原文所在卷次、页码等信息，不再附赘附原文。

（3）需要指出几点：其一，抄本是繁体字，但为了保持本书体例一致，释文只好采用简体字，因此在字形上和书帖字迹有些差距，特请读者注意。其二，书帖文字属于摘抄性质，其词句往往要比《道藏》本相应段落精简，因此在释文之后所附的《道藏》原文并非按段落全引，而是以覆盖抄本内容和文意完整为度。其三，抄本字迹有若干笔误、阙字以及费解词句，为了忠实书帖本身，一律按原样给出释文，而不一一指出和改正。读者只需将释文和后附《道藏》原文仔细对照，就不难发现其原委。但若书帖中已经做了涂改、旁注、叠字、乙正等处理，则按照处理后的结果给出释文。其四，抄本文句与《道藏》原文之间虽然大致吻合，但也存在诸多异文，且抄本的个别异文甚至比《道藏》本于义更胜，将抄本与《道枢·真诰篇》对照，也有类似情况；此外，抄本文句出现的先后次序与《道藏》本不完全一致，甚至有将今《道藏》本的注文照录为正文者。因此可以认为书帖文字自有所本，这也正是其价值所在。

三是白真人手迹还有草书《足轩铭》(纸本手卷,纵 32.5 厘米,横 81.5 厘米,22 行,195 字。本幅钤项元汴、耿嘉祚、安岐、乾隆内府、永瑆、奕绘、吴湖帆等诸鉴藏印。卷后元虞集,明项元汴,清永瑆、守虚子、绵亿、崇恩,近代吴湖帆、潘静淑题跋)、《天朗气清诗帖》(草书,墨迹,纸本,纵 24.5 厘米,横 52.5 厘米,凡 11 行,共 50 字,款署"玉蟾",收藏于台北国立故宫博物院)、《仙庐峰六咏诗帖》(纸本,纵 31.5 厘米,横 157.4 厘米,卷上钤有"竹垞审定""棟亭秘玩"印记,藏上海博物馆)、《与宝谟郎中书》(收入清毕沅撰集,钱泳、孔千秋刻《经训堂法帖》,后有杨维桢、张无为跋),这些都是书法作品中的精品,可以领略白真人文采风流之一斑。

四是本次整理《全集》中的内容,如《修道真言》《地元真诀》《玉蟾白真人大丹秘诀》《指玄篇注》及诸雷法、风水、斗数等篇,是否真为白真人手笔,颇有商讨之余地。但诸篇既题为白真人著或传,当事出有因,端在读者之见仁见智,各得其所,此抑为校者之初衷乎!

周全彬

2023 年 5 月 23 日再校于四川绵竹同尘斋中

影刊《白真人全集》序①

萧天石

道家学术思想，精深灏瀚，无与伦比。昔太史公论六家旨要，以之冠冕诸氏。清人纪晓岚亦称其为"综罗百家，广博精微"，诚为的论。青城丈人曾云："道家通五极，千古莫与京。"五极者，一曰极高明，二曰极博大，三曰极精微，四曰极神化，五曰极悠久。千古来道家人物，恒悬此"五极"，以为其人生修养矩矱。崆峒玄妙洞石壁，刻有"五极铭"，即所以示后世丹家修持，宜具此"五极气象"。凡入于"五极境界"中人，不但上超"天地境界"与"宇宙境界"，且进而可蜕形骸，捐时空，遗世独立，超然自在，而隐现莫测，神化无方。其为人也，恒自与天为徒，与神为徒，与化为徒，与虚为徒，此与世人之兢兢于与物为徒，与境为徒，与人为徒，与时为徒者，其相去岂可以道里计！故世人多以神仙家为能经虚涉旷，飘逸绝尘，可望而不可即也。

人而欲上达此"五极境界"，则必藉道术以为炼养，藉炼养以期蜕化心性，蜕化气质，蜕化生命。凡夫可为圣人，众生可为仙佛，要皆在能修道而自化也。宇宙之间，天地密移，万物密化，自无化有，自有化无，自生化死，自死化生，无物不化，无时不化。故人能顺而化之则死，逆而化之则生。且炼形则形化，炼精则精化，炼气则气化，炼神则神化，炼心则心化，炼性则性化。人能藉炼养修持，以上达于神化无极，则自圆通无碍，应化无方，而与太虚同体矣。故庄子有蝶化之论，而谭子有《化书》之作。古真

---

① 据萧天石主编《道藏精华》第十集之二《白玉蟾全集》增。

谓："术以全形，道以全神。"而道术之要妙，全在以能化为不二法门。即化即道，即道即化。丹鼎派重一炼字，以炼则化也。且唯有在"炼"字中方可见工夫，在工夫中方可见证验，在证验中方可见变化。变化之极，便自可得至于仙佛圣人之果地。修而不至者有之矣，未有不修而能至者也！

自古来正统丹家，均主修真须自圣人起修，先修圣道，后修仙道，正大《易》所谓"穷理尽性，以至于命"之意也。天玄子曰："欲修大道先修圣，未至圣地不为仙。"故青城派之"玄门五关说"，亦以修圣人之道为修真之初关下手法。五关者，初关为超凡入圣之"圣地关"，重关为超圣入神之"神境关"，三关为超神入化之"神化关"，四关为与化为体之"玄同关"，最后关为与道合真之"复归无极关"。透此五关，其为人也，不但在圣地以上，且亦在佛地以上。故通玄真人谓："放下楞严修丹鼎，能超佛地即仙乡。"

道家人物，承老子"知我者希，则我贵"之旨，类皆不求人知，不求世誉，而以寂寞恬淡自甘，遁隐无名自务。故其名多不见称于世，而其道亦远不逮儒佛二家之彰明切著于世也。实则"其尘垢秕糠，犹将陶铸尧舜"，岂仅内圣外王，成佛作祖而已哉！夫知与不知，名与不名，达与不达，传与不传，等耳。自道观之，天下无不齐，天下无不等。有得于道，则自能齐万不齐而等万不等，同万不同而化万不化。用能包天地而无遗，生万物而无尽，超宇宙而独存，迈时空而独立。故老子曰："虽有拱璧，以先驷马，不如坐进此道。"道家之所以能弃天下如蔽屣，视富贵如浮云，而贫贱自乐，布衣自尊者，其在斯乎！

宋白玉蟾真人者，为道家南宗正统，丹鼎派中最杰出之仙才。自幼厌秽风尘，臊羶名利，慕长生久视之道，喜神通变化之术。长游方外，沉潜性命，尽得紫阳、泥丸之秘旨。宗大《易》而道阴阳，尊德性而超禅樾。世称其"出入三氏，笼罩百家"，乃神仙家中震古烁今人物。天才横溢，慧悟超绝。平生博览群经，无书不读；为文制艺，无所不能。全书凡十卷，百体并陈，洋洋洒洒，莫穷其极。惟究其旨归，无非发挥性命之学，惟阐丹经之妙。是书独揭大道真谛，扫除旁门左术，既不炫言炉火，亦不艳语彼家。盖以抽坎填离，龙吟虎啸，三一返还，九五补导，总属小术，而无关本体也。白真人凿破混沌面目，一一从性命根源上落脚，既不拘于卦爻法象之旨，亦不泥于采取接命之术。凡所论说吟咏，概在张皇幽渺，而弘"归根复命"之学，以期一超直入五极境地，上达性命之正，而三教同辙，千圣同归。

至于工夫次第，亦无不指示详明，俾资循率。全书精义超格，隽永至当之文，能与《龙虎》《参同》《悟真》《黄庭》等同途合辙者，在所多有。就中如《论》一卷，实乃金丹之神髓；《丹诀》一卷，则为万金不换之神诀；《道德经注释》一卷，文简辞古，玄奥绝伦，乃为一字千金之注，千古来惟此注堪与王弼本比伦。其余诸卷，如文、如说、如诗、如赋、如歌、如诗余、如经等，亦多不朽名著，而可为后人之暗室明灯者。读者切不可囫囵过去，入宝山而空回也！

本书原为名收藏家兼以书画考证名于时之张谷雏老先生所珍藏，六年前余以搜罗道家典籍过港，因梁寒操先生之介，得参观其庋藏古书画，并示以三国时人索纮所书老子《道德经》写本。数相往还，畅论道妙，欢契平生。临别承以此书及索书《道德经》影本见遗。二者均为连城之赠，殁齿难忘。数年来，运遭阳九，困于尘累，迄未景行，殊深怅惘！偶忆前缘，特检自箧中，重为参读，复予圈要旁批，藉示指提。惟乞读者读是书时，能解脱于名相之中，而超然于言说之外。只从此中讨个消息，复将者个消息，亦予踏倒。既无药物炉鼎火候之分，亦无圣胎金丹性命之立。粉碎乾坤，透出太虚，名既不有，道亦不存。如是会去，方为了当！

阅既竟，特赘数语，以为蛇足之附。夫知者不言，言者不知，今作此胡言，罪过万分，其勿以余为有知，则幸甚矣！

一九六九年己酉元旦文山遁叟萧天石序于石屋。

《重编海琼玉蟾先生文集》序

明　朱权

　　且夫夷牟之作矢也，非挥氏之为弓，虽有决拾，不能发也，虽有箈锐，不能以威天下，故一举而两利焉。今以我而成是书，犹矢之得弧也，审矣。与先生非有夙契仙灵，曷能续是书于既绝！于是焚香祝笔，而为之叙曰：先生葛姓，继白氏，母以玉蟾应梦，遂为之名。讳长庚，字白叟，一字众甫，又字如晦。自幼慕长生久视之道，喜飞腾变化之术，长游方外，参究性命之旨，师事翠虚泥丸陈先生，而学其道焉。尽得翠虚之旨，出乎阴阳陶冶之表，故祈禳祷旱，叱风鞭霆，咳唾风雨，迅乎掌握，而神异灵奇，不可诞书。或自蓬头跣足，弊褐云水；或自章甫缝掖，霞遁灵岫。隐显不一，人莫之测。但神气灵爽，惊世骇目，异于常人，方知其神仙中人也。况先生博洽儒术，出言成章，文不加点，时谓"随身无片纸，落笔满天下"。其言皆囊括造化之语，儒者谓"出入三氏，笼罩百家，非世俗所能也"。

　　余自乙亥于江浦遇纯阳，明年于乐安与先生邂逅一遇，两载之间，两遇天真，倏尔四十七年矣。近自甲寅得三峰张真人信，知先生上居太清，职司运会，间忽下游尘境。去岁夏，忽又复遇先生于豫章，自称王詹，乃知即玉蟾之隐名也。与余相对，謦欬一笑，人莫知识。自是别后，莫知所往。秋，乃得是书，皆先生平昔所作之诗文，数十万言。昔先生嘱其徒鹤林缉之，行于世久矣。岁月湮没，而世无所传。今偶得是书，如亲觐师面，诵之再三，油然心与妙融，恍然置身于太清之境。苟非大罗之霞客，曷能语于是哉！

　　盖原本篇叙不一，《上清》《玉隆》《武夷》三集内，未入者皆收之。今重新校正，定为八卷。附录一册，乃霞侣奉酬之玄简，仍缀诸卷末，摹写成集，而寿诸梓，以永其传焉。使先生之有知，必不弃我于尘壤也，将有望挈瓢笠，负琴剑，同游于太清者焉。

　　　　时在正统壬戌孟秋一日也，南极遐龄老人臞仙书。

《琼琯真人集》序①

明　何继高

广成子告黄帝曰："无劳尔形，无摇尔精，乃可以长生。"言玉液炼己者祖之。有曰："至阳赫赫，至阴肃肃，肃肃发乎天，赫赫发乎地。"言金液炼形者祖之。玉液为始终日用工夫，金液则一时半刻妙术。了性了命，更无他道。黄帝阐其秘，则有《阴符》；柱下畅其旨，则有《道德》；伯阳殚其蕴，则有《参同》；平叔吐其术，则有《悟真》。至是而性命之学发露无余矣。自后平叔授之石得之，石授之薛道源，薛授之陈泥丸，而真人之道，乃受于泥丸先生者。相传次第，何其真的哉！

真人名玉蟾，号琼琯，世为福之闽清人，大父董教琼州，而真人生于琼。天资聪敏，髫龀时即能背诵五经。及长，文思汪洋，顷刻数千言立就。然其长篇大牍，弄翰戏语，无非发明性命之学也。

予游留都，遇一异人，得闻真人炼己炼形之说；又游临江，遇一道者，得传真人洞真雷法之书；而临之阁皂、玉笥二名胜，则又真人游寓最久之处，序、记、诗歌为多。因而穷搜广访，凡散见于志籍者，会为一帙，朝夕究悟。而《阴符》诸书，性命之秘旨，大都泄于其中矣。是道也，人人有之。果能积养精气，清静无以立其基，穷彼至阳至阴之原，得先天真一之气，以为其母，抱元守一，九转大还以纯其功，则由真人而直遡广成不难矣。虽然，观前后"快活歌"，而见真人求道之苦；观"炼丹不成"诗，而见真人用功之难。不从苦难处大做一番，而欲以沉酣富贵之身，纷纭利欲之念，

---

① 据辑要本之《白真人文集》增。

妄希意于此道也，不犹适燕而抵粤哉！

予持真人《集》游闽中，询知真人世家闽清，自喜曰："何其有缘如是？"同寅林邦瑞丈，潮人，为真人乡后进，素有志于性命之学者，因托其校正而付之梓。

时万历甲午年端阳日，龙沙会中式首座粤地教宗会稽泰宁何继高书。

海琼玉蟾先生文集序

宋　潘牥

　　司马子长、班孟坚、韩退之、柳子厚诸人，及我朝苏明允父子，皆古今号能文辞者。至其自述学业之艰，辛苦万状。或三年成一赋，或足迹遍天下，或谓不敢以轻心掉之，矜气作之，或谓含英咀华，吉屈聱牙，手不停于六艺之文。或谓吾年二十有七，始克务学，又经历几载而后学成。杜子美诗人巨擘，胸中自有国子监，后人得其残编断稿，率一字半句，朝窜莫改，不少休。李太白最号豪隽，犹横经籍史，制作不倦，三十成文章。长吉至呕出心肝乃止。前辈虽大手笔，要不可以无心而得，率尔而成也。今有人焉，不由学识而能，不假思惟而得，是可以世之常法论乎！盖琼山白公之作是已。仆顷未识琼山，一日会于鹤林彭徵君座上，时饮半酣，见其掀髯抵掌，伸纸运墨如风，中心疑焉。旁适有纸数百幅，因取穷之，随扣随响，愈探愈深，犹河决昆仑注之海，昼夜汹涌有声。童子隅坐研墨，腕几脱。顷刻数千万言。取而读之，放言高论，闳肆诡奇，出入三氏，笼罩百家，有非世俗所能者。始大惊异，是所谓不由纪律，不击刁斗，而转斗千里外者也。征君与琼山为莫逆交，此集诗文若干首，皆征君手自纂集，又亲为审订，去其悲来笑矣之类，得四十卷。其篇轴浩汗，犹如此。琼山自幼能为文，集中有最少作者，又好酒任性，所作不皆合法度。古之文人，跌宕不羁之士，间亦有是，然琼山非可以此论者。陈无己著《参寥子说》，贯休①齐己，世陋其语，然以旷荡逸群之气，高世之志，天下之誉，王侯将相之奉，而为石霜老师役，终

---

　　① 贯休，原作“贯体”，据义改。

其身不去，岂用意于诗者？其工拙不足病也。自谓余之所贵，乃其弃余，则知高人逸士，其视富贵生死，犹土苴刍狗，不足道也，况其区区者乎！是直游戏于斯焉尔。《易》"风行水上，涣。"苏氏曰："天下之至文也。"言其得之以无心，而成之于自然也。后欲观琼山之文，与其求之此《集》，不若往谒风与水而问焉，当思过半矣。

琼山或号海琼，一号紫清，扬东山呼之为"白逸人"云。

端平丙申日长至，文林郎新镇南军节度推官潘枋叙。

海琼玉蟾先生事实

宋　彭耜

　　先生姓葛，讳长庚，字白叟。先世①福之闽清人。母氏梦食一物如蟾蜍，觉而分娩。时大父有兴，董教琼琯，是生于琼。盖绍熙甲寅三月之十五日也。七岁能诗赋，背诵九经。父亡，母氏改适。先生师翠虚陈泥丸先生而学道焉，得太乙刀圭之妙，九鼎金丹之书，长生久视之术，紫霄啸命风霆之文，出有入无飞升隐显之法。始弃家从师游海上，号海琼子。至雷州，继白氏后，改姓白，名玉蟾，字以阅众甫，号海南翁，一号琼山道人，一号蠙庵，一号武夷散人，一号神霄散史，一号紫清真人。自谓同紫元、紫华，先生乃紫清也。三人乃紫微垣中九皇星之三星也，因误校劫运之箓，降人间十世。凡章奏则曰"金阙玉皇门下选仙举人臣白玉蟾"。嘉定癸酉，翠虚假水解于临漳，复出于武夷，悉受诸玄秘。先生尽得其旨，乃披发佯狂，走诸名山，足迹几遍。人有疾苦，或草或木，或土或炭，随所得予之，饵者辄愈。

　　乙亥冬，武夷詹氏之居，火光坠其家，延先生拜章以禳之。已而大书一符于中庭，是夕闻户外万马声，有呼云，火殃已移于延平某人之家，验之果然，信慕益众。

　　丙子春，过江东，憩龙虎山。先是，宫主王南玘感梦甚异，夙兴而先生至，上清箓才一阅，记诵无遗。至于符篆，亦不少差。岁旱，诸羽流诵木郎咒弗应，先生乃为改正诵之，果雨，人疑为张虚靖后身。

　　戊寅春，游西山，适降御香建醮于玉隆宫，先生避之，使者督宫门力挽

————————
① "先世"二字据同治本补。

先生回，为国升座，观者如堵。又邀先生诣九宫山瑞庆宫主国醮，神龙见于天。具奏以闻，有旨召见，先生遁而去。

己卯，自洪都入浙，访豫王，僧孤云率诸僧来迎，以先生博极群书，贯通三氏。昔究禅樾，欲求其为僧以光丛林，制衣钵，物物备具。先生笑曰："吾中国人也，生于中国，则行中国之道理也。若以夏变夷，背天叛道，吾不忍也。禅宗一法，吾尝得之矣，是修静定之工，为积阴之魄，以死为乐，《涅槃经》所谓'生灭灭矣，寂灭为乐'是也。吾中国之道也，是炼纯阳之真精，飞升就天，超天地以独存，以生为乐。故曰'本乎天者亲上，本乎地者亲下'。夷夏之道，有所不同，道不同不相为佯也。"孤云奇其言，亦从事于道焉。于是释氏来求诗文者，踵门如市。

壬午孟夏，伏阙言天下事，沮不得达。因醉执逮京尹，一宿乃释。既而臣僚上言先生左道惑众，群常数百人，叔监丞坐是得祠。十月先生至临江军，慧月寺之江月亭，饮酣，袖出一诗，与诸从游谈。未及展玩，已跃身江流中。诸从游疾呼舟人援溺，先生出水面，摇手止之而没。洪都之人，皆谓已水解矣。是月又见于融州老君洞。由是度桂岭，返三山，复归于罗浮。

绍定己丑冬，或传先生解化于盱江。先生尝有诗云："待我年当三十六，青云白鹤是归期。"以岁计之，似若相符。逾年，人皆见于陇蜀，又未尝有死，竟莫知所终。

按尹子曰："十年死者，十年得道，是得道之速也；百年死者，历久得道，是得道之晚也。"死者炼就纯阳之真精，消尽积阴之渣质，故棺空而无尸，复见于他邦，出入天表，与神俱游，是谓长生久视。无死无生，与天地为一也。今先生九年道成而仙去，是得道之速也。凡九年，而四方学者如牛毛。先生自得道之后，蔬肠绝粒，喜饮酒，不见其醉。大字草书，视之若龙蛇飞动。兼善篆隶，尤妙梅竹，而不轻作。间自写其容，数笔立就，工画者不能及。时言休咎，惊动聋俗。姓名达于九重，天子赐以"养素"之褒，笑而不受。有愿从之者，莫得也。一日有持刃追胁者，先生叱之，其人不觉坠刃而走。先生召之曰："尔来勿惊。"遽以刃还之。都人有称先生入水不濡，逢兵不害者。后游名山，莫知所之。先生始而蓬头跣足，辟谷断荤；晚而章甫缝掖，日益放旷。不知先生者，往往以是而窃议之。先生亦颇厌世而思远游，其存亡殆莫得而晓也。

　　耜于先生受知独厚，每见，嘱以"诸集皆一时率然而作，亦有托附于其间者，吾子他日为我择之"。耜不敢忘先生之遗言，手自校勘，妄加纂次，并以诸贤诗文录于篇末，凡四十卷。荷清湘史君、紫元留兄，偕诸同志，喜其成书，相与锓梓。因以先生出处之大略，直述于右，期与斯文共垂不朽云耳。

　　　　　　　　　　　　时嘉熙改元仲冬甲寅鹤林彭耜谨书。

目　录

上册

第一卷

赋类

紫元赋

客此身于寰中兮，如鹦鹉之樊笼。妙此道于象外兮，如鸿鹄之飞翀。劙混沌于咸池兮，呼飞廉而鞭丰隆。谒元始于玉京兮，骑汗漫而泛空濛。帝宓牺而国华胥兮，子栗陆而臣有熊。家太极而亭寥沈兮，女昆仑而块衡嵩。师广聃而炼飞肉兮，坐鹤脊以凌南华。仆郁垒而威幽爽兮，驱豕车而锁北酆。兄羲和而嫂后羿兮，缚妖星而斩流虹。友罗睺而媒太乙兮，蹑梵云而履刚风。醉瑶池以歌洞章兮，曳王母之霓椌。卧琪林以听云璈兮，借玉皇之羽幐。嗟大道兮久聋，数空华兮无穷。渴紫阳之甘露兮，洒五苦之夜魂。鼓朱陵之丹光兮，煨三尸之蛩虫。与造物兮翱翔，并元气而始终。同大钧兮笑语，漱太液之玲珑。以枸杞而为脍兮，钉以灵阿之紫芝。以茯苓而为醢兮，酿以真皋之赤松。掬寒泉兮踞古涧，采飞霞兮邀晴空。制八锦兮寻偃月，戏五禽兮舞神弓。腰金珰而膝珂佩兮，访太微黄裳之翁。养龙铅而炼虎汞兮，运胎仙朱橘之功。叩天谷兮臂赤凤，俯元潭兮驭神龙。泥丸氏兮长五解以云邈，海琼君兮眇大方其难逢。追钱铿兮跳入玉眸之庭，吊偓佺兮横跨流铃之冲。辟曹溪兮认鹭鸶，甃华池兮植芙蓉。威音已魄兮瞿昙死，达磨何之兮卢能春。雪深兮二厩傅，雷震兮五其宗。槌柹语黙兮馈彼法之皮髓，棒喝体用兮洒夫人之心胸。谷神无声兮与气以相似，禅河有涯兮问津之不同。付万物于一蝉兮，殿五帝于灵台。了三世于半偈兮，蛰百神于绛宫。控黍珠兮抉鸡卵，笑蟪蛄兮忆神农。赜哉大元兮守之以礩，微哉大易乎养之以蒙。南柯归来兮虽孔神而如幻，蝴蝶栩栩兮剖藩篱而大通。策三足之神乌兮，缥渺于空碧。九凤穆穆兮，八鸾噰噰。声太霄景云之钟兮，惊绽阆苑金花之红。凭三级之朱楼兮，望万象于足下，而蒐太虚于目中。如是而谓神霄之右卿，青华之上公者也。

金丹赋

（学道之士，必修金丹。）①

身木欲槁，心灰已寒。愿飞升于玉阙，必修炼于金丹。乾马坤牛，卫丁公于神室；坎乌离兔，媒姹女于真坛。绛阙散郎，清朝闲士。使扶桑青龙奋翅出火，而华岳白虎飞牙入水。天炉地鼎，三关造化之枢机；月魄日魂，一掬阴阳之精髓。铅里藏土，汞中产金。龟乃子爻，蛇乃午象，兔为卯畜，鸡为酉禽。四象五行，不离乎戊；三元八卦，当资厥壬。朝既屯，暮既蒙，六爻有象；夜必复，昼必姤，万物无心。由是三性会合，攒簇元宫；二气升降，盘旋黄道。惟一味水银，才变黑玉；故七返朱砂，乃成红宝。珠橘琼榴，交梨火枣。普天白雪，翩翩紫府之清飙；满院黄花，隐映丹田之瑞草。吾知夫抽添何物，采取何地。生杀有户，缺圆有时。以浮沉为清浊之本，以间隔明动静之基。养正以抱一，持盈而守雌。举世无人能达此者，终日枯坐不知所之。恩生害，害生恩，房虚见昴；主中宾，宾中主，斗度回箕。尝谓大道无言，内丹非术。玄珠垂象，而阴里抱阳德；婴儿结胎，而雄中含雌质。君臣之间，先后悔吝；夫妇之外，存亡凶吉。丁位之心，癸位之张，甲宫之女，庚宫之毕。刑德生旺，虽有否泰；沐浴潜藏，初无固必。药材斤两，东西南北以归中；火候城池，二八九三而为一。如是则乌极河车，百刻上运；华池神水，四时逆流。荣卫寒温而鹑火鬼井，精神衰旺而玄枵斗牛。子母函盖，身化心化；兄弟埙篪，福修慧修。六画动爻，见晦朔望弦之变；二至改度，有蝗虫水旱之忧。真人宇宙妙纵横，溪山归掌握。左军右军，自古仁义；大隐小隐，从今宫角。风悄悄，月娟娟，片云孤鹤，而长啸一声，编书以遗后学。

① 据《问道集》补。

怀仙楼赋

巍乎高哉！斯楼位置，上接层霄，下临无地，宜群仙之所居，日觞咏以为娱。与造物以游遨，有青天兮为徒。晓日曈昽，卷上真珠；十二栏干，悉如金铺。翠烟藏山，乍有忽无，晚风飒至，琪林扶疏。明月初上，天籁虚徐；松竹起舞，自然笙竽。楼中仙子于此时也，玉炉金鼎，妙香绕衣，兴即举酒，醉即赋诗，诗成大笑，鬼神歔欷。仙子自乐，问天何时。至如雾雨空濛，千岩显晦，平田万顷，白水汪秽①，一望冥茫，如江之汇，星月交光，空水澄霁。下视女墙，花木蔽翳，满城楼台，飞跃天际。及乎夜深，清露飘草，八表无云，烟沉斗堕，与彼昼闲，玉云在檐，飞鸟啼断，落花廉纤。仙子呼青童，命素娥，捧翠盘，荐金螺。白眼视朱紫，未许飙尘高。眇吟情其不极，放草圣以舒豪。览江山以慨想，望虚无兮高远。嗟光景兮如流，觉青春兮婉娩。于是敕六吏，檄五官，窜三尸于太渊，殛六贼于昆仑。啸命风霆，归奉绛君。延羲娥于大庭，友堪舆于无始。烹天得渖，炼道取髓。盖将把八空之炁，御九极之风，呼玉鸾以为辔，使琼英以为容者也。故辟斯楼，于焉兴怀。夫楼之北，郁然高冈，则任敦于此乎仙；楼之南，紫炁在望，则何氏九仙于此乎得道。楼之东，鹿径就荒，榴洞犹存；楼之西怡山翠巘，坛空井寒。彼何人斯？有志者事竟成也。

东山赋

玄都道士，观里千桃；彭泽先生，门前五柳。之人也，其心足矣。若青鸾子千岁而千岁化，桃子五仕而心五化。则圣人宾事蜕物之心，于二子其庶几乎。今觉非居士，辞锦帐，厌油幢，沦虑澄神，收声敛价，归心浓于山色，宦情薄似秋光。寻彭泽之盟，得玄都之趣，悟此生为大梦。付吾道于沧州，有田一壄，可农可桑；有宅一区，可憩可息。复放怀于槃涧，乃用事乎东山。挽回四景之清欢，占断三山之胜概。物有时乎之待，神为隐者之留。草蒙茸

---

① 秽，辑要本、同治本、《四库全书·历代赋汇》（下简称《赋汇》）作"濊"。

兮锦纹，沙璀璨兮金屑。云漠漠乎叠巘，浪渺渺乎重江。画阁凝丹，飞檐舞翠，丹炉药鼎，触景随缘。竹杖芒鞋，逢场作戏。虽南楼月下之太白，西塞山边之元真，不是过也。于是常羊暮龄，笑傲真兴。登高脚健，望远眼明。秾桃媚李，春与兴融。花底一莺，呼晴唤雨。群芳喷锦，栏外争妍。东风舒红，老眼为醉。揩磨睡睫，欠忘归。灿然掀髯，饮少辄眩。修竹万竿，夏含凉飔。摩霄拂云，苍翠欲滴。烈日在树，暑襟昼清。风从中来，策策披拂。琅玕戛鸣，锵有余韵。夜棋卯饮，其乐无涯。秋夕凭高，举白相属。台上吹笛，如玉龙嘶。声弥太空，清籁喷裂。桂花如雨，冷袭羽衣；云月空蒙，蝉声凄切。豁尔舒啸，万象洒然。朔风舞雪，月影堕梅。瑶柯玉蕤，光态映发。漠然此身，疑游广寒。落英缤纷，俯不见地。琼台霜阙，醉眼不寐。此非玉清而复何处？若夫红杏倚云，朱帘卷雨，轻风阁燕，落照翻鸦。虽景物变态之不常，盖江山因人而增胜也。殽核可尽，江天不可尽；丹青可穷，山色不可穷。骚人逸士，今古鳞篇；名公巨卿，赏叹嘉慕。海琼子闻之，泠然乘风，往从之游。海棠晓花，似红而白；春水碧色，乍定复摇。乳燕狎人，寿猿迎客。鹤林紫元，各董觞政。拂石环坐，举杯大釂。劝酬乐岂，凝伫况然。高林四环，平处如剪。槐阴松影，森成翠帷。海琼子青蛇掷地，白眼望天，而委蝉蜕于东山之下。居士顾笑，曳杖而起。

天台山赋

天台之山，神仙景象。周回八百余里，高耸万八千丈。实金庭之洞天，乃玉京之福壤。霓裳羽节之隐显有无，天箫云璈之清虚嘹亮。赤乌吴王之修崇，景云睿宗之兴创；琳宫蕊殿而壮丽千载，烟峤松崖而瑰奇万状。云随羽客，在琼台双阙之间；鹤唳芝田，正桐柏灵墟之上。丹元真人之身居赤城，左极仙翁而坐断翠屏。众妙台空而旷古陈迹，法轮院在而何年授经。藤萝茑蔓而夜月照白，蒿莽荆榛而晓烟锁青。势吞吴越而峻极紫霄，见彼柳史君之什；地接蓬莱而下临沧海，形于韩择木之铭。千丈瀑布而上跨石桥，万顷云花而横舒佛陇。三井龙蟠而水激石吼，九峰虎啸而风生雾甕。紫桧封丹兮老干不死，碧泉漱玉兮飞流自涌。玄屿苍琼之怪石天成，黄精白术而灵苗仙种。刜苔剔薜而寻访真迹，斩竹缚茅而其逃俗冗。昭庆院、法莲院，云门之鸡犬相闻；元明宫、洞天宫，烟深之楼台争耸。知天开地辟之久矣，信神刬鬼划之奇哉！万顷碧琉璃之水，千层青翡翠之崖。风响笙响而子晋何在，花香水香而刘郎不回。月洞风林之野鹤夜唳，云溪烟陇之山猿晓哀。幽鸟一声兮花落青涧，飞萤数点兮露沾碧苔。丹霞飞华顶之峰，接天峻拔；紫雾锁方瀛之路，峭壁崔嵬。椿庭桧殿之金磬鼓风，竹院松斋之玉琴弄月。翠槛丹楹兮山窠藻棁，碧眼苍髯兮星冠羽褐。丹炉灰冷而久矣不火，仙蜕坛高而知谁换骨？金浆玉醴兮泉冽石髓，琼树琪林兮花开春雪。邻峰古寺之或显灵异，古德圣僧而相传衣钵。寒山、拾得兴国清之伽蓝，智颛、普明起定光之法窟。释子耘药，仙翁种茶。春纫素兰而秋摘黄菊，晓吸甘露而暮餐赤霞。倚松长啸而落月悲鹤，采芝归来而斜阳[①]噪鸦。唐有甘泉而坐此翠石，汉有高察而隐于白沙。冯云翼于峰头，种玉莲而结子；徐默希于岩顶，载铁树以开花。文章不疗山水癖，身心每被溪山缚。蹑芒屩而杖苍柯，被麻簑而戴青箬。携《黄庭》而归冲嵩之庵，吟洞章而登凌虚之阁。野鸟鸣嘤嘤，山花开灼灼。玉霄峰上水鸣咽，华林峰前云寂寞。烟驾浮空天渺渺，空翠舞箫韶云軿。入洞风泠泠，洞门无锁钥。登翠微而望香林，陟紫霄而顾玉泉。仙花灵草而苍翠无边，千岩万壑而森罗目前。吟李白天台之诗，赓张籍天台之篇。尘襟俗垢俱洗尽，两袂飘飘身欲仙。我欲召青龙而呼白鸾，乘风飞去瀛州之外、方丈之巅。

鹤林赋

浮虚空以为家兮，森万象于其庭。养混沌以为子兮，游乎象帝之先。跨八极以翱翔兮，泛神风之浩荡。步大方以汗漫兮，采琪花之婵娟。骖九龙兮驾素月，衔八骏兮凌紫烟。上挽天河于碧落兮，下拽夜台于黄泉。吾将鞭白鹤而过罽宾兮，勒青牛而旅于阗。鸣玉融之箫兮歌太极，鼓云和之瑟兮舞胎仙。登昆仑兮访轩后之金枢，栖九嶷兮觅舜娥之玉钿。麟洲缥缈兮凤巢，蓬莱清浅兮桑田。酿五芝之髓兮入昊天而馥馥，掬八桂之浆兮流华池之涓涓。黄元真人兮乘太霞羽铃之佩，紫虚元君兮控夜光九丹之弦。左扶桑兮右广

---

① 阳，原作"杨"，据同治本改。

寒,入天谷兮出太渊。此心兮秋鹏,吾身兮冬蝉。草罗酆下元之牒兮,束精爽于华漠。翻郁罗萧台之箓兮,遡清邃于吁员①。凭玉楼兮窈窕,唱霓裳兮蹁跹。月地云阶兮青鸟不来,霞都烟阙兮紫琼依然。呼恶来兮召玄冥,役阿香兮檄鸟嫣。饮九酝以酩酊兮,坐断延康之始劫。抚三华以舒啸兮,问讯龙汉之初年。炼日月兮煮璇玑,声雷电兮惊万天。盍浮丘之背兮,拍洪崖之肩;唤漆园之梦兮,究鹿苑之禅。胸襟兮全易,物我兮纯乾。吾族兮大庭,乃祖兮有颛。若有所得兮出华阳之派,吾从所适兮乘海琼之船。穷其裔兮来于镂铿,为我友兮其惟偓佺。慰曲江之蒲兮,鞠宛陵之草;偷大有之桃兮,耕太华之莲。以沧海而为砚兮,命盘古而使磨;字穹窿以为碑兮,召儵忽而使镌。契屡空兮芍药,悟一唯兮杜鹃。大道死兮羲皇泣,不周崩兮女娲嗷。哀大禹兮足胝,笑神农兮发毡。宴瑶台兮,问王母以索笑;写②金液兮,顾阎老之垂涎。侵帝座兮严陵,撩女星兮张骞。缉槲锦兮,蜉蝣之裸何如;编兰带兮,螅蛄之鸣谁怜?已矣夫,挈太古兮戏蚁国,与造物兮下芝田。藻凫松鹤兮自然之长短,桃姬樱鬼兮何有于媸妍。悲红尘以思蜕兮,蛰须弥于芥子;指苍汉以言归兮,放赤子于大千。夫是之谓谁乎?盖太清之散史,而紫府之剩员,彼南荒之鹤林子焉。

紫元与玉蟾同师事于翠虚泥丸陈先生,乃兄弟之列也;鹤林乃玉蟾之徒,嗣道之子也。故以《紫元赋》列于赋之首,以《鹤林赋》收于赋之后。包括六赋中之造化,中有隐语,玄秘在焉。有道眼者观之则得之矣。

嬾③翁斋赋

眉山苏森老于懒,以懒翁名其斋。翁其真懒耶?虽曰鸥不入鸳鸿也,其如苍生觖望何?吾闻翁儿时不甚懒也,以黄绢鞭心,以青衫结发,以勋业览镜,以文章鏖锋,折旋俯仰于周孔之间,轩昂轶荡于韩柳之外。彼时黔黎见翁者,以手争指,以目争睹,皆有望吾懒翁以禹皋为心也,今何为其懒乎?

① 吁员,《赋汇》作"虚玄"。
② 写,《赋汇》作"泻"。
③ 嬾,《上清集》作"懒"。

一班未露，而仕意已饱，儒林烟薄，学海波寒，岂不孤朋①簪拭目之望？自嘉泰间牧筠阳时，翁既乞祠，逮作衡阳侯，复有武夷归隐之请。盖懒翁无心于仕，而宦情如秋，故于缙绅间无苟且从臾之欲，所以龙蟠而不雨也。翁今已过于从心之一年，宜乎犹懒于前，而投闲终老于云水堆中矣。翁有金华之浮家，即其先侍郎之故庐也。堂前有丈余空隙，遂以八九椽而宇之。三面开牖，粗可容膝，砌板代砖，濡灰饰壁。蓄一枝花，立绿桐之琴，事三尺汶阳碧荇之剑。翁欲睡时，化为蝴蝶飞，上登华胥国；翁欲饮时，伸颈如玉虹，一吸酒海干；翁欲吟时，玉树忽生风，珠玑吐落纸；翁欲棋时，纵横星斗乱，剥琢玉声寒；翁欲舞时，谷神移玉山，飞剑指空碧；翁欲行乐时，横拖七尺筇，松间一长啸；翁欲狂歌时，一声轰铁笛，唤起玉渊龙。谓如溪山得名，草木无咎者，翁亦从而诗之；花魂无主，月魄不归者，翁亦从而酒之。翁但懒于世事，而此皆不懒之懒也。闲时而棋，兴时而饮，畅时而歌，醉时而睡。此生为任真，所适得自若也。事各各付事物，无心于事，无事于心。此则翁之懒处也。睟颜之坐忘，效綦之丧偶，渐入希夷，与物俱化，至于忘寝忘食之地，则谓之真懒。翁也心君殿清闲，白眼视朱紫，政所谓杜鹃骂鸿鹄，丹棘笑梗楠。翁居斋中，惟懒所适，雨送添砚之水，竹供扫榻之风，云展遮山之帘，草铺坐石之褥。昼则博山飞碧蛇，夜则银缸泛红粟。饮酒吞风月，吟诗皎水云，斫竹斩春风，移花锄晓月。此则翁之懒中不能懒也。客从武夷来，见翁如此懒，遂造懒翁斋，醉笔自淋漓，应问懒翁曰："东风开柳眼，黄鸟骂桃花，斋中自有春，不喜出郊饮，翁于此时懒于踏青乎？幽轩风雨过，明月一池莲，笔下生薰风，此心不受暑，翁于此时懒于入林乎？落叶随孤雁，呼霜要辨寒，秋光满乾坤，万象自潇洒，翁于此时懒于登高乎？水浸梅花影，猿呼一树霜，芋火煨地炉，烹茶自煮雪，翁于此时懒于探梅乎？"翁曰："然。"噫，尘埃刺眼，名利焚心，岂能一旦顿然似翁如此懒也？壁上之琴几日蒙尘，窗间之砚几日无水，翁懒之故也。清风而关门，留月而待榻，翁懒之甚也。懒翁有庐可以避风雨，有田可以供饘粥，有子可以嗣衣钵，不与俗交，不与人语，翁之身前乃一老禅也。既见武夷白玉蟾，遂喜而终日与语，玉蟾喜而赋此斋。甘乃嘉定丙子初夏十有五日也。毛颖玄、陶泓等侍。

---

① 朋，刘本、辑要本、同治本作"朝"。

龙虎赋

奇哉！九转金液七返大还丹，诚神气之陀罗兮，性命之众甫。擎阿耨之元兮，职达摩之华勋。身砂而心汞兮，出日而入月。青龙白虎朱雀兮，荧惑居癸而浒渺。位丙绛宫天子兮，御黄庭之奥壶。慈兮悲兮，威惠而武文。天一坎地二离兮，乾坤互南北。真铅先天之气兮，可为七十二石之冠。刚弱中外而雌雄调理兮，金火含受金水之事。初九未神变兮，天心抱阳和。木汞生东辰之体兮，金精长西戌之胚。巽毕复而乾毕剥兮，春秋而仁义，冬夏而界度。亘娄上下釜兮，砂汞所配感之神室。张虚危翼兮，金不绽而主^①不轻。潜藏飞跃兮，往来上下。无爻位而归乎太极兮，以包囊泉石。有无隐显兮，水金为丹本；日精灭坎离兮，浮沉而消息。金公索坎实兮姹女叩离虚，金戮木兮而水殄火。黄帝竖旗于金乡兮，金木火化为明窗尘。混沌之金火兮，实^②精终一九。一斤十六两兮，三百八十有四铢。震爻膺阳篆兮，水翠玄而金赭黄。山河大地以凝虚兮，精液混丹砂而融真。黑铅变素，朱汞莹碧兮，金华鸿濛而洞虚。水一火二而土五兮，濡英金而飞精水。天地至精兮，以戊己运天符。十二斗枢而十二钟律兮，流汞日之魂，黄金月之魄。玄图未渐剥兮，阳精为毕方之父。坤变震于初而变兑于再兮，日月既合璧而上弦平如绳。三五三阳既圆^③兮，圆明现东甲。蟾蜍视卦节兮，兔魄吐生光。乾初变于巽而再变于艮兮，月明辛而现丙。周回五六而东北丧朋于乙地兮，土与木金和为液而复象禅^④。雷震神室兮，中五运而外八卦。阴符阳火兮，六旬化鸡子而五岳峙潜枢。顶乾金而踵坤水兮，阴阳禀自然而中和流素津。灵户黑铅炼真土兮，泉窟白金生水银。亥末阳动而曦驭行南陆兮，五星连珠而金砂呼吸日月之迟速。紫微十六华盖星兮，三台摄调爕之星以责统录。日火合五行之精兮，炼中宫之土；月金受六律之纪兮，入北方之水。火是药之父母兮，药是火之子孙。水土金兮六十日先后存亡，金汞抵角兮鼎室抗衡。土母

---

① 主，《问道集》作"土"。
② 实，《问道集》作"宝"。
③ 圆，原作"图"，据《问道集》改。
④ 禅，原作"蝉"，据《问道集》改。

召四方之和兮，乾动应三光。金火精气而光耀一室兮，何水涸而火殒。龙虎之炁相交兮金木之情契合，情性交结兮温养子珠。水者玄华而土者金母兮，丹室结流珠而黄黑混水土之元精。紫华敷腴而黄液荡漾兮，神药未遂；金生水炼铅为白金兮，白金为神室。神室有金水兮，火色变凝而黄罿。水火凝中府兮，金液不飞；火灼金华兮，轻烟薄雾以寂。白金为有而火气为无兮炼汞兆神，两虚无兮水火抱粹而日月怀冲。黑铅兮金精玄水而包坎汞，黄芽现白蕊兮红苞。金为水母兮华池泛真素。坛炉鼎灶有神室而委曲关隄。金土合汞兮，自然而神化矣。

麻姑赋①

片云老仙枕五峰而眠，无人间梦二十年。白玉蟾从桂林道衡山，下大江以西，登屠颜而拜之。有黄冠师邓适轩曾、唯斋江逍遥，小集逍遥山。慨麻姑之去远，缅王蔡其犹昔，俯稚川濯丹之泉，验福唐遗简之地。丹厓翠壁，邈接太清，碧殿紫坛，风清月白。树色黯黮，泉声玲琮。上齐云之峰，按垂玉之亭。花阴卧白犬，松籁杂黄莺。雨滴檐牙之溜，风摇楼角之铃。有鸣仓庚，有伐丁丁。霜畦老芝术，烟苑多桂苓。谂碧莲之杳漠，空四海之畴邻。柳眉花面不成笑，笋角蕨拳聊自伸。池水成文以罗縠，海棠落瓣如鱼鳞。啼莺语燕，不可听矣。昔者黄花姑戚姬南直，从麻姑之鱼轩，眇天风兮鳞鳞，饭云擗麟，玳筵生春。黛娥歌宾云之曲，玉妃舞紫茸之裓。但知笑吟终日兮，不知有蚩蚩之人。忆昨梦，叹前尘，顾安得景从飙举以觅酒于鸾帐之下，赋诗于鹤驭之前。往闻骊姥以水饮陈图南，又闻紫虚夫人以桂花与陈兴明，西王母以蟠实戏曼倩。予愧无德以俪之。若夫先鸾后鹤，弹压天铃，傲傲以娱仙怀，浩浩以控飞翬，得不为香案之下元②者乎！姑有耳，宁不听？姑有心，宁不矜？否则鞭丰隆，驾飞廉，以终其身。叫东皇西母于瑶池，问南乌北兔于海滨。揖爽以揖浮，拍阆以拍洪。锵玉佩兮丁东，行太空兮逐冥。鸿醉忽醒，醒忽有所思，不能无所赋。蓬莱清浅兮将桑田矣，天地未判

---

① 据同治五年（1866年）黄氏洞天书屋重刊本《麻姑山志》卷五增，校以《赋汇》所收本。

② 元，《赋汇》作"吏"。

之始，父母未生之前，曰不然，又何从而有昆明之劫灰？

华盖山赋 [1]

客自庐山来，搦六尺之苍藤，蹑三寸之青凫。浮空云兮动绿萍，啸天风兮撼翠梧。鹑衣兮虱裈，黧面兮垢肤。身同青霄一点淡烟之远，心同古洞三更明月之孤。谓神仙兮必有，视尘世兮若无。独步大荒兮谑浪笑傲，飞爽八极兮悲号叫呼。揖霄汉诸仙而朗吟，抱虚空一气而长吁。吊混沌而不回，禁清爽之揶揄。过西山许旌阳之游帏，访苦竹李真元之精庐。一叶泝临川之水，四邮抵罗山之郛。巍巍兮渺苍烟之崔巍，磊磊兮薄薄白云而模糊。揖三仙兮款三峰之绝顶，陟千仞兮嗟千古之居诸。方未至兮不倦，若有逢兮问途。指青青黯黯烟霞之窟，谓高高远远仙灵之都。行行且止兮少憩，羊肠鸟道兮萦纡。彼巴陵华盖之山兮，岂吾眼梢之存碧者乎？时也村村梅林，处处榴火。绿田始秧，黄麦已槁。天气郁蒸，日色炎烈。汗兮颗颗珠，泪兮滴滴血。涌泉为之一酸，华池为之一竭。入林若丧家之狗，登山如石罅之蛙。彼乡人者，渠岂知夫真清都之散郎，非红尘之鄙夫。心入九流之窍，胸藏三教之书。绛宫有婴儿之室，丹田安偃月之炉。眇天地兮黍粟，视造化兮锱铢。即曩日富贵荣华之我，为今生逍遥快乐之徒。已矣乎，吾弗较也，彼岂知此！谒紫元之洞天，访浮邱之仙子，拍王郭可拊之肩，蹑钟吕不继之趾。友漆园之蝴蝶，师槐宫之蝼蚁。已而客于华顶之庵，礼彼宾仙之阁。在憩霞眠云之轩少息，留涌翠凝碧之台甚乐。天高兮风声寒，野迥兮烟光薄。空悠悠兮白云，不复返兮黄鹤。此修真之泉石，而宅灵之林壑。俨乎三峰之颠，插彼一天之角。余于是正襟危坐，静虑凝神，含太乙于泥丸，容鸿濛于天津。少焉，振衣兮肃若，袖香兮敬之。启霄斑之户，扣地灵之扉。此为江南之孤迥，古之有仙兮冲飞。我来兮乌有，或问兮罔知。但药炉之与丹井兮犹存，若真岩之与斗坛兮空遗。金鸡唱晓兮洞云出，玉磬敲暮兮山禽归。古潭兮卧苍蜦之与赤虬，峭壁兮走青鹿之与黄羆。烟畹兮种紫芝九节之术，霜

---

① 此篇《古今图书集成》、清同治《崇仁县志》、清同治《华盖山志》均载，但文字多有异同。今据清道光元年（1821年）原步颜等修、袁章华等纂《崇仁县志》卷二十四增。

畦兮耕碧云千载之芝。霓旌绛节兮缥缈不可见，黄冠羽衣兮指顾其所之。遂悄然自谓曰：彼浮邱之为仙也，生于商，仕于周，隐于汉，化于晋，至隋开皇之时尚在。巴陵华盖之人也，所谓死而不亡，磨且不磷者。彼美王、郭之二子，为方平之从侄，乃兄之姓不移，而其弟之姓辄易。初于霍童之洞天，复隐金华之石室。过罗浮而寻朱明之高真，归临川而谒浮邱之仙伯。飞符走印兮兴僵起仆，呼雷召雨兮飞沙走石。洞门兮荆棘之冥迷，山下兮鹿蛇之放逸。彼三仙兮登九霄，今千载兮如一日。所谓仙人隐逸之都鄙，道士修炼之窟宅。于是三顿首，九点额。谒仙既已，登巉岩，披蒙茸，召萐廉，呼丰隆。四骋既久，万象无穷。倏焉风雷之飞迅，忽焉烟雾之冥濛。有金虬之隐耀如灯，有玉桥之窈窕如虹。夜深兮星斗挂檐甍，旦起兮月露侵帘栊。鹤唳于竹，猿巢于松。片时之顷，风景不常；一日之象，杳冥莫测。方阴翳而忽晴，乍紫翠而复白。或六月而霰飞，未五更而日色。孤雁过其上兮，戢足敛翼而不声；落霞拂其标兮，飞线散丝而无迹。山之形若浪涌而泉奔，山之骨如玉藏而冰积。然则阴晴显晦之不常，变化出没之非一，余之所观者小。如欲观之，当考苔碑于翠崖，披雨碣于苍碛也。余于是豁然而悟，怆然而悲，凝然而睇，默然而思。此心兮对风月而莫诉，非猿鹤之可知。盼三江于庐山之腹，瞻七泽于洞庭之湄。顾岷峨之峭拔，而天台之委佗。嗟乎！一身兮四海其如窄，寸抱兮两腋不可飞。清都绛阙兮今何夕，沧海桑田兮今何时。幽恨暗怨兮若舞壑之潜蛟，急景迅光兮如白驹之过隙。吾能制玉膏而炼金液，吾能擒龙魂而缚虎魄。所以悲者，若乌鹊之南飞。嗟茕然而无依。或佯狂而为奴，或行丐其似痴。吾非蒯通箕子之事，甘于颜子莱芜之为。古有隐橘，亦有采薇，亦有餐松，亦有茹芝。吾所以未能耆然者，虑此父母之遗体，恐有风雨之飘零。况剑法之未就，而丹砂之未成。且夫人之生成也，钟天地五行之精，禀山川二气之灵。天与之以文章，地与之以气形，日月与之以秀丽，星斗与之以聪明。落纸使风雷之走，下笔使鬼神之惊。既不佩六国之印，又不掌天子之兵。是将何为乎？必曰："吾学仙也。"既为此学，未能访古人者，何也？若夫隐于山之阿，水之隅，是将与狸豹以为徒；隐于市之心，人之宅，是将与名利以为匹。或者疑之：居山林之下以钓名，处王侯之门以贾利，吾亦未能从适。每一发念，亦黯然而垂涕者矣。呜呼！三仙往矣，吾不勇也。进道在己，成功则天，夫复何言！莫非自然，遂置之不问。又从而歌之曰："长天兮远水，悲落叶哀流年。思美人兮不见，倚苍松兮潸然。飞鸟过兮空苍天，顾影自叹兮谁能怜？"歌罢，忽有峨其冠、翩其衣，长揖而问余曰："夫子若有感者？"俯而不答。又复问曰："夫子岂非海南白其姓、玉蟾其名者乎？"又不答。客乃鼓袖长啸于山之颠，遂为诗曰："华盖山前闻杜鹃，瘦藤扶力倦扳缘。路逢紫电青霜客，日落碧云红树天。松罅翠猿惊月上，洞前白鹿咬花眠。明朝履齿印苔发，长啸天风蹑晓烟。"

第二卷

序类

《太上九天雷霆大法琅书》序

雷霆火师曰：昔在龙汉之初年，浮黎之始劫，虚无之表，混沌之先，浩气结成，太乙下降，谓之玉清神母元君。自然圣胎，化生九子。其长则元始天尊，其末则神霄真王也。夫真王应九元之运，总九炁之真，而神霄乃九霄之上霄，为九清之玉清，所以真王在乎高上神霄玉清府也。所掌者何？盖五雷之总司也。元炁未判，未始有雷，太虚既开，太极始立。太极之数五，五居乎中，中黄正炁，同乎一初，散在万物，遂分阴阳。阴阳之气结而成雷，其中有神主之，则神霄真王也。雷之为物，恍恍惚惚；雷之为神，杳杳冥冥。聚乎太无之房，归乎太乙之庭。其高上则为之府，其广汉则为之城。设官分职，隶将统兵，监观万国，磅礴一灵。总而为都司，则雷局分治；散而为五方，则雷神有名。故凡雨旸旱涝、水火刀兵、城隍社稷、江海丘陵、乡邦瘟疫、国土蝗螟，大则日月星辰霜雪风露之数，小则山河草木昆虫鸟兽之名，皆隶于神霄而属玉清，一出于真王之命。善者有赏，恶者有罚，发号施令而兼掌生杀，行恩布威而自为枯荣。以是知五雷之政，统三界而御万灵，可以伐逆祟，可以诛凶星，而万神稽首，群物听命者也。神霄真王奄而有之，故能君五雷也。东极青华君从而丞之，复佐以六波天主帝君，乃命太皇万福真君掌其左府，可韩司丈人真君掌其右府。至于天雷上相、玉枢使相、雷霆都司、元命真君、五雷院使，各掌五雷之曹，群工百执，事各付事，物各付物。雷部则有帅，雷府则有宰，雷城则有将，雷局则有官，雷天则有君，雷门则有吏。震为雷宫，巽为雷门，大曰雷，小曰霆。雷主善，霆主恶。然万物之于天地间，其禀性赋形，而与雷霆何异焉。

太上混元皇帝括阴阳之妙，操造化之机，作为符图印诀罡咒之文，乃成《九天雷霆大法琅书》，以付有道之士。得之者兵随印转，将逐符行，役使风雷，区别人鬼，代天行化，佐国救民，辅正除邪，剪妖鹹毒，明彰天威，显扬道法。然而始勤终怠，奉行不虔，妄传非人，轻泄漏慢之者，一如火伯风霆律令，虽身被风刀，万劫不原可矣，其忍九玄七祖长役鬼官者哉！

雷有五：或曰天雷、水雷、山雷、神雷、社雷，谓五雷也；或曰风雷、火雷、云雷、龙雷、蛮雷，谓五雷也。其说不一。盖雷霆上则贯斗，下则伏渊，以风为媒，以电为妻，以云为奴，以雨为子。雷之气，乃中天大魁之气。故中央之数系乎五，恐其气数皆五，而曰五雷也。得法之士，自非刚毅中正而邪佞懦怯者不可行也。苟能精勤香火，朝谒帝真，孜孜度人，切切济物，三千功满，八百行圆，手握龙泉，腰横雷玺，部领将吏，飞步太空，可胜快哉！

敬编雷霆之由，符法之所以，序于《琅书》之首云。

《黎怡庵诗集》序

旧为萤窗雪按所役，乌知郊如何寒、岛若为瘦？籍湜遮莫僵之耳。第知绩为举子语，稍读古文渐废去。后从方外师，海边甚久。出罗浮，入武夷，始行江西阁笥间；过洪崖下扬，澜左蠡，客钱塘，复由姑苏而庐山，濯洞庭，眺九嶷，近方携剑于湘南桂北。来岢友人黎盘云，颇放心言诗矣。出示古黄冠黎师侯诗集，读之，如风日流丽，扬觚洞庭之上，回顾九嶷在冥茫，二十四岩屹桂中三湘，舞澎湃，下九江。倏龙吟，忽虎啸，月自玉笥云头转，露从阁皂山前下。洪崖喫春雪，万松作瞿唐声。使人动摇而悲壮，便思骑飞燕纵身天飚外。已而若姑苏暑月臂黄相①，雪上食新藕，维酒与船西湖之柳阴，问林和靖，索共嚼梅蕊。顷将鞭鸾笤鹤于武夷、罗浮，俄去来于乎生此人后暮矣。

---

① 臂黄相，同治本作"擘黄柑"。

盘云其族也，亦染其好。俾余序之，实道士熊克成正已锓以行世焉，亦贤乎哉！师侯讳道华，清有高节，抚之人也。

蛰仙庵序

己卯之春三月适闰，溪山已夏，草木犹春。琼山白玉蟾游于鼓山之下，饮于蛰仙之庵。前眺后啸，左瞻右眄，崇冈复岫，丰泉茂树，诸友皆贤哲，不减兰亭之集也。

是日宿雨为霁，暧日羞明，残枝有花，老莺无语。于是举太白以酌客，客有沉嘿而以恕自持者，雍容而以谦自牧者，好尚有异，静躁不然，惟一吟一醉，其乐所同。而独予凄然自感，喟然自嗟，慨绛阙之寥寥，怀青鸟而杳杳，嚼大道以自笑，惊浮生而自悲。有不可释然者，寓之于酒；而又不能超超然者，形之于诗。顷而杲日丽空，祥风无边，俄若有所忆，复若有所脱。顾谓诸友曰：夫人之根于斯世，而朝菌何异焉？方皜皜然于东禺，而又茫茫然于桑榆矣。然则半炊之睡，早已一生，七日于山，归而千载，亦无怪乎其非诞也。岂天地日月之不同，盖梦幻泡影之中，身随境转，心逐物移。未悟老椿之春秋，大鹏之南北，而或与腐草俱化而为萤者有之，或朽麦与之俱化而为蝴蝶者亦有之矣。尘沙浩劫，邈然渺渺，来日如波，任缘也已。以今观之，俯仰一世，酬酢百为，似以明月夜光而弹断崖之禽，此而趑矣乎。吾亦曰：与其轶荡于心目之外，放浪于事物之表，孰若回风返景于寸田尺宅之间，而飞神驭炁于大庭华胥之国。以虚无之境界，为静定之工夫。凿开混沌，擘裂洪濛可也。吾复绎思其所否者，经不有云乎："生我于虚，置我于无，我本虚无，因物而有。"苟悟乎此，可以了万世于一电，括大千于粒粟，纵赤子于大方。彼有朝煎金鼎，夜控火符者，亦赘哉。颜跖彭殇，吾亦不可晓也；鹤长凫短，非天而何？尹子则曰："以盆为海，以石为岛，鱼游其中，一日万里。"又曰："众人逐于外，贤人执于内，圣人皆伪之。"噫，理哉斯言！

嗟夫，石火电光，出然如呼，入然如吸，虫臂鼠肝，倏然如此，忽然如彼，尚非异也。曾知之乎？海与天接，月随水生，吾道只一气耳。天无冬夏之可为寒暑，而人以裘葛自时其身；时无昼夜之可为明晦，而人以日月自幻其目；地无山川之可以胡越，而人以飞伏自局其足；物无荤茹之可以美恶，而人以饥饫自萌其念。有能穷一气之根，掣造物之肘，则虽天地水火、山泽风雷，吾皆可得与之俱化欤，夫何悲欢之有！

蒙庵序

（为熊仲立赋）

阁山熊师本儒者，家去而师聃，以蒙扁庵，非草草者也。夫艮上坎下，山下出泉，示其有所养也。艮，止也，老聃所谓知止；坎，习也，聃所谓致虚。惟其知止致虚，融而为蒙，则聃所谓专炁致柔之义。熊师可谓深于聃者，敬为之叙。

送朱都监入闽序

走生不辰，无闻于人之国。少从南海过东海，复由山南行山西。黄卷不灵，青蛇无效，去而为老氏子之徒。平生翰墨半天下，一无所裨于身。名沉江汉，影堕山林，已矣夫。造物者或已肯怜之，世间有字之书，无不经目，人可能者吾能之，不为之知已者亦有数。

今吾寂寞之滨，久之与间矣。儵为业风吹来阁皂，首识总宫大洞冲妙专寂先生朱君，相与宿留凌云峰之下。晨登卧云庵，夜步鸣水台，觞咏甚乐。自非神交道契，何以一见便如平生欢也，亦足以慰多矣。君将游泉南，走亦欲日边，念不可无一语以别。夫泉在南方，滨海而成，蛮艭貊艘之所聚，北有清源洞，东有金粟山，臂莆田而胁清漳，谚曰佛国也，君往何图焉？君谓阁皂新为山房，欲往谋之于留云麓。走思之，虽不识云麓，顷年固尝声迹相闻矣。走南中无甚佳相识，独诸葛桂隐、留紫元，莫逆之交也。紫元禀赋怯，别来未知其如何也？桂隐聪迈之士，甚豪放，亦坐于清贫，或出仕也。走在林间，无从知之。君到彼，须见李臞庵诸公。或有问者，当告之以走犹未死也。君真老氏之白眉，父兄皆文而仕，君独奋而出，遽乃冠褐其身。若道、若法、若术，能穷其倪。如崇真古宫，弊不可支，君能中外悉新之；旧积逋如山，君以俭而尽补之，今裕矣。山中人称九十年无此管辖也，君果贤哉！君适泉南，则将置猿鹤于何地，付烟霞于何人耶？君笑而起。新秋在序，露玉风金，老火已消，山寒水瘦，颇宜君舟车之兴。后夜月明风爽，一杯一话，盍更思走乎？

仙槎序

天台王贰卿出辍朝，著卧治永嘉。永嘉美登临，灵运屐齿未泯也。郡黄冠师号陈丹华，为道门正章箓，之暇小筑幽斋，模肖一舫，贰卿扁以"仙槎"。余过丹华，且须余文印其说。余谓之曰：人生天地间，真如寄耳。日月为双楫耳，乾坤特一转蓬耳。浮家泛宅，升沉乎爱河欲海之中，为世所网，将陟无为之岸者几希。然又以胸中溪壑，一十二时，时时风波，则其东望蓬莱，又何止一弱水之隔？吾丹华则否也。经行坐卧，惟此一斋；动容俯仰，与世扦隔。遡道之源，穷天之根，导神水而昆仑，运天河而溟涬，洒然于红尘之表。是盖泛汗漫、拍渺冥、跨鸿蒙、浮广漠者也。所谓"手把八空氚，纵身云中飞"者，奚必乘莲叶，骑鲸鱼，御飞龙，访河鼓，而后谓之槎上之仙？昔有魏子骞，驾仙舟于崖端，许敬之挂石船于林杪，此也。又不闻虚舟者乎？抑又不闻铁船者乎？自非贰卿洞知浮生之理，而丹华自适于大方之家。此扁不浪名，此名不易得者。客有至者，无但哦诗酌酒而已，又无但凭高眺远而已。当知夫长江滔滔中流砥柱者，又当知夫万物皆流一身独止者。

嘻，慨尘壒兮迷津，纷悲喜兮无涯，嗟乌兔兮如流，览江山兮兴怀，啸天风兮哦六宇，濯洞庭兮望八荒，付身名于苍洲兮，叫混沌于象帝之先。家天地兮，今犹龙汉之初年。是仙槎主人之谓焉。

松岩序

江西纪侍者，自号"松岩"，人各诗之颂之。琼山居士顾谓之曰：四时常青，岁寒不改，岂非松乎？万仞悬崖，虚空独露，岂非岩乎？此乃涅槃妙心也，君其有所得矣。盖其工夫宁耐，所以如松之坚刚；觉触孤危，所以如岩之峭拔。以峭拔之岩，有坚刚之松，则其傲雪凌霜，拏云攫雾，当如何也！以孤危之觉触，用宁耐之工夫，则其轰雷掣电，呵风骂雨，宜如何哉！

夫松者，以正信为根，以禅定为林，以智慧为枝，以机用为叶；岩者，以坚固为壁，以妙密为路，以直下为崖，以向上为窍。此岂世间所谓松之为松、岩之为岩也欤！若夫松岩之春，花笑鸟啼，显扬密旨，风融水暖，发露重玄；松岩之夏，松风说法，萝月谈空，万象清凉，孤标峭拔；松岩之秋，风凄露冷，枫叶归空，月淡云疏，菊花变相；松岩之冬，般若花残，真如竹老，菩提喷雪，圆觉凝霜。松岩之晓，青天光皎皎；松岩之暮，天地黑漫漫。不知其中谁是岩主，直得诸天散花之无路，千圣眨眼之无踪。夫如是之谓松岩。是岩者，以一尘为虚空三千世界，以一念为阎浮八千岁年。

敬为铭曰："松青青，岩冥冥。居其中，即空生。"

镜溪序

钟陵为郡，其城东际有阿兰若，号为澄心，在乎镜溪之上。朝猿暮鹤，烟里啸号，露竹风松，溪头掩映，平波万顷，冷浸菱花，止水一泓，寒生鸾影，所以谓之"镜溪"也。

溪山之秀，必出英贤；英贤之生，是必秀异。故澄心有一人焉，今玉几之记室也。苟非英贤秀异，讵可胜其任哉？

师名明心，即其所居，以镜溪为道号，盖取永嘉[①]心镜之义也。夫心者，澄之不清，挠之不浊，其非镜乎？穷之益深，测之益远，其非溪乎？辉天照地，耀古腾今，莹净无痕，虚明彻底，其镜溪之谓也。虚寂一灵，只是这个；森罗万象，总在其中。截断红尘，照见本来面目；洗清碧汉，还他本地风光。坐据要津，了无遗照，纯清绝点，炳焕灵明，殊非镜里看形、水中捉月者也。会得雪峰之丈尺，勘破沩山之主宾，明来暗来，胡现汉现，初匪迷头认影，要须逐派寻源。明镜所谓非台，偃溪从这里入，其声即是广长舌相。此物不假陶铸工夫，觌面相逢，莫向猕猴分背面。一波才动，终归大海作波涛。老洞山之浊处，逢渠右之灵云，当机打破，真常流注，血脉分明，一任濯缨，从教洗耳。岂容瞪目而见底，自是对面而回光。光影现前，涓滴有自，故得词源不竭，学海转深。纵衲子之观澜，可禅和之鉴止。此盖孤云

---

① 永嘉，原作"水嘉"，据刘本、同治本及唐永嘉禅师《证道歌》改。

室内，浪静波澄，玉几峰前，风摩雨洗，所以然乎。

或者迷源，尚犹逐影，从他觅得，向外驰求，师必叱之曰："去！汝是迷源逐影汉。"何以言之？若虾若蟹，总受罗笼；是鱼是龙，更无回避。再三涝漉，不出校量者也。如斯话会者谁？海南白氏子玉蟾云。

寒松序

夫法苑栋梁，禅河桥筏，擎天手段，盖世声名，必须真材，始堪大用。当今之世，舍是其谁？北斗以南，一人而已。玉几第一座寒松禅师，可中老大，见地孤高。以凛然不拔之姿，得妙哉向上之句，他日必驰声于大树，真所谓临济儿孙。今时已杰出于丛林，端的是大慧种草。以佛照余波而滋养其根脚，以孤云大匠而指示其轮舆。磊磊竹梅，与为知己；纷纷桃李，总是初机。一任摘叶寻枝，自是盘根错节，冲开碧落，显撑天柱地之材；远对青山，坚傲雪欺霜之操。谁知南岳之后地，又出西山之一枝。不受大夫封，即非处士种；天然无影树，自是不萌枝。真个有力量人，埋下无阴阳地。灵根盘劫石，贝叶覆须弥。眼前不让山高，面上刮得霜下。故能罗笼鸾凤，引惹风云。此所谓寒松者也。良由高标冷韵，佛祖惊心，峭干横梢，学徒丧口。六祖有"菩提本无"之旨，讵可掠虚；黄檗有"覆荫天下"之言，从教接响。盖以饱怡山之风雪，今尚栖鄾麓之烟霞。壮节轰天，威风彻骨，可谓是孤迥迥、峭巍巍、寒飕飕、冷湫湫者也。可以栋梁此道，桥筏有情矣。

吁，不是知音者，徒劳话岁寒。且如挂牌之际，秉拂之初，若复有人出诣榻前而问师曰："中心树子，皮毛都脱尽，惟有真实在。树倒藤枯，句归何所？好向伊道："影摇千尺龙蛇动，声撼半天风雨寒。"未审阿师然之否？师或然之，岂敢说是海南居士也。

翠麓夜饮序

戊寅之春，清明后三日，有客白玉蟾来自琼山，游于庐阜之下。双凫凌烟，一龙挑月，倏为永兴之客，有阮步兵穷途之色。懔懔而赋。式微之什。归焉憩于桃林，放真任乐，适兴忘归。方且骋骚兵于李杜之场，鼓醉铗于焦苏之域。俄而蟾蜍落地，姮娥倚山，风吟柳而无声，露滴草而未珠。羽衣蹁跹，霞光散漫，夕鸟宿于树，牧子饭其家，亦不知天之暮矣。

刀圭子陈守默、憩霞子杜道枢、真静子洪知常、紫芝子詹继瑞、玉华子王景溢，从者二百，指问蟾溪主人之居，饮翠麓华亭之上。珠蠉可摘，天垂平野，玉霄①可掬，月堕华林，苍松不籁，翠筠无影，草萤斗灯，田蛙作市，幽窗疏风，清轩贮月。众宾饮罢，陈刀圭歌黄宁羽融之章，詹紫芝作崆峒步虚之声，杜憩霞拍手而舞，洪真静隐几而酣，王玉华醉而归。玉蟾乃作《清夜吟》，其辞曰："风气融兮露华冷，月影浮兮夜漏永。海棠避席兮黄梅雨如缂，荷钱买夏兮柳絮舞春影。蓬莱兮归未得，有酒兮饮到三更静。三更静兮天沉沉，烟幂幂兮风露深。风萧萧兮吹我衣，露冷冷兮滴我襟。望故人兮千里，思归兮伤心。"

吟余，主人周元礼脍苟丘之小龙，沥曲城之寒蚁，其妇为督杯核之政。酒数巡，呼子元龄、永龄等执爵捧盘，勉吾饮。众宾亦饮，宾主相酬，情怀相忘，欲寐不寐，欲语不语，欲饮不饮。白子起而歌曰："吾家琼山万里遥，白杨青草几春秋。有琴弹破夜雨窗，有酒酌残春月楼。诸宾况复逍遥游，奈何此夜独休休。主人檀醉晓新刍，醉后青山为点头。青山为点头，人生何事愁？三万六千日，醉乡忘百忧，蓬莱方丈骑青牛。"香穗热，灯花残，睡魔蹑门，同入华胥以访羲皇，过南柯以期钟吕，及日之明也，询乎庄周。吾生如是，吾死亦如是，况乎夜饮也夫。

琴乐序

葛峰黄冠师王君怀琴于西湖之上，琼山白玉蟾自吉而杭，适与之会，相与一筇而坐。琼山仰天俯水，兴喟而嗟曰："望长天兮烟空，顾远水兮风寒。眇身世其如寄，若有赘乎两间。"王君解此，遂为鼓琴。始乎理冠整襟，危坐凝神，调弦拂轸，壮鞴拭徽，既而作一曲。琼山闻之，如春风鸣条，黄鹂有声，云寒雨暝，在乎远汀；倏而声回，十指俱暖，花神入弦，林鹤婉婉；复转一腔，声如南风，暮天归燕，呢喃帘栊；忽忽撚抹，其韵虚豁，如在池

---

① 霄，原作"消"，据同治本改。

亭，莲花灿发；移宫换羽，变入姑洗，七弦凄凉，使我眉茧；或详顿促，如秋空云，千林瞑合，孤尖啼猿；飞弦舞轸，意在霄汉，群树鸟号，万山烟断；黯然凛然，如霜如冰，又如竹屋，霏霏雪声。

琼山惊叹而且谓曰："观子之琴，如登昆仑之巅，千岩万壑，云屏烟障，飞奋跳蹙，紫翠青红，一目所收，五官忻舞。又如泛渤澥之面，十洲三岛，涛山浪屋，奔驰鼓荡，鲲鲸鼋鳌，万变在目，双耳如聋。今子之琴，倏忽万象，顷刻四时，能使枯木寒泉之士，斗然长啸；酥珠琼翠之女，戚然颦眉。在子之心，上契太古，内舍无为，何其乐哉！"王君曰："余家葛峰，少小畜琴，今子所云，政余乐也。余有小轩，榜以 琴乐 。"琼山乃以意似之。君字仲章。

赠道士黄季长遇异人授医方序

蚖脂凤卵，所以疗痈疖，此扁鹊之学也；麟腊龟趾，所以疗痈疖，此榆拊之学也。术而非贵，则药亦不甚贱；学而不到，而人以为甚奇。以奇人学所不可到，则术之贵而药则不廉也，皆榆拊、扁鹊事也。

武夷道士黄季长，少年游侠于崇冈，旷野间曾遇一异人，授以痈疽之药，要之其方，缄藏肘后，益不可示以示人。若观其人，丰神爽迈，宜乎其遇人也。夫人之身一气流溢，苟有瘿蚴，则怀脓结血，弥浃凝滞，呼天诉痛，有不能自已者。或其决所血之痈，导所纳之溃，则淋漓其衣，龃龉其身，是岂人所欲哉！人之身有四百四病，独痈疖为可酸心。今黄季长之为人，则榆拊、扁鹊辈也；今季长之所用①药，则蚖脂凤卵、麟腊龟趾也。

一日访于云窝，因告其所学如此，所用药如此，所疗人不计其几何者又如此，意其必欲我篇翰纸文以为赏音。吁，麝不风而自馥，珠不蚌而自媚，又奚必吾之弄柔讷，为作文者捧腹？吾既知能事如此，因告之曰："孙思邈有言，痈疽初生结肉瘿，痈疽既生凝肉珠，痈疽初破剖肉瓜，痈疽既破剖肉橘。因思此语，则人之患痈疽者，诚为不忍。然吾若临痈疽之前，则必熨眉不开，蹙额不顾，将欲揉之，必复欲吮之，是岂所为？见公必效

---

① 用，原作"肉"，据辑要本、同治本改。

此医公宜乎。稔所福蓄所行者，盖与憔徒之苏雕瘵之力也。秦皇刻人肉，汉武剥人皮，公知之乎？公治痈疖，不事乎楷煎，不事乎针割，惟以药攻其内，复以药傅其外，使其释然如叶脱枝，涣然如花结实，则公之用心也。"书此以布施。

《汪火师雷霆奥旨》序 [①]

道者，具乎天地之先，混混沌沌，无形无名；法者，出乎天地之后，亘古今而神通变化；人者，生乎天地之间，禀天一之炁而为万物之灵。故以吾言之清明澄彻者，运而行之，则足以通天地，感鬼神，调阴阳，赞化育等。上语之，即丹成道备，朝昆仑、薄蓬莱，亦不难矣。

盖天地一身，一身天地也。其大丹法本不外乎此失。不治其本，而欲理其末者，未之有也。去圣逾远，谈道者多曲学旁门，乱真者众。后之学者，无所参究，非缘后生福浅，亦由恩情爱欲一念恋著，心境不清，是非之胶扰。亦不知千经万论，以求道要安在。则其去道愈远矣。或有苦心学，行持而不见功者，非道负人，皆奉道之士不从明师，而所受非法；或依法行持而不见功者，皆奉道之士，不遵戒律，而学法不验。有志于此者，苟能清心寡欲，以明道要，以悟玄机，犹当广求师资，勤行修炼，依法行持，何患法之不验哉！故《天坛玉格》云："不行修炼，将不附身；不漱华池，形还灭坏。"火师又曰："凡受五雷大法，非上品仙官之职，不能悟此玄机。内则修炼自己还丹，故外则祓邪治病。"至人所述，非可诬也。是知非学法之为难，而澄心修炼之为难，而得遇道之尤难也。

余以夙幸，得奉冲科，遍参诸方，未尽其要。迁道过罗浮，访道于祖师翠虚真人，袖中出示此篇，可将云房急写，明日送来。念汝一生希道之心诚，慕道之志切，余遂写毕，归此于祖师之前，勤而玩诵。乃至汪真君以七十二句显述于其前，朱先生以万言发明于其后。凝神默想，超悟玄微，正所谓"蕉花春风之机，梧桐秋雨之妙，碧潭夜月青山，暮云微妙深玄"，灿然明白。惟二宗师以方便心，流传后学；以慈悯心，救度群品。使后学之

---

① 据《道藏》之《道法会元》卷七十六增。

士，得而玩之，自有悟入。如云开月皎，尘净鉴明，包诸幻而归真，总万法而归一。三元循于内，而神自朝元。依此而行，精思不怠，乘白云而归故里，端从此始矣。

上清大洞宝录南岳先生、赤帝真人、五雷副使、知北极驱邪院事海琼白玉蟾序。

《麻姑山仙坛集》序 ①

自有仙宇，则有山川。而洞天福地所在，包涵宇宙山川清淑虚灵之气，以俟神仙异人修炼变化之资，盖古今如一日也。

麻姑山小有天，乃三十六洞天之一。山以麻姑名，莫知何年始。岂非麻姑元君山顶立坛，久于其地，精切密行，得道升真，而山川之美不得不专欤。自古神仙皆以尽性至命，养气凝神，积行累功，超凡入圣，纪传源流，具有可考。而麻姑元君得道之由，仅见于颜鲁公《抚州图》；会仙之迹，止附于葛稚川《方平传》。考订图史，叙述本末，以与洞天山川相为无穷，此固方外者之资也。囊岁寄隐青城，亦系元君修炼成真之所，西川祷祈福泽之庭。洞府以麻姑名，仙迹班班可考。比来仙都，披阅志集，参以青城耳闻目见，及四方观宇所述，江湖云鹤所传，碑额文字所志，括为一传，以便观览，题曰《小有洞天麻姑神仙传》，与世共之。

盖尝拜元通之殿，陟齐云之峰，追忆青城洞府之高深，遥睇蓬莱弱水之清浅。礼王、蔡二真之仪，而企七月七日仙会之神风；瞻浮丘三应之祠，而仰王、郭二仙寻师之方躅。操瓢酌葛稚川浴丹之水，炷香附邓福唐遗简之坛。望麻源而归谷口，有真人之姓氏；阅碑记而参罗浮，致围棋之老仙。山川之美，神仙之奇，尽在是矣。又或同志之士，闻风而兴，开卷而悟，因元君东海三为桑田之叹，而速修与天齐年之功；读鲁公地气殊异、江山炳灵之文，而勇进蹑武群仙之步。则今日仙传之集，岂曰小补云哉！

---

① 据清同治间重刊《麻姑山志》卷五增。

《道法九要》序 ①

三教异门，源同一也。夫老氏之教者，清静为真宗，长生为大道。悟之于象帝之先，达之于混元之始。不可得而名，强目曰道。自一化生，出法度人。法也者，可以盗天地之机，穷鬼神之理。可以助国安民，济生度死，本出乎道。道不可离法，法不可离道。道法相符，可以济世。近世学法之士，不究道源，只参符咒，兹不得已，略述九事，编成一帙，名曰《九要》，以警学道之士，证入玄妙之门，不堕昏迷之路。人人得道，个个成真，岂不美欤！琼山道人白玉蟾序。

《指玄篇》序 ②

蟾尝思仙道，深究精微，览诸经典，寻求玄奥，亦有年矣。或有指予弃妻室而孤修者，或有指予入深山而求寂静者，或有指用水火而炼药者，或有指戒荤酒而斋素者，杂径纷然，终难入道。使予辗转反侧，寤寐无眠。苦心费力，功愈勤而心愈焦，步更进而路更迷，无如之奈何。后遂抛家，奋志游太华山、浮丘观，及诸洞天，参访明师，终无所遇。又至山东，拜求太虚仙师，不耻恳切，方得还丹口诀，始知道在目前，不远人也。只奈世迷路失，不知返还。复考订仙经，方知得师一诀，可明白也。蟾即速寻铅，煅炼大药，归身复命，一了百当，而成真矣。及思世人，不知了世间事，岂能出得世间法。真人云："此般至宝家家有，只是愚人识不全。"后之学仙道友，正好参此妙意，何必登山涉水，弃子抛妻，断荤戒酒，辟谷清斋，都是胡为，玄道远矣。岂不观《易》云："一阴一阳之谓道，偏阴偏阳之谓疾。"有阴无阳，若春无冬，阴阳配合，方成圣道。

蟾又幸览仙师纯阳翁《指玄篇》，不胜喜跃。于歌诗之下，添一注脚，将仙师隐秘真机，重宣大露，而遗之后之同志。宿有因缘，得览此书，慎勿

---

① 据《道藏》之《道法会元》卷一增。
② 据清乾隆刊本《吕祖全书》卷六增。后多有传本行世，未取为校。

轻慢毁渎，务必信而敬之，爱而藏之，每每用心于道，自得明人重为下手，修炼还丹，跳出樊笼，亦蟾之愿也。

白玉蟾祖师《樵阳经》后序 ①

嗟夫，人禀一以生，一存而存，一亡而亡。守一不离，乃可长生。此一非顽空之一，不落有，不落无，不落上下四旁，不偏不倚，乃"性命"二字，真阴真阳而成。分之则为两仪，合之则为太极，太极从无极中来。此一点灵光，生在无极之中，如黍米玄珠，故曰"一粒黍中藏世界"。实生天、生地、生人、生万物之父母，故曰："无名天地之始，有名万物之母。"圣人制为金液还丹，名曰"外丹"。采元始祖炁，虚无妙有。真山泽之中，而取日月之精华，乃天地之一，亦吾人之一。采而炼之，制为玉液还丹，名曰"内丹"。此丹采于吾人四大之中、生身受炁之初，抟而混合，乃性命之真精。

圣人知一之源，而从此一点修来，先内后外，以神驭气而成道，即是以性合命而成丹也。寂静虚无，觉照圆满，真空寂镇于中。中者，即玄牝之门，一之安身定命处。故使一点性火下降，而一点灵光真命之水上升，混合于中宫而为一，是为得一之一。得一复忘其一，故曰"得丹"，亦曰"一点落黄庭"，此为内外双修之大旨。

学者惟贵二六时中，六欲不生，万缘顿息，灵台寂寂，绛宫惺惺。从此一点灵机上，刻刻不离照顾。真定，则行住坐卧，无往而非道。君子无终食之间违仁，造次必于是，颠沛必于是者此也；戒慎乎其所不睹，恐惧乎其所不闻者此也；终日醺醺如醉汉，悠悠只守洞中春者此也；观自在菩萨者此也。

今天地大劫，八百升腾之日，圣道大明之时，故此一着尽性致命之功，上天为八百开辟，泄三天之秘密，著作丹经，指明内外，命吾吕祖帝君、许祖都仙，授之樵阳。

九年学就大还丹，三年炼成外金液。阐扬正道，尽露真传，以授八百，故目是经曰《樵阳经》。传是经者，皆在有缘，累劫修来。如幸逢之，即樵

---

① 据清傅金铨《道书十七种·樵阳经》增。

阳之授受也。故经之首，以玉液内丹为冠。"内丹成，外丹就"，必也。有圣人之体，然后可以行圣人之用。以性招命，以神驭气，以炁归神，性命双修，名曰"玉液还丹"。

养性而不堕于空，命在其中；守母而复归于朴，性在其中。斯性命两全。然虽身外有身，犹未尽其妙，从此三年九载，一朝粉碎虚空，直超三界，斯为了手矣。

白真人《樵阳经金液大还丹》后序 ①

世人不知大药，生自无名天地始，有名万物母，非凡，产自虚无。真铅真汞出自虚空，故无质生质，无象成象，虚无化火，火化虚无。上圣知天魂出于黑铅之中，地魄产于黑铅之内。此铅不与世铅同，砂汞附形生水火，不得真铅实不可成仙成佛复成祖者，岂世之凡杂黑铅能有此哉？故曰："志士先须辨认铅，不辨真铅枉修炼。铅要真兮汞要真，铅汞不真空用心。浩气结成真至药，人餐迅速入云中。"下手不得清真，到底终是懵懂，岂得轻清汞作金丹根，重浊犹能制八石之物乎？故黑铅产砵砂，砵砂即是日精，白金生水银，水银即月华，莫不从黑铅中红铅黑汞而生。故即铅中之红，以采铅中之白；采铅中之白，以妒铅中之红。红白相投，炼成铅汞，名曰"黄芽"，又曰"真土"，为圣胎，为神物。是以使真阳之炁上升，真阴之炁下降，法日月之升沉，故两仪之奠位。上升者为火、为铅、为庚、为日、为乾、为离、为天、为震、为木；下降者，为水、为汞、为辛、为月、为坤、为坎、为地、为兑、为金。庚为天魂，名"太阳流珠"，又曰"河上姹女"；辛为地魄，名曰"太阴水精"，又曰"青衣郎君"。庚为水中金，辛为水中银，此真铅真汞，两者同出异名。庚乃黄金，为砵砂之父；辛乃白金，为水银之母，是谓黄白，即庚辛之义。庚辛即水火之名，水火即龙虎之炁，上弦半斤之金，下弦半斤之水，乃先天真一之炁，二仪未判之精，先天而立，后天而存，故内丹穷取生身受炁之初。炼神以成形，而形入虚无。外丹穷取生天地受炁之初，化形以合真，而形化无形只一着，名之曰"道"，得之曰"德"，

___
① 据清抄本《都仙许祖樵阳仙经金液大还丹》增。

目之曰"丹"也。故有真阴真阳、真铅真汞。

铅为青龙、为朱雀，汞为白虎、为玄武，又有龟蛇之称、乌兔之喻。不知真水、真火之炁，乃天地未判之先，生天生地、生人生万物，蠢动含灵、山河大地、日月星辰、珠玉、奇禽异兽、幽阴粪壤中物，莫不从此真铅炁而生；五行阴阳、万物寒暑、昼夜推迁，莫不从此炁而生；青红赤白绿色，莫不从此炁而出；咸甜酸苦涩味，莫不从此炁而化。此真铅之炁，先乎天地而天地莫知其所生，赋乎万物而万物莫知其所育。无形无象，浑浑沦沦，寻之不见其端，恍恍惚惚，竭之莫遡其尾。至灵至圣，至虚至无，能有能多，能少能无，能潜能飞，能明能暗，能夺日，能耀月，乃天地之魂魄。圣人知此炁生于水，藏于癸，含元虚危，播精于子。故圣人采之，能使杳冥生精，恍惚有物，以七返九，以九还七，故云"七返九还金液大丹"，为升天之药祖、拔宅之梯航也。

《石函记》曰："盘古初分天地根，本自龙精生虎髓。"函谷关碑文曰："红铅黑汞大丹头，从红入黑是真修。黑中取精赤取髓，识得红黑药无比。以红入黑乃长生，以黑入红天仙已。颠倒两般总成还，火龙变化成天仙。"自上圣列真，传至于今，飞升拔宅者，莫不由之。惟此一乘法，余二即非真。今五陵之内，值八百之昌期，乃天地到此一大佳劫，上帝命吾祖师吕帝君主教，都仙祖师许帝君证盟，依法修诀，著为《三天秘旨》，内外两帙，传宣宇内。首授樵阳，樵阳修之得此，指出汞铅旨，九年炼就内还丹，三年炼成外金液，阐明正教发真传，八百仙徒宗尔策。然五陵之内，樵阳岂能遍及？然赖是经之传，故目之曰《樵阳经》。得此经者，皆樵阳之受授，同共登樵阳榜。然吾祖度者，及分命吾辈代度者亦多。今吾吕祖帝君命吾录付，吾承祖命，敬录付之。急宜猛力增进，修三千功，积八百行，内外双就，机至缘凑，翕然向风，阐扬正教。

此经句句拔心，语语露肝，采群言以明奥，引众论以剖真，使八百寻言悟意，解义悉真，个个成仙作佛，人人飞升拔宅也。得遇者，自生喜悦，皆前劫有缘，凤种有根。遇之忽之，不知珍宝，乃凤世无缘，故今生错过。得授之者，宜竭力猛修，积德施功，乃八百中人矣。若外此，皆趋妄迷真，岂得成天仙事哉！

七乃火数，九乃水数，数返已又还，数还又返，返还数终，名曰丹成，是以金丹之生生于数也。金丹以数而生，故返还先天先地之真水真火，而盗其数十万年一元之炁，周而成丹砂，以接吾先天地之真炁，而为之立命成性，为魂为魄者。吾之魂魄即天地之魂魄，以天地之魂魄，夺取于数十万年者，以益吾之魂魄。吾之魂魄，亦数十万年而长生不朽矣！岂不金筋玉骨，羽翰而冲举哉？死者点之，岂不白骨复肉而形体如故哉？故劫始劫终，劫终劫始，而寿能有穷期欤？然此刀圭，万镒莫换。九载复三年，神丹成影幻，如灯之光，如日之旭，吞之入口，足蹑风云，鸡犬腾霄，度祖宗魂，俱列南宫。

当知内外，不可偏废。得本以立内，了外以成真；炼神以成形，化形以合真。渣滓消融，形神俱妙，不留坟塚示儿孙，金仙之事毕矣。《石函记》曰："住世铅精五金祖，七十二石之父母。炼土英灵采得来，倾下先须去阴土。铅砂抟成如土块，六一固济相护互爱。用火煅炼一昼夜，火灭烟消化成灰。腾前倒制入灰池，火发铅溶化神水。神水元因出白金，先取白金为鼎器。白金原是水银胎，返本还元水银制。水银便是长生药，不是人间水银作。朱雀炎空飞下来，摧折羽毛头与脚。水银从此不能飞，化作金丹成大药。"莫不从黑铅中采取先天先地之真水真火，无中炼就，虚里造成，故曰"空中不空，是谓真空；无中不无，是真虚无"。天魂无象，遇炎焰而成象；地魄无形，蹈烈火而生形。水银一物分为二，炼黄炼白成鼎器，皆出自虚无，圣人谓之"同类"，又曰"无质生质是还丹"。合之先天真一之炁，分之则水火也。四之则火为铅砂，水为银汞，是为四象。总之，只在水中取出。癸内生壬，铅中产砂，砂中产汞，汞吐三花。始自无而致有，既以有而生无，分明一味水中金，须向华池着意寻。金液还丹之秘尽矣。

首尾已详于经中，方且无容赞一词者，聊叙序为授事云。但炼士之士，亦要辨药物之真，二要知采取之玄，三要知火候之微，四要知做造炉鼎之用，方可修炼大药，斡旋阴阳，暗合天枢。攒年月日时于一刻之中，促五行四象八卦于一物之内，与天地同其寒暑，与日月共其盈虚，先天而天弗违，后天而奉天时，鬼神不能测其机，造化不能藏其秘，范为天地，养育乾坤，斯得炼丹之本。

仍有一件天大的事，第一要戒淫、杀、贪、妄、谋、忌、暴、悖，又要命缘福德，志行兼全，是谓八戒修持，六美兼备。苟或未然，万一难成，动有阻碍。盖拔宅飞升，非小务也；万劫长存，非细故也。若少有一毫不与仙佛圣贤对，同处便是凡类。况德不积，行不累，志不立，八戒不备，六美不全，是一庸人，而欲为卿相，何自登荣？一凡夫而欲列王侯，何从托迹，万无是事。故"动有群魔作障缘"，多魔多障，非人事之多非，则外扰之牵缠，同事自相乖忤，同舟抄戈，一事吴越，皆鬼神之使然。非取之无药，则临炉辄病；非池鼎破裂，则飞来祸临。应手不及，非火候失度，则药灵走散，则火药将成，而雷轰掣去，炉鼎无迹。此皆无德无功，淫、杀、贪、妄、谋、忌、暴、悖不除，命缘福德志行蔑有，与仙常远，无分者也。

此初非不知大药，乃识之者也。知铅知汞、知水知火、知炉知鼎，取自虚无，知藏于朕，亦或得至人指示，遇先圣之神方，妄称德重，强曰功高，贪心满于襟怀，虑后重如太山。得法人手，即忘其所之之恩；取药炉中，即尽逞其所欲之念。噫，天岂祐斯人哉！神人共怒而自使之无成就矣。故为之者如牛毛，成之者如兔角，况未得其津涯，未闻其奥妙，而烧五金八石、草木霜灰、非类渣滓有质之物哉？是又炼丹中之罪人。故八戒备，德日新，则天神祐，命缘福德，志行全而丹成矣。

《金药篇》后序 ①

人身难得，中土难生，正法难遇，妙道难闻。金丹大成之道，上天所宝也。不胜微妙，百千万劫难遇者也。若求天仙，此道之外无他道。佛云："惟此一乘法，余二即非真。"作为是书，天开玄教，正道当行，方传有德，以付凤骨。仙祖故作天书十二章，以象丹成之妙。太秘于紫极曲密之房，志士遇之，熟读研精，非比他经紊乱，以误后人，反招莫赦之罪，永受长夜之愆。故当珍而重之，如良贾深藏，待价而沽。寻觅志同道合，有德之人，方可下手。或依有力之家，先结丹友，提防以伪乱真之辈，虽父子不传，王侯莫与。得遇至人，身亦有功，彼此至福；不得其人，彼此受殃。又曰：苟非其人，道不虚行。若以斯言为陋劣者，雷府所勘，报应如响，永堕三途之苦。

予蒙真人，开注茅塞，朝闻夕死之愿，草衣木食，便自安也。惜乎世

---

① 据抄本清张阳纯汇编《金碧浮黎鼻祖金药篇秘旨》增。

人，未遇至士，望望然莫知所之，遂使有道之人，当面错过。更不自思，在于见闻而来，以瞎医盲，以邪治鬼，浪语谤真，玷污名教，其咎难逃。赴功名之会，贪爵禄之荣。曳裾王门者，自以安若泰山也。独不虑累卵之危，隐然于其间；而瓦解之机，潜伏于其下。曾不历半世功名，有百世之冤者，反谓仙道遗世绝响，岂其然乎？此辈甘心皓首，而无闻焉。考亭朱子，晚年有"脱履谅非难"之句，而欲愿为淮南鸡犬之望乎！

嗟乎！惟明哲保身，急流勇退，如子房之慕赤松子，范蠡之泛五湖，其世不多见也。凡达此道者，不可私妻子，好货财，下手速修。如成仙满门，眷属同举，伯阳鸡犬皆升，九祖超升，天界蒙福，不亦善哉！故葛、王二翁，释《经》于前，以示后学。

噫，书不尽言，性耽玄虚者，大丈夫之能事毕矣！萨真人云："千年铁树开花易，一入酆都出世难。"可不敬谨恐惧斯道，难同于世？人能守之，福莫大焉。守之不能行，自是自弃其道矣。故求道之人如牛毛，得道之人如兔角者，何为也哉？其在精修而已。

玉蟾子白琼琯书。

跋类

跋《上清灵枢山雷火云秘法》

关尹子曰："衣摇空得风，气嘘物得水，水注水即鸣，石击石即光。知此说者，风云雷电皆可为之。盖风云雷电，皆缘炁而生，炁缘心生。犹如内想大火，久之觉热；内想大水，久之觉寒。知此说者，天地之德皆可同之。"仙人谭景升《化书》云："动静相磨，所以化火也；燥湿相蒸，所以化水也；水火相勃，所以化云也；汤盏投井，所以化雹也；噀水向日，所以化虹霓也。由是知风云可以命，霜雹可以致，阴阳可以召，五行可以役。"愚尝得其说矣。因著数语以跋法书之后，使学仙奉法之士有所稽考，毋疑焉。

宋乌符山天篆山钤碑①

江名潇，溪名浯，北去自有真仙居。昔人吴明达，此授乌阳符。水光山色晖晖乎，千古万古奉玉虚。

清逸居士蒋君吉甫，余六年之先访之矣。比复过款，因以古篆一纸见示，怪不可识。徐验细玩，参以示怪道经天书、龙章凤炁之文，始可读之。夫江名潇者，此言自潇江而下也；溪名浯者，祁邑也；仙居云者，邑之北也；山水晖晖者，吉甫名晖也；乌阳符者，山名乌符也。兹正所以奉玉虚也。吉甫戊寅秋有野客惠之此文，今且十有二年，人莫能辨。及兹宫成，余乃告之。己丑仲夏，白玉蟾书。

《清闲》跋②

可委者命，可凭者夭。人无牵尔，事不偶然。上天生我，上天死我，一听于天，有何不可。时有待识，物有枯荣；人有衰盛，事有废兴；龙不冬跃，萤能夜飞。君子小人，而皆有时。仲尼再思，曾参三省。予何人哉，敢不修整？人言为信，日月为明，止戈为武，羔美为羹；人有贤愚，事无巨细，得不艰难，失必容易；断不决疑，断不可缓，当断不断，反受其乱。人善不趋，己恶不除，谓之知道，不亦难乎！良如金玉，重如丘山；仪如鸾凤，气如芝兰；春无再至，花无再阅；人无再少，时无再来。

《施华阳文集》跋③

李真多以太乙刀圭火符之诀传钟离权，钟离权传之吕洞宾，吕即施之师也，施有上足李文英。昔施君授李一十六字，世罕知者："一灵妙有，法界圆

---

① 据清陆增祥《八琼室金石补正》卷一百十九增，参以清光绪《湖南通志》卷二七七。体裁为跋文，故录于"跋"一目中。
② 据《道藏》之元彭致中所集《鸣鹤余音》卷九增。
③ 据《道藏》之《历代真仙体道通鉴》卷四十五"施肩吾"传文增。

通，离种种边，允执厥中。"予偶得之，故并以告胡栖真，使补其遗云。

题类

题《无上九霄玉清太梵紫微仙都雷霆玉经》

武夷张元瑞侨寓仙城，积善之家也。刊施《雷经》，章厘其句，字求其义，遣其子著订讹于余。余谓之曰："杨柳姮娥之语，此雷部隐旨也，不可致诘，神之毋忽。"

题张紫阳薛紫贤真人像

昔李亚以金汞刀圭火符之诀传之钟离权，权以是传吕岩叟，岩叟以是传之刘海蟾，刘传之张伯端，张于难中感杏林石泰之德，因以传之。泰，邠州人。事成游毗陵，授之于蜀僧道光。光之门有行者道楠，号为陈泥丸，即先师也。偶缘道过太平宫，睹壁间张平叔、僧道光之像，感前贤之已蜕，嗟尘世之不仙，思鸾鹤之未来，对江山而无味。张乃紫阳真人，太微第四星也。道光姓薛，号为紫贤。石公乃翠元先生，先师则翠虚真人也。海南白玉蟾因访知宫蔡长卿，于是乎书。

题周圆通笁篱歌

上清灵宝圆通法师周君以宁，旧讳大鼐，字国宝。少游方外，归赋《笁篱歌》，四海学者，裹粮抠趋，户外满屦，投词山峙，灵通妙应，在人耳目。公享人间九十寿，一从仙去，得公法者何啻二三百人，甲以告乙，乙以传丙，圆通一派，几何人哉！惟紫枢林君嵒中，深味净明之髓，以寿圆通之脉，又从而续公之歌。愚不知《笁篱》所谓，恐只于诠圆通之大义也。否则庞居士何为而业于《笁篱》欤？周君作于前，林君述于后，余复跋之，是谓三人证龟成鳖者也。读此歌者，毋徒于《笊篱》而求圆通，当于《笊篱》外索之可也。

黄龙洞题字①

林屋别窦，神霄散吏。

辞类

赞《救苦经》辞
（集《救苦经》句）

太上灵宝天尊说《救苦经》者，云藏宝笈，乃东华帝阙之真书；烟锁琅函，为太乙慈尊之秘典。空中灼灼，妙哉大洞之经；天上冥冥，皆成大道之力。第一委气而第二顺气，以制九天魂；东南度命而东北度仙，遍满十方界。还将上天气，寥寥化作泥丸仙；以伏诸魔精，渺渺高超仙源路。天上六六，而地下六六，其数如沙尘；劫前三三，而劫后三三，自然有别体。使众生如盲见日月，以威神救拔诸迷途，成无上道而作无上尊；以威神力救一切罪而度一切厄，以通祥感机。混然无分，天气归一身之内；善见救苦，虚空皆遍体之真。故成万法而主光明，乃领无边而归太上。初发玄元始，不知空洞有虚皇；普济度天人，但见紫云覆黄老。诚太妙至极之旨，皆玄上玉宸之言。堪嗟罪障实可哀，我今念诵无休息。朗咏罪福句，自然心垢之清；是名三宝君，我本太无之际。向来讽诵此经者，莫不代天尊而演说经教，体大道以引接浮生。月明玄贞万福之宫，香花缭绕；星拱玉虚明皇之殿，花雨缤纷。天堂享福而地狱无声，庆云开生而祥烟塞死。玉宝皇上乘旛，下入开光门；无量太华救命，上登朱陵府。念太灵虚皇之号，剑树化为赛；礼真皇洞

---

① 据《吴兴金石志》卷十增。

神之尊，火翳成清暑。空洞非迹，咸见同声救罪人；飞天神王，由是委气聚功德。化形十方界，道言诸大天尊；作颂仰尊颜，自有无鞅数众。神魂如在，迳上元始天宫；灵识昭然，超度三界苦趣。三涂八难，勤学无为；六道四生，自悟真道。无名无我，逍遥乎清净之乡；不迷不荒，超达于虚无之岸。稽首诸仙众，颂毕举闻经。

碑类

有宋庐山养正先生黄君仙游碑

先生姓黄，讳知微，字明道，世为江州人。少隶大平兴国宫道士，禀性冲淡，赋形丰伟，执心谨谅，治身严洁。元丰间，即本宫奉采访真君香火，盖其职也。舒州潜山体道先生崔君闻其名，自舒之江访之，授以一九谷神之道，金液沦景之旨。从此若徉若蹶，狂易无度，时人呼为黄风子。遂自赋《黄颠歌》，益自汗晦。

先是，宫中养正堂得业，今以养正先生呼之。曩与崔君游，有所谓泥丸万神、刀圭一粒之语，复为一词以自表，即集中"御街杯行"之云也。按猴溪蔡子高所著之记、大梁司马之白所述之传：先生嗜酒，每醉则浩歌，歌罢颠狂自若。常于宫前朝真桥上，疾声大呼，若有所呵。一衲百结，裸露不顾，隆冬盛夏，恬无寒暑。权贵士夫有施惠者，随手散去。或走窜林壑之间，或歌舞城市之中，终日醺醺，一切不为。常带两衣囊，每遇便溺，和以粪壤，悉用纸裹而置诸囊，与夫饼饵药物杂置一处，殊无秽气，其囊自号锦香。时大雪，林壑冥濛，草木变白，独先生所居之室，其顶无雪。常指室傍壁罅而示人曰："此吾游蜀之路也。"初不知书，而所谈多史传间事；不能文，而所出皆高妙之辞。至如诗云："买纸一百车，系笔一千管。纸尽笔头秃，不说胸中半。"独曰："此汉高帝诗。"不可致诘者也。又如"云溪拂地送残雨，谷鸟向人啼落花"，及"万里碧云开暮色，一条银汉在秋天"等句，出于自然，皆学者所不能到。尝谓所知曰："酒能败德，必须戒之。吾所以饮酒，与人饮异。"又曰："鸡在卵中，已含造化，于人有功，安可饪之？"善哉言乎！由是士大夫多礼接之。乐其道而忘人之势，遗弃形体，处人之所恶，宣谓风颠者也。宫中道士五百辈，时或饮酒，虽不邀，先生亦一造焉，人以为饕餮，先生不羞也。或恐其知者，则密以为期，临欲饮，则先生不期而会，宾主交愕，乃坐先生于席末，痴饮大嚼，旁若无人，醉辄叫，同褐厌之。嘻嘻气以自快，每嘻时不停，声响彻霄，久之乃已。蔡猴溪年十八九时，勉其学道，蔡方业儒，托以有父兄在。先生笑曰："车下有水时，何为不可？"蔡自是数得顾遇之异。蔡尝问先生："如何久不嘻气？"先生不答。再问而嘻，且曰："大嘻一声天地静，落花烟淡水朦胧。"又同宿道士聂叔彬之燕处堂，先生语蔡曰："近有金道人自北来见，在道堂中，尔可往见不？"果往，先生起而坐，口占一绝曰："将身轻步入名山，四海云游尽可攀。大道自然随自过，鬼神瞻仰白云间。"久与夜坐溪上，指东方一星为题曰："入夜明星拱紫微，东南西北共光辉。通天入地无人会，惟有清风明月知。"又见蔡眼中有黑花，而吟曰："肾耗元精少，眼有黑花生。却得蓬蒿力，遮藏见太平。"又同饮，而取萝葡置酒中，自食一半，分一半与蔡食，曰："一性无耽酒色荒，元精混沌归渺茫。真人惠送清凉药，换得朦胧晓夜光。"蔡出门便觉眼花不复有矣。崇宁末，先生年已九旬余，貌若处女，肌肤如玉，然颠往之态如故也。人皆忽其态，故失其编年叙事之详。蔡子高、司马之白俱慷慨高蹈之士，获与之交。时有崔风子、高赤脚亦皆异人，往来庐山。斯时斯人，诚难其遇也。宣和末年，遣使召之，先生坚不起，有司强之，登舆至九江，终不肯前，乃曰："今二天子矣，我往何为哉？"既而渊圣登极赦至矣。宫庭未回禄日，先生于采访殿上掘去其甃，植蒿一根，坐其旁，若歌之曰："明年了来。"如是连歌数四而去。次年，韩世清贼马焚毁宫，度乃植蒿之日也。煨烬之后，旧址之上，独生当来所植之蒿，别无繁类。先贼马临境之际，人心动摇，不遑宁处，多就卜其去就之理，得其语者，后皆可验。有遇先生，或谓曰尔得，或曰尔休。所谓尔休者，委之沟壑，莫知所在；谓尔得者，丧乱之后，悉皆无恙。先生居常语人祸福，初不经意，久而有验，神如也。兵烬之后，先生死，山侧瘗之矣。后数年，有自蜀中来者曰："黄风子今在蜀，昨于成都相会。"众疑之，复因便寄书一封，回山开缄，乃丧乱后所存道士姓名也。于是怪而发其棺，惟衣履在焉。

旧传本宫道士王三一，颇知其出入隐显之事。然神仙之迹，千变万化，不可枚举。粗据其传记大略，以碑其仙游之躅云。若夫《警世歌》《乐道歌》及诗词等作，散亡之后，仅得数十篇，山中道士熊守中编之。先生所居，旧名养正堂，内有风玉轩。先生仙去，遂改其堂曰大噫，今复易名黄仙庵。羽流夏师古别筑数椽之茅于庵之后，以祠崔君暨我先生焉。一旦其裔刘道瑃者，请余碑之。余生晚，不及见先生，但多慨慕而已，敬为铭曰：

"庐山之下，溢浦之濒，山高水长，不见斯人。竹月涓涓，松风瑟瑟，遐想仙姿，风清月白。"

铭类

鹤林靖铭

（并序）

张正一定都功二十八治，以乙巳生人，隶本竹。长乐彭耜季益，乙巳生，弱冠时，梦之一所，恍如洞宫，扁曰鹤林，寤而识之，懵其所以。后拜大都功，领治本竹，始知其山多瑞竹，复与鸣鹤山相邻。于是悟鹤林之梦，乃鞭心以希仙，求所谓虚坎实离之妙，日与方士为炉薰茗椀之乐，若无意于仕进，杜门绝交，益自韬晦。既得天枢之书．兼缩雷章，每拯民瘼，如救饥溺。粒符滴水，动有异应。时翻蕊笈，深味道腴。霞标芝宇，精英爽越。想其飞神于空碧，毓冲于渊红者也。玉蟾尝读藏经，知鹤鸣本竹之间，叠有羽人蜕仙其地。窃意鹤林之朕，已萌于未拜箓之先，无乃神游故山，心驰旧隐者欤！季益则鹤鸣本竹间异人，明矣。神仙隐则上仙，显则瑞世，兹固奇事，将欲迹其梦于丹玛翠砆之上。及见季益所著《南岳思真录》，又知其再膺南岳先生之号，亦留神于盟威元命之诀。所行之法，固已彰灵者验；所受之箓，又复通真达灵。即其鹤林道靖，为之铭曰：

"彼鹤鸣山，邻于青城。彼本竹治，翼于鹤鸣。紫芝碧菌，丹崖翠谷。雪鹤巢松，琅风韵竹。千岩万壑，吐云吞烟。朱霞媚水，素月流天。玉渊宅龙，瑶草卧虎。昼现霓旄，夜散花雨。成一洞府，似非人间。中有灵君，髯苍脸丹。玉局事徂，黄鹤不返。夕鸟归飞，洞门闭晚。其地蜕仙，古今几人。岂曰无人，胎神蛰灵。神仙隐显，朝凡暮圣。影泡出没，入大圆镜。鹤唳氏星，竹凌壁宿。本竹郭声，鹤鸣张兆。药炉不火，策空驾浮。挹彼诸仙，飞行太邱。如何老彭，得此异梦。适此二山，映带成洞。定知郭张，游残阆浮。进雉后人，应此梦不。武夷令昭，洪崖老抗。皆篯流胄，代有仙况。今之鹤林，古仙化形。元命真人，南岳先生。都功三五，盟威正一。法掌东华，职居南极。手绾雷玺，足蹑枢罡。水火金液，刀圭玄黄。功盈三千，行溢八百。鹤云飘飘，竹风瑟瑟。梦中旧路，飞还故山。鹿堂云台，遨游其间。回首霜畦，芝术已老。不知何人，得君火枣。"

得怪石研以赠鹤林仍为之铭

颜生穴矿，得名如研。胡为泥中，逾久不变。世如泥浊，心如石坚。磨穿此石，心乎悠然。

直清轩铭

虚心自洁，劲节不渝。与之俱化，惟君子儒。

慵懒铭

丹经慵读，道不在书。藏教慵览，道之皮肤。至道之要，贵乎清虚。何谓清虚，终日如愚。有诗慵吟，句外肠枯；有琴慵弹，弦外韵孤；有酒慵饮，醉外江湖；有棋慵奕，意外干戈。慵观溪山，内有画图；慵对风月，内有蓬壶；慵陪世事，内有田庐；慵问寒暑，内有神都。松枯石烂，我常如如。谓之慵庵，不亦可乎。

日损铭

周唯道，造玄域。穷太始，索太易。知艮兑，即山泽。省念虑.究玄
赜。搏交游，乐虚寂。谨言语，节饮食。薄嗜好，减思索。宇泰定，室虚白。
返真观，习定息。绝世事，得慧力。道日损，学日益。即此是，真端的。

足轩铭①

寄题足轩，奉似吾友周贾②长高士。紫清白玉蟾。一丘一壑志愿足，始
缝掖时文史足。不肯桑行礼自足，指此鉴心信知足。老氏宁馨一夔足，静观
平生万事足。何必封侯然后足，有人冷笑貂③不足。护元气如护手足，拟待
登天欠攴④足。使子果然功行足，为须司命来是足。莫学神⑤王无厌⑥足，羞
使瞿昙福慧足。柱⑦国阎王⑧伊多足，仙人自合断鳌足。更施所养补未足，如
彼江上一犁足。亦⑨如人国兵食足，所谓平生万事足。宝庆丙戌万事足，乃
见止庵此神足。道无死生无不足，是以此轩名曰足。

---

① 据故宫博物院编《宋葛长庚草书足轩铭》墨迹释文辑入，并校以徐邦达《古书画过眼
要录》（下简称"《过眼录》"）之《足轩铭》释文。
② 贾，《过眼录》作"奕"。
③ 貂，《过眼录》作"招"。
④ 攴，《过眼录》作"两"。
⑤ 神，《过眼录》作"射"。
⑥ 厌，《过眼录》作"餍"。
⑦ 柱，《过眼录》作"极"。
⑧ 王，《过眼录》作"罗"。
⑨ 亦，《过眼录》作"一"。

第三卷

偈类

《金刚经》偈寄示西林总长老

以字不成，八字不是。如是我闻，早落第二。

喜无忧求偈

禅不用参，道不用学。行住坐卧，是大圆觉。

为禅悟剪发偈

一毛头上一如来，一一如来鼻孔开。把得这般力在手，剪教断了唤教回。

郑天谷写神随喜说偈

大道本来无形，安得这般面嘴。是你不合带来，只得任他赞毁。三分似人七分似鬼，不是骷髅，不是傀儡。这个是第几个身？这个是第几个你？有人更问如何，向道剑去久矣。咄，三尺浪高鱼化龙，痴人犹屙夜塘水。

颂类

玉真瑞世颂

维皇宋嘉定皇后崇尚神仙，有志铅汞。臣生遇熙旦，获睹盛事，谨制《玉真瑞世颂》，其辞曰：

"西华王母，紫虚元君。咀嚼九日，偃仰三云。毛竹秦娥，萧台周女。夜骑天风，晓诣帝所。琪花开盛，凤鸟歌雍。霞旌舞翠，烟幢丽空。金茎露飞，玉树月淡。苍苔丹墀，红药朱①槛。北斗后德，阳春母仪。飙乘鹤驱，霓裳羽衣。懿淑靖都，恭柔慧闲。金玉渊海，琼瑶丘山。圣学光明，宝翰芳美。四海歌谣，关雎麟趾。仙仪冲粹，道性熙怡。福禄来为，葛藟蔂②斯。金鼎凝霜，玉炉煨月。芝田黄芽，桂馆白雪。青鸟不至，翠蓬忘归。玉真瑞世，吾教光辉。详延方士，酬酢道要。营魄守雌，玄牝观妙。广寒兔老，衡岳松青。至尊万寿，永保坤宁。"

鹤林传法明心颂
（二首）

其一

万法从心生，心心即是法。语嘿与动静，皆法所使然。无疑是真心，守一是正法。守一而无疑，法法皆心法。

其二

法是心之臣，心是法之主。无疑则心正，心正则法灵。守一则心专，心专则法验。非法之灵验，盖汝心所以。

---

① 朱，原作"宋"，据同治本改。
② 蔂，原脱此字，据同治本补。

狗子佛性颂

（僧问赵州："狗子还有佛性也无？"州云："无。"乃为之颂云。）

雨过西风寒，苍苔封战骨。可怜老将军，饮马长城窟。

赞类

琼山白玉蟾暇日吮笔作伯阳、悉达、宣父三君子之肖，仍拾其语为之赞云。

谷神不死，是谓玄牝；玄牝之门，是谓天地根。

人心惟危，道心惟微。惟精惟一，允执厥中。

羯帝羯帝，波罗羯帝。波罗僧羯帝，菩提萨婆诃。

李伯阳赞

（三首）

其一

三花聚顶，五炁朝元。入众妙门，玄之又玄。

其二

道是太乙元君，又是河上丈人。

渺渺太清之境，巍然道德之身。

其三

蓬莱三万里，道德五千言。一自青牛去，函关烟雨昏。

高祖圣师天台紫阳真人赞

（姓张讳伯端，一名用成，字平叔。）

元丰一皂吏，三番遭配隶。空余《悟真篇》，带些铅汞气。

曾祖圣师真一还源真人赞

（姓石讳泰，字得之。）

杏林驿，雪之夕，老师张，弟子石。
凛凛清风生八极，那些儿消一滴。

师祖鸡足紫贤真人赞

（俗姓薛讳式，字道原，一名道光。）

秃头俭相，做尽模样。张平叔若不再来，石得之不成信向，你即是道光和尚。

先师翠虚泥丸真人赞

（姓陈讳楠，字南木。）

惠州是生缘，嘉州是得遇。漳州走落水，潭州没去处。

虚靖先生像赞

七返还丹阿谁无，先生归去谁识渠。时人要见真虚靖，北斗西边一点如。

冲虚侍宸王文卿像赞

醉持铁尺叫风雷，玉帝纶言召两回。到得人间无鬼域，依然长啸入西台。

天师侍晨追封妙济真人林灵素像赞

大宋天师林侍晨，飞罡蹑纪召风霆。四十五年人事足，中秋归去月三更。

许旌阳赞

曾传谌母炼丹诀，夜夜西山采明月。壶里满盛乌兔精，剑尖尚带蛟龙血。一自旌阳县归来，拔宅腾空入金阙。但留仵道八百年，未教他吃东华雪。

韩湘子赞

白雪满空夜，黄芽一朵春。蓝关归去后，问甚世间人。

陈七子赞

一卷无人识，千钟对客谈。桃花开欲谢，犹自恋寒岩。

何仙姑赞

阆苑无踪迹，唐朝有姓名。不知红玉洞，千古夜猿声。

曹国舅赞

窃得玉京桃，踏断金华草。白云蒲簑衣，内有金丹宝。

黄风子赞

先生不狂是诗狂，先生不颠是酒颠。颠颠狂狂人不识，归去青城今几年？曾将诗酒瞒人眼，不是酒仙与诗仙，只是个黄颠。

朱文公像赞

皇极坠地，公归于天。武夷松竹，落日鸣蝉。

自像赞
（三首）①

其一

日月藏瓢里，溪山挂杖头。有些难说处，夜夜是中秋。

其二

千古蓬头跣足，一生服气餐霞。笑指武夷山下，白云深处吾家。

其三

神府雷霆吏，琼山白玉蟾。本来真面目，水墨写霜缣②。

许紫冲求真容赞
（二首）

其一

虎已伏，龙已降，猕猴不复窥六窗。万籁无声秋夜静，一轮明月照西江。

其二

庐山之下，绣谷之中，一江夜月，万壑松风。此意谁能悉③，岳阳城外松。

---

　　① "自像赞"三首，原本目录脱，此据文中顶批"自像赞"而名，《上清集》、同治本作"自赞"，刘本、辑要本作"先生自赞"。又，《上清集》、同治本少"日月藏瓢里"一首，止作"自赞两首"。刘本、辑要本只有"千古蓬头跣足"一首。善本分作"自赞喜神""先生自赞"两首，也无"日月藏瓢里"一首。
　　② 缣，原作"嫌"，据善本、《上清集》、同治本改。
　　③ 悉，原作"委"，据辑要本、同治本改。

种桃斋写神赞

南海琼山子，香山居士孙。习文不若陆贾，习武不如孙膑。八千余里琴剑，二十一年水云。偶过庐山之下，痛饮蟾溪之滨。纵饶画得十分似，何似天边一月轮。

周伯神喜神赞

方丈老仙客，寸心水一滴。双脸红朱砂，两眼点黑漆。咄，白鬓抚掌笑呵呵，白鹤一去无人识。

倪梅窗喜神赞

燕颔虎头古班超，龙章凤姿晋嵇康。高人心地本无象，风清月冷倪梅窗。

醉作观音像仍为书赞

（三首）

其一

柳絮多头绪，桃花好面皮。夫是之谓谁？东海比丘尼。

其二

顶戴弥陀呈丑拙，手持杨柳惹尘埃。纵饶入得三摩地，当甚街头破草鞋。

其三

花红柳绿菩提相，燕语莺啼般若宗。更去补陀山上觅，云涛烟浪卷天风。

布袋和尚赞

布袋包尽太虚空，拄杖击破三千界。世界若还击得碎，拄杖何止如许大。若言包得太虚空，虚空却在布袋外。如何偏爱此等物，常与小儿作一队。问世人会不会，夺了他拄杖，抢了他布袋，打杀许多小孩儿，看他弥勒何能解？弥勒抚掌笑呵呵，明月清风无挂碍。等到龙华三会时，依前有一弥勒在。

秽迹赞

宝杵动时天地黑，环铃震处鬼神惊。释迦临入涅槃日，六欲天中现此身。现此身，无边际，大圆镜中点检看，个个三头并六臂。

戏作墨竹二本赠鹤林因为之赞

新梢凝翠，落照余红。乱鸦噪罢，叶叶清风。（风筿）
一枝嫩绿，数叶老苍。夜半月明，清露瀼瀼。（露篠）

赞历代天师
（三十二代）

第一代祖师正一静应真君讳道陵字辅汉

云锦山前炼大丹，六天魔魅骨毛寒。一从飞鹤归玄省，烟雨潇潇玉局坛。

第二代嗣师讳衡字灵真

光和初载大丹成，有甚工夫事汉灵。夜半玉舆飞紫露，春风春雨满阳平。

第三代系师讳鲁字公期

笑把铜章尹汉中，隐山斗米显神功。魏兵四畔临河岸，弹指谈心万丈峰。

第四代讳滋字元微

鄱阳策杖抵岩巅，旧有丹炉锁暮烟。今古一双龙虎石，侍郎仙去是何年。

第五代讳昭字道融

数千里外露阳神，丹灶灰寒结紫云。两虎归林人不见，数枝茵草鹤穿坟。

第六代讳椒字德馨

丹书玉札隐琅函，云几飞空鹤几骖。告别门人归去后，夜来素月落寒潭。

第七代讳仲回字德昌

当年辟谷炼仙丹，召雨呼雷譬似闲。四海有人膺宝箓，笑携笻去鹤鸣山。

第八代讳迥字彦超

丹篆才书泣鬼神，年逾九十脱红尘。至今岩上结庐处，夜半凤凰栖绿筠。

第九代讳符字德信

上饶山水甲江南，一锡横飞欲结庵。忽遇至人烟霭外，归来无语隐松岩。

第十代讳子祥字鳞伯

满室神光夜欲阑，灵丹吐出掌中看。当时鹤唳佳城外，空有霓裳掩玉棺。

第十一代讳通字仲达

闭户凝神四十年，青鸾赤玺策云轩。琼棺数月金躯冷，满室天香酹一樽。

第十二代讳仲常字德润

鹤书曾诏赴宸京，归作分形化景人。昨夜饮酣曾吐酒，醒来又薄甕头春。

第十三代讳光字德昭

几年辟谷学飞行，撞破秋空一点青。才到暮林风月夜，洞天隐隐步虚声。

第十四代讳慈正字子明

丹鼎能干活水银，举家一念赡贫民。空中动破云韶乐，白鹤飞来风雨春。

第十五代讳高字士龙

丹台一点玉髯翁，千古天师张士龙。招弄溪山诗技巧，吐吞风月酒神通。

第十六代讳应韶字治凤

一亩闲云独自耕，草庐寂寂诵《黄庭》。又言辟谷归山后，月夜时闻铁笛声。

第十七代讳顺字仲孚

贵溪一尉隐家山，静结茅庐三两间。九十岁时尸解日，时人犹见是童颜。

第十八代讳士元字仲良

神水华池养白鸦，玉炉进火结丹砂。仙家妙用无人识，顷刻能开桃李花。

第十九代讳修字德真

玉局瑶篇龙凤文，三元开度士如云。翻身踏着蓬莱路，浴罢焚香自入坟。

第二十代讳谌字坚德

吸干酒海一须臾，冠冕玄坛百岁余。不食人间烟火气，能传天上电花书。

第二十一代讳秉字温甫

入腹金龟梦正疑，琳房初诞谪仙儿。丹传祖印百来岁，执笏归仙地震时。

第二十二代讳善字元长

参遍名山谒洞天，相逢却是活神仙。归来换骨回阳日，屈指人间九十年。

第二十三代讳季文字仲归

玉盂祝水起波云，笔下雷声泣鬼神。龙虎山前山后问，先生活尽几多人。

第二十四代讳正随字宝神

人在犁锄烟水乡，结茅高卧小松岗。勅封真静先生号，一卷仙经一炷香。

第二十五代讳乾曜

横握镆鎁入洞天，洞天漠漠掩寒烟。仁宗亲问金丹诀，笑指斜阳噪乱蝉。

第二十六代讳嗣宗

朱砂鼎里炼金晶，默祷天皇入紫冥。月落半山丹井水，猿声惊断满天星。

第二十七代讳象中字拱辰

仁皇恩赐紫衣时，方是宁馨七岁儿。闲把洞章歌一阕，不知鸾鹤满天飞。

第二十八代讳敦复字延之

棘围战罢笑归来，一寸功名心已灰。白鹤何年归洞府，夕阳影里野猿哀。

第二十九代讳景端字子仁

当年仙去鹤巢空，万壑千崖夕照红。人在丹丘玄圃外，潇潇松桂夜来风。

第三十代讳继先字遵正

筑着成都人姓刘，丹成蜕迹入罗浮。琼楼数纸御书在，虚静先生已掉头。

第三十一代讳时修字朝英

是个清都一散郎，凝神聚气炼丹阳。片云孤鹤无踪迹，半夜风寒万里霜。

第三十二代讳守真字遵一

鹤颈龟腮骨已仙，星坛长啸诵琼篇。自从阙下归仙后，一枕清风几万年。

知宫王琳甫赞①

萱堂一枕兮红光入怀，龙岩虎石兮瑞气结神胎。北帝真人兮斡箕统魁（丙子生），兰亭禊日兮虚星落庭槐（丙子皆属北帝也。又况北神生曰②槐木，乃虚微之精）。生而神灵兮珠庭日角，烟霏威肃兮电眼闪烁。鬓龀善词翰兮心宇该博，方寸睎慕兮片云孤鹤。青衿蜕体兮琳宫遇师模，九天降雨露兮皮冠而羽裾。琼钟振玉梵兮声彻③太虚（历职表白），蕊殿校图籍兮绿轴丹书（次尝掌籍）。冲炼白铅花兮红炉点雪，谷神无象兮碧潭秋月。函丈二席兮价闻上阙（副知宫事），砭愚斲陋兮诲语飞琼屑。袖里青蛇兮脊外之青铜，踏破铁鞋兮养素于竹宫（参谒洞府，归于太一）。两阶饶舌兮御前享天爵（御前符水法师），笔下吼雷霆兮钵内藏蛟龙。长歌归故山兮古松寒菊，群参蚋聚醮兮薰④众主餰粥（勉领宫盟）。飞罡化诀兮正一天心法，视微听冲兮灵宝中盟箓。霞衿珠佩兮秉圭视玄坛（监度⑤法箓），青钩黑镶花兮落纸鬼胆寒。玄域中兴兮扶颓起坠，三界稽首兮万神生欢。含真而宅仙兮僝陶鸠樟，藻棁横龙楼兮花砖砌蚼峙（修造殿宇）。御赐蒲兽兮晨夕奋琼音，百度复举兮宗纲崛起。死赞骨行兮质俚而不文，红颜皓齿兮甲子一周春（时六十岁）。两鬓生黑丝兮人言四旬许，金丹已熟兮鸾鹤天上人。天上人兮自号曰拙庵，笑傲乎三华兮诸方已罢参。所居乃三华殿，博山飞冷蛇之篆兮启瑶笥而诵琅函，横羽扇岸纶巾兮麈尾发清谈。清谈之时，有方外客至而歌之曰：

青布衲，碧藜笻，诗吟白芍药，曲唱紫芙蓉。一局着残人事醒，七弦弹破世间空。时乎泛一叶于沧海之外，时乎飞片羽于虚空之中。铁笛横吹老龙泣，金樽一倒琪花红。孤猿啸夜月，淡露滴秋风。云锦溪深碧无底，天苍山秀绿不穷。白鹤卧占眠牛草，丹鹊飞上栖鸦松。真人一声长啸于蓬莱之东，青童回首指道神仙中之最雄。

---

① 本篇括号内之小注，底本无，据善本、《上清集》本、刘本、辑要本补。
② 刘本、辑要本作"又况北辰生日"。
③ 彻，原作"辙"，据参校本改。
④ 薰，原作"董"，据善本、《上清集》、刘本、辑要本改。
⑤ 监度，辑要本作"蔬爨"。

陈绿云先生之像赞

瞻师之神，寒空片月。知师之心，红炉点雪。闻师之德，冰清玉洁。见师之迹，霜炎冰热。师之一言，斩钉截铁。师之一行，杀人见血。风月情怀，松筠志节。道法陆沉，玄徒瓦裂。师领郡檄，雷轰电掣。冠冕洞宫，兴大施设。轮舆梗楠，陶埏坯甀。丽以粉奂，饰以藻棁。不逾年间，沧江贯折。度五神足，霞裙森列。方有纶绪，闲间洽悦。胡为云鹤，奄归帝阙。溪山失翠，猿鸟凄切。散词玉祠，柏子一爇。追慕替绚，使人哽咽。

颐庵喜神赞

江月射双眼，岩云飞两眉。自是上饶一团和气，点化自家方寸真机。能落笔作泣鬼神之诗，能坐石下烂柯之棋。千人万人，瞻礼不已。笑骑白鹿，独步天墀。

隶轩真赞

骨气已神仙，玄圃挺生贤。面上四时春，心次一壶天。人皆就法门栋梁上踔他光景，我道隶轩高士志趣飘然。若也未知涯涘，为君指出言诠。丹成若未归蓬岛，且结溪山风月缘。

潘龙游喜神赞

龙章凤姿，既非稽叔夜；燕颔虎颈，又非班定远。机鸣籁动，听其自然。虚心何物，何增何损。花满一壶春色好，半班顿露与人看。

郭信叔喜神赞

万丈崖头立一梯，百丈竿头垂一手。绵团裹铁云包月，麒麟海里翻筋斗。回天拓地立教门，斩新气概鼎乾坤。倪王人指碧溪水，尽是渠侬无尽恩。谁乎冲靖之上足，郭信叔者也。

薛直岁喜神赞

和风满面紫芝春，双脸常如酒半醺。法箓把除符券柄，宗门立尽栋梁勋。凤冠夜戴琼林月，鹤氅朝披玉洞云。自是神仙真气象，多生曾是薛真君。

传类

旌阳许真君传 ①

真君姓许氏，名逊，字敬之。曾祖琰，祖玉，父肃。世为许昌人，高节不仕，颖阳由之后也。父汉末避地于豫章之南昌，因家焉。吴赤乌二年己未，母夫人梦金凤衔珠坠于掌中，玩而吞之，及觉，腹动，因是有娠，而生真君焉。勾曲山远游君迈、护军长史穆，皆真君再从昆弟也。

真君生而颖悟，姿容秀伟，少小通疏，与物无忤。尝从猎，射一麑鹿，中之，子堕，鹿母犹顾舐之，未竟而毙。因感悟，即折弃弓矢，克意为学。博通经史，明天文、地理、历律、五行、谶纬之书，尤嗜神仙修炼之术，颇臻其妙。闻西安吴猛得至人丁义神方，乃往师之，悉传其秘。遂与郭璞访名山，求善地，为栖真之所，得西山之阳逍遥山金氏宅，遂徙居之（今逍遥福地玉隆万寿宫是也。金氏见为神，后有传）。日以修炼为事（今有丹井、药臼存焉），不求闻达，乡党化其孝友，交游服其德义。尝有售铁灯檠者，因夜燃灯，见有漆剥处，视之，金也，翌日访主还之。人有馈遗，苟非其义，一介不取。郡举孝廉不就，朝廷屡加礼命，不得已，乃于太康元年，起为蜀郡旌阳县令，时年四十二。视事之初，诫吏胥、去贪鄙、除烦

---

① 此篇原无，据《玉隆集》补，校以刘本、辑要本、同治本。

细、脱囚絷，悉开喻以道，吏民悦服，咸愿自新。发摘如神，吏不敢欺。其听讼，必先教以忠孝慈仁、忍慎勤俭、近贤远奸、去贪戢暴，具载文诚，言甚详悉。复患百里之远，难于户晓，乃择秀民之有德望与耆老之可语者，委之劝率，故争竞之风日销，久而至于无讼。先是岁饥，民无以输租，郡邑绳以法，率多流移。真君乃以灵丹点瓦砾为金，令人潜瘗于县圃。一日，籍民之未输者，咸造于庭，诘责之，使服力役于后圃，民镢地获金，得以输纳，遂悉安堵。邻境流民慕其德惠，来依附者甚众，遂至户口增衍。属岁大疫，死者十七八，真君以所授神方拯治之，符咒所及，登时而愈，至于沉痼之疾，无不痊者。传闻他郡，病民相继而至者，日且千计。于是标竹于郭外十里之江，置符水于其中，俾就竹下饮之，皆瘥。其老耄羸疾不能自至者，汲归饮之，亦获痊安。蜀民为之谣曰："人无盗窃，吏无奸欺。我君活人，病无能为。"其后江左之民亦来汲水于旌阳，真君乃咒水一器，置符其中，令持归，置之江滨，亦植竹以标其所，俾病者饮之，江左之民亦良愈，今号蜀江（亦名锦水，今属瑞州高安县）。真君任旌阳既久，知晋室将乱，乃弃官东归（旌阳县属汉州，真君飞升之后，诏改为德阳，表真君之德及民也。寻移县治于西偏，而以故地为观，今号旌阳观）。蜀民感其德化，无计借留，所在立生祠，家传画像，敬事如神明焉。启行之日，赢①粮而送者蔽野，有至千里始还者，有随至其宅，愿服役而不返者。乃于宅东之隙地，结茅以居，状如营垒，多改氏族，以从真君之姓，故号许家营焉。其遗爱及民有如此者。

真君尝至新吴，憩于柏林，忽有女童五人各持宝剑来献，真君异而受之（其地今为植林观）。既而偕至真君之第，惟日击剑自娱，人莫能测。真君识其剑仙也，常礼遇之，卒获神剑之用（真君飞升之后，遂隐于首植柏之下，因号柏树仙童）。既而与吴君游于嵩阳，闻镇江府丹阳县黄堂靖有女师谌姆，多道术，遂同往致敬，叩以道妙。姆曰："君等皆凤禀灵骨，仙名在天。然昔孝悌王自上清下降，化度人世，示陈孝道。初降兖州曲阜县兰公家，谓公曰：'后晋代当有神仙许逊传吾此道，是为众真之长。'留下金丹宝经、铜符铁券，令公授吾，使掌之以俟子，积有年矣。吾复受孝道明王

---

① 赢，《玉隆集》作"赢"，据参校本改。

之法，亦以孝为本。子今来矣，吾当授子。"乃择日登坛，依科明授，阐明
孝道，誓戒丁宁，出铜符铁券、金丹宝经并正一斩邪之法、三五飞步之术，
诸阶秘诀，悉以传付许君（今净明法、五雷法之类，皆时所授也）。顾谓吴
君曰："君昔以神方为许君之师，今孝道明王之道独许君得传，君当返师之
也。况《玉皇元谱》君位玄都御史，许君位高明大使，总领仙籍，品秩相
辽。又所主十二辰配十二国之分，许君玄枵之野，于辰为子，统摄十二分
野；君领星纪之邦，于辰为丑耳。自今宜以许君为长也。"二君礼谢讫，辞
行。真君方心期每岁必来谒姆，姆觉之，曰："子勿来，吾即还帝乡矣。"因
取香茅一根，南望掷之，曰："子归认茅落处，立吾祠，岁秋一至足矣。"
二君还，首访飞茅之迹，寻于所居之南四十余里得之，已丛生矣。遂建祠
宇，亦以黄堂名之（今号崇真观）。每岁仲秋之三日，必往朝谒焉。初，真
君往访飞茅，路傍见陂水清澈，为之少憩，曰憩真靖（今清波林憩真观是
也）。又见乡民盛烹宰以祀神，且相诧曰："祭不腆，则^①神怒降祸矣。"真
君曰："怪祟敢尔耶？"夜宿于逆旅，召风雷伐之，拔其林木。明日告其里
人曰："妖社已驱，毋用祭也（今其地有废社，人不祭也）。"又见负担远汲
者满道，乃以杖刺社前涧泽，出泉以济之，虽旱不竭（今大泽村紫阳靖石
井也）。明日登山巅，指山腰之泉鳞曰："是有异物藏焉，后将为孽。"遂立
坛靖以镇之（今每岁朝谒姆，必憩于此，号龙城观）。乃渡小蜀江（名黄湖
口），抵江干之肆。主人宋氏虽贫，而迎接甚敬，真君戏画一松于其壁而
去，其家即日市利加倍。后江涨溃堤，市舍俱漂，唯松壁不坏（今名松湖
市，宋氏见庙食于其地）。真君尝炼神丹于艾城之黄龙山，山湫有蛟魅护卫
渊薮，辄作洪水，欲漂丹室。真君遣神兵擒之，钉于石壁（今有钉蛟石犹
在）。丹成，祭于幕阜葛仙公石室，遂至修州，爱其湍急而味坚，乃取神剑
磨于涧傍之石（今在修川梅山，后人于其处立观，以表圣迹，今号旌阳观）。
寻渡水登秀峰（今号旌阳山），为坛于峰顶，以醮谢圣帝，乃服仙丹。吴君
居近焉（溪南有仙村曰吴仙观，即吴真君故居也），遂造吴老之宅。过西安
县（今分宁也），县社伯出谒，真君诘其地分有妖物为民害者，其神匿之。
真君行过一小庙，庙神（其神姓毛，兄弟五人。今号叶佑庙者，在县东四百

---

① "则"字《玉隆集》无，据参校本增。

步。)迎告曰："此有蛟孽害民，知仙君来，故往鄂渚藏避矣，后将复还，愿为斯民除之。"真君如其言，蹑迹追之，至鄂渚，路傍逢三老人（今三王庙是也），询其蛟孽所在，皆指曰："见伏于前桥下（今号伏龙桥）。"真君至桥侧，仗剑叱之，蛟惊，奔入大江，匿于渊（今号下龙穴）。乃敕吏兵驱之，蛟从上流奔出，遂诛之（今号上龙江）。真君怒西安社伯之不职，锢其祠门，止民享祀（今分宁县城隍庙正门常闭，开侧门。邑有火灾，祝师止从偏户出入，居民祭祀者亦少），令祀小庙（今封叶佑侯，庙食甚盛，亦多灵感）。已而还郡城，真君曰："此地水陆冲要，人物繁伙，岂无分合得仙之人？"试以丹数粒杂他药货之，令其信缘而取。既而赎者虽多，竟无一人遇者。真君吁叹，以世间仙才之难得也。真君闻新吴有蛟为孽，因持剑捕逐之（故所经由处曰龙泉观，今改曰仙游）。蛟惧，窜入溪穴（至今号曰藏溪），真君乃以巨石书符，及作镇蛟文以禁之。（镇蛟文石碣尚存，今为僧院，曰延真。傍建观，亦曰延真。在奉新县四十里）时海昏之上辽有巨蛇据山为穴，吐气成云，亘四十里，人畜在其气中者，即被吸吞，无得免者。江湖舟船亦遭覆溺，大为民害。真君闻之，乃登北岭之巅验之（今赤乌观之东曰会仙峰，即其处也），果见毒气涨空。真君愍斯民之罹其害，乃集弟子，将往诛之。初入其界，远近居民三百余人，知真君道法，竞来告愬，求哀恳切。真君曰："世运周流，当斯厄会，生民遭际，合受其灾。吾之此来，正为是事，当为汝曹除之，吾誓不与此蛇俱生也。"有顷，群弟子至，亦同劝请。真君曰："须时至乃可。"于是卓剑于地，默祷于天。良久，飞泉涌出，俄有赤乌飞过。真君曰："可矣。"（其地为候时观，后改赤乌观。今为万寿，又为广福。本朝道士万[①]中行有诗云："昔有长蛇性毒威，旌阳曾此候诛夷。洞中仙子方姑会，天上灵官为报时。符使忽飞陵谷口，剑星交下鬼神悲。一千年后几兴废，可借阴功无尽期。"张天觉亦有卓剑泉诗云："卓剑遂成岩下井，待时运动日中乌。海昏妖孽今除尽，余泽犹存七靖图。"）遂前至蛇所，仗剑布气，蛇惧入穴，乃飞符召海昏社伯驱之，不能出，复召南昌社公助之（其符落于县东，因建观号符落，今名太和）。蛇出穴，举首高十余丈，目若火炬，吐毒冲天，乡民咸鼓噪相助。是时真君啸命风雷，指

_____

① "今为万寿，又为广福，本朝道士万"，此句《玉隆集》脱，据刘本、辑要本补。

呼神兵，以摄服之，使不得动。吴君乃飞步踏其首，以剑劈其颡，蛇始低伏。弟子施岑、甘战等引剑挥之，蛇腹裂，有小蛇自腹中出，长数丈，甘君欲斩之，真君曰："彼未为害，不可妄诛。"小蛇惧而奔行六七里，闻鼓噪声，犹返听而顾其母（今地名有蛇子港，十里许）。群弟子请诛而戮之，真君曰："此蛇五百年后若为民害，吾当复出诛，以吾坛前松柏为验，其枝覆坛拂地，乃其时也。"又预谶云："吾仙去后一千二百四十年间，豫章之境，五陵之内，当出地仙八百人，其师出于豫章，大扬吾教，郡江心忽生沙洲，掩过井口者，是其时也（事见《松沙记》。豫章谶："方乘云龙江在章江西岸石头之上，与郡城相对。"潘清逸有《望龙沙诗》云："五陵无限人密视。"《松沙记》："龙沙虽未合，气象已灵异。昔时蛟龙游，半作桑麻地。地形带江转，州浮有连势。"）。此时小蛇若为害，彼八百人自当诛之，苟无害于物，亦不可诛也。"蛇子遂得入江。（建昌县蛇子港是。异处有庙，在新建县吴城江，甚灵。本朝封灵顺昭应安济惠泽王，俗呼曰小龙庙。）大蛇既死，其骨聚而成洲（今号蛇骨洲）。真君于海昏经行之处，皆留坛井，凡六处，通候时之地为七，其势布若斗星之状，盖以镇弥后患。（七靖者，谓进化靖、丹符靖、华表靖、紫阳靖、霍阳靖、列真靖，今皆为宫观，或为寺院、官舍。）复至邑之西北，见山泉清冽，乃投符其中，与民疗疾，其效亦比蜀江（今号灵水台）。巨蟒既诛，妖血污剑，于是磨洗之，且削石以试其锋（今建昌县有磨剑地、试剑石），告其徒曰："大蛇虽灭，蛟精未诛，彼物通灵，必知吾有除害意，恐其伺隙溃郡城，吾归郡乎，战、岑二子者从我焉。"时永嘉六年也。

真君道术高妙，著闻远迩，求为弟子者数百人，却之不可得，乃化炭为美妇人，夜散群弟子处以试之。明旦阅之，其不为所染污者，唯十人耳，即异时上升诸高弟也。自是凡周游江湖，诛蛟斩蛇，无不从焉，余多自愧而去。（今建昌县西津，名炭妇市，立观曰始明。）真君乃与甘、施二君归郡，周览城邑。适有一少年，美风度，衣冠甚伟，通谒自称姓慎，礼貌勤恪，应对捷给，遽告去。真君谓弟子曰："适者非人，是蛟之精，故来见试也。体貌虽是，而腥风袭人，吾故愚之，庶尽得其丑类耳。"迹其所之，乃在江浒，化为黄牛，卧郡城沙碛之上（今名黄牛洲）。真君乃剪纸化黑牛往斗之，令施岑潜持剑往，候其斗酣即挥之。施君一挥中其股，牛奔入城南之井中（井中横泉，今在上蓝寺东南角，墙掩井口，故亦号蛟井）。真君遣符吏寻其踪，乃知直至长沙，于贾谊井中出，化为人，即入贾玉史君之家。先是蛟精尝慕玉之女美，化为一少年谒之，玉大爱其才，许妻以女，因厚赂玉之亲信，皆称誉焉，遂成婚。居数岁，生二子。尝以春夏之交，孑然而出，周游江湖，若营贾者。至秋则乘巨舸，重载而归，所资皆宝货，盖乘春夏大水，覆舟所获也。是秋徒还，绐玉云："财贷为盗所劫，且伤左股。"玉举家叹惋，求医疗之。真君乃为医士谒玉，玉喜，召其婿出求医，蛟精觉之，惧不敢出。玉自起召之，真君随至其堂，厉声叱曰："江湖蛟精，害物非一，吾寻踪至此，岂容逃遁，速出，速出。"蛟精计穷，乃见本形，蜿蜒堂下，为吏兵所诛。真君以法水噀其二子，亦皆为小蛟，并诛之。贾女亦几变形，其父母为哀求，真君给以神符，故得不变。真君谓玉曰："蛟精所居，其下即水，今君舍下深不逾尺，皆洪波也，可速徙居，毋自蹈祸。"玉举家骇惶，迁居高原，其地不日陷为渊潭，深不可测（今长沙昭潭是也）。真君复还豫章，而蛟之余党甚盛，虑真君诛之，心不自安，乃化为人，散游城市，访真君弟子，诡言曰："仆家长安，积世崇善，远闻贤师许君有神剑，愿闻其功。"弟子语之曰："吾师神剑指天天烈，指地地坼，指星辰则失度，指江河则逆流，万邪莫可当，神圣之宝也。"又曰："抑有不能伤者乎？"弟子戏之曰："惟不能伤冬瓜、葫芦耳。"蛟以为诚然，继而尽化其属为葫芦、冬瓜，连枝带蔓，浮泛满江，拟流出境。真君晨兴，觉妖氛甚盛，乃顾江中，见蛟精所化，即以剑授施岑，使履水斩之。党属如连，悉无噍类，江流为之变色。真君曰："此地蛟螭所穴，不有以镇之，后且复出为患，人不能制也。"乃役鬼神于牙城南井，铸铁为柱，出井外数尺，下施八索，钩锁地脉（今延真宫是也），祝之曰："铁柱若亚，其妖再兴，吾当复出。铁柱若正，其妖永除。"由是水妖屏迹，城邑无虞。复虑后世奸雄妄作，故因铁柱以为谶记，有"地胜人心善，应不出奸雄，纵有兴谋者，终须不到头"之言。真君之虑后世也深，有如此者。次年，真君以蛟蜃之属有散入鄱阳浔阳界者，虑其复还，乃周行江湖以殄灭之。至岩巘山岭，有蛟湖三所，其孔穴透大江，通饶、信。真君诛其蛟魅，立玉阳府靖以镇之。其西北石壁下湾，立开化靖以镇之。更立大城府靖，（靖傍有大潭，深不可测，且多蛟螭，真君尽灭之。惟一蛟子逃走，故立此靖以断绝之。）又铸铁符镇鄱阳湖口，杜其所入之路（今在湖口县止钟石之江中）。铸①铁盖覆庐陵元潭，制其所藏之数，仍以铁符镇之，（今号飞符岭，有观号崇真。）留一剑在焉。（其剑长咫尺，有似玉石，又似铜铁，人不可识。）明年（永嘉七年也），复游长沙，遂至昭阳县②。又明年，至郴、衡诸郡。所至皆为民碱毒除害，乃还豫章。前后凡立府靖七十余所，皆所以镇郡邑、辟凶灾也。

　　明帝太宁二年，大将军王敦（字处仲），举兵内向，次于于湖。真君与吴君同往上谒，冀说止之。时郭璞先在幕府，乃因璞与俱见。处仲喜延之饮，而问曰："予梦以一木破天，君等以为如何？"真君曰："非佳兆也。"吴君曰："木上破天，未字也，公其未可妄动。"处仲色变，令璞筮之，璞曰："无成。"处仲不悦，曰："予寿几何？"璞曰："公若举事，祸将不久，若还武昌，则寿未可量也。"处仲怒曰："君寿几何？"璞曰："寿尽今日日中。"处仲大怒，令武士擒璞斩之（《洞仙传》云："璞已预报家人，备送终之具在行刑之所，命即窆于江侧两松间。后三日，南州市人见璞货其服饰，遍与相识共语。处仲闻之不信，开棺无尸，乃兵解也。"今为水南仙伯）。真君乃举杯掷起，化为白鸽，飞绕梁栋。处仲一举目，已失二君所在。处仲竟败。（处仲兵败，遂悁愤而死，卒有戮尸之刑。）

　　二君还至金陵，欲赁舟至豫章，而船主告以乏操舟者，真君曰："尔等但瞑目安坐，切毋觇视，吾自为尔驾之。"乃召二龙挟舟而行，经池阳，以印印西岸之崖壁，以辟水怪（今印文犹在）。舟渐凌空，俄过庐山顶，至紫霄峰金阙洞。二君欲游洞中，故其舟稍低，抹林梢戞戞有声。舟人不能忍，乃窃窥之，龙即舍舟于层岫之上，拆桅于深涧之下。（后皆为铁石，今号铁船峰，并桅在涧中，为断石也。）真君谓舟人曰："汝不听吾言，将何所归乎？"舟人拜求济度，真君教以服饵灵草，遂得辟谷不死，尽隐于此山。（后桓伊刺江州，遣人访庐山异迎，至紫霄峰，见湖中有舟，及群鹤、赤鳞鱼，骑白马二少年长啸，声数百步外，疑是舟人辈。）二君乃各乘一龙，分水陆还会于北岭之天宝洞。遂归旧隐，日与弟子讲究真诠，数十年间，不复以时事关意，惟精修至道。作《醉思仙》之歌，及著《八宝垂训》曰："忠孝廉谨，宽裕容

---

① 铸，《玉隆集》无，据参校本补。
② 县，《玉隆集》无，据参校本补。

忍。忠则不欺，孝则不悖。廉而罔贪，谨而勿失。修身如此，可以成德。宽则得众，裕然有余。容而翕受，忍则安舒。接人以礼，怨咎涤除。凡我法子，动静勤笃。念兹在兹，当守其独。有爽厥心，三官考戮。"乡党化之，皆迁善远罪，孝弟兴行。平时出处，随机应物，不异常人。但所居之处，鸣鹤飞翔，景云旋绕而已。

自东晋乱离，江左频扰，真君所居环百余里盗贼不入，闾里晏安，年谷屡登，人无灾害，其福被生灵，人莫知其所以然也。至孝武帝宁康二年甲戌，真君年一百三十六岁。八月朔旦，有云仗自天而下，二仙乘辇，导从甚都，降于真君之庭。真君降阶迎拜，二仙曰："奉玉皇命，赐子诏。"真君俯伏以听，乃宣诏曰："上诏学仙童子许逊，卿在多劫之前，积修至道，勤苦备悉，经纬愈深，万法千门，罔不师历，救灾拔难，除害荡妖，功济生灵，名高玉籍，众真推仰，宜有甄升。可授九州都仙太史兼高明大使，赐紫彩羽袍，琼旌宝节，玉膏、金丹各一合。诏至奉行。"真君再拜，登阶受诏。一仙曰："余乃玉真上公崔子文。"一仙曰："余乃元真太卿瑕丘仲。"言毕，揖真君坐，告以冲举之日，遂乘云车而去。真君乃召门弟子与乡曲耆老，谕以行期。自此朝夕会于真君之第，日设宴饮，共叙惜别，且教以行善立功，以致神仙之旨。著《灵剑子》等书，又与十一弟子各为五言二韵《劝诫诗》十首以遗世。及以大功如意丹方，传众弟子之不与上升者。此方即丁义神方中一也。其诀必先择日斋戒，设位醮十八种药之神，然后书符，逐味诵咒而修合之，其治众疾，如意而愈。是月望日，大营斋会，遍召里人，长少毕集。至日中，遥闻音乐之声，祥云弥望。须臾渐至会所，羽盖龙车，从官兵卫，仙童彩女，前后导从，红霞紫气，舒布环绕。前二诏使又至，真君降阶拜迎，二仙复宣诏曰："上诏学仙童子许逊，脱子前世贪、杀、匿、不祖先祖之罪，录子今生咒水行符治病、罚恶碱毒之功，已仰潜山司命官传金丹于下界，闭迹封形，回子身及家口厨宅百好归三天。子急净秽，背土凌空。左大力天丁与流金火铃，照辟中黄，无或散慢告行。仍封远祖由玉虚仆射，曾祖琰太微兵卫大夫，先祖玉太极把业录籍典者，父肃中岳仙官。赐所居宅曰仙曹左府。"玉真上公曰："卿门弟子虽众，唯六人合从行，余各自有超举之日，不得偕往也。"乃揖真君升龙车，命陈勋、时荷持册前导，周广、曾亨骖御，黄仁览与其父族侍从，盱烈与母部从仙眷，四十二口同时升举，鸡犬亦随逐飞腾。里人攀恋，投地悲号不忍别，真君曰："仙凡路殊，悲欢自切，执奉孝慈，恭顺天地，何患无报耶？"乃留下修行钟一口，并一石函，谓之曰："世变时迁，即为陈迹矣，聊以此为异时之记。"有仆许大者，与其妻市米于西岭，闻真君将飞升，即奔驰而归，仓忙车覆，遗米于地，米皆复生（今地名为覆车岗生米镇）。比至，哀泣求从行，真君以其分未应仙，乃授以地仙之术，夫妇皆隐于西山（其详见于《仙姓录》）。仙仗既举，有顷，坠下药臼、车毂各一，又坠一鸡笼于宅之东南十里余（旧名鸡栖靖，今名崇元观），并鼠数枚堕地，虽拖肠而不死，意其尝得窃食仙药也。后人或有见之者，必为瑞应焉。仙驾凌空向远，望之不可见，唯祥云彩霞弥漫山谷，百里之内，异香纷馥，经月不散。初，真君回自旌阳，奉蜀锦为传道质信于谌姆，姆制以为殿帷，至是忽飞来，周游旋绕于故宅之上，竟入，复飞入云霄。（后置观，故以游帷为名。）初，真君与郭璞寻真选胜，至宜春栖梧山，王长史之子朔迎真君居西亭，久之，谓朔曰："吾视子可传吾术。"乃密授仙方。复云："此居山川秀丽，兼有灵泉出于道南，前对洞天，俯临袁水，宜为道院。"朔从之，真君乃书一靖（天篆靖字也）于壁而去。飞升之日，云軿过其上，遣二青衣下，告朔以被玉皇诏命，因来别子。朔泪阖家瞻拜祈度，真君俯告曰："子辈仙骨未充，但可延年。"乃飞仙茅一根授朔曰："此茅味异，植于兹地，久服长生，甘能养肉，辛能养节，苦能养气，咸能养骨，滑能养肤，酸能养筋，宜和苦酒，服之必效。"言讫而别。自后王族如言服饵，各寿百龄焉。（今临江军玉虚观即其地，仙茅存焉。）真君所从游者三百余人，其功行无出者通吴君十有一人。

续真君传 [1]

真君飞升之后，里人与真君之族孙简，就其地立祠，以所遗诗一百二十首写竹简之上，载之巨笛，令人探取，以决休咎，名曰圣签。其钟、车、函、臼并宝藏于祠（后改祠为观，因锦帷以命名曰游帷）。蜀旌阳之民竞赍金帛、负砖甃坛井以报德，各镌姓名其上（蜀民砖，缘改宫修盖始彻去之，今

---

① 此篇原无，刘本、辑要本作"许真君后传"，据《玉隆集》补，校以刘本、辑要本。

间有存）。隋炀帝时，焚修中辍，观亦寻废。至唐永淳中，天师胡惠超重兴建之，明皇尤加寅奉。本朝太宗、真宗、仁宗皆赐御书，真宗又遣中使赐香烛、花幡、旌节、舞偶，改赐额曰玉隆，取《度人经》"太释玉隆腾胜天"之义也。仍禁名山樵采，除租赋之役，复置官提举，为优异老臣之地。徽宗皇帝降玉册，上尊号，醮告词文："维政和二年太岁圭辰五月丁巳朔十七日癸酉，皇帝（御名）谨遣入内内侍省内殿程奇请道士三七人，于洪州玉隆观建道场七昼夜，罢散日设醮一座，三百六十分位，上启神功妙济真君，伏以至神无像，虽莫能名，成德在人，姑从所示，式褒显迹，肇荐徽称，冀享褒崇，永绥福地。（御名）无任诚惶诚恐，恳祷之至，谨词。"

《御降真君册诰表文》："臣（御名）祗奉高真，肇扬显迹。仰太霄之在望，被灵宇以申虔，美利所加，既作黎民之福；纯熙来被，更延景历之昌。臣无任精虔激切之至，谨奉表奏以闻。臣（御名）诚惶诚恐，稽首顿首，谨言。"

《玉册文》曰："维政和二年岁次壬辰五月丁巳朔十七日癸酉，皇帝再拜言曰：'天眷用懋，宠绥四方，爰有至真，克相上帝。烜威赫德，锡羡降康，而名号弗宣，曷彰报典。乃诏有司，考循秘牒，发挥遗懿，垂示无穷。恭惟真君躬握元图，密庸妙契，由魏迄晋，嗣休炳灵，赈乏除痾，一方攸赖，剪妖鹹毒，三气获分。肆膺谌姆之符，荣启都仙之籍。超升旋极，载祀绵邈，庙像屹崇，风烈如在。矧炎晖之有赫，方皇运之正隆。荐降嘉祥，聿彰幽赞，禬禳响答，民物阜宁。宜极徽称，以昭严奉。谨遣朝奉大夫、充集贤殿修撰、知洪州军州管干学事兼管内劝农使、充江南西路兵马钤辖、护军、赐紫金鱼袋王勇上尊号曰神功妙济真君。洪惟降鉴，诞受丕章，佑我无疆，保兹景命，俾缉熙于纯嘏，用敷锡于群伦。谨言。'"

政和六年，改观为宫，仍加"万寿"二字，除甲乙为十方。六年五月一日辰时，御前降到荀字号不下司文字付礼部：朕因看书于崇政殿，恍然似梦，见东华门北有一道士戴九华冠，披绛章服，左右童子持剑拂，皆衣青，后有二使者彩衣道装，捧印杖前，至丹墀起简揖朕，攀左龙尾上殿。朕疑非人间道士，因问："卿是何人，不诏而至？"道士对曰："吾为许旌阳，权掌九天司职，上帝诏往按察西瞿耶国，经由故国，观其妖气，故来相访。"朕请坐而问曰："此患为何？"答曰："湖南、湖北三十六万绢网入水，此实小龙为害，盖先朝不封此子为王。当永嘉之戮，自拆母腹而奔走，未及害人，因而赦之。今乃辄为国家之患，俟吾还，当有处分，不令住于江淮间矣。"朕梦中谢之，复问曰："朕患安息疮，诸药不能愈，真君有药否？"即取小瓢子，倾药一粒，如菉豆大，呵咒抹于疮上，觉如流酥灌体，入骨清凉，遂揖而去。行数步，复回顾曰："吾弊舍久已寥落，愿圣皇举眼一看为幸。"朕豁然而觉。不数日，有司奏到，果然绢网尽数被风涛覆没。即取图经考之，见洪州分宁县梅山有许旌阳磨剑之地，诏画像如梦中所见者，赐上清储祥宫。寻依道录院奏请，于三清殿后，造许真君行宫。再降手诏，命中大夫谢景仁下分宁县，同令佐以系省官钱新换旌阳观，仍赐诏书一道，前去本观收掌。遇天宁节，即拨放童行一人。仍命采访许真君别有遗迹去处，如未有观，即勒本属取官钱建造。如有宫观屋宇损坏，即如法修换。无常住，即拨近便僧寺堪好庄田，入观供办，务令严谨。主者施行。数月后，复梦真君回如初，谢上曰："分宁乃昔经行之处，重劳建造，吾卜地西山，遗迹具存，但屋宇隘陋，不足副西京瞻视，幸陛下一修整之耳。"上寤，即诏洪州改修玉隆万寿宫，仍降图本，依西京崇福宫例鼎新盖造，赐真君像一躯，及铜铸香炉、花瓶、烛台、钟磬之具，御书门殿二额。凡为大殿六、小殿十二，三廊、七门、五阁。前殿三面壁绘真君出处功行之迹，后殿奉安玉册，其上建阁，宝藏三诏御书，两庑复壁绘仙仗出入之仪，环以墙垣。由墙之西，盱真人之故居，建道院以安道众。建炎中，金人寇江右，欲火宫庭，俄而水自楹桷间出，火不能爇，虏酋大惊，乃书壁云："金国龙虎上将军来献忠，被授元帅府上畔都统，大军届兹，遍观圣像，庄严华丽，不敢焚毁。时天会八年正月初二日记，主观想知悉。"写毕，戢兵而去（此壁近颓，方漫其字）。绍兴二十八年赐御书十轴，令宝之以镇福庭焉。

凡真君之所遗物，皆有神物守护，不可触犯。殿前手植柏，其荣悴常兆宫之盛衰，剪以煎汤，无疾不疗。丹井旧有神龙出没，胡洞真始置符石以镇之。铁柱，唐严撰作州牧，心颇不信，尝令发掘，俄迅雷烈风，江波泛溢，城郭震动。撰惧，叩头悔谢，久之而后止。又强取真君修行钟置之僧寺，击之聋哑如土木，疑道流以术禁之，遂加囚系，欲置于刑。撰忽坐瘵，为神人叱责，将断其首，惊觉，遂释道流，送钟还宫。至五季乱，一夕飞去，莫知所之。车毂，州牧徐登欲见之，令取至府，犹未及观，即夕飞还，皇朝犹在，金人入寇，寻失之。石函虽有窾缝，而不可开。唐张善安窃据洪州，强凿开之。其盖内丹书字云："五百年后，狂贼张善安开之。"善安惧，磨洗其字，终不能灭，遂藏其盖，止留函底（今与药白皆存焉）。三朝宸翰及真君玉册，金人入寇之后，不知所存焉。

真君垂迹，遍于江左、湖南北之境，因而为观府、为坛靖者，不可胜计。或散在山林湖泺，绝有异处。如龙沙侧之磨剑池，池上沙壁立，略不湮塞。新建县之暵旱湖，水蛭至多，以粒药投之，其蛭永绝，至今名药湖。松湖市之旅邸，真君尝少憩，至今其家无蚊蚋。丰城县之椊针洞，蛟入其中，以杉木楔之，至今不朽。奉新县之藏溪，蛟藏其中，以剑劈裂溪傍巨石，书符以镇（今镇蛟石碣尚存）。靖安县有刘仙姑，名懿真，年数百岁，貌若童子，谌姆尝称之，真君往见，则已飞升矣，遂留宝木华车遗之，车因风飘举，三日而下，因名其观曰华车观，碑碣犹在，今号栖霞观。此类莫克殚举。

每岁季夏，诸卿士庶，各备香华、鼓乐、旗帜，就寝殿迎请真君小塑像，幸其乡社，随愿祈禳，以除旱蝗。先期数日，率众社首，以瓜果酌献于前殿，名曰割瓜，预告迎请之期也。真君之像凡六，唯前殿与寝殿未尝动，余皆随意迎请。六旬之间，迎请周遍，洪瑞之境，八十一乡之人，乃同诣宫醮谢，曰黄中斋（黄中仪式，真君所流传也）。七月二十八日，仙驾登宫左之五龙岗，禁辟蛇虎，自古以然，谓之禁坛。故远近祈禳之人，昼夜往还，绝无蛇虎之患。仲秋号净月，自朔旦开宫，受四方行香祷赛荐献，先自州府始（州府具香烛、酒币、词疏，遣衙吏驰献）。远迩之人，扶老携幼，肩舆乘骑，肩摩于路，且有商贾百货之射利，奇能异伎之逞巧，以至茶坊、酒垆、食肆、旅邸，相续于十余里之间，骈于关市，终月乃已。常以净月之三日，仙仗往黄堂观谒谌姆，前一夕，降殿宿斋南庑，次日昧爽启行，少息于憩真靖，晚宿紫阳靖，次日早登龙城坛，渡小蜀江。初真君寻飞茅时，尝渡此江，以钱二百劳舟人，舟人请益不已，欲需一千，真君从之。既登岸，舟人持钱归，二环耳，余皆楮镪，始惊讶，知其神人。至今仙驾经由，舟人止觅二环，不敢过求也。临午至黄堂，朝谒谌姆，乡之善士咸集，陈宴享之礼，明日复留终日，初六日早由西路以还。宫中每以中秋日修庆上升斋，先一日建醮，次日黄君来觐。黄君，真君之婿也。其行多由间道。明旦未至宫五里，曰侯陂，有亭曰著衣观，黄君更衣之所也。宫中具威仪，迎入端门（旧有门对正殿，曰黄阁门也）。初朝于前殿，分宾主礼。次日享礼毕，降殿憩于西庑，俟暮西还。而宫东之市肆，商贾居民，必固邀游街，以求利市，竞争牵挽，几至龙岗桥乃回。俗云："姑丈所至则利市依合。"每试有验故也。每三岁上元后一日，真君仙仗往瑞阳，存问黄君，曰西抚。上元日禺中，先迎置前殿，陈斋羞三献之礼，诘朝乃行。初出东门，即南过圣仙桥，经茂埔，入黄姑巷，次至安里，迂入元都坛少憩（坛在庙侧，旧有观，今废）。次登师姑岭，入元仙靖。寻出驿路，再迂入小路二里许，至朱塘观供（此地有养颜童子墓，旧名生碧观）。复出大路至暗山头，遂至三十里铺（此地几出供①）。从者午食，乃度九岗、九滔，过龙陂桥，抵祥符（属高安县，旧名祈仙观）、瑞人多出城迎谒，号曰接仙。真君降舆，与黄君宴于前殿。十七日，复受享礼，主首侍从仙驾者，乃诣后殿，酌献于许氏仙姑（自淳熙戊申岁始也）。次日未五鼓而返（此一处凡六供），士庶焚香迎谒者以千数。凡所经由，聚落人民，男女长幼，动数百人，焚香作礼，化钱设供，至有感激悲号者。每仙驾出入，主首必再拜送迎于大门之外。至于南朝、西抚及州府迎请祈求，必主首从行焉。真君乘龛辇，白马金凤为前导。（世传昔有白马之神庙食于真君宅东半里，今号白马塘。真君得道，愿充前驱也。金凤，意其朱雀导前之义，或置于龛辇之顶，正合上有朱雀之义。而世传以应母之祥，恐未必。）肩舆之人调古歌一阕，齐声唱和，歌名《黄鹤楼》。有著高冠彩帕者数对，冠名彩楼。二者甚古怪，盖晋代之礼也。（彩楼高二尺许，上大下尖，竹治彩帛，结彩戴于首，以帛县额下。唐道士熊景休诗云："世事已归唐历数，仙歌犹是晋乡风。"虽唐人且怪之。盖其歌调虽在，而其词久亡。守颢今作三章以补之。其一曰："真君功行满三千，帝诏凌空度九天。鸡犬也随仙眷去，至今圣迹尚依然。"其二曰："真君舍我甫千龄，晨夕焚香叩杳冥。惟愿慈悲恩下土，乞将多福佑生灵。"其三曰："道师谌姆住州阳，一叶飞茅著处香。仙驾不忘当日约，年年一度谒黄堂。"）所由之路，横斜曲直，遵于古，不可少易，易之则有咎。每仙驾将出，地分之人竞先辟旧迳，立表以指其处，盖非众人所常行之路也。旧记云：昔爱女所行，真君蹑踪而往，至黄君家，为留信宿，乃

---

① "此地几出供"，刘本、辑要本作"此有凡七供"。校者按：此句应作"此地凡七供"。

由通道而归。其寻飞茅，亦多委曲寻访，故今南朝、西抚并袭前迹，所过之地寔，有轻重迟速、安危晴雨之占。肩轻步速，安稳清明，为地分之福；肩重步迟，失扑阴雨，为地分之灾。福则岁稔人安，灾则人伤物厉。唯西抚之行，往欲雨寒，还欲晴暖，反是亦灾。仙驾每行，必冲早涉暝，履茅茨荆棘之地，部从社赛之人，动逾数百，然从古未间有伤其足者。唯忌人畜生死厌秽，凡香钱、服用、饮食、坐卧，皆须避之，否则立有卒暴之祸，后有迍蹇之灾，皆前人所传，而今人所见之明验也。

逍遥山群仙传①

吴君

吴君名猛，字世云，濮阳人。仕吴为西安令，因家焉（今分宁县是也）。性至孝，龆龀时，夏月手不驱蚊，惧其去己而噆亲也。年四十，得至人丁义神方，继师南海太守鲍靓，复得秘法。吴黄龙中，天降白云符授之，遂以道术大行于吴、晋之间。晋武帝时，真君从世云传法，世云尽以秘要授之。永嘉末，杜弢寇蜀，攻陷州县，真君既诛大蛇，世云曰："蛇是蜀精，蛇死则杜弢灭矣。"卒如其言。尝见暴风大作，书符掷屋上，有青鸟衔去，风即随止。或问其故，答曰："南湖有舟遇此风，中有二道士呼天求救，故以此止之。"验之果然。西安令干庆②死已三日，世云曰："令长数未尽，当为讼之于天。"遂卧于尸傍。数日，与庆俱起。庆弟著作郎宝感其异，遂作《搜神记》行于世。尝渡豫章江，值风涛，乏舟，世云以所执白羽扇画水而渡，观者骇异。宁康二年，真君上升，世云复还西安。是年十月十五日，上帝命真人周广捧诏召世云，遂乘白鹿车，与弟子四人，白昼冲升，宅号紫云府（今分宁县吴仙村西平靖仙观是也）。

---

① 《逍遥山群仙传》原无，据《玉隆集》补，校以刘本、辑要本。
② 干庆，参校本均作"于庆"，考文中言庆弟宝著《搜神记》，即当为干宝所撰之《搜神记》，故改。

政和二年五月，准诰封为真人，词曰："洪都福地，紫府列真。既灵异之有闻，岂褒崇之可后。以尔早学至道，尝悟秘言，道化施行，世称慈父。功行甫就，飞升帝乡，大江之西，尚存故宅，凡祷辄应，吾民是依。锡之新封，用彰厥懿。朕命惟允，其鉴于兹。可特封神列真人。"

蜀川陈勋

勋字孝举，博学洽闻。时魏遣钟会、邓艾伐蜀，刘禅降，孝举时尚少，已有出尘之志。入青城山，师谷元子，求度世之法。继闻真君在旌阳，仁政及民，走谒公庭，愿充书吏。真君嘉之，付以吏职。凡表率辈流，说化民俗，抚字之术，禅益为多，遂引为门弟子。而托以腹心，典司经籍，守视药炉。真君冲翥，命执策导前焉。昔玉隆宫西庑有孝举道院，号承仙府，手祖巨柏一株，其院面柏而居。

政和二年，诰封正特真人，其词略曰："以尔早以诚恳，师事道君。门人之中，独掌奥典，功行甫就，执幢而升。大江之西，俨有遗像，凡祷辄应，吾民是依。锡之新封，用彰厥懿。朕命惟允，其鉴于兹。可特封正特真人。"

周广
（庐陵周广乃世族儒生[①]）

广字惠常，大将军瑜之后。少好天文、音律之学，长通无为清净之教。尝与同志游巴蜀云台山，得汉天师驱剪精邪之法，救民疾苦。闻真君在旌阳，迳诣公庭，愿备下执，真君纳之，令供侍杖履。夙夜惟勤，遵行道法，始终不怠。还居私第，左右无违。乃就宅西百余步间，筑室以居。真君飞举，惠常与曾兴国同骖龙车，宅号宣诏府。（唐保大中，州牧周令公绍真人为祖，修营其宅，改曰宣诏府，有碑刻尚存焉。今曰太虚观。）

政和二年封元通真人，其词略曰："以尔早弃山宇，师事仙君，元化通神，能得其道，功行甫就，偕升帝乡。大江之西，俨有故迹，凡祷辄应，吾

---

① 此小注《玉隆集》、辑要本均在"蜀川陈勋"题下，今据刘本移置于此。

民是依。锡之新封,用彰厥懿。朕命惟允,其鉴于兹。可特封元通真人。"

泗水曾亨

(巨鹿时荷皆黄冠上士)

亨字兴国,参之后也。少为道士,天姿明敏,博学多能。修三天法师之教,逆知来物。名山列岳,有路必通;妙诀灵符,无治不愈。神人孙登见之曰:"子骨秀神惠,砥砺精勤,必作霄外人矣,子勉之。"后隐居豫章之丰城,闻真君道誉,投谒门下,愿侍巾几。真君雅器重之,神方秘诀,无不备传,后骖龙车升天。今丰城县真阳观是其遗迹。

政和二年,诰封神惠真人,其词略曰:"以尔骨秀神惠,天禀殊姿,师事仙君,雅与道合。功行甫就,偕游帝乡。大江之西,尚存坛井,凡祷辄应,吾民是依。锡之新封,用彰厥懿。朕命惟允,其鉴于兹。可特封神惠真人。"

时荷

荷字道阳,少修道德之教,入四明山,遇神人教以胎息众妙之术,用能却寐绝粒,役使鬼神,驱除邪魅,点化金玉,赒济穷苦,民受其赐,声闻远迩。惠、怀之世,闻真君孝道法盛行江左,徒步踵门,愿充弟子,真君纳之,授以秘诀。复遣还山,教导徒众。明帝诏赴阙师问之,坚不愿留,竟归,依栖真君侍侧。宁康二年,与陈孝举执册导从升天。有遗迹在豫章城,号紫盖府,今南昌厅是也。东海沐阳县奉仙观,乃其旧隐。

政和二年,封洪施真人,其词略曰:"以尔系出东海,世称仙材,能自得师,以有洪施。前驱龙节,参驾同升。大江之西,尚存故宅,凡祷辄应,吾民是依。锡以新封,用彰厥懿。朕命惟允,其鉴于兹。可特封洪施真人。"

丰城甘战

(草泽布衣)

战字伯武,以孝行见推于乡党。遭时乱离,晦遁草泽。喜神仙久视之术，闻真君行孝道法，除害利物，遂造门恳请，愿备驱役。真君异其材器，可其所请。至真君上升，复付以金丹妙诀。伯武后归丰城，布德行惠。至陈大建元年正月十日亭午天诏下，乃驾麟车，乘云而去（今县中清都观乃昔藏丹之地）。其故宅号华阳亭，有飞簧观为之奉礼。

政和二年，封精行真人，其词略曰："以尔幼耽道教，同事仙君，驱妖除邪，厥功甚茂。精行既备，升游帝乡。大江之西，尚存故宅，凡祷辄应，吾民是依。锡之新封，用彰厥懿。朕命惟允，其鉴于兹。可特封精行真人。"

沛郡施岑

（乡关壮士）

岑字太玉，祖朔，仕吴，因徙居九江赤乌县。太玉状貌雄杰，勇健多力，弓剑绝伦。真君初领徒诛海昏大蛇，会乡壮三百余人来助力，太玉预焉。致恭恳乞，愿充役者，真君纳之，与甘伯武常执剑侍左右。宁康二年十月二十八日晨，见东方日中，有一童子乘彩云，执素策，驱苍虬降其所居，宣玉帝诏，遂御苍虬乘云去。真君宅东南二里间，有坛曰紫玉府，即其所栖之地。西岭镇江干石上有观（今额至德），为太玉眺台，南昌之地亦有之，皆所以眺望水妖也（俗称钓台，非也）。

政和二年，封勇悟真人，其词略曰："以尔性勇而悟，能自得师，授以至言，俾之入室，神童指妙，飞升帝乡。大江之西，故宅尤在，凡祷辄应，吾民是依。锡之新封，用彰厥懿。朕命惟允，其鉴于兹。可特封勇悟真人。"

兰陵彭抗

（南昌盱烈、钟离嘉、建城黄仁览，皆以懿戚久处师门。）

抗字武阳，举孝廉，仕晋，累迁尚书左丞。密修仙业，以疾辞朝，师事真君，仍纳爱女为真君子妇。（旧以彭女为夫人，非也，故老称为子妇是也。真君怀帝永嘉末，化炭妇诛蛇，而彭君在，计其年已七十六、七矣，岂复亲匹偶乎？亦屡闻真君夫人周氏，今考《孝道赞》，有《周女使答盱母问》一篇绝妙，疑是夫人谦称，故曰女史①。新藏经称圣母，非也。）真君念其恪诚，应诸秘要，纤悉付之，速遣还朝。至穆帝永和二年，致政南游，挈家居豫章城中。再诣门下，朝夕扣问，道益精进。宋高祖永初二年（职方载作义熙二年）八月二十四日，举家二十六口白日升天（今郡城宗华观是也）。

政和二年，封潜惠真人，其词略曰："以尔绝名去利，潜默内修，竭诚亲师，授以秘要，功行甫就，飞升帝郡。大江之西，尚存故宅，仙室灵坛，俨有陈迹，凡祷辄应，吾民是依。锡之新封，用彰厥懿。朕命惟允，其鉴于兹。可特封潜惠真人。"

盱烈

盱烈字道微，少孤，事母以孝闻，母盖真君之姊也。真君凡二姊，盱母为之孟。（《遗爱录》云："南昌盱君烈、钟离君嘉，本许君甥。"则盱母为真君姊，信矣。）真君为其媪居，乃筑室于宅西数十步间，俾居之。故母子日闻道妙。真君每出，则盱母代掌其家事，仙宾隐客，咸获见之。（胡天师《石灶词》曰："吾昔尝到此。则客于盱母。"）母子并受玉皇诏，部分仙眷升天。今墙西道院乃其旧居（号合仪府）。

政和二年，诰封和靖真人，其词略曰："以尔学真君之道，悟五练之源，惟性闲和，动合大化，卒与其母偕升帝乡。大江之西，尚存故宅，凡祷辄应，吾民是依。锡之新封，用彰厥懿。朕命惟允，其鉴于兹。可特封和靖真人。"

钟离嘉

嘉字公阳，一字超本，真君仲姊之子。少丧父母，植性简淡，真君尝叹其有受道之姿，乃授之神方能拯救，付之妙诀能役逐。真君升天，首以金丹之赐。是年十月十五日日中，碧霞宝车自天来迎，公阳拜诏，升车而去。新建象牙山西源是其所也。有观曰丹陵，石药臼尚存，号钟王府。

---

① 史，《玉隆集》作"搜"，据刘本、辑要本改。

政和二年，诰封普惠真人，其词略曰："以尔持修炼之术，善符禁之能，普惠迩遐，功行昭著，真君付诀，升游帝乡。大江之西，尚存故宅，凡祷辄应，吾民是依。锡之新封，用彰厥懿。朕命惟允，其鉴于兹。可特封普惠真人。"

黄仁览

黄仁览，字紫庭，父辅，字万石，举孝廉，仕至御史。紫庭神彩英秀，局量凝远，真君以子妻之，尽得真君之道。任青州从事，单骑之官，留妻侍父母，然每夜辄归，人莫得知。一夕，家僮报许氏院中夜有语笑声，姑讯之，许氏曰："黄郎耳。"姑曰："吾子从仕数千里，安得至此？"许氏曰："彼已得仙道，能顷刻千里，戒在漏语，故不敢令姑知。"姑曰："若然，当使我见之。"是夕紫庭归，许氏告以故。比明，紫庭不得已，出谒父母，曰："仁览虽从宦远乡，夜必潜归膝下。仙道秘密，不可泄言，恐招谴累。"言讫，取竹杖化为青龙，乘之而去。故万石亦知仙道之足慕，执弟子礼以事真君。唯紫庭二弟勇、健不检，日事游畋，虽父兄奉诏飞升，而二人尚在猎所，自言性纵逸，不堪作仙，任兄举族飞腾，容我二弟捕鹿。紫庭叹其赋分，复折草化鹿，以止其妄心，遂与父母三十二口乘云而东，从真君仙驾升天。二弟后隐于西山（今方冈庙，俗呼黄朝四郎、五郎是也）。仙仗既行，云间坠下石毬、药车各一（瑞州高安县祥符观，旧曰祈仙观，是其故居也），傍有许氏坠钗洲。

政和二年，诰封冲道真人，其词略曰："以尔袭初平之庆，禀非常之姿，师事道君，洞该至妙，功行甫就，升游帝乡。大江之西，尚存故宅，凡祷辄应，吾民是依。锡之新封，用彰厥懿。朕命惟允，其鉴于兹。可特封冲道真人。"

仁览父辅，亦求为真君弟子，真君以其懿戚，待以客礼，故不与十一人之数。诸弟子受法，皆许传族，坛靖各立府亭之名。（其[①]教太义曰府，小义[②]

---

① 其，《玉隆集》无，据刘本、辑要本补。
② 义，《玉隆集》原作"仪"，据刘本、辑要本改。按：《历世真仙道体通鉴》作："其教大仪曰府，小仪曰亭"，似确。

曰^①亭，乃行持道法，以人数多寡名之。）

诸仙传

兰公

昔有异人，姓兰名期，莫敢呼其名，称之曰兰公，初居于兖州曲阜县高平乡九原里。其家百余口，精修孝行，致斗中真人下降其家，自称孝悌王，讳弘康，字伯仲。语兰公曰："始气为大道，于日中为孝道仙王；元气为至道，于明中为孝道明王；玄气为孝道，于斗中为孝悌王。夫孝至于天，日月为之明；孝至于地，万物为之生；孝至于民，王道为之成。吾于上清以下，托化人间，示陈孝悌之教。后晋代当有真仙许逊传吾孝道之宗，是为众仙之长。"因付兰公秘旨，及金丹宝经、铜符铁券，令传授丹阳黄堂靖女真谌姆，且戒之曰："将来有学仙者许逊，汝当以此授之。"孝悌王遂将兰公游于郊野，道傍忽见有三古冢，指以示兰公曰："此是汝三生解化之迹，其第一冢乃昔尸解所遗仙衣而已；第二冢乃太阴炼形，形体已就，今当起矣；第三冢藏蜕骨耳。宜移冢傍之路，勿令人物践履也。"孝悌王言讫升天。兰公乃榜示行人，断其旧路。人谓其妖妄，擅移路径，执以诣官。官吏拘公而诘其验，公具以前事对。官吏云："必若妄言，将加诛。"公曰："吾言得之孝悌王，安得妄！"官吏遂引兰公与地分，对开其冢。其第一冢果有黄衣一领，其第二冢见一人童颜弱质，如睡初觉之状，第三冢见连环骨一具。众咸惊叹。吏乃持仙衣还献府君，府君著衣不能胜，还与兰公。公服之，即同冢中仙人合为一体，竦身轻举。官吏悔谢虔恳，拜问何时再降人间。兰公俯语之曰："我自此或十日、或百日一降，施行孝道，以济迷途。"其后吴都有十五岁童子、丹阳三岁灵童，并是真仙之化身也。将弘孝道之教，以接合仙之士焉。

---

① 曰，《玉隆集》无，据刘本、辑要本补。

谌姆

谌姆，不知何许人也，其字曰婴。尝居金陵丹阳郡之黄堂，潜修至道，忘其甲子。耆老累世见之，齿发不衰，容貌常少，皆以谌姆呼之，谓其可为人师也。吴大帝时，行丹阳市中，忽遇一男子，年可十四五，叩头再拜，愿为义子。谌姆告曰："汝既长成，须侍养所生，何得背其已亲而事吾为母？既非其类，不合大道。"于是童子跪谢而去。又经旬月，复过市中，忽见孩儿，年可三岁，悲啼呼叫，莫知谁氏之子。因遇谌姆，执衣不舍，告云："我母何来？唯愿哀悯。"谌姆怜其无告，遂收归抚育。渐向成长，供侍甘旨，晨昏不亏，心与道合，行通神明，聪慧过人，博通经教，天文地理，百氏九流，穷幽极玄，探微索奥。年将弱冠，谌姆谓之曰："我修奉正道，其来已久，汝以吾抚育，暂此相因，汝既无天，将何为姓氏？"儿曰："昔蒙天真授以灵章，约为孝道明王，请以此为名号可乎？"姆曰："既天真付授，吾何敢违？"复议求婚，儿[①]跪姆前说赞曰："我非世间人，上界真高仙。今与姆为儿，乃是宿昔缘。因得行孝道，度脱诸神仙。向前十五童，亦是我化身。今已道气圆，我将返吾真。真凡自殊趣，何为议婚姻。盍于黄堂坛，传教付至人。姆既施吾教，三清栖我神。"谌姆闻赞，惊畏异常，遂于黄堂建立坛靖，严举香火，大阐孝道明王之教。明王告姆修真之诀曰："姆须高处玄坛，疏绝异党，翛闲丘阜，饵服阳和，委鉴太虚，静夷玄圃。若非无英宝帙，黄老玉书，太洞真经，豁落七元，太上隐玄之道，不可偃息（一作轻盖）于流霞之车（一作障），眷盼乎文昌之台也。得此道者，九凤齐鸣，万灵萃止，竦身御节，八景浮空，龙舆虎旂，游翔八方矣。姆宜宝之。"于是尽付妙诀，兼授灵章。已而辞姆，飞腾太空。谌姆受讫，宝而秘之，积数十年人无知者。

至西晋之末，许真君逊、吴真君猛，闻姆有道，远诣丹阳，求受道法。姆知其名在图籍，应为神仙，于是授以孝道明王之教、真仙飞举之宗，及正一斩邪、三五飞步之术。仍以兰公所授孝悌王铜符铁券、金丹宝经，一遵元

---

① 儿，《玉隆集》无，据刘本、辑要本补。

戒，传付许君。仍语二君《玉皇玄谱》仙籍品帙，乃令许君以道次授吴君。二君礼谢。将辞归，许君欲每岁来礼谒姆，姆止之曰："子勿来，吾即还帝乡矣。"乃取香茅一根，南望掷之，茅随风飞去。因谓曰："子归，于所居之南数十里认茅落处，立吾祠，岁秋一至，足矣。"语讫，忽有云龙之驾来迎，凌空而去。今新建、丰城二县之界有黄堂观，乃真君仿丹阳黄堂坛所立祠，每年八月三日朝谒谌姆之所也。

地主真官传[①]

地主金公，世忘其名（或云名宝，行第七），世居豫章之西山金田，以进纳补官。朴直公正，乡间所推服。许真君与郭璞择地，至其所居，璞曰："璞相地多矣，未见有若此者。如求富贵，则必有起歇；如欲栖隐，大合仙格。其岗阜圆厚，位坐深邃，三峰屹立，四环云拱，内外勾锁，无不合宜。大凡相地兼相其人，观君表里，正与地符。"乃与真君同谒公，公欣然出迎，欢如平生。璞白公曰："许君欲置一舍，为修炼之地，故同璞上谒。"公曰："窃观许君仙风道骨，非尘埃中人，第恐此地不足以处君耳。君诚有意，当并致庄产，以为薪水之资。"许君曰："虽蒙倾盖，然受之无名，愿闻所需，多寡惟命。"公曰："大丈夫一言道合，身命犹以许人，况外物乎？老夫拙直，平生无用文券。"乃取一大钱中破之，自收其半，以半授许君，曰："以此为券。"明日，遂挈家居西林之庐舍，至卒老焉。玉隆宫有神曰西林地主显忠真官，即公是也。

皇朝真宗皇帝尝遣中使，奉香烛、花果于真君。中使至溪桥，公朱衣靴幞迎之，中使不知其神也。至馆问曰："适桥畔有官人相迎者谁也？今安在？"左右曰："无之。"中使曰："衣朱衣，状貌肥而短者。"众咸谓无其人。翌旦，中使登殿致献讫，还过地主堂，视之惊曰："昨日所见者，即此神也。"炷香设礼，敬叹其灵，归而奏之，即有旨免本观支移折变，盖缘于此。嘉泰四年，赐庙额曰昭应；嘉定三年，告封灵助侯。

---

① "地主真官传、许大、胡詹二王、胡天师"四传，参校本均无，唯《玉隆集》存。

许大

　　许大，真君之役夫也。真君上升之日，适与其妻运米出市（今西岭市），闻真君升天，夫妇推覆米车，奔驰而归，至则仙仗已兴，夫妻抚膺哀号，乞从行。真君告以善功未备，不应飞升，乃授以地仙之术，夫妇俱隐于西山。其覆车之米，在地复生（今地名翻车岗、生米市，即其所也）。既隐，不欲人识，改姓曰牛；又为人所知，复改曰干。夫妇各有诗留于世。干君诗云："自从明府升天后，出入尘寰直至今。不是藏名混世俗，卖柴沽酒贵忘心。"其妻诗云："醉舞狂歌踏落花，绿罗裙带有丹砂。往来城市卖生药，只个西山是我家。"又诗云："出入仙乡不记春，岂知尘世有寒温。儿家只在西山里，除却白云谁到门。"因干君出游，经时不归，独步醮坛，有感而作："昨日因游到翠微，醮坛风冷杏花稀。碧桃为我传消息，何似人间去不归。"

　　许大夫妇闻真君将上升，苦求随行，真君以诏使告，合从升天人数，已有定命，难徇其请，故预期使之出。干虽覆车而归，已无及矣。今人时有见之者。

胡詹二王

　　胡、詹二王者，旌阳县之二吏录也，世不知其名。真君弃官，还山且久，二吏思慕盛德，舍家而来，愿服役终身。真君悯其诚意，而知其分不应仙，俾没后为神，立祠于福地东南高峰作镇水口，永享血食焉。

胡天师

　　天师名惠超，字拔俗，不知何许人也，人莫知其年纪。唐高宗上元间，来自庐山，栖于豫章西山之洪井。永淳中，幅巾布褐，负杖徒行，至游帷观，见同辈手不执板，擎拳而已。美须眉，体貌环伟，类四十许岁人。身不甚长，然每处稠人中，其首独出其上，虽至长者，止及其肩，故时称胡长仙。人问其年几何？曰五十二岁。逾数十载问之，亦复云然。至论晋、宋已来治乱兴废，纤毫不差。喜谈晋司空张观文《博物》，如其友。或云许、吴二君尝授其延生炼化、超三元九纪之道，能檄召神灵，驱奋雷雨。至陶洪景校茅山华阳洞《太清经》七十卷，天师亦与焉，背缝尽朱书其姓名，览者皆见之。又曰："吾昔到此，客于盱母。"用是不知为何代人物也。每路逢暴骨遗骸，悉埋之。地有古物宝器，掘之如其言。而获闻邪怪之物，疾之如寇雠，即务剪除。时豫章西门有樟木精为独足神，大兴怪祟，邀人淫祀。天师一见，叱骂书符禁制，即命斩伐，积薪灌油，以火焚燎，妖祟遂灭，以其地为观（旧名信果，今额天庆）。

昔游帷观，唐初尝荒废，因问主观胡不修葺，答以乏材力。天师奋然而往，不逾月，以木栿至高安樟木江口，距观九十里，命栿人紧系缚，各就宿江岸。临暮，飞墨符一道，中夜烈风雷雨，比明，栿已在坛下矣。凌抹岭谷，所当之路，林木披靡摧折。又于山下发一窖，出钱三佰千，为工役之需应。殿宇非人所居者，皆夜役鬼神为之。门外凿三井以辟火灾（俗号曰禁火井，故至今永无火灾）。久之，异迹显著，天后以蒲轮诏之，天师深隐岩谷，州县搜求之急，不得已而出。至都，引见武成殿，后临问仙事，天师止陈道德帝王治化之源。后大喜，又欲留于都下，委以炼丹之事。天师辞请还山修炼，敕遣使赍金璧送归。行次单父，赐书曰："先生道位高尚，早出尘俗，如轩历之广成，汉朝之河上，遂能不远千里，来赴三川。日御先开，望霓裳之渐远；天津后渡，瞻鹤盖以方遥。空睇风云，惘怅无已，傥蒙九转之余，希遗一丸之药。"天师乃于洪崖先生古坛际炼丹，首尾三年。降诏趣召诣阙，至则馆于禁中。天师辞归，固留不许。天师一朝遁去，上闻，叹恨久之。遣使赍赠甚厚，兼赠诗一篇云："高人叶高志，山服往山家。迢迢闻风月，去去隔烟霞。碧岫窥玄洞，玉灶炼丹砂。今日星津上，延首望灵槎。"

天师归西山，居于盱母靖观，有三清中门、真君横堂（堂在今仙井函日亭上），皆鬼工所造。平柱眠枋叠至脊，斲削之工，人或可伴；至植立不斜，坚固不朽，非人可及。梁牌亲题大周年号，笔力遒劲。又自写其真于后殿之壁。其居西山，人皆师事之。千里之内，无疫疠水旱之灾，无猛鸷天柱之苦，远近赖焉。

长安三年二月十六日，命弟子于游帷观之西北伏龙岗造砖坟，藏太玄真符二、七星神剑、灵宝策杖各一，三日而讫。天师正衣冠，坐绳床，异香满室，空中云鹤，墙外人马之声，纷纷不绝，视之已解蜕矣。州具以闻，赐钱帛，修斋醮，谥曰洞真先生。姑苏先生司马贞撰碑，具载详悉。世远，其壁将颓，有一云水道士至，以木板摸写之，俨然复前状。越夕而壁倒，道士亦不知所往。门堂以政和六年奉旨重造，始撤去，今唯真板存焉。

第四卷

表章类

为^①武夷道众奏名传法谢恩青词

琅函发秘，老君开设教之门；玉局呈祥，靖应启流芳之路。以八极炼魂而救苦，以九灵飞步以腾章。天心有三符二印之传，雷府有五社十蛮之应。所以驱禳灾疢，用兹考召鬼神。某等赍香信以投诚，各传法要；饮丹泉而作誓，永续真风。

谒华盖三仙青词^②

伏以稔闻，霞躅形于昼思夕梦之间；竭款云关，陟彼风飞烟走之上。夜寒无寐，旦起有言。惟仙妙契先天，功成浩劫。风符雨即，燮理阴阳，霓节霆旌，飞行空梵。紫岩驻逸，丹阙宾宸，万古灵踪，群生福地。玉蟾久切玉真之拜，侧闻金箓之元，谢绝世尘，栖居林阜，冀回善盼，虔修香楮之仪，获造仙关，正遂烟霞之癖。瞻龙旗之在望，愿凤阙之常依。举形仙飞，此冥漠三真之能事；得道尸解，式蠢凡一介之可为。愿步后尘，期执末御，无任激切之至。宋皇庆元年壬子正月元日^③

---

① “为”字据善本、《上清集》、刘本、辑要本补。
② 据《华盖山志》增。
③ 按：皇庆元年壬子，即元仁宗皇庆元年（1312年），此署宋朝，有误。

赠知宫王南纪洞章

古熙策云南，飞庚伏正祥。晴槐舞熏，新蜩噪晚。止锡琳宫，仰惟宫宰真人，江山态度，风月襟怀，神仙中人，不易得也。尝摭群仙家谱旧矣，王祺则老聃之蕲者高弟也，王楠则蒙庄之函苏道契也。郁单无量天，则王雍御雷笈；梵监须延天，则王绍识运历。鲁人王硕，炼玉云丹于浮雍山；秦人王乔，炼九神丹于天华洞。其后王长、王敏出于汉晋，王茂、王载卿出于魏唐。近世云鹤子作《三一灵篇》，烟松子作《金丹枢要》，逍遥子作《还丹结集》，清虚子作《丹道指迷》，皆其族人也。其门天人隐显，殆莫一二。且云：丹山之凤必生鸑鷟，赤泽之马必生麒麟。有如仙裔绳绳，名仙至人，层见鳞出，千百岁下，挺生真人。坐董洞天，星弁左右，葆毓天粹，扶剔幽奥。咀太元之精，采真一之气。其治心也，如苑内像；其应世也，如水中月。休功丕德，光前绝后，当世道俗，曳手俯额，目争视，手争指，莫不曰："其道如是，其德如是。"乃作洞章以歌之。

歌曰："黄道珠躔阙一点，方寸无人洞门掩。桑田未变海水减，琪树开花绿苒苒。小有瑶章落龙虎，月坛香冷宫谁主。真人扬下神霄鸾，天驺惨惨归紫府。千山万山锁青烟，三树两树啼断猿。风飞杨花三月寒，人在城门烟水村。生而神灵长威武，笑携一卷《黄庭》去。坐断琳宫主餁粥，星弁霞裙满堂庑。四海横香航烛人，肘行膝步来如云。爱河翻波渺无际，花生铁柱酆都春。把握阴阳一呼吸，长啸一声鬼神泣。仗剑唤雨轻撼环，化篆召雷略举笔。当年檄赴内道场，黄麻紫墨星争光。归来百庆喜具举，规模轮奂重铺张。翻思龙汉元年事，撞破混元识行李。满鼎铅霜火焰飞，绿颜雪齿君知否。松竹潇潇生冷风，白鹤一去草庐空。

法曹陈过谢恩奏事朱章

上清^①大洞宝箓弟子、五雷三司判官、知北极驱^②邪院事臣白玉蟾稽首

---

① 清，原作"请"，据参校本改。
② 驱，原作"枢"，据参校本及上下文改。

再拜上言：臣闻太极仙翁有言曰："学法之士，如赤体揞白刃耳。"臣观此言，莫不战栗。虚静先生张继先有言曰："人生百年一弹指，闭眼风刀即立至。"臣观此言，愈增惊悸①。臣末学庸辈，滥居道阃，措心立教，朝夕骇忧，自愧疏愚，戒德违缺。四方学者，来如牛毛，设若普接而授之以道德，又恐泄露天机；苟若不纳，而警之以戒条，则是障拒后学；或若择善拔尤，而间度一二，复虑庸者隙进，鄙者薄来。臣夙荷师恩，叨传法奥，宝佩心印，未尝轻慢。仰遵科戒，如履薄冰，晦迹遁名，莫敢彰露。臣童髫何知，自护毛羽。仰惟三宝，洞察愚衷，岂容饰辞，委实真祷。以今吉辰伏地，贡章一通，上诣三天曹。谨据太上三五都功、正一盟威弟子施某等，昨各已录心词上奏天庭，乞行传度，已为膡申都省，依科给帖，充授法职。寻即择日建坛，剖符破券，拨将统兵，分司隶事。然后以蕊殿琅书，心传口诀。兹则同发诚心，谨取今月某日，虔就武夷山升真玄化洞天，修设三界高真，谢恩清醮几分，延奉上真，仰酬玄造，更祈景贶及臣等身。臣愚辄以己见为陛下陈之。夫法士有大不易者七，有深可畏者六。何哉？谓如世俗浇漓，风教隳堕，迷迷相指，以盲指盲，此则遇真师之难，所以为大不易者一也；文书谬误，诀法乖舛，罡中落步，咒中漏句，此则得真法之难，所以为大不易者二也；科戒严明，条律警肃，难行易犯，迷真者多，此则奉真戒之难，所以为大不易者三也；坌火焚和，淫风鼓善，正气斲丧，元精雕败，此则全真气之难，所以为大不易者四也；上真威仪，神将服色，方寸难思，一念不纯，此则存真想之难，所以为大不易者五也；天神地祇，正直威仪，监功建节，纠察丝毫，此则办真心之难，所以为大不易者六也；朝昏告急，寒暑请行，不敢苟财，愈当戮力，此则立真功之难，所以为大不易者七也。所传法书、符图、印诀，妄示非人，必招风雷地狱锋戟裂体之报，此乃深可畏一也；所禀戒律，非时外色，辄有侵犯，必招灰池地狱火焰烙体之报，此乃深可畏二也；钦奉三宝，朝谒灵真，不知避忌，必招火网地狱风刀考身之报，此乃深可畏三也；神将香火，朝夕不虞，号召失节，必招寒冰地狱黄绳束颈之报，此乃深可畏四也；用心轻重，处事高低，或勤或惰，必招铁丸地狱犁牛耕舌之报，此乃深可畏五也；行法既显，必有衬贿，多致贪婪，必招黑暗地狱万

---

① 悸，原作"悖"，据参校本改。

苦逼身之报，此乃深可畏六也。以此七之大不易、六之深畏言之，使臣竦肩缩颈，心痛鼻酸。臣一介昏庸，仰赖太上慈悲，许容臣等披肝沥胆，雪罪首愆，苟有愆尤，俱蒙赦释。臣所奏前件受法弟子几名，伏望圣慈特赦旨，允臣所奏，付太玄都省，检照前后所申，即行遍报诸司合属去处，仍乞指挥差拨法中最干将帅部领兵马，统辖吏典，应时降赴，法官姓某等各人法坛香火衙治之所，驻劄防御，听候呼召。兵随印转，将逐符行，凡遇行持，遂依法令。发遣符命，祈祷驱禳，大阐灵通，明彰报应。名标玉籍，职领金班。膺掌握将兵之权，涖纠察鬼神之政。代天行化，为国救民，斩妖除魔，芟邪立正。得蒙允可，且喜且惊，勉励身心，私自积累。三千功满，八百行圆，别诣仙都，各期迁选。九玄七祖，同获善功。六道三涂，普沾善果。臣愚谨因二官直事、正一功曹、左右官使者、阴阳神诀吏、罡风骑置吏、驿马上章吏、飞龙骑吏等官各二人，出操臣所为施某等进拜法坛、传度首过谢恩奏事朱章一通，上诣三天曹，请进太上虚无丈人宫、太清曹治紫灵宫，伏愿告报。臣诚惶诚恐，顿首稽首，再拜以闻，太清玄元太上无极大道太上道君、虚无丈人、太上老君、太上丈人、天帝君、天帝丈人、九老仙都君，九炁丈人、百千万亿重道炁、千二百官君、太清玉陛下。臣姓白，系金阙选仙，举进士，见任冲祐观东南隅醮坛所，伏地听命。

表奏法坛传度首过谢恩朱章

泰玄都正一平炁系天师、清微天化炁南岳先生、赤帝真人、神霄玉府五雷副使、上清大洞经箓弟子臣某，稽首再拜上言：臣窃谓陈章奏牍，所以开忏谢之门也；飞神御气，所以入朝谒之路也；传真度妙，所以袭正一之风也；升秩登班，所以按荐举之法也；承流宣化，所以阐驱禳之教也；芟邪立正，所以崇清净之道也。臣得以言之。方寸未澄彻者，岂知道之清净；诀法未灵验者，岂知教之驱禳；言行未纯粹者，岂知法之荐举；真伪未辨明者，岂知风之正一；形神未洞融者，岂知路之朝谒；迷愚未警悟者，岂知门之忏谢。故兹不易之理也。臣乃知之，悛心首过，然后可以陈章奏牍；凝心聚神，然后可以飞神御气；鞭心学道，然后可以传真度妙；正心诚意，然后可以升秩登班；尽心利物，然后可以承流宣化；洗心洁己，然后可以芟邪立正。陛下以为然耶？否耶？臣之所以陈章奏牍者，趑趄乎太虚寥寞之间，若是而飞神御气者，亦无他故。盖于五浊恶世之中，为陛下择贤选德，仅有一人焉，必欲因是而传真度妙，使之升秩登班，承流宣化，芟邪立正。设有片善寸长，足以少裨天政。虽臣之功也，皆陛下之事也。如是而显扬道法，如是而表率世俗，昭①然于人天耳目之间，则三界万灵，岂胜幸甚！臣以今吉辰，伏地贡章一通，上诣三天曹，伏为九紫离宫，斗牛分野，大宋国施某词称命系某生，上属某星，系天师某治某炁，言被中元三炁君召，即日谨赍香信，叩头诣道自陈。窃念某叨居盛世，获篆玄邦，滥缀簪裳，幸传教法。虽勤讲究，未悟灵真，忝遇师缘，辄绅臆恖，虔诚俯地，发露盟天。愿传天上九灵飞步章奏大法一阶，腾神飞章，朝谒关奏。复自稽颡兴嗟，希有难遇，并传太上紫枢玉晨洞阳飞梵炼度大法一阶，摄召幽灵，行持炼度。拜章既尔，炼度复然，苟有驱攘，以何感应？仍受太上五雷大法一阶，祷雨祈晴，呼风召雪，封山破洞，伐庙除邪，斩馘蛟龙，制伏狼虎，驱除旱魃，扫荡蝗螟，疗病禳灾，赏善罚恶。尽肘步膝行之切，愿心传口授之真。臣按如词言，不容杜隐，昨为腾申都省，已尝飞奏天庭。幸玉籍以标名，必金班而注秩，择日建坛而度法，依科拨将以交兵，歃血饮丹，剖环析券，尚虑告盟之际，及当师恼之间。揣己何堪，扪心有愧，或万一亵真而获谴，故再三对帝以陈情。念蠢尔之愚厖，赖惠然而贷宥。臣以某七生罪昝，三世愆尤，愿开无垢之门，使有自新之路。寻真毳妙法，学到于希夷；炼静凝虚心，自然于清净。顾领户化民而黾勉，愿登仙度世以逍遥。七祖先亡，咸希超度；诸司将吏，并乞荣迁；三界蒙恩，万灵获福。苟非太上大阐慈悲，岂许小臣辄申悃愊。臣愚谨因二官直事、正一功曹、左右官使者、阴阳神决吏、罡风骑置吏、驿马上章吏、飞龙骑吏等官，各二人出操。臣所为施某进拜法坛，传度首过谢恩朱章一通，上诣三天曹，请进太上虚无丈人宫、太清曹治紫云宫，故愿告报。臣诚惶诚恐，顿首再拜以闻，太清玄元太上无极大道君、虚无丈人、太上老君、太上丈人、天帝君、天帝丈人、九老仙都君、九炁丈人、百千万亿重道炁、千二百官君、太清玉陛下。太岁年月日具位臣白某表奏。

---

① 昭，原作"照"，据参校本改。

臣姓白，系金阙玉皇选仙、举进士，见在冲祐观听命①。

雷府奏事议勋丹章

泰玄都正一平炁系天师、清微天化炁南岳先生、赤帝真人、上清大洞宝箓弟子臣白某，稽首再拜上言：臣乃初霄典雷小吏也，粗谙雷霆所典之事，忝佩雷霆所授之书，饱识雷霆所行之法。然于其间纪述或讹，传授或泛，是以繁中指迷，谬中订正，玄处得诀，妙处得咒，难知而易行，难传而易学。臣所学臻此，悉为陛下言之。臣闻阴阳二炁结而成雷，既有雷霆，遂分部隶。九天雷祖因之以剖析五属，神霄真王用之以宰御三界。质之于金笈，考之于玉箓，谓如五雷者，尝有疑焉。玉枢之《雷书》曰："一乃天雷也，二乃神霄雷也，三乃水官雷也，四乃龙雷也，五乃社雷也。"神霄之《雷书》曰："一乃风雷也，二乃火雷也，三②乃山雷也，四乃水雷也，五乃土雷也。"大洞之《雷书》曰："一乃圣充威灵震动雷也，二乃震电哮吼霹雳雷也，三乃八灵八狷邵阳雷也，四乃波卷水雷也，五乃正直霹雳闪电大洞雷也。"仙都之《雷书》曰："一乃天雷也，二乃地雷也，三乃风雷也，四乃山雷也，五乃水雷也。"北极之《雷书》曰："一乃龙雷也，二乃地雷也，三乃神雷也，四乃社雷也，五乃妖雷也。"太乙之《雷书》曰："一乃东方青气木雷也，二乃南方赤气火雷也，三乃西方白气金雷也，四乃北方黑气水雷也，五乃中央黄气土雷也。"紫府之《雷书》曰："一乃春雷也，二乃夏雷也，三乃秋雷也，四乃冬雷也，五乃轩辕雷也。"玉晨之《雷书》曰："一乃紫微雷也，二乃酆都雷也，三乃扶桑雷也，四乃岳府雷也，五乃城隍雷也。"太霄之《雷书》曰："一乃甲乙雷也，二乃丙丁雷也，三乃戊己雷也，四乃庚辛雷也，五乃壬癸雷也。"太极之《雷书》曰："一乃神霄雷也，二乃地府雷也，三乃水官雷也，四乃九州雷也，五乃里域社庙雷也。"太上所传《雷书》，若夫前件十本所载，各有异同。古之五雷，未审以何为正者也？世传三十六雷，犹可疑

---

① 按："顿首再拜以闻"之后，同治本无。"太岁年月日具位臣白某表奏。臣姓白，系金阙玉皇选仙、举进士，见在冲祐观听命"一段，刘本、辑要本无，此据《武夷集》补。底本作"太岁玉皇选举进士，见在冲祐观听命。"

② "三"字原脱，据参校本补。

也，抑又可议也。一曰玉枢雷，二曰玉府雷，三曰天卜玉柱雷，四曰上清大洞雷，五曰火轮雷，六曰灌斗雷，七曰风火雷，八曰飞捷雷，九曰北极雷，十曰紫微璇枢雷，十一曰神霄雷，十二曰仙都雷，十三曰太乙轰天雷，十四曰紫府雷，十五曰铁甲雷，十六曰邵阳雷，十七曰㷱火雷，十八曰社令蛮雷，十九曰地祇火鸦雷，二十曰三界雷，二十一曰斩圹雷，二十二曰大威德雷，二十三曰六波雷，二十四曰青草雷，二十五曰八卦雷，二十六曰混元鹰犬雷，二十七曰啸命风雷，二十八曰火云雷，二十九曰禹步大统摄雷，三十曰太极雷，三十一曰剑尖雷，三十二曰内鉴雷，三十三曰外鉴雷，三十四曰神府天枢雷，三十五曰大梵斗枢雷，三十六曰玉晨雷。此而谓之三十六雷，是耶？非耶？所谓五雷，则雷法何其多耶？抑神仙至人投使异妙耶？抑经箓文书纪录不一耶？谓如天洞天真之神、毕火毕真之神、天乌天镇之神、威猛丁辛之神、冰轮水钵之神、流光火轮之神、滴昔喝伽之神、太乙元皇之神、咬网雀舌之神、天雷风领之神、火猪黑犬之神、火鹰腥烟之神、天关霹雳之神、铁甲飞电之神、仙都火雷之神、山雷火云之神、风火元明之神、火伯风霆之神、勾娄吉利之神、织女四歌之神、玉雷浩师之神、洞阳幽灵之神、四明公宾之神、火光流精之神、虚乘太华之神、金精清思之神、苍牙铁面之神、散烟雾黑之神、雷主阆伯之神、木狼奎光之神、㷱火律令之神、邵阳火车之神、狼牙猛吏之神、六波卷水之神、飞鹰走犬之神、流金火铃之神，此之三十六神，或曰三十六雷，不容无疑焉。今而摭之于丹霄景书，则箕星所以掌天雷也，房星所以掌地雷也，奎星所以掌水雷也，鬼星所以掌神雷也，娄星所以掌妖雷也。天雷属箕星，故有天乌、天镇、天洞、天真之神；地雷属房星，故有雷主、阆伯、火伯、风霆之神；水雷属奎星，故有木狼、洞阳、金精、浩师之神；神雷属鬼星，故有㷱火、律令、邵阳、狼牙之神；妖雷属娄星，故有丁辛、滴昔、喝娄、伽夜之神。故臣独以此为正也。古今所传雷法凡数阶矣，其彰灵著验，赫赫然于天下后世。

夫雷霆不可掩之物，人谁不知其有雷也？雷霆者，所以彰天威，所以发道用。天威无所彰，则幽明异致，孰为之祸福也？道用无所发，则阴阳二气，孰为之生杀也？阴阳二气而发道用，所可以彰天威；以幽明异致而彰天威，则可以发道用。是故赮不晦赏也，眚不匿罚也。若夫毗祠列社，皆祭祀也；灵坛古迹，皆鬼神也。其间必有慈孽也。富室贱隶，皆享受也；

端人诡士，皆流辈也。其间必有善恶也。鬼神有罪，则流辈何以诉之？流辈有衅，则鬼神何以鸣之？乌戏！皇天所以建雷城、设雷狱、立雷官、分雷治、布雷化、示雷刑、役雷神、统雷兵、施雷威、运雷器，是皆幹赏罚之柄，宰生杀之权。以之于阴界，可以封山破洞、斩妖馘毒；以之于阳道，可以除凶诛逆、伐奸戮虐。宜乎发道用也，彰天威也，此阴阳二气得其施设也，幽明异致得其彰响也。天地之内，万物峙立，未有不禀阴阳而生生者也。所以有形有想者为人，无形有想者为鬼。人处于阳，鬼处于阴，以是而出入四生，循环六道。苟非天有雷霆，则何以示刑宪而订顽砭愚者乎？

念臣夙生庆幸，叨簉①雷班，誓愿行持，未尝少懈。以今吉辰，伏地贡章一通，上诣三天曹，谨遣臣法中风火元明君、火伯风霆君、雷主阏伯神君、火铃霹雳大仙、苍牙铁面大仙、龙雷卷水神君、风火龙骑震天沸海神君、霹雳火光银牙耀目神君、欻火律令大神、雷公火车元帅、三五铁面火车大将军、三五邵阳主帅将军、霹雳火车腥烟使者、四圣听察回车使者、浮云降霅力士、横身飞云使者、移山翻海铁甲使者、洞风鼓震天威赤文使者、风霅金铃火铃使者、五雷飞捷使者、雷阵左右使者、散云送火禁炎使者、西台雷雨吏、负天担石太微令、威剑震灵吏、四季风雨令、玉光金精上吏、吞魔啖妖天甲神吏、丹元刑部都吏、擒龙捉蟞撼山神君、吹海扬波灵华猛吏、飞云走电神吏、太岁将军、掌疫疬使者、五方雷公将军、天雷晃光将军、水雷电光六龙将军、玉枢殿下左右二神将、北极殿下左右二神将、蓬莱雷霆司左右二神将、三十六雷鼓力士、啸命风雷大将、五雷诸司将帅、五雷诸司吏兵、五方蛮雷使者、随章同诣都宫阅量勋烈，磨勘功勤，注者为升，授者为转，差者为除，选者为擢。约以今年十二月辛亥日，遣令五雷官吏将兵，预赴元应太皇府录功纪绩，并于丙子年正月初一日天腊之晨，径上玉清朝谒，乞于三月初七日得预天曹举选赏会，至于正月初一日甲子之晨，太乙简阅神祇之旦，使五雷将吏各获一功，听候正月十五日上元天府官赐福之晨，悉赴北极紫微璇枢宫例出一职，各转一资。臣当愿九玄七祖同获升迁，三界鬼神咸沾福利，然后愿臣祈晴祷雨、召雪兴云、

---

① 叨簉，此处据《武夷集》，刘本、辑要本、同治本作"与进"。

摄电呼雷、驱风降雹、封山破洞、伐庙除魔、诛斩蛟龙、制伏狼虎、驱禳水火、遣逐旱蝗、为民禳灾、驱邪治病、行遣符命、显现报应。臣伏望陛下降注紫灵玄一之气，流入臣身中三焦五脏之内，灌溢三元九宫之中，令臣心广体胖，神清气爽，学道得道，求仙得仙。臣愚谨因二官直使、正一功曹、左右官使者、阴阳神决吏、科车赤符吏、罡风骑置吏、驿马上章吏、飞龙骑吏等官各二人，出为臣操令辰所上雷府奏事议勋丹章一通，谨上诣三天曹，请进太上虚无丈人宫、都候曹治太白宫，伏愿告报。臣诚惶诚恐，稽首再拜以闻太清玄元太上无极大道、太上道君、虚无丈人、太上老君、太上丈人、天帝君、天帝丈人、九老仙都君、九炁丈人、百千万亿重道炁、千二百官君、太清玉陛下。

维皇宋太岁乙亥嘉定八年冬十有二月二十七日辛亥吉时，于武夷山冲祐观之西南隅，再拜上。臣姓白，系金阙选士，见在拜章所听命。

忏谢朱表

上清大洞宝箓弟子、五雷三司判官、知北极驱邪院事臣白某。右，某言：伏以紫鸾啸月，青皇垂羽葆于枢宫；白鹤呼云，赤帝降霓旌于玑舍。奉金阙丝纶之诏，下瑶台契券之符。与黔庶以赦愆，为群黎而弥祸。办枣栗柏松之筐腜，仰枫槐柳杏之星坛。建破甲庚，推测魁罡之象；坎离子午，步占晦朔之躔。以心词上渎于龙颜，愿圣意下观于蚁牒。恭惟北极紫微中天太皇大帝陛下，道媲元始，德契昊天，烟殿垂衣，霜台降辇。阳明大圣，统廉贞武曲以赞襄；阴精明君，协文曲禄存而毗辅。洞明掌威福之柄，隐元隶生杀之机；破军居水位之尊，北极领星河之政。有祸皆禳而有罪皆忏，无病不治而无邪不摧。

臣以大宋国福建路建宁府崇安县武夷山冲祐观管辖道士施某，叨属人伦，幸沾圣化，凡胎肉质，火宅尘劳。六根招贪爱之愆，三业致昏迷之谴。八卦有方隅之干犯，五行虑运度之变更。三官追魂，四府隶咎。迍遭频并，夷厄绵延。发露愚衷，僭于天听。琼辉俯烛，璧辉分辉。擎羊神王驱命位身官之厄，陀罗使者殄年迍月蹇之忧。北斗六十曹官，电掣七伤八难；南陵七千神将，雷轰九横三灾。斗中天罡，斩妖邪而息祸；躔外太乙，消凶毒以潜踪。天关飞晨，丹元合景，玄冥除瘟疫之孽，瑶光灭水火之灾。却神煞土气之侵凌，纠司命灶君之注射。酆都削籍，狱府除名。官符、病符、口舌符，顿然殒灭；报障、业障、烦恼障，自此驱除。法疗功曹，锡梵府六晨之药；天医使者，降仙都九转之丹。五炁周流，六脉安静，三宫升降，七液冲融，荣卫宁和，经络爽畅，勾陈隐景，华盖藏形，酌水献花，不胜虔切。蹈天蹐地，愿赐庞洪。谨尔敷陈，早希昭报。臣谨具表以闻。臣诚惶诚恐，顿首稽首，谨奏谨白。

太岁丙子嘉定九年正月日，上清大洞宝箓弟子、五雷三司判官、知北极驱邪院事臣白某表奏。臣姓白，系金阙玉皇选仙、举进士，见在醮坛所，伏地听命。

传度谢恩表文

高上神霄玉清府雷霆令、统五雷将兵、提领雷霆都司鬼神公事臣玉蟾言：以今月十五日伏为上清太华丹景吏、神霄玉府西台令、行仙都风雷判官臣彭耜，上清大洞玄都三景法师、太乙雷霆典者、九灵飞步仙官、签书诸司法院鬼神公事臣留元长，太上正一盟威法师、充驱邪院判官、南昌典者、九灵飞步仙官、兼管雷霆都司鬼神公事臣林伯谦，太山三五都功职箓、神霄玉府右侍经臣潘常吉，太上三五都功职箓、神霄玉府右侍经臣周希清，太上三五都功法箓弟子、奉行天心正法驱邪院判官、兼干五雷使院事臣胡士简，太上正一盟威法师、行上清混元天心五雷大法、差充主管驱邪院事兼雷霆都司事臣罗致大，太上三五都功、紫虚阳光秘箓弟子、行上清北极天心正法、金阙内台炼度典者、驱邪院右判官臣陈守默，太上正一盟威法师、行灵宝天心玉晨五雷大法、九灵飞步仙官、主管驱邪黄箓院事臣庄致柔等，臣付以道法，奏准玉格，注授前件差遣，即日具表，恭诣阙庭，称谢天恩者。伏以法有正传，幸相承于师训；职无虚受，期仰答于天恩。敢因拜贶之私，辄控由中之悃。臣等蟪蛄如幻，蝼蚁何知。忝编中国之氓，实出大钧之造。仰乾坤之覆载，荷日月之照临。坐食怀惭，奚功及物。深惟旷劫，以迨今生。粤有此身，而迄兹际。三恶不善，杀、盗、邪淫；六根无明，贪、嗔、痴、爱。罪洪如海，业重于山。赖上真开忏谢之门，使至蠢有披陈之路。既与原已往之咎，复为弭未萌之灾。更昧皈依，实负陶铸。夙缘契道，遇神霄五雷之书；凡质希仙，受太上九灵之旨。故得掌心握印，笔下飞符，役使风霆，区别人鬼。济生度死，辅正除邪。岂堕身于尘坌之间，敢飞步于魁罡之上。古来传授，今故奉行。内炼刀圭，外储功行。体天行化，佑国救民。恭惟高上神霄玉清真王长生大帝陛下，道大难名，德博而溥。群生父母，三界导师。端九旒于万炁之先，御八极于太空之表。慈悲济世，方便度人。臣剡牍东台，厕员西府。讲分符破券之典，效歃血饮丹之仪。誓领将吏，以立殊勋。全赖符图，而阐大教。渊衷俯鉴，真荫潜孚。愿清海岳之埃，而锁妖魔之洞；庶辟虚无之阃，再扬正一之风。干冒天威，遵禀帝命。如蒙覆护，俾遂设施。体未洞真，胎炁更资于玉炁；神其入妙，心天允合于璇天。臣等谨具表奏以闻。诚惶诚恐，顿首稽首再拜谨言。

太岁戊寅嘉定十一年十月，具位臣玉蟾表奏。

黄箓借职奏状 ①

地下得道奉法童子臣白某，右，臣夙以高皇帝王神炁在身，不昧灵根，知有此事。曩生修习，今生遭逢。叨绾雷章，粗明教法。惟是臣自知太上大道慈父圣母、十方诸君丈人每垂赦宥，臣以故亦多懒慢，终年不修香火。其在仙籍，殆若无臣。臣所以又敢冒昧奏闻，臣亦有说。是臣此身皮毛骨血、涕泪涎沫，不能成真。臣有一灵之天、本来之性、元命之神。神而无方，大不可测，可以上宾帝梵，立侍玉晨。臣虽懒慢，而帝真知之，虽鬼神亦无如之何也矣。臣曩岁警觉，今凡得道奉法之士，所有衔位，并系伪称。若在天司，别有品配。

臣今以草土彭耜为父演建黄箓，令臣关启。臣既不可辞，乞时暂以高上神霄玉清府雷霆令、统五雷将兵、提领雷霆都司鬼神公事摄行上清黄箓使臣，俟醮筵满日，仍旧解职。若遇役使风雷，区别人鬼，只乞以从上雷衔借称。臣世缘该满，朝谒之日，别听仙曹施行。臣万死干冒天威。

---

① 据《语录》卷四增。

陈情表 ①

具位臣某言：臣谨取今月二十三日具表，诣阙谢恩陈情者。臣伏以性由天赋，智愚善恶付之天；人与道俱，折旋俯仰合乎道。何阴界置幽冥之府，而上灵立赏罚之司。身形随气数以为生，命运与星辰而相隶。实匪自然而生死，疑其皆出于阴阳。天机不停，物情易变。冬归而冰自泮，春到而草俱青。审皆气之所陶，故立性以为主。千灯照室，同是一光；大海含波，中有万变。盖有情无情之异，与生数成数之殊。然动静皆非其本来，彼想念尽形于已有。形具以后，道在其中。惟得之者与之合真，其失之者宜乎沉惑。所以启修仙学道之路，从而建正心诚意之门。大道独超乎死生，至诚可回于造化。存乎诚而合道，得是道者皆诚。此众生所从入之涂，诚列圣已常跻之域。当究虚无之始，实根事物之前。以心契之，即道也矣。

臣凡胎浊质，走骨行尸。气所禀而有冲，性所赋而不昧。六根具足，三际俱圆。能办菽麦于是非之间，而泯薰莸于荣辱之外。处动静静动咸静之静，明色空空色已空之空。知六识之无根，照七情之如梦。鉴血肉以醉其性，思形质以窒其神。早驰逐于玄关，尚仿徨于道阃。性者信也，神而通之。恭惟高上神霄玉清真王长生大帝玉陛下，金阙真皇，玉清上帝。心含大梵，手握混元，浩浩难名，巍巍莫及。慈悲群品，统御庶真，恩惠十方，鉴观万国。臣特一蝼蚁之体，敢鸣蚯蚓之声？夙戴洪私，久沾霈濡，凡伸恳祷，悉荷感通。幸闻道于一日之先，获修真于万劫之下。谨述操存之渐，式陈修证之初。自惟颛蒙，密希训化。庶可以粪壤之姓字，得陪于霄极之臣僚。借具表文，仰干睿听。臣故作误为之罪，愿垂宽大之恩；暂起复灭之心，克合冲虚之妙。所行雷部之法，所掌霆司之章，辅正除邪，济生度死。三司将吏，咸归役使之权；五部风雷，总属招呼之令。或寸功片善可录于金简，则微臣小子终到于瑶京。虽蓬生麻中，不扶自直；然鱼伏水内，非养则枯。谓皆鹤长凫短之云，亦有蛇化蝉蜕者也。臣愚干冒天威，不胜昧死，谨具表奏以闻。臣诚惶诚恐。

---

① 据《语录》卷四增。

第五卷

疏类

化应元功德疏

道本无形，岂因绘形饰像；人须见物，方才随物兴心。是宜画所不可画之容，所以晓未曾晓之者。青鸾朱凤，在刚风浩气之前；白鹤苍龙，于浮霭太空之上。个中元有象，其物非强名。既心存目想之犹堪，岂粉饰金妆而不可。恍恍惚惚，俨然圣贤之云臻；简简穰穰，宜尔福祥之川至。

化修造精舍疏

膏车秣马，为寻仙子而来；饔鼎寝茵，未惬游人之意。欲划萝烟薜雨之地，广为松风竹月之庐。以数椽上漏下湿之忧，属几载左枝右梧之笃。舣舟岸畔，皆酒酣耳热之余；落簪庭前，正诗兴心狂之甚。相逢不拈出，后会几时来。

缘化度牒疏（一）

白发老聃过函关，只得尹喜；黄冠庄子任漆园，惟接季伊。妙处从来父子不传，知音亦有檀信成就。都来只个吃饭钞，随缘唤作护身符。戴玉霄冠，顶上幔亭之夜月；衣郁罗服，祖边天柱之春云。特凭太上家传，效报贤豪乐施。但得飞凫来白水，何须骑鹤上扬州[①]。

缘化度牒疏（二）

伏以青蚨千缗，不待跨扬州之鹤；白绫三尺，要须获西狩之鳞。口头虽不敢道有此夤缘，命里那堪又带这般题目。云龙风虎，信乎会合良时；星鹍霞鱼，好个清闲道士。知音才出手，好事便临头。

迎仙堂鹤会疏

黄鹤楼前，玉龙嘶断今何处？丹霞洞口，铁蜃飞还又几年。五回襄沔事昭然，三入岳阳人不识。白苹红蓼，再游溢浦庐山；玄裳缟衣，数度苍梧北粤。赢得醉中日月，更无老去乾坤。冀荚十四枝，苦竹君方生。高第桂华三五夜，老树精政诞仙师。三画纯乾，一阴欲姤。怎么时打翻筋斗，到今日唤作生辰。吾此螺江，岁兴鹤会小堂户；道人里面，凡圣同居大檀越。神仙中来，欢喜布施。磨镜卖墨，切须贬眼相看；破巾弊袍，不可当面蹉过。青蛇跃起，白凤飞来，个是知音，结缘则个。

会真堂疏

道友往来，不知其几；数间破屋，饘粥全无。以此话头，问诸好道者，结缘则个。

绝粒休粮，总不是作家伎俩；虚心实腹，要还他本分生涯。楹颓柱倾，奈历岁涉时之浸久；香寒火冷，致旁风上雨之交攻。斩新请个风月主人，仍旧续此云水故事。一盂圆玉粒，半筯细银条。待哺张颐，那得会吞霞吸露；挥毫落纸，不无望喝水成冰。

---

① 原作"杨州"，据《上清集》改。

化塑朱文公遗像疏

武夷文公精舍，欲塑文公遗像，不知当时抠衣者，如之何则可？

天地棺，日月葬，夫子何之？梁木坏，泰山颓，哲人萎矣。两楹之梦既往，一唯之妙不传。竹简生尘，杏坛已草。嗟文公七十一祀，玉洁冰清；空武夷三十六峰，猿啼鹤唳。管弦之声犹在耳，藻火之像赖何人？仰之弥高，钻之弥坚；听之不闻，视之不见；恍惚有像，未丧斯文。惟正心诚意者，知欲存神，索至者说。

阁皂山房觅书籍疏

石渠清邃，翠麟横据于兰台；天禄峥嵘，玉蝉酣聚于芸阁。古者东壁图书府，谓之道家蓬莱山。盖悬签插架之繁，如汗牛充栋之盛。此馆监诸公之所见，岂山谷余子之得观。韩昌黎藏书于泰山之阳，石徂徕创屋于泗水之下。濂溪有院，白鹿为堂。如李君所储于康庐，仅得九千卷；若刘侯有造于岳麓，复建五十楹。彼雅志与众共之，而弊山窃慕此耳。曩留云麓之举也，属朱冲妙以竟之。夫六经九流之文，与诸子百家之典，搜罗无术，俯仰于人。幸当路士夫，慕韩、石慨然之作，使此间风物，追李、刘卓尔之规。或家塾可椠墨之书，或郡斋费缗钱之籍。广种小山之丛桂，奚须润屋之籯金。俾人人皆有余师，无专门自尊之病。则处处尽宏文教，何翰林未见之嗟。莫言金口木舌之不灵，自有竹简韦编之可覆。冀遥瞻于往哲，庶有补于将来。行且迎周孔，揖老庄。相会葛孝仙丹炉之侧，坐申韩库杨墨，毕集丁令威华表之旁。顾不伟欤，非敢后也。

徐公懋求进纳疏

都茶扬会子，如今尚乌有先生。文思院敕绫，得之则黄冠道士。世人唤作吃饭钞，檀越况有骑鹤钱。然虽白云无心，争奈青霄有路。前个后个只这个，千时百时恰限今时，大书特书不一书，多得少得不如便得。

请纪知堂住华阳堂疏

扶桑海底，龙逞攫雾拏云之头角；华岳山头，虎奋擒风搅雨之爪牙。若非作家宗师，如何主张道法。恭惟某人少年方外，英声蜚满四丛林。散圣家风，铁鞋走遍六天下。遇至人而传铅汞之诀，药熟已多年；施妙手而宰金石之权，道傍起枯骨。屡董烟霞保社，孰不瞻依；今兹云水生涯，可怜隳坠。其如金议，咸慕高风。干木随身，又且逢场作戏；剑锋在手，自然喝水成冰。酌丹井不竭之泉，祝皇帝无疆之寿。

化真君篆衣疏

九鸾之车，九凤之舆。饰以黄云，护以紫雾。八鹤之驭，九龙之辇。驾于赤洼，行于丹丘。皆经中所说天下之威仪，而人间岂知世外之华饰。今张魏二真君，为祈雨而出境。而王谢诸君子，宜先日以安车。蜀锦吴绫，皆可护风蔽日；秦麻越苎，亦宜剪雪裁消。一行笔下之龙蛇，无尽空中之雷雨。

化修造仙堂疏

一溪横绿，满林幽竹戛琅玕；两岸环青，帀地苍苔铺翡翠。乃飞锡登鸾之所，作留云驻鹤之居。翻盖鸳鸯化现瑠璃宫殿，雕妆蝴蝶森罗玛瑙垣墙。相逢皆是神仙中人，必竟会得山林下事。

化修水陆功德 ①

师祖流传，虽有冥阳公案；道场铺设，奈无彩画行头。小比丘纵会秉咒加持，诸圣像未便随声显现。欲请画工出手，须是方兄点头。敢辞开口告人难，

---

① 据明正统十年（1445 年）翠岩精舍刊元刘应李《新编事文类聚翰墨全书·癸集·释教门·疏语》、明嘉靖十二年（1533 年）唐胄《白玉蟾海琼摘稿》增，元如瑛《高峰龙泉院因师集贤语录》卷之十四也收录有此篇。

信道发心为事易。四十二轴，大家无惜相成；千百亿身，诸相管教具足。

化功德①

道本无形，岂因绘形饰像；人须见物，方才随物具心。是宜尽所不可尽之福田。令宝效盟，倘辍一灯一华之费；琳琅振响，尚闻隐名隐讳之音。

洞真观化功德②

观复洞真基址，尚联于白石像。存恍惚工夫，殊欠于丹青，虽道言无像而像常存。然语曰："祭神而神如在。"五星东井，三景光天，有能捐吕洞宾点铁之金，便可借吴道子和铅之笔。天界、地界、水阳界，分明彩尽仙灵；道香、德香、清净香，回向庄严功德。

新兴观题法神

道家者，法家者，本出同源；土偶人，木偶人，尽归一水。天既留千百年新兴观，我更起八九位广力神。虽有济民利物之功，但无两粟输财之理。皈依施主，阐显教门。一笔便勾，立视斩妖，缚邪将众。万口齐和为念，消灾度厄；天尊事竟有成，福生无量。

法语类

丹房法语与胡胎仙

吕先生鹤颈龟腮，适有钟离之会；石居士鹿鼻鼠耳，偶逢平叔之来。叹

---

① 据《新编事文类聚翰墨全书·癸集·道教门·疏语》增。
② 据明唐胄《白玉蟾海琼摘稿》增，下同。

夤缘时节之难，岂名利是非之比。金丹大药，古人以万劫一传；玉笥灵篇，学者以十迷九昧。月里乌，日里兔，颠倒坎离；水中虎，火中龙，运用复垢。采先天一气，作铅中之髓；夺星象万化，为汞里之精。惟弦前弦后之时，乃望缺望圆之际。知之者，癸生须急采；昧之者，望远不堪尝。精半斤，气半斤，总在西南之位；火一两，药一两，实居东北之乡。收金精木液，归于黄庭；炼白雪黄芽，结成紫粉。《悟真篇》所谓"华池神水"，《知命论》又言"地魄天魂"。采之炼之，结矣成矣。如夫妇最初一点，十月成胎；似君臣共会万机，百官列职。遇日中冬至时野战，遇时中夏至则守城。都来片饷工夫，要在一日证验。九三二八，算来只在姹女金翁；七六十三，穷得无过黄婆丁老。更不用看丹经万卷，也只消得口诀一言。

子之来意甚勤，知汝积年求慕。非夙生有此丰骨，岂一旦用是身心！自药以至结胎，从行火而及脱体。包括抽添之妙，形容沐浴之机。无金木间隔之忧，有水土同乡之庆。但须温养，都没艰辛。十二时中只一时，三百日内在半日。丹田有物，行住坐卧以无愁；紫府书名，生死轮回而不累。了然快乐，自此清闲。这工夫，向闹里也堪行；论玄妙，只顷中都交结。聚而不散，炼之尤坚。朱砂鼎、偃月炉，何难寻之有？守一坛、中央釜，惟自己而求。宜识阴阳，要知玄牝。龙精满鼎，遣金童下十二层楼；凤髓盈壶，令玉女报三千世界。此时丹熟，更须慈母惜婴儿；不日云飞，方见真人朝上帝。

给诰语

桑田成海海成田，一刹那堪又百年。拨转顶门关捩子，阿谁不是大罗仙。所以道风中之烛、水上之萍、岸上之藤、井边之树、石边之火、电畔之光，须要未雨彻桑，莫待临渴掘井。且如某等，向眼耳鼻舌身意那边回首，从道经师真玄神妙处知音。建琼函玉笥之筵，命星弁霞裾之侣。尽天地化作郁罗圣境，这些儿又是龙汉元年。灯灿龙膏，移下楚天之星斗；香焚牛首，熏成越岭之烟云。非止于一天二天，乃至无量天中，天花鼓舞；可于此从劫至劫，及于河沙劫里，福果丰隆。虽然有是津梁，又作么生证据？（遂持起诰云^①）诸仁者，此是万圣千贤眼目，可为三空四梵阶梯。其素笺凝碧落之云，其玄扎结紫霄之篆。毕竟分付一句，作么生道。日里有乌月有兔，水中看虎火中龙。他年骑鹤乘风上，直到蓬莱第一峰。

鹤林法语^②

嘉定壬午上元，祖师海琼君，以度师鹤林君致书，自渐而闽，为度师鹤林君之父、先吏部觉非先生行黄箓事。是日凌晨至止，度师袖香而前，稽颡长跪。其辞曰："耜居闽，从先生之去，昼夜行道，莫敢荒嬉。天何言，夺相所怙，顷奏记致省道候，且及所怙已倾，祈先生哀之。实其倾背之时，风霆飞鸣，举室芬异，户外晴昼，人无所闻，似亦异乎他人之死。及葬，阴雨连日，倏为之霁；葬已，雨依然。邦人亦有知而异之者。耜借以黄箓致浼，今先生来下，此黄箓之事其遂也。三界幸甚，万灵庆甚。"祖师曰："吾子无庸过礼。"今日适上元，亟命建靖治，立玉堂，置玉匮司，仍置黄箓所。自辰及申，文书成，告盟天地，植巨幡于门。命虚夷赵汝洽为高功，紫枢林时中为都讲，紫光林伯谦为监斋，芝房吴景安为侍经，玉灵邓道宁为侍香，玉华陈弥隆为侍灯，紫壶谢显道为直坛，紫琼赵牧夫为看班，予摄行上清黄箓使，为总监。其以正月晦日补职，二月一日行事，四日成醮，乃谢恩，五日祀雷。凡斋醮事用古式，九朝科饮如常仪。度师曰诺。

二月一日庚辰，方旦，大雨如注，自一日雨而三日，风雨阴晦，其三昼夜之间，凡九朝。一才引班上谒，即霁，朝罢复雨，九朝皆然。二日辛巳之酉，伏进章书，人忧其雨，方其伏章，顿雨止，四面云合，独坛上北辰炯然，而坛外雨如织。逾时事毕，坛上雨亦滂下，观者相庆。祖师曰："阴晴天家事也，偶然耳，何忧何喜。"

三日壬午之夕，有自家庙内得所睹者，知是先灵之至。度师喜而入报，祖师遽止之曰："听其自尔。大道无形，不尚影像也。法者道之用耳，能致幽明也。今谁有所睹，何怪焉？"或问曰："醮罢迎真，宣赦之后，大晴如未醮

---

① 此小注原无，据参校本补。
② 据《语录》卷二增。

之前，独九朝之首尾，凡三昼夜，何其阴雨之如此？”祖师曰：“古今建黄箓多阴晦，盖幽魂苦爽，出自阴关，此亦感召而然也。”

七日丙戌召诸神吏，并以祀雷。礼毕，以所刑之牲及酒脯于巽地，同丹符瘗之，约以三日雷鸣，掘符以安鹤林靖。是年以去冬不雨，种麦方艰，遇此黄箓，土膏获润。

醮已，为斋宫谢恩，神吏言功。度师致谢曰：“先生行醮事，此邦人之所未见，而耜之所得多矣。而沾丐生灵者，亦不少也。规行矩步，药石人心，见所未曾，光前绝后。但先生闻所神异灵奇之告，皆止之，何耶？”曰：“偶然耳！何庸喜之。吾亦不喜其有，亦不忧其无，但知行道奉法，听其自然。所以尔者，凭此诚以彻其感，恃夫法以行其事，曾何忧喜于其间？使萌此念，则夺吾正念耳。”

或问：“黄箓之义，何理也？”祖师曰：“九幽拔罪，有金箓白简之法。金箓即黄箓，以故上天亦立黄箓院。黄者，为众色之宗；箓者，为万真之符。此言黄中理炁，总御万真，出幽入明，济生度死。箓者，亦录之义，录鬼神之籍耳；黄者，亦主之义，主鬼神之事耳。盖幽冥之鬼神，有所主宰而摄录之也。”

度师问曰：“斗为帝车，运乎中央，临制四方，以察妖祥。故经曰：‘中斗大魁，总监众灵。’又本经曰：‘北斗七星，天中大神。’《鲁语》亦曰：‘譬如北辰，而众星拱之。’审如是，则斗极是为无配之象，以其总御星河故也。或曰：斗居天中，乃云北斗，何以言之？殊不知斗柄所指，自子而始，至亥而终，昼夜常轮，始终皆北，故曰北斗也。谓如南斗，乃二十八宿之中，居北宿之首者，非北斗比也。近世惑于南斗之名，绘其象者，其色皆赤。又序于北斗之上，其谬甚矣。或又曰：斗宿在二十八宿之度，居于北方，何谓南斗？殊不知璧在北而曰东璧，井在南而曰东井，可以意会之也。此理如何？”祖师曰：“然则然矣。按《周天星图》及《浑天仪》，与夫古今推步之书，皆不言南斗在北斗之上，亦无所谓南斗之名。此特道教有所谓南斗六司，恐是天中隐星，亦不可得而稽考也。据法书有《南斗秘讳》云‘魖魖魅魅魖魖’，以属南极，朱陵火部火铃之司。又有《南斗内讳》云‘吒那般曲大黑’，则是有所谓南斗也。若欲泯之，其如经籍何？”

度师问曰：“五星六曜，有流伏凌犯之躔，悖逆薄蚀之异，实灾厄祸患之所关也。凡禳灾度厄者，必关告焉。关告可也，必法象而立其灯焉。按《金篆要略》云：诸灯皆有式。而独不立此灯之式，非遗之也。盖罗计紫孛在天，而为隐曜，彼固隐之，此固显之，何谓也？"祖师曰："譬如北斗灯式，而右弼星亦为隐曜，固不欲灯之，但有八灯而已。夫罗睺乃火之余炁也，计都乃土之余炁也，月孛乃金水之余炁也，紫炁乃木之余炁也。今但存十一曜之灯，持于四星，不必灯之，可矣。"

度师曰："汉天师未上升时，谓人曰：'苟有斗二升米来者，吾皆为之譬，如孔夫子自行束修以上，吾未尝无诲焉也。'故当时号为斗米先生。今人多据《度人经》云：'至士赍金宝，盟心效天而传。'乃厚受略，而犹且欲俱镇坛之仪，何也？盖一切难舍，无过己财，故曰以食为天，以财为命。所以令其赍金宝，露缯帛者，特欲其割所难舍，乃见真诚。苟若于中，一萌贪念，是又失其本旨矣。"又曰："一坛之醮，重于上词。若主行之人有通真达灵之道，则奏无不达矣。故迎真之始即宣词，送真之后即焚词。顷年于迎真宣词之后，却迎词出中庭，以焚之。且如既迎真于北，又宣词于此，反迎词出而焚之，何也？以此可见主行之人，无所谓存思，必矣。"祖师曰："《灵宝玉鉴》云：'迁神宝幡，其色用绯，两边题三清神讳，而幡身题迁神宝幡四字。'今则幡色虽同，尺寸有异，书篆亦异，昏以迁神宝幡名之，非也。又如古法，置二幡于五苦九狱灯轮之内，至摄召，又置于香乐之前，是二幡皆为有用也。今者不然，竖之门首，徒为美观，憯不知其用矣。如太微回黄旗，合有旗式，无英命灵幡，自有幡式。今皆不知其所以，然或幡或旗，殆不可辨。"又曰："按黄箓律节文，应召到亡魂，当作善念以超度，不得凄泣以伤神。法官预行戒之，戒之不严，论如律。此正度亡之意也。夫贪生恶死，人情之常，苟未能齐死生，孰能忘其死乎！惟其一念尚存，所以不能解脱。故太上度生之意，先破其恶死之念。今则不然，非惟不能禁其凄泣之情，而且巧为昔容，导之使泣，以此相感，迷惑益甚。"又曰："《神霄五雷大法》载云：上三元三天君白简，此一也；中元金书、九天宝诰，此一也；下元登真度命、出离生死符，此一也。简符诰篆，虽有异名，皆太上济度群生之用也。今以告命之告为告身之告，以白简与登真符，皆列其中，给付亡者。彼之得此，果何用耶？"又曰："救苦、长生二符，功用甚大。既曰元如符命，是岂可轻？所以路真官有奏乞之请，及其符成，则又密行三官及三十六狱。今则不然，其书也不曾奏乞，其成也不曾密行，又皆付之他人之手，而高功皆不预焉。世之相传，谓此二符颇有度亡之功，每度一名，须给一简，或十或百，或千或万，皆计其数，不敢有阙。窃尝谓白简是木，赤文是硃，若白木、赤硃可以度亡，则九泉之下，无不度者。呜呼，神而明之，存乎其人，苟非其人，道不虚行。使果皆通真达灵之士，诚有济生度死之心，则虽一符一简，可以度万魂有余矣。"又曰："按《古章仪》与《续章仪》所载诸章格式，是欲后人有所依据也。今则不然，一章全篇，皆摹写古本，不敢改易一字。若是，则古人伏章皆能记其章中之语，亦岂难事哉？伏章拜章，存章上章，皆一意也。苟不能如此，但云焚章可矣。却委将军符吏、功曹使者，而赍送之。夫设醮上章，各分其职，欲其专也。是以心无杂念，身无杂务，抱元守一，如路真官所谓去醮七日，非醮中事不得干预者，方可行之。今则不然，有朝赴出丧而夕行上章者，有代师上章而不改姓名者，不择日分，不辨方隅，不分早暮，不知禁忌者，此速咎于天者之所为也，可不谨欤！"

林伯谦问曰："敢问科教何如？"祖师曰："古之圣人，以道学难入，世欲易迷，设科戒仪范之文，以一齐其外；著注念凝神之法，以正其心；复以炼气胎元之方，制其食味；又以祈真朝谢之品，涤其过尤。然后赴于学。无学之徒，臻乎冥叔，栖于损又损之府。契乎无为，则邪谲之关键不开，镇静之淳和可致。故经有三箓七品。夫三箓者，一者金箓斋，上消天灾，保镇国王，惟帝王用之；二者玉箓斋，救度人民，请福谢过，惟妃后臣寮用之；三者黄箓斋，济生度死，下拔地狱九幽之苦，士庶通用之。七品者，一者三皇斋，求仙保国；二者自然斋，修真学道；三者上清斋，升虚入妙；四者指教斋，禳灾救疾；五者涂炭斋，悔过请命；六者明真斋，拔九幽之魂；七者三元斋，谢三官之罪。此等诸斋，或一日一夜，或三日三夜，或七日七夜，具如仪范。要之皆有所本也。是故出乾入巽，而出入皆有咒；存神念真，而存念皆有法。或鸣法鼓，或思圆像，或出侍卫宣通之官，必明其所出之方；或请太上正真生气，必显其所入之处。然道在人心，而尤须表奏者，既未能冥会，则因事而后显。盖人心无质，运之有境，境净则心明，心明则行洁，行洁则可以交神灵，心明则可以会天道。故登坛告盟，黄章表奏，使心形俱尽，人会神合也。闻之曰丹书万卷，不如守一；予亦谓科书万端，不如守一。苟知守一，则可因其末而究其本，因其粗而入其精。不然徒饰其外，而喧哗绮丽，有同儿戏，去道益远矣，何以通真达灵哉？"

林伯谦问曰："供奉之仪如何？"祖师曰："古者交神之道，诚敬为先，后之诚敬不足，乃备物以为仪。苟使将诚，果能备物，犹可言也。物且未备，渎莫甚焉。经曰：可以酌水献花，何必他求哉。经又曰：像世威仪，则今之一切供献之品，惟无愧足矣。不然皆未免于渎，可不戒哉！"度师曰："按玉格天条，凡设醮，不得献上真纸钱，大为亵渎。古者虽有冥器，未有纸钱，迄于汉末，方有纸钱，以之祭中下界鬼神可也。以之献天真，可乎？夫世之贪利之徒，虽身经太阴而一念尚存，如《万光忏》谓所阙所乏，皆世财宝，故纸钱之化，欲破其念耳。"又曰："科教中有关灯一节，谓斗运乎中天，实司人间祸福、死生之权，故急须投告，无不应者。苟力能办醮，当依密醮式，或河图醮式，随心祷祝。今有为神祠庆生日而关灯者，因疾病而许下关灯者，实未知关灯之妙处。"

祖师曰："今世相传，皆知洞案之名，而竟未知所以名者，果何说也？按古制其案，以朱为饰，盛三洞宝经于其上，故谓之洞案。凡有关奏，皆在洞案之前。今则不然，徒具一案，不饰以朱，此犹可也；贵献文字，皆在其上，此犹可也。甚者杂置诸物于其上，或出此以祝香，或出此以宣词，取其近于帝尊之前也。且天高听卑，无远不闻。若曰取其近于帝尊之前，其诸关奏，果不闻乎？夫岂知遍满虚空，神明森然，一念苟萌，三界周知，何分远近高下哉！"又曰："醮科之首，冠以敕水，是欲荡秽也。后世执而不变，至于三朝九朝之后，入醮之初，方行荡秽。若是则当九朝三朝之时，秽尚未荡，可以朝真乎？若谓像设既陈，自无氛秽，入醮之初，何用敕水哉？以予观之，凡行事之初，便当敕水。境净则心明，心明则行洁，行洁则可以交神灵，心明则可以合天道。既敕水之后，由是而祝香，请师朝真，皆以次举矣。"

紫壶谢显道问曰："罡步大旨如何？"度师曰："予闻之师曰：大率罡步，多以五步推五行生克，步之如猫犬之伏蛇。进五步，退亦五步，进七退亦七，四方按五行生成之数，及至蛇伏，然后害之。但看伏鼠亦然。故云巫步多禹，禹步惟五，能合五行，久久升举。如八门遁甲、太乙六壬、孤虚之法，大要在罡步也。又如今之人履魁蹑斗，夫岂知有大禁忌者存？且如经云：子欲登真，莫触真人。真人，第三星也。又曰：子欲召灵，莫塞天门。天门，文曲星是也。凡步斗之法，切忌干纲犯纪。如脚步横截而过，是谓之干纲；如脚步误踏而进，是谓之犯纪。如干犯之时，随即就其星首谢，可矣。"

紫璚赵牧夫问曰："今之所谓阴斗、阳斗者？"度师曰："昔得之于师云：冬至后，自魁始为阳斗；夏至后，自魓始为阴斗。先步阳斗，后步阴斗，谓之火水未济；先步阴斗，后步阳斗，谓之水火既济。今人以左脚起初星，念魁至魓为阳斗；以右脚起初星，念贪至破为阴斗。谬哉，是无据之论也。《飞神谒斗经》云：'顺则阳，逆则阴，从魁至魓则为顺，自魓至魁则为逆。'大要只云：子欲飞神，莫忤真人第三星也。外此皆丁步也。"

伯谦问曰："腊有五腊，何谓也？"祖师曰："正月一日为天腊，此日五帝会九炁于东方青天，是天蓬都元神开元应太皇府之日也；五月五日为地腊，此日五帝会三炁于南方丹天，是歘火律令大神入神霄玉清府之日也；七月七日为道德腊，此日五帝会七炁于西方素天，是天猷副元帅开元照灵虚府之日也；十月一日为民岁腊，五帝会五炁于北方玄天，是翊圣大元帅开元景丹天府也；十二月遇腊日为王侯腊，此日五帝会万炁于上方玄都玉京，是玄武大元帅开元和迁校府之日也。以上五日，乃五帝攒会之日，五神开府之初，是为五腊矣。"

祖师曰："予习闻之旧矣。汉陆贾为玉清元始法师，总仙上真，领黄箓院事；又辛汉臣今为雷霆都司，狼牙猛吏。晋陶弘景今为蓬莱都水司监，唐褚遂良今为五雷使者，颜真卿今为北极驱邪院左判官，李阳冰今为北极驱邪院右判官，李白今为东华上清监清逸真人，白乐天今为蓬莱长仙主。又如晋女仙魏华存，今为紫虚元君，领秩仙公；唐女仙谢自然，今为东极真人。彼何人，斯可不勉之！"又曰："按《神霄玉格》曰：箓称元命真人，谓行正一之道，令自修其元命，以得其真。岂有凡俗以真人为职衔，公然妄用至于奏闻？当须克己自思所修，有无真人之行，傥无真人之行，辄书真人之职，罪及九祖，天赦不该。只许称授甚法箓，下称法衔，不称箓衔者，同俗人授，即称弟子。"

显道问曰："近闻圆通一法，尝窃疑之。彼之法印内圆外方，中有五行，外有八卦，省府司院列于四方，以'灵宝圆通'四字为宗，以'混化玄秘'四字为本。其间辍拾诸法符图咒诀，创为一家，谓之圆通大法。真师然之否？"曰："神无方，故曰圆；炁无体，故曰通。古者圆通之说，即是神炁混合，出入虚无，还返混沌。今若以形器卦数为之，其与真个圆通，不亦远乎！"

祖师曰："汉天师有云：人能六根清净，方寸澄彻，久而行之，可以坐役鬼神，呼召雷雨。今之学法之士，不本乎道，不祖乎心，人自为师，家自为学。以开光附体为奇，以影迹梦想为妙。其所召之将吏，则千百姓名；其所补之法职，则真人使相。或以师巫之诀而杂正法，或以鬼仙降笔而谓秘传。问之则答为依科，则之则执为真唉。嘻，邪师过谬，非众生咎，一盲引众，迷以传迷，哀哉！"

度师因与紫枢谈及符水一事，以谓求者未必皆敬信之人。或有试求之者，予亦试以与之，往往亦不验。祖师闻之曰："不可彼以假来，我以真受，至于验与不验，却是他事。"祖师又曰："不问灵不灵，不问验不验，信手行将去，莫起一切念。"度师谓伯谦曰："尔祖师所治碧芝靖，予今所治鹤林靖，尔今所治紫光靖。大凡奉法之士，其所以立香火之地，不可不奏请靖额也。如汉天师二十四治是矣，古三十六靖庐是矣，许旌阳七靖是矣（靖治律曰："民家曰靖，师家曰治。"）！"

祖师曰："夫建坛设醮，其实一也。议者曰天无浮翳，四炁朗清，河海静默，山岳吞烟，日月不行，璇玑停轮，上下开通，二仪交泰。当此之时，百灵众真，冥相交会，是故醮告之际，必欲如此可也。但上章拜词，迎真降圣，遇此天色，似亦感通。若曰拔亡魂，必须阴雨而后可；若曰禳灾度厄，必须晴明而后可。故凡醮祭准此。"

度师谓显道曰："予尝闻之师曰：老聃有三宝：一曰慈，二曰俭，三曰不敢为天下先；许旌阳有八宝曰：忠、孝、廉、谨、宽、裕、容、忍；吕洞宾有四宝曰：无妄一也，不贪二也，至诚三也，守一四也；陈泥丸有五宝：一曰智，二曰信，三曰仁，四曰勇，五曰严。临事多变，使人莫测，谓之智；专心致志，守一如常，谓之信；济人利物，每事宽恕，谓之仁；处事果决，秉心刚烈，谓之勇；谨勿笑语，重厚自持，谓之严。东方蛮雷，仁者也，能为风雨，长养万物；南方蛮雷，勇者也，申明号令，赏善罚恶；西方蛮雷，严者也，肃杀元气，霹雳群动；北方蛮雷，智者也，伏藏坎位，遇时而起；中央蛮雷，信者也，四时蛰伏，令不妄发。此乃心传之妙（真中有神，诚外无法）。"

祖师曰："方咫之木，致于地上，使人蹈之而有余；方尺之木，致于竿之端，使人踞之而不定。非物有大小也，盖心有虚实耳。猛虎行，草木偃，毒鸩怒，土石揭。盖神全则威大，精全则气雄也。射似虎者，见虎而不见石；斩暴较者，而不见水。当是时，目视者有所不见，耳听者有所不闻，此盖以神用形之道也。心不疑乎手，手不疑乎笔，忘手笔然后知书之道。夫荡秽者必召五帝之炁，伏魅者必役五星之精。苟召役不至，则何以为之？神犹母也，炁犹子也，以神召炁，以母召子，孰敢不至？"

度师曰："昔有高僧诗云：'一池荷叶衣无尽，数树松黄食有余。刚被世人知住处，山僧今日又迁居。'续有修仙之士，亦赋一绝云：'饥餐舌下津还饱，寒发丹田火便温。自有随身穷活计，不如求我莫求人。'似此二诗，亦可以少汰身口之浊谋耳。"

祖师曰："修真之士，诚心以立其志，苦节以行其事，精思以彻其感，忘我以契其真。苟能如此，经云：'宇宙在乎手，万化在乎身。'又曰：'人能常清静，天地悉皆归。'世人未必知此，能于喧中得静，浊中得清，作平等观，了一切念，动无质碍，得大安乐，是谓之道。如其不然，瞻星礼斗亦可也，念经诵咒亦可，吾不知矣。"又曰："吾闻之先师曰：'古仙上圣，口口相传，不立文字。'吾今于世，书而录之，得悟之者可传圣道，无悟无得，悟者自得。得悟圣道，无古无今。其去非古，其来非今，所可传者，只谓之事，不谓之道。道本无传，道无声色，道无相貌，道无古今，道无往来。"又曰："行法如做官，修道如隐遁。"又曰："客至有问及十二功曹者，遂为训释云：天罡属辰，辰戌丑未，谓之四正。以其属土，居于中央，故曰四正。罡字从四从正，以辰为土，故此功曹谓之天罡。太乙属巳，巳为雷门，又曰风门，水口又为九天太乙十神之位，故此功曹，谓之太一。胜光属午，午为离明，本非胜光，乃腾光也。小吉属未，大吉属丑，皆天之贵神。甲戊庚乃天之三奇，以牛羊为贵，故大吉小吉，皆为吉神也。传送属申，申为坤，坤为地户，地户为云，会云上于天，故曰传送。从魁属酉，从字去声，从者随也、从也，以其在戌魁之傍，故曰从魁也；河魁属戌，戌亥为河源，戌为天河，故此魁神名曰河魁。登明属亥，亥为天门也。神后属子，子属坎，坎为阴后，天后故曰神后。寅为功曹，寅艮也，坤艮皆土，艮为山，坤为地，山泽通气，是故艮坤为云会，所以寅申为功曹传送之神也。大冲①属卯，卯为雷也，雷神谓之天冲也。《度人经》所谓'掷火万里电'也、'流铃八冲雷'也。此虽十二功曹，实天帝肘臂之助。"

---

① 大冲，疑为"天冲"之误。

演教堂揭扁法语 ①

洞霄大涤扈神京，玉佩金铛会百灵。天柱一尖凌碧落，云关九锁叠苍屏。前峰后峰烟漠漠，东洞西洞风泠泠。见说坡仙诗墨在，约君同坐翠蛟亭。客入洞门，清涵山骨。寒层青未了，古洞绿依然。瀑布泉边，玉叶风摩千岁草；云根石畔，金茎露浥万年芝。我将唤起间丘元同，而更相招司马承正。左攀郭文举，右拍许远游。陟天坛，访石室，入药圃，谒草堂。同登来贤岩，去寻无骨箬。万杉锁断红尘影，三径寒凝碧薛斑。实风雷飞伏之都，乃龙神校阅之所。所以翠华南幸，有严香火之钦崇；紫馆西峨，以待公台之均逸。昔有金龙玉简之典，今存青词朱表之仪。列圣所共留神，当今尤甚加礼。今之日风和莺喜，水暖花香，奉使国师宁圆侍晨真人面承纶旨，大涤藏真，都录管辖上官侍晨鉴义知宫冯君随弼飚乘，协翊天馨，来止仙都，适丁盛事。岁在丁丑，宸翰演教堂三大字，以赐住山冲妙大师龚大明。越今五春，方圆扁揭，可谓凰翥龙翔，蛟腾虎跃，奎躔璀灿，云汉昭回。有兹铁画银钩，宣示金填玉镂，光映草木，荣溢烟霞。以吾教之当兴，与名山之不朽。方玉烛应天之日，政金真演教之时。顷者山中庆成，法堂获此御墨。云甍烟桷，上跨寒空；月礎星砖，妙为法窟。何异骞林之境，宜安玉局之床。阐三洞四辅之微，敷八极九清之妙。此牌既揭，日月同明；此话不诬，人天孚照。大众且道，揭牌一句如何？赞祝："九峰云静仁天广，五洞风清化日长。"嘉定十年辛巳三月，道士白玉蟾撰。

为道士火解 ②

这道士吐故纳新，本图气壮；餐松啖柏，指望长生。等闲敕水书符，便

---

① 据清知不足斋刊本《洞霄图志》卷六增。

② 按："为道士火解""水解""为道士举棺"三篇，皆据《新编事文类聚翰墨全书》卷九增。又按：《四库全书存目》子部影印明初《新编事文类聚翰墨全书》本，此三篇俱在白玉蟾名下，但明正统十年（1445年）刊本"水解""为道士举棺"两篇在刘立雪名下，今依明初本全作白玉蟾之文。

得步罡朝斗。脚踏腾蛇八卦，便说乾元亨利贞；顶戴七曜星冠，不苦生老病死苦。将谓三尺永断，岂期五脏病生。仙都童子未来迎，地狱鬼正先到请。不待汝呼云唤鹤，叩齿聚唇，符到奉行，有请不背。到这里不免会东方之木德，召南方之火星，点天地之轮灯，结四方之坛界。烧教伊恍恍惚惚，惊得汝冥冥零零。要识先生真去处，长空听取步虚声。

水解

生必有死，虽至圣以难逃；死不复生，故大道之深悯。共惟某人昨辞人世，灵榇还山。付烈焰以炼魂，谅神仪而超度。金骸银骨，权葬龙宫；净魄真魂，即升天界。稽首皈依。

人生碌碌谩英雄，百岁荣华总是空。魂魄既随烟焰去，权将骸骨葬潭中。

伏愿罪愆解释，善果圆成。神识不坠于樊笼，名字标题于洞府。蓬瀛阆苑，长为笑傲之乡；紫府瑶池，毋作宴游之地。

为道士举棺

（拍棺云）乘龙驾鹤，未离换骨之风；炼药烧丹，尚设灵坛之灶。所谓丈夫自有冲天气，不向古人行处行。即有某人七十八年住世，三千功行修成。不逐南柯梦蝶之魂，常泛夜月兰舟之影。对兹幻壳，当举金棺。一步出门，还相委当。宝举棺处恸悲号，唤不回头怎奈何。好奉三清真府殿，海山无复再经过。伏愿乘兹妙善，感悟世缘。性识见已圆明，贪嗔痴尽消释。六根清静，仰观玉烛毫光；八识分明，长饵金华甘露。然后真仙接引，上宴福堂。冤业无生，逍遥遂性。

第六卷

经类

乌兔经①

猗夫，金液大还丹之妙，堪舆琴厥冲，寥沉骨其虚。晨霄轩昂左，暮壤转酉右。日宫跃兔，月府翔乌。姹女骑赤龙，金公踞黑虎。砂孕汞，铅缄银，四象钤其极，五运宰乎土。黄婆衣绯霓，丁翁服青霞。黑白分玄牝，华池发玉醴。赤子产玄珠，红炉烹刚金。苍龟其足赤，白蝓其背黑。玉蕤秀神谷，金粟萌丹田。钵特摩花开，提婆云叶落。南箕招摇坎，北杓玄纪离。天局日月复，荧惑建六虚。风轮水火姤。溰荡胎三画。二三乳哺备，五六周九九。蝗飞夏雪，草茂冬炎。阳刚武城池，阴柔文珠珍。兔鸡浴兰芷，蟾曦化戈矛。偃月炉天罡，朱砂鼎昆仑。乾元乾屯蒙，坤用坤否泰。嫦娥配罗睺，阳黎妻月孛。清浊泥中辨，浮沉火内寻。主宾相刑德，生克互恩害。二八两重弦，二七九之乾。杀机杀乎艮，钻研隶乎震。太一胎戊己，万物皆风月。铁锡铜鍮矿，化生紫芙蕖。或问芙蕖中，灵馨熏烟衢。元始天尊霜，太上老君樱。已矣夫。

钩锁连环经②

太乙元君曰：金丹即是汞，汞即是铅，铅即银，银即砂，砂即金，金

---

① 据《问道集》增。
② 据《传道集》增。

即锡，锡即水银，水银即青金，青金即白金，白金即黑金，黑金即黄金，黄金即紫金，紫金即河车，河车即黄芽，黄芽即白雪，白雪即玉符，玉符即神水，神水即华池，华池即青龙，青龙即白虎，白虎即朱雀，朱雀即玄武，玄武即勾陈，勾陈即黄房，黄房即真土，真土即戊己，戊己即金木，金木即水火，水火即卯酉，卯酉即兔鸡，兔鸡即乌兔，乌兔即龟蛇，龟蛇即马牛，马牛即乾坤，乾坤即坎离，坎离即雌雄，雌雄即夫妇，夫妇即子孙，子孙即房毕，房毕即日月，日月即天地，天地即人，人即黄婆，黄婆即金公，金公即姹女，姹女即婴儿，婴儿即丁公，丁公即赤子，赤子即圣胎，圣胎即三关，三关即金液，金液即玉液，玉液即刀圭，刀圭即丹田，丹田即绛宫，绛宫即泥丸，泥丸即气海，气海即肾，肾即心，心即道，道即法，法即术，术即虚无，虚无即自然，自然即运用，运用即火，火即药，药即气，气即神，神即丹头，丹头即大还，大还即七返，七返即九还，九还即金火，金火即紫芝，紫芝即水源，水源即土釜，土釜即金鼎，金鼎即玉炉，玉炉即神室，神室即元坛，元坛即黄庭，黄庭即眼，眼即鼻，鼻即耳，耳即松，松即蟾蜍，蟾蜍即桃，桃即朱橘，朱橘即六贼，六贼即三尸，三尸即三魂，三魂即七魄，七魄即五神，五神即万神，万神即一神，一神即万宝，万宝即沐浴，沐浴即抽添，抽添即进退，进退即文武，文武即斤两，斤两即吉凶，吉凶即刑德，刑德即存亡，存亡即黑白，黑白即有无，有无即始终，始终即动静，动静即寒暑，寒暑即阴阳，阴阳即冬至，冬至即夏至，夏至即望，望即朔，朔即弦，弦即晦，晦即潮候，潮候即月轮，月轮即日华，日华即太乙，太乙即玄珠，玄珠即四象，四象即五行，五行即八卦，八卦即三才，三才即三光，三光即两仪，两仪即太极，太极即太上，太上即混元，混元即无始，无始即无终，无终即元始，元始即一气，一气即虚空，虚空即虚无，虚无即混沌，混沌即金丹。

老君曰："得其一，万事毕；毕其万，一事办。"

张紫阳曰："钩锁连环，相续不断，道无终始，流转无穷。惟人最灵，以心契道。道在天地，天地不知；道在万物，万物不知。故得道者，身即天地，天即地，地即天，天即道，道而天地，天地即身，身即心，心即神。"

陈泥丸云："古仙上圣，口口相传，不立文字，吾今于世书而录之。上士得之，心同太虚；中士得之，身同枯木；下士得之，身心营营。"

关尹子曰："贤人执于内，众人执于外，圣人皆伪之。"

白玉蟾曰："得悟之者，可传圣道。无悟无得，悟者自得。得悟圣道，无古无今。其去非古，其来非今。所可传者，只谓之事，不谓之道。道本无传，道无声色，道无相貌，道无古今，道无往来。"

道光和尚曰："行之一年圣胎成，行之二年婴儿灵，行之三年身外身，行之四年子生孙，行之九年可飞升。功行未备或聚散，聚则成形散则风。子但片饷见玄珠，玄珠即是混元精。日炼时烹火温温，保尔身同天地存。"

刘海蟾曰："勤而不遇，终遇圣师；遇而不勤，终为下鬼。"

吕真人曰："轻泄漏慢，殃及九祖。修炼行持，身登太微。"

钟离云房曰："轻轻卷，默默收，灌沐怡怡兮衮衮。"

《道德经》云："绵绵若存，专气致柔，犹于婴儿，常德不离，复归于婴儿。"

文类

学道自勉文

司马子微初学仙时，以瓦砾百片置于案前，每读一卷《度人经》，则移瓦一片于案下，每日自刻，课经百卷。如此勤苦，久而行之，位至上清定箓太霄丹元真人。又如葛孝仙初炼丹时，常以念珠持于手中，每日坐丹炉边，常念玉帝全号一万遍。如是勤苦，久而行之，位至玉虚紫灵普化玄静真人。我辈何人，生于中华，诞于良家，六根既圆，性识聪惠，宜生勤苦之念，早臻太上之阶。乌跃于扶桑，兔飞于广寒，燕归于乌鷁，雁度于衡山。羲和驱日月，日月催百年。人生如梦幻，视死如夜眠。几度空挠首，溺志在诗酒，浑不念道业，心猿无所守。吾今划自兹，回首前程路，青春不再来，光阴莫虚度。他日块视人寰，眼卑宇宙，骑白云，步紫极，始自今日。勉之勉之。

隐山文

玉蟾翁与世绝交游，高卧于葛山之巅。客或问："于隐山之旨何乐乎？"

曰:"善隐山者,不知其隐山之乐。知隐山之乐者,鸟必择木,鱼必择水也。夫山中之人,其所乐者不在^①乎山之乐,盖其心之乐。而乐乎山者,心境一如也。对境无心,对心无境,斯则隐山之善乐者欤。"问曰:"隐山之旨固如是,山中之隐者岂不知山中之味乎?"曰:"山中之味,山中之乐也。隐山者知味乎道,而不知味乎山也。吾将以耳闻目见者为子谈之。"客曰:"唯唯。"曰:"隐山者不可以山之乐而移其心,不可以心之乐而殢其山。山自山也,心自心也。隐者且不曰,古何如人?今何如人?彼山如是,此山如是。有如是隐山之人,有如是隐山之时,又有如是隐山之趣。其时也圣贤胥会,其人也崇尚道德,其趣也修炼形神也耶^②。吾恐如此知,如此见,必不逮古人^③者十常八九焉。山中之隐者,非曰必林峦而为山,非林峦而不为山。然其人人自有所隐之山也。其清虚寂静,高爽深幽者,此人之山者,山其心也;其是非宠辱,贫富贵贱者,此人之市者,市其心也。今人以为大隐居廛,小隐居山者,不无意也。自名利之习炽,以物欲之事攻,则厌闹思静也;自恬适之兴满,修进之念冷,则嫌静思闹也。若夫人能以此心自立,虽园林之僻者亦此心也,市井之喧者亦此心也。不必乎逃其心之喧,适其心之欲喧;不必乎乐其境之胜,疾其境之不胜。知如是山,乐如是心,谓之真隐焉。欲隐山者,善隐心也。无事治心谓之隐,有事应迹谓之山。无心于山,无山于心也。是故先须识道,后隐于山。若未识道而先居山者,见其山必忘其道;若先识道而后居山者,造其道必忘其山。忘山则道性怡神,忘道则山形蔽目。是以忘山见道,人间亦寂也;见山忘道,山中乃喧也。法法虚融,心心虚寂,何城市之可喧,何山泽之可静?山静而心常喧者,莫市之若也;市喧而心常静者,莫山之若也。喧而不喧,静复何静?语默无非山,动静无非市。恬淡息于内而不乱,萧散扬于外而不动。逍遥山谷,放旷丘廛,游逸形仪,寂静心腑。吾恐市廛之下,声色阛阓,尘劳胶扰,五色得以盲吾眼,五音得以聋吾耳,五欲得以汩吾心。始乎入吾之心,吾心之所不可入,则日以之动摇,夜以之倾撼。吾心无所守,则必徇乎事之所夺,任乎物之所营。然则山野之间,亦如市廛,何也?闲

---

① 在,原作"一",据参校本改。
② "也耶"二字原无,据《问道集》、刘本、辑要本补。
③ 古人,原作"人",据参校本改。

花野草，可以眩人目；幽禽丽雀，可以聩人耳。子非隐其心，而欲隐于山者，可乎？古先贤哲隐山之意固如是，隐山之事则不然。世俗趋于利，风教溺于欲，沉醉乎名利之乡，梦寐乎人我之域，出生入死而不知，贷罪赂福而不觉，是圣人之所忧，故圣人之所隐也。圣人所忧不在乎心之忧而忧其人，圣人所隐不在乎山之隐而隐其心。是故刍狗乎含灵之形，而金玉乎含灵之性。是非质其形于山之外，而亦妙其性于山之内，惟圣人知之。子欲闻山中之味、山中之旨乎？夫山之为山，人之为人，人亦不欲必乎山而后隐，山亦不欲必乎人而后存。存乎山而隐乎人者，殆犹鱼鸢之飞跃天渊也，适其所乐而已矣。其乐非耳目之乐而后乐，非情识之乐而后乐。乐者在心，不可以形容，不可以见知。心之乐者，隐者之乐也，于山无预也。以清净为道场，以恬退为法事，以安乐为眷属，不欲与世交，不欲与物累。其修身也，不事乎百骸；其养形也，不溽乎五味。视死之日，如生之年；执有之物，如无之用。其安禅也，云溪烟坞；其经行也，月洞风林。有麋鹿以为朋，有松竹以为邻，有春韭秋菘之富，有晨霞晚露之贵。语其衣也，编草而纫蒲，缉茅而缀葺；语其食也，炊参而粮苓，饮松而饲桧。饮石骨之冷泉，哺山肝之腴泥，行枯木之前，坐古岩之下，住深林邃谷之间，卧长松幽石之上。日则长啸于泉云之幽，夜则孤眠于烟霭之深。其寒暑也，心暑乎道而不知夏之暑，心寒乎道而不知冬之寒。知冬之寒，则冰霜冽其肤而不变松柏之容，风雪冻其形而不改山石之操；知夏之暑，亢阳沥其汗而不生恼热之心，炎火炽其于步而不起煎烦之念。况乎茅庐竹舍，草毡松炉，不可以为寒；茂林修竹，冷风寒泉，不可以为暑。笑傲烟霞，偃仰风雨，乐人之所不能乐，得人之所不可得。有叶可书，有花可棋。其为琴也风入松，其为酒也雨滴石。其宁心有禅，其炼心有行。视虎狼如家豚，呼熊兕如人仆。其孤如寒猿夜号，其闲如白云暮飞。不可以朝野物其心，不可以身世窄其志。以此修之谓之隐，以此隐之谓之山。其为山非世间之所谓山，其为人非世间之所谓人。人与山俱化，山与人相忘。人也者，心也；山也者，心也；其心也者，不知孰为山，孰为人也。可知而不可以知知，可见而不可以见见。纯真冲寂之妙，则非山、非人也；其非山、非人之妙，如月之在波，如风之在竹，不可得而言也。"客曰："请事斯语，当从先生游。"曰："子为谁？"客曰："紫元子也。"①

屏睡魔文

人生无百年，能有几一日？况百年三万六千日，总有三百六十万刻，且如一刻，但捻指间。而晨兴暮寝，古今之常也。一百年内，以百五十五万刻可以应酬，以百五十五万刻可以寝息。除寝息之外，人生只有五十年②光阴矣。况不满百年者乎！今但好睡，曾无知草木之不如也。元神离舍，涣散无归，真气去体，呼吸无主，云掩心天，波浑性海，慧镜生尘，智剑无刃，以兴为寝，以明为晦，冥然如黑山，黯然如鬼谷。其酣兮如酒醉不醒，其瞑兮如药酘酪酊。其滋味兮如苴鱼入网罗，其意使兮如饥鼠贪画饼。其鼾兮如雷霆搅万山，其齁兮如波涛落崖井。以慧刃攻之不破，以智索挽之不回。明窗净几之净办，素箪小枕之清裁。内而虚谷贮万神，外而大块宅百骸。双眼如胶漆也，四肢如委石也，睡魔来也，与心猿意马而作伍也。谒心君而不臣，睹谷神而不拜，占吾身之琼台玉阙，作睡魔之营寨。其势高万丈，其力重千斤。贼我之魂魄，葬我之精神。盗吾家之丹砂，劫吾家之宝帑。幻出窟宅，变现物象。追之不敢以符篆，顺之不可以奠酹。于是贬青州从事，呼黑甜，唤黄妳，而召云腴使者，授以剑一，使之斩之。恬然而不动干戈，怡然而不改声色，睡魔愈炽。遂命黑松御史、兔颖中书、玄玉骑吏、剡溪都尉，驱龙役虎而战之。塞鼻缄舌气，以耳听耳，以眼视眼。其睡魔也，潜身于华胥，戢迹于槐国，化而为蝴蝶，改而为蝼蚁。两楹之间，歔欷有声。遂乃结柳舆而缉草舟，盛楮钱而囊竹黍，画牛而挽车，绘龙以棹舟，三揖睡魔而语之曰："闻子欲去久矣，择日具舟车，汝等当辞。吾有饭饱几盂，有酒醉几壶，携汝朋俦行，不可复滞居，倏然如云飞，瞥然如电舒，汝曹自问，心有意于行乎？"屏息而潜听其言，返眼而内视其形，啼笑不成，恍惚不宁，缩肩而竦颈，张眼而吐舌，初疑其有无，今知其为睡魔也。如有言曰："睡本无魔，汝心自黑。汝寒我不衣，汝饥我不食。与汝无丝毫之忿，与汝有胶漆之契。

---

① "当从先生游"至"紫元子也"一段原无，据《问道集》、刘本、辑要本补。
② 年，原无，据善本、《上清集》、刘本、辑要本补。

今欲归而无家，虽辞子而安得不落涕？我鬼也，非人也，奚用乎舟车、奚用乎饮馔？吾欲餐而无口，吾欲衣而无袒，吾欲车而无路，吾欲舟而无岸。汝能推反思，非吾为汝患，汝但洗心而习定，可以封形而闭神也。"复语之曰："汝徒闻我静坐则窥我户牖，汝徒见我默思则越我宫墙。吾非陈抟梦入鸿荒，吾非襄王梦入高唐。不可妖我，劈汝天斧。"睡魔四五，面面相顾，亦复有言曰："吾虽曰睡魔之精，乃汝自身之一灵。神清则睡魔去，神昏则睡魔生。但睡其形，而不睡其神可也。聚之为元精，蓄之为一灵，融之为太虚，放之为太清。令子住舍而留形，可以不死，可以长生。"余笑曰："不知我之屏睡魔乎？睡魔之屏我乎？"

道堂戒谕[①]文

　　道从古有，乃万物之祖，万法之宗；堂自近兴，非一日之功，一人之力。此乃延贤之举，岂容败教之徒。不惟道众生嫌，且被俗人厌贱。既掌教，即当阐教；而知堂，务要开堂。先明正己之方，以作律人之法。汰去冗顽之辈，划除老病之徒。不惟饱食无庸，抑以醉颠作闹。口里尽无规之语，胸中皆不检之谋。七尺堂堂，自是凶徒之恶少；三餐哄哄，只多游手之奸雄。人皆谓余养虎自遗后患，我亦思尔牧羊先去败群。复兴玄阃正一之风，以开学者自新之路。向来前辈皆千辛万苦以成真，今者后生惟杂工异术以从事。不去庄严仙境界，徒能狼藉道家风。今秉清规，聿严峻令，屏逐邪魔，以后一如古始之初。尔等诸人，肇今以往，改好色贪财之念，为乐天知命之心。念白发以磨青春，各修道业；炼红铅而入黑汞，结就丹砂。食不耕，衣不蚕，汝当知愧；打[②]是怜，骂是惜，我亦何心。从今努力下工夫，管取他时成道果。倘能如是，顾不伟哉！

---

① 谕，原作"论"，据朱本改。
② 打，原作"持"，据参校本改。

堂规榜①

天地神人鬼五仙，尽从规矩定方圆。逆则路路生颠倒，顺则头头合自然。道从古有，堂自近兴。为神仙养素之轩，乃散圣息肩之地。晨昏香火，上祝皇王圣寿无疆；朝暮经诠，下保檀那各家清吉。是以隐显莫测，凡圣同居。只笠箪瓢，作壶中之活计；孤云野鹤，是物外之闲人。散诞无拘，逍遥自在。黄梁梦觉，安然一枕清风；金汞炉开，寂寞半窗明月。功成行满，体妙神灵。伏龙虎而出昏衢，跨鸾鹤而归洞府。其或初离俗网，乍入玄门，性天未彻，心地尚迷。切宜遵守准绳，久则不违模范。侍师敬友，念道思真。常于性命上留心，莫向利名中挂意。行须缓步，语戒喧哗。勿歌夭艳之词，莫讲是非之事。公私出干，不许见灯而回；打坐绝言，直待钟鸣而起。来时明白挂搭，去时对众抽单。稍有违犯，量其罪咎。轻则香油茶饼，重则竹笆下山。偷盗分文，毁烧衣钵，饮酒赌博，不许在堂。职事有违，理当倍罚。故兹榜示，各令知悉。

颂曰：“五湖云水，混处一堂。既集徒侣，须明纪纲。或凡或圣，时隐时彰。神化无定，道规有常。”

紫清真人清规榜②

天地神人鬼五仙，尽规矩，定方圆。逆则路路生颠倒，顺则头头合自然。夫此圣贤息肩之地，亦惟神仙养素之轩。晨昏焚香顶祝，颂皇王圣寿以无疆；朝暮圣号宣扬，保宰官士庶而有庆。是以凡圣同居，隐显莫测。只履单瓢，作壶中之活计；孤云野鹤，为物外之闲人。恬淡无拘，逍遥自在。黄梁梦觉，安然一枕清风；金汞炉开，不觉半窗明月。功成行满，体妙神灵。伏龙虎而出昏衢，跨鸾鹤而归洞府。或其初离尘俗，乍入元门，心地尚迷，性天未彻。切须遵守清规，行持莫犯。侍师敬友，念道思真。常在性命上留

---

① 此篇据《道藏》之元彭致中《鸣鹤余音》卷九增。
② 此篇据清闵一得《古书隐楼藏书》之《清规玄妙全真参访集》增。

心，莫向利名中挂念。行须缓步，语要低声。勿歌妖艳之词，休讲是非之事。公私出干，不许灯火而回；打坐绝言，只等钟鸣而起。来时明向挂褡，去时对众抽单。倘有违犯，量情究责。轻则香油茶饼，重则竹篦下山。偷盗杖逐，烧毁衣钵。赌博荤酒，不许在堂执事。邪淫奸骗，撒骨扬灰。有违同众倍罚。故兹榜示，各宜知悉。

五湖云水，混居一堂。既集徒侣，须明纪纲。或凡或圣，时隐时彰。神化无定，道规有常。

东楼小参

至道在心，心即是道。六根内外，一般风光。内物转移，终有老死。元和默运，可得长生。是故形以心为君，心者神之舍。心宁则神灵，心荒则神狂。虚其心而正气凝，淡其心则阳和集。血气不挠，自然流通；志意无为，万缘自息。心悲则阴气凝，心喜则阳气散；念起则神奔，念住则神逸。夫人之一身，其心之神发于目而能视，视久则心神离，不在乎贪而丧心也；肾之精发于耳而能听，听久则肾精枯，不在乎淫而败肾也；肝之魂发于鼻而能嗅，嗅久则肝魂散，不在乎嗔而损肝也；胆之魄发于口而能言，言久则胆魄死，不在乎躁而暴胆也。至道之要，至静以凝其神，精思以彻其感，斋戒以应其真，慈惠以成其功，卑柔以成其诚。心无杂念，可不外走，心常归一，意自如如，一心恬然，四大清适。心不在耳，孰为之声？心不在目，孰为之色？心不在鼻，孰为之香？心不在口，孰为之言？气聚则饱，神和则暖。所以道：心者气之主，气者形之根，形是气之宅，神者形之具。神即性也，气即命也。心静则气正，正则全，气全则神和，和则凝，神凝则万宝结矣。施肩吾曰："气住则神住，神住则形全。"必也忘其情而全其性也。性全则形自全，气亦全，道必全也；道全而神则旺，气则灵，形可超，性可彻也。反复流通，与道为一。上自天谷，下及阴端。二景相逢，打成一块。如是久久，浑无间断。变化在我，与道合真。或者谓心动则神疲，心静则神昏，一动一静则不得，无动无静亦不得，则必竟如何？娇如西子离金阙，美似杨妃下玉楼。日日与君花下醉，更嫌何处不风流？

又①

真师示耔以颂曰："三家村里黄三姊，三更转身失却枕。打著阿家鼻孔头，明日起来寻蛎锒。咄，春人饮春酒，春棒打春牛。"

耔问曰："此莫是归根复命底道理？"

师云："父母所生口，终不为子说。"

耔又问曰："此理如何？"

师云："铁镘头上杏花红。"

耔问："未审还有些契合也无？"

师云："昨日街头两个卖柴汉，被人打折当门齿。你因甚替他叫屈？"

耔云："咦，只是恁地。"

师云："你试道看。"

耔却颂曰："铁馒头上杏花红，四面玲珑处处通。踏著称锤硬似铁，新罗只在海门东。"

冬至小参②

身中一宝，隐在丹田。轻如密雾，淡似飞烟。上至泥丸，下及涌泉。乍聚乍散，或方或圆。大如日轮，五色霞鲜。表里莹彻，左右回旋。其硬如铁，其软如绵。其急如电，其紧如弦。重逾一斤，飞遍三千。遇阴入地，逢阳升天。金翁采汞，姹女擒铅。依时运用，就内烹煎。冬至之后，夏至之前。金鼎汤沸，玉炉火然。龙吟东岳，虎啸西川。黄婆无为，丁公嘿然。身中夫妇，云雨交欢。天乙生水，在乎清源。离已坎戊，以土为先。土中有火，妙在心传。如龙养珠，波涵玉渊。如鸡抱卵，暖气绵绵。磁石吸铁，自然通连。花蒂含实，核中气全。禾花结穗，露蕊团圆。阴阳造化，万物无偏。人与万物，初无媸妍。守得其法，天地齐年。不守之守，如一物存。回风混合，碧草芊芊。其中变化，万圣千贤。始由乎坎，终至乎乾。卯酉沐浴，进退抽添。有文有武，可陶可甄。圣胎既就，一镞三关。却使河车，运

---

① 此篇据《语录》补。
② 据《语录》卷三增。

水登山。三尸六贼，胆碎心寒。银盂盛雪，一色同观。鸥入芦花，月照昆仑。玉壶涵冰，即成大还。乌飞兔走，造物清闲。金液炼形，玄关精根。玉符保神，绛宫丹元。昼运灵旗，骐骥加鞭。夜孕火芝，一朵金莲。一声雷电，人在顶门。青霄万里，蟾光一轮。移炉换鼎，以子生孙。得道尸解，陆地神仙。功圆行满，身登紫云。以神合道，道合玄元。凝虚炼静，高超四禅。跳出混沌，法身无边。只此真机，何千万篇。一言简易，十月精虔。但观奎娄，莫守幽燕。夜月饭蛇，秋露饮蝉。昼夜二六，十二周天。但将此语，凝神精研。

劝道文 [①]
（一作白日铭）

嗟夫，人身如无根树，惟凭气息以为根株。百岁光阴，如梦相似，出息不保入息，今朝不保来朝。虚度岁时，忽然老死，百骸溃散，四大分离，神识昏迷，散堕诸趣，不知来世，又得何身？生死轮回，劫劫不息，迷不知悟，懒不知勤。而今既到宝山，切莫去时空手，到老依前病死，枉向人间一遭。各宜勉力，下死工夫。古语云："辛勤一二年，快活千百劫。"从今收拾，一意无他，眼不外观，耳不外听，节饮食，省睡眠，绝笑谈，息思虑。把茅盖顶，莫求安适；煮米疗饥，莫分嫩恶。如蝉饮露，体自轻清；如龟吸日，寿乃延长。若 [②] 能餐松啖柏，戴笠披蓑，岩下眠云，洞前饮水，犹是作家人也。如其未有力量，且且渐学古贤。苟不如是修行，则是无此福分。朝收暮采，日炼时烹，如龙养珠，如鸡抱卵，火种相续，打成一片。至于子母相见，不亦乐乎！

---

① 据《语录》卷四增。
② 若，《语录》原作"苦"，据参校本改。

论类

修仙辨惑论

海南白玉蟾，自幼事陈泥丸，忽已九年。偶一日，在乎岩阿松阴之下，风清月明，夜静烟寒。因思生死事大，无常迅速，遂稽首再拜而问曰："玉蟾事师未久，自揣福薄缘浅，敢问今生有分可仙乎？"

陈泥丸云："人人皆可，况于汝乎？"

玉蟾曰："不避尊严之责，辄伸僭易之问，修仙有几门？炼丹有几法？愚见如玉石之未分，愿与一言点化。"

陈泥丸云："尔来，吾语汝。修仙有三等，炼丹有三成。夫天仙之道，能变化飞升也，上士可以学之。以身为铅，以心为汞，以定为水，以慧为火，在片饷之间，可以凝结，十月成胎。此乃上品炼丹之法，本无卦爻，亦无斤两，其法简易，故以心传之，甚易成也。夫水仙之道，能出入隐显也，中士可以学之。以气为铅，以神为汞，以午为火，以子为水，在百日之间，可以混合，三年成象。此乃中品炼丹之法，虽有卦爻，却无斤两，其法要妙，故以口传之，必可成也。夫地仙之道，能留形住世也，庶士可以学之。以精为铅，以血为汞，以肾为水，以心为火，在一年之间，可以融结，九年成功。此乃下品炼丹之法，既有卦爻，又有斤两，其法繁难，故以文字传之，恐难成也。上品丹法，以精神魂魄意为药材，以行住坐卧为火候，以清静自然为运用；中品丹法，以肝心脾肺肾为药材，以年月日时为火候，以抱元守一为运用；下品丹法，以精血髓气液为药材，以闭咽搐摩为火候，以存思升降为运用。大抵妙处不在乎按图索骏也。若泥象执文之士，空自傲慢，至老无成矣。"

玉蟾曰："读丹经许多年，如在荆棘中行。今日尘净鉴明，云开月皎，总万法而归一，包万幻以归真，但未知正在于何处下手用功也？"

陈泥丸云："善哉问也。夫炼丹之要，以身为坛炉鼎灶，以心为神室，以端坐习定为采取，以操持照顾为行火，以作止为进退，以断续不专为隄防，以运用为抽添，以真气薰蒸为沐浴，以息念为养火，以制伏身心为野战，以凝神聚气为守城，以忘机绝虑为生杀，以念头动①处为玄牝，以打成一块为交结，以归根复命为丹成，以移神为换鼎，以身外有身为脱胎，以返本还源为真空，以打破虚空为了当。故能聚则成形，散则成气，去来无碍，逍遥自然矣。"

玉蟾问曰："勤而不遇，必遇至人；遇而不勤，终为下鬼。若此修丹之法，有何证验？"

陈泥丸云："初修丹时，神清气爽，身心和畅，宿疾普消，更无梦寐，百日不食，饮酒不醉。到此地，则赤血换为白血，阴气炼成阳气，身如火热，行步如飞，口中可以干汞，吹气可以煮肉，对境无心，如如不动，役使鬼神，呼召雷雨，耳闻九天，目视万里，遍体纯阳，金筋玉骨，阳神现形，出入自然，此乃长生不死之道毕矣。但恐世人执着药物、火候之说，以为有形有为，而不能顿悟也。夫岂知混沌未分以前，焉有年月日时？父母未生以前，乌有精血气液？道本无形，喻之为龙虎；道本无名，比之为铅汞。若是学天仙之人，须是形神俱妙，与道合真可也，岂可被阴阳束缚在五行之中？要当跳出天地之外，方可名为得道之士矣。或者疑曰：'此法与禅学稍同？'殊不知终日谈演问答，乃是干慧；长年枯兀昏沉，乃是顽空。然天仙之学，如水晶盘中之珠，转漉漉地，活泼泼地，自然圆陀陀、光烁烁。所谓天仙者，此乃金仙也。夫此不可言传之妙也，人谁知之，人谁行之？若晓得《金刚》《圆觉》二经，则金丹之义自明，何必分老释之异同哉！天下无二道，圣人无两心，何况人人具足，个个圆成，正所谓'处处绿杨堪系马，家家门阖透长安'，但取其捷径云尔。"

玉蟾曰："天下学仙者纷纷，然良由学而不遇，遇而不行，行而不勤，乃至老来甘心赴死于九泉之下，岂不悲哉！今将师传口诀，锓木以传于世。惟此泄露天机甚矣，得无谴乎？"

泥丸云："吾将点化天下神仙，苟获罪者，天其不天乎！经云：我命在我不在于天。何谴之有？"

---

① 动，《道藏》之《修真十书·杂著指玄篇》卷四作"起"。

玉蟾曰："师祖张平叔，三传非人，三遭祸患，如何？"

泥丸云："彼一时自无眼力，又况运心不普乎！噫，师在天涯，弟子在海角，何况尘劳中识人甚难。今但刊此，散行天下，使修仙之士，可以寻文揣义，妙理昭然，是乃天授矣，何必乎笔舌以传之哉！但能凝然静定，念中无念，工夫纯粹，打成一片，终日嘿嘿，如鸡抱卵，则神归气复，自然见玄关一窍。其大无外，其小无内。则是采取先天一气，以为金丹之母。勤而行之，指日可以与钟、吕并驾矣。"此乃已试之效验，学仙者无所指南，谨集问答之要，名之曰《修仙辨惑论》云①。

玄关显秘论

一言半句便通玄，何用丹书千万篇。人若不为形所累，眼前便是大罗天。若要炼形炼神，须识归根复命。所以道：归根自有归根窍，复命还寻复命关。且如这个关窍，若人知得真实处，则归根复命何难也。故曰："有人要识神仙诀，只去搜寻造化根。"古者②虚无生自然，自然生大道；大道生一气，一气分阴阳。阴阳为天地，天地生万物，则是造化之根也。此乃真一之气，万象之先。太虚太无、太空太玄，杳杳冥冥，非尺寸之所可量，浩浩荡荡，非涯岸之可测。其大无外，其小无内，大包天地，小入毫芒。上无复色，下无复渊，一物圆成，千古显露，不可得而名者。圣人以心契之，不获已而名之曰道。以是知心即是道也，故无心则与道合，有心则与道违。惟此无之一字，包诸有而无余，生万物而不竭。天地虽大，能役有形，不能役无形；阴阳虽妙，能役有气，不能役无气；五行至精，能役有数，不能役无数；百念纷起，能役有识，不能役无识。今修此理者，不若先炼形。炼形之妙，在乎凝神，神凝则气聚，气聚则丹成，丹成则形固，形固则神全。故谭真人③云："忘形以养气，忘气以养神，忘神以养虚。"只此忘之一字，则是无物也。本来无一物，何处有尘埃。其斯之谓乎？如能味此理，就于忘之一字上做工夫，可以入大道之渊微，夺自然之妙用，立丹基于顷刻，运造化

---

① "云"字原无，据《杂著指玄篇》、刘本、辑要本补。
② "有人要识神仙诀"至"古者"一段原无，据《问道集》、刘本、辑要本补。
③ 谭真人，《问道集》、刘本、辑要本作"宋齐丘"。

于一身也。然此道视之寂寥而无所睹，听之杳冥而无所闻。惟以心视之则有象，以心听之则有声。若学道之士，冥心凝神，致虚守静，则虚室生白，信乎自然也。惟太上度人，教人修炼，以乾坤为鼎器，以乌兔为药物，以日魂之升沉应气血之升降，以月魄之盈亏应精神之衰旺，以四季之节候应一日之时刻，以周天之星数应一炉之造化。是故采精神以为药，取静定以为火，以静定之火而炼精神之药，则成金液大还丹。盖真阴真阳之交会，一水一火之配合，要在先辨浮沉，次明主客，审抽添①之运用，察反覆之安危。如高象先云："采有时，取有日。"刘海蟾云："开阖乾坤造化权，煅炼一炉真日月。"能悟之者，效日月之运用，与天地以同功。夫岂知天养无象，地养无体。故天长地久，日光月明，其一长存，虚空不朽也。吾今则而象之，无事于心，无心于事，内观其心，心无其心，外观其形，形无其形，远观其物，物无其物，知心无心，知形无形，知物无物，超出万幻，确然一灵。古经云："生我于虚，置我于无。"是宜归性根之太始，反未生之已前，藏心于心而不见，藏神于神而不出。故能三际圆通，万缘澄寂，六根清净，方寸虚明，不滞于空，不滞于无，空诸所空，无诸所无，至于空无所空，无无所无，净裸裸，赤洒洒地，则灵然而独存者也。道非欲虚，虚自归之，人能虚心，道自归之。道本无名，近不可取，远不可舍，非方非圆，非内非外，惟圣人知之。三毒无根，六欲无种，顿悟此理，归于虚无。老君曰："天地之间，其犹橐籥乎！虚而不屈，动而愈出。"若能于静定之中，抱冲和之气，守真一之精，则是封炉固济以行火候也。火本南方离卦，离②属心，心者神也，神则火也，气则药也。以火炼药而成丹者，即是以神御气而成道也。人能手抟日月，心握鸿濛，自然见橐籥之开辟，河车之升降。水济命宫，火溉丹台，金木交并，水土融和，姹女乘龙，金翁跨虎。逆透三关，上升内院，化为玉汞，下入重楼，中有一③穴，名曰丹台。铅汞相投，水火相合，才若意到，即如印圈契约也。自然而然，不约而合，有动之动，出于不动，有为之为，出于无为。当是时也，白雪漫天，黄芽满地，龙吟虎啸，夫倡妇随，玉鼎汤煎，金炉火炽，雷轰电掣，撼动乾坤，百脉耸然，三关透彻，玄珠成象，太液归

---

① 添，原作"天"，据参校本改。

② 离，此字据《问道集》、刘本、辑要本补。

③ 一，原作"二"，据参校本改。

真，泥丸风生，绛宫月明，丹田烟暖，谷海波澄，炼成还丹，易如反掌，七返九还，方成大药，日炼时烹，以至九转，天关地轴，在吾手中。经云："人能常清净，天地悉皆归。"则是三花聚顶，五气朝元，可以入众妙门，玄之又玄也。更能昼运灵旗，夜孕火芝，温养圣胎，产成赤子。至于脱胎神化，回阳换骨，则是玉符保神，金液炼形，形神俱妙，与道合真者也。张平叔云："都来片饷工夫，永保无穷逸乐。"诚哉是言！盖道之基，德之本，龙虎之宗，铅汞之祖，三火所聚，八水所归，万神朝会之门，金丹妙用之源，乃归根复命之关窍也。既能知此，则欲不必遣而心自净，心不必澄而神自清。一念不生，万幻俱寝，身驭扶摇，神游恢漠。方知道风清月白，皆显扬铅汞之机；水绿山青，尽发露龙虎之旨。

海南白玉蟾，幼从先师陈泥丸学丹法。每到日中冬至之时，则开乾闭巽，留坤塞艮，据天罡，持斗杓，谒轩辕，过扶桑，入广寒，面鹑尾，举黄钟，泛海槎，登昆仑，佩唐符，撼天雷，游巫山，呼黄童，召朱儿，取青龙肝、白虎髓、赤凤血、黑龟精，入土釜，启荧惑，命阏伯，化成丹砂，开华池，吸神水，饮刀圭，从无入有，无质生质，抽铅添汞，结成圣胎。十月既满，气足形圆，身外有身，谓之胎仙。其诀曰："用志不分，乃可凝神，灰心冥冥，金丹内成。"此予之所得也如此。施肩吾之诗曰："气是添年药，心为使气神。若知行气主，便是得仙人。"惟此诗简明，通玄造妙，佩而诵之，自然到秋蟾丽天，虚空消殒之地，非枯木寒泉之士，不能知此。予既得此，不敢自默。《太上玄科》曰："遇人不传失天道，传非其人失天宝。"天涯海角，寻遍无人，不容轻传，恐受天谴。深虑夫大道无传，丹法湮泯，故作《玄关显秘论》。盖将晓斯世而诏后学，以寿金丹一线之脉也。复恐世人犹昧此理，乃复为之言曰："以眼视眼，以耳听耳，以鼻调鼻，以口缄口，潜藏飞跃，本乎一心。先当习定凝神，惩忿窒欲。惩忿窒欲，则水火既济；水火既济，则金木交并；金木交并，则真土归位；真土归位，则金丹自然大如黍米。日复一粒，神归气复，充塞天地。孟子曰善养吾浩然之气者此也。肝气全则仁，肺气全则义，心气全则礼，肾气全则智，脾气全则信。若受气不足，则不仁、不义、不礼、不智、不信，岂人也哉！人能凝虚养浩，心广体胖，气母既成。结丹甚易。可不厚其所养，以保我之元欤？学者思之。"敬书以授留紫元云。

性命日月论

性命之在人，如日月之在天也。日与月合则常明，性与命合则长生。命者因形而有，性则寓乎有形之后。五脏之神为命，七情之所系也，莫不有害乎吾之公道。一受于天为性，公道之所系焉。故性与天同道，命与人同欲。命合于性，则交感而成丹，丹化为神则不死。日者，擅乾德之光以著乎外。月体坤而用乾，承乎阳尔。晦朔相合，日就月魄，月承日魂，阴阳交育而神明生。故老子谓："出生入死，生之徒十有三，死之徒十有三。"言每月月三日出而明生，生至于十五日也；每月月十六日入而明死，死至于二十八日也。日月于卦为坎离。坎卦外阴而内阳，乾之用九归乎中；离卦外阳而内阴，坤之用六归乎中。乾坤之二用既归于坎离，故坎离二卦得以代行乾坤之道。一月之内，变见六卦，垂象于天。三日一阳生于下而震卦出，八日二阳生于下而兑卦出，十五日三阳全而乾始见，此盖乾索于坤而阳道进也；十六日一阴生于下而巽卦出，二十三日二阴生于下而艮卦出，三十日三阴全而坤始见，此盖坤索于乾而阴道进也。天地以坎离运行阴阳之道，周而复易。故魏伯阳谓日月为易，陆德明亦取此义训诂周易之字。余窃谓在天为明，明者日月之横合；在世为易，易者日月之纵合；在人为丹，丹者日月之重合。人之日月系乎心肾，心肾气交，水火升降，运转无穷，始见吾身亦与天地等，同司造化，而不入于造化矣。

谷神不死论

谷者，天谷也；神者，一身之元神也。天之谷，含造化，容虚空；地之谷，容万物，载山川。人与天地同所禀也，亦有谷焉。其谷藏真一，宅元神，是以头有九宫，上应九天，中间一宫，谓之泥丸，又曰黄庭，又名昆仑，又名天谷，其名颇多，乃元神所住之宫。其空如谷，而神居之，故谓之谷神。神存则生，神去则死。日则接于物，夜则接于梦，神不能安其居也。黄粱未熟，南柯未寤，一生之荣辱富贵，百岁之悲忧悦乐，备常于一梦之间，使其去而不还，游而不返，则生死路隔，幽明之途绝矣。由是观之，人不能自生而神生之，人不能自死而神死之。若神居其谷而不死，人安得而死乎？然谷神所以不死者，由元牝也。元者，阳也，天也；牝者，阴也，地也。然则元牝二气，各有深旨，非遇至人授以口诀，不可得而知也。《灵枢内经》云："天谷元神，守之自真。"言人身中上有天谷泥丸，藏神之府也；中有应谷绛宫，藏气之府也；下有灵谷关元，藏精之府也。天谷，元宫也，乃元神之室，灵性之所存，是神之要也。圣人则天地之要，知变化之源，神守于元宫，气腾于牝府，神气交感，自然成真，与道为一，而入于不死不生，故曰："谷神不死，是谓元牝也。"圣人运用于元牝之内，造化于恍惚之中。当其元牝之气入乎其根，闭①极则失于急，任之则失于荡。欲其绵绵续续，勿令间断耳。若存者，顺其自然而存之，神久自宁，息久自定，性入自然，无为妙用，未尝至于勤劳迫切，故曰："用之不勤。"即此而观，则元牝为上下二源，炁母升降之正道明矣。世人不穷其根，不究其源，便以鼻为元，以口为牝。若以鼻口为元牝，则元牝之门又将何以名之？此皆不能造其妙，非大圣人安能究是理哉！

阴阳升降论

天以乾道轻清而在上，地以坤道重浊而在下，元气则运行乎中而不息。在上者以阳为用，故冬至后一阳之气自地而升，积一百八十日而至天，阳极而阴生；在下者以阴为用，故夏至后一阴之气自天而降②，积一百八十日而至地，阴极而阳生。一升一降，往来无穷。人受冲和之气，以生于天地之间，与天地初无二体。天地之气，一年一周；人身之气，一日一周。自子至巳，阳升之时，故以子时为日中之冬至，在《易》为复；自午至亥，阴降之时，故以午时为日中之夏至，在《易》为姤③。阴极阳生，阳极阴生，昼夜往来，亦犹天地之升降。人能效天地橐籥之用，冲虚湛寂，一气周流于百骸，开则气出，阖则气入。气出则如地气之上升，气入则如天气之下

---

① 闭，原作"闲"，据刘本、辑要本、同治本改。

② "故夏至后一阴之气自天而降"一句原无，据同治本补。

③ 姤，原作"遇"，据参校本改。

降，自可与天地齐其长久。若也奔骤乎纷华之域，驰骋乎是非之场，则真气耗散，而不为吾之有矣，不若虚静守中以养也。中者，天地元牝之气会聚之处也。人能一意守之而不散，则真精自朝，元炁自聚，谷神自接，三尸自去，九虫自灭，此乃长生久视之道也。以是知真息元气，乃人身性命之根；深根固蒂，乃长生久视之道。人之有生，禀大道一元之气，在母胞系，与母同呼吸。及乎降诞之后，剪去脐蒂，一点元阳栖于丹田之中。其息出入，通于天门，与天相接，上入泥丸，会于元神，下入丹田，通于元气。庄子云："众人之气为喉，圣人之息为踵。"踵也者，深根固蒂之道。人能屏去诸念，真息自定，身入无形，与道为一，在世长年。由是观之，道之在身，岂不尊乎？岂不贵乎？

玉蟾发微论 ①

白玉蟾先生曰："观夫斗数，与五星不同。按此星辰，与诸术大异。四正吉星定为贵，三方杀拱少为奇。对照兮详凶详吉，合照兮观贱观荣。吉星入垣则为吉，凶星失地则为凶。命逢紫府，非特寿而且荣；身遇杀星，不但贫而且贱。左右会于紫府，极品之尊；科权陷于凶乡，功名蹭蹬。行运逢乎弱地，未必为灾；立命会在强宫，必能降福。羊陀七杀，运限莫逢，逢之定有刑伤（劫空伤使在内合断）；天哭丧门，流年莫遇，遇之实防破害。南斗主限必生男，北斗加临先得女。科星居于陷地，灯火辛勤；昌曲在于凶乡，林泉冷淡。奸谋频设，紫微愧遇破军；淫奔大行，红鸾羞逢贪宿。身命相克，则心乱而不闲；玄媪三宫，则邪淫耽酒。杀临三位，定然妻子不和；巨到三官，必是兄弟无义。刑杀守子宫，子难奉老；诸凶照财帛，聚散无常。羊陀守疾厄，眼目昏盲；火铃到迁移，长途寂寞。尊星列贱位，主人多劳；恶星应八宫，奴仆有助。官禄遇紫府，富而且贵；田宅遇破军，先破后成。福德遇空劫，奔走无方；相貌加刑杀，刑克难免。后学者执此进详，万无一失。"

---

① 据明刊《新刊陈希夷先生紫微斗数全集》卷五增。《全集》题"大宋太华山希夷陈图南著，隐逸玉蟾白先生增"。集中尚有陈、白问答之文，今未录。

紫清真人白玉蟾四喻[①]

龙虽好而无穴,谓之有若无;穴虽好而无龙,谓之实若虚。地虽吉而葬不得法,谓之有官而无禄;地虽吉而年月失利,谓之有舟无楫。

《传疑》:玉蟾仙翁为临川吴氏扦新畲阳基,在县北百里,鳝鱼形。吴氏旧基乏人。翁曰:"扦此大旺人丁,但年月未利。"吴氏欲速,不暇筮期。仙翁曰:"亥卯水流干戌合,年月不利贵来迟。"吴氏果大旺人丁。自宋迄今,三百年后始出中江公璁,登嘉靖乙未进士,官签宪。曰方、曰慧、曰宗汉诸君,连登科第方亨。

说类

无极图说

夫道也,性与命而已。性,无生也;命,有生也。无者,万物之始也;有者,万物之母也。一阴一阳之谓道,生生不穷之谓易。易即道也。〇道生一◉,一者混沌也;一生二⊙,阳奇阴耦,即已二生三矣。纯乾☰,性也;两乾而成坤☷,命也。犹神与形也。乾之中阳入坤而成坎☵,坤之中阴入乾而成离☲。离乃心之象也,所谓南方之强欤;坎乃肾之象也,所谓北方之强欤。夫心者⊙,象日也;肾者,象月也。日月合而成易,千变万化而未尝灭焉。然则肾即仙之道乎,寂然不动。盖刚健中正纯粹精者存,乃性之所寄也,为命之根矣。心即佛之道乎,感而遂通。盖喜怒哀乐爱恶欲者存,乃命之所寄也,为性之枢矣。性与命,犹日月也,日月即水火也。火者,离象也,惩忿则心火下降;水者,坎象也,窒欲则肾水上升。君子黄中

---

① 据明刊徐善继、徐善述所著《地理人子须知》卷四增。校者按:白玉蟾之精于堪舆,明季广为传诵,《地理穿山透地真传》一书奉白真人为祖师,清仇兆鳌有"仙师白玉蟾明初出现苏州虎邱南,为刘氏扦地"云云。

通理，正位居体，美在其中，畅于四肢。于是默而识之，闲邪存诚，终日如愚，专焄致柔。故能以坎中天理之阳，点破离中人欲之阴。是谓之克己复礼，复还纯阳之天。吁，万物芸芸，各归其根，归根曰静，静曰复命。穷理尽性而至于命，则性命之道毕矣。斯可与造物者游，而柄其终始。

五宝说[①]

老聃有三宝：一曰慈，二曰俭，三曰不敢为天下先；许旌阳有八宝：曰忠、孝、廉、谨、宽、裕、忍、容；吕洞宾有四宝：曰无妄一也，不苟二也，至诚三也，守一四也；陈泥丸有五宝：一曰智，二曰信，三曰仁，四曰勇，五曰严。临事多变，使人莫测，谓之智；专心致志，守一如常，谓之信；济人利物，每事宽恕，谓之仁；处事果决，秉心刚烈，谓之勇；谨勿笑语，重厚自持，谓之严。东方蛮雷，仁者也，能为风雨，长养万物；南方蛮雷，勇者也，申明号令，赏善罚恶；西方蛮雷，严者也，肃杀元气，霹雳群动；北方蛮雷，智者也，伏藏坎位，遇时而起；中央蛮雷，信者也，四时蛰伏，令不妄发。子今行五雷之法，须得此五宝，方可以动之。吾得之于先师泥丸久矣。今以告子，此乃心传之秘。大抵是真中有神，诚外无法，子可佩而行之。

梦说

神农梦天皇与之以尝草玉书，黄帝梦到华胥大庭之国，舜梦拜乎丞，高宗梦得说，孔子梦见周公，老聃梦游罽宾，此皆梦也。彼乃不睡之睡，非梦之梦也。谓如庄周梦为蝴蝶，又与吕洞宾梦为蝼蚁，大故殊途也。《南华经》云："其寝无梦，其觉无忧。"此所以凝神不分，聚气不散而然也。彼皆就羲皇心地上著到。故所谓梦者，乃神交气合，诚而尔也，非睡中妄想之梦也。若不明梦中无梦之理，则飞识游魂，泛然而无归，冥然而不返，将见于见闻

---

① 按：此篇当系白真人与彭耜之语，彭又传谢显道，故谢又辑于《海琼白真人语录·鹤林法语》中。

觉知境界，而化为胎卵湿化之归也。况夫酬酢万机，唱赓百念，事物胶扰，方寸不宁，此乃开眼之梦也，何况于睡乎！昔贤谓①"世间无眼禅，蚼蚼一觉睡"者此也。嗟乎，今之人也，糟醨其一灵，尘垢其一性，甚矣。古德云："幻身是梦。"

赠卢寺丞艮庵说

"☶艮其背，不获其身；行其庭，不见其人。无咎。"《彖》曰："艮，止也。时止则止，时行则行。动静不失其时，其道光明。艮其止止其所也，上下敌应不与也。是以不获其身，行其庭不见其人，无咎也。"《象》曰："兼山，艮，君子以思不出其位。"☶前辈云："观一部《华严经》，不如读一艮卦。"缘《华严经》只于止观，然艮有兼山之义。山者，出字也。虽止于晦而出于明，所谓"行到水穷处，坐观云起时"也。

西林架造钟楼普说②

青霞紫雾锁寒松，万丈银潢泻碧峰。寺在藤萝最深处，人居水石妙光中。琼楼画栋翔金凤，宝殿瑶阶砌玉龙。谁识开山旧面目，一丘烟雨暮衙蜂。

西林禅寺，垂今五百余年；惠老开山，到此四十三代。前圣后圣，彼时此时。

普庵长老，冰霜面目，风月心胸。若孤屿九皋之春鹤，如寒江一影之秋鸿。真个是末庵之孙，吞尽栗棘蓬；真个是草堂之子，坐断大魔宫。比来西林寺，一息十七冬，千指聚会，万废兴崇，纪纲整肃，有古人风。规模洪远，立开山功。争奈百尺夜虿，千丈朝虹，蚁枅虫蠹，而久欲颓弊，雨凌风震，而谁可絣幪？缘此钟万斤铁与铜，缘此阁千章杉与松。铜铁可以磨岁月，杉松尚有三尸虫。屋角插天空影月，檐铃落地不声风。既破不将茅草盖，要成只在刹那中。了庵慈行、如庵法莹，举头捉明月，开口吞虚空。向

---

① "昔贤谓"，参校本作"东坡云"。
② 据《语录》卷四增。

这里弄精彩，展机锋，把一团通红热铁，烂嚼吞却，直得须弥倒卓，海水逆流，观音弹指，龙女搊胸。普庵不敢埋没，令玉蟾为他显这神通。说这禅葛藤，说些道葛斗。南泉猫儿跳，赵州狗子走，天皇沐马嘶，石霜角虎吼，雪峰毒蛇唱山歌，沩山水牯打筋斗。喝闲言剩语，不当夜饭，必竟如何？行、莹二大师逢人不得错举，可将金银琉璃、玙珹玛瑙、真珠等宝，满载而归，却来了这末后句。末后句，还会么？拨动如来向上关，擎天大手有何难。他时平地抬头看，声撼半天风雨寒。

简类

为烟壶高士求《翠虚妙悟全集》书一幅

即斯时，江上一叶枫，向淡云新月之外，状出秋意。山林中人心境，两清爽矣。尝于水云中慕韩景李之久，南风北枝，未之面也。海南先生言："烟壶高士，冲炼太和，白膏盈体，天女散花，道候真净。"古熙口与心言："瀛州道院闻有《翠虚妙悟全集》，正在渴中，能周旋此人回否？"秋气满杖屦，只此六百里清妙溪山，鞭青牛，遒汗漫，访我于崆峒之间否乎？睥睨论金兰，翘首望胎早圆，云鹤一长笑耳。

篇类

鹤林问道篇　上

海南白玉蟾过三山，次紫枢真官之居，鹤林彭耜过之，问以道法之要。
曰："愚尝究金丹大药之旨，所谓日月、龙虎、铅汞、坎离、火候、周天、卦象之类，与夫偃月炉、朱砂鼎等语，名既不一，事亦多端，未审一物而分众名邪？其或众名而各一物邪？在内求之则无形，在外求之则有象。或妙在作为，或妙在静定。古者尝言有所作为即非道也。又曰溺于静是枯坐也。懵然不知其所以入之蹊径、到之堂奥，愿闻其说。"

答曰："先圣仰观天文，俯察地理，近取诸身，远取诸物，创为丹诀，以长生不死之意，以淑人心，其实一理也。其始入也，在乎阴阳五行；其终到也，归乎混沌无极。如丹法所言，尽有所据，第互立一说，各执一见，所以众楚不可一齐，要在吾所遇、所传、所得如何耳。在天则为日月星辰，在地则为禽兽草木，在人则为夫妇男女。以易道言之，则乾、坤、坎、离也；以五运言之，则金、木、水、火也；以药物言之，则铅、银、砂、汞也；以丹道言之，则龙、虎、乌、兔也。用之则有坛炉鼎灶之名，行之则有升降交合之象，体之则有浮沉清浊之变，则之则有阴阳寒暑之候。圣人故曰：'采以药物，炼以火候，结而成丹，超凡入圣。'所以取之于内而不泥其内象，取之于外而不求其外物，是所谓无物无象者也。谓之先天一炁、混元至精，则是大而不可知之之谓神之意也。其体或聚或散，如轻烟薄雾然也；其象或有或无，如梦幻泡影然也。天地与我同根，万物与我同体，往古来今，本无成坏，第以生死流转，情识起灭，如浮云之点太清，如黑风之翳明月。圣人悯世浇漓，诏人修炼，使从无入有谓之成，以有归无为之了。其运用之要，有动之动出于不动，有为之为出于无为，不过炼精成炁，炼炁成神，炼神合道而已。若有作用，实无作用；似乎静定，即非静定。如龙养珠，如鸡抱卵。可以无心会，不可以用心作；可以用心守，不可以劳心为。此乃修丹之要，入道之玄。"

复问曰："刘惟一云：夫人常不死，形死性不灭，岂非老子所谓死而不亡者寿乎？似与释氏佛祖性学一理矣，又何铅汞龙虎之繁如许哉？"

答曰："铅汞龙虎，此道家之丹法，人固难晓，此皆玄妙之谈，谓如释氏有木人、石女、泥牛、铁马、金刚圈、栗棘蓬、龟毛、兔角、麻三斤、干屎橛之类，是亦铅汞龙虎之旨也。但道家把本修行，由径入庭；而释氏因指见月，见月忘指也。释氏之所谓性，道家之所谓神，其实皆道也。然性如海，大无不包，细无不入；而神犹室，其小无内，其大无外。要须有凝结不变之理，则可到混融无间之域。道本一也，教自三之。夫教之理，乌得不三？是家家门口透长安之意也，在吾闭门造车出门合辙如何耳。先圣观此道在乎目前，分明太甚，故创为奇语，使人参究。譬如河东小儿，不识爷字，归家问父，乃知父是爷也。"

又问曰："古者入道，以调心为要，以精思为妙。精思则是存念也，调心则是把捉也。存念既久，则其念或差；把捉稍紧，则心转难调。或者谓存念不宜久，把捉不宜紧。愚窃谓曰：'存念不久，则其念必不真；把捉不紧，则此心何可调？'"

答曰："存者有也，亡者无也。存者存我之神，想者想我之身，闭目见自己之目，收心见自己之心。有物则可以存，谓之真想；无物而强存之，谓之妄想。此乃精思存念之妙。操者存也，舍者亡也。操者操真一之炁，存者存太玄之精。凝一神则万神俱凝，聚一炁则万炁俱聚。顺我之物，可以无心藏之；逆我之物，可以无心顺之。至如真妄本空，逆顺俱寂，则三际圆通，一灵晃耀，此乃把捉调心之要也。盖缘一念起动则万念起，一窍开则九窍开，此无他，乃是以神驭气之意。我自无始以来，无名烦恼，业识茫茫，不可消释于顷刻，而寝息于目前也。故古人有心息相依、息调心静之语，此非调心乎！又如用志不分，乃凝于神等语，此非精思乎！先圣有曰：'制心一处，无事不办。'所以谭真人云：'忘形以养气，忘气以养神，忘神以养虚。'只此忘形二字，则是制心之旨。虽然，与其忘形而心游万物，曾未忘之，所以如何耶？吾所以忘者，非惟忘形，亦乃忘心，心境俱忘，湛然常寂。"

又问曰："道者法之体，法者道之用。道法相体用，二者同一致。今之行法者，于章奏则视为虚无，于存念则视为妄幻。故符水之效，或迟或速；神鬼之状，半幽半显。与古人驱役鬼神、呼召雷雨者，不可同日语。抑传之不妙乎？抑行之不至乎？抑信之不笃乎？"

答曰："正一真人曰：'人能六根清静，方寸澄彻，久而行之，可以坐役鬼神，呼召风雨。'只将此语细而味之，何符水之效不灵、何鬼神之状不显？今之学法之士，不本乎道，不祖乎心，而以阶衔法位为美观，又以诸家法书为多览，譬如万弩射一鹄也。行法之士，贵乎凝神，今若以美观多览为眩耀，则神离气散，曾不若未行法者。况又东参西究，不能无疑；朝作暮辍，岂得常应。今但专佩一箓，专受一职，专行一法，专判一司，文字专用一符一水，无往而不一，得一可以毕万，何患行法之不如古人？若能如是，非惟行法，已是默契乎道也已。"

又问曰："道家之因缘契合，释氏之时节因缘，固亦不偶然矣。今而有人迷而不学，学而不遇，遇而不行，行而不成，抑时节未至而因缘未熟邪？抑赋分良薄而骨不可仙邪？"

答曰："古人目击道存，未语先会。盖在我已纯金璞玉，惟求巧倕之定价，若泛泛无统，茫无所据，朝参师黄，暮参师李，今年学道，明年学法，今日勤，明日惰①。若如是以寻真，是所谓自假不除，更求他真也。但以'信'之一字，为入道之阶；以'勤'之一字，为行道之本；以'无'之一字应物；以'有'之一字凝神。久久行之，天其使圣师为子发踪指示矣。学道之士思之。"鹤林彭耜于是稽首而退。

鹤林问道篇　下

海南白玉蟾再过螺江之滨，鹤林彭耜诣之而谓曰："比者尝闻道于先生，以所问答之辞，著为《鹤林问道篇》矣。噫，视之古人三不答、四不知者，若未底乎道也。然道本无言，不得已而有言。使其名言若寂，则世人见黄花翠竹，谓何物耶？徒见夫子之言性与天道，不可得而闻。又以子罕言利与命与仁，竟视以为其高难行之事。当时孔门或以一字仁、一字孝、一字诚、一字礼而用心矣。有屡空者，有屡中者。异日冠者五六人，童子②六七人，风乎舞雩，咏而归，不曰无人矣。以曾子之一唯，视其他哓哓者为如何哉？后世闻道，付之风影。呜呼，《中庸》谓何？曰诚也；《大学》谓何？曰明德也。无非自正心诚意而始也。以之修身，以之治国平天下，如清风明月，取之无禁，用之不竭也。则昔人有所谓皇皇八荒，皆在我闼，孰曰天下不归吾仁等语，其斯之谓乎？曾不知会其有极，归其有极，但以齐物我，一死生，为虚无妄诞之谈。若曰'道也者，不可须臾离也'，古今能几人哉？今吾之所以步骤乎老释之域者，盖亦不敢私为町畦之说。夫道本无秦楚也，讵可藩篱吾心哉！先生然之否乎？"

先生曰："然。"

---

① 惰，原文作"隋"，据文义改。
② 童子，原误作"意子"，据参校本改。

又问曰："古之系《易》者，惟穷理尽性以至于命，固尝究之矣。夫性与命，其一理耶？二理耶？"

答曰："先圣不云乎：'天命之谓性，率性之谓道，修道之谓教。'实一理也。"

又问曰："释氏有云：'达磨西来，不立文字，直指人心，见性成佛。'亦尝可其说矣。夫所谓见者，岂非《楞严经》云：'见见之时，见非是见。见犹离见，见不能及也耶。如是则眼不见色，耳不闻声，舌不沾味，鼻不知香，身不受触，意不法法，曾枯木之所不如也。'又曰：'佛真法身犹若虚空，应物现形如水中月。'何耶？若夫《圆觉经》云：'无作无止，无任无灭。'是为圆觉之理。与彼禅学所以一照一用，双放双收者，又如何耶？愚尝学佛矣，终未至乎心法双泯，心境俱忘之地。亦尝疑真觉《证道歌》不求妄想不求真之说。设若自信，则无明真性即佛性也，而能喝摧刀山，吹灭炉炭乎？否则寒灰枯木，一念万年。然则其然矣，其孰能之？如其不然，则曰父母未生以前，何曾有丝毫欠少也，因甚复有此身耶？透曰四大分散以后，依旧父母未生前也。昔者为甚生来，今者为甚死去耶？是未可颟顸佛性，而骋无根之语，以刍狗天地、醉梦死生也。此愚之大疑，愿先生有以启棐之。"

答曰："佛之教人，有顿有渐，有权有实。彼之教有云三无漏者，曰戒、曰定、曰慧。由戒而生定，由定而生慧，此乃三贤十圣入道之路也。粤自达磨于魏梁之间，以见性成佛之旨，建大法幢。由是知有顿教，使人顿明心地，悟佛知见，然后知兜率与泥犁同境，诸佛与蝼蚁共胎，竖穷三际，横亘十方，了然空身，入佛性海。则前辈有谓：灵光独耀，迥脱根尘，体露真常，即如如佛也。今之人不知，则落在无事境界，坐在无参窠臼[1]。至于眼花坠地，大似螃蟹落汤者也。若曰不假修证，本自如如，则祖师又有用付于汝，善自护持之语，何耶？如六祖既悟菩提无树，明镜非台也，而五祖又于中夜授之，何事？而复送之渡江付以何语？持此一事，可谓是疑杀天下人也。且如前贤往哲，若非心传，则是口授，而天下岂曰无禅耶？若以禅理可作无字会，则三家村里朴实老人，只知吃饭屙屎，而死时亦自分明。又何必祖祖传灯，佛佛授手哉！后世有教人持话头者，与古人调息之说、看鼻尖之意，是皆入道之门。念兹在兹，念念相续，如鸡抱卵，暖气不绝，打成一

---

① 臼，原作"曰"，据义改。

片，体露堂堂，临崖撒手，便肯承当，绝后复苏，欺君不得。所以古人云：大死人再活时如何、不许夜行、投明须到等语，则是佛之本旨，方可说得。终日吃饭，不曾咬著一粒米；终日著衣，不曾挂著一茎线；有一坚密身，一切尘中现。方知道昔本不生，今亦不灭，又何有于我哉？岂不见竹原和尚云：参学之人，苦大法未明。大法既明，为甚脚根下红线不断。此是脚踏实地之语。吁，入门不遇作家，到老翻成骨董，毫厘有差，天地悬隔，此之谓也。源源无尽，生生不穷，子子孙孙，千百亿化，谓之金仙，不亦可乎？"

又问曰："昔者僧昙鸾炼金液，僧道光炼刀圭，是皆深造乎道者也。然则老氏所谓金液还丹者，先则安炉立鼎，次则知汞识铅，然后以年月日时采之，以水火符候炼之。故匹配以斤两，法象以夫妇，结丹头，饮刀圭，怀圣胎，产婴儿，则可以身外有身，此修仙者之学也。愚亦尝入其壶奥，而终有龙虎之疑、乌兔之惑，不知先生能出标月之指乎？"

答曰："坛炉鼎灶，本自虚无；铅银砂汞，本自恍惚；水火符候，本自杳冥；年月日时，本自妄幻。然而视之若无而实有也。在乎斤两调匀，造化交合，使水火既济，金土相融。苟或不尔，则黄婆纵丁公以朝奔，姹女抱婴儿而夜哭。故先辈尽削去导引吐纳、搬运吞咽、呼吸存思、动作等事，恐人执著于涕唾精津气血之小，而不知专气致柔，能如婴儿之旨也。呜呼，妙哉！结之以片饷，养之以十月，是所谓无中养就婴儿者也。大要则曰：'有用用中无用，无功功里施功。'又曰：'恍恍里相逢，杳冥中有变。'然虽如是，要须亲吃云门饼，莫只垂涎说餶饳。"

又问曰："老氏之所谓金丹，与大道相去几何？道无形，安得有所谓龙虎？道无名，安得有所谓铅汞？如金丹者，术耶、道耶？"

答曰："魏伯阳《参同契》云：'金来归性初，乃可称还丹。'夫金丹者，金则性之义，丹者心之义，其体谓之大道，其用谓之大丹，丹即道也，道即丹也。又能专气致柔，含光默默，养正持盈，守雌抱一，一心不动，万缘俱寂，丹经万卷，不如守一，守得其一，万法归一。是故天得一以清，地得一以宁，人得一以灵，谷得一以盈，日月得一以明，万象得一以生，圣人得一而天下平。道生一，一生二，二生三，三生万物。道者一之体，一者道之用，人抱道以生，与天地同其根，与万物同其体，夫道一而已矣。得其一，则后天而死；失其一，与物俱腐。守之以一以为基，采之以一以为药，炼之以一以为火，结之以一以为丹，养之以一以为圣胎，运之以一以为抽添，持之以一以为固济，澄之以一以为沐浴。由一而一，一至于极，谓之脱胎；极其无极，一无所一，与道合真，与天长存，谓之真一。圣人忘形以养炁，忘炁以养神，忘神以养虚。道非欲虚，虚自归之，人能虚心，道自归之。子欲得衣，一与之裳；子欲得食，一与之粮；子欲得饮，一与之浆；子欲得居，一与之堂；子欲得寒，一与之霜；子欲得热，一与之汤。虚其心，忘其形，守其一，抱其灵，故能固其精，宝其气，全其神，三田精满，五脏气盈，然后谓之丹成。一一于一，可以长生。先圣有云：'后其身而身先，忘其身而身存。'此诚有以也。"

又问曰："愚夙昔夤幸，天假其逢，极荷大慈，剖示玄旨。如所问道，则示之以心；如所问禅，亦示之以心；如所问金丹大药，则又示之以心。愚深知一切惟心矣，恍然若有所得，虽欲喻之而无物可喻，虽欲言之而无语可言。噫，愚自髫龄时，素有慕道希仙之意。于今犬马之齿，三十有三矣。遭遇明师，不负素志，非天而何？但天机深远，道要玄微，虽知药物如此分明，而于火候则犹有疑焉。"

答曰："二十四炁、七十二候、二十八宿、六十四卦、十二分野，此乃天地推移、阴阳度运如是也。夫一年有十二月，一月有三十日，一日有十二时，总计百刻，其间六阳六阴，无非一炁升降，在乎人身，则何以异于天地哉！此炼丹之法，所以攒簇五行，会合八卦，法天象地，准日测月，分排卦数，布位星辰，以时易日，内修外应，上水下火，一文一武，故有进退之符，抽添之候，固济之门，沐浴之时，色象之变，造化之妙，谓之火候。一如月魄之盈亏，潮候之消长，此却简易，不容妄传，以有此身，天能遣之。以其夺天地之造化，盗日月之魂魄故也。夜三更，吾将盟天以告子矣。先圣有云：'虽知药物，而不知神室，则不可结胎；虽知神室，而不知火候，则不可成丹。'非子其孰能与此？"

又问曰："旧时诸先辈所谓行持道法，不过只一符一印，数句咒语而已。动辄呼召鬼神，驱役风雷，神哉。今则不然，人自为师，家自为学，以驱神附体为奇，以移光入景为妙，以影迹梦想为神。及观其真实，则病未愈也，鬼未去也，何耶？或有步罡又步罡，念咒又念咒，不胜其劳，而求灵验则未也。今而法书盈签，法印盈匣，其所召之将吏，则千百姓名；其所补之法职，则卿师使相。或者以其文胜质而伪过真，所以不如古人者有以哉！又如行雷法者，则兼枢极二院之事；未行数阶者，则有同管诸法院之称。或入他法之诀而杂正法，或指别院之法而归一司。问之则指为依科，别之则执为师授。嘻，邪师过谬，非众生咎，一盲引众，迷迷相指。哀哉，愚尝力排而深辟之矣。向承出示《都天大雷玉书》，仍与依正科，补正职，使专一奉行雷司事。亦尝口与心言，万法归一，岂虚言哉！愚见如此，未审当否？愿先生印可之。"

　　答曰："子之言然。尝观《天心紫文》有曰：'天心正法，正法天心；心天法天，心正法正。心法既正，无法非心；法法法心，心外无法。'嗟乎，尽之矣。又如释氏有谓：'心生则种种法生，心灭则种种法灭。'又如老氏亦云：'万法因心生，万法随心灭。法灭心不灭，法法皆心法。'如佛祖更有'无心亦无法'之语。今子之言，殆谓是也。夫附体考照，特法中末技耳。子今所行之法曰'都天大雷'，岂不闻昔者天子登封泰山，其时士庶挨拶，独召一县尉，行轿而前呼曰：'官人来。'众皆靡然。天子曰：'我不是官人也。'"此语诚有谓也。鹤林彭耜于是稽首再拜而言曰："耜虽不敏，请事斯语矣。"

书类

谢张紫阳书

　　玉蟾顿首百拜，上覆祖师天台悟真先生紫阳真人张君门下：即日伏以入春风雨，万象翠寒，恭惟水草谷神，天丁[①]左右，龙精溢体，火候冲寂，满室金花，归根复命。尝闻天下无二道，圣人无两心。道之大不可得而形容，若形容此道，则空寂虚无，妙湛渊默也；心之广不可得而比喻，若比喻此心，则清静灵明，冲和温粹也。会万化而归一道，则天下皆自化，而万物皆

---

① 丁，原作"下"，据参校本改。

自如也；会百为而归一心，则圣人自无为，而百为自无著也。推此心而与道合，此心即道也；体此道而与心会，此道即心也。道融于心，心融于道也。心外无别道，道外无别物也。所以天地本未尝乾坤，而万物自乾坤耳；日月本未尝离坎，而万物自离坎耳。缅惟我道祖太上老君，晓天下以此道，明圣人以此心。此道之在天下，不容以物物，不容以化化。故凡物物化化之理，在天下而不在此道也。此道如如也，以此心而会此道可也。此心之在圣人，不容以知知，不容以识识，故凡知知识识^①之理，在圣人而不在此心也。此心如如也，以此道而会之此心，可以道此道以脉此心，心此心而髓此道，吾亦不知孰为道、孰为心也。但见恍恍惚惚，杳杳冥冥，似物非物，似像非像。以耳听之则眼闻，以眼视之则耳见，吾恐此而名之曰阴阳之髓、混沌之精、虚空之根、太极之蒂也。前辈不知，强名曰道。以今观之，虹唤虹作蜿蜒也，玉指玉作碔砆也。此而非金丹乎？今夫知金丹之妙也，夫何用泥象之安炉着相而造鼎？谓如黄芽白雪非可见之黄芽白雪，神水华池非可用之神水华池，喻之为铅精汞髓，比之为金精木液。何处烹偃月之炉、何处炼朱砂之鼎？知此则曰乌月兔也、天马地牛也。乾坤本无离坎之用，离坎亦无乾坤之体。红铅黑汞非龙虎交媾之物乎？白金黑锡非龟蛇交合之象乎？二八九三皆阴阳之异议，斤铢两数乃混沌之余事。要之配合而调和，抽添而运用。故此药物非金石草木之料，此火候非年月日时之数^②。父母未生以前，尽有无穷活路；身心不动以后，复有无极真机。

　　昨以凤缘针芥，枯骨更生，久侍师旁，幸沾法乳。谓夫修炼金丹之旨，采药物于不动之中，行火候于无为之内，以神气之所沐浴，以形神之所配匹，然后知心中自有无限药材，身中自有无限火符。如是而悟之谓丹，如是而修之谓道。凿石以求玉，淘沙以取金，炼形以养神，明心以合道，皆一意也。所谓铅中取水银、砂中取汞之旨也。依而行之，夫欢妇合。以此理而质之儒书，则一也；以此理而质之佛典，则一也。所以天下无二道也。天之道既无二理，而圣人之心岂两用耶？形中以神为君，神乃形之命也；神中以性为极，性乃神之命也。自形中之神，以入神中之性，此谓之归根复命也。斯

---

① "故凡知知识识"六字原无，据刘本、辑要本、同治本补。

② "之数"至"身心不动以后"句原无，据参校本补。

道甚明矣，此心不惑矣。如七返九还之秘，世所不传。夫七返九还者，乃返本还源之意也。七数九数者，皆阳数也。人但能心中无心，念中无念，纯清绝点，谓之纯阳。当此之时，三尸消灭，六贼乞降，身外有身犹未奇特，虚空粉碎方露全身也。流俗浅识，末学凡夫，岂知元始天尊与天仙地仙，日日采药，用而不停，药物愈采而无穷也；又岂知山河大地与蠢动含灵，时时行火候而无暂，火候愈行而不歇也。只此火候与药物，顺之则凡，逆之则圣。古语有云："五行颠倒，大地七宝；五行顺行，法界火坑。"此义也。

　　先师泥丸先生翠虚真人，出于祖师毗陵和尚薛君之门，而毗陵一线，实自祖师杏林先生石君所传也。石君承袭紫阳祖师之道。以今日单传而观，则曩者天台一夜西华之梦，无非后世蒙福，万灵幸甚耶！顷年泥丸师挈至霍童洞天，焚香端拜杏林祖、毗陵祖，极荷呼抚身持耳以还，愈增守雌抱一之意。昨到武夷，见马自然，口述谆谕，出示宝翰凡四百言，字字药石，仰认爱育，甘露洒心，毛骨觳然。比因沙道昭久居支提，兹来渠以婴儿离母之故，欲到青城山省觐。偶缘道过石燕洞，遂发一念，附此尺书，但述金丹大药之体如此。至于蕉花春风之机，梧枝秋雨之秘，碧潭之夜月，青山之暮云，似此深妙，莫敢显露也。以有天机之故，祖师一点头否？杏林、毗陵、泥丸三师，想参鹤翼。自愧仙凡路隔，何日温养事毕，飞神御气，参陪飞鸟之下，以备呼鸾唤鹤之役？临纸不胜依恋，涕落笔端，恍失所措。敢乞泛紫筏，驾丹梯，储积金砂，垂手群蠢。不备。玉蟾稽首百拜上覆。

谢仙师寄书词

　　夫金丹者，采二八两之药，结三百日之胎。心上工夫，不在吞津咽气；先天造化，要须聚气凝神。若要行持，须凭口诀。至简至易，非色非空。无中养就婴儿，阴内炼成阳气。使金公生擒活虎，令姹女独驾赤龙。乾夫坤妇，而媒假黄婆；离女坎男，而结成赤子。一炉火焰，炼虚空化作微尘；万顷冰壶，照世界大如黍米。神归四大，即龟蛇交合之时；气入四肢，是乌兔郁罗之处。玉葫芦迸出黄金之液，金菡萏开成白玉之花。正当风冷月明时，谁会山青水绿意？圣师口口，历代心心，即一言贯穿万卷仙经，但片饷工夫，无穷逸乐。先明三五一，行九阳真火以炼之；后至万百千，到婴儿宝物则成矣。银山铁壁，一锥直下。打开金锁玉关，举步自然无碍。见万里是无尘之境，作千年永不死之人。海变桑田，我在逍遥游之境；衣磨劫石，同归无何有之乡。

玉蟾宿志未回，初诚宿恪。自嗟蒲柳之质，几近桑榆之年。老颜犹红，如有神仙之分；嫩须再黑，始归道德之源。叹古人六十四岁将谓休，得先圣八十一章来受用。拊膺落涕，缄口扪心。从来作用功劳，捕风捉影；此日虚无诀法，点铁成金。恭惟圣师泥丸翁翠虚真人，拓世英雄，补天手段，心传云雨深深旨，手握雷霆赫赫权。顾玉蟾三代感师恩，十年待真驭。说刀圭于癸酉秋月之夕，尽吐露于乙亥春雨之天。终身怀大宝于杳冥，永劫守玄珠之清净。先觉诏后觉，已铭感于心传；彼时同此时，愈不忘于道念。忽承鹤使，掷示鸾笺。戒回会于武夷，有身被沮溺①；将捐躯于龙虎，无翅可飞行。雨卧风餐，奔归侍下。且此山瞻斗仰，甚切愚衷。擢犀角，磨象牙，当效行持之力；攀龙鳞，附凤翼，愿参冲举之云。先贡菲词，少伸素志，匪伊听谴，感激何言。

大宋丙子闰七月二十四日，鹤奴白玉蟾焚香稽首再拜。

与彭鹤林书

（十则）②

一

丁丑九月十四日，玉蟾将如泉山，乃告吾友鹤林真官曰："比作别未久，此心甚怅怏也。契兄欲学仙，非庸常辈比。且知有万法归一之理，而不为诸家所愚，此前古之圣贤用心，近代希有。如此去道不远，不仙而何？章希玉口中语有谓一阶正法，一阶秘法，一阶妙法，法法常在心，更无别法。其语虽粗率，诚有以哉！向相见之初，便以金丹大药相期，特时节賷缘未到耳。今日有期，大信不约。且如曩日倡和，有虎皮竹箨泰华冠之句。今道位泰华

---

① 溺，原无，据《杂著指玄篇》补，文义方顺。
② 据《语录》卷四增。

丹景吏，乃悟前日之诗，便作今日相期待也。凡事宜珍重，圣事宜珍重，一切事宜珍重，已是多口了也，呵呵。"

二

秘阁吏部幸与致意，蕊珠居士能信得及、能行是事否？前所嘱今冬来春安歇处，只是天开图画亦好。或来春稍爽是盟，亦不多时可相见也，时间不须苦。以符图留意，幸养心焉。否则将前后所得之法录成部帙，束之高阁，但与鞠、郝作头对，则一切事简而又灵异。今但于二使者香炉前，以某符一道常用之，或镇或贴，或吞或带，随所祷而用之，无往不利，亦不须多念咒也。此无他，不过只是心与神会，用之则灵耳。咒水但以一简易咒咒之，恰如真龙，但一滴水便作滂沛，岂用如许繁耶？纸修不觉缕缕，思之，思之。时寓紫枢楼书。

三

玉蟾九月十四日，自螺江沂潮而南，以十八日次泉山，不胜役役，幸形神少宁。又起三山故旧之思，尚须少盘桓，却作漳滨客也。前者来春之盟断不爽，但且味道自娱，常时惟香烛将吏外，不过一符一水，愈疾却邪而已，此是代天行化之本旨。令合、蕊珠、令器同侍。

四

吏部寿仙，日想清逸，恨不曾过城东新庵为一杯茶耳。此愿须欲偿也。学道之士，申惩省非之外，一有小坎壈，惟顺受为怀。惟道所在，岂人间事足为吾人喜忧耶？蓬莱水又清浅矣，其桑田乎？回首旧时路。丁丑秋，蜕仙庵书。

五

某戊寅三月十五日，寓江州太平兴国宫，作书附致鹤林真士贤弟：顷尝三遣书，曾达否？日来道法想精进，法力又胜前也。鞠、郝二符吏，亦效职否？不审尊府吏部寿体康乐，令合、蕊珠居士、令嗣承奉，各惟安庆？鄙人今春水陆二千余里，寻隐庐山，幸而四大轻爽，凡事亦随顺。但花晨月夕，杯酒炉香，颇为我南中诸友感怀也。而于老友又甚酸心焉。物外人或凡或圣，不以荣辱为心，毁誉为念，惟木精石怪知其为如何人也。《大道歌》、《仙系图》，必刊板流广矣，喜甚，喜甚。老友更加鞭为祷，兹不多及。珍重，珍重！琼山老人白某谨书。

六

十月二十一日，琼山老叟白某致书福州鹤林真士彭卿治所：今春到江州，行兴国军，如岳阳，回豫章，过抚州，谒华盖山，下临江军，取道饶、信而浙东。以八月一日诣行在，复游绍兴，过庆元府，再归临安。十月二十日偶闲行，忽与萧潜庵遇，乃知了庵已化，如庵已归祥山，紫壶在蛰仙无恙。宁国屡相昭，更不往见。史揆、任枢，各有夤缘，可以谒之。此兴甚懒，亦各休休，每日惟以大饮酣歌饯时光而已。他无所求，亦无所思。惟是吾鹤林，此吾爱子，远在二千里外，伏惟即日，上侍府丈吏部老仙，与蕊珠小道生俱欢庆。潜庵能道一二，甚以为慰。此间狂怪自乐，人亦视以为常，但国录家叔甚讶其非耳。今所行之法尚更灵，在偶醉了，失身堕西湖水中，法印乌有矣，亦可发一大笑。欲往天台，临行呼潜庵授之以此。南望多凝黯，尺纸不宣。某书致。

七

某再拜，上覆鹤林真人尊友：忾惕湖山，转盼许时，忽辱伻来，甚慰三秋之别。欣审槐屯奏凯，养炼余闲，风霆在驭，台候起居万福，蕊珠侍经均禧。某蒙示以《清静经夹颂》，字字诣道，言言契真。虽荷审易见嘱，然已谛当，实无可指斥者。源泉混混，不舍昼夜，及其至焉，放乎四海，其尚相期乎大方之家也。余惟珍护，嗣此有可见示勿外，幸幸，某上覆。

八

某茕然一影，黄塘分携，君随南去雁，我逐北飞云。桂山荷沼，风馆月台，昨夕今宵，殆是梦事。顾予何物，夙承心知，事之以师，礼迈所怙，若为补报，克称殷隆？每一寻省，辄复耳热。神霄归路，距今十年，鹤杳鸾冥，对秋生感。便欲呼黄鹄，骑紫烟，前驱风霆兵，后拥青龙幡。奈何贴身之尘债未偿，入骨之业缘未断，但且逆风把柁，遡洄从之，殊途同归，未始非道。糟哺醨啜，秖益自秽，急流打网，正可得鱼。一世所遭，莫君若也。君今渊乎其似道矣。惟不疑所以气备，惟无畏所以神全。故不疑则真中有神，故无畏则诚外无法。朝熏暮习，屋积仙勋，顺受世缘，还归玉府，愈加进进，用敢勉旃。勿谓今日矣而有翌日，今年矣而有明年，今生矣而有来生，今身矣而有后身。殊不知上床灯灭，鞋履相违，明年乎？翌日乎？父不信子乎？不信怀后身乎？来生乎？君须戮力，勿视我为，我或飘沦，君为可恃。临纸咽塞，此别须长，水阔云遥，苍苍为黯，诸自爱。押付彭鹤林。

九

某拜覆鹤林真人贤高弟：春事秀婉，水暖花香，在途粗适，无烦介念。去年迫于除夕，遂即笔架山。过今正旦，于是申奏诸天，祭餟诸神，已于当日忝受九天应元雷声普化天尊门下纠录典者、签押雷霆都司鬼神公事，仍受上清驱役鬼神宝印，印文纳上，至可收置治靖也。今老者过自康庐，若无所见闻，且莫发书，恐有浮沉。秋末冬初，断可再会。《雷霆玉经》想已刊了，可施十本以传江西之士。满怀仰仰，时中宜以道自处，以法自勤，即前天官之拜。杨伯子正月五日专人赍箚子并绝句二、古风一，情文颇恭，并此录至。余不宣。某拜覆。

十

某上覆鹤林雷令判官、蕊珠侍经：一间仙璃，三更枘指，已深乡止，况久违离哉！旧尝记得一相知领雷州之日，初交割时，有大卵甚异，其大如斗以上，至今留之，因是名以雷州。人谓此即陈鸾凤之胞，然亦异哉！陈果何物，而弗为五方蛮雷都总管哉！今吾二人，亶是不凡者。某名籝西台之籍，身尘玉府之班，凤命玄图，骨相有分，纵复不德，死还本曹，遡想前生，亦无大过。自此还尽世缘，顺偿业债，年月该满，促归旧司，必矣。是亦私有所恃也。

君信之愈笃，爱之尤深，忝获同寅，且非异道。惟冀广储功行，即前仙阶，勿视某以为勤惰也。始终见信，幸用斯语。夫卯属震，震为雷，而西台属金，金在西方，而克制东震，乃金克木也。故凡起雷，必西台为命令之所由出。今之人为雷部官员者，不知有玉枢，不知有仙都，不知有西台，往往多为使院都司以下官。至其谢世之日，无功行则已，使有功行，入为雷官，则其卑污重难，不可胜道。如何酆都法之人，殁为鬼官之类也。君所补所授，已在仙都之与西台矣。某知君有可仙之资者，何也？以有可仙者有七：一则妻子债轻，世缘淡泊；二则赋性冲灵，识事几先；三则眼发骨相，如林侍晨；四则心专一司，如人放箭；五则旦夕焚修，救治无缺；六则动与道合，无甚违真；七则所得已圆，年事未艾。等而上之，何所不至哉！某少竢泉人之至，即行矣。或相约于江沔，以何日为别可也。从此一向为定身之计，然其在世亦无几年矣。缅怀二仙，述事论心，不觉缕缕如许。贵聚尊穉，并烦起居。八月五日，某上覆。

琼山紫清真人答隐芝书[①]

近者吾友隐芝君来问，余曰："前所授之事，盖是辩明先天后天二炁之妙，玄关一窍之所。玄关即土釜也，黄房也。呼之根，吸之蒂，即命蒂也。正玄牝也（一寸八分，乃妇人结胎之地），脐之后，肾之前，小肠之左，大肠之右，正在中间，空闲一穴。阳舒阴惨，本无正形，意到即开，开阖有时，故曰天地之根、结丹之处。先天乃父母未生时，与天地同分此炁，随身受用，同死同生也。其关在于鼻，鼻属肺，肺为金。缘先天之炁出入乎鼻，聚则成水，散则成炁。到其所在，乃是西南之乡。西南为坤，坤属土。尾闾之前，膀胱之后，小肠之下，归虚之上，此乃天地逐日所到之真炁，生天道之本根（即尾闾骨起处是也），此产铅之地。夫用之之法，先铅后汞，惟在土釜和融而成大丹。盖意到则为黄婆，能作媒娉。古法取铅一百九十二度为半斤（汞亦如之）。潭底日红阴怪灭（乃是铅，为阳气），山头月白药苗新（乃是汞，为阴精）。潭乃曲江，在小肠之左右（吴公[②]云："曲江上，有个乌飞"是也）；山为鼻，在相书为岳者也。若夫乾象交感之宫，乃是大肠左

---

① 据《道藏》之《道法会元》卷八十四增。
② 吴公，疑为"吕公"之误。

右之间。玄关者，土釜也。医书中乾大肠也。以上皆采药匹配交媾之道。于中则有己形，三寸长，其色如玉，在土釜铅汞之中，从此行住坐卧，饮食起居，念兹在兹，乃是传送精神，敛藏魂魄，无中生有，无质生质，故能结药生丹（即饮刀圭）。千奇万妙，大要在黄婆有以运用之也。夫生死何事，非黄婆致之哉。故采铅取汞，呼召婴儿之时，其要虽在黄婆，遣送亦须功曹使者，以为黄婆之用也。心为功曹，眼为使者。黄婆遣功曹使者以运之，于内境有相，大药克成矣。若夫前所谓眉间为六合明堂，又为日月合璧，又为大囷一窍，此正平叔老师所谓何其肤浅也。如此但欲求合丹书，抑不思天地之道，其果若是乎？金丹之道，得火候则炼成阳仙，为圣胎也。非火候则疰成阴尸，为痨瘵也。其如火候真机，脱胎妙道，天实靳之。今所笔述者，乃药材、玄关二事也，果皆圣人之传。要日夜与婴儿从事，不可须臾离也。采铅龟法，龟息故能固形，非闭息也；采汞乃鹿法也，鹿运尾间，故能大热，非吸缩也。圣人夺得造化之妙，取此以明之，则螟蠃可以祝螟蛉之子，蜣蜋可以抱蝉蜩之胎。皆心意所之，精神所聚。故释氏亦曰：'若能制心一处，何事不办。'此之谓也。犀因玩月纹生角，象为闻雷花入牙，亦磁石吸铁之理。是故蚌腹生珠，石中蕴玉者也。火候、脱胎二事，事关天机，非年月日时之可印证，精神魂魄之可以契合者也。不可以文字而传，在口口心授之妙，耳提面命之真。今皆明说丹基之要，药道之妙，胎婴之灵，而但不说火候者，虑天谴也。才一采铅，则百窍俱开；采汞，则思虑俱泯。呼召婴儿，才一二日后，则其中转动（丹成者如此之验），如妇人怀妊然。火力之后，则其灵甚于我矣，岂非圣胎乎！所说婴儿能于中时时呼之，尤易灵也。出入聚散，变化有无，与道合真，能事毕矣。紫阳百世之下，其独我乎得之，不传四海其孰乎？夫金丹之道在乎火药两传，乃能形神俱妙，性命两极者也。至如执著之者，既非师传，又非神授，白首无成，自取老死，惜哉！虽然，悟之必须修，修之必须证之，证之乃成之也。始于片饷工夫，终于一得永得。非思存，非漱咽，非呼吸，非勒缩，非存运，非按摩，非吐纳，非闭固，非持守，此盖自然之道也。汝其得之矣，苟或不能践履所得，是与未悟者何异焉。大抵神仙之学，各有密行，非人所知。苟或耽迷酒色，倏然脱仙，或有资治生产，俄而冲举，顾所行何如耳？初不可以其迹而圣凡之，盖其心中大有不然者，孰能测之哉！"

与宝谟郎中书 [①]

　　玉蟾顿首再拜,上覆判县宝谟郎中:玉蟾记得别去时,松间酌酒,柳岸分襟。握手如痴,转头似梦,人间又九度莺花矣。玉蟾常敬足下性无尘俗,学有源流,德冠先天,理赅太极。点黄变白,穷究金石之精微;吸电呼雷,策设鬼神之造妙。胸中兵甲,远逾前代之卫公;笔下烟云,复见今时之太白。世无玄德,孰识孔明?玉蟾当屋梁夜月之时,发才大难为之叹。自惭梗迹,徒负葵倾。兹勤军将之远来,下谕长生之密旨。文缄别幅,道莫妄传。第恐功名债重,花柳缘深,未话养鱼,岂能拔宅。三十三年之蹭蹬,且过壬寅;七返九还之大丹,成于乙巳。此去斗牛星里,利磨匣内之宝刀;他日熊虎幕中,环听明公之号令。几多珍重,未尽毫端。风云手段,屏除天下之鬼群;霖雨心胸,行简日边之帝听。不宣。玉蟾顿首再拜上覆。

---

① 　据清毕裕曾编次、毕沅审定《经训堂法书》卷四增。

第七卷

记类

虚夷堂记

上清大洞三景法师、东岳先生、青帝真人、奉行玉府五雷、考召大法、提领诸司诸院鬼神公事赵汝浍，字濬卿，太宗派下，汉王位八世之孙也。父从金从古，两覃恩授以承节。迄慕淮南之尚，从事符药，所济甚众。母姓卢，方娠及孕，梦斗极中甚光耀，有一伟人，冠星曳霞，揖而出，二囊畀之，觉而娩矣。少甚英锐，长益魁梧。且赋性极洒落，博洽经史，尤长于举子业，颇娴于吟赋。六举不第，镌志参玄，倏变簪缨之气而为冠褐，弃书史之习而为符箓。平生郑卫之耳化为玉音，燕赵之眼化为玉眊。历拜至人，毕传上道。复诣龙虎山访祖师治靖，归三山，其道愈价于前矣。考召鬼神，役使雷电，神如也。盖尝得大洞雌一之道、九灵飞步之书，故能上宾帝晨，密领阴治。凡十余年间，主持斋醮，拯救人民。其于济生度死之间，悉有通真达灵之旨。遂于己卯之春，建堂宅众，成于辛巳之腊。四方云水，闻风而来者如蚁，乃以"虚夷"扁之。更欲广其地以殿玄帝之灵，敞其居以厅醮藏之所。噫，吉人天相，善事道助，此特罄欸事耳。夫以虚夷君道可慕，法可贵，心术可尚，特喝水可冰矣，此何不易之有！

嘉定壬午王春，适玉蟾以总监备员为黄箓之事，虚夷以高功相贰，一见如平生欢，莫曾同僚玉府，或已趋事琅霄也。且属玉蟾为文以纪堂之始末，安可以辞？虚之为言，寂也；夷之为言，平也。惟静销万幻，迥然一真虚也；真妄坦然，不立一尘夷也。是以虚则凝神，夷则聚气，神凝为灵，气聚为宝，灵宝即虚夷也，虚夷固已知之。聊书此，告在堂之士云。

太平兴国宫地主祠堂记

陈氏源乎高辛，其派如流泉。汉曲逆侯佐沛公王关中，卒成相业。自兹世代煌煌，子孙烨烨。阳而侯封，阴而庙食者，代有人焉。昔由颍阳徙居闽越者甚族。古无诸郡梅川侯姓陈，晋代人也，庙于南山李花林，尝逊地以为仙源洞宫；古武荣郡莆田侯姓陈，亦晋代人也，庙于壶山风亭驿，亦逊地以为清源洞宫。有如富沙之盖竹侯、临漳之灵著侯，皆陈族也。名山大川，陈氏血食者，莫知其几。唐朝隐君陈其姓，莫知其名，或曰讳伯宣者，晦迹康山，注《史记》以行天下。诏征不起，就拜著作佐郎，家儒世仕。既居圣治峰之前，开元间明皇夜宿昭阳，晓御灵光，凡两睹九天采访使者之相，面奉圣训，使就庐山西北之隅，委江州守臣独孤正树庙，敕差孟仙真等五人奉香火。先是，敕黄未下，隙无人知。一旦有峨星曳霞者诣陈门曰："混元皇帝遣元夷苍水使者，持九麾五灵之节，廉访九天九地生死枯荣之籍。今天子亲诣使者，欲于庐山建九天御史之台，五百年后福被黎庶。吾以尔所居，瑶壑葬月，玉渊影天，真胜处也。宜捐厥地而基其庙食矣"。陈既诺，道士出门，恍失所在。后忽迅雷烈风移所居于宫左，即其北以为祠焉。祠既落成，陈亦羽解，遂得世为此方地主矣。厥后移居德安县之常乐里，久而又分派于丁山之别业，两被国朝义门旌表之命，遂以宫左故庐为地主香火之地。国朝改祠为宫，而陈氏亦有跨鳌者、登瀛者、握兰者、入翰苑者、坐钓台者。弦诵琅琅，簪佩锵锵，阀阅堂堂，旌斾皇皇，盛哉盛哉！其耳孙陈琢，控青虬，策黄鹄，委宫门。直岁道士向德新市楩楠，价陶埏，撤而鼎之，塑神像十尊，缔神宇六间，两重门，两过道，翠栱凝烟，朱廊浸月。檐铎风而递响，灯龛昼而长焰。花砖织地，玙础生苔。宝帐垂轩，玉炉袅屋。金碧烂目，朱紫惊人。气焰威灵，俨若解语。聪明正直，自古而今。此盖前监宫事东溪杜道枢有以启陈琢也。

昔逍遥山金公避地以逊许旌阳，桐梧山孙公避地以逊葛太极，与夫闽中二陈之所以逊地为洞宫者，其与康山陈隐君一也。隐君虽亡如存，万古一灵，其必能炼九乾六坤之铅，采三震四兑之汞，修成飞仙之道，不为清灵之魂，则其去仙不远，尚何神哉！

夫神者，《易》曰："大而不可测之谓神。"《阴符经》曰："不神而神所以神。"《化书》又曰："万神一神也。"隐君苟能神其神，则可蹑元夷之域，登元始之乡，而与采访真君同一喘息，共一室庐，岂区区庙食而可以滞吾隐君也哉！隐君神人也，其敢以告。

太平兴国宫记

皇宋嘉定戊寅清明，福州灵霍童景洞天羽人白玉蟾袂香趋敬九天御史台下。顷焉，宫牧陈至和饮以醴。逮予之玉华也，醉履飘忽，弗违而迈。承遣道士陈守默、陈如一，约为文以记其宫，岂容逊也？

其文曰：九江故郡，千古庐山，乃仙灵咏真之洞天，实紫元景曜之神府。琅庭琛馆，隐于丹崖翠壁之间；羽衣霓裳，混于青牛白鹿之际。猿啼玉涧，鹤唳芝田。地接炎衡，云连潜皖。金童戴月，传麻姑、合皂之书；宝仗凭风，赴委羽、括苍之宴。琪花开尽，朱凤飞来五老峰；玉井寒深，白龙涌出三峡水。松苍石怪，襟九曲而带罗浮；竹老草灵，辐三茅而毂大涤。北颃紫极，西睇青城，域会楚吴，星分轸角。神刓鬼划，诸峰三百六十崖；山瘦溪寒，一夜八万四千偈。周时康子孝佩雷玺于林间，晋代许旌阳飞铁舟于木杪。刘越掩赤城于石里，双户凝紫金；董奉种红杏于溪东，千朝腾碧落。蔡、李举玉棺而冲去，钟、吕启金匮以相传。马瀑溅湿刘混成之衣，虎溪淘碎陆简静之句。靖节酒醒，佛社亲植西天莲；羲之书忙，谷雨惜羹白露笋。陟丛冈之胜概，采先哲之遗踪。剔蜗银蛛网之幽，考草碣苔碑之旧，欲挥椽笔，以纪䌽宫。

明皇开元十九年仲秋二旬有一日，特遣殷勤之使，俾新采访之祠。爰究其原，实基所始。昭阳宝禁，金铃惊醒梦初回；神霄天君，玉骑迎归天欲晓。灵符宫里，早朝凭几谕群臣；含元殿前，云鹤盘空辉八极。千幢万纛，霓旌凤盖扬晴霞；三冕九旒，风马云车散花雨。上清五百，珠吏握苍龙监兵之符；太微四六，瑶仙掌金虎飞云之印。十二溪女骑玉鳌而跨金鲸，一九江神御锦蛟而坐翠鼍。三官执籍，校天地山海之图；六丁操戈，守日月星辰之箓。左防观而右护法，金铖横霜；前飞辽而后延精，锦牙耀日。四帅麾节，驱雷翁电姥之群；五岳旌旗，奋风伯雨师之阵。九州社令，把社稷城隍之书；八海龙君，捧龙蛇鱼鳖之典。司命翼驾，典禁侍轩。箫鼓鸣空，仿佛钧天之九奏；笙竽响翠，阴沉禁漏之三更。风递琵琶，宫女倚芙蓉而侧耳；露凄觱栗，仙嫔舞芍药以荐觞。缥缈烟霞，语出青冥之上；依稀纶綍，声传翠葆之前。比登太清混元之天，亲禀五灵皇帝之敕。丈人镇蜀，玄命治舒。吾于康庐西北之隅，盍建九天廉访之治。十七世之后，覃戬谷于生灵；一二日之间，运梗楠于基址。但须斤斧，庸治宫墙。纠察万灵，签书四府。应阴六元一之运，司阳九百六之经。言将讫而吴岑善丹青，事尚新而李泚入竹帛。麟舆倏已去，飙驭不可追。一念感通，千官瞻礼。令浔阳刺史独孤正率群僚而营创祠坛，遣神都道士孟仙真凡五人而焚修香火。不雨而暴涨，运水神作殿之材；正昼而返风，移地主所居之屋。粉垩丹绿，掘地而寻；砖瓦石泥，非人而至。仙灯夜现，众真隐约于烟霾；楮镪晓飞，万鬼往来于野渡。木像入庙而流汗，粉楹卧地以发光。龙跳朱楼楼影高，浮云影乱；鸳铺翠瓦瓦痕冷，织月痕花。期岁工夫梧叶秋，万邦香火莲花会。梯山航海，无远不来；星烛云檀，迄今尤盛。江淮贡金贝，人如织而日如梭；闽浙走香花，袂成帷而汗成雨。再瞻仙躅，适当圣治之峰前；爰相案山，远及蕲黄之界外。负仙鹤冲天之势，对游鱼上水之形。自艮临震属贪狼，正天医玉兔之位；折巽归乾入姑洗，乃鹑首金龙之乡。霜剑铁狮，更蜿蜒于西巇；香炉石鼎，并盘礴于东峰。控御两三州，环望数百里。天宝为庙而升元为府，太平改观而宣和改宫。虽亘古以昭灵，亦历代而沿革。太宗登大宝，新翠辇玉釜之荣；真庙握元图，特紫札金牌之赐。粤从兴国，春秋责两醮于守臣；逮至政和，位号已三登于玉册。祥符降除税之令，天禧赐度牒之恩。月破御香三百斤，年设国斋五六会。金虬玉蝶，荐有宠光；凤画奎文，益增镂志。铭昌鼎算，腾景瑶京。星使护船，玉鬣盘花枝而现瑞；皇华投币，彩云带华盖以鸣鞭。元丰炼师，获铜钱于土缶；神宗明诏，上宝号于金庭。四字相符，一时咸异。建炎戮张遇，显龙马于碧空；开禧馘吴曦，奏犬羊于紫阙。炳灵愈焕，降祉弥繁。盖玉虚朱帝之尊，亦金阙赤皇之化。灵姿妙粹，秉太元碧琳之圭；瑞相端妍，衣九光红霄之帔。丹盈羽褐，琼华碧簪。冠偃月金晨之冠，履天风朱光之履。曳玉铢之袂，服海岳之裳。五印凝丹，一剑横素。分景作玉炼火帝，化形为南上真君。其为炎极之皇，或亶太阳之政。巡游三界，监御万真。初皇之九龙，中皇之九都，下皇之元都，化为使者；黄帝之真元，尧帝之元一，舜帝之太一，皆乃真形。夏禹朝谓苍水之神，周穆世曰天灵之使。唐朝肇迹，宋代隆禧。琪木晨光，撷五枝于秀嶭；珠宫夕照，搴八桂于飞梁。高云举读洞经于钱塘，亲承降顾；龚庆长阅名籍于向氏，备谕威灵。吴太和而增丹腾之光，唐保大而葺黝赤之弊。中厄兵焰，半为草墟。运星锤月斧之劳，复烟栖霞薆之胜。内而方丈，外以三门。轮奂峥嵘，金碧绚烂。三宫殿、四圣殿，辅弼正宫；道纪堂、抱一堂，掩映虚室。山光轩与擢秀轩而争爽，朱陵阁共景阳阁以相高。宝藏储经，开天上图书之府；华庭申福，灿人间箕翼之躔。榜扁云无心，泉鸣人听雨。两廊彩壁，绘绛衣碧弁之灵；四面粉墙，闭紫术黄芝之茂。仓院粟红而贯朽，库堂茶绿而水香。崇廪齐山，河伯转轮而春谷；香厨蒸雾，原夫饫饭以担薪。霞帔星冠，万指之张颐待哺；月坛风峙，几代之栖仙宅灵。面乎覆船山，背彼飞云洞。门外古石，树为刘仙之亭；宫后峨翠，聿建灵泽之庙。道院十九所，居鸣琴笑剑之流；官廨三五间，延秣①马脂车之客。碧流绕舍，绿藓封阶。天籁一鸣，山鸣谷应；风竿②才动，水动烟寒。万枝红女媚芳塘，千丈苍官迎古路。真神仙之窟宅，况泉石之膏肓。素瀑紫岩，侧援星江之地；白苹红蓼，再游溢浦之时。朝家太平兴国之宫，为侍从奉祠之所；真君应元保运之号，乃圣明缛典之封。古今几何年，曾未镌翠珉③之字；髫乳一小子，讵可赋白云之篇。有命奚辞，聊诗以记：

九嶷真人元夷君，笑骑玉龙飞紫云。手持五帝伏魔印，霓旌羽仗朝太清。亲受混元皇帝敕，浮驾万鹤下红尘。芝軿一憩仙韶响，千骑屯空驱火铃。昭阳宫中夜月丽，楼殿帘幕风泠泠。明皇梦里与神遇，乃知九天使者名。凌晨辇出明光殿，宣谕百辟闻且惊。玉庭再设香花席，羽盖琼轮泛杳冥。忽聆青鸟鸣一声，举首天际瞻群真。风雷震吼云气腾，麟车凤驾森不鸣。三十六宫散天花，千官罗拜如云崩。开元天子一稽首，翠葆深中语如纶。传言太上爱黎庶，遣使廉访游八纮。九天九地万品汇，尽我掌握令枯荣。庐山西北地可庙，千岁之下崇香灯。言终奄忽入空碧，诏遣独孤老守

---

① 秣，原作"抹"，据《事实》、同治本改。
② 竿，原作"竿"，据同治本改。
③ 珉，原作"珉"，据《事实》、同治本改。

臣。殷勤天使捧金币，营建宫庙福生灵。一夜无风水自溢，千章杞梓飘山根。市妖运斧山灵奔，明年秋风吹落成。万家共结莲花会，龙楼凤阁插天星。寥寥五百春桃花，落花流水洞天春。我来炷柏九顿首，神霄故吏问山人。为言圣宋启天祚，五朝明主增宠荣。历年春秋国一醮，宸画光灿龙凤形。顷年逆寇忘国恩，仙飙亲控苍龙兵。神通变化不可测，万民阴受雨露均。金镂赐牌铭景贶，宝笈朝凝瑞雪馨。彤霞肃驾骑北斗，飘忽虚极嬉蓬瀛。白鹤青鸾杳不归，博山香穗一缕青。清都绛阙渺无际，醉拍玉栏呼雷霆。九霄真人分万化，景飞飙举夜吹笙。圣主焕文耀层汉，镂玉填金藏翠京。国朝鸿烈等天地，充塞天地涵鱼鸢。小诗何足纪盛事，聊歌丕德光林泉。持蠡酌水归去来，一枕清风千万年。

诏建三清殿记

君人者欲表仪天下，无以示国家尊祖之意。凡今诸郡之天庆观，所以祠圣祖也。人本乎祖，矧我国家仙源衍庆，圣系流禧，肆不藏崇上灵之祀，其何以炳圣祖在天之灵也。孝宗皇帝有旨，平江府天庆观建三清殿，殿成，亲洒宸翰，"金阙寥阳宝殿"六大字扁之殿眉，示吾尊祖也。若夫汉太初之建神明通天之台，宋元嘉之用净轮天宫之法，盖异矣。姑苏佳山水，秀辅未央，葱连闉阇。嘉定辛巳痾月既望，臣小舣长桥，将如虎丘，过自祖庭，目其正殿雄伟，为诸郡冠。诘其所自，知为诏建之也。自祥符中，额此观矣。建炎戎烬之余，绍兴乙丑，太守贰卿王侯剡于朝，赐缗钱，复殿圣祖，而未暇三清，适以召去，弗遂。黄冠朱真猷鸠众市财，欲踵其志，复以疾奄。淳熙乙未，道禄李若济奉御香藏醮于兹，回奏得旨，令郡侯殿撰陈岘发公赇，属吴县尹黄百中董役。经始于乙未之春．讫成于丁酉之冬。星锤月斧，旦暮庀工，霞栱云甍，人神胥庆。实大洞法师陆景平主其盟为甚力。

嗟乎，事物之兴，机会之来，必胥其人，然亦有所待也。琼檐宝楯，星月相攒，金蚪玉墀，云霓为御。金碧蒨灿，粉藻华鲜。蛾磶千蟠，翠楹万舞。舣稜峭翠，结绮流丹。恍睹九光，何殊三境。俨为华阙，蔚庆壮基。幻玉清、上清、太清之规模，奉天宝、灵宝、神宝之晨梵。是宜六龙宴驾，九虎严阍，风导飚轮，鸾骖羽乘。锡尔戬谷．贶我国家。此殿长宁，与宋无极。良由仙灵之所宅，是以明圣之留神。昔仙翁葛孝先炼丹此地，丹井犹存。雨夕风朝，时流丹现。于皇圣朝，高真应世，圣作明述，卫教崇真，非特奉禋祧，是亦为尔冠裳之地也。晨登陛槛．目注帝真，盍思所以报国家者乎？无使曰朝帝夕烛，貌貌而已。

　　冲隐大师马大同嗣陆景平之后，悯往事之已远，畏来者之弗知，应相谓曰："此殿既成，几五十载，属臣为记。且如天上成玉楼，地下修文阙，往昔人间士以为记文，今兹庙谟所式，当代盛事，帝监不远，宜不得辞。"臣于是黾勉不逮，弗思而成，但觉如操觚弄斲于蕊珠之上、虚皇之前也。

罗浮山庆云记

　　淳熙改元十月既望，惠州守臣王宁奉天子命，蒇醮事于罗浮山。山即十大洞天之一，朱明曜真之府也。先是，唐天成中，洞出古剑，迹其篆文，已应太祖皇帝丁亥圣君之谶。我宋受命时，遣中使奉金龙玉简之典，岁修国醮著在令甲。孝宗皇帝始登大宝，爰致初敬。是日也，御香既上，蒇事荐成，步虚升闻，环佩作序。天容绀碧，风日清美，珍禽舞，驯鹿悦，仙花瑶草，满洞芳妍。醮坛之西北隅，有五彩光华出焉，上亘霄昊，是谓卿云。轮囷郁丽，华景缤纷，中有金龙，徊翔翕郁。天人交庆，实应太平。夫太平无象也，然而瑞庆大来，亦于其人，不于其天。天意以之昭格，山川于焉出云。云物精祲，犹登台以课之，建官以纪之，秉笔以书之。自祥符初，泰山庆云现，今焉复应，猗欤盛哉！河清岳润，信有其时。

　　广东漕臣绘图上之，逾年有旨，令礼部每遇郊恩，给降祠牒，以度其年劳者，使修香火，永为典故。宝庆丁亥，道士邹思正该覃恩霈，州家檄之知冲虚观事。兴怀休符，命为记文，而系之铭曰："太祖之潜龙也，古剑出焉；孝宗之飞龙也，庆云翔焉。剑所以化龙于地，云所以从龙于天。《易》曰：'云从龙，风从虎，圣人作而万物睹。'"

常寂光国记

玉蟾翁笑傲乎风月①清虚之都，住持乎溪山②寥落之境。朝餐红霞，暮饲紫雾，四大怡怡然，一性申申然，不知春秋之欲寒暑我，而日月之欲阴阳我，似醉似梦，若佯若躄。天无翳云，晨曦眩目。俄而竹洞风冷，乌云闷彩，微雨清尘，山昏水暮，鸟飞鱼伏。未几，阴霭朗霁，天气可人，温然如春，凄然如秋。彩云翔碧霄之南，中有人焉，冠逍遥自然之冠，履如理实际之履，衣虚无湛寂之衣，食禅悦法喜之食。十目不可睹其形，四聪不可闻其声，须弥、庐山不能高其身，萨婆若海不能广其意。其步趋也白云流水，其语默也翠竹黄花。已而有言曰："我无位真人也，子知之乎？世尊与蝼蚁共胎，兜率泊铁围同境，子可罢司听之臣，黜职视之吏，可以形影相吊于无阴阳地。"翁诺，大块其心，枯木其形，乃与真人会。恍若曾邂逅，契若未交处。真人与翁杖一切无念之杖，张大用现前之盖，且行且憩，罔测昼夜。约十万八千余里，始乎历五蕴之山，泛六欲之海，离无明之乡，出贪嗔之域，忽之一方。真人曰："此大慧明天常寂光国戒州禅那县无何有乡涅槃里也。"真人乃是国之君。真人之居，心空之殿、解脱之楼、真如之亭、寂灭之台、圆觉之宫、真观之堂。其国地无尘泥，天不晦显。国中君臣父子，圣凡含识，同形同相，无姓无名，其庄严不可称，其受用不可量。真人拥五明之辂，驾七宝之舆，辟虚净光明之藏，竖神通自在之幢。翁与真人游乎知见峰之下，有幽玄洞、慈忍江、功德水。四睨久之，涉般若之园、无相之圃、八还苑囿，四处垣埔；巡三摩之林，步四谛之山。真人欲还，乘般若船，渡平等海，不弹指间，往复无际。真人揖翁，宴坐于清净之轩，敞六通户牖，严万花阶庭，焚五分之香，献六味之馔，荐八自在之茗，酌八功德之泉，呈五眼之珠，示一真之印，设作止任灭之网，烛见闻知觉之灯。真人俄而隐，翁回首，遂失其所在。翁愕然而省，涣然有释③，告诸天人："彼真人者，媲我形，类我志。我非瘖痱，我非酗酪，我宁遗其所真，执其所妄乎？"乃喟然

---

① "风月"二字原无，据《问道集》、刘本、辑要本补。

② "溪山"二字原无，据《问道集》、刘本、辑要本补。

③ "涣然有释"原作"涣然有失"，据刘本、辑要本、同治本改。

长吁曰:"吾即真人也,真人即吾也,吾将逝矣。"乃命管城先生、墨松使者令陶泓、白起等记,紫元子书①。

日用记

予年十有二,即知有方外之学。已而学之,偶得其说,非曰生而知之,盖亦有所遇焉。后数年,洞究其妙,由是知三生之因缘,达四大之变灭,渐不甚留意于其学矣。自二十三岁以后,似觉六贼之兵浸盛,三尸之火愈炽,不复前日之身心太平也。然幻缘如此,冷眼知之,任其所如,纵其所欲,盖曰劫灰散后,天地依然。业风净时,神性无恙。虚生浪死,如海中沤。一罪一福,随心起灭,何足以芥蒂于襟情哉!若夫大椿三万二千年为一岁,蟪蛄朝生而夕死,此又听之禀赋如之何也。已生于人世,为乎人之事,今日今日而已,明日又明日也。回首龁齘之事,今皆不复记忆。性月虽明,情云易蔽,心茅愈塞,神室为芜。暇日乃以起居食息之道,录而记之。切恐柳杞为杯,鸿鹄将至,他日于几案之间,考吾畴昔之日,庶几顽可以廉,浊可以清,奢可以俭,惰可以勤。昔之所厚者不既薄乎?前之所淡者不既浓乎?当然者然之,不然者变之。予性无他嗜好,平时所与豪侠少年游,特不为轻薄之事。喜谈兵而不喜博奕,喜纵横家而不喜猜搏。每日漏残钟动,蹷然而起,扣齿数十声,顷而玉浆金醴生于齿颊之间,复作数十咽,徐而具冠履,懒于盥栉,便食汤药,即进以酒,或三杯,或五杯,或但从此连饮至暮,或于中时食少汤饼。然多喜食果蓏,虽茹荤,厌食猪羊鹅鸭之肉,遇有山翼水鳞.则饱而后已,亦不甚能食之。日或遇客,谈笑竟辰,或与对饮。偶然得钱,则携出市。至所在,忽觉神思穆穆。无客即独酌,或有歌倡舞妓,延之侑觞。凡兵庖之费或阙,则求之于所知。平生虽得道法,未尝效炷香之诚,但消闲自若。尝谓人曰:"祸如可免人须谄,福若待求天百量。"以故触事卜心,心口相语,每有方凿圆枘之遇,静参默识,初不与世人言也。日间无事,或偃卧至夜,既夜而和衣达旦,自觉神爽清彻,亦无甚梦,有梦则灵。时或遇,夜则出露仰数星辰,若将凭虚御风,泠然于汗漫之上,登玉帝之

---

① "紫元子书"四字原无,据《问道集》、刘本、辑要本补。

庭，游王母之房，下萧台，入蕊殿可也。白云无信，黄鹤不来，青霄冥冥，红尘扰扰，浩叹久之而止，乃揽衣无语而归。故所吟所赋，类皆凄苦之辞。人或谓余曰："人生寄一世，奄忽若飚尘，何不策高足，先据要路津？"予乃斥之曰："去，我非汝所知。"

授墨堂记

浔阳乃天下江山眉目之地，庐山盖仙灵咏真洞天虎溪福地也。尝闻之，晋钟离权栖隐于山中，唐吕洞宾过山中遇钟离，获刀圭之传，后与之俱仙矣。绍圣间，轮囷子杜旷著《冲真先生胡公遇仙传》。胡公则太平兴国宫道士也，宫则九天采访之司也。居庐山之阴，凡圣同居，隐显莫测。胡公讳用琼，昔为山中道正。时有道人姓回，冠华阳青绡之巾，衣开元崇玄之服，垂飞云玄缣之绅，蹑寒雪素丝之履。美须眉，丰脸颊，绿鬓而隆准，碧眼而方颐，气宇昂昂，风神烨烨。过宫中，莫有延之者，独胡公款以杯茗，既而语笑自若，乃指壶以点胸，索酒以待酌。一壶不竭，百杯有余，由昕而夕，饮不知醉。复欲邀胡公饮于邸，筹新糟，脍小鲜。胡公辞以日暮，而回道人乃掀髯长笑去矣。宫之距城有一舍之遥，翌日胡公谒郡侯，款城关，尚未启钥，道人又自城而出，笑与胡相顾而去。阍吏云："子夜道人已此候门。"久之，胡公心亦异其人矣。

后数年，弊衫破帽，革带麻鞲，自称大宋客，扣胡公之幽院。自肩二酒坛，指为行李，倾坛示胡，皆黄白之物。取碎银以鬻酒鲙。饮至日昳，以铁刀剔土，沥残酒漱津，和土成墨，掷之几上，铮然有声。胡公醉卧胡床，而客拂袖不知所之。满室异香，弥日馥郁。其刀皆金色，人争市之。乃以墨研酒而饵其半，宿疾顿苏。胡公年及七旬，颜貌如处子，酒量不减八仙，诚异遇矣。若夫"大宋"二字，切音乃"洞"字也；二坛者，"吕"字也；所称客者，"宾"也。则吕洞宾之相遇明矣。胡公由是渐厌人间，一旦留诗蜕形而去。向之酝墨之地，忽涌泉五支。左丞王公寀过之，为名"墨仙泉"。侍郎宋公伯友与左丞皆有墨仙酬唱之什，有"绿膏换得朱颜回，白发不用黄精拂"之句。太尉谯国曹公勋、清虚真人皇甫坦，采其事实以闻于德寿殿，高宗甚嗟异之。胡公之居，先曰"遇仙堂"，改为"授墨"。重楼复屋，瑞气葱葱，古井寒泉，四时莹碧。奇哉，庐山异事也。故为之书，将以补仙史之遗云。

南康军成蹊庵记

紫阳真人云："学仙须是学天仙，惟有金丹最的端。"夫修金丹者，先探本原，次知蹊径。入门之初，辨水火，识龙虎，然后采太玄真精以为金丹之母。观乌兔升沉、龟蛇交合，故能三室开明，六窗晃耀，于内景之中，蓬莱方丈，昭然可观，亿真万圣，其来如云，天然宫庭，香花缭绕，红楼翠阁，钟梵铿锵。中有六灵五武之神，禁丹鼎，司华池，卫神室，即日丹成，与道合真。然修炼之者，结茅庐，创丹室，耕玄圃，而后可以致八琼之药，三琛之丹，齐天享年，谓之天仙。

庐陵李处仁，少业儒，志在云水，甫弱冠，眼空四海，植锡于庐山之阳，学金丹于柴湛然，柴盖得之王玄谷。王、柴俱仙去，李乃鸣此道于星渚，由是阐其所入之门，使人知有归宿之地。昔朱氏建成蹊庵，旧矣，李从而新之。外表以桐原，原之内扁以仙径。甃渊泉于门之左，埏燎洞于门之右，额其庵仍曰"成蹊"。缔三间之素堂，敞六通之皓窗。壁间石刻"龙虎"二大字，方丈余。营为殿，轮奂甚宏丽，奉玄帝粹容。模龟范蛇，将吏如活。登殿致祷者，风凛其背。东则函丈，琴剑挂壁，经史叠床，琳馆焕然，古画罗列，客至不能辄去。西则栖云之堂，五湖四海，瓢笠若蚁，晨夕香烛，茶板饭钟，气象清高，号为小蓬莱。壶东之奥，则堂以为厨，庑以为厕。阐西之偏，寮曰"延寿"，以遇违[①]和者。四圆以墙，万瓦栉比，满园佳蔬，畦水碧润。殿下临天井，绘祠山像，塑里域神以奉之。重楼复屋，翬飞际天，净几明窗，顿与俗隔。壁耀海月，簟横湘云，铁笛无声，铜炉不火。檐铎风而递响，灯龛昼而长焰。园中竹甚盛，依竹而庐，圆若覆瓮，如一壶天。函丈之幽，山茶喷红，瑞香吐紫，闲花丽草，秀不知名。栋以数椽，谓之丹室，盖于此而炼金丹焉。天下列郡，郡各有堂，以宅方士。堂各有主人，然未若南康成蹊之为胜。何哉？李乃个中人，明个中事，故夫建堂

---

① 违，原作"卫"，据朱本改。

之时，曾不出疏而人自遗以金谷。星锤月斧，不日落成，云栋霞甍，五采争丽。兹盖发明金丹之机，显露金丹之用，有如此堂也。

李孤介少交游，怡然三十年，起居饮食于星渚之滨，力以此道阐而悟众，殆未有可印可证者也。吁，圣凡相菽麦于其间，隐显莫能睚眦也。一旦有美须眉者，道其衣，作吕洞宾相于壁间，数笔立就。既去浃旬，忽一枝薜荔盘据其壁，独其相于外，人皆讶之，安知其非吕之曾诣是也？南山章攀倅是郡，然亦味道者，榜其主之一壶曰"青华宫"，宾之一壶曰"纯阳谷"。盖奉太一于左，而通于右。青华木之义，纯阳金之义，既此堂皆合丹旨，又于此而寓金木间隔之意焉。堂之地，实学录朱暐捐以基其庵，朱与李甚相厚。朱文章士也，邦人目为经笥，然亦不喜科名，颇嗜方外也。李自号牧庵，混俗和光，道俗颇山斗之。主是庵者许时，非真得金丹之大义者不能也。此庵谓成蹊者何欤？庵前多桃李，故取"桃李不言，下自成蹊"之语也。道本无言，道若大路，名其庵者，正谓是也。凡入斯庵者，毋徒以庵为庵，当知其所以庵也，如斯谓之成蹊。客有契李牧庵之意者，乃为之记。然庵中神芝诞于磶，瑞雀巢于楹，异哉！

龙雷阁记

记，识事也，怪不足语，而鬼神之事，缙绅先生多所难明。往往有齐谐、志怪、传奇、小说，举弗能塞世之惑。福之为州，而职方以为尚巫，又多淫祀。州之寓公，若隐君子者彭季益，盛年吏铨①得选，迄不调阙，扬袂而归。耟其名，鹤林其号。谓所亲曰："时多厉，邦辄旱暍，民或为蜮所幻，是天地清宁乎？吾求仕则志于君民之间，满朝朱紫，宁欠一耟，何俟为帝者师？"乃从赤松游，卒蔑屑意人间事，得道出于深造，得法本乎自然。杜门不接圣凡，盖世俗所莫测识者耳。年已四十三春秋，益自尚不屈，啸命风霆，广拯②民瘼，古循良吏不过如是用力，亦有功于世者也。

龙集丙戌宝庆秋七，是月丁巳，祀雷既休，震烈随响，楼居之上，金蛇

---

① 铨，原作"诠"，据同治本改。
② 拯，原无，据同治本补。

跨天，鳞甲蜿蜒，绕薄壁柱，如是氤郁，倏复轰轰，龙神跃去，风电犹然。信宿不休，三日殷虩。季益醉怒，伏剑问之，示以典刑，诰其精褙。雷神听命，应手贴然。季益自曰："此吾所常祀雷之所，雷会于丙，龙会于戌，丙戌之禄，乃在于巳，此五符起雷之诀矣。是日也，必有神人过之，天地百神按察于此。"由是以其所而扁以"龙雷"之阁。吁，亦怪矣乎！是不可不书。余嘉其志，而龙神雷电为之答响。因思昔吴猛得丁义之《雷书》，后授之许逊，逊授其徒彭抗，抗尝役龙召雷于海昏，殆类是乎！

笔架山云锦阁记

昔有仙曰浮丘伯者，其所隐于华盖山欤。约王、郭二仙子以访之，而华盖为江南之剧山，始访之未遇。时凡江南支山，靡所不历。今临川之华盖山．即浮丘所驭之旧也。越华盖以东，距临川以北而有山焉，实王、郭之曾经也。神刓鬼划，状如笔架。陟山之巅而有永兴观焉。观宇甚丽，上有积翠楼，下有群仙阁。海南有客，闻而谒之。初谒是山，慨浮丘之远矣，慕王、郭之何之，揖空翠于杳冥，啸天风于凄寞。凭栏而嗟曰："一江凝苍，千山泼翠，开万古烟霞之国，殿四时风月之天。彼何人斯，今安在哉？"既凭而嗟，既嗟而口与心言：夫得道之士，与天为徒．与造物者游，呼吸一元，驱驾万象，交友混沌，出入浮黎，策空骋浮，乘飙控景，鞭云叱月，给雨批风，弹压莺花，节制烟水。呼一炁以为父，齐万物以有朋。方尔有言，倏焉心形俱醉，口耳俱丧；有所遇焉，视之不见，恍兮有象。迎之不见其首，随之不见其后，若冲而虚，若希而夷，吾不知其名而字之曰道；顷而圆若倚盖，听之无声，堠之莫极其家，尺之莫极其人，形如鸡子，无声无臭，吾不知其名而字之曰天。是二人者，其一曰道，其一曰天。吾于是乎拜道于无何有之乡、逍遥游之堂。拜道讫，道乃奴飞云，子清风，姨晴霞，妻明月，吾亦若有所得。复往拜天于虚无之京，广漠之野。拜天讫，天乃青其山，绿其水，沽落日，钓苍烟，吾亦若有所领。道复遣天诏万物，有能歌空舞仙者，当乘道之敕欤？万物芸芸，而各应诏。道问天曰："今夕何夕？"天曰："龙汉之明年，摄提之次春。"道曰："宜得六人各执六技，以演真常之音，状太无之形，使万象森以侍焉。"天曰："有之。有舞玄裳者，有吹苍笛者，有韵玉箫者，有鸣瑶琴者，有飞银盘者，有击金剑者。"道曰："舞者为谁？"曰："鹤也。""吹者为谁？"曰："猿也"。"箫者谁？"曰："竹也。""琴者谁？"曰："松也。""飞盘者谁？"曰："月也。""击剑者谁？"曰："电也。"道默然，天亦寂而耳目之。吾时在其间，欣不知夜。方命鹤而舞玄裳也，沆瀣下，梧桐泣，星斗堕，松筠湿。次命猿而吹苍笛也。天宇空，石崖裂，月凄凉，水鸣咽。竹方韵玉箫也，黯黯然于飞廉之前，凄凄然于姮娥之边，霓旌缥缈，羽衣翩跹。松方鸣瑶琴也，飘飘然于高冈之首，呜呜然于流泉之口。玉童翱翔，琼妃窈窕。乃邀月而飞银盘欤，云粘碧树，风吼青山，天落沧海，人在广寒，蟾噉金饼，兔移玉丸；乃召电而击金剑欤，玄冥未归，丰隆作怒，古木吞烟，飞砂塞路，云族于空，鸟屯于树。击剑既罢，道奄乎虚，天忽乎无，执六技者亦各随之而返虚无之居。人间正秋，天下皆雨，千崖秋气，万籁雨声。客竦然而独曰："道无形而用之有形，天无声而用之有声。彼执技而有为者，出乎自然而能，盖亦天之异用，道之异名，其实一物，天与道并。物无所物，与道合真。吾其有所悟者大矣。适在群仙阁之上，又安知群仙之会我，我之会群仙也？"酩酊之余，沉吟久之。俄而永兴观主周君师深者，出而语其客曰："群仙之阁，盖飞天法轮之面，琼章宝室之腹，因是而名之。"客曰："吾适有所悟也。付天地于片云，想云霞于机锦。"周君曰："有是乎？岂非夫子神游飞天之轮，心入琼章之室，而得斯悟乎？况在其中而俯仰也？"客方沉思，周君遽又请曰："群仙名阁，对景寓象，或将易之。枚乘有诗曰：'天地晚来，巧云织锦。'江山何如以云锦而额之也？况《道藏》所储，其经宝也。敛以云锦之囊，覆以霜罗之巾，以则为阁名，有所谓也。"客曰："以天地为机，以日月为梭，以烟雨为经，以莺雁为纬，以天而织之，以道而弥纶之，则是阁也，其以云锦为宜，名亦契吾之所悟。"周君笑而唯之。客醉，亦忘其名，尚能称吾，而自谓曰："然则云锦之名佳哉！龙虎山亦有云锦溪，庐山五老峰亦有云锦阁，霍童山亦有云锦屏也，宜乎哉！"道士黎盘云督毛锥等而祷客曰："周君欲以'云锦'代'群仙'而名其阁，美则美矣，夫子盍为文以记之？"客乃濡毛锥，染楮氏，遂以所悟而录以示之。文不甚华，其所称吾者，皆客之辞也。客何人哉？白氏子玉蟾也。

龙沙仙会阁记

山图海志，述符谶多矣，方言古语，于推步有焉。昔九州都仙太史高明大使许君上升之日，垂语有云："后吾一千二百四十年间，五陵之内当有地仙八百人出世。"而师出豫章，以郡江龙沙生塞验之，今将如所谓矣。浦云吴君适际其逢郡，将闻有道，起之主席玉隆，为黄冠者辖。四方风巾雨帽，如蚁斯集。旧有云堂，老矣，吴君愀然视其危将压焉，乃撤而新之。且建阁其上，以"龙沙仙会"扁之。仙人好楼居，固其所也。

已而紫清白玉蟾道人挂航三湘，浮沔江，历庐阜。人言玉隆为天下第一真仙之居，绵历风雨，微贤主人，十纲九颓。今有人焉，克振坠绪，郁然勃兴。帝后闻而赐之缗钱，侯伯见而为之藩庇，黄冠师咸敬慕之，廉顽立懦，谓之吴浦云者。玉蟾曰："浦云君，吾别已久。往伺谒者，至则君为倒屣，茗余，导行阁中，谕以名阁之意，且萃其徒而勉之曰：此西山神仙之会府，江汉湖海之士，不远千里而来，既以饱烟霞，饫风月矣。弹杖于壁间，卧屦于户内，相与婆娑偃仰，游居于此，致身高明，寓目闲旷。可以诗，苍崖白云皆句也；可以酒，红泉碧芝皆味也。淡烟芳草可以入吾画，古藤怪木可以入吾书。幽禽昼啼，琴自横膝；寒乌夜语，笛自倚栏。人静院深，剑或鸣匣；茶清香冷，棋或敲枰。点易晓窗，丹砂研露；横经午案，宝磬传风。尘累不能扰其天真，是非不能汩其莹听。信起居惟适之安矣，亦盍思龙沙之谶乎！逆其数但百数寒暑，而近有能争先快睹，勇悟渐修，内以炼三龙四虎之精华，外以陶七乌九蟾之造化，穷理尽性而至命，积精累气以成真，则第神仙八百之选为无难矣。苟尚有意当世，用力斯民，弃渭川钓月之竿，释郑谷耕云之耒，振衣岩袖，濯缨涧泉。下嵩高，上兵书，讲壬遁，待诏金马门，追踪柱下史，则固不得而留也。若但以楼居自娱，玩愒岁月，非特为修仙学道者之忧，抑亦为主盟斯道者之羞。诸君盍簪，宜相勉旃。"众心纳而首肯之。

噫，余自戊寅迄今，已三过西山矣。仙凡参肩，不可测识，高凭此阁，悠然兴怀。矧今吴君之相期望者如此，又安知豫章之师不在兹乎！并录其劝进之语而为之记。君名惟一，字允中，浦云其自号也。

隆兴府麻山北洞道院记

老氏以清静为宗，道家者流流而为虚无。人谓是虚无，然未虚无已也，盖实有矣，何哉？诵其书，行其所为，若乎炊者无不熟，种者无不生尔。国朝以十科取其尤，拔其萃，是何今日之诸子，但碌碌如许，出而应高士选者皆妄庸，因而拜先生号者皆痴鄙。虽曰清修，又曷尝有一琴一鹤之士而不谋生也？虽曰行持，又曷尝有一符一药之士而能策效也？视茂松清泉无愧乎？所以岩栖谷隐，茹芝饮瀑者，羞与为伍。良由实学茫茫，是俱少小游惰，平昔泛常之子，彼乌知如何之谓道妙、如何之谓科教、如何之谓法术？必也如徐来勒、魏伯阳、阴长生、张平叔，而后知烹龙炼虎之道妙；如陆修静、寇谦之、张清都、杜广成，而后知济生度死之科教；如房山长、费长房、郑思远、叶法善，而后知芟邪馘毒之法术。若不然者，高卧白云，其如尔何？从者曰不然，吾不知矣。

麻山福地，人人能清修，代代效行持，老者知道妙，壮者知符术，少者知科教。余过之，乃须余文以记诸道院之壁。始余之至，苍山万重，绿竹千亩，蟠松寿桧，白昼阴森，古涧幽泉，清宵观爽。饮于擘鳞堂，风床月枕，展转无眠，揽衣独坐于碧瑶堂焉。夜禽啸，山云起，星斗垂光，林壑驻影。微行乎深谷，少立乎寻幽。至如拂云扫月之庭，迎薰养素之户，若瓮天、壶天，若隐室、斗室，若无尘、绝尘，曰喜清、曰蜗隐、曰虚白、曰冰壶，曰萧爽，此皆幽院密房，明窗净几，恍不知人境耳。其他如南轩、静庵，亦藏修之所；省斋、近思斋，乃宴习之地。谓竹轩之与贯时轩、报安堂，则皆竹处也。黄昏凛若蛟龙之府，清晓森如冰玉之图，清妙殊未可量。余辄以所见者纪之。最可喜者，凭栏之顷，耳听目接，苍湾双鹭，翠坞一蝉，盖有触乎骚人之机轴也。余先所以病乎黄冠者之习者，亦救时拯俗之言，初不曰凡今之冠褐者等此可病耳。亦有能吟、能画、能琴、能酒者，能丹灶、能内炼、能知兵、能符水、能医卜者，是皆余四方之所交。彼不傲乎林丘，则隐乎朝市，时未至竹宫桂馆，以备崆峒之问也。因麻山诸友之可敬，并得以绪醉后之高谈欤！昔有观解牛于庖丁，而得其养生；问牧马于童子，而得其治天下；学钓鱼于詹何，而得其治国。今之学道者，知梁鸯之养虎也夫？知纪渻之豢鸡也夫？

玉隆万寿宫云会堂记

昔余嘉定戊寅来西山，与道士罗适庵胥晤良密，既而与彭玉隆作道院记，凡言宫观冠偈之原，亦曰有可考矣。兹焉胡止庵摄领宫事，复以云会堂见属，为文以记之。

夫有道之士，恨山不深，林不密，惟恐人闻其名。若夫迹接缙绅，心交利禄，不预焉。尝议之矣。砭世剂俗之道，未若铲声华，窀心迹，为人不可为，然后起人之敬，吾道赖以不朽也。吁，有是哉！道之为道，冲如春，焕如夏，漠如秋，严如冬。大如天地，湛如虚空，未足以言道矣。人学道者当如何？巢居穴处，木食草衣，仆虎兕而吏猿猱，友麋麚而邻雉兔。风餐芝术，雨卧烟霞，所养胎仙，所储气母。俄而丹熟名香，道成行著，四方同志，一旦沓来，方欲拒之，弥久弗去。或出力斩营以薪其炊，或发心刈茅以庐其止。执篲趋走，顿首后先。凡可以效心竭力，弥月漫岁，觊有金篦刮膜之语，使获阶仙陌圣之程。乌有所谓华宫殿、美饮馔，温毡凉簟，明窗净几，精巾箪，奇枕衾也？玉隆云会堂久矣，方兹求记，姑以道家可语者告之，且使止庵槌鼓升堂，以声其众曰："汝黄冠师，此堂现成，行住坐卧，受用此堂，折旋俯仰，如意自适。汝能于此灰心泯虑，形如槁枿，炼火还丹，脱胎神仙，则汝何殊于徐来勒、魏伯阳矣？后之张用成、石得之无愧之也。汝能于此修铅辨汞，择地结友，炼九转药，换骨飞仙，则汝何殊于旌阳尹、勾漏令矣？后之徐抱黄、刘海蟾亦无愧之矣。如所否者，丁公纵姹女以晨逸，黄婆抱婴儿而夜奔。九城被围，五官受侮，泥丸崩裂，精海翻枯。六贼擅权于朱宫，三彭构妖于黑域，劳人费贿，丧命失身。汝又否乎，于此而琴，悟成连海水之鸣；于此而棋，参王乔斧柯之旨。更不然者，能如陶隐居役心禅那，陆修静留神莲社。至若联石鼎而诮侯喜，下嵩阜而过昌黎，运六丁之兵而助诸葛孔明，出五解之书以授长孙无忌，犹贤乎哉！否则，鹤辞竹林，鹿窜松壑，山灵抵掌，庙鬼闻惊，吾恐失汝为黄冠之义矣。汝黄冠师，盍亦知乎风符雨印，龙兵虎骑，济生度死，通真达灵，此所谓法；嘿蜂化鸽，诱蚁呼龟，飞剑斩星，投简扰龙，此所谓术。该法术而言之，亦知斗杓为万法之功曹耶？天罡为万术之媒师耶？法术之妙，不过乎是。得之则可心鍼洪都之毒虬，縶博罗之黠虎，起白骨于芳草，束黄魂于苍郊，天魋效奴，石妖请罪，岳祇乞命，井女献珍。汝黄冠师生当末世，弗遇匠师，何如且究三洞四辅之书，七元六甲之法。于此而上，可凭扶摇，泛汗漫，三龙四虎，朝屯暮蒙，五龟二蛇，昼姤夜复，六月而息，三冬以成。彼有烟瓢雨笠，重跰四方，云衲风巾，裹粮千里，为何事哉？不如吾言，定应沽利名，钓荣遇者也。或贻怒于其师资，或取侮于亲邻。不得已而曰：‘吾为方外之游。’每到枫村水馆，烟屿风房，有米无盐，冲寒冒热，未免有去国怀乡之思，则其寻师访道之志浅矣。入此堂者，人不愧汝，汝不自愧乎？知有此堂，有利有害，有损有益乎？何以言之？及其卧酣，睡蛇蚀心；及其坐稳，梦蝶萦昼。至于静处，心路生云，所以素餐，性根受蠹。曾不思星冠月帔，神仙中人，雾合云窗，风尘表物。昔之在天不能为神仙，堕而为人；今复不能为人，则将堕而为鬼。长夜万苦，去天几尘。又复不能为鬼，则散而为万趣之殊，吾不知矣。主此堂者、居此堂者，能调碧玉之弦，能吟碧云之章，朗咏步虚，清磬摇空。闭光垂帘，金花聚鼎。讲究玄牝，知天地根；握擒阴阳，炼日月髓。燃灯于海底，镂冰于火中。知黄帝之金砂，得广成之黄舆，辨张正一之明窗尘，饮吕纯阳之刀圭，授魏华存之一匕。如是则餐青饮绿，苦节昭昭，衣紫曳黄，清姿济济，圣胎圆熟，道果馨甜。则有所谓‘火铃赍诏于柏庭，大帝降经于玉局’矣。葛仙翁曰：‘神仙可以学得，不死可以力致。’近年而言，百岁之内有升举、有尸解、有坐脱、有立亡者居多，可不勉旃！抑又思之，内蕴至美，外示污狂，人皆怪之，此堂亦不可以处之也。所以者何？为规仪人心，药石后进而设，又奚庸汝所谓狂且怪而败群哉？余旧闻老子之道，今日观之，正所谓‘道德有负于初心，聪明不及于前时’。尚能以所授于师，为有力于学者告。”

玉隆万寿宫道院记

道家者流，学宗黄老。黄老之道，其原自天。黄帝铸九鼎以制金丹，老君基三山以创神室。自鼎湖御黄龙之后，函谷驾青牛以来，天不爱道，人渐知仙。故黄老之学，风动天下，水行地中矣。今之冠褐，皆黄老之学者徒也。所谓宫观，则始于尹喜之草楼，其所由来尚矣。周穆王之时，建楼观，招幽逸。平王东迁，增置道员，于是得道之士始有以别白于当世。乌虖，尧舜无为之风已颓，秦汉相戮之俗已兆。当是时，故以甲为有道之士，乙非有道之士，混沌已死，太朴尽去矣。然道之在天下，尧得之则仁，舜得之则孝，禹而功，汤而德。苟失之，则为丹朱、为商均、为桀、为纣。所以古之人居巢处穴以全其天，茹毛饮血以保其元。自世降人浇，故曰得道者仙，失道者凡。殊不知所谓仙者，黄帝之役丰隆，穆王之骖飞燕，皆人君也；傅相之骑箕尾，庄漆园之凭扶摇，皆人臣也。岂独隐山林者谓之道士哉！秦之徐福[①]，汉之曼倩，亦道士也。特所遭者，穷兵黩武之始皇，好大喜功之武帝，其道不价于时耳。后人以道士歧而为六，如广成子、务成子、郁华子、高玄子、中黄真人、河上丈人，谓之天真道士也；尹喜、列御寇、杜仲轨、魏伯阳、徐来勒、安期生、黄初平，谓之神仙道士也；许由、巢父、四皓、王倪、啮缺、子綦、善卷，谓之山泽道士也；宋伦、彭谌、彭宗、王杰、封君达、王子年、陈室炽、李顺典、杜光庭、罗公远、叶法善，谓之教法道士也。钱铿、冷寿光、王浮、葛稚川、梅子真，谓之显贵道士也；王俪、栾巴、马明生、左慈、郭璞、崇明俨、王乔、李亚，谓之技能道士也。然皆仙矣。亦岂斯世之幸耶？凡厥有生，均气同体。独以此为有道之士，则世道亦末如之何也已。

余过西山，访仙躅于玉隆，友人止庵胡士简适领官事。一日，焚香瀹茗，属余以道院记文。余闻炼师罗若虚多识，前言往行，试往质之。罗谓余曰："子不闻乎《黄帝内传》有道士行礼之文，而具茨之山问牧马童子，即有天师之称。汉张道陵、魏寇谦之皆曰天师，后周武帝时卫元嵩封蜀郡公，隋文帝以玄都观主王延为威仪都监，唐有左右街威仪，高宗时叶静能入直翰林为国子祭酒，其徒孙法善，玄宗时授银青光禄大夫、鸿胪卿，封越国公，尹愔拜谏议大夫，李含光赐玄静先生。开元二十九年，置道学生，以生徒肄业，崇玄馆习老庄文列，谓之道举，复置九科以待试焉。五代末，周太祖因唐之左右威仪避讳，致为道录。我宋开宝五年，赐玄秘大师马志通议大夫，太宗赐陈抟希夷先生，增置道副录、都监、鉴义、首座，知教门公事。神

---

① 徐福，原作"徐庶"，据同治本改。

宗朝，张噩赐冲静处士。是特概举其显者也。历而言之，代有其人。然不若宣政之盛，别命以郎、大夫、侍晨、校籍、授经，以次，具有职名，灿然大备。"余得其说以告止庵。止庵曰："子盍为文以记之？"余尝见韩文公送嵩高张道士诗与章郐公送云林薛道士序，盖知乎道士者，非止于晨香暮灯，板粥钟斋而已。要当虚缘葆真于云山水竹之表，烟扉月馆之下。擒离宫之三龙，驭坎府之四虎，炼黄婆于土釜，产赤子于金房。十月胎圆，九鼎火足，乘飙扇景，策空驾浮，与天为徒，与造物者游。夫如是，而后可谓之道士矣。其次，则户吾教于后世，挹上灵于前古，拍康续、张蕴之肩背，蹈子晋、方平之辙迹，亦庶乎其可也。兹地矧为旌阳故宅，真风不泯垂今，千年植柏益耐于岁寒，遗臼俨存于香泽，无远弗届，祷之则灵，凡我后人，尚须勉旃。

棘隐记

丹枢先生结庐于武夷五曲之奥，扃户绝粒。一旦有女道人自东阳而来，诉所求道之状，遂历试以枯淡，复语之以风俗薄恶，又言居岩谷之难如此，学道业之难如此，诛茅戮草之难，馈粮给膳之难。乃默然良久而谓先生云："粝粒可以为粥糜，弊纻可以为垢衣，藜藿可以餐，薯芋可以炊。但欲觅片地，可以安茅茨，编兰而为簺，楛柮之火亦可煨。无使雨我头，无使霜我肌。父母未生前，寒暑何所思；枯骨既火后，无复可诉饥。山中已如此，办道亦可宜。俄而道果成，鸾鹤满空飞。"先生笑而曰："入道之易，如穷猿投林；叛道之易，如游鱼跃岸。道之在心，即心是道，汝能终始，吾何幸焉！"于是纳之。

此道人者，刘妙清。若拟议其童年时，娉婷妖媚，使人骇心动目，据以道眼观之，臭皮袋里一泓秽脓，是酸苦之盅，钓迷之饵也。故妙清于红尘中卓卓然作撑撑大丈夫气概。吾意其仙游之梦、禅化之魄，所以能矍然回观返照，把本来面目作自己本命元辰，向髑髅中打翻筋斗。譬如洗面，摸著鼻孔，岂费纤毫力耶？妙清亦作数椽茅屋，栖附先生之庐，取名曰"棘隐"，盖取何仙姑所谓"幽居山林间，荆棘隐此身"之句。青松翠竹，潇洒翛然，鹤唳猿啼，寒烟漠漠，风魂月魄，潇洒无际，此棘隐之乐也。夫棘隐之中，其所用心者何如哉！吾谓如此棘隐之设，渠必欲觊觎片云只鹤，作长裾大袂辈也。渊然如蛰龙之未雷，宜然如海鸥之正睡，湛然如春空之不云，寂然如秋潭之有月，悠然如游鱼之跃藻，潇然如寒雁之栖芦，爽然如梧桐之晚风，寥然如芭蕉之晓雨，恍然如昼梦之已觉，涣然如沉痾之脱体，了然如久讼之释囚，杳然如竹迳之夕阳，的然如松林之夜雪，冲然如耆叟之欲耄，溃然如婴儿之未孩，安然如海上之三山，洒然如江心之万顷，悄然如千林之欲晓，浩然如万物之正春，冷然如泛水之点萍，渺然如浮空之一叶，快然如刚刃之破竹，迍然如寸丝之系石。其为妙也，不可得而形容；其为机也，不可得而测识。此又非棘隐之用心乎！故不可用也，吾必置之于空闲无事之地，使其与溪山鱼鸟相化而为一团清虚冷淡之气，又使其与林泉风月俱点而为些子奇特清妙之气味。既如此，其人必蓬莱之霓裳，弱水之羽衣也。蓬莱、弱水之间，鸟飞不尽，而云烟渺茫，自非若人，岂容百十举武、一程两程而可以亭埃其地乎？古人有《女仙传》，亦有《列女传》，皆女流中之大丈夫人也。如此谓如张天师之妻能飞升，而女亦飞升；许旌阳之妻能飞升，而女亦飞升。葛仙翁之妻能尸解，而其女亦尸解；刘洞天师之妻能尸解，而其女亦尸解。夫修真炼元之士，炼谷食为精，炼精为血，炼血为髓，炼髓为炁，炼炁为神，炼神为道，炼此一念之道而为圣人。自非内有所养而外有所固，则古之列女何以羽化登仙若是也？玉皇殿前之仙姬，紫微宫中之天媪，广寒之月女，蓬莱之云嫔，大有洞天掌箓之妃，妙梵天府司香之姬①，且如骊山老姆，与夫②青城之萧氏，王室之童氏，霍童之葛氏，武夷之胡氏、李氏、鱼氏，至于何仙姑辈。又闻秦时毛女，汉时黎女，及乎巫山、洞庭间，皆有神女所居③。而庄子亦言藐姑射之处女，形状如此，形状如此④。神仙有无，人多⑤半其疑信，若古今所传、简册所述，则女仙信乎有之，仙果可学也。学仙成道，何患乎其不仙乎？人既返老还婴，则必能回阳换骨；人既能留形住世，

① "玉皇殿前之仙姬"至"妙梵天府司香之姬"句原无，据善本、《上清集》、刘本、辑要本补。
② "与夫"二字原无，据善本、《上清集》、刘本、辑要本补。
③ "至于何仙姑辈，又闻秦时毛女，汉时黎女，及乎巫山、洞庭间，皆有神女所居"，原作"至于洞庭间，皆有神女所居"，据善本、《上清集》、刘本、辑要本补。
④ "形状如此，形状如此"八字原无，据善本、《上清集》、刘本、辑要本补。
⑤ "人多"二字原无，据善本、《上清集》、刘本、辑要本补。

则必能变化飞升。用神仙之心，信神仙之事；学神仙之道，证神仙之果。学仙非为难，出尘离欲为甚难哉！神仙长生久视之道既可学也，则出尘离欲，夫何难之有！刘妙清既如此用心，则必可望也。吹箫之女，尚能跨凤；采桑之女，犹可驾鹤。吾所以为之点头。伻来求志，援笔书所可言者云。

神授雷章记 ①

鹤林真士彭耜，盖太清筬真君之裔也。神宇冲澹，学识渊宏，厌簪缨，喜泉石。庆元，天子授以修职郎，竟无意于仕进。诣龙虎山受紫虚玉文，其后剟牒天枢，厕员雷府，进拜元命真人之号，迁上清泰华丹景吏、仙都风雷判官。年方三十旬余，世味甚薄。得金液还丹秘诀，隐于螺江之滨，杜门绝交，日益高尚。庭有古井泉，甚甘冽，冬暖夏寒，色如红玉，频年遣健丁垂修绠，濯旁淘底，毕无所睹。嘉定丁丑杪冬，传噀黑雳黑之符，数夜梦与雷会，偶一旦阍者汲水，闻有铮然之声，跃入其桶，取而视之，方圆寸五，状如一印，沉于水底，面背皆木，其中边燋黑如炭。童稚拈掷经旬，莫有识者，置所奉佛像前，数欲示人，寻之不知所在。有从户外来者，请验其文，亦不之晓。裹以故纸，弃之窗棂间。是月戊辰，鹤林梦中有告以二句云："既得三五邵阳之印，宜嗣太上流传之法。"窃而讶之，晚朝罢，纵步阶庭，仿佛若有所指之者，遂得此印，辨其文，曰"神邵三阳五雷"。由是诘此印之由，阍者始以实告。然所收雷书何越数十卷，亦无印文如是也，其又非人间篆画，恐是神之所授，异哉！于是图巽户十一神吏、坎府九将军之形以事之。遂以其中

喜雨堂记

昔浮丘大仙与王、郭二真君来，自南岳过豫章，越魏亭，邸麻山。麻山乃麻姑授道之所，厥后有包道者，或曰讳道仙，寻常嗜鳜鱼，行如飞云，人有觇其浴，则白龙也。能致晴雨，今山中称为圣井白鬐仙君也。嘉定甲申孟

---

① 此篇原无，据朱本补。

秋之朔，百里闵雨，民忧暍死，乡巫井尪，其技已穷。邑士唐肇与弟将仕应时，常岁平粜如黄承事也，平日赒急如窦谏议也。至是判家资奉仙驭于家，初已霖微，市谑犹侮。及醮，应声雷电，三日为霖，人有悦色，欢歌载路，旗芾蔽空，香花成云。送仙还山，山中建喜雨堂。此皆唐氏友于之阴德所致，余诸羽褐，又足以感鬼神动天地者哉！

云山玉虚法院记

上清大洞宝篆、奉行玄天真武秘法、统领玉虚三阵将兵、同管北极驱邪院事曾安时，籍太平兴国宫，居云山庵，出知南康军天庆观事，建飞天法轮，兴缔殿宇，费缗钱数万，时人皆北斗之。少留神道壶，初拜大都功，登盟威，佩赤天元命之文。尝杖屦四海，过合皂山，遇异人，授以玄武玉笈及诸秘诀，悉考召鬼神之书。归故山，以符水活人无量，山妖为之一动，山前衔其德者，皆更生者。所著灵异甚富，邦人俱德之。后迁大洞真人，分司西岳，佐白帝，领治玉局。如是者三十①秋，不替寒暑，惟行是稔。其松姿鹤容，霞标芝范，幅巾大袖，广颡修须，今年六旬有八，鬓绿颜酡，眉苍气丰，非怀冲抱虚能若是哉！即其庵居之东，辟一堂以宅玄帝之灵，号为玉虚法院。所塑赤剑皂纛之像，苍龟红蛇之形，俨然如元和迁校府也。属玉蟾以为之记，况尝签书右胜府事，是为玄帝故吏也，义不得谦，其文曰：

"净乐天子善胜后，有子玄武居北极。武当四十二寒暑，功满三千行八百。太清有诏归九华，授以剑一印亦一。默佩乾元枢斗文，上应虚危太阴历。披发跣足衣皂袍，金甲银裳玉束帛。前驱飞廉后丰隆，左命天罡右太乙。啸命天丁叱火铃，一剑不血殄鬼域。人间黑气腾太微，帝使分别人鬼籍。七日七夜宇宙清，所至雷轰而电击。命为太玄大元帅，仍使九天掌文籍。兼充漕运扶桑侯，提领北酆九阴狱。三月三日发英祥，香花纷纷沸万国。九月九日登紫宸，但有武当古仙迹。月明歘火峰头云，风吹青阳涧下石。九龙池中藏虎符，灵应殿内遗凤帻。部领三阵龙虎兵，飞鹰走犬旧捷疾。水位真精禀妙容，脚踏龟蛇威赫赫。云屯万骑驰八狘，烟锁九霄飞四

---

① 三十，原作"三千"，误，据同治本改。

直。金阙真灵应元化，三界四府日游奕。太华妙行古真人，毗沙秽迹今黑煞。云山老人曾大洞，少而得此玉虚诀。篆舟剑水三十年，手掌北天玄帝敕。一堂宛若佑圣府，金碧绚烂九色。天关地轴俨如生，直疑此是太玄域。先生之意敬玄天，欲使后人趾厥勘。予今赋之但纪实，此文不工但塞责。笑指堂中一炷香，香云缥缈千万劫。"

福海院记

琼山居士白玉蟾曰："尝谓象者数之体，数者象之用。经营建立存乎象，兴废盛衰存乎数。惟佛也，超乎象数之表，其所立之教，无乃囿于象数之内欤！"天下最胜福地曰庐山，距浔阳以南。山前后庵岩三百六十，其尤胜者，今福海也。昔自梁朝有谦禅师，不知何许人，一锡东来，诛茅结草于铁船峰之下，修《法华》行，德覃道腴，遐迩皆北斗之。武帝锡以御札、莲华、贝叶，仍赐福溪，以名其庵。由梁而唐，改溪为海，庵为院，遂以山腹秀麓之中，址厥院焉。圣宋靖康间，适丁元二，纪碣不存。绍兴之初，无相长老谷堂彦详禅师，禅德馨著，度僧六七人，以甲传乙，流水住持。详既寂，弟子云庵光誉大德趾其往勋，造佛塔，塑佛像，设香灯供具，种种庄严。誉亦西归，上足惠月嗣其道，兢兢业业，勤俭柔和，树法堂，建僧舍，将谋一新，未遂志而厌世。月之长子志勤，嘉泰初挟复江浙，遍参耆宿，发明心地，密印机缘。已而赋式微，省侍月老，将复有湖海志。无何，月老圆寂。是时此山未有宰者，徒弟四五人义逊夷犹。前太守今文昌袁公，变帖僧录，集其徒诣铃斋，躬自勘辨，选可主者。次与志勤论议，一问一答，如印圈契钥，函盖符节。公首肯之，即席命笔给符，请董是刹。勤初视院事，耻表里未完，廊庑凋敝。盖其畴昔游方，眼阔志大，观此隘陋，未惬意也。由是罄囊竭技，择材运甓，刻栱雕甍，月斧交飞，星椎竞举，丹青粉垩，中外一新。今焉佛有殿，僧有堂，行有寮，客有省，爨有厨，粥有鱼，斋有鼓，茶有板，警有钟，坐有轩，寝有室，储积有库，粟麦有仓。举动经行，各得其所。周载落成，俨然一化乐天宫也。见者闻者咸加^①敬叹，谓言山阴诸律，此其甲也。院之田不过二顷，院之徒日食不下三百指，常仰给于斯。朝翻奥典，暮演灵诠，法律森严，香灯汗漫，规行矩步，济济跄跄，皆勤之绳墨也。云衲憧憧，延迎不倦，来者欢，去者赞。院之居，林峦环抱，松竹周遭，状若鸾翔，形如燕处。院之左则有月轮云顶，罗汉祥云，翠巘千重，峨峰万叠。是真法窟，如幻龙宫。院之右则有碣石之门，锦绣之谷。茶香水绿，花媚草灵。河伯飞轮，曼殊现相。天地圣灯，万颗呈祥。为瑞屋头，妙音窣堵。七层倒影，分形水底。锦云密布，彩雾轻舒。居其前则有崇冈一七里，岧嵚二九峰。龙侯虎溪连珠，东西大林映带，面乎淮甸，背彼铁船。万壑风清，千岩月皎。野猿献果，仙鸟衔花。桂子飘香，水奴灿彩。烟霞不老，水石长秋。是院也，始创于萧梁，中振于李唐，迄于有宋，至是僧勤始大盛欤！岂其象不因数也？物换人非，不知其几岁；兴坠起废，不知其几人。嗟乎，勤公何其高也。佛言五百世后，荷担如来，续佛慧命，建佛塔庙。当知是人庄严劫中，曾供养千二百转轮王，有大功德海，大福量海，其勤公之谓乎！尘沙劫中，叹莫能尽，聊书小偈，以祝南山云：

"庐阜新兰若，龙天古道场。殿妆金彩焕，佛放白毫光。竹长真如翠，花开般若香。禅波风浩浩，慈荫日穰穰。鼻祖其谦老，中兴乃谷堂。僧勤今继志，万载一炉香。"

静胜堂记

紫阳真人张君平叔与白龙洞刘仙书曰："静以胜动，真以胜伪，铅者汞之母，汞者金之父。"此足以知道之要矣。夫道者，天地之根，阴阳之原。天地有动静，阴阳亦如之，此则铅汞之旨也，非有道者无为之妙乎！尝谓静躁两歧，胜负殊势，惟其静也，乃能胜之，一静可以制万动也。方其动心之时，六窗烟昏，七窍风号，寸田荆榛，灵府猿猱，龙悲欲海，凤^②堕世罗，生死岸阔，人我山高，功德寨林，化作蓬蒿，清净眷属，变为干戈，轻举妄

---

① 加，原作"如"，据同治本改。
② 凤，原作"风"，据刘本、辑要本改。

动，躁图狂操。忧悲于患难之涂，老死于名利之窝。《易》曰"吉凶悔吝，生乎动者"此也。及其静虑之时，心天云朗，性海波澄，丹田花开，华池水生，梦游瑶台，神谒玉京，物我俱忘，宠辱不惊，松风萝月，与为弟兄，岩猿溪鹤，堪结友朋。逍遥乎幽寥之内，徜徉乎碧虚之滨。《经》云"归根曰静，静曰复命"者此也。动静之机，其所系如此也，所谓天地阴阳之机亦然也，斯道也已。世人以玉帛为贵，钟鼎为荣，吾所贵者烟霞，所荣者泉石；世人以名利相高，子女相华，吾所高者松筠，所华者丘壑。世人之贵荣高华，不过为欢喜桎梏耳。吾虽为清虚之膏肓，闲雅之沉痼，不犹愈于世人乎？吾方将杜①雀牙鼠角于无心之地，息虫臂蝇头于无事之域。有琴可以鼓夜风，岂不胜于笙竽之沸耳乎？有酒可以浇晚曦，岂不胜于绮玳之惑眼乎？有群逸人以为风骚之交，有诸羽士以为方外之友，宁不胜于鸳行鹭序，趋跄庙堂，雕虫篆刻，辛勤灯窗也？吾且朝炼黄芽铅，暮采白虎汞，聚神为室，万劫不枯，结精为楼，三界莫拟，是所谓人间万乐莫吾胜也。于是谢红尘，步青霄，迁帝房，籍仙秩，何其荣哉！又曾思之，方尺之木，置之危竿，蹑之则颠；方咫之木，置之平地，蹑之则稳。非木之大小，非所置之不安，盖心不静而神不宁也。燕游于庭，日亲于人，人亦巢之；雀跃于庭，日畏于人，人亦网之。非人之有好恶，非其类之可去留，盖疑人者人疑之，挠人者人挠之，此其静胜之谓欤！舌柔则存，齿刚则折②，柔能胜刚也；火燥则息，水湿则洳，湿能胜燥也。是柔之与湿皆属阴，阴主静，固能胜阳之刚也。

合山杨仁叔，黄冠师也。知所谓静胜之理，葺堂以扁之。予过而问焉，仁叔頩而不答，予虽欲辩而不可得，是亦以静而胜之也。予知之，非欲以静而敌世，非欲以静而过人，盖将战寒暑于不兵之乡，夺清闲于无刃之场。若夫言中有刺，笑里有刀者，远之矣。受炙灼者不热，而衣葛者热；采冻磷者不寒，而拥貂者寒。是皆为寒暑所胜，不能静以敌之尔。予为之言曰："天道不争，上善若水；尔无心兵，方寸太平。所以堂之而额以斯名。"仁叔，字也，其名大荣。

---

① 杜，原作"社"，据参校本改。
② 折，原作"以"，据参校本改。

牧斋记

合皂黄冠师刘贵伯，以牧名斋，属予为记。予闻之黄帝呼牧马童子为天师，释迦指牧牛小儿为菩萨。乾马坤牛，何以牧之？圣人故曰："谦以自牧。"牧之为义，如牧羊则先去败群，故无触藩之虞。塞翁之于牧也，初何容心于得失哉？[①] 天子置群牧以牧民，均义也。

贵伯诗甚骚而以懒辞，酒甚雄而以醉辞，棋其捷而辞曰不智，琴甚清而辞曰不古。能炼内丹，能役五雷，皆以不知为辞。其谦谦者如此，是自牧也。不劳鞭绳，盖已驯熟矣。僧人所谓"人牛俱失"，道家所谓"翁马两忘"，谁为牧之？盖自牧也。贵伯得之矣。

傲斋记

盘盂几杖，皆有铭示傲也；屏榻房涵，皆存箴示傲也。子张书诸绅，范丹笔其柱，亦示傲也。今黄君莹中，以傲名斋，是则动静语默，道在其中，饮食起居，惟此一事。傲其眼不为施扬所盲，傲其耳不为郑卫所聋，傲其心不为蛮触所愚。夫如是，斯可谓之傲也。傲其思虑则荣辱两歧，傲其操履则得失异域。日尝三省，事出九思，防意如城，守口如瓶，斯傲也。

莹中周旋事机，谙练世故，其所以傲者，非止于一念虑、一语默之间也。则必曰："丹房有药苗枯耗之傲，神堂有火候差违之箴。日虞三彭，时障六肃，使心天无云，性海有月。"乃其傲之所诣之地也。傲其所傲犹不惟是，又必曰："枯木岩前，差路尤甚。夜明帘外，作者犹迷。猿惊马嘶，龙奔虎逸。"是可不于日用中傲其所守、所养者乎？天人路上，生死岸头，如苟用力，不昧所傲，若夫屡空之颜、一唯之曾，未有不自傲者。噫，非苟知之，亦允蹈之乎！

---

① "塞翁之于牧也，初何容心于得失哉"句原无此，据《玉隆集》、刘本、辑要本补。

泉州上清五雷院记

臣肉辂骈神，为业风飘堕乎湘南桂北。乃者鹤林彭耜，颙使以廉死生，且将桂隐诸葛琰书谂臣云："泉山雷祠成，始因嘉定辛巳之暮春，种不入土，郡橡道士垫庵庄致柔祷而雨，卒有秋。李震龙、谢震声各帅邦人，请立祠以祀雷。太守少卿宋钧嘉其请，命法掾黄从检踏兹址。实郡治震龙山之乾席，坎面离皇，岳峙其东帽，峰跨其西海，上有金鞍、宝盖贡其前，阴阳家谓双轮骤龟以为形，此仙灵之镇也。粉堞万雉，环之刺桐，山壮海雄，紫翠朝揖，福利左里，威营右翊。其地千尺而邃，三十弓而衮。诸葛琰与僧惠音度地胥宇，寓公菊坡、诸葛直清主其议甚力。经始于壬午上元，殆癸未重五，恭塑五雷法王、玉清真王之象，以保德、福德二圣配，其日大雷电。越季夏十有三，得鹤林所刊《雷经》，纳诸垩堂，圣像启明，霆声随震，一雨苏旱，人罔不欢心。重九后三日落成，靡金三百余万，且未经时而成之，速如此，殆神相也。中娄魔试，卒不可摇。千乘万骑，形于人梦者众；五风十雨，利于此邦者效。请记之。"

臣记致柔师礼于臣，因桂隐之荐，授以紫霄啸观鞭霆之书。致柔果有道行，去力于著，邦人信之笃。若夫祠之有契据，事之有条例，臣知诸葛琰殚所帑私，廪所心膂，独多焉。臣备位香案之余，受知菊坡散人且久，菊坡静退，琰子尤贤。敬沚毫濯研，以纪始事之岁月。天家事秘，霆笑律严，臣复何敢言。

登山记

岁在己卯春月闰三，白子与客联镳而游东山之上。是日也，朝曦暧暧，东风浩荡，吏兵百丁，前呼后唱，草木无恙，溪山有光。既而驰骋，相与举白，适然卯饮，诸客俱醺，方将据胡床，友筇枕。前峰猿啸，后树莺啼。于是枕藉已苏，矍然登云外之亭，按冷风之台，抚摩石龟之背。啸傲久之，风起树舞，云兴海悲，千雷一鸣，万雨四飞。有从天来者，玄裳缟衣，朱顶翠足，徘徊木杪，翱唳空翠，来自西北，久而渐没。或曰鹳也，或曰鹤也，翩翙有六。坐客以为今古之鹤，以六为群，岂是鹤也？为鹤林而出欤！予顾语鹤林曰："夫人非触物而不能兴感，而物亦待时而故然示人。"顷则雷消风止，云溃雨收，天气豁然，人意亦好，予若有感，于是乎书。

合皂①山崇真宫昊天殿记

窃闻道包埒扎，实在乎象帝之先；气运堪舆，最高者昊天之极。宅妙有玄真②之国，殿弥罗无上之都。豁落光明，渺渺紫金云梵之阙；恢宏湛寂，濛濛碧汉玉清之宫。位奠太微，尊居大有。是为上圣，允号无宗。宣玄范而总制十方，妙化机而统临三界。载考南郊之典，昔有圜丘之坛。其在道家，尤当祀事。莫谓无声之载，盍存临汝之诚。

合皂山福地崇真宫旧有殿帝之所，虽丽不华，似简而陋，方谋撤而新之。清江湖山杨舜臣者，崇道钦天之士，慨然捐镪，奇伍阡缗，独易其旧而更建焉。梓人执舆轮之役，陶氏运埏甓之工。始剏于壬申之冬，讫工于乙亥之秋，首尾四年，经营万力，伟哉，亦难事也。

嘉定庚辰，维时季暑，予来合皂山，适冲妙师朱季湘辖宫，遂以前此六年新昊天之殿为告，俾予记之。予自惟陶弘景为帝作记，李贺为帝作《玉楼记》，顾无陶、李清伟之文，亦切慕之，且语冲妙曰："夫上帝之居，百千万重道气，千二百官君，结空为天，凝梵为城，混合三营以为楼台，变化九霞以为宫室，霭垣而霓壤，霜楼而雷埏。飞廉督瑛桂琼槐之材，丰隆熏璆兰璐茨之事。璪橑而璜橑，琨栋而球楹。森舆卫于彤室之墀，萃千羽于紫扉之陛。环妃嫔如玉林之媚，罗班联如琼苑之繁。火玲天丁侍其轩，金精猛兽据其户。上有九旋麒麟之电钥，下有五琛狮豸之霞关。烹瑶鸾之膏以饲琅庭雪色玉精之蟾，挈瑑虎之腊以喂琳台云光金花之兔。玉娥鼓云瑟之夕，琼姬舞霓裳之晨。八鸾啸歌于炭廖，九虎飞鸣于闾阖。入则闲羽举凤辇于琛馆，出则飘霞衣鹤軿于瑶池。燕游玉京，蠕怡金阙。物物自化，事事无为。人享拾麻之年，寿等拂石之劫。此特记其仿佛。今舜臣所以为帝之离宫者，实依稀

---

① 合皂，原作"阁皂"，据《玉隆集》改，下同。
② 真，原作"直"，据参校本改。

之。若夫宝殿渊深，云龛炰烲，御容英粹，玉座委蛇。地皆砌以花砖，壁皆粉于银液。中边供具，左右羽仪。下甃凤墀，上陈鸳瓦。千楹耀日，万栱凝烟。高耸溟濛，雄压嶓崒。丹光紫氛之丽，朱扉黄阁之严。羽士有所归心，名山为之增气。以世俗而言之，献豆粥麦饭者天子嘉之，纳粟者爵之，贡马官官之。虽玉帝高高在上，其视甚微，其听甚卑，则舜臣蒙福之报宜何如也。夫以上帝之德，不可明言。开天执符，长御延康之历；含真体道，默膺混沌之图。且蚩蚩蠢蠢，林然于天地之间者，岂知乎帝力哉！尝谓至高者天，能降自求之福，鳝能谒斗，獭能祭天，况人也乎！"冲妙曰："然。"是年七月朔，琼山白玉蟾敬于殿中书。

游仙岩记

黄叶飞云，新雁篆空，庭蕙破玉，篱菊铸金。有客来自琼州，蓬发垂颐，黧面赤足，缁草文躯，露胫半裎，横锡袒肩，气概越尘。所适上清之三华，谒云谷君于薄暮。竹锁翠烟，檐铎橄风，龛灯微红，栖鹊呼雏。客乃驰怀，饮瀑茹芝。丁宵御枕，偃仰无梦，矍然凭窗，鼓唇而歌曰："梧桐枝上秋风起，碧水连天天映水。残鸦几点暮山紫，斜阳影落芦花里。蜂衙罢声蛙作市，藜杖落有寝簟机。天黎明，月痕消，安得异人兮仙岩作逍遥。"云谷君起而歌曰："酒初醒，睡初醒，有客长歌绕玉屏。我将治凫昌兮振瑶瓴，顺风一叶碧潭清。收拾千岩万壑之爽气，归来高卧乎松楥，与君结诗盟。"

翌晓驾小艇，系柳于鲤鱼岩之下。平田铺棋，鸦鹭分黑白，乱山开画，松竹自笔墨。释缆之鸡笼石，山花眩眼，岩鸟聒耳。放浪登天竺峰，古寺空四壁，柏子袅深殿。红峦际天，绿巘架空，猿啸黄昏，月横枯树，虎吼清夜，风号万窍。疏钟入云房，持瓢访丹井。盘陀无尘，坐歌一诗云："峰头鸠声呼晓雨，淡烟锁断岩前路。夜来湛露滴寒松，断云无家风掣空。携锡兮理屦，乘风欲归去。"云谷君至是稽首，话刀圭之妙。客抚石而歌曰："偃月炉中乌兔，朱砂鼎内龙虎。黑汞入红铅，红炉一粒圆。"

云谷君、琼州客既归，猿啼古壑，鹤唳冷泉。水国无舟，曳竹陟陆，孤村牛眠，流水白云，萧条然如庐阜间。云谷君还，旧客已倘佯矣，因笔识其行。

云窝记

武夷山一洞天也，神仙有无，或隐或显。昔此地筏铿饵紫芝，能乘风御气；神姹采黄术，能呼风檄雨。若夫张、魏诸真君，男女得仙者十三辈。不知何年中秋之夕，玉帝宴曾孙也。一杯既罢，箫鼓回空，当时诸君霞裙霓袂，飘然已仙矣。后世有炼丹岩、换骨岩者，盖当时事也。世传止止庵有李道士，幔亭峰有李铁笛，毛竹洞有李磨镜，一李耶，三李耶？升真洞下有张金蟾，鼓子洞下有张草衣，一张耶，二张耶？及如鼓楼岩之詹，灵岩之葛，与夫先辈道士吴怀玉，皆山中有人见之者。动辄^①腾风架空，浮叶泛水，丹鬓绿发，行步如飞。或蜕形，或尸解，或遁或存，使人欲慕之不可得，与语者第相错愕。不谓千载之下，仙踪寥寥，惟青草白云尚无恙，猿啼鹤唳，诚不忍闻。蓦而丹枢陈先生辟谷不粒，年已七八旬，犹方瞳漆发，其颜犹童。未知何许人，而终日凝神不语，兴寝笑谈与常人异，所附身仅一破衲。一旦在乎五曲之间，吟晦翁先生诗"山高云气深"之句，平林烟雨尚如昨也。于是诛茅伐竹，经营一庐，目其庐曰"云窝"。后倚大隐屏，前望三教峰，左则仙掌，右则天柱，面丹炉之石，枕铁象之岩，龙之形，虎之状，奇哉！东距仁智堂，西抵仙游馆，皆百举武。松之青，竹之翠，草之绿也。寒猿唤晓，碧烟濛濛，栖鸦催暮，紫霞漠漠，云飞白花，鸟放脆声。何况山之苍，水之碧，风又清，月又白。悄无人迹之地，以人间一年，此洞中一日，亦不为过。噫，真乐足矣，宜乎丹枢老者。至于人亦庐，庐亦人，与溪山相忘，与风月俱化。则有红鸾紫蜃、青鸟白鹤之事，先生知之。云窝既覆茅，嘉定之乙亥九月望，烟霞叶古熙如是。

驻云堂记

白玉蟾结茅于武夷，偶一日起湖海之兴。杖屦飘飘，未数举步，回首旧庐，猿惊鹤唳。一二扬袂间，不觉已铅山矣。道遇一褐，挈予归堂，循一炷

---

① 辄，原作"辍"，据同治本改。

柏子故事罢，战茗几碗，应言云水滋味，如此枯淡，如此孤介。又言学道如此艰苦，如此玄奥。予遂有言曰：此去不远八万四千余里，上有太清之都，玄圃丹丘，珠林玉洞，宝花异卉，满目琳琅，丽雀珍禽，声声韶濩。中有长裙大袂汉千辈，举身如鸿毛，一旦戏青鸾，舞白鹤，瞥然于五浊恶世之顶，所视苦趣众生，生死死生，如蚁旋磨，不忍为之鼻酸。于是胎其神于尘胞，范其形于色界。自襁褓以及了冠，不昧夙昔，常生修真养元之念，发猛勇心，办精进力，易服毁形，问津于道家者流。以此可见其慈悯众生之美意。或垢面而松发，或赤足而秃鬓，或冠逍遥如意之冠，或服灵静清淡之服，或青巾纸袄，或巨剑长琴，或单瓢只笠，或藜杖芒鞋，徜徉乎井里，萧散乎廛陌。世之人以目争睹，以手争指，耆以告稚，甲以谕乙，此则道人也。夫道不可得而名言，惟弘之在人耳。所以前辈著述丹经，又形而为之歌诗契论，皆显露金丹之旨，必欲津筏后学，率归仙畛。所谓铅、银、汞、砂者，即龙、虎、水、火也；所谓乌、兔、房、壁、者，即马、牛、龟、蛇也；所谓夫妇、男女者，即君臣、子母也；所谓乾坤、坎离者，即天地、日月也。喻之为丁公、黄婆，名之为婴儿、姹女，假之为黄芽、白雪，不过阴阳二字。觊乎尸解，积渐乎飞升。以要言之，形与神也，身与心也，神与气也，性与命也，其实一理。攒五行而聚五气，会三性而结三花，如是而修谓之丹，如是而入谓之道。则道人在天地间，固非庸常物。呜呼，昔年穴土以为庐，辑草以为室，寒则纫兰，馁则茹芝，在于林下一两声铁笛，发出无穷天地之秘。未得登天以前，巢其身，灰其志，惟恐闲名落人耳，又恐异状碍人目。与溪山鱼鸟相忘，与风月烟霞俱化。白云悠悠，青草芊芊，茂松青竹之下，虽不敢望肉生翅，且图千百岁坐视桑田沧海如何。此则道人也。良由世丁叔运，时鼓浇风，后进鱼龙，各自菽麦。遂建留云驻鹤之居，以宅此辈。使之宴坐乎绳床，偃仰乎簟榻，飘雨骤风不能残其身，凝冰积雪不能冽其体，宜乎身安道隆也。幸而阛阓中往往有奇人志士，有大人君子之心，筑堂以居此徒，借粮以饭此徒。赖得金丹之草，一丝之脉不绝，代不乏人，以鸣此道。铅山道堂置之久矣。四明周道明乃瓢笠中翘楚者也，遂启创堂话柄。有皇宦汝梁、汝渠，素志闲雅，酷慕清虚，旧有栖仙迎真之意，所恨独掌不鸣钟也。此意与周道明颇相契券。梓人运斤，陶氏埏埴，倏鸠群庸，弹指就绪，目之曰"驻云"。

予所喜者，玄纲中兴，而妙通老人香篆不灭。及乎观薰炉茶鼎，潇洒之甚。复有蒲围藁毡，新砖素壁，殊不坠旧典。早昼饘粥，香积有余，云集贴然，巾单挂壁。其间分形化气之士，又谁不知金汞还返之妙，出没隐显，人岂堪测！于篇诗斗酒之余，弹一两操琴，舞三四歇剑。狂歌野舞，翔然归宿。晨香夕灯，规绳整整。使江湖烟雨之叟，楚越风月之士，源源而来，栖栖而止，方见蓬莱三岛移在目前，羽衣霓裳端可顾揖，斯则道堂之设不虚也。向时刘安王修仙于汉，昭明太子修仙于梁，李元操修仙于唐，皆宗室，有此挺挺奇特汉。今是堂之主人，此之流也。异日阅籍于天台，换骨于武夷，皆始乎今日建堂纳士之举。前所谓天上神仙应世玩形而为道人，然则然矣。返本还源，归根复命，独不止此，当有一段奇特，世所希有。何哉？丹炉之火冷矣，白云之鹤飞矣，顶飞云玉灵之冠，衣宝华玄素之服，乘云中之青骆，驾天表之彩鸾，登霄极，谒天皇，此时也，神仙应世之事毕矣。虽不至人人皆钟、吕，吾恐其中间有一二，苟能具眼目，得遇青瞳[①]漆发之人，手持博山，请所愿学，道堂之意如是，道人之事如是，随喜书此结缘。嘉定丙子雨水后两日，援笔为记云。

橘隐记

太微宫中，奎星之精，化而为松。松之魂，松之魄，戏白龙，翔青凤，矫矫郁郁然，其间则有七松处士。太微宫中，室宿之星，化而为柳。柳之声，柳之奥，呼黄鹂，入紫燕，垂垂袅袅然，淡烟疏雨之间，其间则有五柳先生。古人所以隐于松者，盖欲示其孤高峭劲之节；古人所以隐于柳者，盖欲彰其温柔谦逊之志。岂不知七松处士、五柳先生，若人在于简册中，自有没世耳目，吾未闻橘之为物，果何如焉？扬州厥包橘柚，锡贡江陵千株橘，其人与千户侯等。如是橘可贵也。《风土记》名橘曰"胡柑"，巴人有"橘革[②]中藏二叟"语，如是则橘可奇也。潇湘有橘乡，洞庭有橘泽，云梦有橘里，彭泽有橘市，如是则橘可嘉也；陆续怀橘而遗母，李靖食橘而思兄，如

---

① 瞳，原作"童"，据刘本、辑要本、同治本改。

② 革，原作"草"，据参校本改。

是则可以存孝义。李德裕作《瑞橘赋》，张华作《灵橘歌》，如是则可以入文章。李元有"朱实似悬金"之句，沈休文有"金衣非所恡"之句。唐蓬莱殿六月九日赐群臣橘，秦阿房宫正月一日赐群臣橘。耽湖之多橘，寒州之盛橘，人孰不知！橘之为美，亦不易多得，故古今多记录，则橘果为异物也。

言其橘园则天涯散星宿也，观其橘实则木杪罗珠玑也。皮薄而瓣丰，肤气而味甘，刘禹锡之"甘逾萍实、寒比柘浆"。又何况其花如龙涎，其叶如鸭髻，其颗如蜡，其霜如琼，所以吕真人譬喻"金丹大如弹丸，色如朱橘"。吾今知橘如此也。

东南之邦，武夷之山，玄化之洞，冲佑之观，静廉之庵，有道士焉陈洪范，字天锡，道号曰造斋。生平于琴书外，偏有橘僻，酷嗜橘，林又多种橘。吾意其所爱者非爱橘也，盖喜吕真人譬金丹之意。所以一堂风月，满林烟雨，朝吟暮酌，逍遥自居，必竟内有所养，外有所玩。造次颠沛，常持一金一粒金丹。刻意若是，宜乎隐居于此，则视七松处士、五柳先生，大不相侔。其所居名"橘隐"，吾是以广大其意，彰丽其名，不为谬矣。

陈天锡之风神骨范，如秋之末霜，如夜之正月，如水之晓绿，如山之春青，一掬精神，已可健羡。平居暇日，闲于轩窗，几案惟蓄一琴，复事一剑，可谓苍梧紫橆之琴，青萍赤荇之剑也。多焚桐脂，以捣鲸胶胞，又于箓节，以缚毛锥兔颖。大率惟杜松门，空四壁，往来无俗丁者。以此而观，故可与溪山鱼鸟争清闲、夺恬静，又可与松竹烟霞斗魂爽、战滋味也。吾所以喜陈天锡之意如此。一旦抚琴长歌，属饮欲罢，请陶泓、毛颖辈祷予求一篇，盖欲发明橘隐之意。昔者缑山之仙子有诗曰："修炼还丹苦，不忍见甘橘。"青城丈人有诗曰："几回误吞橘，便欲升云天。"此皆古人托意之妙如此。陈天锡所以隐乎橘者，盖得缑山、青城二君子之意。况乎夜欲阑，风正清，月皎皎又下，猿啼一声，千林忽晓，栖盥之暇，抱琴于橘林之滨，岂无深深妙妙之意？子于此时，吾侑子以一曲曰："橘成林，橘成林，一亩白云空翠深。空翠深，中有仙翁抱一琴，夫谁知此心？"以是可以见橘隐一^①片滋味也。海南道人白玉蟾记。

---

① 一，原作"已"，据参校本改。

涌翠亭记

　　骚翁逸人，品藻山水，平章风月，皆曰"江南山水窟，江西风月窝"。嘉定戊寅，琼山白玉蟾携剑过玉隆，访富川，道经武城。双凫凌烟，一龙批月。憩武城之西，望大江之东，抚剑而长呼，顾天而长啸。环武城皆山也，苍崖翠壑，青松白石，寒猿叫树，古涧生风，峭壁数层，断崖千尺，翼然如舞天之鹤，婉然如罩烟之龙者。柳山也，白苹红蓼，紫竹苍沙，鱼浮碧波，鸥卧素月，琉璃万顷，舳舻千梭，窈然如霞姬之帔，湛然如湘娥之縠者。修江也，山之下而江，江之上而亭。亭曰"涌翠"，盖取东坡"山为翠浪涌"之句。观其风物，披其景象，如章贡之郁孤台，如浔阳之琵琶亭者。涌翠亭也，飞甍际天，倒影蘸水，天光水色，上下如镜，烟柳云丝，高低如幕，绿窗漏蟾，朱檐咬雨，华椽跃凤，鳞瓦铺鸳，四榻无尘，一间如画，玉栏截胜，银海凝清，鸥鹭不惊，龟鱼自乐。适其酒量，任其诗怀者，亭中人也。

　　若夫风开柳眼，露浥桃腮，黄鹂呼春，青鸟送雨，海棠嫩紫，芍药嫣红，宜其春也；碧荷铸钱，绿柳缲丝，龙孙脱壳，鸠妇唤晴，雨酿黄梅，日蒸绿李，宜其夏也；槐阴未断，雁信初来，秋英无言，晓露欲结，蓐收避席，青女办装，宜其秋也；桂子风高，芦花月老，溪毛碧瘦，山骨苍寒，千崖见梅，一雪欲腊，宜其冬也。复何所宜哉！朝阳东杲，万山青红。夕鸟南飞，群木紫翠。桐花落尽，柏子烧残。闲中日长，静里天大。渔舟唱晚，樵笛惊霞。有时而琴，胸中猿咽，指下泉悲；有时而棋，剥啄玉声，纵横星点；有时而书，春蛇入草，暮雁归芦；有时而画，溪山改观，草木生春。以此清兴，以此清幽，收入酒生涯，拥归诗世界。盖有得于斯亭，而不知有身世矣。山光浩荡，江势澎湃。松声如涛，月华如水。萤火[①]万点，俯仰浮光，禽簧一声，前后应和。飞青舞碧，凝紫流苍。于是而曰"涌翠"。芦湾不尽，凫渚无穷。挽回亭前，酌以元酒。招入酒里，咏入新诗。名公巨儒，鳞蹄叠副。骚板如栉，峻韵如霜。前者唱，后者和，长篇今，短篇古，亦莫罄其趣也。最是春雪浮空，高下玉树；夜月浸水，表里冰壶。渔歌断处，碧芷

---

① 萤火，原作"营火"，据参校本改。

浮天；帆影落时，绿芜涨岸。菰蒲萧瑟，舟楫往来，其乐自无穷也。作亭者谁？李亚夫也。

一日，桐城谭元振、上清黄日新，与余抱琴而憩其上，风吹鹤袂，人讶水仙。盘薄数篇，酬酢百盏。月影在地，马仆候门。援笔不思，聊述山水风月之滋味耳。知此味者，然后可以觞咏乎斯亭。主人曰："然。"予亦酩酊。明日追思世事如电沫，人生如云萍，蓬莱在何处，黄鹤杳不来。抱琴攫剑，复起舞于亭之上。神霄散吏书。

心远堂记

鹤为灵禽也，何以群于鹳鹜哉？而且与之巢丘原，饱稻粱，其视众禽等也。翩然离烟霞，绝风埃，宾青霞，翔碧落，则灵于鹳鹜远矣。莲为华妙也，何以族于菱茨哉？且与之杂蛙蛭，混泇泥，其视群华并也。嫣然拔沮洳，濯清泠，媚银床，艳玉井，则妙于菱茨多矣。若夫老聃官于柱下，庄周禄于漆园，张鲁侯中，许逊宰于旌阳，梅福尉于南昌，当是时，无以异于世人也。逮其精于内固，密行外充，隐化沦景，蹑梵登晨，驾麟龙，苔鸾鹤，乘云御气，啸风鞭霆，登昆仑，参灵寥，方且动心骇目，惊而讶之，思而慕之。买臣见弃于其妻，苏秦见侮于其嫂，无怪也。始其和光混俗之时，若甚侧微而耻其不已，若不人似，或加狎而侮之。至于惊人可喜之事，则群惊若麕，聚叹如鼠。殊不知身羁樊笼，志在霄汉。吁，鸿飞冥冥，弋人何慕焉？篱下燕雀，徒自啾啾耳。然圣人初何尝求异于人，亦未始自表见于世也。鱼欲异群鱼，舍水跃岸则死；虎欲异群虎，舍山入市则擒。然虽与之融然相忘，泰然俱化，其所以诣入者远甚于彼矣。

陶渊明当刘氏代晋之季，耻为斗米之所折腰，去而归柴桑，终日娱心于酒，是欲忘世者也。醉梦物我，糠秕天地，湛然无营，泊然不谋，故其诗文超迈群俗。合皂黄冠朱君季愈即清江之邑人[1]，父兄皆簪缨人，独君辽然而老氏是祖，志趣飘逸，不可测识。两辖宫事，数携琴剑诣京华，所至权贵皆倒屣之。上方紫其裾，锡其冲妙之号，今太极葛仙翁四十代剑印符箓之坛属以

---

[1] "之邑人"至"世之人或"一大段，原脱，据《玉隆集》补。

之。凡于金汞龙虎之书、六壬八门、三甲五雷之文，尤所精练。能诗书礼乐，且碧瞳红颐，端是风流表物也。即城陲之龙源，重兴善渊观，以徒黄花镒主之，何巨源副焉。观之方丈采陶诗"心远"之句以扁云，逶予记而文之：

"夫心者，澄之不清，扰之不浊，近不可取，远不可舍，寂然不动，感而遂通，大包乾坤，小入芥粟，如玉莲之不水，如云之已天。涣然如濯水之鱼，超然如跨山之虎，飘然如际云之鸿，贫贱不能移，富贵不能屈。居山林虽则惟静，处市井未尝稍喧。所谓在俗元无俗，居尘不染尘者也。朱君悟大隐居廓之说，知心远地自偏之句。曲肱蓬蓬，箕坐习习，有诗可鸣，有卷可执，初非蹈世纷而婴维萦也。棐几不受尘，松窗困白昼。老树苍藤之在阁，平沙远水之在壁。若颠崖狼谷，迅濑哀湍，平芜野莽，虬根蛟干，风昏露晓，月夜星天，不出户庭，尽在图籍，心愉眼饱，脸酣耳热。款门无襁褓之客，横轩有狻猊之鼎。解衣磐礴，据枕沉酣。是非不到心，宠辱不到耳。韬形于橐籥，融神于宇宙。履大块于黍米，望长河如建瓴。眼缬已收，心花为寂。天宇泰定，虚白发光。对境无心，对心无境，已绝云霄矣。于是朝朝暮暮师老庄，友张、许之与梅、葛，而与陶渊明相领会于形影之外，又何须猿鹤之与居，麋鹿之与邻，而后为心远哉！世之人或以苏朱①如上所说，以为如何者，不足静中冷眼一笑耳，世事淡如一杯水也。嗟夫，心一也，人自歧之，所谓溺嬖于利禄之途，无得而远矣。有如穷蹙飘零之士，志在枫宸；有如孤迥峭拔之士，志在烟霄。是皆其心远也。然不若四境红尘，万灶青烟，处此阛阓，寂若林泉，已如隔蓦蓬莱弱水之远，自非心了如君者能之，均一远耳，未可量也。或问远之义何如？曰：'空中之尘若非雪而未尝见，床下之蚁若斗牛而未尝闻。苟能悟言一室，高俯仰宇宙之大，有所见闻，则其心愈云泥矣。'"君字师韩。敬为之记。

武夷重建止止庵记

武夷之为山，考古秦人《列仙传》，盖篯铿于此炼丹焉。篯铿进雉羹

---

① 苏朱，原作"苏米"，据《玉隆集》、辑要本改。

于尧，尧封于彭城，后谓之彭祖，年及七百七十七岁而亡。生平惟隐武夷山，茹芝饮瀑，能乘风御气，腾身踊空，岂非仙也耶？铿有子二人，其一曰篯武，其次曰篯夷，因此遂名武夷山。三十六峰，第一峰九曲溪头，最初曲其地也。始则有太姥元君即其地以结庐，次则张湛继其踪而入室，其后有如鱼道超、鱼道远，皆秦时之女真，入此而隐焉。然此地其深邃不可言，四围皆生毛竹，人有樵采而见之者，因毛竹而目此二鱼为毛女，至今称之。晋人娄师钟、唐人薛邴，皆于此地炼真养元而去。本朝又闻东京李淘真、洛滨李铁笛、燕山李磨镜，相踵于其地卜筑也。丞相李纲亦尝访此三李，而符其夙昔梦雪之梦，盖欲于此而建吏隐亭焉。由是而后，有尼师数代，人名其庵曰"禅庵"，号其地曰"禅岩"。

呜呼，奇人异士，不世而出。自尔庵亦倾坏，地皆荆榛，但闻所谓止止之名，而无稽考之迹。山南曾孙詹琰夫，其字美中，盖世代簪绂，而胸宇英杰之人也。一旦叹曰："太史公穷九嶷，韩文公登太华，是皆思古而感慨者焉，岂好奇之谓也。浊世仕路多阨塞，不如结方外友，以为井灶砂汞之举，天其或者可飞升焉，可尸解焉。仙而可求，岂不容力。非曰能之，愿学焉。"忽有琼琯白玉蟾自广闽出而至武夷，适有披榛诛茅之意，盖亦契券詹美中之臆素。从而搜访止止庵之地，辟几百年不践之苔，划三五里延蔓之草，于是得其地焉。

岁在嘉定丙子之王春，始鸠工断梓，偫夫运甓，然而开创之难。未几而白玉蟾拂袖天台、雁荡矣。玉蟾言旋，而庵始成，美中固欲挽之以为三李隐居之设，玉蟾盖惮朱紫之往来，而膏车秣马，适所以废吾事而汩吾心。且自谓美中曰："庵成，皆子之余财余力故也。不弹指顷，堂宇落就，非霹雳手谁能如是！今但择其道宁心耐志、守素乐静之士，延而居之，使其开垦，数时花木繁盛。而玉蟾此去罗浮入室回，必永身以住持之。"美中曰："然。"又曰："然则先生既去也，宁不为我记其庵，而盟他日之再来乎？"玉蟾曰："唯。"

然是庵背倚幔亭峰，面对虎啸岩，左则天柱峰，右则铁枕障。入去不数举武，则有朱晦庵仁智堂；出来才一唤地，则有魏王会真庙。其间有冲佑观，修廊数百间，层楼数十所，玉笈锦囊，举皆御书，琼楼琅龛，悉储仙蜕。大云金身之招提，实左右乎止止之庵侧。后则瀑布悬崖，万丈云花；前则碧流盈溪，龙湫蛟浒。上有天鉴池，可以通弱水；下有升仙洞，可以透蓬莱。若武夷千岩万壑之奇，千山万水之胜，莫止止庵之地若也。云寒玉洞，烟锁琪林，紫桧封丹，清泉浣玉，猿随羽客，鹤唳芝田。铁笛一声，群仙交集；螺杯三饮，步虚泠泠。盖可以歌太空紫虚之洞章，吟玉灵羽翮之仙曲。然则尘埃不碍眼，古今皆一时，而绛幔虹桥之事犹宛然矣。奇哉，青草青，百鸟吟，亦可棋，亦可琴。有酒可对景，无诗自咏心。神仙渺茫在何许，武夷君在山之阴。孤①舟只棹归去来，琼花满地何处寻。岂非止止庵清绝胜妙处也！詹美中定知玉皇将再宴，白玉蟾亦将炼七返九还之丹，此日此文不徒作也。则然若异日有异事，犹见止止庵不徒建也。尝记元祐盛时，人在霍童山建一茅庵，谓之"寂寂"，不数年而庵之东已蜕矣，而此庵遂泯。至隆兴间，再有人启之，一二年而所启之人乃遇向日先创庵者，于是皆仙去，事皆《集仙传》。今而美中之事，又踪迹颇类之。盖止止者，止其所止也。《周易》"艮卦兼山"之义，盖发明止止之说，而《法华经》有"止止妙难思"之句，而庄子亦曰"虚室生白，吉祥止止"。是知三教之中，止止为妙义，有如鉴止水，观止月，吟六止之诗，作八止之赋，整整有人焉。止止之名，古者不徒名。止止之庵，今人不徒复兴，必有得止止之深者宅其庵焉。然则青山白云，无非无止止也；落花流水，亦止止也；啼鸟哀猿、荒苔断藓，尽是止止意思。若未能止止者参之，已有止止所得者，政知行住坐卧自有不止之止，非徒骈枯木死灰也。予特止止之辈也，今记此庵之人，同予入止止三昧，供养三清高上天一切众生，证止止。止止非止之止止，实谓止其止之止而已矣。海南白玉蟾识，先野后人幔亭曾孙龟峰詹琰夫立铭。

宝慈观记②

岳阳郡西，其支邑曰华容。华容之东三十里，有宝慈观。观前有七女峰，丹炉药臼尚无恙，湖光山色奇观也。夫荆、潭、黔、蜀，汇乎洞庭一湖。湖之滣一牛鸣地，则有契仙靖庐，此神仙三十六庐，其一靖也。古今传

---

① 孤，参校本皆无，据《武夷集》补。
② 据清乾隆二十五年（1760年）《华容县志》卷十增。

云：仙庐峰即此是已。乃有石门，旧时仙人孔升保炼道登晨之迹。迨晋黄门侍郎孙张惊喜隐于峰下，种姜栽蹲鸥，后亦仙飞。此宝慈所由兴也。

观以宝慈名，盖祖老君三宝之一而云。唐张燕公曰石门有绝境，宝慈是也，实指此观耳。每每天将雨，则峰顶一线之云忽起，少焉衍匜，林木悲啸，倏然沛下。及将雨止，则云气复归。往岁樵人见桃花成霞，时已霜月，归告峰下之人，再诣不复有矣。又有悬崖，得碧李满枝累累，他日踪迹之，咸失所在。信是烟霞窟宅，神人居之。啸风鞭霆，吐云吞雾，斯福地也。初入石门，翠影连蜷，万松夹路，藤萝茂密，花木芳鲜，幽涧璆然清寒，冈玉以立，众山伏跃，锁隔埃尘，路转山回，乃见洞户。意必有龙蟠其洲潭，夜虎啸林，晓鹿舞岭，兽皆异状，草不知名。虽夏亦寒，虽昼似晚，虽晴常阴。上有天风亭，指顾洞庭，如在怀袖，一望万里，心目显豁。下临千仞，毛骨飕飕，其外一桥，扁以"环秀"，使人如在范宽、李成图画中。餐青饮绿，自可忘饥，久而化之，非仙而何？千楹万楷，宫殿欲飞，广厦清堂，若古楼观，规制森肃，轮奂超骧。若寥阳之有殿，景阳之有阁，清富之有堂，契仙之有门，此其大概也。若曰碧云堂、观翠轩、凌空亭、揖仙台，则其胜处也。其前有曰朝计、丹光二亭；其后有曰琅玕、仁智二堂。又皆其登眺游览之尤者。一至焉，尘襟如冰，便欲乘云气，御飞龙，挟日月，旁宇宙。罘罳庋庮，客至，即授揖。檐铎风如递响，灯炱昼而长焰。四远八外来求福者，其袂成帷，冠裳率二十余，食指不下百众，寝浴庖溷，皆如人意。生徒良可教，有丛林风。先是，隋时治钟以赐，今犹存。宋治平中，即仍古额，更敕赐之。所谓三门，即嘉祐道士蒋程龟所建。及其龙虎二士，迄今尚在。中更丙午元二之祸，墟为砾，鞠为草，文籍契据，散落民家。绍兴甲子，黄冠师范博文，豫章人，始克以事，状白于官，官为之祖。乃度徒弟，恢复观庭，至今称之，于斯为盛。甲以授乙，乙以授丙，父子相代，流水住持。凡五更事，而道士陈允弼袭之，自省部至诸监司及郡邑，立为定例。允弼复度弟子八人，师孙六人。凡六更事，而至其徒杨有谦，乃新三清大殿。殿成告倦，即其弟子孙有年以州符领观事。有年告予曰："若夫观之为业，业之有产，则有图籍焉。夫以往古神灵之遗，历代沿革之旧，子盍为我记之？"予知斯言，实有亦志乎道者也。昼枕方苏，洞云斜拂而过，山雨倒飞以来，雷电助笔，悦书弗疑，有年喜而碑诸石。宝庆二年丙戌七月朔。

雷泽洞会真观记 ①

雷霆都会洞天，祁山枕其北，潇湘汇其南，石崖天齐，相望浯溪，白鹤巍峩环其东，四望突兀撑其西，此洞天之所以据其地之胜也。洞阳李君日新，字子温，崇道钦天之士。自幼为吏，两任莲幕，弃公不仕，励志慕冲虚，法参太极，修炼三五飞步之道。一日，于县西七里冈，忽见岩洞玲珑，可容人数十辈。苍崖峭壁，巉岩奇石，虎踞龙盘，鬼怪万状。又有一泉水行地中，冬温而夏清，掬饮而甘，慨然而叹曰："此非仙境也耶！"于是剪荆辟榛，邑士周君仲贤与之辅，捐锱不计其缗。始厰于皇庆癸丑之夏，鼎创三清宝殿、四圣真宫。梓人执其舆轮之役，陶氏运其埏甓之工。嗣汉三十八代天师真人给其额曰"会真观"，匾其洞曰"雷霆都会洞天"，傍有一窍匾曰"雷门"，内设五雷神像，外立九宫八卦雷坛。洞阳累登坛祈祷，甘雨应时，慰满农望，匾其泉曰"雷泽"。继而装塑三清尊像，宛然幻出玉京之境。至治辛酉冬，鼎建玉皇宝阁，上则弥罗真境，下而明德法堂。落成于泰定乙丑之夏，首尾一十二年。美哉仑，美哉奂，宝殿翚飞，云扆崀业，御容英粹，玉座委蛇。地皆砌以花砖，壁皆粉于银液，中边供具左右羽仪，下甃凤墀，上陈鸳瓦，千楹耀日，万栱凝烟，高耸溟濛，雄压蜻崒。丹光紫气之丽，朱扉黄阁之严，经营万力，伟哉，亦难事也。洞阳复赍赟诣龙虎山天师门下，请给戒牒，遥礼真懿。湖山虞君为师立派度人，拨膏腴一顷余赡众。此洞阳莫不为绵远之计也。乃以前新会真之事而告予，遂为之记。

嗟夫，高观始自于黄帝，清洽宫建自于夏禹，崇元观建自于周穆王，草楼观建自于伊喜，元明观建自于张久之。夫如是古今遗迹，难悉枚举，皆垂名于万世之下，不得泯焉。今会真始自洞阳而新之，得非后之视今世，亦由今之视昔也欤！旹泰定乙酉年夏吉日琼山白玉蟾记。

---

① 据清嘉庆十七年（1812年）《祁阳县志》卷二十三增。

翠虚真人得法记①

先生姓陈名楠，字南木，号翠虚翁，家世为琼州人。幼年师事薛道光，得太乙火符之秘。丹道既成，复归桑梓，以箍桶为业，混迹民间。嘉定戊辰，游黎母山，遇一道人，笑谓先生曰："子得薛紫贤太乙火符之旨，但未知太乙雷霆之法，亦可惜也。"先生谓道人曰："某慕道而已，不欲多学，以分其志。"道人笑曰："子何其愚也。独善一身，不能功及人物，神仙不取。是故张正一战鬼于西川，许敬之斩蛇施药，古今所传，不可诬也。"先生稽首而言曰："山野一贫如许，安得质信以传此法？"道人首肯而言曰："得人即传，又焉用利？子能信奉，施功及众，即吾之功。"引至岩石之下，开一石穴，取《都天大雷法》付之。道人告先生曰："惟五雷不可小用。元始天尊每当劫运，必命五雷君降世保劫。昔阴六为水，尧有九年之灾，预期命三山雷火君降世，生于伯鲧之家，是谓神禹。火伯风霆君降世为稷，播奏五谷。子宜保之，以度异时之劫。"临行顾谓陈君曰："吾非凡人，即雷部都督辛忠义也。吾师汪真人亲授玉清真王付度，今付与汝。"回首蹑身云端，目送不见其处。

嘉定壬申，先生不鄙，以付玉蟾，今以授之鹤林。得人即传，非人勿示，以有天机。琼山白玉蟾敬书。

---

① 据《道藏》之《道法会元》卷一〇八增。

第八卷

丹诀道法类 ^①

白先生金丹火候图

金丹火候诀

（真火本无候，大药不计斤。）

铅炉慢养真金液，土釜先干活水银。攒簇乾坤造化来，手抟日月炼成灰。金公无言姹女死，黄婆不老犹怀胎。汞心炼神赤龙性，铅身凝气白虎命。内外浑无一点阴，万象光中玉清境。

---

① 此卷篇章多据《道藏》，故不一一标明，别出之篇，则注明出处。

金丹大药诀

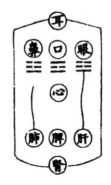

金得土则生，木得土则旺。水得土则止，火得土则息。离府龙飞，坎宫虎跃。金木混融，水火击搏。刑德主宾，浮沉清浊。三百日胎，二八两药。白雪虚无，黄芽圆觉。乌兔夫妻，龟蛇根蕚。朱砂不动，水银无著。铅鼎纯乾，紫霄云鹤。

金鼎图

心有孔窍谓之金鼎，黄帝铸九鼎者此也。

金丹图

形如弹丸，色同朱橘。

神室图

离种种边，壶中有天。玄之又玄，入众妙门。

婴儿图

（《修真十书》中图）

（《传道集》中图）

两个一般无二样，始知功满出尘埃。

刀圭图

饮刀圭者，味道之腴。三花聚鼎，五气朝元。

玄牝图

（玄牝）

玄牝之门，是谓天地根。

攒簇五行图

偃月炉图

三点如星现，横钩似月斜。

和合四象图

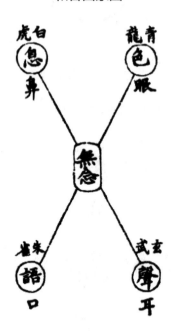

金丹捷径指玄图

三关图

形，忘形养气；气，忘气养神；神，忘神养虚。

性命图

神是性，性属离；气是命，命属坎。坤之中阴日，乾之中阳月。

产药川源图

药在西南（心神）是本乡，蟾光（元神）终日照西川（性海）。

药物火候图

神是火，火属心，心为汞。气是药，药属身，身为铅。

真土图

真土：黄房、黄婆、戊己、黄庭、土釜（是意）。

四象图

龙虎图

天、地、日、月

身是虎（元神）：敛神束魄充虎饥渴，虎来食噉生髓脂。（受气）

心是龙（元气）：凝心息念任龙蟠，龙蟠潭里珠光寒。（炼神）

金液还丹图

神气归虚，金液还丹。

白玉蟾曰："虚无自然，无中生有。万物一物，一贵乎守。回风混合，终日如酒。大梦得醒，雷轰电走。云收雨散，天长地久。"①

天地交姤图

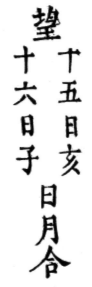

晦朔，天地交：铅见癸生须急采，金逢望远不堪尝。

日月合璧之图

望：十五日亥、十六日子，日月合。

---

① 此段《修真十书》本无，据参校本补。

丹法参同七鉴

华池，心源性海，谓之华池。

神水，性犹水也，谓之神水。

黄芽，心地开花，谓之黄芽。

白雪，虚室生白，谓之白雪。

河车，一气周流，谓之河车。

巽风，巽者，顺也，顺调其心。

金丹，清静光明，圆通广大。

丹法参同十九诀

一采药：收拾身心，敛藏神气。

二结丹：凝气聚神，念念不动。

三烹炼：金液炼形，玉符保身。

四固济：忘形绝念，谓之固济。

五武火：奋迅精神，驱除杂念。

六文火：专气致柔，含光默照。温温不绝，绵绵若存。

七沐浴：洗心涤虑，谓之沐浴。

八丹砂：有无交入，隐显相符。

九过关：果生枝上终期熟，子在胞中岂有殊。

十分胎：鸡能抱卵心常听，蝉到成形壳自分。

十一温养：知白守黑，神明自来。

十二防危：一念外驰，火候差失。

十三工夫：朝收暮采，日炼时烹。

十四交媾：念念相续，同成一片。

十五大还：对景无心，昼夜如一。

十六圣胎：蛰其神于中，藏其炁于内。

十七九转：火候足时，婴儿自现。

十八换鼎：子又生孙，千百亿化。

十九太极：形神俱妙，与道合真。

老君曰："道非欲虚，虚自归之；人能虚心，道自归之。"

丹法参同三十对偶

清浊	盈亏	衰旺	存亡	有无
吉凶	宾主	悔吝	生克	刑德
动静	进退	消息	沉浮	升降
老嫩	文武	刚柔	离合	聚会
往来	上下	雌雄	黑白	守战
剥复	生杀	深浅	抽添	寒暑

丹法参同二十贯穿

在天为日月星辰，在地为山河草木。

在人为夫妇男女，在易为乾坤坎离。

在象为龙虎乌兔，在数为九三二八。

在药为铅银砂汞，在医为燥湿寒温。

在内为经络营卫，在外为皮肤毛血。

在形为心肾肝肺，在时为阴阳寒暑。

在运为金木水火，在用为精神魂魄。

在道为隐显动静，在物为坛炉鼎室。

在妙为虚无自然，在方为东西南北。

在色为青红黑白，在景为春夏秋冬。

金丹火候口诀 [①]

古云："圣人传药不传火。"此《金丹捷径》，备言丹法细微之旨矣。终不敢明说火候。夫火候者，乃夺天地之气，盗日月之精，不敢轻泄 [②]。夙有仙骨，自然有份。

---

① 据《传道集》增。

② 泄，道藏本作"世"，据明刊《一化元宗》本改。

造物图

交合：磁石吸铁，隔碍潜通。

结胎：如鸡抱卵，暖气不绝；如龙养珠，不令间断。

交媾：龟龟相顾以神交，鹤鹤相唳以气交。

丹：蛤蚌采月，养成明珠；秋兔见月，遂有兔胎。

神气：如石禀秀，结成美玉；如松凌霜，抱其正气。

神：李广射石，出乎不知。

道：凿石得玉，淘沙见金。

神气：硫黄与水，求以共处。

一：物以类聚，水不洗水。

用：蠮螉咒水，传精送神。

老君曰："专气致柔，能如婴儿；常德不离，归于婴儿。"

仙化图

（此图论药物。老君曰："后其身而身先，忘其身而身存。"）

第一转金丹，谓之一返，谓之一还。如粪壤中有虫，名曰蜣螂。用铅不用铅，须向铅中作。

第二转金丹，谓之二返，谓之二还。如蜣螂采粪成丸子。玄珠成象，太乙归真。

第三转金丹，谓之三返，谓之三还。如蜣螂有两个，一雌一雄。夫妇老相逢，恩情自留恋。

第四转金丹，谓之四返，谓之四还。如蜣螂共滚粪丸，从地上行。周天火候，自在河车。

第五转金丹，谓之五返，谓之五还。如两个蜣螂共抱粪丸，守而精思。养正持盈，守雌抱雄。

第六转金丹，谓之六返，谓之六还。如粪丸之中有蠕白者。精神会聚，结成圣胎。

第七转金丹，谓之七返，谓之七还。如粪丸中蠕白已成蝉形。其中有精，杳杳冥冥；其中有物，恍恍惚惚。

第八转金丹，谓之八还。如蝉形已弃其粪丸之壳。节气既周，脱胎神化。

第九转金丹，谓之九还。如蜣螂死，粪丸裂，其蝉飞。形神俱妙。

天机图

（此图论火候。老君曰："绵绵若存，用之不勤。"）

十一月，第一转火候。如桃核入土。取将坎位中心实，点破离宫腹内阴。

十二月，第二转火候。如桃核生芽。无质生质是还丹，谁信无中养就儿。

正月，第三转火候。如桃核抽条。白雪黄芽才过了，一炉猛火煅红桃。

二月，此一月属卯，木旺在卯（防危虑险，沐浴丹头）。沐浴。

三月，第四转火候。如桃核发英。一霎火焰飞，真人自出现。

四月，第五转火候。如桃条敷华。牵将白虎归家养，产个明珠似月圆。

五月，第六转火候。如桃树生花。到此丹砂须沐浴，抽添运用更防危。

六月，第七转火候。如桃花已落，花蒂留其萼。饮刀圭，服丹砂。

七月，第八转火候。如桃花之萼结子。鸡卵中黄，龙珠内白。

八月，此一月属酉，金旺在酉（只宜养火，不可放逸）。沐浴。

九月，第九转火候。如桃实红熟。十月霜飞丹始熟，十月胎圆，超凡入圣。

十月，十月脱胎吞入腹，始知我命不由天。

六要口诀

火候不明，白雪不腾；药物不精，神丹不灵；配合不明，偏枯不成。

一要识药物，二要和鼎器，三要明火候，四要晓滴符，五要测变吉凶，六要变阴阳之进退，穷铅汞之玄微。

六要具明，方才下手，修炼者不可不知。

仙派

正阳真君—纯阳真君—海蟾真君—紫阳真人—杏林真人—道光真人—泥丸真人—玉蟾真人

静余玄问

耜问所得旁门小诀，先生云："吞咽一事，《云房三十九章》已言之矣。毕竟上咽下泄无所归，盖四大一身皆属阴，且道阳在甚处？"耜问："阳在甚处？"先生云："在乎杳杳冥冥，恍惚之中，释氏有云'不属中间与内外'是也。邵康节亦曰：'见时似有觅时无。'自内求之，皆属阴也；自外求之，则又非正阳，毕竟此事难说。"耜问："《参同契》所论日月龙虎，是精血么？"曰："非也。""是精气么？"曰："非也。"耜曰："如是则是甚么字？"先生云："只是神气二字。"

先生云："既是行法，且可精进，法不可多，多则将来何所归。"先生又云："行法如做官，修道如隐遁，如何一手捉得两条蛇？"

先生云："自紫阳下四代真人都只在。"耘问："既有解化月日，何得云在？"先生云："毕竟这个是肉身。"先生因说："紫阳天台人，杏林常州人，毗陵师阆州人，翠虚惠州人，又云衡州人。"先生忽于外席下出《都天大雷玉书》以授耘："可将归急写，明日送来。念汝一生慕道之心，成汝一生慕道之志。"耘问："翠虚真人既号翠虚，又称泥丸，如何？"先生云："翠虚子乃其自号。尝以泥丸与人治病，故湖广中人呼之为陈泥丸。"耘问翠虚真人得法之由，先生云："先师得雷书于黎母山中，不言其人姓氏，恐是神人所授也。丹法却是道光和尚所传。"先师尝醉语云："我是雷部辛判官弟子，干道光和尚甚事？"耘问翠虚解化之由，先生云："先师嘉定六年四月十四日，在漳州梁山，与一箍桶老子掎角，入水而逝。当日有潮州葛县尉在潭州宁乡县见之。先师与尉之父为久契，因寄一书，使尉归以达其父。后方知当日在此死，在彼见。予时随侍在彼，目睹其事。其箍桶老子有一斧在地，先师既相与入水，势不可救，因与一二人同归，寻其斧，则亦不见。先师彼时在漳州赴鹤会罢，说与会主云：'我要来会里尸解。'会主不以为事，遂留四句，命予题之会中而去。题云：'顶上雷声霹雳，混沌落地无踪。今朝得路便行，骑个无角火龙。'湖广中人常勒先师做诗，但见自口缕缕而出，皆成文理，第不肯把笔耳。"

耘问曰："耘之事先生，其日浅邪？六年矣，所得深邪！先生之道如海，洪渊莫窃。耘从容之日，见先生为人驱邪治病，或与之泥块，或与之木札，或石或炭，或可食或不可食，或物或非物，或有符水，或但告之以方略。每不与不告之者皆不可治，与而告之者例作效，耘不知其如何？窃亦心领意会，效先生之所为，往往亦灵验。"曰："此非世人所知。"

先生曰："自涕唾精津气血液之外，有真身不？必去此而就彼，自喜怒哀乐爱恶欲之外，有真性不？必是此而非彼。冥然无所念，宴然无所思，终日食而不味，终日衣而不丝。谓我容心于其间，则饥寒饱暖为可忧，生死苦乐为足凭，其知道之见邪？能知乎此，审能如此，则知张道陵、许逊、葛洪之徒，有妻子亦仙也，有酒肉亦仙也。其迹同于人，其心异于人。吾所以混俗和光者，不欲自异耳。鱼欲异群鱼，舍水跃岸则死；虎欲异群虎，舍山入市则擒。"耘曰："吁，诚哉。吾生死有命，贵贱有天，世人何不乐天知命，徒尔恶死而好生，恶贱而好贵。夫寒暑付之天时，此身非我有，实天所生。天将寒暑之，听其如之何也已。"

先生曰："《度人经》云：'欲界、色界、无色界'，此三界也。《天心法书》云：'天界、地界、空界'，此三界也。今之人有曰上、中、下三界，是其考究不精矣。或又曰天、地、水三界，则又谬之甚焉。《经》云：'泉曲之府，北都罗酆。'如是则地水皆属下界，明矣。甚至以酆都大帝为地界之主，扶桑大帝为水界之主。若论玉皇大天尊，正为天界之主；后土皇地祇，正为地界之主。斯当也。如酆都大帝、扶桑大帝，特一司之主宰耳。"

先生曰："修丹口诀，第一是要聚气凝神。"又曰："常常握固即聚气，念念守嘿即凝神。"又曰："万神常凝谓之灵，一气不散谓之宝。"又曰："金丹即灵宝，灵宝即金丹。"又曰："心荒即神狂，狂则乱，乱则不凝。"又曰："心宁则气和，和则定，定则不散。"又曰："护惜元气，如护惜眼睛。"又曰："心死方得神活，魄灭然后魂昌。"又曰："心常如愚，常要活泼泼，如走盘珠，故曰圆通。"又曰："此心呆又不是，死又不凝。"又曰："先学无心，次学忘形。"

先生告耜曰："尔谓十一曜咒，诚太上所说乎？"曰："诚哉！"曰："嘻，彼咒中有谓'甘石推流伏'。然甘德、石申，皆星翁也，却是春秋战国时人。甘石未生，此咒先有，质之于此，岂太上所说耶？"

先生问紫元留元长曰："尔谓世间混元如意之法诚然乎？"曰："然。"曰："嘻，彼法中有咒云'北极佑圣真君律令'，又曰'三天扶教辅玄大法师律令'，果尔，则可疑也。佑圣乃周时人，天师乃汉时人，若是混元法已在太上之先，亦不应用太上老君律令矣。况佑圣与天师乎，何哉？谓混元也。"

先生曰："先师泥丸翁昔在徽庙时，尝遇大洞真人孙君与之曰：'昔者元始天尊与太上老君所说经教甚不多，后人采撦编录，遂成一藏。如《北斗经》乃张正一所作，《南斗经》乃王长所作之类。大凡教人课诵，不如《灵宝度人经》玉皇天尊号为愈也。'"

先生告耜曰："得道者如婴儿之在母胎，得法者如元帅之坐筹幄。"先生曰："昔高丽僧有丹诀云：'不是有形物，不是无形物，看见乌碑砚，此是造化骨。'"

地元真诀①

《地元真诀》题辞

《地元真诀》，嘉靖间邵君伯崖为驸马都尉，崇尚道术，人以此献之云："为南方掘地所得。"觊邀重赏。伯崖乘醉，夜勒合板，鬻之通衢，献者怏怏罢去。不数日，而传满都市矣。余集丹经数种，总之，非重言则卮言也。求其梧枙笙簧，大按条理，莫如此种与《金药秘诀》，为言言有叙之书。旧传伯崖序，亦卓卓可诵。然仙非紫阳，安序秘诀？因删去之，而为数语，以志其端。

己亥仲夏一壑居士题。

虚无歌

虚无虚无何虚无，恍惚窈冥生流珠。流珠本是先天精，生我之时天地无。混混沌沌成一块，鸿鸿濛濛无内外。生我金刚体妙玄，金刚体妙初成天。初成天兮天一生，森罗万象满天明。火发烧天浮黎土，产出乾坤天地平。两仪判，日月行，万物初生人最灵。三才本我金刚体，变化万物在赤木。赤文本是葳蕤精，生天生地亦生人。天一生水成数六，成数八兮三生土。成数七兮生丙丁，丙丁火发入玄冥。玄冥之内水晶宫，内藏金木水火银。土生金，金藏火，金火同宫生玉果。此金此金非凡金，曩劫先天真水陀。炼出五色牟尼珠，价等天地无人我。此火此火非凡火，火化金镕光陀音。原来隐在黑铅内，能盗先天产虎龙。这个火，这个金，升天拔宅少知天。七返朱砂还本源，水银一味分为二。白金黄金为鼎器，专炼水银这一醒。炼芽原借先天水，外可成金内可仙。九还金液复还乾，六阳芽老本先池。硫珠鼎共硫金池，内有和合成牟尼。吾若不言真池鼎，迷人如何能自池。吾若不言真药物，铅汞如何能自结。七返有池还有鼎，九还有鼎岂无黑铅炼出白金来，白金炼极金花开。金花朵朵是黄金，返本还元真水银。水银便是长生药，不是凡间水银作。朱雀炎空飞下来，摧折羽毛头与脚。水银从此不能飞，化作金丹成大药。吾若不言真下手，迷人如何能自剖。一池踵息炼金花，一鼎求汞生丹砂。颠倒取来逆顺炼，阳关三叠实堪夸。阳关三叠真至妙，清浊分在玄关窍。取清汞，作金丹，根浊制八石，点五金。瓦烁^①成金不可言，人吞一粒便成仙。吾若不言真火候，迷人下手还虚谬。文火求铅炼赤文，武火采取防休咎。一诀天机值万金，龙蟠深窟不传人。传人不传轻薄子，安能作圣与成真。吾若不言神圣药，所以学人都认错。白金本是金花根，非得黑铅花不生。黑铅内隐真汞体，非得白金神自隐。白金炼出真黄金，黄金制取金花粉。互相烹炼本黑铅，非得黑铅汞不干。黑铅内隐先天炁，炼出黄舆成翡翠。外药成金内药仙，离尘永证天仙位。吾若不言真内外，炼不成时个个怪。轻清服饵作神仙，重浊点金堆泰山。一得可隐真可隐，不隐遭愆罪在天。吾若不言真炉火，举世学人盲与跛。种得金花是药材，一配朱砂生玉果。一胎母气初传子，二胎水银混沌死。三胎原来始得灵，却嫌宗祖是嚣尘。一星药点铜色变，雪花飞处脱红云。吾若不言干汞法，飞仙池内金花撒。朱砂配取通灵药，真铅要识真庚甲。再煎再配成至宝，成得之人世上少。一得永得不传人，从此一心不弄巧。吾若不言真配合，浩劫神仙不肯说。白金八两黑铅同，三元池鼎列雌雄。颠倒取来顺逆炼，三十六时运火功。吾若不言真转制，安识屯蒙与既未。否泰复姤总不知，致使学人常似醉。屯蒙是水火，水火是铅银。未济是求汞，既济合君臣。否卦是不交，泰卦内外通。复是终而始，姤是合雌雄。原来无卦象，得理心便通。一诀通玄窍，妙在羲黄公。付与学仙人，地元丹始成。神功在百日，药就鬼神钦。

真铅歌

真铅真铅何真铅，金花发处是先天。白金为鼎黑铅配，踵息炼气采真铅。真铅本是白金体，返本还元自元始。元始气是水中金，一画乾金生自癸。日中乌，月中兔，金乌飞入嫦娥户。白金黑金一脉生，华池神水真铅路。华池神水湛澄澄，真铅产处金花生。金花便是真铅脉，癸水成器壬水

① 烁，疑为"砾"之误。

真。壬水真，金花现，碧潭飞起龙泉剑。斩尽邪魔不见踪，突出神珠光似电。光似电，少人知，白虎好吃乌龟脂。金乌飞入广寒宫，朵朵金莲水面红。水面红，发神火，文武机关要细剖。三开三阖产金铅，露出芙蓉华万朵。华万朵，是金花，献上西池王母家。金花布满金沙界，布就金沙散彩霞。散彩霞，是玄白，金公生在玄关穴。玄关一穴金花开，赫赫火红飞白雪。飞白雪，金花绕，今古迷人知者少。万劫一传不可言，会得诚然无价宝。无价宝，连城璧，举世学人谁得识。得来实是上天梯，拔宅飞升从此日。从此日，识真铅，种得金花天外天。真铅非得先天汞，独立孤阳体不全。体不全，不敢道，得者长歌拍手笑。得了真铅收拾来，深深藏在玄关窍。

真汞歌

真汞真汞何真汞，举世迷人个个弄。弄不成时破家园，所以学人不敢用。不敢用，难辨也，清者为真浊者假。浊者假，何从辨，下手之时总不成。转换流光忙似电，忙似电，实可怜，谁识先天与后天。真汞产在黑金内，非得白金气岂传。气岂传，谁识我，上下通红功在火。白虎唉尽乌龟精，产出黄金光陀陀。光陀陀，少人知，取得金酥世罕稀。利刀挖得青龙髓，献上东华太乙池。太乙池，真汞窟，神火炎炎烧震木。青汞养经八百岁，青埃化作神仙禄。神仙禄，不敢说，用铅不用是真诀。用铅要识用铅微，神妙仙机在玄白。在玄白，疾下手，知白守黑无中有。取得二八青龙精，降得狮王就地吼。就在吼，一团酥，神火通红太乙炉。真汞一灵生坎户，太阳耿耿化硫珠。化硫珠，独一味，且随兑虎为匹配。只因一见丁公面，金木调和会同类。会同类，造化功，方知白虎会青龙。昼夜风雷不暂停，招摄金酥满鼎红。满鼎红，结三华，三华聚顶散金霞。霞光辽绕青龙窟，窟中渐渐变灵芽。灵芽变，变灵芽，灵芽烹成一颗砂。一颗砂，不敢说，神仙泄自威音国。威音国，太轻泄，爱奴食尽生灵血。擒来牢关一钵中，万妖千鬼如何谒。如何谒，细详察，观见金莲水面发。坎戊真机一诀中，得来从此定庚甲。定庚甲，非凡金，不是凡砂及水银。神丹全藉丁公力，庚甲原从火里生。火里生，赤丹砂，池中匹配美金花。金花便是真铅脉，真汞青龙实可夸。实可夸，细收拾，用心点检铸神室。万两黄金买不得，吞入腹中甜如蜜。甜如蜜，非凡砂，学人要识东门瓜。能盗水银一味真，不劳费力走天涯。

真土歌

真土真土何真土，乌兔轮回运今古。金花原从坎内来，真砂须向离中取。离中取，真戊己，庚甲生成无可比。得来不是黄白金，神仙暂借黄白体。黄白体，造化功，黄白分明在坎宫。震龙盗取黑龟精，白虎分明藉震龙。藉震龙，乾坤鼎，说与世人都不醒。消磨今古许多人，举世无人定纲领。定纲领，采药物，好把阴阳自调燮。采清永作金丹根，取浊能将八石克。八石克，说真机，窍妙分明在坎离。离中有火坎中水，一味黑铅世少知。世少知，硫黄质，水火潜藏谁得识。土池种出琥珀精，混元鼎内丹砂赤。丹砂赤，庚甲生，分明铅汞掌中擒。擒来方识真戊己，二土原来是水银。是水银，非凡砂，变化实在美金花。白金返本朝王母，还元金鼎谒东华。谒东华，功未毕，采清去浊在消息。学人要识一炉红，调燮三家合为一。合为一，真至妙，水火土入玄关窍。窍中一粒死水银，所以神仙拍手笑。拍手笑，莫轻谈，谁识先天与后天。互相盗窃天地机，得来秘密无多言。无多言，隔仙凡，至妙分明两个圈。圈中一窍真玄妙，内隐金丹一粒圆。一粒圆，不能取，好把天机细细指。下手机关一诀中，进退抽添天地理。天地理，铅汞精，硫黄质兮琥珀形。琥珀形，真难得，变化分明在黄白。黄白为祖得成真，分明一味水中金。水中金，只一味，自古神仙道为贵。世人不识作器尘，嘱咐深深藏玉匮。

炼精化气

木生在亥本乾元，混沌初分太极先。艮上萌芽初出土，寅初生火火生烟。旺在卯方青色茂，又生辰土倍如山。巽风吹动黑烟起，已火通明火熖连。赤乌飞入北溟海，土旺中宫方产铅。寄金在兑镇西隅，西南二气产先天。炼土英灵能采得，固济严密煅作团。灰池配合炼水银，灼灼金花产后天。黄云一起枣花生，池中景象圣人传。八两癸水炼一两，二百一十六数终。此是真机不敢说，炼如明镜似秋月。菡萏花从水面开，自然真炁产出来。产出来，重八两，玲玲珑珑不敢讲，神仙呼为出世宝。一回炼了一回好，水面光生花满沼。圆陀陀，光灼灼，此是神仙第一着。一着将来去炼神，定拟飞升跨鸾鹤。

炼气化神

采得先天一味铅，水中取气炼先天。前弦八两后弦八，金水同宫炼八还。炼八还，不敢说，混元池内火光灼。八两玲珑癸丙丁，露出仙机第一着。上下釜，合乾坤，好把中宫着意寻。外边武煅六时足，一百四十四数终。水如数，火如数，真气氤氲频频住。炼就金团无价珠，迸出紫金光色曙。光色曙，初通灵，窥见金莲水面生。水面花生光满沼，威光鼎内火如云。渴龙岔水生金粟，金粟收来颗颗灵。颗颗灵，真富足，胜积金珠千万斛。从此炼神至还虚，还虚膺授天仙禄。

炼神还虚

混元池内不通风，此是神仙向上功。上下四围光闪灼，赤龙绕顶炼蟠龙。蟠龙吐出五色华，露出先天白马牙。三十六时火不停，希君同玩紫金砂。紫金砂，真至妙，所以神仙不敢道。将来铸作乾坤鼎，中心径寸虚无窍。虚无窍，不敢言，以有招无合太玄。分明一个神仙窍，直指先天与后天。水火烹煎炼作乾，乾炉能采火中莲。火中莲，合至虚，子生孙兮孙又枝。烹成一味干水银，点化分胎任意施。任意施，真汞木，能使后天砂汞伏，先天定作虚无谷。虚无谷，元一炁，一炁能生二十四。后天渣质莫施为，安得神圣先天炁。

鼎器妙用

有鼎无鼎兮，有无鼎器。世人不识兮，诚然是醉。金银为鼎兮，黄白相配。若无城廓兮，难招真炁。神鼎真正兮，玄白自契。玄黄真炁兮，先天先地。东三南二兮，北一西四。戊己数五兮，一十五数。能识十五兮，火金水戊。火二水一兮，都归戊库。其三不入兮，水火同路。水火同宫兮，造化包护。内鼎金银兮，勿谓可做。外鼎铁土兮，诚然坚固。上弦金水兮，下弦火数。炼作黄舆兮，飞空走雾。凡砂凡汞兮，生死相顾。相顾通灵兮，八石相助。点化金银兮，济贫道路。九转丹成兮，天神企慕。始初筑基兮，铅用四九。炁得半斤兮，口吞北斗。用武七十兮，诚能下手。计金八两兮，真汞实有。红铅若识兮，西江一口。三十文爻兮，数合奇偶。二百六十兮，调匀保守。守城野战兮，毫无差谬。四九三十六兮，火候足有。初子丹成兮，永作神仙禄。转转成功兮，火火火伏。伏火制火兮，收成万斛。不依法象兮，耗财碌碌。识得黄白兮，铅汞化金粟。乘鸾跨鹤兮，身膺五福。拔宅飞升兮，安同世俗。

鼎器歌

有鼎有鼎何有鼎，说与世人都不醒。分明内鼎用黄金，水银一味为纲领。造池密密采真铅，造鼎采汞为金粉。土池下面布灰池，灰池上面安铅鼎。此鼎式高一尺二，周围三五君须记。四八口宽不可余，分明唇厚一寸二。一寸二，厚薄均，中心神室鸡子形。包藏两层上下釜，层层窍妙通虚灵。土六磁三缸炭一，造成内外鼎神室。极干通红煅三日，再入灰缸养一七。说有鼎，其实无，只因难得先天釜。圣人演象窥天巧，只求一味水银孤。首尾武，中间文，中间文火温温煮。学人要识火调停，三十文爻七十武。三百六十分明数，文爻文爻温土釜。首尾武爻逐旋补，首尾诚能炼汞铅。铅汞首尾求真土，求真土，造池要坚且要厚，诚然决然不虚谬。学人依法识行持，真铅真汞依法就。只因池鼎无人指，可笑迷人妄猜举。须要依法制将来，经久坚真尽始终。

元会真机

元始祖炁，先天乾金。在天为阳，在地为阴。在人为性，朗朗长存。包括万物，生天地人。内藏真火，变化水银。光辉万里，霹雳丙丁。恍恍惚惚，杳杳冥冥。朱雀炎空，飞不消停。东照生木，西照生金。南行生火，北毓生壬。壬水未判，先天至真。天得一清，地得一宁，人得一生。三元和合，万物敷荣。天发杀机，易宿移星。地发杀机，龙蛇奔腾。人发杀机，变易性情。神机泄破，惟一可珍。一生壬癸，壬阳癸阴。在地为癸，在天为壬。癸则有质，壬则虚灵。有气无质，寄于癸丁。自呼本姓，号水中金。若人识我，元始天尊。若人识我，轩辕帝君。若人识我，淮南王宁。若人识我，旌阳真君。若人识我，纯阳洞宾。若人识我，历代真人。知我者神明，得我者长生，炼我者丹成。鼎用坤母，号曰白金。配以玄水，玄白生神。先于灰池，腾倒晶英。秋月皎洁，明镜无尘。金花闪灼，内长黄云。洁白见宝，可造黄金。造混元鼎，件件分明。台起品级，滴露层层。台上有龟，排列八门。龟内有釜，廓落最深。釜内有鼎，理按君臣。鼎内神室，鸡子之形。上下二釜，合为乾坤。一吐一纳，一降一升。升为至阳，降为至阴。神室之内，径寸中心。其中窍妙，白金气腾。下有坎水，内含阳精。华池神水，神水真金。闪灼先天，发泄乾金。乾坤橐籥，故有数成。八两地魄，半斤天魂。天魂无质，地魄有形。炼无生有，配合均匀。黄白鼎器，有无主宾。主宾庆际，

龙虎风云。进水有数，进火无零。水数既终，真汞乃生。二转配合，丹砂乃成。三转分胎，祖宗器尘。发泄天机，铜散红云。八石听令，五金归真。炼至九转，草木敷荣。凡磁瓦砾，尽皆成珍。号曰地元，变化通神。马齿瓓玕，列辕龙鳞。钟乳黄舆，化明窗尘。炼神至此，听继天人。神符白雪，历历有文。如斯口诀，用意细寻。下手最易，转制详明。药物真正，火候调停。有文有武，花开果成。此机直露，付与学人。

坛台传示

炼丹诀，炼丹诀，科禁至严不敢泄。知君夙世有仙风，故把天机对君说。安炉立鼎法乾坤，坛台高筑名山泽。炼汞铅，事优劣，时当午夜中秋节。径上高楼玩月华，一轮五彩霞光彻。铅求玉兔脑中精，汞取金乌心内血。只驱二物炼成丹，至道不烦无纽捏。更无别药来相助，惟有水火相交迭。火取日，水取月，又与诸家全各别。运行符火合天机，攒簇阴阳神莫测。赤凤飞归混沌窝，白龟趋入昆仑穴。龙虎驯，婴姹悦，黄婆巧弄千般舌。一时配合入兰房，夫妇交欢情意热。日旋补，灵胎结，胎完耿耿紫金色。脱胎换骨象盈亏，转制抽添按圆缺。从此蕊苗化灵根，朝种暮收无休歇。无休歇，分黄白，巧夺造化转神丹，凝结精英聚魂魄。火符结就无价珍，钟乳玲珑吐金珀。九黄牙，九白雪，九九神符性猛烈。紫霞紫绶紫灵芝，红似日轮鲜似血。赫赫明晶能返魂，返魂再活生徐甲。一厘能点一斤金，一粒遐龄千万劫。形神俱妙号真人，圆觉声闻心胆彻。功成行满天诏宣，风化龙飞并拨宅。臣侍虚皇御座前，九玄七祖皆超越。吾今逐一说与

君，只恐言多返疑惑。宝①而敬之密密行，他年同赴黄金阙。

附：白玉蟾真人秋石歌②

秋石诀，秋石诀，谨守至言休漏泄。知君夙世有仙风，教把天机对君说。安炉立鼎法乾坤，高筑坛名山泽。炼真铅，色有别，时当午夜中秋节。竟上南楼玩月华，一轮五彩光渊彻。秋求玉兔脑中精，石取金乌心内血。只此二物结灵丹，至道不繁无扭捏。火取日，水取月，又与诸家闻各别。内行符火合天机，攒簇阴阳人莫测。青凤飞归混沌窝，白龟趋入昆仑穴。龙虎驯，婴姹越，黄婆巧弄千般舌。一时会合入兰房，夫妇交欢情定热。日旋补，灵胎结，胎完耿耿紫金色。脱胎换骨象盈亏，转制抽添按圆缺。紫霞紫绶紫灵芝，红似日轮鲜赫赫。一厘能点一斤金，一粒退龄千万结。功成幸满天诏宣，凤化龙飞并拨擢。吾今一一说与君，只恐多言返疑惑。得之之难默默行，他年名挂黄金阙。

玉蟾白真人大丹秘诀③

（卷之上）

追魂插骨朱砂歌

死朱砂，得铅气，栽接汞苗兹配对。砂得铅气为一味，真铅死汞匚炉制。鼎鼎同，真汞种入真土中。二八春秋沐浴子，阴魄自然归阳魂。寒来暑往运真土，玉苗发生至十五。温火斗柄运周天，河车搬运翻今古。火添长子要心坚，恩得母炁意能深。三千功满时日足，眼看大地尽黄金。使草药，皆是错，八石硇砠似张罗，水艮一味不须多。阴阳交姤用黄婆，真母养砂号筑

---

① 宝，原作"保"，据清傅金铨《外金丹》改。

② 按：此篇摘自明吴正伦《养生类要》前集。《类要》序在嘉靖四十三年（1564年），盖与《地元真诀》出嘉靖间同时。吴氏之题名"白真人秋石歌"，意在论童便炼取秋石之术，其歌诀与《真诀》"坛台传示"几乎全同，惟略有去取及改动。然就此歌之意，中有点金之道，故绝非童便秋石之术也。附录于此，可观丹经流传演化变迁之迹。

③ 据外丹抄本增。

基。听虎啸，闻龙吟，夫妇交姤正情浓。千炉万炉鼎鼎同，一药养下儿，孙又产孙子，孙孙重相见，九转胎灵点铜铁。四转灵最灵，朝种暮收无休歇。六转七转烹，炼如黍米珠，玉皇呼为天上客。八转九转汞极灵，灵胎干汞极通神。初时种植无别物，只是一味水中金。

取水中金诀

水中金，即是黑铅之神水。黑铅生阳山离地，在土受天三千年之正炁而成，即是先天真一之炁，故名。真土制真铅，真铅制真汞，真汞制死成丹，再无别物，其外助药，师传不行竹帛。

诗曰：乌肝莫计几多重，地作池兮天作笼。真土铅精由此得，水中金伏火中龙。

炼凡铅口诀

凡铅即黄白之宝，阳山离地所产，原受天地三千年之正气而成铅，系乎铅之发生，而铅之根脉而成也。出山黄白之宝，不犯杂类，即是真铅。出山被人煎炼日久，参杂红铜之别类，耗散胎元之炁，故名凡铅。必假黑铅收摄红铜，使黄白仍还真体，复以盗受铅气，是为真铅。

诗曰：凡铅杂类不必为，须藉炉中着实追。癸水不留真炁爽，超凡入圣达仙基。

炼真铅诀

真铅不犯杂类，如再复其体，体虽真而精气耗也。欲得复精气，必用黑铅烹炼，方得精气神全，故名真铅，不用非言。

诗曰：真铅本是真铅矿，凡矿能作为圣基。若要铅中真一髓，开炉炼到日沉西。

炼真汞诀

真汞出是 ① 砂中，乃至阴之物，玄元之火。砂生离地阳山，俱受天地之

---

① 是，疑为"自"之误。

正炁，所生朱砂外阳而内阴。内阴之物，汞也，乃纯阴之物，得此阳气而成丹也。纯阳之炁，乃先天真一之炁是也。

诗曰：真汞原来没作为，离中取火赖丁威。丁公文武全凭锁，锁住青龙不解飞。

追魂插骨口诀

插骨，摄吸盗夺也；魂者，阳也；骨者，精气胎元也。艮铅之精气，乃不动之物，再难盗之，必以砂汞相盗，方得神交气感。砂汞摇动之物，是以动吸静，以性合情，丹砂木精，得金乃并也。

诗曰：追魂插骨是如何，砂盗铅精造化多。顷刻功成神气妙，取来配汞炼灵柯。

配合口诀

配合者，是配一阴一阳也。白虎，西北金气；青龙，东南木精。两家二八，方得调停，龙降虎伏，自然和合乾坤，药即成矣。

诗曰：白虎青龙入铁房，气散精停始伏降。龙得铅精虎气泄，三家化作紫金霜。

温养口诀

温者，文火也；养者，工夫法则也。火大丹走，火小丹不熟，功在半载，一岁通灵。若能持守，不日飞升也。

诗曰：铜墙铁壁坐鼎炉，百日工夫力尚微。六百卦加阳气足，如鸡抱暖不堪离。

火候口诀

火是凡火，候是五日，非一朝一夕之谓。火是在寅卯午酉，初先养火，百日服气子，共要三百日也。

诗曰：火候从来不立炉，抽添进退火功夫。常防不测并偏颇，旺相休囚怕细粗。

伏火诀

伏气者，乳哺也。气不足而力有余，不足则乳，有余则哺矣。

脱阴　天地匚　阴阳关　三关

诗曰：周天火足尚防危，砂汞从来不怕微。精气不全宜乳哺，再温再养上天梯。

栽接了　过关了　入长生匚了　不服气了　不脱阴了

脱阴诀

脱者，追驱也；阴者，微气也。丹存一点微气，必当驱尽阴符，方为灵子。径是入天地匚也，仍过关。鼎鼎如斯，转制之也。

诗曰：灵芽气足始为真，尚有余阴气未纯。送入严炉升炼过，方知灵子始超群。

超脱过关诀

超脱者，超凡入圣也。不炼不超，不烹不脱，不超不圣，不脱不神。超脱不明，过关不尽，成丹远矣。

诗曰：药熟原来先后天，今朝三体变成乾。安居熟炼丁公勇，烧作灵爷化化生。

上卷以见真土、真铅、真汞、温养、火候、初子工夫，下卷以见九子、玉液还丹之备也。

白玉蟾真人大丹秘诀上卷终

（卷之下）

插骨追魂化生诗

汞真纯兮体变刚，无穷生化力相当。从今娶了离家女，一日夫妻一日光。

化生后诗

要知火候真机诀，只怕寒兮又怕热。赤子工夫着意寻，寒莫寒兮热莫热。

铅汞诗诀

自古丹基惟汞铅，兔乌交姤虎龙缠。今朝题破烧丹记，铅汞真机有几言。

连音调时诀

还丹由来大寻根，金丹只此再无玄。汞砂转制生生妙，九转丹成福自天。一转浊，二转拙，三转灵丹点铜铁，四转五转灵，六转妙，七转生来黍米珠，分明八转铸宝鼎，九转丹成黍珠珍，服之一粒成仙人。

一转浊诗

真汞真铅炼大丹，虎髓龙精总是凡。虽然炼就丹之祖，俗骨真精解脱难。

二转拙诗

水艮死了还生汞，死了须生尚未明。总为阴符尤在体，至今难脱宝之精。

三转点铜铁

汞死多翻渐见灵，辰砂一见化为珍。虽然点化铅铜锡，也要工夫炼得成。

四转灵

灵砂今朝养赤砂，赤砂渐渐气如霞。此般妙药人间少，解使贫家作富家。

五转六转灵

灵砂步步去登仙，八石擒成立可煎。谩说砂精成至宝，岂知太祖盗先天。

七转生黍珠

灵宝还来养赤砂，砂精自解俊英华。一朝火候丹成熟，点锡煎铜未可夸。

八转宝鼎

八转将来铸宝鼎，黍珠灵丹即汞烹。但将此汞为生鼎，种炁铅枯是炼丹。

九转灵丹

九转炼成黍米珠，服之一粒成仙人。神仙宝鼎炼仙丹，砂入其中不等闲。一粒粟中藏世界，服之身驾紫云端。

还丹总诀二首

还丹火候是难占，阳灭阴加抽与添。但把一心寻卯酉，丙丁巳午四时烹。丙丁抽添与进退，阳灭阴加傍晦昧。东西南北及三方，四外虚盈常应对。

又曰

旧加新减莫寻常，进退抽添几样妆。丙炼丁温知节度，虚盈晦昧识相当。

附：吕祖下手炼铅诗

水府寻胎合火铅，黑红红黑妙玄玄。气中生炁肌肤润，精内含精性命全。药返便为真道士，丹还即是圣胎仙。出神入定虚花语，徒费工夫万万年。

玉蟾白真人口诀终

又附：白真人歌 ①

要死朱砂得铅气，栽接汞苗坎配对。砂得铅气为真土，砂炼铅黄死作匮。炉即是鼎鼎同真，汞种华池机自灵。初时真种无别药，足即一味水中金。

---

① 此歌据清傅金铨《道书十七种》之《外金丹》卷三辑入。

金华冲碧丹经秘旨

金华冲碧丹经秘旨传

余之家世西蜀，孟君三世孙也。寓居峨嵋之西峰，生平酷嗜行持，而遍参云水，游谒江湖，足迹半天下。偶于嘉定戊寅间，游于福之三山，参访鹤林彭真士，所论行持叙话间，深有所喜。一日，彭君携出玉蟾白真人所授传法书数阶，阅之皆神灵秘典。于内忽挟带出一书，急收之。余再拜请观，彭云："子夙有仙缘，令吾挟出。"展读之，即号《金华冲碧丹经》，内外皆出尘事业，二事皆同。余下拜扣求玄旨，蒙彭君一诺而授，当以焚香誓告，状盟天帝尊师，而得其传。后至己卯月，吾归川，所阅前项所得丹经，虽得其传，未尝下手亲作，乍信乍疑，平昔亦不曾举拈此事，于是不敢下手，恐虚费功力。

次嘉定庚辰年间，复游至白鹤洞天。游山至顶，遂极晚，见林峦幽古，萝藤错杂，鹤唳猿啼。于山岭深处，似有草庐数间，扃户无人。煦遂扣其门，有一小山童一人而出，曰："谁氏至此？"某答曰："西蜀人氏孟煦，闲游访道参玄而来至此，略求少歇，未审可乎？"小童入而复出，曰："师尊请入相见。"乃得进入，拜见仙颜。先生容貌奇古，声若婴儿。某方展威仪，炷香下拜，告问尊师先生仙号，先生曰："兰为姓，乃号元白老人者此也。"先生少留一宿，当夜得斋，但出山醪、野果、白芋、黄精而已。一餐顿觉五脏清凉，四肢和悦，非比寻常。某自知其夤缘在此，有遇奇真矣。但先生请坐，所问某平日课何为道。答曰："弟子行持为功，内炼为道。"先生笑曰："行持与内炼，皆非至道。"某遂下拜告曰："先生之付度弟子流派修持，未审师旨如何，可得闻乎？"先生云："汝得诚信不息，决志修之，吾当授汝。"先生曰："内以玉铅玉汞，外以金液金膏，一般调制，火候两途。"某且惊且异，再告先生曰："某曩游三山，有彭鹤林真官所传白玉蟾仙师丹法，却符合此理。"先生云："汝既得所传否？"

某曰："见有斯文于此。"取出与先生看之，求教良久，先生视过，曰："此书玉蟾子为彭君内学不明，以平叔外丹之旨印可，仿言真铅一二。是书于采[①]铅结胎分明，法象并火符缺欠，斯明彭君缘分浅，故以致不完者矣。"先生云："圣人传药不传火者，果如是乎！"复曰："此书上古丹经，自轩辕氏投广成子于崆峒山，传授九炼金碧大还丹法，扶天济世，超脱尘寰之书，即《金碧古文龙虎上经》正文。外有九还七返金液神丹隐旨，皆广成君所传于世。自后神仙隐士炼丹，皆从此道，白日冲举者不可胜数，隐而不明者亦多矣。知名者，汉天师、魏伯阳、唐叶靖，能继长生，马明生、杜光明等，得此书则形神俱妙。晋有吴、许二君、葛金果，皆得斯旨，合家大小，咸得长生，改形度世。惟淮南刘安王，神人指授，皆自太极中铅汞，炼成白雪灵丹。独魏伯阳，吴之太守，弃官入山，与张、李二子同心修炼，大药完成，不肯泄漏天机，隐去丹经隐旨，则作《参同契》，补完于《龙虎》丹经正文之末。托《大易》而言火候，而法象、而药物，皆遗作，词深古，难令晓会，至今无传。"先生云："吾得是道于奇仙古隐，知其本源，修炼已毕，汝今有缘而能至此，可以歃血盟誓告天，流传秘要隐书，法象九转神丹。"某依师训教，百拜誓盟而得其传。阅诵之间，大概皆与彭君相类，运水火法象全殊。是夕已晚，早间拜谢先生，回山出岭，顿觉心下未释悬悬，便欲再回所隐，重求玄奥。但见白云遮岭，林木依稀，恍惚若梦，人迹俱无，草庐并隐，惊异惶然，如痴如醉。少顷日高，山下有一道人过岭，询问其故。其道人云："昔此山有高隐仙人，在此修丹之地。"某遂闻知思之，号元白老人者，即玉蟾之化也。又见白云覆岭，正显师化古仙兰公之姓耶？得遇祖师，夙缘有幸，再与重传玄奥，吾即派嗣玉蟾仙师。不敢自怠，本末继于仙踵，即号兰元白者二师，并其十一也。归蜀，隐于峨嵋之西峰，告天筑坛建室，复立名曰"金华冲碧丹室"，亦依彭君之靖名也。

予得此书，斋戒沐浴，邀请至士三人，一志修炼，周岁而成，时嘉定辛巳年也。予得合闾受福，老幼二十五人，皆男女亲属不等，悉沾天恩，俱服换质神丹，一载间改形度世。蜀守臣吴晞叛乱，不能为吾之害也。余思之奇

---

① 采，原本作"探"，据文义改。

文秘旨，元白先生云："遇奇人勿隐，见非人莫张。"今将缣素编成来历，书于宝匣，藏隐名山石礶之中，遇有缘得之，天所传也。吾所知后获斯文者，仙家之子也。或再炼毕，隐于名山，后复藏是书，吾之愿也。时宝庆改元乙酉，纯阳月圆之乙巳日，西蜀孟煦盟。

金华冲碧丹经秘旨卷上

海琼老人白玉蟾　授

三山鹤林隐士彭耜　受

药物

本铅一十两，明硫二两，同为末，炒砂复为末，水火鼎炼成丹胚入室。上等山泽二斤，用好黑铅二斤，逐渐下灰池煎，令尽为度，次扫成细珠子。

神室法象

足色真金八两，铸成混沌胎元合子一具，形如鸡子，或若圆球皆可。

又足色真金一两，打作一气筦子，中心如钱眼大，长出合子，两头各半寸许，其合恰好安置丹胚，不可宽窄。入丹毕合定，赤石脂包金，土醋调固口缝令干。

白金八两，打作水海下底，嵌入鼎口二寸许，底相顶了令合，底面透入金筦子，于内通水入中宫，口缝用脂泥固塞令干，方下水入。

外鼎

瓷器为之，可容神室，并白金二斤，不可宽窄。内若宽，可用黄土醋调内固之令干，次入白金大半握，令平稳，方下金合子，再白金，撒令遍盖，复用一纸作圈，代水海安金合上，妆白金满了，次下银水海，插入圈子内，摇令平实，外固令紧密，挂入丹灶之中。

运水火符候

上水八两，下火半斤，子午添换，或卯酉进退。半月开鼎，取丹胚，看其色碧绿光明则妙。若紫赤色未及，再运火符七日，得碧绿光明色方妙。皆过得其气交，真种子也。其白金宛然无动，分两无亏，如折些小，并不妨碍，此是过得其真炁也。

再水火断魂法

花银一斤，投天落水中，淬煅五十度，水中用三黄三两为末，吸取银中精气，再用纸帛滴淋，令水澄清，入金盂之中煮，养出丹胚。半日了水干，炒燥，不可犯铜铁器，方为沐浴也。却用瓷水火鼎，文武火一煅成汁，取出，打如豆粒大，用厚金箔逐块包裹令密，再用白金珠子二斤，铺盖入水火鼎中，上水下水中火，圜运坎离，一月取出为末，深碧绛色，光明曜日，乃号金液，还丹之质也，此名炼丹真铅是也，一云："先用三黄煮水一日了，去三黄，镕银投扑之。"

满庭芳

玉液金膏，返还胎质，全凭离坎施为。天魂地魄，金室互相依运，用中黄神水，回环转，万象同归华池畔。通天彻地，五气合中基。 玄关双闭固，两般孔窍。金木交驰，炼成戊己，产出紫金芝。九转飞凝，清浊汞铅随二水。天机还丹就，轻飞火药，丹质宝光辉。

沁园春

要做神仙，炼金液，七返九还。但姹女归乾，金公在坎。玉炉炽火，金鼎烟寒。铅里淘银，砂中炼汞。神火华池上下间，中宫里有一条径路，直透天关。 堤防金水交环，运阴火阳符，不等闲。看白雪辉天，黄芽满地，龟蛇厮抱，乌兔相攀。自古乾坤，这些离坎，九转烹煎要把奸。灵丹就，未飞升玉阙，具在人寰。

甑图

下用火盆一个，平铺砖砌满，上造一甑，高一尺五寸，径一尺二寸，中间子午卯酉四门，上至甑口，开通五穴出火炁。出甑口厚砌之一砖，开口子五寸径，圆孔方砖，一片凿之。置炉匡一个，阔一尺二寸，罩定顶上，通用水火也，中挂丹鼎。

金华冲碧丹经秘旨卷下

白鹤洞天养素真人兰元白　授

门弟子西隐翁辰阳孟煦　受

本经云："太极为宗，五行为用，乾坤为神室金胎，坎离为乌兔药物，以二情为魂魄，以龙虎为变机，会三性作夫妻，育姹婴，成男女，六十卦互为直符，以屯蒙为起复，三才咸治，四象为炉，正于五行，周于既未。调和则六候相须，生克则九还交互，阴阳有则，水火相停，斤两无差，基于百数，总于一物，变化大千，与大造同途，万化合体，功归太极，会宗祖而金液神丹就矣。"《华池秘诀》有云："铅液返于汞髓，名曰华池；汞水返于金津，名曰神水。功归七返，德备九还，养毕周星，灵胎斯蜕。"此乃神仙秘密，古圣遗书，后学于兹，毋令轻忽。

炼铅汞归祖既济图

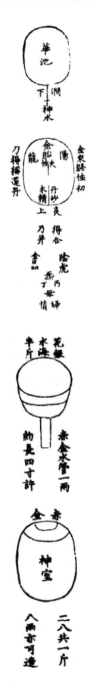

上固泥一六

六一泥通身

磁瓦皆可　像大鼎

固济厚薄匀

神室内舟

金筒　莫挺入筒

大鼎内外层

山泽宝三十

二两载神室

在内内外海

铅汞之法

辰砂拣光明红纤色有墙壁者，一十两，倭硫二两，同为末，炒令相吞，水火鼎飞炼，再为末，取八两。

足色黄金八两，铸成混沌鸡子神室一枚。又金一两，打作水筧子一条，有底不过水出，约长四寸许，插入混沌合内，至底上接，入八两银水海内，各用脂矾固塞口缝，令干，通运水直至合内。次用山泽好铅，煎过花银二斤，扑为珠子，铺盖丹末于金混沌外，令遍，仍封口缝。外用已固毕，瓷鼎一具，铿安银珠与金室，不令有空处，坐上银水海，通身固密，令厚指。半日干挂，入丹灶之中，发底并四围火，五斤生炭，簇煅消去太半，再火三斤生炭，作二次，或三次，添火，消一昼夜间，丹种气自过矣。古有运火三斤，卯酉各一斤半。不拥灰，以七日为期，恐受气不足，故也名断魂火。其银不再用水，只频进温汤，不可久涸无水。

断魂之法

取出前丹种八两研细，用华池水沐浴，煮少时，炒干，再入金鼎中，仍为铺盖，如前封之。水火煅作汁，复煮少时成也。再用金箔厚者重包外，别以铅煎花银一斤，为细末。珠子铺盖，入瓷鼎中，仍以八两银水海，下贮三水筅银，为之者合抱，抵定药陁至底水，筅直通水海，仍用脂矾塞定令干，进水频添温汤，外用通身封固，仍再挂入丹灶之中，发火二斤，三方轮换，再养七日，其丹种始通灵，乃号真铅也。其银不再用，再取入地坑中挂起，再一火三斤，出者其色碧绿，真死。

鼎器图

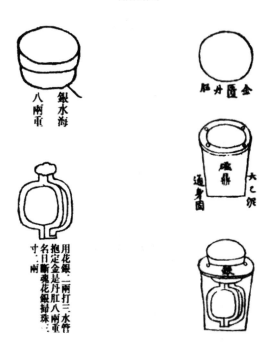

铅汞归根未济图

六乙泥

通身固

石榴罐中盛辰砂十两,
赤金珠子八两碓无碎
并塞口倒撲石榴罐在
甘鍋土鍋内華池水二分

明净辰砂一十两为末,各用银坑金坑者,其余坑者有杂不可用。足色黄金八两,用荷灰二两,雄雌共二两研匀,先熔金作汁,次下灰与二两,旋旋搅成黄粉。却用百沸汤淘洗,令十分至净,焙干。次与前朱砂末一处拌和令匀,入已固小口石榴罐中,令九分满,稻灰塞定,瓦钱透孔,铺丝十字扎定,封口缝,反覆于宽口深水罐之上,二口相合,扎定,悬挂入丹灶之中,上火一斤,灶中火二两,凡三次,上火三斤,任消其铅汞,沥下水罐内水,是华池水也。养就煮干,每金再搅一次。又如前法,取辰砂汞十两。次换金并煮汞干了,以待真铅种子,入丹之用。

合胎交姤汞法

每丹种真铅八两为末,取沥炼过真汞八两,同入乳钵之中,坐于百沸汤罐之上。坐定,二物铅汞,频著力研极细。一日频滴下华池之水些少,一日为度,谓之结胎。火上试之不动,便入于偃月法象鼎中,运水火半月。加增研,如前沥炼过真汞,至于三斤汞足,其后直取朱汞,以华池水煮过入之。次后转制久,而不必煮汞,自然成真矣。

还丹第一转金砂黄芽初丹

（并鼎器图）

夹底中虚寸
许用足色赤
金造成僅月
鼎又用赤金
篦子

鼎 火
磁瓦
皆可

鉛
金

真鉛八兩
交媾起黄芽
真汞八兩

（次四两，次五两，次六两，次七两半，次九两半，共三斤之数。）

　足色真金八两，炻成汁，投明硫二两，雄半两，雌半两，搅炒成粉，水火鼎炻成一色，打作夹空心盂子，如仰月之状。心中虚开一寸许，不令相著。上一盂子心中穿透，栽入金水筦子，上透，入八两银水海中。仍用脂矾塞定，令干，入水直入夹月之中，却入前交姤了铅汞一斤，在偃月垆中。外用已固毕，宽瓷罐一具，仍用外固口缝，铁线扎定，悬挂入丹灶中，用火四围，并底用火，八两至一斤，卯酉抽添，半月退水，插养五两火。三日开合，其铅汞真死。取出，再用华池煮过，水火鼎再炼成汁，复为夫。再将已沥炼真汞五两，复如初汤上研之，复如前再入偃月垆鼎，运水火半月，日足取出，仍煮过炻之法，成汁重浇。加至三斤炼汞，止之皆成至宝。金砂黄芽，火上未伏，仍运水火加之，至伏为度，养至成黄土色金容，真戊巳[①]也。大还丹法自兹而始，取黄芽多，更换偃月之室面子也，此法宜秘。

还丹第二转混元神朴丹

（并鼎器图）

銀八兩重　銀水海

金筦八兩重

赤金八兩作一水琭成黄芽炒作汁為之

---

① 戊巳，疑为"戊己"之误。

　　辰砂一十两，雌雄英五两，明硫一两，为末，水火鼎飞炼，成陁子之后，约一斤药陁。先以华池煮之一日，次用足色黄金一十两作匾合子，盛前丹芽五十两，中入朱丹陁子一斤，外用黄土炼合，嵌入金合子，于土合内。次用金六两作水环一具，或以黄芽物为之亦可。量尺寸悭箍朱砂陁子高低取用。次用芽子上下铺盖，令平满环面上穴，插入银水筦一条，上至灰中，透过合盖之面，上以水斗，以脂矾固塞口缝，令干，不泄水为度。通固，令干，挂入丹灶之中，上用火八两，五日止之；下用火五两，五日止之；上再用火十两，五日止之；下再用火八两，五日止之；再用火十二两，五日止之；下再用火十两，五日止之。取出，丹成水耗，搅汤不可令少时干竭，每二钱半，可干华池制过汞五两，成上色黄金。

一法：上下火足，取出地坑中，用火十斤一煅，任火自消，水耗频进温汤，取丹如前，用二个月，火候一同。

还丹第三转通天彻地丹

（并鼎器图）

右取前朱丹八两，再入硫升过去石丹砂八两，入雄英半两，同研匀。用汞金一十两，作一夹井圈，圈上下四围有底，中空如井，上边有一窍，插入金水笕，入水海中。水海中亦用一虚水簪，透入中宫井内，至合底。金合高五寸，径四寸，铿入金井令宽。井高四寸，径三寸，却用金砂黄芽末于井内铺盖。朱丹一斤，朱丹打如棋子大小。外用瓷鼎器匮，一十两金合，或黄土作外鼎亦得。嵌入金合虚处，皆用金砂黄芽末圾实一斤，银水海下二水笕，重封，挂入丹灶。运三方火，移换卯酉，各八两，至十两次一斤，止之。运此水火，三月日足，加火十斤，作二次。地坑中上火四围并底通红，水耗频频挽汤。寒炉取出朱丹，秤重半两，可干汞半斤，皆是紫磨大宝。仍用三黄银水，煮汞为体。

还丹第四转三才换质丹

（并鼎器图）

银
银水海
一斤重

汞金十两作
二圈子每高
一寸分

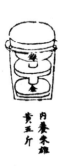

右用第三转朱雄丹一斤，乳为末。再取朱汞四斤，加雄英四两，同研匀，慢火乳令紫色，死汞。却用前金砂黄芽三斤，铸成一鼎，高一尺二寸，径四寸。中用十两汞金，作二圈（名用五两造一水池，尺寸并同）。下一圈高一寸二分，径三寸半，底面平，无窍，上面中心开一窍，中立金水筅，通入窍焊牢，其金水筅通圆相去五六寸长。上圈底面一窍，插通下圆之上面。上圆一窍，以水筅通入银水海，底面相接通，运水入下圆之底，无令泄水出外。上一圆离水海一寸半许。二圆外空夹之中，安置前丹五斤，又满，于药鼎之内外，用银皮包裹芽鼎，极外再以黄土法炼固，令厚二指坚密。一斤银水海，宽打令深盛水，嵌入鼎口外，铁线扎牢，悬挂入丹灶之中，四围各有火，通计三斤，卯酉添揍。如此运之三月，取出，挂入地坑中，三十斤火三上，任消，水耗频换汤。寒垆取出，其丹色如朱橘，紫磨光聚一□，糁汞五两，作大药，紫金光辉并日。

服丹之法

取深静无人，汲水好井中，将丹用金合封，入绵子扎定包，悬挂入井中，三月取出，黑豆中蒸五日五夜，再用甘草汤煮一日，乳三日三夜，为轻尘细末。用黄精膏子为丸，每两分作三百六十丸，每日早晨用新汲水，或人参汤，吞下一粒。忌五辛、猪羊血及厌秽之物，不可与人知之。服毕，目视万里，再听九霄，身轻驻颜，长生久视，为地仙矣。

还丹第五转三清至宝丹

（并鼎器图）

赤金水海重一
斤一用汞铸之
深五寸径如鼎
阔陷入之

盖作夹空有
水笕直透
室底上笕
水海之内

金砂黄芽二斤
铸成内宝鼎座
高九寸阔二寸
形如鞋子丁有
三足高一寸半

汞金九斤铸成
鼎一座高一尺
五寸径五寸外
用黄泥通身固
二指厚

黄泥遍身固　硫共六斤用　内养神汞雄

　　右将第四转内干汞金九斤，铸成神室外鼎一座，高一尺五寸，径五寸。上铸水海一座，重一斤，亦用汞金铸之，深五寸，径如鼎阔，嵌入之。复以金砂黄芽铸成内室一座，形如鸡子，下有三足，各高一寸半，室高九寸，阔三寸半。仍盖通运水法，做成黄芽，重三斤，炼成此室。室顶夹虚之盖，下有水筦，直穿透合内。仍以神室，可容药物五斤。药用辰汞五斤，先用雄英八两，硫黄八两，入辰汞五斤，同炒令匀，须神水煮半日，炒干，水火鼎打成陁块，取出为末。将黄芽神室，入药令满合定，透入水筦，并合上夹水盖，盖上水筦透入金水海中，俱用脂矾塞定，令干。入至妙清水于水海之中。外鼎六一泥封固通身，厚二指，铁线扎定，悬挂于丹灶之中。开三方寅、午、戌之门，下火按时按方，每三斤火，一方入之，二门出火焉。日火三次，补之三斤，三移寅、午、戌，运火六十日。取出挂地坑中，坐灰上，四十五斤火，三上任消，水耗频添温汤。寒炉，取丹紫霞光色，神彩曜日。每一字点五金，俱为紫金。乃一字化五两也。一字仍干世汞五两，成上世天宝，复可点银五两成金。此药内室之上，有紫粉轻尘在顶上，收之积入金合，便是大丹之体也，不可轻用，留为九转还丹。

还丹第六转阴阳交泰丹

（并鼎器图）

汞金
水海
一斤

金水筅二简
抱定神室遁
入金水海中

铊承紫金二
斤铸神室窊
七寸径三寸半

汞金八两铸
一珠高二寸
半阔三寸七
分两边有汞

成外鼎一座
高一尺二寸径
四寸又用金
皮包護丹鼎
黄土外圍通
身二指厚

神室内養輕
塵八兩朱汞
一斤雄四兩

　　右将第五转浇底重凝之质九斤，以水火鼎炛成汁，铸成外鼎一座，高如初，一尺二寸，径四寸。却用金皮作外墙，包护丹鼎，恰好相著。次将干汞紫金二斤，铸成神室一具，鸡子形。合高七寸，径三寸半。内用积下轻尘八两，入逼过制讫朱汞一斤，雄黄飞英四两，研匀，令姤不见星，入于神室中，再合定。外以金砂黄芽末填定，令平满室，封口。室底用金八两，造一圆，三寸半，悭入神室之底，圆高三寸半，两边有穴，插入金水筦，至神室顶上，合面为一，直上通金水海底面，水海金重一斤。其水筦抱定神室，却用金砂黄芽末补填室外，令平实，不露出室。黄土炼包外鼎，二指厚，令干。次下水海，重封，挂入丹灶中，运水火符。候二个月，卯酉三方抽添，各火三斤，一次日足，取丹坐于地坑中。五十斤火，三上任消，水耗频添温汤。寒炉取出，其辰汞皆成紫金液雪。一字干汞十两，成上世天宝。每金一两，可充世银二两或三两成黄金。水海并神室之下，飞上紫霞液雪，收积入金合，皆大丹者也。

还丹第七转五岳通玄丹

（并鼎器图）

六辧重
蜜九斤

采金混沌
三斤鎔成

金

成十斤鎔成釆
金釆海一斤重

黄

火鼎黄

先下
釆上
火上

後上水下
火去金遁
也上合盖
釜上金出
水罐衰上

　　右将第六转神室内重凝之质，并前有重质之鼎，同炼成汁，变化有紫色神光明。复用黄英点入（九斤至十斤，皆可成鼎也），倾出土模子中，成山地高低突凹之形势。却用神水煮过朱汞五斤，倾入丹基地上，坐于三斤金混沌内，上用六转丹末盖面，外用法泥等炼固瓷合，嵌入金合，仍以盖盖面，重封，下水上火，挂入丹灶中，每日火五斤，任消，水耗搅汤。至来日一换入，仍用五斤，不增不减，养至二月日足。去金阳盖，换上金水海中者，抵下合中，封口缝，再外固，铁线扎牢，仍悬挂入丹灶之中，再底火一月，三方各一斤，卯酉抽换。日足取出，挂地坑中，上下水中，用火三十斤，一上。又二十斤，一上，任消。取出开合，皆成金蚕玉笋，或成狮象牛马之形，或如人之勇猛将军之状，其类不等，皆感日辰直宿之灵，天地英雄之炁，结灵异如此，水火阴阳之秀。每字制汞十两，成上世天宝。每金一两，可点世银五两成黄金。每次水海之下，皆有飞上五色庆云之类，此是飞化灵英神炁轻清之大药，收之金室，概是水火温养之，以候入大丹之用也。

还丹第八转太极中还丹

（并鼎器图）

紫末金八两作金空
毬子一筒高共三寸
两头各有金水管二
两下有底上有口

右用朱汞五斤，入三黄飞英一斤，水火鼎飞炼成丹砂。神水煮过，却用第七转内玉笋金蚕等末五斤同研。朱丹五斤，却用七转已成神室丹地增添金砂黄芽丹一十六斤，同煮匀。大火铸成鼎器一具，作混沌形，高二尺，径中八寸。外再用药金五斤，作皮包护药鼎，令相著。再以金汞金八两，作空毯子一个，高圆共三寸，两头各有水筦二两。金水筦下有底，上有口，直穿出药鼎之外。灰之面上下水斗，通运温水，入之中虚之间，四畔入前十斤药，实筑令半满，药盖盖定，铁线扎牢。法炼黄土，外固二指厚，令干。用铁线结定，挂入神灶中。先运鼎火一斤，卯酉抽换五日。次下底火十两，五日；再还鼎火一斤，五日；再下底火十两，五日。水耗搅汤，勿令溢出于外，须用水斗搅之。如此火上一斤，下十两，运之三月足，取出，于坑地中，五十斤火，三上，频入温汤，任火自消。寒炉，取出丹，皆作金膏之物，紫光灼人，其味甘如蜜，而大药熟矣。一两可糁汞一斤，成紫色大金宝。若此丹一两，可去点银十两为大药之金。又可一两，干汞十两成金矣。此外有飞复金霜液雪，即大还丹也。

还丹第九转金液大还丹

（并鼎器图）

還丹紫金
一斤鑄作
失底水晶

還丹紫金五
十兩鑄神室
一座高七寸徑
五寸上盖淺

黃芽合金晶二十四斤鑄
成鼎高一尺五寸徑九寸
內鑄五柱中低四高二寸
半以神室外用黃土八
十一大兩周鼎通厚二指

混沌外用八轉
金膏作鋪盖內養
大塊丹砂一斤

右用前运出还丹紫金五十两，铸成神室一座，高七寸，径五寸，上盖顶。外用黄芽金精二十四斤，铸成鼎一座，高一尺五寸，径九寸。内铸五柱，中低四寸，高二寸半，以峙神室。再还丹金一斤，铸作尖底水鼎，可盖过金鼎之外，尖底直筭，插入混沌合内，如炼丹之初。次用第八转丹末金膏，于混沌外作敷盖之药。混室之内，大块丹砂一斤，神水煮过，却用久积丹糁，不拘多少，铺盖令满止之。或将尘粉同研朱汞，亦得为大还丹也。合定下水海金鼎，插入重封口缝，外固黄泥八十一大两，百度，入盐矾水纸筋等打熟，固外鼎一指半，或二指厚。铁线牢扎，铁络悬挂，入三级法象神炉之中，置于坛前，香火昼夜不绝。立刻漏，运水火符候，八门开阖，下火上水，抽添移换，后有斤两法度，行大周天水火之一年。外以罩盖，三级之器（另具），不许一切人入。次岁起丹鼎于地坑中，醮盟上帝，不许水海。仍运水入内，发四围火三十六斤，作三次上。如此九日，临终灰罨定过，三宿寒炉，取丹皆成异色琼瑰，玉蕊紫霞膏，光明夺日。分为三分，一分祭天作福，一分拯济贫民，一分炼度幽冥。余丹深埋，水浸百日，蒸熏出毒，每分八十一粒，用黄精膏子为丸作，一年服之，毕，大醮三界神祇，告盟三清天帝、三官九府、炼丹得道仙人祖师、九州分野得道神仙，以待冲举也。

大丹周天火候

自冬至十一月吉日起火，三十日各增一两，增至九月，复降之尽，立冬之前，住水火九煅。时须择吉地吉日，建坛立鼎安炉，取正向南向，山水秀丽之地，所绝人事，却去鸡、犬、猫、伏尸故气之地，清心斋戒，勿染尘劳，精心专志，守火看候，勿动名利色欲之心，须得三人同志，可也。

一日（朔）火一两，水十四两。

二日火二两，水十三两。

三日火三两，水十二两。

四日火四两，水十一两。

五日火五两，水一十两。

六日火六两，水九两。

七日火七两，水八两。

八日（上弦）火八两，水七两。

九日火九两，水六两。

十日火十两，水五两。

十一日火十一两，水四两。

十二日火十二两，水三两。

十三日火十三两，水二两。

十四日火十四两，水一两。

十五日火十四两，水一两。

十六日火十四两，水一两。

十七日火十三两，水二两。

十八日火十二两，水三两。

十九日火十一两，水四两。

二十日火十两，水五两。

二十一日火九两，水六两。

二十二日火八两，水七两。

二十三日火七两，水八两。

二十四日火六两，水九两。

二十五日火五两，水十两。

二十六日火四两，水十一两。

二十七日火三两，水十二两。

二十八日火二两，水十三两。

二十九日火一两，水十四两。

三十日（晦）火一两，水十四两。

右此火候，神仙之所不传下士。药一斤，火一斤，一年三百八十四铢亦一斤。每一阳爻火二两，每一阴爻水二两半，六爻共得一十五两，一斤之数。乾用九，坤用六，共一十五两矣。

道法九要^①

立身第一

学道之士，当先立身。自愧得生人道，每日焚香稽首，皈依太上大道三宝。首陈已往之愆，祈请自新之佑。披阅经典，广览玄文。屏除害人损物之心，克务好生济人之念。孜孜向善，事事求真。精严香火，孝顺父母，恭敬尊长。动止端庄，威仪整肃。勿生邪淫妄想，勿游花衢柳陌，勿临诛戮之场，勿亲尸秽之地。清静身心，远离恶党。始宜寻师访道，请问高人。此乃初真之士，当依此道行之。

求师第二

学道之士，须是得遇作家，方可明真悟道；得遇真师，方可皈向传道受法。须是日前揣度其师，委有妙理，源流清切，然后亲近，日积月深，恭敬信向。次宜具状赍香，盟天誓地，歃血饮丹，传授道书、隐诀、秘法、玄文，佩奉修持。虽得其传，不可便弃。常侍师门，参随左右，求请口诀玄奥，庶无疑难，自然行之有灵。尝闻高古祖师，徒弟皈向者，纷纷然甚众。师按察徒弟之心，中有心行不中者，不与之；不尽诚者，不与之；无骨相者，不与之；五逆者，不与之；及有疾者，不与之。吏曹狱卒，始勤终怠者，亦不与之。中有徒弟，若与师心契合，气味相投，随机应化得度者，当以愧心对之。忽遇师门试探弟子，难以难事相付勾干，或中间不从所求，弟子切莫私起怒心。若生怨恨，以贻咎师之愆，阴过阳报，毫分无失，所得法中，神明将吏，亦不辅助。岂不闻汉张良事黄石公，三进圯桥之履，公见诚心，乃传《素书》，后为君师。若求师者，当究是理。道法之师，始终心意如一，弟子始终亦如一，进道自然无魔。所谓弟子求师易，师求弟子难，诚哉是言也。

---

① 据《道法会元》卷一增。

守分第三

人生天地之间，衣食自然分定，诚宜守之。常生惭愧之心，勿起贪恋之想。富者自富，贫者自贫，都缘夙世根基，不得心怀嫉妒。学道惟一，温饱足矣。若不守分外求，则祸患必至。所谓颜子一箪食，一瓢饮，在陋巷，人不堪其忧，回也不改其乐。颜回者，贤人也。学道人若外取他求，则反招殃祸也，道不成而法不应。若依此修行，法在其中矣。

持戒第四

夫行持者，行之以道法，恃以禁戒。明其二字，端的方可以行持。先学守戒持斋，神明自然辅佐。萨真人云："道法于身不等闲，思量戒行彻心寒。千年铁树开花易，一入酆都出世难。"岂不闻真人烧狞神庙，其神暗随左右，经一十二载，真人未尝有纤毫犯戒，其神皈降为辅将。真人若一犯戒，其神报雠必矣。今人岂可不持戒。更当布德施仁，济贫救苦。昔晋旌阳许真君，一困者为患，其家抱状投之于君，君问得疾之因，乃缘贫乏不得志而已。真君以钱封之于符牒，祝曰："此符付患者开之。"回家患者开牒得钱，以周其急，其患顿愈。济贫布施，则积阴德，行符之人，则建功皆出于无心，不可著相。著相为之，则不是矣。若功成果满，升举可期矣。

明道第五

夫道者，入圣超凡，福资九祖。逍遥无碍之乡，逸乐有玄之境。聚则成形，散则为风。三清共论，玉帝同谈。不属五行，超离三界。此乃证虚无之妙道。欲证此道，先修人道。去除妄想，灭尽六识。明立玄牝根基，须分阴符阳火。如鸡抱卵，出有入无。功成行满，身外有身。仙丹妙宝，随意自取，玉室金楼，随心自化，呼风叱雨，坐役鬼神。嘘呿可以治病，点石可以为金。不与凡同，奉膺天诏，证果真仙矣。

行法第六

夫法者，洞晓阴阳造化，明达鬼神机关。呼风召雷，祈晴请雨，行符咒水，治病驱邪，积行累功，与道合真，超凡入圣。必先明心知理，了了分明，不在狐疑。欲祈雨救旱，先择龙潭江海，碧壑深渊，云龙出没之地，依法书篆，铁札投之。如不应，方动法部雷神，择日限时，登坛发用。祈晴之事，在乎诚心静念，运动阳神，召起冯夷风部之神，扫除云雾，荡散阴霾，易歉为丰，救民疾苦。若德合天心，应之随手。驱邪之道，先立正己之心，毋生妄想，审究真伪。古云："若要降魔鬼，先降自己邪。"当以诚心召将而驱之。若传人不一，闻法避罪逃遁者，差雷神巡历而箴之。若遣祟，切不可发送酆都，没后恐有连累，戒之慎之。若治病之法，宜仔细察其病证，次当给以符水治之。盖人之气运于三焦五脏之间，顺则平康，逆则成病。或嗜欲失节，或心意不足而成邪，故邪气侵则成病。以我正真之炁，涤彼不正之邪；以我之真阳，敌彼之阴。若患者执迷邪道，可方便而化之符水而治之。救人功满，而证仙阶，而为妙果欤。

守一第七

近观行持者，间或不灵、呼召不应者，何故？初真行法者，累验非常，广学者却不如之。此非法之不应也，缘学者多博广学，反使精神不能纯一，分散元阳。登坛之际，神不归一，法不灵应。岂不闻老子云："天得一以清，地得一以宁，人得一以灵。"今志于行持者，必当守一法而自然通天彻地。不知抱玄守一为最上功夫，但耽于广学，反不能纯一矣。盖上古祖师，虽有盈箱满箧灵书，留之引导凡愚，开发后学，不知师心自有至一之妙，不教人见闻，鬼神亦不知其机，用之则有感通。且法印亦不可多，专以心主一印，专治一司，专用一将，仍立坛靖，晨夕香火崇奉，出入威仪，动止恭敬，诚信相孚，自然灵应。切不可疑惑有无，昧于灵台。须是先以诚敬守之，必获灵验，斯为守一之道矣。

济度第八

学道之人，洞明心地，不乐奢华，不嫌贫贱，不著于尘累之乡，不漂于爱河之内，恬淡自然，逍遥无碍，尘世和同。先当行符治病，济物利人；次可拔赎沉沦，出离冥趣。先度祖宗，次及五道。以我之明，觉彼之滞；以我之真，化彼之妄；以我之阳，炼彼之阴；以我之饱，充彼之饥。超升出离，普度无穷，斯为济度矣。

继袭第九

学道之人，得遇明师，传授秘法，修之于身，行之于世，人天敬仰。末学皈依，愧非小事。当知感天地阴阳生育之恩，国王父母劬劳抚养之德，度师传道度法之惠。则天地、国王、父母、师友不可不敬，稍有违慢，则真道不成，神明不佑。道法既得，于身道成法应，可择人而付度之，不可断绝道脉。须是平日揣摩，得其人可以付者付之。苟非其人，亦不可轻传也，罪有所归。若得人传授，但依祖师源流，不可增损字诀。忠孝之心相契，切勿生人我之心。弟子若负师，天地神明昭然鉴察，毫分无失。师伪，弟子亦然。若无人可度，石匣藏于名山福地、海岛龙宫，劫运流行，自然出世。予感天地父母生化之恩，诸师传道教训之德，将其所得，册成《九事》，以警后学。若修身立己，积德累功，上体天心，下利人物，行道成真，超凡入圣，伏望见闻，咸希观览。琼山道人白玉蟾述。

高上景霄三五混合都天大雷琅书 [①]

（卷一）

主法

玉清圣境元始法王、玉清真王长生大帝、景霄中极至妙变空天尊、景霄妙灵宝华天雷霆大帝君、景霄五雷判府天尊、三五合炁都督翼轸星君、景霄五炁真人葛天叔、太乙左玄真人盘诜、太乙右玄真人盘颖、雷霆火师真君汪康民、传教雷霆都督辛忠义、翠虚真人陈楠南木、海琼紫清真人白玉蟾。

天雷部神将

天河箕宿啸命风雷太乙君刘胜、都天大雷火君、天洞发生神风时、天真启蛰神涂山问、毕火焚炎神伊育、毕真晃光神伍仲、天乌震威神申奕、天镇呼风神后方、天关霹雳神蔚仲坚、铁甲飞雷神邓炳、仙都火雷神毕大行。

---

① 据《道法会元》卷一〇四至卷一〇八增。

地雷部神将

天关房宿散烟火雷赫精君许定、火伯风霆君、火令雷主神阚伯、流金火铃神宋诜、雷公火车神邵容、散烟雾黑神姜衡、撼山震海神风暨、飞云走电神季公宾、移山翻海神江若冲、震电霹雳神伯庞、斩圹变现神薛文英。

水雷部神将

天将奎宿散云激阴大洞君谢升、电光元圣君、木狼奎光神似思正、玉雷皓师神丁文广、洞阳幽灵神丁文达、四明公宾神丁文惠、火光流精神丁文行、金精清思神姬安、鼓风卷水神冯夷、吹海扬波神伍元旦、巨乘太华神祝启。

神雷部神将

天目鬼宿伐魔哮吼显化君倪章、风伯元明君、欻火律令神邓伯温、银牙耀目神辛汉臣、威猛丁辛神义清、滴昔喝伽神、太乙元皇神、水轮冰钵神、山雷火云神、苍牙铁面神、飞鹰走犬神。

社雷部神将

天狱娄宿荡凶伐恶赤明君唐文、三山大雷火君、咬网嚼舌神吴都天、火猪黑犬神李景元、擒龙捉孽神黄伯钦、散雾织女神哥挺、呼风四哥神公孙靖、布雨勾娄神何文弼、掣电吉利神牟时、震雷登僧神刘激、鞭霆得色神华昭。

所属社令

主令天社元帅伍库、天头冀州冯迁、天胸徐州夏符、天喉梁州范礼、天腹荆州张豫、天心豫州黄崇、天颈青州韩育、天膊兖州费明、天背雍州杨谦、天足扬州邹混。

总司使者

都大直符丘使者、催风使者唐彬、催云使者李元旦、催雷使者张元伯、催雨使者焦公卿、催电使者纪江奴、冘医使者何然、催生使者贺明、治病使者鞠芬、治病使者郝韶。

年神

子年神多伯言、丑年神孙贞耳、寅年神呼风亚、卯年神咄黎遮、辰年神叉鸠罗、巳年神冰鸠卢、午年神暖炎寮、未年神石阿雄、申年神荣耀灵、酉年神朗圭延、戌年神坦鸠陀、亥年神旭执圭。

月将

正月登明沙茗、二月河魁建义、三月从魁招帝、四月传送飞羽天、五月小吉呵咩、六月胜光喝罗、七月太乙达罗、八月天罡吒啰、九月太冲唵喃、十月功曹部唵、十一月大吉月诏、十二月神后轮明。

五雷所主

天雷主正天序，运四时，发生万物，保制劫运，缄天魔，荡瘟疫，擒天妖一切难治之祟，济生救产，疗大疾苦。

地雷主生成万物，滋养五谷，扫灭虫蝗，斩落山精石怪，清扫山岚瘴疟，拔度死魂，节制地祇，祈求晴雨。

水雷主役雷致雨，拯济旱灾，断除蛟龙毒蛇，恶蜃精怪，兴风起云，水府事理。

神雷主杀伐不正祀典神祇，兴妖作过，及山魈五通，佛寺塔殿、屋室观宇、山川精灵。

社雷主杀古器精灵，伏尸故炁，伐坛破庙，不用奏陈，可便宜行持。

行持次序

火师曰：景霄之法，行持贵乎精诚，运用在乎简易。凡欲行持，先须斋戒沐浴，入靖焚香，默朝上帝，目想心存，一意默奏。如大事，则入静室，运用一昼夜，不接人事，次日方行；若小事，则静坐一夕。静坐之时，内想不出，外想不入，于正念中，一灵自在。然后混合真炁，使真炁不出不入。待其一身自运转震动之时，不得执着，听其自然震动。既毕，守我一灵，务要自然。临行持之，先一两时，心存目想，黄庭中祖炁化一真人，统领肾精黑炁、心神赤炁、肝魂青炁、肺魄白炁，从口、耳、眼、鼻、顶门而出，上至西南景霄之天，朝谒天帝。次随天帝到东南巽宫雷城，如见翼轸二星，次奏告天帝，如受敕旨。先是娄宿乘黑云降，从耳入吾肾，鬼宿乘白云从鼻入吾肺，奎宿乘红云从口中入吾心，房宿乘青云从眼入吾肝，箕宿乘黄云从顶入吾黄庭。存毕，忘形忘念，存无守有。思五炁混合于心，随心所欲，默以告之，一一明白。然后再存五星从各处出，在空玄之际，召集五部雷神。却起，丁立净坛，掐诀步罡。次召年神月将、以及功曹就役雷神行事。

变神咒

元始天尊，一炁分真。灌注兆体，变吾真身。乘风驭炁，身外有身。四兽外拥，星斗上临。雷神奉命，摧翦魔群。一如高上景霄保华真人律令。

咒诀

景霄天尊（坤），玉霄天尊（兑），琅霄天尊（乾），紫霄天尊（坎），太霄天尊（艮），青霄天尊（震），碧霄天尊（巽），绛霄天尊（离），神霄天尊（玉）。九霄敕命，五雷速临。急急如律令。

一发雷车（卯），二发闪电（申），三发斩轰（丑），四发震动（子），五发飞砂走石（寅），六发狂风（巳），七发敕天雷鸣（亥），八发敕地雷鸣（卯），九发敕水雷鸣（子），十发敕神雷鸣（子），十一发敕社雷鸣（寅）。急急如律令。

雷（卯）、威（辰）、震（巳）、霹（午）、霳（未）、霆（申）、霵（酉）、霺（戌）、霿（亥）、霈（子）、霖（丑）、霰（丑）、霓（煞）、敕（中上）、煞（午）。

右法存雷自肾起，上至耳发声，目如亲见。再掐后诀：

钦（午）、志（未）、全（申）、神（酉）、漆（戌）、黑（亥）、煞（子）。

右法便以大指掐巳午，倒归子亥，结成雷局。耳闻雷震，目睹电光，存天地之间，水火相激搏，闭炁行事。

次步罡。

罡咒

龙汉开图，应化自然。赤明启运，梵行九天。上皇兆灵，妙感天元。延康浮爽，高奔太玄。开皇劫周，万炁齐仙。急急如律令。

火师曰：行符咒水济度之事，用相生罡。祈求雨泽亦然。动雷煞伐，用相克罡。

次掐诀步罡。

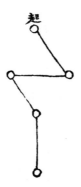

咒曰：丹灵焕晨，流金摧妖。皓灵回度，丹林驭飙。青灵总真，受命神霄。元灵摄炁，玄蔼沉寥。五灵消魔，流火结翘。急急如律令。

火师曰：雷神比人心，事物之来，雷神不自知，由年神月将日直通达。在人身则自有所见，乃运用。故书三符，皆用目光注笔云。

召年神咒

直年神某速降临。噜都吽，景霄上帝敕。疾速传令达雷城。关五部，啸风霆。急急如律令。

召年神符

（亦名开雷城合同）

元始天真敕、玉清真王敕、景霄天尊敕。奎、娄、胃、昴、毕、觜、参，禀命召雷。角、亢、氐、房、心，井、鬼、柳、星、张、翼、轸宣敕，尾、箕承命召雷。召雷，斗、牛、女、虚、危、室、壁奉敕召雷。五方雷神听令发声。年神应灵，传送雷城，飞行捷疾，火急奔云，开乾破巽，关起雷神，星驰电掣，速应符文。急急如律令。[①]

合形

召月将符

右法符召某将，建破魁罡，冲动雷霆疾。

---

① 校者按：此节疑有错简，姑存原貌。

敕咒

景霄有敕，符召雷神。月将传呼，火急奔云。通传三界，速达巽城。希微蒙素，瑶宗杳平。着师弥招，急急奉行，一如律令。

召直符散形

火师曰：祈祷、杀伐一切等事，皆用年神月将直符。如小事行持，只用丘使者。

某●霖霈霢霳雲靐摄。

丿丿风、云、雷、雨、电急发。身身蟠碧霞，背负神渊。浩渺无垠，元炁成云。手掌握帝符，啸鼓风霆。敕景霄玉敕，火急星奔。腾云万里，身达雷司。

合形

右法符召某雷，疾速赴坛。

次念：

景霄理中极，御炁合仙飞。旋步风罗上，青童启霄飞。灵照洞神驰，回光升太微。五雷速降灵，混合应玄机。

召咒

飞符捷疾，佐命九霄。游观太空，奔云呼风。丘某传音，神上帝命。汝召雷霆，节齐灵蔚，谛英升腾。三界速降临。急急如律令。

勃（子）、陁（卯）、徐（午）、裕（酉）、蒲（中），某疾速至。

闪两眼光存为电，向本日方上召存，随目光掣电而来。

召月将咒

天清地宁，阴阳交并。闻吾一召，疾速降临。某月神速至坛前，急急奉上帝律令敕。

右法存至，然后呼传音直符。

次掐都天大雷诀：

织女（主雾，子）、四哥（主风，巳）、勾娄（主雨，亥）、吉利（主电，寅）、登僧（主雷，午）、得色（主霆，未）。

内修洞章

鸿濛有象分，五劫亦强名。皇人顺清浊，推运契五行。推迁未来世，劫运苦众生。大帝宴黄庭，四炁歘朗清。

真师曰：景霄之主，号曰大帝；黄庭，乃中宫也；宴者，安也。天主安于中宫，喻人敛一身之神居中央正位也；四炁歘朗清，喻人身元神安居，四象倐然和合。

元始驾安车，翩然降黄宁。

元始，即先天一炁，视之不见，听之不闻。惟此身元神安居，四象和合，自然此炁降于兆身，混于黄庭，以安镇一身。此一五也。

大帝发弘誓，降世度生灵。

大帝，喻元神慈悲，不忍独善其身；降世者，言其发用于外，行法以度人。

元始宣符命，倾光召列星。

我之元神属阴，必得先天一炁之阳光点化混合，自然通灵。如大帝感元始之降景霄，神通自然广大。一宣符命，周天列星皆倾光而至。本天金母既安于中宫，先敛上宫之阳炁。此二五也。

下敕诸地祇，五方朝冥冥。

金母既在中宫摄制，天宫之炁倏然下降，在地之炁自然上朝，不期而应。此三五也。

轸翼交水火，万炁总合形。

轸，水宿；翼，火宿。水火，取坎离之象。轸翼二宿，属景霄所摄；坎离，乃人身所有。如前运用，坎离交媾矣。

水火相激扬，恍惚啸风霆。

二物相逢战一场，所谓撼乾坤，战鬼神也。

上理宝华炁，日月再朗明。

上宫阳炁，受先天一炁之化，玄象重明。宝华妙灵之炁，即前所谓二五也。

安镇中极境，八方歌太平。

中极，乃景霄之天。言下宫受先天一炁之化，地形安静，人民欢乐。即前三五也。喻人身之丹田炁海也。

帝尊畅希夷，高咀素华英。

言元神受元始先天之炁，食其太素之英，一灵清爽。即前之一五也。

下观五浊世，轸念诸有情。

此言一身之间，阴阳既和，元神舒畅，以得道之本体。当念众生受诸疾苦，发为道用。此教人自有次序，先收自己，和合四象，纯然一灵，然后感先天一炁既降，方能追二炁于黄庭。上降下腾，会三性于元宫，三五始得合一。才混合，一身神全炁壮，发为妙用，何神不可感哉！

飞符命列宿，九天运轩轰。飞符召地祇，四海进火兵。

心与神会，用之则灵。暝目以摄箕、房、奎、鬼、娄宿之精，掩耳而出五部雷神之炁。冥心存想，符中造化，雷神其有不听令乎！

呼风风即至，祷雨雨随倾。起云天黑暗，命雷速震声。景霄摄巽宫，巽宫有雷城。治化分坤载，坤顺本内荣。

此雷霆造化在身，以有天机，须是口传心受。

度人人即生，魔王耸耳惊。庆此玄功成，返驾游玉京。

凡遇行持，则依科外运，人事安济，复内养灵丹，以证仙道，岂不乐哉！

（卷二）

天雷部

本身符

身穿雷神服色。

天河箕星使者符刘胜（一名孟端）

右本将头顶天丁冠，皂衣，骑小虎，手执金钺。

都天大雷火君符

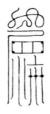

本将头戴天王冠，青法服，袖中握诀，乘龙。

天洞发生神符风时

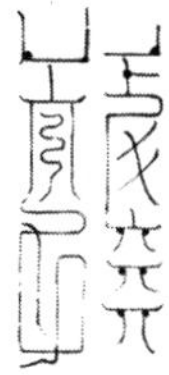

本将头戴力士冠，白色，三牙须，左手执捧，右手持令，身穿黄袍，金甲绿靴。

天真启蛰神符涂山问

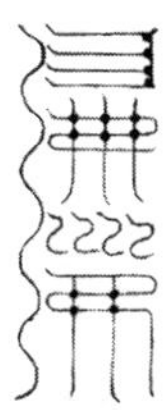

本将头戴力士冠，赤色，怒容，左手持火铃，右手仗剑，身穿红袍，皂吊鞿。

毕火焚炎神符伊育

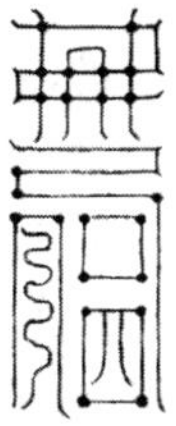

本将头戴天王冠，青面，皂袍金甲，左手持水轮，右手执蛇。

毕真晃光符伍仲

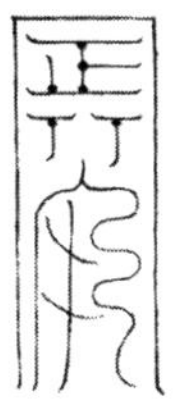

本将头戴黄包巾，赤面，肥满身，穿绿袍金甲。

天乌震威神符申奕

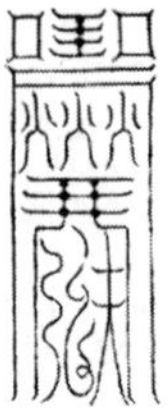

本将头戴虎头帽，双手执火印，身穿青袍，皂鞹。

天镇呼风神符后方

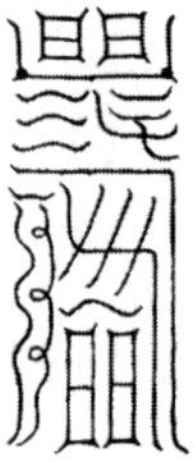

本将如大将军相，身上金装金甲，左手握诀，右手雷局。

天关霹雳神符蔚仲坚

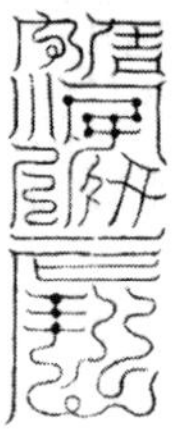

本将身长数丈，四目四臂，头戴天丁冠，身穿绯衣皂袍，绿吊鞹，金甲，青面，左手上火铃，下雷匣，右手上金戟，下提剑，侍立坛前听令。

铁甲飞电神符邓炳

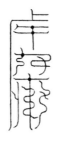

本将头戴天丁冠，身穿皂衣，铁甲，手执铁锯。

仙都火雷神符毕大行

本将黑面，身穿绯袍，手执金简，黄袍青禄，金甲。
已上十二符，用三天育元咒书。

地雷部

本身符

本将身穿雷神服色。

天关房宿使者符封军（一名许定）

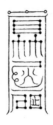

本将头戴天丁冠，身穿青服，两手秉金钺。

火伯风霆君符

本将头戴天丁冠，身穿红服，左手握诀，骑龙。

火令雷主神符阏伯

本将头戴小力士冠，青面，身穿红袍，双手铁东，脚踏火车。

流金火铃神符宋诜

本将头戴黄包巾，黑面，身穿黄袍，左手火印，右手铁鞭。

雷公火车神符邵容

本将头戴青包巾，鬼面金腮，身穿紫袍，抱大鼓。

散烟历黑神符姜衡

本将头戴力士冠，身穿青袍，面容白色，手持长斧，绿辔。

撼山震海神符风暨

本将欻火相，无翅，双手雷局，赤体，青裙风带。

飞云走电神符季公宾

本将头戴皂包巾，身穿黄袍，左手指火轮飞空中，右手仗剑。

移山翻海神符江若冲

本将披发，面容紫色，身穿皂袍，双手金钺，黄鞭铁甲。

震电霹雳神符伯庞

本将全身铁甲，手执长斧，怒容，黑面长须。

斩圹变现神符薛文英

本将猪头，雷公相，赤体，双手执斧。

已上一二符，用玄炁徘徊咒书。

水雷部

本身符

将身穿雷神服色。

奎宿使者符谢升（一名周升）

本将头戴天丁冠，身穿白服，手秉金钺。

电光元圣君符

本将头戴天丁冠，身穿白服，左手握诀，乘龙。

木郎奎光神符姒思正

本将头戴天丁冠，面容青色，身穿红袍，右手仗剑，驾水轮。

玉雷皓师神符丁文广

洞阳幽灵神符丁文达

四明公宾神符丁文惠

火光流精神符丁文行

金精清思神符姬安

本将服色雷公相，鱼身。

鼓风卷水神符冯夷

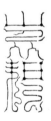

本将孩儿相，头戴道人包巾，执净瓶。

吹海扬波神符伍元旦

本将头戴小天丁冠，托水轮，鱼身。

巨乘大华神符祝启

本将头戴力士冠，身穿皂袍金甲。乘龙，手执火印。本部从官一人，头戴皂包巾，身穿黄袍金甲，手执皂幡。

已上十二符，用始青天中咒书。

神雷部

本身符

鬼宿使者符倪章（一名方刚）

本将头戴天丁冠，身穿红服，秉金钺。

风火元明君符

本将头戴天王冠，身穿皂服，左手握诀，乘龙。

燚火律令神符邓伯温

银牙耀目神符辛汉臣

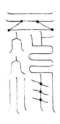

威猛丁辛神符义清

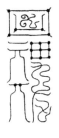

本将三头六臂，披全身金甲，手执火轮、火铃、雷鼓、风轮、火印、长金戟。

滴昔喝伽神符

本将如大将军相，身穿青袍，三牙须，手执长斧，绿风带，四围皆火。

太乙元皇神符

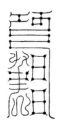

本将头戴小天丁冠，身穿红袍铁甲，面容紫色，双手雷匣。

水轮冰钵神符

本将头戴黄包巾，身穿紫雁花袍金甲，左手火轮，右手仗剑。

山雷火云神符

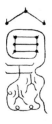

本将头戴青包巾，身穿黄袍金甲，面容黑色，长须，左手握诀，右手掷水轮。

苍牙铁面神符

本将披发，三目，身穿皂袍银甲，左手执风袋，右手持铁鞭。

飞鹰走犬神符

本将鬼面，头戴皂包巾，身穿红袍，左手持斧，右手执凿。本部有欻火从官一人，交脚幞头，身穿青袍，黄抹额，双手金锤。

辛公从官一人，头戴紫包巾，青面金腮，绿靴，手执铁鞭。

已上十二符，用九天玄音咒书。

社令部

本身符

娄宿使者符唐文（一名张圭）

本将头戴天丁冠，身穿黄服，手秉金钺，獒犬在前。

三山大雷火君符

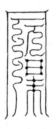

本将头戴天王冠，身穿黄服，左手握诀，乘龙。

咬网嚼舌神符吴都天

本将披发赤体，身穿青裙，赤脚，执斧。

火猪黑犬神符李景元

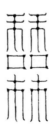

本将披发赤体，身穿红裙，赤脚，手执斧。

擒龙捉孽神符黄伯钦

本将披发赤体，身穿白裙，赤脚，手执斧。

散雾织女神符哥挺

本将披发赤体，身穿白裙，赤脚，右手执斧。

呼风四哥神符公孙靖

本将披发赤体，身穿黄裙，赤脚，右手执斧。

布雨勾娄神符何文弼

本将蓬头赤体，身穿红裙，赤脚，手执雷具。

掣电吉利神符牟时

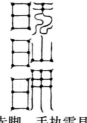

本将蓬头赤体，身穿红裙，赤脚，手执雷具。

震雷登僧神符刘激

本将蓬头赤体，身穿红裙，赤脚，手执雷具。

鞭霆得色神符华昭

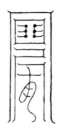

本将蓬头赤体，身穿红裙，赤脚，手执雷具。

已上十二符，用高上景霄咒书。

卷三

治天政

厌天鸣符

（五灵黄老掾吏准行）

厌坠石符

（大庭典者奉行）

厌流星符

（叶光赤飙掾吏奉行）

厌彗孛符

（掾吏伯都奉行）

厌狂风为灾

（掾吏昭文若命阿乌奉行）

解雨泽愆期符

（蓬莱都水司奉）

解雨水浸淫符

（掾吏阿方奉行）

厌当寒而暖符

（掾吏邵公弼奉行）

厌当暖而寒符

（掾吏伯庄奉行）

厌雨土符

（掾吏玄景公亿奉行）

解阴霾毒雾符

（掾吏轩辕君瞿奉行）

禳非时雨雹符

（掾吏阿晔飞云奉行）

已上诸符，并用《天皇内文》书毕，重书掾史名姓于上涂之。

理地纪

厌地震符

（掾吏马奇罗区奉行）

厌地裂符

（掾吏阮都奉行）

兴地脉符

（掾吏连公仪奉行）

厌山崩符

（掾吏公受禄堂生奉行）

厌川竭符

（掾吏昌生奉行）

厌洪水泛符

（掾吏仲珉季球奉行）

辟发瘟符

（缘吏博昌英奉行）

辟地起盗贼符

（掾吏庄涂奉行）

禳刀兵符

（掾吏阳丘子余奉行）

禳地祇降灾符

（掾吏八史奉行）

镇地土安民符

（掾吏曲隐弘都奉行）

辟地土虚耗符

（掾吏公茂公休奉行）

已上诸符并用《地皇内文》书毕，书掾吏姓名于符上涂之。

正人事

解先亡伏连符

（掾吏公都诜奉行）

解连年疾病符

（掾吏区轩奉行）

解三刑六害符

（掾吏乌桓叔稽奉行）

禁非横符

（掾吏祖夷笃宗奉行）

救难产符

（可韩日位符使宛仲真奉行）

禳童稚多灾符

（掾吏仇昌昭奉行）

禳官讼符

（掾吏霍昭奉行）

禳口舌符

（掾吏元枢历峨奉行）

禳天折符

（掾吏景霄太乙司命奉行）

解冢讼符

（掾吏公宾奉行）

禁魔鬼侵凌符

（掾吏烟都岂隆奉行）

辟虚耗符

（掾吏烟都卞凝奉行）

已上诸符，用《人皇内文》书毕，重书掾吏姓名于符上涂之。

用法

火师曰：都天大雷符书成，再用五叠。第一书用符治符，第二书符下字，或二字，或三字、四字，第三重书符，第四加掾吏符入，第五重书掾吏姓名，第六加太一真符，次念十神号令咒，第七入将，第八用本将符，第九入窍字，第十出笔。却用总札，次差雷神宣告。

（总司十使者）

都大直符丘使者符

壬日

（沃邻扶贞庞函摄，南斗午出。）

咒曰：玉清敕命，普告众神。景霄奉命，翼轸降灵。

五方传令催风唐使者符讳彬

癸日

（毕韬寀诜笃育储沃摄，震起八卦诀。）

本将黄包巾，身穿红袍金甲，面黑，仗剑。

咒曰：景霄玉府，总令雷霆。飞符传命，急如奔星。天龙主者，严驾火云。

催云李使者符讳元旦

甲日

（真梓函跋纡盘昌摄。掐午未坤，上清诀，丑子出。）

本将交脚幞头，黄抹额，身穿皂袍，手执尖角刀。

咒曰：景霄有神，传送真灵。出入三界，通真达灵。帝君有命，速出巽城。

催雷张使者符讳元伯

乙日

（唵帝吒，戌辰未。）

本将如直符状，手执召雷旗。

咒曰：景霄奉命，敕召众神。飞捷感应，速奔火云。闻命即临，大朗明真。

催电纪使者符讳江奴

丙日

（廓迅攻铎获摄，卯午酉子中。）

本将猪头，雷公相，绿搭背，紫裙，手执简。

咒曰：执罚司刑，震动太清。太乙都司，风雷计程。以符为信，号令万神。

催雨焦使者符讳公卿

丁日

（鹿稽庄柳辟摄，午子卯酉中。）

本将黄包巾，绿袍，白面，仗剑，剑尖上有火光。

咒曰：太乙雷司，呼阳吸阴。飞符召命，三界齐临。大会烟都，上奉玉清。

厐医何使者符讳然

戊日

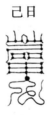

（桓坞弼涌明宁突稽，揞坤、坎、离、艮、兑、乾、震、巽。）

本将头戴天丁冠，善相，红袍，手执符。

咒曰：一厐运行，传送五方。辟连奉行，来往如风。下制八区，九水泉源。

催生贺使者符讳明

己日

（赫技宾题裨历摄，子卯午酉中。）

第八卷

281

本将头戴力士冠，面紫色，青袍，手托净瓶。

咒曰：双皇翼飞，命下太微。八方助力，济度凶危。伐恶除凶，雷兵震威。急急如上帝律令。

治病鞠使者符讳芬

庚日

（呜呐模匝吽）

咒曰：景霄有将，慈济下方。呼云鼓风，夙夜驱驰。帝君有命，杀鬼安民。

治病郝使者符讳韶

辛日

（哪潜湄塞责摄）

咒曰：巽城传令，辅帝好生。九霄符命，节制下方。佩受飞空，斩鬼生人。

五雷镇宅驱瘟宝符

凡书此符，先念召咒，存将立至，方下笔书符。然后念遣役咒，取炁入符。

春

夏

秋

冬

右前四符，随四时而用。如春用第一道，次用第二道；夏用第二道，兼用第三道；秋用第三道，兼用第四道；冬用第四道，兼用第一道。四季之月，合用社令雷符，兼用前符一道。如三月则用第二道之类。

社令蛮雷符

太乙真符

（即五福太乙帝君）

　　右符书成之后，用景霄十神太乙号令咒书。次入将名于符上，述意，加入窍字。

符窍

　　霍：煞伐用，音雏。

　　霦：起雷用，音奔。

　　霝：祈雨用，音渊。

　　霥：祈晴内用，音焰字。

　　霨：起风用，音坟。

　　霴：止风用，音默。

　　雹：起云用，音豚。

　　霊：起电光用，音焕字。

　　露：祈雷用，音瑶。

　　霊：治病用此字。

　　霘：驱瘟用。

　　霭：断后用，音戈。

　　右法用元始天尊催风雷隐章涂之。

太乙帝君辖雷符檄

　　柘里殳哥延起雷疾（辖天雷保制劫运）。

　　存本雷星君，统雷神入符。用都雷局，引雷至，覆局撒入符上。

角赫吵（辖地雷灭蝗祛疾）。

右法若灭蝗，加煞字；如驱瘟，加海若摄字。

勾龙杜塞（辖水雷救旱退水）。

右法如救旱，就龙字上涂黑点，不记数；如退水，以笔头缚住龙字。

苏莫胡鲁健（辖神雷煞伐）。

弥吒弥吽（辖社令雷煞伐祈祷）。

右法凡起社令雷，须以土雷为主，然后书名于四字下，如意用之。或起雷煞伐捉祟、祈雨祈晴，随用皆可。

再念总咒曰：雷火炎炎，遍满天地。急急如律令。

出笔法

●帝居东运，煞鬼生人。九阳震动，一炁回春。景霄左阵，随雷兵出。

●火车火炬，赫烈南离。转烛九阴，大震天威。景霄前阵，随雷兵出。

●镀天大斧，施用天刑。煞炁腾严，逐令而行。景霄右阵，随雷兵出。

●雷车运水，肃煞敛藏。神威一动，邪鬼灭亡。景霄后阵，随雷兵出。

●中央一笔，如祈雨则用木郎咒，若祈晴则用火车咒，如治病用天蓬咒，若祈雪用东灵上相咒涂之。

十神号令咒

太乙帝君敕下烟都五雷主者，急急启途。吼风激电，威震八区（雷）；部领天医，下理形躯（病）；兴云致雨，润泽八区（雨）；扫退阴云，阳光发舒（晴）；速止狂风，来应飞符（风）；凝聚阴炁，瑞雪随符（雪）。

火师曰：《景霄秘旨》总在三篇：上篇治天政，中篇理地纪，下篇正人事。此符自天鸣至当暖而寒共九道，上应九天；自雨土至虚耗共二十七道，上应二十七梵天。共三十六符，皆是诸天内名隐讳，雷神霄吏隐名。凡书篆真符，皆当入靖焚香启叩，虔心关召雷神，然后诵玉文二遍、三遍，下笔成符，次剔诀入符。

治天政

厌天鸣符

（遄宾英，亥子壬癸日书。）

厌坠石符

厌流星为灾符

（孔只哖哖，午未丙丁日。）

厌彗孛为灾符

（哗臧拯，寅卯甲乙日。）

厌狂风发屋符

（咸谆索仪，寅申日时。）

解雨泽愆期符

（约都困吒，申辰日时。）

解雨水浸淫符

（洛璧庸，巳酉日时。）

厌当寒而暖符

（沸议焚涂，午丙日时。）

厌当暖而寒符

（托隶潞奇，壬癸亥子日。）

厌雨土符

（晃公同，巳午日时。）

厌阴霾毒雾符

（完弥粟，亥子日时。）

禳非时雨雹符

（择闵弘，丙丁日时。）

　　已上十二符皆面巽方，诵《太微玉篇》作散形，加于日字符内，逐一弹诀讫，却书符下字于内，然后召符使救遣。

理地纪

厌地震符

（盘测僧，甲乙日。）

厌地裂符

（波牟隶，寅卯日。）

厌地脉符

（陀离胸育，戊己日。）

厌山崩符

（爽延剑，丙丁日。）

厌川竭符

（祝完完，庚申辛酉日。）

厌水泛符

（傍君桓，戊己日。）

辟地发瘟黄符

（燊戊亥，壬癸亥子。）

辟地起盗贼符

（庞奕颛，辰戌。）

禳地刀兵符

（唪密氐，丙午巳丁。）

禳地祇降灾符

（橐皋符，甲乙寅卯。）

镇地土安民符

（恪汇宾，戊己。）

辟地土虚耗符

（遄邹纲吒，壬癸。）

已上十二符，皆面坤，诵《太灵玉篇》书之。如上加逐一弹诀，却书符下字用述意。

正人事

解先亡复连符

（廓无说，甲乙。）

解疾病连年符

（谛察娄生，丙丁。）

解三刑六害符

（乐并珉，寅卯。）

禁非横符

（淇闽殊，丙丁。）

救产难符

（团育弥明，望巽取长炁书之。）

禳童稚多灾符

（卢古吒，甲乙寅卯。）

禳官讼符

（棘披芒校披芒，壬癸亥子。）

禳口舌符

（沈庄牟，壬癸。）

禳命限天折符

（漆良吽，本命日。）

解冢讼符

（橐陈瑠吒，丙丁巳午。）

禁魔鬼侵凌符

（禹宾宜，亥子。）

辟财物虚耗符

（丘宛端模，庚辛申酉。）

已上十二符，皆面乾，诵《太虚玉篇》书之，逐一弹诀入讫，却书□下字述意用之。

（卷四）

治天政

厌天鸣符咒

元始玉文，告盟八极。三十五分，各正天经。五老告宣，中极奉行。

厌坠石符咒

五帝分司，推运五行。天地人皇，驱分阴阳。大庭申令，鸣嗡濮评。

厌流星符咒

协光正纪，赤飙分炁。四辅列官，肃清八极。各理天经，十方宁一，阳明正始。

厌彗孛为灾符咒

五老分运，炁正上元。爰命伯都，开图变迁。扫荡旄头，天挽灭迹。天枪隐明，蚩尤旗殁。天冲伏灵，赤彗顺经。天狗拂枢，六残帚根。枉矢司奸，晋若楼垣。官张绕綖，不得留停。

厌狂风为灾符咒

昭文若，驾青龙。命阿乌，止狂风。混元一，归太空。五方奴子，速返巽宫。

解雨泽愆期符咒

景霄敕下，蓬莱水司。太乙所部，鞭龙上升。卷水太空，召山送云。皓师凝阴，箕井通津。掩闭阳乌，黑云四蒸。

解雨水浸淫符咒

帝命阿方，散阴聚阳。中极理政，玄一潜藏。太极神吏，日晃阳光。五雷申令，水怪灭亡。

厌当寒而暖符咒

邵公粥，明号令。正阴阳，会元炁。捧符命，告北帝。行冬令，散疫疠。

厌当暖而寒符咒

帝车所在，密运居东。伯庄奉命，迳召北翁。各扬治职，随炁变通。发生万汇，上佐玄穹。

厌雨土符咒

景霄命神翁，玄景暨公亿。理天清一炁，氛祲速灭迹。太虚启灵运，神风静八极。保灾平劫运，民生日蕃息。

解雾霾符咒

轩轵君瞿，捧领天书。妖氛浊炁，速与驱除，下理山川。上澄太虚。不得兴灾，禀命真符。

禳非时雨雹符咒

阿华飞云，烟都会同。参详月令，申命群龙。分别阴阳，御灾却凶。敢有逆命，速送皓翁。

理地纪

厌地震符咒

景霄有命，阮都应灵。轩辕敷化，地纪以宁。阴炁潜伏，阳炁流行。却灾保劫，顺天化生。

兴地脉符咒

景霄敕，连公仪。正地纪，明化基。混元炁，布坤维。速施生，运神威。土膏起，奉天时。

厌山崩符咒

芒阳初奠形，地势得一宁。今再命巨灵，公受禄堂生。安镇元地纪，保制灾劫兴。高下正常经，烟都号令行。

厌川竭符咒

帝命昌生，陆地通行。阴阳往来，泉脉流形。随炁运动，不得留停。养育万民，渊泽有情。

厌洪水泛涨符

太乙宣命，仲珉季球。奠安五土，阴炁敛擎。蛟龙水怪，火府擒收。一切水脉，不得横流。

辟瘟黄符咒

景霄敕，博昌英。理地纪，扫邪精。正时令，运五行。

辟地起盗贼符咒

庄涂奉命，宣告北翁。黄中启运，玄武潜踪。察奸捕非，辟邪御凶。随符所至，安镇土封。

禳地起刀兵符咒

阳丘子余，奉命景霄。太一十神，返驾空遥。保制劫年，扫荡天妖。五兵藏伏，煞炁潜消。

禳地祇降灾符咒

景霄申命，广平帝子。九州社令，钦奉八史。保育群生，奠安生理。灾殃扫清，宁居闾里。

镇地土安人民惊恐符咒

曲隐弘都，速诣紫庭。上承帝命，安镇地灵。下守人身，丹元以宁。精光内宝，魂魄毋惊。

辟土地虚耗符咒

公茂公休，辅帝好生。妙凝旺炁，聚会黄宁。虚耗不祥，奉命扫清。扶衰正令，永保利贞。

正人事

解先亡复连符咒

景霄敕，公都诜。明正令，告仲臻。该赦宥，普度人。复连厄，不临身。

解疾病连年符咒

烟都命区轩，乘龙驾紫云。部领天医众，下疗人生门。司命总灵会，桃康定精原。大和保常聚，斩落久病根。

解三刑六害符咒

乌桓叔稽，制会五行。一切刑害，乖炁合并。五雷符命，却灾保生。变祸为祥，眷属安宁。

禁非灾横祸符咒

景霄号令，申敕烟都。桓彝笃宗，承命疾呼。散祸吏兵，会合碧虚。一切非横，随符扫除。

救难产符咒

景霄敕，可韩司。宛冲真，运化机。布生炁，度灾危。全母子，速分离。

禳童稚多灾符咒

太一保生，慈公真君。宣告仇昌，急降黄云。覆护幼稚，制魄拘魂。万灾不干，斩灭妖氛。

禳官讼符咒

景霄猛吏，霍昭领符。速灭官灾，公讼征呼。朱雀炎神，随令疾除。兆身安镇，奉命玄都。

禳口舌是非符咒

无征历峨，帝命辟非。谗言谤讪，传喋无稽。广运威神，谨始防微。随符断绝，解厄扶衰。

禳寿命夭折符咒

太一司命，奉领天符。安镇黄庭，变化行厨。中凝魂魄，五炁返初。超出阴阳，注名玄都。

解冢讼征呼符咒

景霄救，告公宾。元始符，保生人。幽阴讼，逮后昆。停征呼，奉玉文。

禁魔鬼侵凌符咒

景霄命丰隆，号令四目翁。翩然下太虚，秉钺振帝钟。离火喷朱烟，妖邪敢当锋。霹雳震天地，鸠摩总灭踪。

辟财物虚耗符咒

烟都卞凝，奉命九天。号令一举，旺炁绵绵。五虚六耗，辄敢当前。雷斧运动，福庆自然。

长生久视延年宝符施用

春用岁星辅肝咒书符，夏用荧惑辅心咒书符，秋用太白捡肺咒书符，冬用北辰辅肾咒书符，四季用镇星辅脾咒书符。

火师曰：元始天尊在昔劫初，教诲学仙童子，并以此为入门。夺天地生旺之炁，以安己身。先天金母，行持当依日分。先书此符一道，至日行功，先服之，次默念咒曰：太灵九宫，太乙守房。百神参卫，魂魄和同。长生不死，塞灭邪凶。引炁九过，然后行功。

正月用甲日子戌二时，先服阳符，夺青帝旺炁。

二月用乙日酉时，先服阴符，夺青帝相炁。

三月用戊日午时，清明十二日后也，先服阳符，夺黄帝旺炁。

四月用丙日申时，先服阳符，夺赤帝旺炁。

五月用丁日未时，先服阴符，夺赤帝相炁。

六月用己日巳时，小暑后十二日也，先服阴符，夺黄帝相炁。

七月用庚日辰时，先服阳符，夺白帝旺炁。

八月用辛日卯时，先服阴符，夺白帝相炁。

九月用戊日午时，霜降十二日后，先服阳符，夺黄帝旺炁。

十月用壬日寅时，先服阳符，夺黑帝旺炁。

十一月用癸日丑时，先服阳符，夺黑帝相炁。

十二月用已日巳时，大寒后十二日也，先服阴符，夺黄帝相炁。

火师曰：五帝者，五行之精。元始天尊教后学旺相之炁者，使之出离五行短浊之炁，混合先天真一，岂不长久！学者勉之。

总札式

太一雷霆都司：

本司切见今月某日如何示变，恭惟太一帝君，保制劫运真王大帝，政统上天，一或反常，必为灾异，当加燮理，以辅好生。检准玉格正条，须至符命告下者。

空符

右符札告下，景霄甚雷主者，某恭承符命，历关天曹，散灾却祸，保制劫年，国主庆延，人民安静。急急如元始上帝律令。

年月日时告下，具位姓某承札奉行。

元始混灵太微玉文上篇

郭奕般殷，肇紧殊珉。赏冀朴彬，枚璋绝臻。蒲裔诜昭，灼瑾汗余。拂脉昆隆，笃诠茂暗。阜引昌途，提奚冀肤。橐宛卑持，鞠芭狼渠。伍苕逸旋，蓄玑博梧。曲育森超，芰芜竺孤。却炳利招，冈郑回齐。濮掷朗英，空转韩更。弥愈徐芬，赤畅盈颛。化驰靡俱，亟递边诉。翕禁匡卢，漠兆膺璠。眒谛游音，谷隶影滔。亿掷鸾扶，纠绵庄率。抹势芳粗，房柽递呼。

元始混洞太灵玉文中篇

孛函萍区，汶绰猛琚。浮陂郝鲸，模稽管邾。骝荫庞珍，博忿剜澄。攒洄党洋，肘戍膧泷。拨拒爰庞，矗抑华琪。徂粼御机，冲逗游絪。暨尚悼丕，啜芬闽维。皋诣潼提，允烈洸从。淑炳珪旌，商柏崇和。琬枳翻畲，鹿匹阿论。莽丑恭腴，绾卑韶怡。萧蕴云纫，馥被贞梧。涿译频罔，洺度皇夷。膳晟缤堂，丰整端墀。仄并芜条，荐拂隍钧。穆议朋逢，观忖禅题。

元始混沌太虚玉文下篇

梓阑琫玙，良冀浣驰。责謦逴泓，狷溃芒徐。毒厉溢联，苛停滤辞。袭牵并纹，竺异汾嚣。瑀历恒涂，卜祚辟隐。屏收底琪，匽绍图基。塾饬罗紧，坚比秦童。洛冢夏维，渡廪分盈。候甘暑伺，沕焰彰钦。簇翅欢罙，禄党欣浮。宠赂遄依，稠庚肆荣。毕朗横敷，陵豳敬圭。朴职隆丞，阜台跽云。徂宁饫移，筑丙藏师。鹏姮迅俱，娵絜棠契。溟端自植，夙缊伊时。

天皇内文玉书

呵恒栗评，纷谛育姬。阜频黎宪，廓菽完臻。锅裘拯嘀，成蹇丕差。委暨遄枚，令均卓浮。禄哩升涂，栢冈梓诜。亿屏施琪，莽商反罙。奘索迈絪，衷毗爽腴。痄彬独殊，潞招洎舒。逴隐诸澄，蓬陌苏渊。矗祈允琚，卜逸匠盈。抚臧慕纡，封驰象基。束兆优萌，层颖卑提。

青华大帝曰:《天皇内文》二十四句，秘之景霄，最为玄妙，诸天所尊。不特以书符，诵之可禳度凶星恶煞，无不灵验。

地皇内文玉书

理禁离详，濮演金裙。麦悚华宾，威纫约闽。绘延俾莘，纠枢穆卢。豁闽明奚，禹振绀音。阿奚关稽，槿勉扬弁。昏笃猖徐，竺臼膺俱。戮周滗铺，萍洞枢迁。迫瑞苹榛，柏举储墀。鹿稚传禽，眯汤寻宁。坊沼涵粗，毕利公楚。富整旹暎，洋回武雅。傍敏遇照，洛叱衡余。

青华大帝曰：此《地皇内文》二十四句，凡符治之外，应干地祇事，皆可用。为地祇迁阶进职，用之尤妙。

人皇内文玉书

蒲嗜汪陈，弗历完旗。殊逞云良，化芒吐英。火合脾留，玉忌庞分。谕筑扶隶，诏炳匀连。巨得汶邻，鞞洙泌呈。模导思贞，欧宜自奔。曲秉隆滕，焚章永冰。箕璡皇弘，胶椿似霖。博敬郑移，岱柱奕钦。尝驻袁眸，迓牧绳矜。措度菩亭，泛丽妙婴。警绍漫伛，暴愚恫珍。

青华大帝曰：此《人皇内文》二十四句，可以延年益算，解厄消灾，可以制伏魔精，过度劫运，不特书符而已。上学之士，诵之可以入山林，地灵诃护，蛇虎远离；下学之士，诵之能屏盗贼不侵，却灾去祸。诵咏之日，必须斋戒焚香，入靖关启。轻泄漏慢，吏兵灭身。

元始天尊催风雷隐章

一炁昭回，泛霞霏霏。漠兮未兆，流辉停机。双皇开化，五劫冲微。赫朗太空，四兽翼扉。三因九变，八极外围。景霄上治，碧落凝晖。中有真神，运化四时。保制劫运，天政以齐。和会阴阳，震动天威。昱阳尊神，区侁逸宜。谷冲孚贞，葆嚚濮墀。帝吩帝裕，帝瑾帝堤。帝拯浮及，陆都完稽。冒珉抵罗，秉令四驰。景霄雷吏，速出巽维。

元始天尊说杀鬼降魔大神咒

天元太一，精司主兵。卫护世土，保合生精。华衣绣裙，正冠青巾。青龙左列，白虎右宾。佩服龙剑，五福之章。统领神官，三五将军。有邪必斩，有怪必摧。敷佑福祥，启悟希夷。邪怪消灭，五帝降威。护世万年，帝德日熙。黄龙降天，帝寿所期。景霄洞章，消魔却非。

元始天尊命景霄五雷君保制劫运大神咒

五劫既周，后劫推迁。爰命景霄，保制劫年。九天运否，阴阳数穷。五行乖逆，六天肆凶。天道既变，人道将终。咨示列缺，部制丰隆。五老化身，五雷大君。飞神变景，扫荡魔群。挥戈秉钺，驾起黑云。九地巡游，烈火炎焚。涤除凶秽，扫荡妖氛。骈邾潞洄，何历光仁。露堪显生，履兆机垂。秘呈策极，存智昭基。是灾皆殚，祸乱悉平。五雷奋威，雷令必行。

景霄灭瘟疫隐章

始青符命，洞渊正刑。金钺前导，雷鼓后轰。兵仗亿千，变化真灵。景霄所部，中有威神。华游谒用，邈处述规。测禁洞回，希渊奏明。礼罡大扦，陀漠子持。凝阴合阳，理禁邪原。妖魔厉鬼，束送穷泉。敢有干试，摄赴洞渊。风刀考身，万死不原。

景霄治病保生神咒

太虚玄妙神，空洞幽元君。生于眇莽中，运化标玄根。淡漠居正性，返照灭邪氛。消魔却害除，冲融和至真。昭昭智慧锋，威化斩妖群。五浊安能扰，明辉华景形。佩服景霄文，云光焕尔身。玉符镇内景，龙虎缠胎婴。水火金木交，混一宗皇灵。百脉悉宣畅，帝真卫尔生。

请雨大梵倒海隐章

条冥衍崖，耿彻敷澄。监萌脟宣，撰慈涟波。仙宛碧洙，洋略浮滨。滨筑咸恭，番振阜屏。拂俾就元，扁飞御停。忱昭亨款，角奋波微。

太一帝君急召五雷咒

玉清始青，真符告盟。推迁二炁，混一成真。五雷五雷，急会黄宁。氤氲变化，吼电迅霆。闻呼即至，速发阳声。狼洺冱滨，渎剡咁卢。桩抑煞摄，急急如律令。

召天雷部咒

浣喁楼庸味嫡（震），称纯炙孕周爱（巽），庄溢鄼彰蒲吝（兑），嗣冒颙驿梁驹（坤），薮厴丰隆育茂（坎），芯斟瑝制卿辆（艮）。

召地雷部咒

呼编炽诜（午），搜炳著雍（酉），畜颛措逢（子），掬栗殖（卯），凛圭崇（巽）。

召水雷部咒

宽逋索纤那景舒（乾），绍丽曲释涂（坤），并迠童棣（寅），浩罡猪（卯），嚖吒（巳）。

召神雷部咒

竺冀宏臻泰（子），丕汪仄闵嬴（亥），谛衿菩诅彬（未）。

召社雷部咒

靮叱咄湮（中上），镕槿摹（中下），缓懿茹（寅）。

召总司诸使者咒

传沧牧吒呜奕仪（卯），佗秩鲜渠（巳），阜椽沃都（申），橐瑝余（亥），蓁枳初（子）。吾奉大一帝君命，急召某使者，闻命速临。

召鞠使者心咒

渥炽（丑），霸盘（亥），末苏（午），禹南（巳），急至（轮转坤倒成局）。

召郝使者心咒

单峦枝（寅），研伏虞（亥），利迣枚（申），蓟育胥（巳），疾至（轮至坤倒成局）。

役使天雷咒

坊毕緦橦，遍景完膺。淑颖咨弘，阜乙除滨。材演呼银，昕诮悦毗。竺约罙珉，互冲祝乾，嫔琬安初。

役使地雷咒

索激呼咄嘀俱味唝枢。

役使水雷咒

褐领贞，诡溜港。完模簇，整潘梁。僧齿迁，映濮都，阔泌粗。

役使神雷咒

氏隐宽渊穆，拟乌稽阜赳。廓纡纷珉睹，奇娄缤节跟。萍谐忽徐臻。

役使社雷咒

敝亿罙津縠記條征簇唢桃英。

书天雷十二本身符咒

三天育元，景霄正刑。发生号令，上应列星。敕尔雷神，运动风霆。太一帝君，召汝真灵。一召即至，来降帝庭（寅卯辰诀，嘘青炁入）。

书地雷十二本身符咒

玄炁徘徊，丹天令行。震吼太空，火令申明。烟都禀命，斩邪保生。严驾火车，统制雷兵。景霄敕下，震动天声。

书水雷十二本身符咒

始青天中，敕下景霄。啸命风雷，臧邪斩妖。霹雳震吼，阴阳炁交。电光围绕，火发炎烧。雷车速起，来降空遥。

书神雷十二本身符咒

九天玄音，急召众神。齐会景霄，驱雷奔云。金钺前驱，雷鼓发奔。太一行刑，役使雷兵。来应符命，扫荡邪精。

书社雷十二本身符咒

高上景霄，节制雷霆。召命三界，禀令行刑。九州社令，血食之神。佐理阴阳，震吼天声。来应符命，斩邪保生。

九老仙都君辖五部秘符

三炁相因，九老化生；统理烟都，役使雷霆；生成万物，太灵皓真；子桁飞空，召命奔星；五部威神，闻命速临；岀吽蕋哗摄。

合形

敕符咒

炎灵震神，火丽辉神。赤明焕赫，奔运流铃。仙都敕下，星斗隐明。黑云密布，电火奔星。金钺四张，收斩邪精。天令一下，速震速轰。急急如玉清元始法王律令。

（卷五）

五雷勘合符

召雷二十八字玉札

祈雨檄用

起雷檄用

祈晴檄用

破庙馘邪檄用

祈雨合同符

（木郎咒涂取坎炁）

祈晴合同符

（火车咒涂取离炁）

右前符各用黄纸书之，运用各取炁敕遣。

祈雪合同符

（东灵上相咒涂之）

右符用皂纸书之，述意，取正冬令驱瘟疫。

起风合同符

（节制雷霆隐章书之）

右符起风用巽卦，止风用艮卦，换易用之。

起云合同符

（景霄急召咒书之）

右符凡起云，不用券文，只以皂纸书此符，在牒前烧化。再用一半登坛向日烧，一半在水中噀日。

雷电合同符

（元始节制咒书之）

合同券文式

（符篆在前）

太乙雷霆都司：

本司今为某事，除已奏闻上帝外，涓取今月某日某时，就某处建立坛治，召集景霄某雷某神，以符为信，符到合同奉行，准真皇令，奉景霄太乙大天帝敕。急急如神霄玉清真王律令。

空符

神霄玉清真王律令，景霄太乙大天帝敕。急急如合同奉行，准真皇令，奉立坛治，召集景霄某雷某神，以符为信，符到上帝外，涓取今月某日某时，就某处建本司今为某事，除已奏闻太乙雷霆都司。

鞠邪催生符

散形

〓合明天帝，冂 聚炁保生，口 胞胎混合，彡 四象生成，彡 九阳既备，坐母子分形，大既备，彡分形。

合形

敕符咒

太乙主司，养育胎婴。符吏大慈，辅帝好生。唥呎唓叽嗥呖摄。

长生久视延生宝符

春阳

（正月用甲日，子戌二时服）

春阴

（二月乙日酉时服）

夏阳

（四月丙日申时服）

夏阴

（五月丁日未时服）

秋阳

（七月庚日辰时服）

秋阴

（八月辛日卯时服）

冬阳

（十月壬日寅时服）

冬阴

（十一月癸日丑时服）

四季阳

（三月戊日午时，清明后十二日，九月戊日午时，霜降后十二日。）

四季阴

（六月巳日巳时，小暑后十二日，十二月巳日巳时，大寒后十二日。）
右符黄纸朱书，照依春夏秋冬阳阴月日时分，可以服此真符。

太乙真符

（又名总符）

天圆

地方

一炁伏藏

元始祖劫，若存若亡。

第二叠

九炁青天，苍灵皇老；三炁丹天，赤灵皇老；七炁素天，皓灵皇老；五炁玄天，玄灵皇老；一炁黄天，五灵皇老。噓叽呜啍彰

第三叠

木德岁星，青龙降灵；火德荧惑，朱雀合并；金德太白，白虎下临；水德辰门，玄武降精；土德镇星，勾陈化形。咈宾余沙吒讫利都盘盘吽。

第四叠

春令雷帝，发生万物；夏令雷帝，焦暑长育；秋令雷帝，挲敛成熟；冬令雷帝，伏藏肃煞。四季雷帝，分旺生成。霍霈霜靁霩。

第五叠

角、亢、氐、房、心、尾、箕，七宿经天，运动雷霆；井、鬼、柳、星、翼、轸，七宿号令，震吼风霆；奎、娄、胃、昴、毕、觜、参，七宿激剥，上正天刑；斗、牛、女、虚、危、室、壁，七宿肃煞，硷伐邪精。魁魒魖魓魕魖魖中斗大魁，混阴合阳，运动枢机，建破魁罡。

治病改第四叠

青帝护魂，白帝侍魄；赤帝养炁，黑帝通血；黄帝中主，万神无越。

治病改第五叠

青龙孟光，速聚生炁。龙烟含明，安镇左宫。心神玄珠，妙凝正炁。丹元守灵，各得长生。肺神季成，导迎和炁。皓华虚神，养育元精。肾神大渊，镇安真炁。育婴扶灵，抱守玄冥。脾神黄庭，宣通五炁。常在魂庭，凝聚黄宁。

合形

葛天叔珍付

盘诜盘颖受

汪康民告行

具位姓某承诰准行。

火师真君曰：神霄九宸，今日证圣王位，皆有弘誓，诸天纪功，故能长统天政。末学之士，欲行速效，亦当选择一誓功用者，对将吏宣白，神吏惟谨。

真王第一誓

吾昔在元始天尊前，受神霄大法二十七品，曾发誓言：未来末劫，众生受苦，皈崇正法。吾不以道炁覆护其身，当坠天位，堕彼恶途，沦胥众苦。若霄吏以内台自尊，轻视众生，吾法所至，不力拯济，当为下鬼，受恶因缘。其有众生，罪根深重，获受恶报，天曹降责者，若能真心皈命，忏省愆尤，亦姑从轻典，却彼重灾。

第二誓

吾昔于浮黎碧落之天，与十方无极大圣同侍元始于空歌宝黍之中，元始说始青大灵之章。吾于尔时发大愿言：五百劫后，数否运塞，元元被殃，叠尸高山，流血旷野，无复如今，万象太平，阴阳无恙矣。雷霆者，执天地之中炁，理天地之中政，综校祸福，佐理天枢，统御阴阳，摄循地纪。吾为雷霆之主，当以身先之，即合代彼众生受诸魔恼。

第三誓

昔在始青天宫所得元始微言，纪述雷霆分司诸法，赞辅玉清之化，如意行持，保制劫年。倘违吾法，劫后种民，责降霄吏，受诸苦恼。兴云致雨，退水祈晴，倘违吾法，削职烟都，罚为阴职。驱邪治病，倘违吾法，罚入九阴，永为冥职。末学之士，得吾法者，当广传人。以有天机，戒其轻泄。从中立誓，勿违吾言。末劫劫终，正法将绝。当择正人，广为宣说，济死度生，付以真诀。代天传人，斩妖诛孽。师若隐藏，一身先灭。

青华大帝誓

世间受苦众生，地狱幽魂滞魄，遵奉吾教，吾不能救度，当化为微尘，以赎吾违誓之罪。其有恶根深重，不当赦原，苟能谢过投诚，纵不能济度，亦当灭其痛苦。霄吏违吾誓言，永劫沉坠。

韩君丈人誓

九天注生，凡有产厄，吾当遣霄吏拯济。一切死魂，吾当炼化。苟违吾誓，不为天人。

太乙天帝誓

九天之劫，定数已成。吾力甚微，不能保制。当劫之际，有能崇信道法，吾当以法身代受劫运。十分厄运，代受其半，以保众生。

普化天尊誓

天灾流行，人间疾苦，称念吾名，即当救度。苟违吾誓，永劫堕坠。

雷祖大帝誓

水旱虫蝗，下方祈祷。吾受心词，不能拯济，誓当责罚，不处九天。

洞渊大帝誓

兆民疾疫，六天魔鬼，五府瘟曹，枉杀无辜。吾不能部领所属扫除，誓当世世为人，受诸疾苦。

六波天主誓

大劫洪流，回禄四兴。吾不能济度，誓当沦坠，不为天人。

九天采访真君誓

世间恶籍，吾当纪其善功，以准三官之录。苟违此誓，当坠幽冥。

太乙真形符

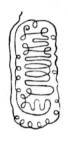

翠虚陈真人得法记 [①]

（略）

《景霄雷书》后序

　　尝见陶隐居《登真隐诀》，知晋魏间学仙之士，皆亲与古昔仙真接对，而有所授受。唐人吕洞宾既已为仙者，数百年时时游戏人间，世人亦时得见之。皆有所征信，非茫昧恍惚也，辽相刘海蟾亲得其传。汴宋之末，王重阳遇之甘河，张紫阳得之西蜀，至于今端绪灼然。南丰王侍宸，亲遇火师，亦今人所共知者也。近年洪之西山许旌阳降于刘玉真家，亦著闻于代，不可轻也。琼馆白玉蟾先生，系接紫阳，隐显莫测。今百数十年，八九十岁人多曾见之，江右遗墨尤多。宋晚有河南子乌阳者，亦玉蟾之流亚欤。

　　吾方外友有浦云吴君者，为上清道士，得坐致雷雨，役使鬼神之法，不自以为功。已而去之北游燕赵诸郡，得《景霄雷书》于异人，而未尽通其说。闲居京华，幽坊静室，与学者数人居香火。清夜，玉蟾降其室，亲为校正其疏略，剖析其精微。内以自修，外以救世，灿然朗耀，莫逆于心。浦云告于玉蟾曰："天不爱道，地不爱宝。请以所定书藏诸名山，以俟来者，如

---

① 见卷七，此处从略。

何？”玉蟾肯之。

自江浙湖海归，间以语予，求书其端。云：“吾闻道可受而不可传。上古圣神之心法，寄诸图书而已。后世有得之者，则存诸其人矣，岂必图书为然哉。且吾闻善藏书者，宜以梓木为觚、为方、为版、为册，以笔注漆而书之，最为可久。虽然，其所以久者文不在于斯也，托其迹可也。”浦云曰：“诺。”命其徒书之如吾之说。浦云方致虚守静，修其得于玉蟾者，他日道成，当与蟾翁一笑于千载之外乎！芸阁退吏虞集撰。

洞玄玉枢雷霆大法[①]

（卷一）

事实

宗师白真人，海琼人也，元姓诸葛，名猛。生而聪明，长而奇异。睹石火之无光，叹白驹之过隙，遂舍富贵而志慕神仙，混名曰白玉蟾，盖欲隐其姓名也。足迹半天下。一日，云游至广南山路，遇一人，衣服褴褛，问白君曰："子将何之？"白君曰："愿见明师，参传道法。"遂与之同宿大慈寺傍旅店。饮酒之余，双目火光，照耀上下，褴褛之衣变为皂袍，语白君曰："吾乃雷霆猛吏辛某也。汝宿有仙骨，心存济利，吾故变相示汝。"击案三声，而刘帅立现。辛君曰："此将司雷霆风雨之权，掌枢机二台之职，护帝驾出入，能救民疾苦，事无大小，叩之即应。今以授汝，其职则上殿卷帘大将军、九天云路护驾使、枢机二台节制使、神霄玉枢洞玄执律苍牙铁面刘神君，其法则名洞玄玉枢雷法。"后又于海上倚玉阑干，授以洞玄之秘。白君得法于陈泥丸，得法于辛天君，皆神仙聚会，非偶然也。

继其法者，泉州马居士有女，及笄，不愿有家，自幼焚香斋戒，愿遇至人。一日感召白真人至焉，付以洞玄之法。至元十八年，泉州大旱，蒲左丞命僧道祈祷无应。其门人曰："市舶司马居士有女，道法昭著，可令祈祷。"

蒲相带翁君诣坛下请雨，马君曰："公自回府，但令带行令史伺候符命，前去焚于醮坛，以三日为限。"至三日，催符之际，雷风震响，电掣交横，报应非常。蒲束帛来谢，马君辞曰："妾以济人利物为心，公之所赐，妾岂敢受。但昨宵将吏与妾梦，谓公之带行令史，前世乃雷部中人，令妾以法授之。"蒲相如所请。原夫翁君雷室先生，乃丹山翁状元嗣系也。家寓建宁，至元十六年，张九万提兵入闽，执拘到泉州，蒲相见其天姿粹美，词翰两优，收置幕下。得法之后，遂回故居，则城郭是而人民非矣。

至元二十一年，建宁大旱，府判梅庵请命祈祷，十分感应。所管建阳县亦旱，县宰申府，府官令其下县祈祷。县宰史嵩之郊迎，立坛于公馆，报应如前。一时嗣法弟子百有余人。江东则有赵菊存，时为建宁儒学教谕，捐车马，竭行囊，北面而师事之。师淳至元己丑浪游闽地，仰慕高风而无汲引。是年十一月甲子良日，五福万寿宫道士刘璧峰、连乐山保举监度，蒙师付度。师淳侍度师翁君三载有余，凡士夫请命祈祷，必令相行。余见其平日所用，不过九阳、少阳、元阳真炁、熏魔等符，及《洞玄》九章，以之祈祷治病，如谷应声。观其付与赵菊存、丁松隐文字不同，虽有玄妙处，而无纲绪。何况丁、赵二公又从而敷演之，殊失至道不繁之意。余所得《洞玄》九章，及太一玉笈、太一剑尖，以之参用。

岁次壬辰赋式微之时，乙未重游建宁，于后山马铺侍师回北山道院。其年五月十一日，翁君召群嗣法曰："吾欲暂回雷府，雷声响，吾即往。"俄顷县治之东名曰庵山，峰峦耸峭，雷声隐隐，而翁君羽化矣。群嗣法为请择地，藏剑于北山道院之傍，山水环聚，后之嗣法，必有冲举者焉。

师淳坛下嗣法五百余人，今洞玄教之昭著四方，皆翁君主教之灵也。若夫祈求感应，则在人人操修如何耳。昔翁君度人，必择性行纯谨者付之。亦有轻狂之士求而不得者，撰为《湖海新闻》以谤之。人虽欲自绝，容何伤于翁君乎！多见其不知量也。岁在丙申，嗣法弟子薛师淳谨纪其实。

坛式

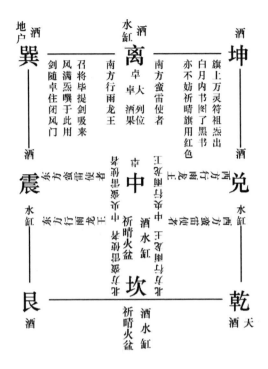

巽 地户 酒
离 水缸 酒
坤 酒

南方蛮雷使者
南方行雨龙王 离 卓大列酒果位 卓
旗上万灵符祖炁出
白月内书图了黑书
亦不妨祈晴旗用红色

召将毕提剑吸来
风满炁嘆于此用
剑随卓住闭风门

震 酒
兑 水缸 酒

东方盆雷使者
东方行雨龙王
中 卓
祈晴火盆 酒 水缸

艮 酒
坎 祈晴火盆 酒 水缸
乾 酒 天

正面神牌

（一十三位）

洞玄教主妙行真人神霄玉枢青灵雷霆天帝君

主法都天元帅欻火律令邓天君

主帅三五九阳上将、苍牙铁面刘天君

三五邵阳间神君

旸谷飞捷张神君

阳光霹雳甯神君

阴精霆烈任神君

马、郭、方、邓、田五大天雷使者

某靖诸司官君将吏

太乙火铃大将流金飞火谢神君

太乙玉玄元帅华阴流光朱天君

九州社令近远潭洞龙神

太岁之神城隍主者

破秽罡

烊，左手展文上虚书此字，旋成金星，红色如天罡星，剔于坛心，次布九罡。

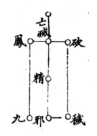

以手点，就午文剔出。存一火星飞起，冲入坛心天罡星上。存二炁交击，奋然火发。存南方一凤，九首吐火而至，将四围上下焚荡。取巽炁吹出，存如碧玉色。布罡履斗，依法号召。

破秽咒

（午文）

天火雷神，九凤火精。破除凶恶，守卫元真。唵嗔吟摄。

又咒

唵嘶唧嗔吟囐嗷摄。

九洞九阳罡

以手点撒起，想上有九炁，则有九霄；中有九天，则有九洞；下有八卦，则有九宫。自九宫内反覆发用。

履天英兮归天任，青灵垣兮高立丁。步天柱兮拥天心，从此度兮登天禽。倚天辅兮望天冲，入天内兮出天蓬。九洞开兮风雷济，九霄开兮神合炁。

再天蓬反步至天英

吾从天蓬入天内，飞过天冲逢辅退。反至天禽入心度，直至天柱任英会。斗道通兮鬼道塞，上下天兵团万百。殷勤三界佐玉宸，吾入斗中驱雷霆。

变神

变自己为祖师相。次步罡，用雷局叉腰，步九阳罡，默念五斗讳，用五斗诀、二清诀。

青灵五斗

贫巨禄文廉武破（子午）、魁魒魖魁魓魑魒（丑未）、焯焇焳炼烜焿炷（戌辰）、泮濮泋涚滤潮泾（辰戌）。

雨（午文）、霊（午下文）、霄（玉文）。

点讫，盖身，复还，雷局叉腰，念盖身咒：白炁浑沌灌我身，禹步相催登阳明。天回地转役六丁，太微命我驱雷霆。众真助我斩妖精，一切邪魔皆灭形。众邪灭后我长生，我得长生朝上清。急急如洞玄天帝告命。

会雷咒

（玉文）

浑沌无象，一气化生。开朗天地，雷霆运行。嗒唷大梵，嗅�哱哼。阴阳交际，咀哵嗙嗽。嗔呶咐哪，喹哧唭嗔。呼吸吽吒，咭啵咩嘴。咆唎啫啯，嘁吠哢吽。吔噟嘝嘲，呒噇嘲吟。唫呜�咀，嚍啨啧哵。持诵一遍，雷霆降临。急急如元始洞玄雷霆君告召。

下令

一击天门开，二扣地户裂，三击万神至。宝香一炷，十方肃清。法鼓三通，万神咸集。

召功曹

五雷使院行司，以今焚香关召某日受事功曹，闻吾关召，火急到坛，有事指挥。急疾。

咒曰：天广灵灵，地广灵灵（存直日符使至）。

吾闻使者，高居云汉，乃号天仙。去若云奔，每禀玉皇之敕，行如掣电，咸遵北帝之文。吾有叩祈，功曹速至。

咒毕，焚召符，再念：功曹使者既已到坛，为吾赍符，奉请洞玄教主随应妙行真人神霄玉枢青灵雷霆天帝君、宗师白马翁三真人，主法都天元师欻火律令邓天君、主帅三五九阳上将苍牙铁面刘天君、三五邵阳间神君、旸谷飞捷张神君、阳光霹雳窖神君、阴精霆烈任神君、玉枢排难解纷二大神、太一火铃大将军、流金飞火谢神君、太一玉玄元帅华阴流光朱天君、马郭方邓田五大天雷使者、洞玄雷霆至真、诸司官君将吏，急如天命，速赴坛治。

帅将召合服色

辛帅（用巳炁，掐巳诀），念唵呼嘘。

存巽宫一团火光，风雷震响，吸入心中，合心火，降升肾水交姤了，变成元帅，铁面烈须秃发，皂袍金甲，跣足，仗剑，口中呼出在前。

邓君（用午炁，掐午诀），念唵吽吒唎。

存天门一訌字金光，想欻字打去，变成元帅，青面狼牙，凤觜朱发，蓝身内翅，执雷斧，驾火龙。吸来，与心火同呵出。

刘君（用天罡炁，掐酉诀），念啼嘟嚧。

存天门有黑云，云内有一团红光，内一匹黑马，马上刘某少老形，吸来与自己水火交姤，为一同辇，下肾宫，夹脊双关提起从顶门出，刘某在前。

少阳神服色，

黑面少颜，怒容，绯袍，红发撒开，金甲金鞭，跣足，火车从之。

闻（靳元复），

面黑色，皂袍金甲，绿靴，虎符冠，两手擎水轮。

张（浩元伯），

面赤色，红袍金甲，皂靴火冠，两手擎火轮。

谢（炎）。

黑面黑须，怒容，三目，玉冠绛服朱履，手执玉钺斧，其上有一日像，带剑。

老阳将服色，

青黑面，老颜，苍牙金发，冲天冠，红袍金甲朱履，执戟，火车。

甯（烈忠慈），

面青色狼牙，火冠绯袍朱履，手执雷斧钻。

任（忠居仁），

面火色狼牙，火冠皂袍，金甲朱履，雷斧钻。

朱（光）。

玉色女质，三目，皂服朱履玉冠，手执金钺斧，有一月像，带剑。

誓章

雷霆猛吏神，威震九天廷。出入三界内，忠勤佐帝君。涌身千万丈，号为雷部尊。统辖诸雷部，风伯雨师神。霹雳电光母，大力夜叉群。左右承天命，辅佐五雷尊。吾奉上帝敕，下救世间人。人若受持者，吾当速现形。遣吾上天界，朝奏玉帝君；遣吾入地府，直至幽阴宫；遣吾入水府，直至海龙庭；遣吾救大旱，霧霈雨淋淋；遣吾止风雨，风雨即时停；遣吾捉精怪，摧碎诸鬼营。与吾同终始，共为玉帝臣。若犯天律者，九祖受毒刑。吾若负汝者，天上日月昏。地下泉源竭，草木俱不生。永为幽冥鬼，不能朝上清。与汝发弘誓，誓愿救众生。壬癸吾降日，受持当要勤。净茶枣汤献，桃木香上焚。吾在左右现，安心勿得惊。唵唻哵，急急如洞玄教主真君告命。

铁面咒

吽唓哆嚓哆叹嚓哆叹嚓哆鸣嚓哆嚓叹哆咖唓叹唏咦啼哒嗭咧哆鸣嚓嗏，急至。一如元始洞玄君告命（*召雷则云霹雳*）。

向来召请洞玄主帅三五九阳上将苍牙铁面刘天君、邵阳间神君、旸谷张神君、甯任二神君、玉枢排难解纷二大神、火铃大将军、流金飞火谢神君、太一玉玄元帅华阴流光朱天君、马郭方邓田五大天雷使者、神霄玉枢雷霆三司一行官君帅将吏兵，疾速赴坛，上明天信，疾下令，再咒：杳杳冥冥，天地齐生。散则成炁，聚则成形。闻呼即至，遇召即临。有求即应，有愿克成。再伸奉请，愿赐降临（宣意，致祷）。

三献文

切以真风才动，神驭初临。布三天而瑞炁氤氲，涌法界而祥烟馥郁。既临坛治，愿殚蝼蚁之诚；快睹仪容，克享苹蘩之荐。酒行初献，诚运一心。

切以微诚具格，精意交通。酒满金瓯，香浮宝鸭。昭伺感通之至，愿垂肸响之私。一酌非所以为仪，再献乃见其尽礼。酒陈亚献，愿赐受沾。

切以樽酒三行，主宾百拜，乃前贤制作之礼，实后人恪守之规。而况诚意所临，祭神如在。既蒙歆纳，所合尽欢。倾倒芳樽，酒当三献。

合信章封奏（宣行遣，化纸）。

遣将

吾以清为本，以正为威。使鬼神擎拳随侍，令风云聚散如期。一呼一吸，体天地之枢机；举措奉行，禀元皇之节制。以致三天之上，九地之下，一如律令，咸听指挥。刘天君等，上天之精，惟汝最灵。遣汝上天，速赴帝庭；遣汝入地，直至泉扃；遣汝入水，速至龙庭；遣汝布雷电，真炁运雷霆；遣汝捉精怪，速缚来现形。吾禀天命，按令奉行。有罪当戮，无罪不征。乾元亨利贞，日月与吾并。敕召铁面将，疾速现真。请勿为小节，自抵负真盟。吾今斗口立，竢早回程。捷下令。

执剑三步出，噀水发遣。祈雨诵木郎咒，祈晴诵火铃咒，捉祟诵大威德咒。助其威光，直冲而去。次回向。

今则宝篆香残，情词已毕。神将有将归之意，诚心伸奉送之仪。俾告报之有期，凡呼召而立至。百千神将，负仪仗以前行；亿万吏兵，戴甲兵而后拥。各归坛治，整肃威仪。后召复来，一如故事。

烧九宫纸诀

祈晴，在召将先，烧纸毕，入坛召将；如祈雨，在召将后。当夜黄昏，烧纸九宫，按方各酒一碗，一手执剑，一手执盂，随方烧纸，随方喂水。先自坎宫起，至午上住。如祈晴，午起坎住，各方纸都要烧着；祈雨，待午方纸烧将半，用水泼灭。各方烧纸时，存各色炁，不用吹呼。坛内止许己身与斋主入，余人不可入。

（卷二）

洞玄雷

玉蟾真人曰：三五铁面，与九阳铁面一也。自纯阳而生一阳，冬至从复卦起子，故曰复阳雷；自一阳至纯阳，从乾卦，故曰天元雷。是复元雷有少阳之神主之，天元雷有九阳之神主之。

铁面

雷霆之将，号曰铁面。其义乃铁是西北方正杀之气，面乃向也。阳神朝北极之尊，按乎黑杀之权。盖水自火生故也，故号铁面。自纯阴生五月候天风姤☴，天山遁☶，天地否☷，风地观☵，坤为地。自纯阴而生一阳，从复卦起，故曰少阳。其阳少生阴气上壮，故曰阴雷。自二阳生十二月地泽临☷，地天泰☷，雷天大壮☳，泽天夬☱，四月乾为天。自少阳至老阳，阳中伏阴，阴末生阳，行健二气相交，故曰阳雷。二法存用，无阴不恋阳，无阳不恋阴故也。

复阳雷

洞玄三五少阳铁面神王刘（矩圣光），
黑面少颜，怒容，绯袍，撒开红发，金鞭金甲，足蹑水轮，手擎火轮。
九天运雷霹雳邵阳大将间（靳元复），
水色面，皂袍金甲，绿靴火冠，手擎水轮。
九天运雷旸谷飞捷上将张（浩元伯），
火色面，皂袍金甲，皂靴火冠，手擎火轮。
太乙火铃大将流金飞火将军谢（炎），
黑面黑须，怒容三目，玉冠绛服朱履，手执玉钺斧，其上有一日像，带剑。

太乙玉玄元帅华阴流光天君朱（光）。

玉色女质，三目，皂服朱履玉冠，手执金钺斧，有一月像，带剑。

召符

玄元始三炁君，🔲金阙玉皇君，🔲北极紫微君，🔲敕召三五将军疾速降摄。

少阳符

玉文印有四十五画，盖六六纯阴而尽，自初九一阳而始。

🔲澄帝明敕召三天神，🔲急至，🔲三炁合天真，🔲玄黄敕杀摄，🔲玉帝捉妖精，🔲神功复元将，🔲真炁运雷霆（六转右）。🔲地雷复，🔲日月明，🔲元阳动，🔲真炁升，🔲万神降，🔲捉鬼精。

合形

敕咒

唵嘟嚧

右咒一炁三十六遍敕之，存如日出状，想万神普会于中，神应浩大，任意用之。

天元雷

洞玄九阳苍牙铁面神王刘（矩神光），

黑面老颜，苍牙朱发，绯袍金甲朱履，手执戟，足蹑火轮。

左垣运雷阳光元命大将甯（烈中慈），

青色面狼牙，火冠，绯袍金甲，执雷斧钻。

右垣运雷阴精元应大将任（忠居仁）。

火色面狼牙，火冠皂袍，金甲朱履，执雷斧钻。

召符

〜元始三炁君，𧛙金阙玉皇君，𣀵南极朱陵君，𣀵敕召九阳老将疾速降摄。

合形

（刘、甯、任三神王急至，臣某承符奉召。）

九阳符

玉文印有三十六文，四九之数属阳，又六六之数，故阳伏阴。

𤣥霝帝明敕召九天神，彡急至，𣇓三炁合天真，𧤴元帝敕杀摄，𣀵太一灭妖精，𣀵苍牙铁面将，𣀵九九飞雷霆𣀵。

合形

涂咒

啼嘟嚧（一炁八十一遍）。

敕咒

天火雷神，三五之精。一阳二阴，元炁飞升；三阳四阴，天雷发声；五阳六阴，地雷震霆；七阳八阴，九阳老将。速运雷霆。

洞音

吽嚇哆嚟哆叹嚟哆叹嚟哆鹕嚟哆嚟叹哆咖嚇叹唏咦啼哒嗳唎哆鹕嚟嗦，急至。

洞玄灵宝金玉九章

洞玄师乃妙行真人，传于元始执箓符典，秘于天府，囊以锦笈，世莫得闻。自琼琯先生登于天府，受于妙行真人。其中内典计八十一章，以应上天九九纯阳之数，告盟诸天雷霆帝君；外典共三百六十章，以应地下六六纯阴之数，告盟三界万灵。诸典文篆不一，其中有内典，得其真者，凡九章，文画有数，庶可无误。

元阳火凤章

（二十五文，霙。）

右符黄素朱书，入诰中，敕役万神。或患难告急斗廷，或愆过告赦于天地，或蝗旱召雷，或告急神府，神应无穷，任意发用。行文城隍及笺东岳，

·330·

黄素朱书，贴状首。天省内外皆可用。

青灵合信章

（二十二文，覊。）

右符黄素朱书，贴申奏状首。盟告雷霆，敕役万神，诸事皆可行移。

元阳请进章

（二十三文，霩。）

右符黄素朱书，贴方函上，贴黄下验。此直上三天，不以天下章表为例。立达。告斗奏方函外，黄素朱书贴之。

青灵玉笈章

（八文，覆。）

右符黄素朱书，贴奏状首。告盟八天雷君祈雨，进入三司，以为天信。

元阳锦笈章

（十文，霸。）

右符告盟八天雷霆，请盟天信。取报应，以青纸书，伺饭烹上时，焚香灶中，立应。告役雷霆，以绯素长二寸丹书讫，横卷令紧，以绯线扎之，加于沉香香上，烈火焚之为急。神应浩大，任意发用。

青灵大梵章

（十文，霸。）

右符黄素朱书入诰中，速役九霄雷霆，告斗则立见应效。

元阳金梵章

（十五文，霖。）

右符青素黄书，凡奏状贴于状前。盟合天信，立致雷雨。如度亡，化于亡灵之前。拔除苦爽，及行文东岳亡人案，黄素朱书，贴牒内。笺岳用贴状前。

青灵玉宸章

（七文，霍。）

右青素丹书，役万神，告斗召雷，破庙灭恶。

元阳玉笈章

（十一文，霶。）

右符黄素朱书，告召雷霆，立降甘雨。

玉枢骨髓

˪风、ˎ云、ˏ雷、˒雨、ˑ电、˓雹；▬轰天开、▬轰地裂、▬轰人生、轰鬼灭；☰唵吽吽、┃咭盘吒、ⵒ盘陀摄、彡唵嘟嚧。敕召刘、甯、任三帅现真形，斩绝群妖精，飞升云帝庭。风雷震，云雾兴。天得清，地得宁。如负我，天灭形。急急如九老仙都君律令。

右一罡、一炁、一符、一印，万法之根源，众神之宗祖。

驱役万灵符

▤玄皇敕合盟，▥三炁合天真。▦玉帝敕煞摄，▧火铃捉妖精。▨神霄复元任，◎一炁化雷霆。➤天雷速起，➤水雷速起，➤火雷速起，➤风雷速起。➤太乙摄，➤火铃摄。

雷字总辖

一平天大将军，一平地大将军，|左员大将军，丿右员大将军，乀先锋大将军。冫乀雷公电母、风伯雨师，乀东方使者马，⌒南方使者郭，|西方使者方，一北方使者邓，一中央方使者田，乁飞捷张使者。

右符都天大雷公咒书雷字。内外凝神，运二炁相搏，自天门运至震，轰震而出。

窍

阳

（召雷破巽）

䨺◎九转左，⊙冲午⊘冲卯，⊕开，⊞一开，⊞二连开，⊞三连连开。

阴

（申奏破乾）

䨺◎六转右，⊙冲子，⊘冲酉，⊗交，⊗一交，⊗二连交，⊗三连连交。

十二月卦

泰☰☷正月，大壮☰二月，夬☰三月，乾☰四月，姤☰五月，遁☰六月，否☰七月，观☰八月，剥☰九月，坤☷十月，复☷十一月，临☷十二月。

晴雨盘

阴包阳

一中造化，心上经纶。

凝神超太极，一炁混金光。笔法包天地，心心想玉皇。

口诀

接状之后，若祈雨，便要使心下混然，性天阴蔽；祈晴，便要心下清明，性天澄洁。

一盘

祈雨下笔须逆转。下笔之时，便见昏濛，祈晴先方后圆。

次用此方圈在圆圈之外。下笔之时，要见天地都被围裹。

二章

九章也。

三号

云字者也。

四窍

祈雨阴包阳，九书口丹生，诸项破乾了。次书天自缶，诸项破巽，又书口丹生盖之，包裹阳光。祈晴阳包阴。作用上至离，下至坎。内运顺行，外运六转。逆行阴搏阳（离，脐上一二寸间；坎，脐下三寸）。

五髓

风、云、雷、雨、电、雹者也，念在离坎之中，混然濛蔽，坎宫工夫，正是散用，催是叠书用。

六辖

先书大雷字平天大将军者毕，却于乾上念都天大雷公咒，书小雷字。内外运五转，至坤直至震，轰一声而出。乾宫工夫，肾下一寸。

七形

九阳符，是用乾宫工夫。

八光

先浓染笔擎住，次运坎宫黑金光炁上升，印堂出，罩定乾坤。
日催诰，时催同，盘章窍髓辖秘光。

秘字

阴：靊，泫湟㵒。阳：䨴，炫煌㷸。

炁诀

少阳符：坎宫，唵部临（三十六），北黑炁呬入符。老阳符：乾宫，啼部临（八十一），天门红炁呵入符。熏魔符：召咒，天罡炁，煞文。

起云

假令限申时雨,即以未时收拾元做工夫,仍用《玉枢骨髓》,然后逐旋把炁息捺下至脐上去处,却不许起别样念头。至申初时分,犹用此炁捺下坎宫,四方自然有云起。如初捺炁时,至于脐上,便觉上半心地清凉。

团云

先用敕召万神旗放近身处,但不要碍步罡耳。次步九阳罡,复九至一,上一步至罡中心立。即取坎宫炁吹于头顶中心,用剑诀,当空书金梵大梵合信章了,又取坎宫黑炁一口吹于符面。又用剑诀,于空中元书符上以手右转三匝了,仍以剑诀,按背后肾宫,亦以身右转三匝,仍立此处。次取旗在手,看天上有云处,喝令宫将过中间来,不拘多少,既来,必驻。如云色白或黄,却再用坎宫真炁吹之,即变为黑。或用浓墨水喷之,自有应验。

掩日

用浓墨笔在水碗内书金梵大梵合信,就笔右转三匝,内亦转三匝。以都天咒剑诀团运。次存肾下一点黑炁上升,即吹入水中。然后看定太阳,吸日光吹于碗内,再用坎宫工夫,黑炁罩定。将碗望太阳一泼,急将此碗覆于桌上,其日自无光矣。

召雷

至震方步破地罡,剔坤,念咒讫,即以剑诀于掌心互书雷字,内外运削入酒碗斧碎,却用总辖乾宫工夫,愈逼愈紧,五击至震。

召雨

退三步,用剑诀破坎,剔乾破震,剔坤破巽,毕。如云炁既浓,雨点未应,焚香跪奏,先合师派,后传心法。用神炁旺者,运动五雷缸放雨。雨既至,于内一不可决。

喝

五方使者，城隍等神，迎风接雨，雷雨即至。不可轻用。

起风

以口吸五方炁入，随方吹起，抚掌扇之，即时风起。

止风

静坐，吸所来风隐于身，入静，其风自息。

回风

徐徐取起，正反随用。

断虹

先取草六寸，定炁吸虹，吹于草上。然后取煞炁呬之，剑诀书铁、煞、摄三字，复书熏魔符盖。仍取煞炁呬草上，就煞文剪断。

日月交会图

行功打坐，结炼内事，依此时辰下工夫。乃日月交会，以接天地之炁。初三生魄，十八减魄，二十三，初八一半上下弦也。天上之月光盈亏，海中之潮候消长，乃雷家、丹家用事之时者也。

金丹诗

一骑先骠入坎中，少阳飞过北罗酆。三军会合行氐度，四帅屯围入轸宫。龙虎战争交水火，雷霆霹雳集云风。抽回四六铁面将，凤辇徐徐下玉空。

雷诗

运动雷车想肾宫，抽添呼吸见元宗。木金相克天神会，水火交征云雨通。闪电在离心怒起，轰雷破巽震苍穹。频频夹脊提金线，纯熟玄玄九九中。

坐功

工夫前四十九日，炼吾在黄庭，脐上一寸三分，方广一寸二分，其连如环，其白如绵，正是天地根源。念静则神归，念动则神行。亥子时间，聚五炁，合阴阳，唵吸五炁聚，水升火降，谓水里火发，火里水生。坐住行卧，皆是合九九六六之数。瞑目，舌拄上腭，明心。坐住行卧，皆是有意无情。四十九日后，刘、邓诸将拥卫吾前后。八十一日足，自然而然。

（卷二）

治病

书少阳符二道，一道用金钱甲马烧于床前，一道同降真香烧熏病人，却用九阳符一道贴床后。乃用元阳真炁符与服。有感。如治大祟，用九阳符三道，一道同金钱烧灶中，一道用金钱甲马烧于通天处，香灯酒果虔祷，一道同降真香烧熏病人四方。次用少阳符五道，一道贴床后，四道贴房中四向。依法遣发。却用元阳真炁符九道，逐一令服。如批符，则依下式。

少阳符

（雷神依符保令安康，臣某奉行。）

（五帝雷公钦元降速达斗庭，依法禳度扫除故炁，立保安康，臣某奉行。）

右前一道符，用金钱甲马烧床前，后一道符，加金钱甲马，伺饭炁上时烧灶中。

九阳符

（天火雷神风火元明扫除凶恶守卫身形，臣某奉行。）

右符加降真香，同于熨斗中烈火熏患人身及房中四方。香炁歇，入醋少许，再熏。用元阳真炁符与之服。

（臣某奉行）

右符大书加火笔，不计数，人成巨山状，贴病人床后。

催生

（监生大神请依元降速令开通，臣某奉行。）

右少阳符，用金钱甲马烧床下。

（霹雳火精破秽除氛，烧除凶恶，通命养神，臣某奉行。）

右符用降真香同熏，次用元阳真炁符。以小黄纸朱书剪下丸，成此○大，以黄蜡为衣，顺流水吞下，枣汤亦可，男左女右取之。

下死胎

（既为我子，何待自死？既为我冤，非理来伤。太上赤子，北帝灵祥，速令生下，毋得降殃。天理顺行，吾道乃昌。专请破秽大神，只令速下。臣某承符告急奉行。）

右九阳符，用金钱甲马烧床前。

（破秽火精，通命保真。火光一摄，胎神降形。臣某奉行。）

右符用降真香同熏，次大书元阳真炁符，加三个生字，九个九字，运炁拔下，用降真汤吞服。

起土

（土神奉命速离，禁方符命一到，如帝亲行。臣某奉行。）

（土作碧玉，无有异色。臣某奉行。）

右少阳符前一道，用金钱甲马烧中宫，后一道加丿，成大山状，贴于起造处。

治瘟

（雷神奉命，起逐天瘟，邪精灭爽，病体安宁。臣某奉行。）

右少阳符，用金钱甲马烧床前，仍用少阳符熏之。

（帝旨诏行，臣某奉行。）

右火凤符，大书加火笔丿成巨山，贴床后前。三五铁面神符，妙应无穷，神意发用。

元阳真炁符

〰〰霮霴霏，三天元炁坎宫升，金精离木因五帝保安宁，九九元阳将大渊降火铃，水火加，刘矩加，加，火斗辰文出。

嗔吟摄（一炁七遍敕之）。

合形

（加魙斗辰出）

右符催生通气，剔下治目上膈疾，神运上出。

熏魔符

雷咭壳德，燮火铃摄，斗口将军，煊烃炊妖燋燧燉，用后都天咒敕。

都天大雷公，霹雳震虚空。雷公八百万，腾散崆峒中。敢有背逆者，元帅令不容。押赴魁罡下，永为清净风。急急如苍牙铁面刘天君敕煞摄。

合形

右符乃邓君亲授。治病，用此符于熨斗中，加香熏之，必验。贴捉治同。

排难解纷真符

浸邠、爔解二将，皆黑面黑衣，执双刀，立雾中。

魖 魖 魖 魖 魖 魖 魖

右符，以黑纸墨书半幅，纸中折断书符。取黑炁香烟上虚书霂字于符上，剑诀书讫，劈开。咒曰：天灵天灵，郁罗达明。排纷解难，枢府大神。扫除凶恶，守卫元真。急急如洞玄教主辛帝君告盟。

再咒：物禀一炁，神化无方。雷霆窟宅，扫荡不祥（比以心事密嘱）。急急如雷祖大帝律令。

三十六步破地召雷罡

（巽双离只坤单步，震上依坤兑是双。艮户独行坎一只，天门并立望天罡。）

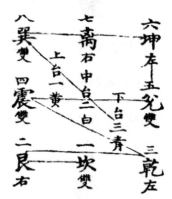

（坎双艮只步交乾，震上双行兑亦然。坤只离单双步巽，三台归去便朝天。）

阴斗魓步起回天门

阳斗魁起回巽

总咒

都天雷神，三界之尊。威动上帝，诛斩凶群。天上地下，地府幽冥。降伏妖怪，诛摄地神。三界奉命，敢有不遵。五雷猛吏，霹雳风奔。魔王束首，鬼妖刑身。护持分野，救度人民。天真奉命，地祇举申。急急如昊天玉皇上帝敕。

下令咒

玉枢神罡，奉告真王。破地召雷，诛灭凶殃。雷部将帅，速至坛场。随吾口敕，起遣不祥。急急如雷祖大帝敕。

欻火大仙，自巽度乾。摧山倒岳，覆地翻天。万神齐诺，呼圣召贤。敢有魔魅，奉命不虔。除已黄钺，斩以镢天。帝敕在手，永镇吾权。一掷不到，递接相传。二掷不到，逢赦不原。三掷不到，永灭风烟。令下急如星火，三界毋得稽延。将吏急速到坛，为吾明彰报应。

召毕，自天门，出巽户，剔入离，剔午文。

圣位

元始无上洞玄宫雷霆天帝君，金阙通明宫雷霆天帝君，九天应元宫雷霆天帝君，紫明太极宫雷霆天帝君，太极素明宫雷霆天帝君，东极青华宫雷霆天帝君，南极朱陵宫雷霆天帝君，西极皓灵宫雷霆天帝君，北极紫微宫雷霆天帝君，八方八天雷霆天帝君，九洞九霄雷霆天帝君，三十二天雷霆天帝君，无极太极混元万亿雷霆君。

师位

洞玄教主随应妙行真人神霄玉枢青灵雷霆天帝君，太微侍宸洞玄高明君，紫霄扶风洞玄元明君，洞玄通明中侍卿，洞玄高明崇侍卿，洞玄执法真官，玉枢副使，洞玄仙卿，神霄执法仙官，洞玄灵宝嗣教真师，洞玄执法仙卿。

雷霆君

洞玄风火元明天真君，火伯风霆天真君，雷主阇伯天真君，雷师皓灵天真君，雷祖青帝天真君，欻火律令天真君，太一木郎天真君，太一月孛天真君，太一火铃天真君，九阳铁面天真君，黑烟乌风天真君，乌风火雷天真君，旸谷火师天真君，洞玄雷霆圣真天帝君。

各领三十六万，官君三百六十人。

雷帅君

乾宫琅霄霹雳雷真神君，坎宫紫霄霹雳雷真神君，艮宫太霄霹雳雷真神君，震宫青霄霹雳雷真神君，巽宫碧霄霹雳雷真神君，离宫丹霄霹雳雷真神君，坤宫景霄霹雳雷真神君，兑宫玉霄霹雳雷真神君，中宫神霄霹雳雷真神君，洞玄九炁九天九洞九霄雷霆至真神君。

各领三十六万，官君一百五十人。

三司帅

天部霆司邵阳霹雳都督元帅，五雷使院神光霹雳都督元帅，蓬莱都水司阴精霹雳都督元帅，三司雷霆都督元帅。

各领九万人官君。

三司将吏

霹雳轰天大将，流金闪天元君，飞天倒岳大将，冲天翻海大将，苍天霆烈使者，炎天霆烈使者，素天霆烈使者，玄天霆烈使者，元天霆烈使者，八卦雷丁，三十六鼓雷力使，八十一司官君将吏，七十二部霆烈上将，洞玄三司天部雷霆将吏。

外垣将吏

左右吞魔鹹魔使者，左右都察听察使者，五岳驰烈摄魔将军，九天飞捷捕魔使者，内外平魔都统将军，黑风收魂摄魄使者，斩头吞魂使者，飞捷报应神王，提头滴血将军，飞事捷报使者，都察捷报童郎，排难解纷神吏。

祭谢文

具位某谨爇真香，虔诚上请（照前圣位列请）。伏冀车辚辚，马萧萧，来从众妙，云溶溶，雷虩虩，分据十方。有主将副将之分，咸依品秩；或内垣外垣之众，无紊班行。各整威仪，祇迎帝驾。

向天门奏请毕，迎入坛，安座，进奠。

伏以大象无形，道空洞而运行天地，至诚不息，契重玄而号召雷霆。良由上帝之降衷，获副下民之恳愿。谨沾世礼，少望天恩。诚意甫将，酒陈初献。

诵《雷经》上篇，或散花。

伏以黍米空悬，妙行之传有自；玉文开廓，洞玄之教斯行。爰启锦笈玉笈之章，昭示大梵金梵之典。立召风雨，速役雷霆。既成不宰之功，敢后小心之奉。恭临坛墠，薄荐苹蘩。礼具无文，酒陈亚献。

诵《雷经》中篇，或散花。

伏以人发杀机，拨天关转地轴；法施大用，翻斗柄倒黄河。四将屯围，百神混合。曰电而电，曰雷而雷，曰风而风，曰雨而雨。实自刘君之指使，亦由诸将之奉行。兹不忘于大功，尚克羞于馈祀。既陈终献，用答玄庥。

诵誓章，或诵《雷经》下篇，或散花。宣言功牒，焚化。

伏以潢污行潦，甫伸三献之诚；风马云车，亟返九霄之路。劫尘有限，瞻望无穷。臣上感玄恩，上感师恩，上感圣恩，无任归心攀恋。奉送天部，奉送雷部，奉送水部，尚惟闻召立前。靖有司存，永终呵护。

纸钱中篇毕，焚符发遣回靖。

今此经文，奉送洞玄靖主者，为吾赍此信香，回归治靖。当符者死，逆符者刑。火急奉行，不得留停。疾。

（卷四）

告斗行移

（保病用）

奏斗真状

具位臣姓某：

右臣奏为某处某人人事意。据词难抑，理为奉行。未敢自专，谨具录词，上奏璇宫大圣北斗七元真君玄灵上帝圣前。恭望圣慈，允俞所奏，特赐圣旨，告下朗灵院、召降天医灵官、治病功曹、驱邪将吏，定今夜亥子时中，降赴某人家，扫除故炁，收捉妖邪，医治某人见患。特降瑶光真炁，灌注身田，俾令六脉平和，百神调畅。臣冒犯圣威，下情无任惶惧之至。谨具状上奏以闻。谨状。

年月日具位，臣姓某，状奏。

可漏式

圣位具位，臣姓某，谨封。

方函式

谨谨上诣，玄灵璇玑府奏进：

具位，臣姓某，谨重封。

笺师

具位嗣教弟子臣姓某：

右臣谨为某处某人入事意。据词难抑，谨具录事由，笺告斗廷，丏行依法禳度，俾令凶星退度，吉曜来临，所治病患，早赐安痊。为此谨具笺状，上启洞玄教主妙行真人神霄玉枢青灵雷霆帝君师前。恭望师慈，允俞所启，持赐誊进斗廷，请颁旨命，召降天医灵官、治病功曹、驱邪将吏，定于今夜亥子时中，降赴某人家，扫除故炁，收捉妖精，医治某人见患，早获安可。特降瑶光真炁，灌注身田，俾令六脉调匀，百神和畅。臣冒犯师严，不胜战灼。恭伺师恩，谨具笺状上启，以闻。谨状。

年月日具位，臣姓某，笺启。

可漏式

圣位具位，臣姓某，谨封。

方函式

谨谨上诣，五雷使院呈进：

具位，臣姓某，谨重封。

笺东岳

具位臣姓某：

右臣谨为某处某人入事意。据词难抑，除已笺闻洞玄教主，敷启斗真，依法禳度外，谨具笺状，上启东岳天齐大生仁圣帝圣前。恭望圣慈，允俞所启，特降圣旨，下本属曹局典案，将某人前生今世故作误为，负债冤愆，口牙咒诅，咸祈赦释。遣降神医灵官、治病功曹、驱邪将吏，定于今夜亥子时中，赴某家，扫除故炁，收捉妖邪，医治某见患，早令安好。辅持洞教，明显天威。臣冒犯圣威，下情无任恭伺恩光之至。谨具状上启，以闻。谨状。

年月日具位，臣姓某，笺上。

方函式

谨谨上诣，东岳宸庭请进：

具位，臣姓某，谨重封。

符诰主帅

元始洞玄灵章：

臣恭依道旨符文，谨录为某处某人入事意。据词难抑，谨有笺状二函，上诣洞玄教主师前。请行眷进斗廷，依法禳度。谨有符文，合行颁降。

符，少阳，九阳不用火车。

右符上告三五九阳铁面主帅刘天君帐前。请依符文，径行开关上达，立伺回辕，定于今夜亥子时中，下赴某家，扫除故祟，收捉妖精，灌注元阳，保安见患。仍请严行督勤部中将帅，司命六神，守卫家庭，毋纵下邪克害。如有干扰，便宜鹹伐，以显天威。符到奉行。急如帝命。

年月日时告行。

批朱：专请三五将军刘某疾速奉行。

具位，臣姓某，承诰奉行。师衔。

牒式

司额：

本司今据某处某人入事意。据词难抑，除已具奏斗廷，笺闻神府及岳府，取旨依法禳度，合牒请照验，速为钦依符文，将某咒诅冤愆即行解释，定于今夜亥子时中，召遣治病功曹、驱邪将吏，赴某家，扫除故祟，收捉妖邪，医治某见患早安，请勿稽迟。须至专牒者，牒件如前事。须牒上某处城隍之神，请照验。谨牒。

年月日牒，具位，姓某，押。

东岳咒诅案、东岳疾病案（如前式）。

牒天医院

司额：

本司据某处某人入事意。据词难抑，除已具奏斗廷，笺申师省，敷闻岳府，取旨如法禳度外，合行移牒，请照验，遵依符文，会合麾下尚药灵官、驱邪猛吏，定于今夜亥子时中，下赴词家。以元阳真炁，灌注患人身田，令其六脉均调，五神和畅。搜寻身中所感七十二候、二十四炁、冤仇牵债缠染等炁，净尽扫除。保扶见患，立赐痊安。共广太上好生之德，同副下民恳切之诚。立伺感通，昭明洞教。牒至，准式奉行。须至专牒者，牒件如前事。须牒上天医朗灵院尚药仙官，请照验。谨牒。

年月日牒，具位，姓某，押。

札司命

司额：

本司据某处某人入事意。据词难抑，除已敷奏斗廷，及合属真司，依法禳度外，合下仰照验，速为肃清宅宇，迎迓斗真天将到来，扫除故炁，收捉妖邪。仍仰守卫家庭，毋得引惹下邪为害。伺病体安痊，仰赍捧符文，径诣岳府，言功迁赏。须至指挥。

右札下某家司命六神。准此。

年月日时札下，具位，姓，押。

递关

司额：

本司今据某投丐保安病苦事，谨有紧急笺状文牒开具于后：

一、笺状三函，谨诣玄灵璇玑府、五雷使院、东岳宸庭请进。

一、公牒四道至某处城隍司，东岳咒诅案、东岳疾病案，天医朗灵院尚药仙官前投达。

一、公札一道，至某家司命六神前。已上奏笺公牒公札，封印并全，须至关发者。

右关飞捷报应张使者、地祇主令温元帅、当日直符使者，即请赍捧前项笺状公牒，遍行告达。云程有限，请勿稽延，立俟回辕。定于今夜亥子时中降赴某家，扫除故炁，收捉妖邪，灌注元阳，保安见患。故关。

年月日时关，具位，姓某，押。

召斗中符使

（于小圈内书讹字涂了，玉文金光覆盖 ）

（璇空闪奏符使朱康急至，臣姓某，承符奉召。）

禳奏玉文

贪狼烨，巨门娜，禄存炷，文曲炋，廉贞烜，武曲娜，破军垃，左辅涵，右弼晃，擎羊溶，通事合人愁，解厄玉文讷。

符命式

符命诰请玉府主帅刘天君承奉天符，赍执文字，上达青灵宫雷霆都三司请奏，立伺昭报。

年月日时告行，具位洞玄嗣教小臣姓某承诰奉行。

开关符命

五雷使院行司：

恭准元降道旨符文。

太极之始，云篆太虚，三炁成符，元始玉书。天阙掌关诸帝诸君，承符奉命，奏入帝廷。罡风九丑，火速潜形。敢有干试，风火无停。一如帝命，火急遵承。

年月日时告下。

洞玄嗣教弟子，臣姓某。

洞玄通明中侍卿，臣翁，

紫霄扶风洞玄元明君，臣马，

金阙持宸洞玄高明君，臣白，

洞玄教主玉枢青灵上帝辛。

宝箓式

太上玄灵北斗延生度厄消灾散祸宝箓：

今据某处某人入事意。具状投臣，依法救治。奉词虔切，不容拒遏。恭闻太上垂科，至真阐教，皇老宣玉局之旨，北斗降玄灵之书。深妙难言，真功重大。谨对北极，书造符箓，备述来情，恭依祖格，委本属司命，赍捧上奏北斗第宫星君阙下。恭祈报应，以副恳祈。所有真符，谨当告下。

符

北斗七真，统御万灵。东西南北，保命前行。日中火光，付我灵真。月朗玄霜，混元之精。诸天大象，共照群生。扫妖氛，不侵云汉；茂天地，无物不生。救人间，扶衰度厄；化邪魅，悉皈正真。掌山岳，天地交合；益四海，混同不分。固根炁，育养精神；追龙虎，摄召鬼神。皈元保命，统摄生灵。宣行宝箓，万圣卫轩。随愿应口，道合自然。急急如北斗高上玉皇紫微帝君律令（咒用朱书）。

右件符箓，宣告先伸皈依大道，仰告斗真。尽诚忏悔某人前生今世，故作误为，一切罪咎。敬为某人解禳三灾四煞之厄、五行六害之厄、七伤八难之厄、疫疠瘟瘴之厄、冢讼征呼之厄、上天谴责之厄，下鬼诉诬之厄、修方犯土之厄、冤家咒诅之厄、先亡复连之厄、天罗地网之厄、牢狱枷锁之厄、三衰九横之厄、五苦百病之厄。所是众厄，一一解散，勿为留难。欲望北斗尊星，矜怜凡昧，俯从请恳，特降圣力道力。乘此符力，特为顺度星躔，比和运限，护佑某人见患即安，有灾即解，有禁即破，有咒诅即消解，有邪祟即驱除，有厄难即止免，有冤愆即解散，有官灾即消灭，有破耗即砥柱，有罪衅即原赦。请降斗中天医君吏、治病功曹，降以元皇真炁，灌注病身，调气养神，拘魂制魄，和平六脉，驱绝祸源。即令某所求称遂，所患安痊，寿算增延，身宫清吉。上体太上好生之德，下副凡民悔过之诚。干冒星威，下情无任俯伏俟命之至。谨录。

年月日时篆，具位，臣姓某，承诰奉行。

教主九天玄女真君（在天）。

符咒

北斗有宿，号曰真人。解冤度厄，消鬼灭形。口牙咒诅，冢讼官刑（此数句随事改换）。急急消散，随风逐尘。无得动作，元亨利贞。紫星有命，恶祟咸听。急急如奉紫皇高尊玉虚师相玄天上帝律令。

解厄心章

震（一）留（二）𩰚（三）嗀（四）

书于圈内，凡四次用。

右心章，以病者所属星圈内入一字，或二字，用本人庚甲数涂外大圆圈。斗象轮月建为之符，长七寸，阔三寸，黄纸朱书。

水盆符

贪狼

（子）

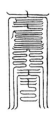

（唵唻嚧嗟娑诃）

巨门

（丑亥）

（唵嘧嘟娑诃）

禄存

（寅戌）

（唵哪嚧迦呼嚧陀娑诃）

文曲

（卯酉）

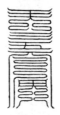

（唵嘟哪嗯嚧迦遮娑婆诃）

廉贞

（辰申）

（唵娑啼哪咭哪啰娑诃）

武曲

（巳未）

（唵咄嘟嚧咜娑诃）

破军

（午）

（唵哪娑咭哩娑诃）

灶灯符

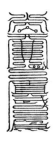

布斗咒

魁罡至圣复至神，我今飞步登阳明。天旋地转步七星，蹑罡履斗跻九龄。众神辅我谒帝廷，一切官将卫我形。万灾不干我长生，我得长生亨利贞。

报应

诸星米黑主人亡，诸星团聚主瘟瘴；诸星不见寿数尽，诸星不动病者康；诸星若添寿年高，米减必定有灾殃。

札司命

司额：

本司今据某处某人入意。既领来词，不容拒抑。除已依教书篆太上宝篆一通，仰烦神力，赍捧上奏北斗尊星（玉阙下）投告。祈颁恩命，乞赐赦原某人前生今世，故作误为，一切罪咎，见犯众厄，一一解散，勿为留难。即为某人名下斡旋气数，顺理星躔。俾见患以痊安，冀寿年而延永。除已令投坛人就本家司命灶祀，洁备科仪，香灯法象布米，虔恭伺命外，请回司明彰报应，以凭施行，须至指挥。

右下某家司命灶君。准此。

年月日时札下，具位，姓某，押。

召符使焦公奴

天道甲、丙戊庚、壬日用。

右符入〇九丿盖前符。论日辰，天干上写焦公奴三字，剔向本日地支出，谓之天气下降。如前九笔丿之。

召符使崔致一

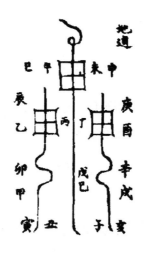

右符乙丁巳辛癸日用。论日辰，地支上写崔致一三字，剔向天干出，谓地气上腾。加九╱不入圈。

水盆报应

乾

乾尊之封小难当，有位居官大吉昌。

若问病源虽吉利，也须作福谢穹苍。

（善愿、灶神）

坎

坎卦重重险难多，行船江上遇风波。

祸因恶积成斯咎，患者重兼值鬼魅。

（大凶、旧愿、土神）

艮

艮宫众恶已消停，吉事重来喜气生。

昏夜如人行暗路，方今却自见天明。

（旺神、家先、凶变吉）

震

震卦空飞闪电光，黑云遮日暗茫茫。

天之作业无逃处，不比神明降祸殃。

（大凶、土神）

巽

巽卦清风物象新，马前人去雁成群。

夜来一梦家人说，拜谢家堂步紫云。

（凶变吉）

离

离卦虽然照四方，病人亦要祷穹苍。

词家本注忧疑事，仗此祈禳患者康。

（先凶后吉）

坤

坤卦从来是旅途，巢居无处可安雏。

男儿哭别闺中女，女子号咷为忆夫。

（凶）

兑

兑卦滋肥远近忧，病人凡事虑深秋。

欲飞无翼宜迟滞，铁骨铜人也着忧。

（凶、伏尸）

告斗存用

变自己为元命真人，金法冠，红法衣，朱履，执圭；次存提中炁○○○自双关夹脊上，泥丸出化刘、邓、辛在前听令；次出金炁自十二重楼上，口中出化金桥，金桥前面有高坡，有七殿，内有七真；次存刘君在桥，引自己过桥，见辛帅，引至殿下，见擎羊陀罗二使者侍立殿前；次见通事舍人接词入去，自己在殿下立。不时间，舍人与擎陀使者二人同出，引至殿，见斗真，心拜九过，跪奏事意。存斗真批凶吉事毕，辛、刘复引回坛。

（卷五）

祭炼亡爽

敕赦篆式

元始敕赦生天宝篆

告下东岳生天案主者，拔度某处男女孤魂滞魄，随品受生，一如诰命。
年月日时，具位臣姓某承诰奉行。

玉眸炼质符

黄华荡形符

右符，东向平定良久，心诵太乙宝号，破地狱咒一遍，仰面取金光吹出，照破幽暗。若召众魂，心诵摩呢哒哩吽嚩吒，手掐五岳诀，袖中一剔，想九狱孤魂徐徐而至。密召五方五灵童子，开辟五方，为吾召请六道四生男女孤魂等众，是夜今时来临法筵，领受功德。指挥将吏，部领所召孤魂前来领受功德符箓。左手把火池炼质符，左眼九转，存日光九芒入符，烧香炉内，想为火池；右手把水池荡形符，右眼十转，想月光十芒入符入水盂内，想为水池。指挥将吏领孤魂赴水池。想炼度讫，左手飞南斗讳魑魅魍魉魖，却于火上运一〇剔起，想为朱陵火府，有生天桥一座，中有一门，上一有金书上生天堂四字。以目上视，想金光朗然在吾头上，火府神吏森列于前。指挥将吏引领孤魂升度南宫。焚化钱财发遣：准此元降符命，只今部领孤魂，前赴东岳受生案，体品受生，托化人天，时刻升迁，一如告命。

凡行炼度，须斋戒。三日前奏太一救苦天尊，申葛仙翁，笺辛教主，约以某日在何处行坛祭炼。仍牒城隍里社等神。若欲行科教，亦随人意。此炼度可小可大，道在人弘，不可执一。

天罡法

只用月月常加戌，时时见破军为例。假令七月初一日戌时，以月建求天罡所在。盖七月月建在申，斗魖在寅指申，天罡离斗，恰一座随斗杓转轮。此北斗乃阴煞也。其时南斗第六星却在未指丑。盖寅申对冲，申退一位，即是南斗第六星在北。南斗乃阳煞也。我身中亦有煞焉。如遇此时行持，法师即步三五斗罡，于东方三台入斗，至魖星，却逆步三步至廉贞，丁步面南斗而立，以剑尖符焚，指南斗第六星天河之次，出身中之煞焉冲开雷门，立见报应。

天罡说

驱雷役电，制伏邪魔，济生度死，一切诸事，专以天罡为主。天罡乃天之柄星。经云：斗柄前星曰魁，斗柄后星曰罡。万物无罡不生，无罡不育。天罡者，阴阳也。开口为阳，合口为阴。谕之如金刚，曰纪纲，曰刚柔，分为三类，天地人之所至也。雷声者，天地之精。一曰雷者，乾之精；霆者，坤之精。乾者，雷之父；坤者，雷之母。遇阳则生，遇阴则伏，遇合则生，万物激剥，则发声于外。天罡者，比内事为黄婆，乃天之真阳，号曰中黄之星，常居中天，轮转无极。斗柄所指，即天罡之方也。行持之士，内观五蕴，外察万神。内观五蕴者，固其炁，练其神，聚其尸魄，内想不出，外想不入，神炁不散，是为混合百灵也；外察万神者，以我平日修炼之功，寓之于书符、念咒、掐诀、步罡，役使万神，驱雷役电，则法中雷神奉命奔走，不辞怠慢，动获报应，出乎自然而然。所当洁己斋盟，以诚心动天地，感鬼神。以我身之阳精，合天地之阳精。阳精即天罡也。我之阳精，天一生水，地二生火，生左右肾。肾中之光，从夹脊梁透上朔骨者，乃对耳后之骨，即承枕骨也。其肾之光两道从朔骨通其两目，即瞳睛也。二物透彻万里而无碍，即阳精也。归于黄庭，即先天阳精也。三魂中是为台光。运我之阳精，存我之阳神，先天也。随其天罡所指方位，混合造化，策役万神，投符下令，合其天地自然之理。

立狱

（以碗一只，内书雷字九个，七转自围。）

一转收土地司命六神，二转收祖先所事一切香火，三转收三世冤家、咒诅雠对债主，四转收四方、五岳、社令、城隍、血食等鬼，五转收山魈、五通、木下、五毒、巫师、凶恶等鬼，六转收六道九幽、斩头折足、一切丧亡等鬼，七转收摄某人身中为祸不问天神、地神、岳神、庙神、伤神、应干等鬼。疾速收捉，赴吾雷律坛中受死，不得动作。塞鬼路（巳至寅），五岳悉摧倾（加雷火狱三字，三掐煞文云）：三五将军，毋得容情。坐镇六合，威摄万灵。雷公捉祟（寅），风伯颤魂（巳），电母持魄（申），雨师摄鬼（亥）。东方蛮雷起（卯），南方蛮雷起（午），西方蛮雷起（酉），北方蛮雷起（子），中央蛮雷起（煞）。都天大雷公，霹雳震虚空。雷兵八百万，腾散崆峒中。敢有背逆者，元帅令不容。押赴魁罡下，永为清净风。急急如铁面大神王铁杀摄。

就喝令将吏押祟入狱发遣解送文牒如常区处。

借臂

用九凤罡剔水中，煞气三口，吹入水。剑诀书铁煞摄三字入水，每字三火笔。次书熏魔符。存水令黑怃，想童子即所召之将，以水噀手，复布怃三下，吹入手中。于童顶上书前三字，吹怃如前剑诀，剔断其臂。密嘱事，召将复位。再以煞怃吹之，见其手脉动，喝云：请大帅借臂，明白批报。请斋官密嘱书下为信。

九宫捷法

用一小筒，或木或竹，做筒圆。上盖平，中用一楠，周围匡栏，中间一小通天窍，此处安藏骰子，下底用开九小窍，随方立卦在内。骰子枣木做，四方样，一面北斗星，一面万灵符，即切利天咒。一面吾号，即合信章符；一面刘帅符，即矩字。上面即安骰子，祷之时放在下面。祷时用召符，即老阳符，纸不拘黄白。恐危急处用，召只召天君并刘帅、邓、闻、张、甯、任，其余不必召。治祟要召谢朱五方蛮雷。只依前召召了，存用毕，随事祝语。召时添召北斗九灵大将、九天玄女灵妃。召天君后方召。与人祷，把骰子与他人祝来。治病用元阳符，治祟用熏魔符，坐坛书去。服符重服四十九日，切莫间断，忙里偷闲。

乾卦：武曲星，名天王临卦。

人口安、蚕吉、谒人不见、孕生男、婚姻吉。雨占晴得晴，晴占雨无雨。卖买吉、田盛、讼不散、我讼人吉，人讼我凶、病不妨。东方土南得病，主气急腹疼，系杀死伤。东南并自家第三位阴人求之吉。伤亡，肉酒祭阴人荤羹饭遇亥巳日可。行人不至、谋事吉。

坎卦：贪狼星，名客走他乡卦。

人口凶、添人口。田主夏水不吉，蚕无收。讼大吉、孕生女、婚不成、卖买不好、谒人不见、谋事不成。晴占雨得雨，雨占晴不晴。病迟滞不妨、水瘤有气、身热足冷、吐逆水伤、南方肉酒舡祀之。有阴人或沈或汤姓人为祟，灯饭祀之，遇寅卯日可。

艮卦：左辅星，名明月当空卦。

人口安吉。田春夏水，秋旱得收，蚕吉。行人不至，卖买安、财轻。官讼，自犯散、别人讼我不散。孕生男。失物，草头人盗去，不见了。婚姻成、谋事成。谒人，夜见日不见。雨占晴，次日晴，晴占雨无雨。病人大命不妨，主身热气隔，宜告土。东北方绝户，五道天曹愿，或北阴，宜急还。病迟痊。

震卦：禄存星，名风云济会卦。

人口添进。田雨水调匀，上下皆收，蚕吉。水鬼地主为祟，祀之吉。行人至，官讼皆不散、失物五日内见、买卖有财、孕生女、谋事成、谒人见、婚姻宜、急用。晴占雨，目下有雨，占晴未晴。病犯树头五邪，东方得病，五圣绝户并吊死鬼为祟，祀之吉，卯日可愈。祀用荤酒。

巽卦：文曲星，名狂风折树卦。

人口有损、蚕不好。田主水，高收低不中。行人至，失物难寻。孕生，死子母也，不中。买卖损财、逢盗伤人。雨占晴，次日开晴，晴占雨便有雨。官讼大凶，人讼我我讼人皆凶。婚不成、谋事不可、谒人不见。病舡上得来，水鬼伤亡，远年旧愿，及香愿。可治。用草舡水中南方祭。

离卦：右弼星，名鹤鸣九皋卦。

人口遂。田收，蚕吉。要告土。官事自然散、买卖无财也，无凶。孕生男。行人不至，只有信。失物兑方见、谋事可。占晴得晴，占雨得雨。婚姻成、谒人见。病犯刀伤火焚鬼，祭之，不伏者，符治之。

坤卦：巨门星，名凤入青霄卦。

人口吉、主远出、增人口、并田土有收，蚕吉。收轻，可祀白虎。官讼皆散、买卖无财，空好看。行人不一至，亦无信。失物休寻，不见水边人盗去。孕生女、婚姻不成。晴占雨无雨，雨占晴不晴。谋不利、谒人见。病犯五土太岁，主疼，符檄三牲祭之吉。

兑卦：破军星，名浪打孤舟卦。

人口主损家母、蚕无收、田全不中、有水有旱。行人二日至。买卖不中，无财。官事见刑，我讼人人讼我皆不好。盗不见、孕生女。婚姻、谋事、谒见皆不宜。雨占晴主风，晴占雨无雨。病主死。东方得病，绝户地主，自家屈死鬼，荤祭之可。

中宫：廉贞星，名孤雁失群卦。

人口有损、老不好、蚕不好、田夏水得收。行人不至，有信。盗不见。买卖，自做有财，合伙无财。谋不成、婚成。官事迟滞不决，自散。谒人不见。晴占雨有雨，雨占晴不晴。病犯土木神五瘟并吊死女，三牲祀之，五瘟素果祀之，戌日可。

铁面真形符

霳

右符加九数，实山诵朗吟咒，再加水火风章，或加斗。役太一玉斗玄帅等。晴加火水风。雨用黑素墨书，晴用红素朱书，常用黄素朱书。不可轻用。

水章

露

右符起雨、露、霜、雪、雹。

火章

雾

右符红素朱书，起电再〇。雷用黄素朱书，仍绯钱或五色钱于离上焚化。

负风章

霣（辛君内讳）

阮唥君皇嗒唷敕。

右符左旋十五，右转十六出巽，加〇，誓章咒涂，巽出。再加🜹书㳄。

铁面行雷章

铁面行雷上下关，坎离颠倒卦中安。

若行祈祷加流燥，伐祟从前卦一般。

元头

一元 二元 三元 四元 五元 六元 七元
虚 奎 毕 鬼 翼 氐 箕

子虚丑斗寅嫌室，卯女辰箕巳忌房。午角未张申怕鬼，酉觜戌胃壁 当。

收禁

馥、餶、蚀，加熏魔。

八不传

一不传无道义者，二不传好淫乐娼者，三不传扶人词讼者，四不传奸人妻女者，五不传不孝父母者，六不传谤毁良人者，七不传不精香火者，八不传不敬师资者。

《雷经》上篇

太上太清皇老帝君。唵。风火雷兵，赫吒大神。唵都噓呢唧唵黑煞哪唧。皇天生我，皇地载我。日月照我，星辰荣我。诸仙举我，司命与我。太乙任我，玉宸召我。三官保我，五帝卫我。魑魎随我，天官辅我。受法灵童，地官有敕。雷部侍我，水官有令。火炁合凝，诸龙听我。上彻玉清，啖雷发声。玉帝有敕，南辰佐我，北斗辅我。金童侍我，玉女从我。六甲直我，六丁进我。天门开我，地户通我。山泽容我，江河渡我。风雨送我，神灵助我。四圣辅我，雷电随我。八卦遵我，九宫遁我。阴阳宗我，五行扶我，四时成我。唵吽咭吒。披头撒发，各变真形。天蓬元帅，宝印照我。天猷元帅，仗剑卫我。翊圣真君，持戟守我。玄天真武，水火助我。四渎护我，九龙绕我。甘雨送我，雷火随我，闪电照我，二十四炁轮将直我。吾身神光，虚梵日月，与天为誓。魑魎魈魁唵嘀明神唵咇咣敕煞摄。

《雷经》中篇

唵嚰吒嗌唵，魑魆辅星，唵咭叹吒唵摄鹹那唵。咽炁和中养三魂，内育七魄。雷公电母，随鼓而击。铜牙铁爪，唵飞羽毛，吒摄唵充。南北摄至东西，临膪色仄，鹹逐飞空。黄中理炁，黑暗荡荡。震起斗牛，鬼哭神愁。三合闭塞，六甲徘徊。金神腾驾，木郎大神。水充玄户，火降离明。土按五宫，日月朗明。龙虎交横，风雨应生。江海倒迎，山岳摧倾。冲天破地，万丈兴行。所求者得，所向者亨，所为者合，所谋者成。天罡大圣，河魁尊神。种种变化，与道合真。何神不使，何令不行。左有青龙，右有白虎。前有朱雀，后有玄武。上顶华盖，下蹑魁罡。神通光严，威镇十方。爱我者生，恶我者殃。谋我者死，憎我者亡。灵童神女，破邪金刚。三千六百，常在我傍。执节捧符，与我同游。太上摄景，天大吉昌。二十四符，与星历俱。驱龙跨虎，收斩妖精。稍有违令，牒送雷霆。急急速速摄。

《雷经》下篇

太上太清皇老帝君，唵嗔吒命啰哪阿修陀啰嚰嗔呤哪。北帝黑煞，严赫威神。轰天霹雳，敕乾元救晶摄。负风猛吏，追风使者。风伯道彰，赶龙奔雾。风神速兴，引雷使者，电光发兴。风起巽户，罡布箕星。三台辅我，飞雷震惊。风伯雨师，急降黑云。雷公电母，掣电光明。五雷众将，鼓舞乾坤。搜罗天地，五岳皆惊。所往无虞，入海天门开，入河地户出。九天敕令都天元帅，唵，欻火奉命。五帝雷公，霹雳雷公，阴阳雷公，四令雷公，六甲雷公，发水雷公，八风雷公，十雨雷公，六道雷公，闪电雷公，兴风雷公，行雨雷公，五岳雷公，四渎雷公，八节雷公，六候雷公，大川雷公，溪谷雷公，江河雷公，四海雷公，鸣鼓雷公，轰轮雷公，火车雷公，火轮雷公，移山雷公，走石雷公，兴云雷公，洒雨雷公，行雪雷公，布霜雷公，伏瘟雷公，驱邪雷公，光明雷公，黑暗雷公，火印雷公，破阵雷公。福禄如川，金玉丰隆，所求皆至。世间之宝，由吾所需，天下鬼神，受吾所驱。有一不从，雷斧速诛。明离大神，有功之日，名书上清。身中之神，自然清净。太玄保举，玉班有名。前排力士，后拥天丁。驱雷霹雳，飞走火铃。城隍社令，不得留停。唵啰萨吒，驱役天丁。五方使者，霹雳大神，敕告奉行。急急如太上太清皇老帝君律令敕。

（卷六）

祈雨行移

笺师

元始洞玄青灵合信章

符

右盟伏取敕旨，颁降施行。臣某奉符上盟。

具箓位嗣教弟子臣姓某右臣谨为某事，据词难抑，具笺状上告洞玄教主妙行真人神霄玉枢青灵雷霆天帝君师前。恭望师慈，允俞所启。特与证应符文，宣告法中风火元明君等，部领兵将，定于某日某时，速命天瓢，扫除虹蜺，沛九霄之巨泽，苏万里之焦枯。立垂昭格，上显天威，下济生品，以明真信。臣冒渎圣威，下情无任惶惧之至。谨启以闻。谨状。

年月日，具箓位嗣教弟子臣姓某状启。

可漏

洞玄教主雷霆帝君师前，具位嗣教弟子臣某内封

方函

谨谨上诣，具位嗣教弟子臣某谨外封

五雷使院请进

符诰雷君（黄素墨书）

元始无上洞玄灵章

臣恭准道旨，符文所至，万灵禀行。臣谨据某为某事，据词难抑，除已笺闻洞玄教主雷霆君取旨施行，合颁符命。

火凤

符　　　　金梵

大梵

太极之始，云篆太虚。真炁凝梵，元始灵符。臣谨录上告风火元明天真君、火伯风霆天真君、雷主阆伯天真君、雷师皓灵天真君、雷祖青帝天真君、欻火律令天真君、太乙月孛天真君、太乙火铃天真君、太乙木郎天真君、九阳铁面天真君、旸谷火雷天真君、洞玄至真神君，请行证鉴符文，部领将吏，定于某日某时某处，云阵团驻，霹雳震霆，降注雨泽，下济焦枯，上明天信。符到奉行。一如帝命。

年月日时告下。

批朱：谨遣三五将军刘矩星飞传告。

具位，臣姓某承诰奉行。

列师位

可漏

元始符诰，洞玄雷霆君

具位臣姓某承诰谨封。

符诰主帅（黄素墨书）

上清神霄玉府五雷使院

据某为某事，谨有笺状符文上诣神府，疾速请进，乞颁敕旨施行，合行符命。

少阳

符　　　　叠书不用火车

九阳

右符专请洞玄主帅三五九阳铁面神王刘某，速达神府，上启掌关诸君，鉴证符文，径行开关上达，立俟回辕。定于某日某时霹雳昭彰，降注雨泽，下济焦枯，以明天信。符到奉行。

年月日时告行，具位，姓某承诰奉行。

列师位

右用香花、灯烛、茶枣汤、酒果，如仪焚香关召，同金钱甲马烈火焚巽方。先一日发，至早催。

催诰文

维年月日，五雷使院第几代嗣师某，昭告于雷霆曰：洞玄执律，以显天威。严好生之德，代天行化，护国救民。今亢阳为虐，旱魃兴灾，禾黍焦枯，官民无告。教主授我号令，锡我符图，速役雷霆，立召风雨。今我以尔诸将奉行天威，尔诸将其戮力同心以辅我。钦承洞玄君告命，驱雷掣电，走火行风，倾倒天瓢，降注大雨。呜呼，尔无我无以显尔之灵，我无尔无以彰吾之教。有功必赏，有罪必诛。火急奉行，一如帝命。

日催诰

元始洞玄金梵章

符

合信　金梵

大梵

右符急告三五九阳铁面主帅刘某神王，火速告集雷霆诸君，定于某日某时回坛，运行真炁，霹雳震霆，大施雨泽，以济焦枯。明彰昭报，以显天威。符到火急奉行，一如洞玄雷霆君告命。

年月日时告行。

批朱：谨遣三五将军刘某，只今星飞上达，立俟昭报。

具位，姓某承诰奉行。

列师位

至日，酒用大椀，烈火焚符震方。催，玉诰敕之，至时再催。

时催符

符

合信　金梵　大梵

玉笈

洞玄雷霆君，疾速震天声。元阳铁面将，九九飞雷霆。大帅刘某，火急禀敕奉行。

年月日时告急。

右青纸朱书，纸长九寸，阔一寸五分，书讫，横卷，彩线扎之，加沉香，烈火香上焚。

家书式

洞玄嗣教孙某家书，百拜上覆祖师洞玄法师明道真人师座前。某不避斧铖之诛，仰渎高明之听。某昨据某人词，称为某事，已于某日具奏天廷，笺闻师几，盟告雷真，专委大帅刘矩限某日某时恭俟昭报。今则限期已逾，未获报应，诚恐下民积恶，获戾于天，以致雨泽愆期，禾稻焦枯，人心惶惑，霓望甚切。谨依师授合信符章，谨录上告。欲望师慈，主盟教法，悯念宗枝，即今再限某日某时，乞赐昭报。拟乞面奏帝廷，速颁恩命。宣告雷霆诸司，发遣三司官将，部领岁分风云雷雨电部从神祇，龙潭主者，社令祀典神祇，下赴某处行坛，如期大彰昭报。庶使洞教兴行，人心皈向。少回枯悴，大慰民情。干冒师严，下情不胜战栗之至。伏干道照。不备。

年月日具位嗣孙某百拜上覆。

家书百拜上覆，祖师洞玄法师明道真人几前，具位嗣孙某谨封。

凡祈祷，三日三限，不应却翻坛。第二限至，夜拜家书，待云起，便作用自己雷，合翻五方酒碗。候云布上，速起东方蛮雷，随方打去，毕，取火砖于午上水缸内取雷声应。如不应，再去坐，候有意思，再取砖在水缸内合。

翻坛家状

具位第几代孙姓某谨据某处奉道某词，称为某事，领词虔恪，不容拒抑。除已飞奏诸天雷霆帝君，笺闻师省，牒告真司外，限今月某日三限，未蒙报应。今月某日复行告闻省院真司，谨有家状上达者。

大〇，总符，月字朱符。三符排书。

家状谨告：

风火元明天真君、火伯风霆天真君、太一月孛天真君、九阳铁面天真君。请行鉴证事理，定限某日某时，霹雳震霆，滂沱雨泽，上明天信，下济焦枯。符书一至，星火急速奉行。

年月日时告行，具位。

列师位

初限中限，只存有妇人在坎方。三限，须用妇人总符，依前不用灯灯灯，符前金书大〇，只换阿逝孕作阿游孕。先大〇，中总符，后朱书。即月字方位须颠倒，排设亦颠倒。只用中宫一缸水，九宫五方与前同，火盆并砖炭并附中水缸。

独牒朱元帅

上清神霄玉府五雷使院：

本院某年月日据某处，奉道信人某词称为某事。领词难抑，除已飞奏天廷，笺闻省院，盟告雷真，专委大帅刘某去后，经今几限，未见报应。再备原词符诰雷真外，合行移牒，请照验，某时来赴行坛，大彰昭报，倾倒天瓢，降澍甘雨，上明天信，下济焦枯。符文一至，星火奉行。须至专牒者。

牒件如前事。须牒上太一月字朱元帅，请照验，谨牒。

年月日时牒，具位，姓某押。

铁符式

右铁符长九寸，阔六寸，天圆地方。其寸尺用法师天垣玉尺，不可用别尺寸。洁净铁为之。一面九阳、少阳，一面用司额。乡贯、限期、衔位、师位，朱书。符用墨蘸光矣。

谢状式

具位臣姓某，右臣昨于某日某时奏，据某处某人为某事，已沐感通，上感师恩，臣所有冒滥愆尤，仰祈赦宥，谨具状上谢以闻。谨状。

年月日，具位，臣姓某状谢。

右用金钱甲马，龙车凤辇，鹅羊鸡酒，活鱼五尾祭，设雷坛谢之。

言功牒式

五雷使院行司：

本司据某处某人为某事，据词难抑，已于某日申发文檄，定某日祈祷，果获感通，下足民心，上彰天信，合与文牒，请赍诣雷司，酌量定夺，有功者赏，无功者罚。庶遇祈求，即希昭报。须至专牒者。

右件如前事，须牒上雷霆赏罚司主者，请照验，谨牒。

年月日时牒，具位，姓某押。

月孛符

（用黄纸方九寸书，贴于牒内。）

杰灸隽失

唵 🌀 吽 🌀 吒 🌀 唎 🌀 （朱光，叠书。）

靐靆靉靆霆霙霪霺靋

涂咒

唵吽吒唎

闭炁，炁满，取元炁詗出，存将入符。

召咒

唵喝啰怛那娑诃。

存元帅如一有貌妇人，在坎宫坐。法师在离宫作用，元帅变形，裸体，手执剑，披发骑黑龙，面体俱白。师取肾气吹出。

祈晴行移

笺师

（合用符同前）

具位嗣教弟子臣姓某，右臣奏，据某为某事，领词难抑，谨具笺状上启：

洞玄教主妙行真人雷霆帝君师前，恭望师慈，特与证验符文，立赐救旨颁降，召遣雷霆律令邓某等，定于今月某日某时降某处，扫除霾翳，清朗乾

坤，开万里之浮云，见一轮之红日。上明天信，下济生民。臣冒渎圣威，下
情无任战灼伺恩之至。谨启以闻。谨状。

年月日具位嗣教弟子臣姓某状启。

符诰雷君

（黄素黑书）

元始无上洞玄至真灵章：

臣恭依道化元降符文，依式颁告。谨为某为某事，据词难抑，除已笺闻
师府证应外，合颁符命。

符

大梵　玉笈

九阳铁面雷霆君刘某，径行开关上达，立伺回辕。定于某日某时，扫除
霾翳，呈现阳光，以显天真。符到奉行。

年月日时告行。

列师位

第二日时至催符

符

合信　火凤

洞玄雷君，速降真灵。扫除浮翳，舒放阳明。符命一到，如帝亲行。大
帅刘某火急禀行。臣某奉行。

右绯素丹书，素长九寸，阔一寸五分。书讫，横卷，烈火焚之。

祈雪行移

笺师

（合用符同前）

具位嗣教弟子臣姓某，右臣谨据某为某事，据词难抑，谨具笺状上启：

洞玄教主妙行真人青灵雷霆天帝师前。恭望师慈，允俞所启。早为鉴
证，盟告符文，特赐敕旨，告降洞玄法中风火元明天真君、火伯风霆天真
君、雷主阈伯天真君、雷师皓灵天真君、雷祖青帝天真君、欻火律令天真

君、太乙月孛天真君、太乙火铃天真君、太乙木郎天真君、东陵瑞相天真君、九阳铁面天真君、旸谷火雷天真君，定于某日内赴某处，交结真阴，运行元炁，所冀。

锦笈

元始开化，凝梵太虚。周流九炁，盟告真符。臣谨录上告风火元明天真君、火伯风霆天真君、雷主阙伯天真君、雷师皓灵天真君、雷祖青帝天真君、欻火律令天真君、太乙月孛天真君、太乙火铃天真君、九阳铁面天真君、旸谷火雷天真君，请依元降定于某日某时，流金掷火赴某处，扫除霾翳，呈现元阳。显皎日于当空，苏生民于大地。上明天信，下阐玄宗。符到奉行。急如帝命。

年月日时告行。

批朱：专请大神刘某，火速奉行，星飞遍达。

列师位

符诰主帅

上清神霄玉府五雷使院：

据某为某事，谨有笈状符文一函，呈上洞玄教主师前；符诰一函，呈上雷霆诸天君圣前。告行。疾速昭彰。谨颁符命。

符

少阳　九阳

二符叠书加火车

右符专请，六阴凝结，一炁瑶光。散六出之琼花，现九灵之银界。丰隆瑞相，扫灭蝗胎。上显天威，下育生品。臣冒犯圣威，下情无任恭伺恩光之至。谨启以闻。谨状。

年月日，具位臣姓某笈启。

符诰雷君

元始洞玄大梵章：

恭准元始降盟，符文所至，如帝亲行。臣奉为某为某事，除已笈闻师前，请颁敕旨，所有符文，谨行告降。

符

锦笈　金梵

合信　玉笈

元始道化，敕制雷霆。真炁凝梵，腾结太无。臣谨录上告风火元明天真君、火伯风霆天真君、雷主阚伯天真君、雷师皓灵天真君、雷祖青帝天真君、欻火律令天真君、太乙月孛天真君、太乙火铃天真君、太乙木郎天真君、东陵瑞相天真君、九阳铁面天真君、旸谷火雷天真君，请行鉴证符文，部领兵将，定于某日降某处，交结真阴，运行元炁，普散琼花于六出，耀凝银界于四方。灭六种之虫蝗，丰五明之粟麦。上佐乾纲，下济生品，大呈祥瑞以显玄风。符到奉行。急如帝命。

年月日时告行。

批朱：专请三五将军刘某，星飞传达。

列师位

符诰主帅

上清神霄玉府五雷使院：

据某为某事，以今谨有笺状符诰进入神霄，请盟天信，疾速奉行。谨颁符命。

符

少阳　九阳

不用火车

右符专请三五九阳铁面主帅刘某神王，请依符文，径行开关上达，立伺回辕。定于某日某时，飞散六花，运行真炁，以呈祥瑞，冻灭蝗胎，符到奉行。急如帝命。

年月日时告行。

批朱：专请三五将军疾速依应奉行，列师位。

右用金钱甲马酒果发之，至第二日催。

日催诰

元始洞玄大梵章：

符

金梵　玉笈

元阳

（玉笈）

右符专召洞玄主帅铁面神王，火速关召雷霆帅将，瑞光仙师，交凝九地之罗阴，运动一阳之真气，飞散琼花而耀明银界，潜消疠疠而扫灭蝗胎。符到奉行，一如诰命。急急如洞玄天帝律令。

年月日时告行。

批朱：敕召三五九阳将军，火急禀行，立伺昭报。

列师位

右用金钱甲马酒果，焚坛上酉方。

辟恶行移

笈师

（合用符同前）

具位嗣教弟子臣姓某，右臣谨为某事，谨具笈状，上启：

洞玄教主妙行真人青灵雷霆帝君师前。恭望师慈，允俞所启，特赐敕旨，昭明天律，召役雷霆。遣㷱火大将告雷主神王，定于某日某时，明政典刑，赴某处，霹雳震霆，流金掷火，碎邪魔之精爽，除祸患之鬼群。焚荡淫祠，辟除妖魅。上明天信，下救良民。臣冒犯圣威，下情无任恭伺雷霆之至，谨启以闻。谨状。

年月日具位，臣姓某笈启。

符诰雷君

（黄素墨书）

元始无上洞玄灵章：

臣恭准帝敕，元始符文。臣谨为某事，谨具笺启师廷，取旨施行外，告颁符命。

符

大梵　金梵

火凤

元始诰命，敕制万神。天章到处，风火无停。臣谨录上告风火元明天真君、火伯风霆天真君、雷主阚伯天真君、雷师皓灵天真君、雷祖青帝天真君、欻火律令天真君、太乙月孛天真君、太乙火铃天真君、九阳铁面天真君、旸谷火雷天真君，请依符文，疾速部领雷霆帅将，流金掷火，定于某日某时赴某处，明政典刑，震霹雳之飞车，掷轰天之神钻，烧荡淫祠，灭除魔党，收禁魂爽，而不复阴灵。大振雷威，上明天信，阐扬道化，下救良民。符到如帝亲行。火急火急。

年月日时告行。

批朱：谨遣三五将军刘某星飞关告。

列师位

符诰主帅

上清神霄玉府五雷使院：

据某为某事，谨有飞笺符诰洞章进入雷真，疾速进呈，合行符命。

符

老阳　少阳

加火车

右符上告九阳铁面雷霆君刘某，赍捧符文，径行开关上达，立伺回辕。扫除妖孽，焚荡淫祠。定于某日某时，霹雳震霆，上明天信。符到如帝亲行。

年月日时告行。

批朱：谨遣三五将军疾速依应奉行。

列师位

右用甲马绯钱火龙等，以大盆清酒鸡鹅羊血沥内，威德咒发之。

日催诰

元始洞玄灵章：

符

金梵　火凤

右符专召燅火律令炎天雷霆君邓某，火急钦依元始灵章，疾速部领雷霆将帅，会合五部蛮雷，流金掷火，霹雳震霆，焚荡淫祠，斩灭魔鬼，以显天威，下救群品。符到如帝亲行。

年月日时告行。

批朱：敕召三五将军察令奉行。

列师位

右用绯钱酒果如仪发之。却用信香符于某庙中香炉内焚之。

信香符

面

背

右符用降真香，厚半寸，阔一寸，高一寸五分，以朱书铁面符，加叠书涂之，后面书为某事。令一人送于庙中香炉内烈火焚。剔五斗盖其人为好。不然密地自去，勿令人见，恐惹是非。

取报应

风

符

大梵　金梵

某将于某时运行真炁，飞风报应。符到如帝亲行。臣某奉符上召。

云

符

玉笈　大梵

某将于某时运行六阴，腾赴太虚，以显天威。符到如帝亲行。臣某奉符上召。

雷

符

合信　大梵

某将于某时运行元炁霹雳震霆，阐扬洞教。符到如帝视行。臣某奉符上告。

电

符

合信　火凤

某将于某时流金掷火闪电，飞空上明天信。符到如帝亲行。臣某奉符上告。

右符用皂绯二色钱，于香炉上烈火焚，就其火焰中虚书一合信章，加九个九字为急，妙不可言。无事不可冒渎天真。

牒社令

玉府五雷使院行司：

据某为某事，据词难抑。除已笺闻洞玄教主雷霆天君，符告炊火律令邓天君，依式行移外，合牒，仰照验。即便肃清境土，扫荡妖氛，如仪祗接雷霆天将到来，杀伐邪妖鬼魅，保令人眷安康。仍仰同本家司命六神，明白契勘邪源，随从雷霆天将一同前去剿灭，焚烧巢穴，永断根源。明显天威，佐扶洞教。请勿违误，须至牒者。

牒具如前。今牒某处社令大神照验。谨牒。

年月日牒，具位，姓某押。

札司命

司额

据某为某事，据词难抑。除已笺闻洞玄教主雷霆天君，符告欸火律令邓天君，依式行移外，合行，仰照验。肃清住宇，扫荡妖氛，伺候雷霆天将到来，一同明白，契勘邪源，焚荡巢穴，永断根源，保安见患。须至指挥。

右札下某家司命六神，准此。

年月日札，具位，姓某押。

（卷七）

传度行移

奏式

具位臣姓某，臣奏为某处某人入事意。臣领词虔恪，理难抑违，未敢自专，至具状奏闻者。

右谨具状上奏某圣位道前。恭望天慈，允臣所奏，特赐敕旨，告下九天雷霆至真，三界所隶真司，咸与证应施行，庶获感通。臣冒犯天威，下情无任战灼伺命之至。谨具状奏以闻。谨状。

年月日，具位臣姓某，状奏。

贴黄式

倚黄式

方函式

谨谨上诣，元始洞玄宫奏进：

具位臣姓某谨重封。

圣位官分

元始洞玄宫奏进：

玉清圣境元始天尊道前、上清真境灵宝天尊道前、太清仙境道德天尊道前，

太微玉清宫奏进：

昊天金阙奏进：

太上开天执符御历含真体道金阙至尊昊天玉皇上帝玉陛下。

九天应元宫奏进：

高上洞玄九霄应元雷声普化天尊御前。

东极青华宫：

洞玄雷祖木公上相东极青华大帝御前。

南极朱陵宫：

洞玄雷伯火师炎君长生大帝御前。

西极皓灵宫：

洞玄雷母金晶皓明素灵元君御前。

北极紫微宫：

洞玄雷主元明虚皇紫微大帝御前。

太极紫明宫：

洞玄太极雷君普明大帝御前。

太极素明宫：

洞玄太极雷后耀明皇君御前。

笺式

具位臣姓某，右臣谨据某处某人入事意。臣领词难抑，除已飞奏诸天雷霆帝君，及敷告三界真司，咸与证应外，谨具笺状，上启某圣位，恭望圣慈，允俞所启，早赐圣旨，行下三界所隶真司，雷霆法部帅将，咸祈照应今来弟子某传度事理，庶获感通。臣冒犯圣威，下情不胜战栗伺命之至。谨具笺启以闻。谨状。

年月日，具位臣姓某笺启。

圣位官分

泰玄都省请进：

洞玄玉明师泰玄上相圣前。

天机内省：

洞玄上明师天机内相圣前。

天枢使省：

洞玄太明师天枢使相圣前。

元和迁校府：

洞玄真明君玉虚师相圣前。

天部霆司：

洞玄雷霆君炎天上帝帐前。

神霄洞明宫申进：

金阙侍宸洞玄高明君白真人

紫霄扶风洞玄元朋君马真人

洞玄通明中侍卿翁真人

笺师式

具位嗣教弟子臣姓某，右臣谨据某处某人入事意。臣据词难抑，除具状上启雷霆诸天帝君，敢乞誊进天廷，请旨告行三界所隶真司，照应施行外，臣谨具笺状，上启：

洞玄教主妙行真人青灵雷霆帝君师前。恭望师慈，允俞所启。特与证应，丐为奏进帝廷，仍赐告行雷廷诸司，照应今来某传度事理，依准施行，庶获感通。臣冒犯师严下情不胜战栗俟恩之至。谨具笺启以闻。谨状。

年月日，具位臣姓某笺启。

单状式

（奏笺用名，不用心印，牒用名，押全。）

今具嗣教弟子某法职印文，心印于后：

一、奏补充某箓为职。

一、奏法印五雷使院之印

一、奏给五雷使院行司为额。

一、奏立某靖，某坛。

一、奏心印某押。

右具如前。

今月日臣某具奏。

牒式

司额

本司谨据某处某人入事意。据词难抑，除已具奏天廷，及笺省院真司外，合行牒请照验，早为依上照应，佐助行持，以彰玄教。须至牒者。

牒件如前事，须牒上某处，请照验。谨牒。

年月日时牒。具位，姓某押。

牒诸司分

五雷使院、天部霆司、南极天枢院、北极驱邪院、蓬莱都水司、天下都城隍司、东岳东平司、五方行雨龙王、五方蛮雷使者、九州都社令司。

牒帅式

司额

本司今据某处某人入事意。据词难抑，除已敷奏诸天雷霆帝君，及笺闻师省真司外，谨牒，请照验。早为部领本部将兵，赴某所立治靖驻札，听候召遣，助法行持，大赐感通。上明天信，请勿稽迟。须至牒者。

牒件如前事。须牒上洞玄内外院雷霆至真天君，请照验，谨牒。

年月日时牒，具位，姓某押。

符牒帅

（黄纸）

司额

本司据某处某人入事意。据词难抑，除已敷奏诸天雷霆帝君合属真司，咸祈照应，请颁敕旨，合颁符命。

符

少阳　九阳

不用火车

右符上告三五九阳铁面雷霆君，请行鉴证事理，即为部领兵将，下赴某所立治靖驻札，整治行司。日后如遇某口启心存，救济驱治，即赐佐助行持，大彰昭报，同积功勋，敷扬洞教。符到奉行，一如帝命。

年月时牒。

列师位

开天诰

（黄纸）

元始洞玄开天请进章：

某恭准道旨，元降符文所到，进入天门。臣谨为某传度某法，皈身佩奉，祈祷雨旸，驱邪治病，谨奏帝廷，颁行符命。

符

（元阳请进章，加九火笔。）

右符上告天阙掌关诸天帝君阙下，请行鉴证符文，不以天下章表为例，即便进奏诸天帝阙，恭伺昭报。符到奉行。

年月日时告行。

批朱：专请三五将军刘某径行开阙，遍行奏达。具位臣姓某承诰奉行。

列师位

札司命

司额

本司据某处某人入事意。据词难抑，除已飞奏诸天帝君，取旨颁行外，合下，仰照验。速为肃清宅宇，扫荡妖氛，如仪祗接雷真到来，开建治靖，宣行洞教，毋得迟滞，疾速奉行。有功之日，名书上清。须至指挥。

右下某家香火司命六神，准此。

年月日时札，具位，姓，押。

传度帖

洞玄嗣教雷坛：

据某处某人入事意。拜受洞玄神霄雷霆大法一宗，叛身佩奉，福国济人，祷雨祈晴，除邪治病。自受真文之后，不敢怨道咎师，始勤终怠。本坛据此来词，除已飞奏诣天雷霆帝君，及笺闻省院真司，取旨召降雷霆主帅刘某神王，部领兵将，分身化炁，赴坛驻札，明彰昭报，助法行持外，须至帖者。

右帖付嗣法某准式奉行。故帖。

年月日帖，具位。

师衔

传度后取报应告帅式

元始洞玄取报章：

臣恭准道旨，为弟子某人入意。昨投法师某保举，叛投度师某坛下，拜传某法，归身佩奉，誓愿福国济民，祈晴祷雨，除邪治病。自受真文之后，不敢怨道咎师，始勤终怠。得蒙师允，取某日具奏天廷，某日开坛交拨，口传心授，符图秘诀，悉已传度，得法之后，未探玄微，辄具符文，欲求报应。约以某日某时取某报应。请执奏洞玄教主师前，取旨克应施行。合颁符命。

符

（九章晴雨取式）

元始道化，敕制雷霆。真炁凝梵，腾结太无。臣谨录上告洞玄主帅三五九阳铁面刘神王、闻、张、甯、任四大雷王，某将请行证鉴符文，部领将吏，定于某日某时某处报应，上明天信。符到奉行，急如帝命。

年月日时告行。

批朱：专请三五将军刘某疾速依应奉行。

具位嗣法弟子臣姓某，承诰奉行。

列师位

雷霆三帅心录 [1]

世系

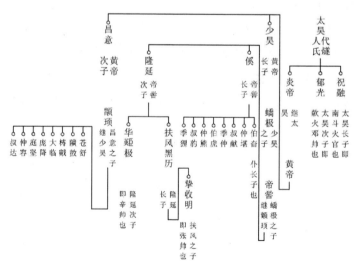

① 出《道法会元》卷八十二。

事实

　　玄枵夏五日在星，海琼子读《雷典》于紫清福地。欻凉风生桷，香雾霏窗，神光洞融，几格烓喷。有客自中庭来止，揖予谓曰："子志心道法，掌握雷霆，议事丹章，已命之矣。上古有五神火，今帝以三帅主之，神火之自出，三帅之宗源，可得闻欤？"予曰："坐，我明语。"客传有之曰："太昊伏牺氏，风姓，母曰华胥，感履大人之迹而生后。蛇首人身，代燧人氏以木德王天下，受龙图之瑞，以龙纪官。观天文，察地理，画八卦，分九州，造书契，制婚礼，作网罟，教佃渔，养牺牲充庖厨。在位百二十年，有子二人，长曰祝融，字伯庸，即今南斗火官也；次曰郁光，字伯温，即今欻火大神也。此邓帅之所自出也。炎帝神农氏，姜姓，母曰女登，感神龙而生后。牛首人身，继太昊以火德王天下，受火星之瑞，以火纪官。教种百谷，日中为市，致天下之民，聚天下之货，交易而退。持鞭味草而建医药，重八卦为六十四。在位百四十年，无嗣。黄帝有熊氏，姓公孙，名轩辕，母曰附宝，感电光绕斗枢而生后，代炎帝，以木德王天下，受景云之瑞，以云纪官。作舟楫，立栋梁，为杵臼，利万民。制弧矢以威天下，战乎蚩尤。在位百年，有子二人，长曰少昊，次曰昌意。少昊金天氏，乃黄帝长子也，己姓，名挚，字青阳。母曰女节，感星如虹而生后。继黄帝，以金德王天下，受凤凰之瑞，以鸟纪官。始用度量，命四民，立四时。在位八十四年，有子一人，曰蟜极。颛顼高阳氏，黄帝之孙，昌意之子，姬姓。母曰昌仆，感星贯月而生后。继少昊以水德王天下。后不能纪远，始命官牧焉。在位八十四年，有才子八人，曰八凯，苍舒、隤敳、梼戭、大临、庞降、庭坚、仲容、叔达是也。帝喾高辛氏，黄帝曾孙，少昊之孙，蟜极之子，于颛顼为从子，继颛顼，以木德王天下。在位七十年，有二子，长曰偰，生木子八人，曰八元，伯奋、仲堪、叔献、季仲、伯虎、仲熊、叔豹、季狸是也；次曰隆延，娶陈钟氏，生扶风黑历及华虉极，此辛、张二帅之所自出也。邓帅名郁光字伯温，以功封于邓墟，因以为氏。本出风姓，故号曰风后温。世疑邓帅姓温，风后，非。盖后者氏也，犹今之王氏刘氏。《木郎咒》曰：'流晶郁光奔祝融。'显然指出名讳，而《十七史》'温元经'，则伯温为字明矣。《离骚经》曰：'帝高阳氏之苗裔兮，朕皇考曰伯庸。'伯庸实出太昊，至颛顼时，其后为火正，故系高阳。斯为可证也。辛帅讳汉臣，《本法咒》曰：'真讳龙延。'龙字者，岂非隆延之误乎。又曰：'左华右极，真讳真名。'而《龙函经》以虤字作某字注曰：'雷神名则上为华下为虤字。'明在其中矣，帅本高辛氏之后，以祖之字为氏，故辛姓。汉臣者，乃以虤字拆开耳。于此知辛帅正隆延第二子也。张帅讳霈，阳从日讳，阴从月讳。《十七史》曰：'扶风之子曰挚收明。'明字即阴阳二讳之义，故号曰曜明。以功封于张地，因以名氏，故张姓。本法有收执符，即挚收之讹耳。符上勘同字**玚**，书时默咒曰：'天皇有命令随吾行'，盖**玚**乃古草书颛字，天皇即伏羲氏内号，本君令臣之意。颛顼以水德王，取水克火之义。又于符上作用北灵黑历四字，岂非前史所载，本父命子之意。黑历乃帝喾之孙，帝喾以木德王，取木生火之义。帅本帝喾之后，帝喾继颛顼有天下，故书颛字以制之。由是言之，雷霆三帅，本一家人也。自前至今，莫不知主帅为欻火邓伯温，判官为负风辛汉臣，使者为直符张元伯。欻火者，神首之名也；负风者，乃扶风之讹也，即以父兄之子为氏之义。直符者，主直雷霆符命之职也。邓辛皆是，而张名独非，盖元伯乃霈字之讹耳。而受法之士不究本末，因下界直符有张元伯之称而名之，不几于穿壤乎。《太玄黄庭经内传》：'太乙白虎则指天皇，为南极长生大帝，华胥为元天火圣母，轩辕为紫微烟都帝君。'此又主判雷霆之祖帝也。予非求奇，按诸经史，世传雷篆天章，自九天玄女流派以来，今人皆非。上官先生欻火真形符，赵房州辛判官符，马真官张使者符，莫明祖炁，各主一见，遂拆裂而为三。殊不知独体者，妙用归一，混合同玄之意也。受法之士，但知有三帅之符，便有以为三帅妙用如此，行持不灵元怪。盖本法以邓帅在心，辛帅在胆，张帅在肾，皆按其祖所王天下之德。自天一生水，地二生火，天三生木而论，火不假土而激，岂足以济其炎？木不假水以溉，岂足以发其秀？况木能生火，土独居水火之中，实主五行。不然，奚独称三帅，辛独居其中？盖土初之前火耳。昔有神五人，猪首人身，又在三帅之前。即《玉经》所谓雷大、雷二、雷三、雷四、雷五是也。若三帅混合之后，加入此五员，以阴阳生克作用，《木郎咒》以盖之，运霹雳两边合起雷火以激之，山倾谷沸，霹雳迅发，雷光奔飞。却加入鸣，灭摄直下，藏阳出阴，祈晴祷雨，轰灭淫恶。复以腥烟合同加罡触发，加以欻火太乙真符，大煞，役使社令神祇。夫如是而取报应，顾不伟欤！"

言既毕，日月明，雷电耀，风雨声，大神降，都督形，使者出，躬服膺绕座三匝，共立弘誓，曰："吾等三神，素扶玄化。人心道法，杳杳莫明。间有灵者，格其诚耳。公今一旦显微阐幽，历穷所据，用之既勿疑，授之顾不轻。可谓法海之砥柱，后学之津梁。符到奉行，吾当力是。"倏忽之间，寂无遗响，天无浮翳，四旡朗清，神客并失。予亦大悟，因笔于牍，以示后人。

《雷典》曰："吾知汝名，吾知汝姓，汝若不至，骂汝祖公。"此挟长而问者也。然则役召雷神，可不知其所从来乎。烟都学士萧越牅访我岑寂，暇日对评，议事丹章，因及《三帅心录》。一生二，二生三，如指诸掌，于此始知雷霆亦有内谱。爰绣于梓，嘉与后学之士共之。抑《玉经》有云："汝名天下知。"今天下知之矣。琼琯紫清真人白玉蟾述。

告斗求长生法

派系

祖师王屋山太极真人王（行真）

祖师正阳开悟传道真君钟离（权 云房）

祖师太极内辅真人郑（思远）

祖师纯阳灵宝真君吕岩（洞宾）

宗师通玄真人果老张（果）

宗师琼琯先生紫清定慧真人白（玉蟾）

识三台法

三台六星，在斗柄之上，两两相连。男子识之，免牢狱之迍；女人识之，免产难之厄。学仙修真之士，尤宜识之。每见三台六星，即便拱手存拜，密念咒曰：

上台虚精，中台六淳，下台曲生。除臣死籍，注臣长生。居位高迁，列居天廷。心意开朗，耳目聪明。三魂永久，延寿千龄。上朝金阙，瞻谒玉清。乘龙驾云，位登仙卿。急急如律令。三台生我来，三台养我来，三台护我来。急急如律令。

咒毕，瞻望星躔，求见道恩，随意祷祝，心拜三过，叩齿三通而退。

求帝座法

斗口二星，尊星在左，帝星在右，如日月照临有道之士，不照不善之人。有见尊星，寿三百岁；见帝星，寿六百岁。每月初三、二十七夜，候见之。须在夜间人静后，勿令人知。候二星出现，至心求道，勿与人言。若不专久精诚，轻泄漏慢，中道懈怠，无戒行之士，乃不得见。修真之士常密祝之，切勿以二星名闻于非人。可常注念在心，如有事立可称名密告之。不可向北便涕，解衣散发，裸露星光之下，此为至戒也。每候二星，先步斗，烧香，再拜，想斗口见二星，如日月。次念咒曰：

尊帝二星，北极之灵。愿臣早见，见即长生。注臣飞仙，勾臣死名。福庆无穷，与天齐年。速超仙都，飞行上清。急急如律令。

又二拜，思二星降紫云炁，从自己泥丸宫入灌两眼，又念咒曰：

尊帝二星，北极之灵。忽显忽现，即得长生。注臣飞仙，落臣死名。福庆无穷，与天齐年。早度三界，游行上清。急急如律令。

咒毕，再拜，少立，凝神，注目斗口，默念咒七遍了，少时退。如见，即又拜求，乞长生，愿心祷祝。仍夜夜朝礼，毋令间断，若间断则前功俱废矣。有戒行修真之士，身能超凡入圣，上侍玉宸。上达之士行之，乃得长生，功满上升。世人行之，延寿长年。勿示非人，宜宝秘之。昔王屋山太极真人传与张果老先生，密而行之，后得飞升，为古圣仙也。

追鹤秘法 [①]

鹤有数种，东城有筼鹤，嶲宾有芦鹤，淮山有扬鹤，青城山有羽鹤，此乃古今之通传。如汉天师登九云之鹤，许真君驭凌风之鹤，葛稚川飞玉霞之鹤，钟离正阳君升太霄之鹤，信果有之。谚云："鹳生三子，其一乃鹤。"特胎生之鹤耳，非蓬莱之羽翎，非紫微唳天之丹霞顶也。非瑶台缟衣舞凤比也，非天枢啸烟之素裳也。洞宾纯阳君之鹤，岂徒现也。鹤之来者，则清秋

① "告斗求长生法""追鹤秘法"两篇，据《道藏》之《法海遗珠》卷之十四增。

而翔云，夜深而啸月。仙有乘鹤而来去者，诚有得道修真将出尘之士，获遇斯文，可以飞符召至，翩跹而来，翱翔于空中，不特鸣于九皋耳。上清大洞法师、神霄校籍节制、雷霆军马海琼真人白玉蟾述。

师派

都仙教主、华阳慈济道君、长生度世仙王、青华帝君、真玄灵应天尊李（喆）

祖师灵真教主、九天金阙选仙都使、正阳上灵妙感开悟传道真君、保生司命护国仙王、高上元皇应化天尊钟离（权 云房）

祖师九天上真高元紫虚清真元君魏（华存）

祖师正真教主、纯阳灵宝妙通演正警化真君吕岩（洞宾）

祖师明真教主、海蟾明悟弘道真君刘（玄英）

祖师玄真教主、天台紫阳悟真妙有圆通真君张（用成）

祖师翠玄演道杏林真人石（泰 得之）

祖师紫贤复命毗陵真人薛（道光）

祖师翠虚普济泥丸真人陈（楠）

宗师紫清定慧海琼真人白（玉蟾）

召直符

焚香召请年直须那何，日直勃日监直宿真君，二十八宿直符吏兵，闻今召请，疾速降临。

发申状符

（黄纸朱书）

（随时掐十二宫诀焚之）

关引符

（粘于关牒前）

（播地擒山直符威兵，急急如律令。）

右差直日某宿下直符同中界功曹（可寻广济上每日直何、宿下直符同中界甲子日鼠头素衣之类功曹，腰佩双刀，烧符时存召。）。

召鹤合同符

（用黄纸朱书二道，粘申状前及牒上。）

玉清始青，玉符告盟。径往南岳，速追鹤禽。闻召即至，不得迟停。合符所到，万神咸听。急急如玉清上帝律令敕。

催鹤符

（用黄纸朱书，就香炉内焚之，可作用二三十道，烧之为妙。）

无上太玄，三十六天。授我真符，役使鬼神。神符即到，万神遵承。六根爽悟，道入玄玄。吉凶预知，达道长生。今召鸾鹤，疾速降临。灵官同至，不得慢违。魁魓魒魌魁魋魓星，六丁六甲，六甲六丁。急急如律令。

鸾鹤鸾鹤，速至速至。午朝事毕，各还本位。急急如律令。

归鹤咒

在山还山，在岳还岳。闻召即至，不得违时。急急如玉清上帝律令敕。

申南岳圣帝状

具位姓某：

右某今据（入意）切缘世俗愚迷，不信道法。今欲阐扬教风，庶得人民敬仰，大道兴行。敢就贵岳，请借鸾鹤几只，于某日午时分，赴醮坛上下之间，左右回旋飞舞，献顶露身。午朝事毕，即遣回司，不敢久留。仍乞差委蓬莱司掌鹤灵官，同至醮坛，证盟斋事，须至申闻者。

右某谨谨具状，上申南岳司天昭圣帝圣前。伏望圣慈，允兹虔恳。特降指挥下掌鸾鹤案主者，立便照依所申事理，疾速放发，前来庶几，摄化人天，周圆斋事。某干冒圣威，下情无任战栗之至。谨状。

太岁年月日具位，姓某状申。

申蓬莱山鸾鹤案主使真君（同）

右法次日再用帖，差直日某宿真官下直符，同中界直使功曹，只今前去，催借鸾鹤十二只，或二十四只，或三十六只，及请灵官一员，同赴斋坛，再发催符。

蓬莱山掌鹤灵官七员名号

第一灵官名辉霞，第二灵官名玉光，第三灵官名金融，第四灵官名卞文，第五灵官名宝光，第六灵官名岐阳，第七灵官名秀实。

右掌鹤灵官七员，每月初一日为始，轮流用之，惟晦望二日灵官名朱湖，不隶所治，则召之不应。须作九幽黄箓罗天大醮，召之立至。平昔漫浪戏谑，召之则不验也。此法乃祖师铁拐都仙教主东华帝君，在青城山之巅，会集众仙，就南岳关鹤乘空而至，事毕复还之。其教后传钟离正阳君，及南岳紫虚魏元君。次传之吕公洞宾纯阳君，次授与刘仙海蟾翁，翁授之于天台紫阳张真君。历代自此相承，至第九代嗣教仙师琼琯仙翁，以是流传于世，绵绵不绝。愚于甲辰岁末，忽庆会于宝盖武阳之洞，奉事一心。乙巳天腊日，具状投香，礼拜求师收录，点化金丹火候造化，自是心印默契，俱符证验。因是念师之恩高于须弥，深于大海，虽粉骨碎身，莫能报德也。师不云乎："勤而不遇，必遇至人；遇而不勤，终为下鬼。"心常昼夜二六时中，不忘此戒，决志勉进，转加坚固，愿成清净解脱无上正真大道，以度玄祖父母、三师法友、亿劫种亲，普及法界众生，同往仙家之乐，岂敢此生容易蹉过耶！动静忽觉数年，复又所获仙师召鹤之书，岂偶然哉！于是三伏于地，礼谢祖师仙师，得蒙付授，可以行持，钦崇仙化，证果登真。凡召鹤之士，要是修真佩箓，道德及人，累有功积在天，德泽万民，祈祷雨旸，济度幽显，玄功广博，名列仙阶，官极一品二品，乃可行之其验。然要是祖师鹤会斋大善缘中，方可于三日前行持。限定日时，方有准验。若非高品职任道德之士，则不可召之。得此法者，慎勿轻泄也。若轻泄者，立遭天谴。可不慎乎，秘之秘之。

中华内丹学典籍丛书

紫清全集

（下册）

[宋] 紫清（白玉蟾） 撰

周全彬 点校

华龄出版社

HUALING PRESS

目　　录

下册

语录类

海琼真君语录 [①]

真师海琼白君与鹤林彭耜、紫元留元长，于中秋之夕，星垂月落，烟起露下，千家闭户，一路无人，相与携手过榴花洞。须臾天晓，盘礴忘归，坐于磐陁之上，命二子共席左右焉。顾谓之曰："天上人间，今夕何夕？神霄路邈，紫府人稀。二子学仙久矣，顾无疑可以问乎？"

真师曰："老子云：'有物混成，先天地生。'多少是说得好也？后人谓之道，谓之心，谓之性，谓神者，谓炁者，谓一念者，谓法，谓教，谓术，谓情者。呜呼，枝分派别，岂知乎有物混成者存哉？"

真师曰："大造无声，风自鸣，籁自动，冬去冰须泮，春来草自生，燕夏至，鸿秋归，霜天梅花开，月夜萤火明。此自然而然。尔参到此处，口欲言而辞丧，心欲缘而虑忘。"

真师曰："大造无为，元功不宰。或问何如？曰巢知风、穴知雨。噫，人哉！"

真师曰："世间所有一切法，法中所有一切门，此皆合药之方、治病之药也。须知汤使，其药始验。"或问："汤使何如？"曰："心乃法之汤使也。"

真师曰："一日雷部将吏报言，但有一处安香炉，即是神霄玉清府。"

元长问曰："经中有谓神女三千六百常在我傍，咒中有云救吾身中三万六千神。夫经、咒皆太上语也，谓之有耶？无耶？真耶？妄耶？"

答曰："夫人身中有内三宝，曰精、气、神是也。神是主，精气是客；吾是主，金童玉女是客。所言神女三千六百，及乎三万六千神者，此皆精气所化。今人心猿意马，一日千里，又况精衰于淫，气竭于嗔。更且眼随色转，耳被声瞒，所益于己者几何，而所丧者不可胜言也。曾不知神光外散，气力

[①] 据《语录》增辑。

四驰，既精气不存，而欲金童玉女在左右，可乎？万神一神也，万气一气也，以一而生万，摄万而归一，皆在我之神也。"

真师曰："人之一念聚则成神，散则成气。神聚则谓之魂，气聚则谓之魄。生曰人，死曰鬼，阳曰魂，阴曰魄。"

真师曰："《北斗经》非太上所作，盖汉时张正一所纪太上之旨以为之。今人不知经旨，徒然瞻星礼斗。夫人之身所有一气，东升西沉，上升下降，亦如天地。天地之气曰阴与阳，人所禀亦如之。若夫天之北斗，昼夜常轮，以分阴阳，以定时刻，故天地以之常存。胡不思人身一气，统之者谁？能知所统者，则知身中之北斗也。《斗经》云：'家有《北斗经》，六畜保兴生。'此盖身中北斗，宰制其气，则眼不欲视，耳不欲闻，鼻不欲香，舌不欲味，身不欲触，意不欲思。畜此精华，自然至于宅舍安宁，子孙荣盛也。"

真师曰："北极驱邪院，本只有崔、卢、邓、窦四将，今却增四名；梅仙考召院，本只有潘、耿、卢、查四将，今亦增四名。此皆后人所增，即非本法所有。"

真师曰："古法官有用黄、刘二将者，又有高、丁二将者，复有用焦、鲁二将者，用桑、何二将，许、谢二将者，在其所受于师者，用无不灵验。"

真师曰："《天心紫文》云：'三元洞虚，五行洞华，八卦洞晨，十方洞真。'今人行八卦洞晨法，却使动神字，是不知其所始，迷以传迷，有如此者。"

真师曰："古无酆都法，唐末有大圆吴先生，始传此法于世，以考召鬼神。其法中只有八将、三符、四咒及有酆都总录院印，后人增益，不胜繁絮，似此之类，安有正法。"

真师曰："法中明言北极驱邪院，盍云天机院？是故南极有天枢院，如天上左有天枢省，右有天机省，缘天机是北极之内院，驱邪则外院也。彼天枢亦是南极之内院，而南极又有进奏院在外也。"

耜问曰："人之一念，可自感动天地。今凡发章奏、差将吏，既以焚化，自可上违，又何谓六天妖魔得以遏截者耶？"

答曰："一念之诚，与道合真，故可感召真灵，无疑矣。古者有孝心，有诚心，有义心，有慈心，有刚心，有忠心，皆于肸蠁之间，感天动地，盖其一心之专、一念之正所以然也。今人焚章疏，达帝宸，此则科教使之尔。缘心念之感，如以箭射物也；彼章疏之感，如持枪刺物也。箭虽远而急至，枪虽近而难及。故章疏是有形之物，妖魔得以遏截；如心念出于无形，则妖魔如何遏截也！"

元长问曰："夫人念念纷起，起灭不停，因何此念不能感召？"

答曰："子不见猫之捕鼠乎，双目瞪视而不瞬，四足踞地而不动，心无异缘，意不妄想，六根顺向，首尾一直，所以举无不中者也。"

真师曰："混沌既分，三才始立。人居天地之中，其形虽小，其神实大；其形虽卑，其神实高。玉蟾向时诣阙奏事，其章疏上写字如粟，及至天都，其字如盏。始者在人间时，章疏之纸亦甚短小，及至天中，章疏高丈余，阔二丈。以此观之，《大梵隐语》所谓'云炁结成一丈之余，天真皇人按笔乃书'，此之意也。昔者观《清源志》，见天书于龙潭之上，有曰诏黑赤，示之鲤鱼。昌黎辩之曰：此上帝斩龙之文也。其字不过一寸，想其在天亦不止一寸也。以今观之，此无他，天大所变者大，人小所现者小。譬如人之照镜，镜大面亦大，镜小面亦小。自今而后，凡有章疏，纸须高一尺，不可过高；字须大如粟，不可过大。此语不诬也。"

元长问曰："尝疑炼度是两件事，不知是否？"

答曰："《度人经》云生身受度一也，又云死魂受炼二也。今观《朱陵景仙度命箓文》有曰：南昌宫所摄二宫：一曰上宫，一曰下宫。上宫主受炼司事，下宫主受度司事。生身在下土。故以下宫主之；死魂升上天，故以上宫主之。总而名之曰朱陵火府，亦曰南昌炼度司。今人所称南昌上宫受炼司，真官典者，所用受炼司印，却并主生身受度符箓事，委是无据。既言南昌受炼司，而又称上宫受炼司，此又无据。今不须言上宫、下宫，亦不须说受炼、受度，但云南昌炼度司，却用本司印，方有所本尔。其印文曰南昌炼度司印，只用人间叠篆，方圆一寸三分。"

元长问："罡步如何？"

答曰："罡步多禹，禹步惟五，能合五行，久久升举。大率罡步多以五步，推五行生克，步之如猫犬之伏蛇，进五步退亦五步，进七退亦七四，方按五行生成之数，及至蛇伏，然后害之。但看伏鼠亦然。且猫犬之伏蛇，进退之间，或为人所冲击，或为人所叱唤，才转身，即蛇得而害之，盖罡步不成也。如八门遁甲、隐身遁形之法，大要在罡步，神哉。"

耜问："世所传阴阳斗，亦有疑焉"。

答曰："今人以左脚起初星，念魁至魓为阳斗；以右脚起初星，念贪至破为阴斗。谬哉，是无据之论也。《飞神谒斗经》云：'顺则为阳，逆则为阴。'从魁至魓则为顺，自魓而魁则为逆。大要只云：子欲飞神，莫忤真人。真人，第三星也。外此皆丁步。丁步则为踏，单步则为点。如曰不然，吾不知矣。"

耜问："召将或用叱咄，可乎？"

答曰："前辈有云：'敬之如君父，驱之如仆使。'盖呼召将吏之说，则是以神感神也。人若无威则神不全。凡呼召时，须是秉太上之敕命，则左右呵斥，俨然若存，庶几可以我之神而役彼之神也。"

真师告耜云："今但专佩一箓，专受一职，专行一法，专判一司文字，于一司将吏前，专用一符一水，不过只是心与神会，用之则灵耳。恰如真龙但一滴水，便作滂沛，岂用如许繁耶！"

元长问曰："近世有行灵宝法者，不曰无此法也；复有行圆通法者，亦不曰无此法也；更有行混元法者，亦不曰无此法也。然其门类之多，咒诀之繁，而于道则不甚正一也。古者以正一传教，故所行之法简而且易。今曰灵宝，何异圆通？今曰圆通，何异混元？今曰混元，何异正一？夫人之心本自圆通，本自灵宝，本自正一，本自混元。以人之一心而流出无穷无尽之法，盖如天之一炁生育万物也。而又曰混元是一阶，灵宝是一阶，圆通是一阶，正一是一阶。譬如杜鹃鸟，或曰子规，或曰谢豹，或曰白帝魂，或曰映山红，或曰捣药禽，或曰蜀鸟，其实一杜鹃也。"

真师曰："法法从心生，心外无别法。"

元长问曰："近观灵宝法之旁门，又有曰圆通一法，复有太上净明院法一阶，或有用太上净明院印者，或有用圆通印者。其印文有'灵宝圆通混化玄秘'八字列于八方，其印之中又有'司院省府'四字，其印内文却圆，外文却方，盖取圆通之意。以愚意观之，'灵宝圆通混化玄秘'，此心印也，故欲以此木印而尽此八字，可乎？所谓'司院省府'，此灵台也，故欲以此木印而为此司院省府，可乎？殊不知灵宝本是圆通，圆通本是净明，又何必寻枝摘叶如许之繁哉！"

答曰："诚是圆通法，所造一颗印，说要圆通却不圆通。"

元长问曰："巫法有之乎？其正邪莫之辩也。"

答曰："巫者之法，始于娑坦王，传之盘古王，再传于阿修罗王，复传于维陀始王、长沙王、头陀王、间山（山在闾州）九郎、蒙山七郎、横山十郎、赵侯三郎、张赵二郎，此后不知其几。昔者巫人之法，有曰盘古法者，又有曰灵山法者，复有间山法者，其实一巫法也。巫法亦多窃太上之语，故彼法中多用太上咒语。最可笑者，昔人于巫法之符下，草书太上在天，今之巫师不知字义，却谓大王在玄，呵呵。"

元长问曰："法中念咒何如？"

答曰："咒者，祝之义也。夫祝之之意，欲以达乎天地神明，果尔则世间善恶之祝，在在报应耳。今又不然，何哉？是未知所以咒之之意也。夫井蛙之聒太清，穴蚁之噪上灵，则犹今人之祝也，是岂可以祝取报应哉！如法中咒语，一则太上金口所宣，二则往往皆将吏旗号，所以咒之要，在乎法法。所以咒，将吏亦从之，高真亦闻之。如今人念咒之不效者，何哉？盖不审此咒意也。咒之意义贵乎心存目想，则号召将吏，如神明在前之说。"

元长问曰："《救苦经》云：'天上三十六，地下三十六，太玄无边际，妙哉大洞经。'或以为阴阳二炁、七十二侯，是否？

答曰："此乃人身中事也。泥丸象天属乾（乾数四，乾金甲子，金数四，乾用九），尾闾象地属坤（坤数六，坤用六），故四九三十六则谓之天上，六六三十六则谓之地下。此言人之头上有三十六脉，腹下有三十六络，天地亦如之。惟人之心，视之不见，听之不闻，故曰'太玄无边，妙哉大洞'也。"

耜问曰："有五戒，其一曰不饮酒。然酒亦不害于道，愚恐昏迷其性故也，酒果可戒乎？"

答曰："《藏经》太上云：'高才英秀，惟酒是耽，曲糵熏心，性情颠倒，破坏十善，兴起十恶，四达既荒，六通亦塞。'"

真师告耜云："女仙萼绿华谓羊权曰：修道之士，视锦绣如弊垢，视爵位如过客，视金玉如瓦砾，无思无虑，无事无为，行人所不能行，学人所不能学，勤人所不能勤，得人所不能得，何者？世人行嗜欲，我行介独；世人学俗务，我学恬漠；世人勤声利，我勤内行；世人得老死，我得长生。"

真师曰："古人有言：智过于师，方堪传授；智与师齐，减师半德。而况书云：师劳而功半，师逸而功倍者，此也。"

真师曰："天下物惟有水银与脑子假不得，教中以精比水银谓之汞，以头髓谓之脑。盖水银易飞，脑子易走。且如水银、脑子虽封锁在密处，但有所以引之飞走，则失其所在，如椒之透水银是也。今人精髓多为淫所摄，遂至枯竭，哀哉！"

真师曰："先师陈泥丸昔在徽庙时，尝遇大洞真人孙君与之曰：昔者元始天尊与天上老君所说经，采摭编录，自成一藏。且如《北斗经》《南斗经》《消灾经》《常清静经》《天童经》《灵宝度人》等经。玉皇天尊号，从上诸事，皆有实迹。"

耜问曰："今之瑜伽之为教者何如？"

答曰："彼之教中谓释迦之遗教也。释迦化为秽迹金刚，以降螺髻梵王，是故流传此教，降伏诸魔，制诸外道，不过只三十三字金轮秽迹咒也。然其教中有龙树医王以佐之焉。外此则有香山、雪山二大圣，猪头、象鼻二大圣，雄威、华光二大圣，与夫那叉太子、顶轮圣王，及深沙神、揭谛神以相其法，故有诸金刚力士以为之佐使。所谓将吏，惟有虎伽罗、马伽罗、牛头罗、金头罗四将而已，其他则无也。今之邪师，杂诸道法之辞，而又步罡捻诀，高声大叫，胡跳汉舞，摇铃撼铎，鞭麻蛇，打桃棒，而于古教甚失其真，似非释迦之所为矣。然瑜伽亦是佛家伏魔之一法。"

耜问曰："乡间多有吃菜持斋，以事明教，谓之灭魔。彼之徒且曰太上老君之遗教，然耶否耶？"

答曰："昔苏邻国有一居士，号曰慕阇，始者学仙不成，终乎学佛不就，隐于大那伽山，始遇西天外道，有曰毗婆伽明使者，教以一法，使之修持，遂留此一教。其实非理，彼之教有一禁戒，且云尽大地山河、草木水火，皆是毗卢遮那法身，所以不敢践履，不敢举动。然虽如是，却是在毗卢遮那佛身外面立地。且如持八斋，礼五方，不过教戒使之然尔。其教中一曰天王，二曰明使，三曰灵相土地，以主其教。大要在乎'清静光明、大力智慧'八字而已。然此八字，无出乎心。今人著相修行，而欲尽此八字，可乎？况曰明教，而且自昧。"

真师云："或凡或圣，如影随形，一为无量，无量为一。譬彼日月现于众水，日月之光本无，彼此随水而生，逐眼而现。一水千眼，千日千月；一水一眼，一日一月；千水一眼，一日一月；千水千眼，千日千月。如影随形，亦复如是。取亦不得，舍亦不得，不取不舍，亦不可得。

耜问曰："世之所言阴丹、阳丹，此外丹耶？内丹耶？"

答曰："外丹难炼而无成，内丹易炼而有成。所为阴丹、阳丹者，即内丹也。丹者，心也；心者，神也。阳神谓之阳丹，阴神谓之阴丹，其实皆内丹也。脱胎换骨，身外有身，聚则成形，散则成炁，此阳神也；一念清灵，魂识未散，如梦如影，其类乎鬼，此阴神也。今之修丹者，可不知此！"

真师告元长曰："《赤灵玉文》云：东极宝华、西极太清、北极驱邪、南极天枢，此乃四极，而中极五雷实掌四极之司。今都天大雷，尽出神霄玉枢之上，谓之景霄大雷。景霄虽在神霄之下，乃元始驻跸之司。向者天真遣狼牙猛吏雷部判官辛汉臣授之先师陈翠虚，翠虚以授于我，今以付子，子宜秘之。"

真师曰："神归浩渺虚弥小，炁入虚无芥子宽。"

真师告耜曰："尔谓十一曜咒，诚是太上所说，明矣乎？"曰："诚哉。"曰："嘻，彼咒中有谓甘石推流伏，然甘德、石申，皆星翁也，却是春秋战国时人。甘、石未生，此经先有，质之于此，岂太上语哉，嘻。"

真师告元长曰："尔谓世间混元如意之法，诚然乎？"曰："然。"曰："嘻，彼法中有咒云北极佑圣真君律令，又曰三天扶教辅元大法师律令，果尔，则可疑也。佑圣乃周时人，天师乃汉时，人若是混元法已在太上之先，亦不应用太上老君律令也，况佑圣与天师乎！何哉？谓混元也，嘻。"

耜问曰："近闻圆通一法，尝窃疑之。彼之法印，内圆外方，中有五行，外有八卦，省府司院列于四方，以'灵宝圆通'四字为宗，以'混化玄秘'四字为本，其间掇拾诸法符图咒诀，创为一家，谓之圆通大法，先生然之否乎？"曰："神无方，故曰圆；炁无体，故曰通。古者圆通之说，即是神炁混合，出入虚无，还返混沌。今若以形器卦数为之，其与真个圆通，不亦远乎。况古无此法，鸣呼，邪师过谬，非众生咎。"

真师告耜云："汝知斗中擎羊、陀罗二使者否？"曰："愿闻其说。"曰："擎羊乃人间之字，在天上则是掌善之音；陀罗乃人间之辞，在天上则是都大之字。擎羊使者手执玉瓶、金色莲花，陀罗使者手持金盘、白獬首香炉。若世俗之见误矣。"

真师曰："先师尝言：人间有甚快乐也。然苦乐常相循环，乐无百年，苦有万劫。今之世者，有钱底守死，无钱底讨死，未见天下人与钱争命，不与命争钱，噫。"

真师告元长曰："尔知吾所说法皆心法否？"曰："知之。"曰："如何是心？"曰："不知。"曰："尔既不知，何以行持？"曰："凡所有法，无非心法。"曰："尔且行持，久而知之，知则不知，不知则知。尔虽不知，何异于知？"

耕与元长闻斯语已，踊跃悲慨，大有警悟。海蟾君笑而起。

武夷升堂

此一瓣香，混沌未判前萌芽，龙汉新元初枝叶。无阴阳地龙盘虎踞，得乾坤外雨洒风吹。昆仑山上蕊不花，华池水边树无影。浓烟非色，薰透太清顶门；瑞蔼无声，化入元始鼻孔。持起则妖魔胆碎，焚时则籁动风鸣。方知道释迦亲手栽培，孔子无心采取。全太极未分之气，乃虚空不死之根。爇向炉中，恭为先圣先师出言吐气。上祝一人有庆，万国咸宁，六府孔修，百揆时叙。遍天地皆是大罗圣境，尽山川同作玄都玉京。莫有学道真人，知常高士，疑团未剖，智锁未开，凡圣同共一只眼看，贤愚共开三十舌问。所谓是列三玄戈甲，布八极弓矛，见义若不为，夫何勇之有！

天谷问曰："大道本无名，因甚有铅汞？"

师答云："显无形之形者，大道之龙虎；露无名之名者，大道之铅汞。"

复问曰："五金之内，铅中取银；八石之中，砂中取汞。修炼内丹如何？"

答云："铅中之银砂中汞，身内之心阴内阳。"

雪岩问曰："药物有浮沉清浊，火候有抽添进退，运用在主宾，生旺在刑德。此理如何？"

师答云："终日采大药，何处辩浮沉？终日行火候，谁人知进退？五行全处无生克，四象和时不主宾。"

复问曰："前弦后弦、金数水数，二八十六为一斤，药何方采取？何地烹炼？"

答云："前弦金数，后弦水数，采得一斤烹一斤。"

溪翁问曰："师指所授本是大道，弟子所传又学金丹，未审大道与金丹是同是别？"

师答云："渡河须是筏，到岸不须船。"

复问曰："金丹之学在乎药物为先，药物之用在乎火候为要。何者为药物？何者为火候？"

师答云："药物阳内阴，火候阴内阳，会得阴阳旨，大药一处详。"

孤庵问曰："真铅、真汞、真虎、真龙，不知是何物？丁公、黄婆、婴儿、姹女，不知作何用？"

师答曰："会得本来三二一，不会依前一二三。"

复问曰："铅本属北，何曰金铅？汞本属南，何曰木汞？"

答曰："女子着青衣，郎君披素练。"

篠泉问曰："龙吟虎啸既非口鼻之间，夫唱妇随不在心肾之内。汞既非离，铅既非坎，兑不为虎，震不为龙，正在迷涂，愿求丹诀。"

师答云："坎离谩想心和肾，震兑休寻肺与肝。了得阴阳两个字，天然夫妇虎龙盘。"

复问曰："'唾涕精津气血液'，钟离言是属阴。涕唾精血脑气神，王鼎汞为七返。未审此理如何解会？"

答云："凿石方逢玉。"

默庵问曰："金丹未成，如何是有龙虎？金丹已成，如何是无龙虎？"

师答云："始于有物无人识，及至无形有处知。"

复问曰："满堂浑是客，谁是主人翁？"

答云："一字两字重，千圣担不起。"

烟壶问曰："金丹之道，在《易》则乾、坤、坎、离，在天则斗、箕、日、月，在丹则龙、虎、水、火，在药则铅、银、砂、汞，在人则夫、妇、男、女，不过曰'阴阳'二字，愚已知之矣。所谓太极真土，此为何义？"

师答云："千峰势到岳边止，万派声归海上消。"

绀云问曰："夫欲炼金者，须洞晓阴阳，深明造化，方能追二气于黄道，会三性于元宫，攒簇五行，合和四象。如何是金丹之旨？"

师答云："金者天发杀机，丹者虚中有象。"

复问曰："大道本无物，如何可譬喻？"

答曰："谈河难济渴。"

复问曰："大道本一理，如何有分别？"

答云："画一饼不充饥。"

复问曰："可谓是似玉在石未曾开，今日忽然光烁烁。"

答云："清风明月，凡圣尽沾恩。"

持纲云："大道无形，大丹无色，动中静，静中动，动静如如，无内有，有内无，有无默默。会得则本无迷悟，不会则目有圣凡。所以魏伯阳之河上姹女，许旌阳之水上铁舟，钟离权之金液还丹，刘海蟾之玉华真水。如是则月圆月缺不离水，云去云来何碍天。"

结座云："所以昔毗陵薛真人向禅宗了彻大事，然后被杏林真人穿却鼻孔，所谓千虚不博一实。张紫阳云：'终日行未尝行，终日坐未尝坐。'可谓怜儿不觉丑。今辰莫有向行坐中得见《悟真篇》么？纵饶得见《悟真篇》，抑且不识张平叔。诸人如鱼饮水，冷暖自知，还知薛真人既是了达禅宗，如何又就金丹窠臼里脑门着地？若识得破，天下无二道，圣人无两心。若识不破时，唤侍者一声，侍者应喏，师云：'早上吃粥了么？'侍者云：'吃粥了。'师云：'好物不中饱人吃。'"

常州清醮升堂

祝香罢，师乃云："云从龙，风从虎，山鸣谷应，响合影随，若是知音，何妨漏泄。"

僧问："我昔释迦文佛曾为忍辱仙人，未审为仙何似为佛？"

答云："水向石边流出冷，风从花里过来香。"

进云："恁么则《楞严经》云'十种仙人不得正觉'，又作么生？"

答云："红轮光烁烁，争奈覆盆何。"

进云："傅大士因甚却道'饶经八万劫，终是落空亡'咻？"

答云："有为皆是幻，无相乃为真。"

进云："四果仙人与五通仙人，是同是别？"

答云："一等是面，由人造作。"

进云："必竟神仙何如般若？"

答云："真鍮不换金。"

进云："且道老胡与老聃有何优劣？"

答云："必竟水须朝海去，到头云定觅山归。"

进云："如是则一点水墨，两处成龙。"

答云："鹅王择乳，素非鸭类。"

进云："还许作家汉向这里打破藩篱得么？"

答云："虾跳不出斗。"

僧礼拜。

道人问："欲知火候通玄处，须共神仙子细论。"

答云："潘阆倒骑驴。"

进云："君火、臣火、民火、野火、周天火、卯酉火、天罡火，必竟如何是大药火候？"

答云："金乌西沉，玉兔东升。"

进云："圣人传药不传火。"

答云："莫怪天机都漏泄，皆缘学者大迷蒙。"

进云："众生未悟，如何指迷？"

答云："汝见无舌人解语么？"

进云："如此则'始于有作人皆见，及至无为众始知'也。"

答云："恍惚里相逢，杳冥中有变。"

进云："所谓是'灰心行水火，定里采真铅'耶？"

答云："白鹿能飞步，苍龟解固形。"

进云："因是乃知药中有火，火中有药也。"

答云："吾友高姓？"

道人不告，礼拜而去。

道士问："承闻金丹大药三千六百门，养命数十家，且如大道无传，必竟有个相似底么？"

答云："是。"

进云："夹脊双关之理如何？"

答曰："头垂背曲乎怜生。"

进云："默朝上帝如何？"

答云："用尽眼光存顶囟，何曾梦见大还丹。"

进云："肘后飞金晶吟？"

答云："休将萤火爇须弥。"

进云："两曜聚明堂，又作么生？"

答云："眉间有甚奇特处，何不回心照绛宫。"

进云："上至泥丸，下至尾闾，中有三田，妙在何处？"

答云："离种种边，名为妙道。"

进云："还是存么？"

答云："不。"

进云："漱咽按摩、想念存守、呼吸闭固、提挈勒缩，必竟如何？"

答云："笑倒南岳万年松。"

进云："如何即是？"

答云："屙屎吃饭有什么难。"

进云："莫是真阴、真阳谓之道么？"

答云："人能常清静，天地悉皆归。"

进云："因甚顺行逆行天莫测，或是或非人不识咮？"

答云："一吟一醉一刀圭。"

进云："可谓人人有分，个个圆成。"

答云："莫把黄泥唤作金。"

道士礼拜。

士人问："'视之不见名曰希，听之不闻名曰夷。'希夷则不问，且道如何是仰之弥高？"

答云："百尺竿头一布巾。"

进云："钻之弥坚咮？"

答云："分明题出酒家春。"

进云："瞻之在前又如何？"

答云："相逢不饮空归去。"

进云："忽然在后？"

答云："洞里桃花也笑人。"

进云："念兹在兹也？"

答云："君子谨其独，不可须臾离。"

进云："所谓是终日如愚？"

答云："瓮里不怕走了鳖。"

士人礼拜。

师乃举拂子打一圆相云："三问三不答，四问四不知，如今费唇活杀五须弥。"师复云："适来僧问四果仙人与五通仙今是同是别也，是奇时底问头。只今诸人还知五通四果之理么？五通鱼入网，四果兔游罝，堪笑贪程者，还乡不到家。通五通兮果四果，丙丁童子来求火。新妇骑驴前家牵，一似狮狖看水磨。"

卓锡一下，下座。

庐士升堂

师升座，乃云："过去无释迦，当来无弥勒，疑杀天下人，是贼方识贼。"

道士出云："见义若不为，夫何勇之有？"

师曰："将谓化冷毛。"

士礼拜，师曰："若果有疑不？须更问。"

士云："如何是太上第一义？"

师曰："急急如律令。"

士云："疑杀天下人。"

师曰："为有五湖无范蠡，致将几杖赐吴王。"

士云："《清静经》既云大道无形，因甚生育天地？"

师曰："一夜月生海，几家人倚楼。"

士云："大道无情，因甚却运行日月？"

师曰："云来山裹帽，风起树摇头。"

士云："既是，何道无名却又长养万物，此理如何？"

师曰："无风荷叶动，决是有鱼行。"

士云："天如何倾于西北？"

师曰："女娲皱却手。"

士云："地何故陷于东南？"

师曰："大为不知源。"

士云："鱼以水为命，因甚死在水里？"

师曰："到头霜用夜，经寓人前涂缲。"

师曰："不信但观潮进退。"

士云："死之徒十有三吥？"

师曰："何如更看月盈亏。"

士云："动之死地亦十有三吥？"

师曰："六只骰子满盘红。"

士云："生死事大，无常迅速，又且如何？"

师曰："朝廷有道青春好。"

士云："帝得血流无用处，不如缄口过残春。"

师曰："太湖三万六千顷。"

士礼拜，士退。

师乃云："问到海变桑田，答到衣磨劫石，何曾梦见太上道，终教笑杀成音王。且道如何则是？咄，无人知此意，令我忆南泉。"

师复举云："五通问佛：'佛有六通，因甚吾有五通？'佛云：'那一通你问我？'"师却云："大小释迦，被五通仙人轻轻捺拶真得口眼喝斜。敢问诸人那里是释迦老子败阙处？"师有颂曰[①]："释迦文佛五通仙，鼻孔依然没半边。昨夜四更山吐月，泥牛孔动四择天。"

师示众云："从生至死，只是者个条条，倩你剥落，各要洒洒而归，做得主，把得定，牢笼不肯住，呼唤不回头。常光现前，壁立万仞，孤迥迥，峭巍巍，圆陀陀，光烁烁，临崖撒手，自肯承当，绝后再苏，欺君不得，苦能怎么？方说得人能常清静，天地悉皆归，所以道天地与我同根，万物与我同体，无苦寂灭道，无作上任灭。且道作么生道？痴人面前不得说梦。"

上堂云："诸多学徒，听予宣演，不可以知知，不何以识识，向不放长，得在来日也。"

上堂云："拈起便会，不会便休，何故如此？"良久云："父母所生口，终不为子说。"

上堂云："天下无难事，都来心不专。既是无难，却又专心，作么？若不专心，一期不易。此意如何？大虫看水磨。"

上堂云："无手人欲行拳时如何？孝子丧父母时如何？饿狗见热油铛时如

---

① 曰，原本作"四"，据文义改。

何？有人知得下落，不妨同过吃茶。"

上堂云："一去无消息，怜伊也恨伊。声声闻杜宇，谩道不如归。"

上堂云："虚空有血，混沌有骨，烂泥里有刺，还会么？泥滑滑，泥滑滑。"

上堂云："闻时富贵，见后贫穷。便道贫穷应未得，一家六口日春风。"

上堂云："昨日失便宜，达么缺却当门齿；今日得便宜，赵州东壁挂葫芦。吽，吽。"

上堂云："苦。"便下坐。

上堂云："雨儿似织丝，丝知是从何出？江水滔滔流向苍溟，又作么？"良久云："你且道眉高几尺、眼阔几丈？"

上堂云："更嫌何处不风流。"

便下座。

平江鹤会升堂

祝香问答罢，师乃云："问话且止，问亦无穷，答亦无尽，一问一答，复有何益？纵有悬河之辩，曾何拟议其玄微，使皆飞屑之辞，亦莫仿佛其要妙。诸人还知么？混沌未判之初，气象何殊？今日父母未生以前，一生参学事毕，粤自两周之季，始自三教之兴。孔氏则四端五常，释氏则三乘四谛，老氏则三洞四辅。若夫孔氏之教，惟一字之诚而已；释氏之教，惟一字之定而已；老氏则清静而已，所谓是'人能常清静，天地悉皆归'。其在孔氏者，岂不见云吾尝终日不食，终夜不寝，终日如愚，三月不违仁，善养吾浩然之气，念兹在兹，则其庶乎屡空也，必矣。夫为道学者，如何致君尧舜上，再使风俗淳？其在释氏者，岂不见云二六时中，常光现前，壁立万仞，如鸡抱卵，常使暖气不绝，绵绵密密，无令间断，则所谓'临崖撒手便肯承当，绝后更苏欺君不得'也，必矣。夫为禅学者，如何临济入门便喝？有理不在高声。德山入门便棒，打草只要蛇惊。其在老氏者，岂不见云洞晓阴阳，深达造化，追二气于黄道，会三性于元宫，攒簇五行，合和四象，龙吟虎啸，夫唱妇随，玉鼎汤煎，金炉火炽，节候既周，脱胎神化，功成名遂，身外有身也，必矣。夫为仙学者，如何牵将白虎归家养，产个明珠似月圆？必竟三教是同是别？不知说个何年事，直至而今笑不休？"

师复云："日月如梭，光阴如箭，柳线牵将春色去，荷钱买得夏风来。隋朝开樱笋之厨，释氏结腊人之制，十州三岛尽云个月筑之流，四海五湖俱雨笠烟簑之客。无限壖中，散圣几多？物外高仙，凡圣同居，隐显莫测，叙谢不录。"

结座云："皇宋嘉定十四年，秀荾纪月清和天。湖山已还武林债，风月复结姑苏缘。姑苏其月十有四，四众共结纯阳会。纯阳真人此日生，漂滩旧有仙游记。我闻唐代吕纯阳，师是钟离字云房。亲传金液还丹诀，得道之时游荆襄。世人还识纯阳否？鹤颈龟腮身弊垢。或时磨镜市中行，或时卖墨街头走，或称姓田或姓回，江口京口归去来。曾担两瓮过庐阜，复吹双笛行天台。青帽红袍长烂饮，袖有青蛇威凛凛。洪都度得西山施，雪川度得东林沈。朝游百粤暮三吴，形神聚散俄有无。茶中传授郭上灶，酒里点化何仙姑。或衣白襕或纸袄，一剑横空几番倒。大笑归从投子山，片言勘破黄龙老。太平寺里旧题诗，三入岳阳知不知。黄昏武夷拂衣去，午夜君山玩月归。醉倒狂歌歌则舞，一局棋残几今古。清风明月黄鹤楼，白苹红蓼溢江浦。当年饮罢一刀圭，谁信无中养就儿。空存毕法十八诀，未肯轻轻说与伊。旧曾三举嗟不第，自言父是吕谏议。囊中瑞约无药银，天外徜佯乘剑气。先生剑法无人传，千变万化常忽然。天将间生生灵异，四月纯阳卦属乾。取将坎画归离腹，化作纯乾阳气足。故能御气化飞龙，所至度人留异躅。平江此会异诸方，独是今年复异常。往岁会时常盼蛮，云端仙鹤日翱翔。兹命野人升此座，未免从头为说破。要须会得纯阳心，始堪学得纯阳道。道可道，如何学？撮土为香未是真，知音自有张天觉。

修道真言 [1]

序 [2]

宋白玉蟾著成此书，乃升天之灵梯，归西之径路也。无如文人学士，置

---

[1] 据民国华山宗云水洞天辑《道经秘集》之《修道真言浅释》本增入，删去原本华山第一代法嗣佟世勋之浅释，校以 1928 年北京天华馆印本、上海明善书局本。

[2] 此序据天华馆本补入。

性命而不讲，以文字为要务，遂致先天大道，日失其传，而身堕沉沦，历千万劫而难出苦海，深可慨已。盖道之大原出于天，天之命于人者，即此一点灵光耳。人人具此灵光，无分贤愚，无论贵贱，莫不能全受全归，以后天返先天，厥性复初，不堕轮回，不堕地狱，拔祖超玄，永作世外之客，长享快乐之天。奈世人薰心富贵，肆志声华，执迷胶固，虽经圣贤屡指迷津，赐以宝筏，而总不回头。何哉？或因尘网所缚，或因理障所蔽，遂谓圣贤仙佛为不足深信。此师心之必不可破也。今当东林普度，先天玄机，真寓于沙盘木笔之间，人皆不以为真，反以为怪，此劫奚能消乎？兹《修道真言》一书，虽谈玄妙，乃与先儒语录无二，易破士子之疑，易醒末学之迷，诚属善策也，生等勉乎哉！余以巡察到此，香阻云旌，因于百忙中乐为之序。

　　　　　　同治元年三月十三日，太白金星李降笔于秣陵之至善坛。

　　凡参玄宗，不难得手，难从性宗参入。如从此入，便得渊源。倘错行路径，如书空寻迹，披水觅路矣。

　　修玄之理，可以意会，不可以言传，古人章句之中隐隐在焉。天不言而四时行人身阴阳消息，人不能使之然也。

　　大道之妙，全在凝神处。凡闻道者，宜领此意求之。凝神得窍，则势如破竹，节节应手。否则面墙而立，一步不能进。

　　学道之人，须要海阔天空，方可进德。心不虚空，神不安定[①]。能使心不动，便可立丹基。

　　学道之人，以养心为主。心动神疲，心定神闲。疲则道隐，闲则道生。胸次浩浩，乃可载道。

　　邪说乱道久矣，采战、烧汞、搬运皆邪道也。年少者、不笃信者、皇皇趋利者，皆未易言此道。欲修此道，先宗一“淡”字。

　　仙凡界、人鬼关，全在用工夫。然用工夫者，如擒狡兔然，稍懈则兔纵，稍紧则兔死。须于空虚中觅之，否则何足言工夫哉。

　　凡人心不内守，则气自散。若能时时内观，则气自敛，调养脏腑，久之神气充足。古云：“常使气通关节透，自然精满谷神存。”

　　静时炼气，动时炼心，下学之功毕矣。

---

① “心不虚空，神不安定”，天华馆本同，明善本作“心宜虚空，神宜安定”。

须节欲，先天必须后天足 ①。

动时茫茫，不知此心久不在腔子里。学道者要先知收心法，再言静功。

欲学玄功，须先时时瞑目，一日间静坐几刻，再来问道。

聪明智慧不如愚，学人只因"伶俐"二字生出意见，做出许多坏事。今欲收拾身心，先从一个"愚"字起。

天之生人，人之所以生而不死者，于穆不已也。人若无此不已，则气绝矣。故天地以气机存，人亦以气机生。能炼住气机，便与天地同寿，便不息了。不息则久，《中庸》言之矣。

定其心神，方可言道。要入玄关，须用定力。定则静，静则生。不但静中能静，必须动中能静，方见工夫之力。

神定，内一着也。事来心应，事去心止。气定，外一着也。语谨形正，语端气峻。下学要紧处，全在正气安神，忘心守口而已。

修道原从苦中来，但得清闲处便清闲，此即是道。且更须忙里偷闲，故人能偷闲便有闲。不然，则终身无宁晷矣。

心乃一身之主，故主人要时时在家。一时不在，则官骸乱矣。所以学道贵恒。始勤终怠，或作或辍，则自废也。

四大威仪皆是假，一点灵光才是真。晦藏灵明无多照，方现真如不二身。则此一点，如剑上锋，如石中火，一现即去。故修养家，要养圣胎、孕婴儿者，此也。工夫如不早做，及至精干血枯，屈曲蒲团，有何益哉！

今人慕道者多矣。俗网牵人，是以道心不进。至人非不悯世，奈世人自胶葛何？今为学子脱此苦恼，略敷数言。夫心之动，非心也，意也；神之驰，非神也，识也。意多欲，识多爱。去此二贼，真性圆明。不欲何贪，不爱何求？无贪无求，性如虚空，烦恼妄想，皆不为累。再加炼气，金丹可成，神仙可 ② 冀。

养气只在收心。心在腔子里，则气存矣。

居尘不染尘，乃上品也。其次避之。

"清静"二字是换骨法。

---

① 足，天华馆本同，明善本作"定"。

② 可，原本作"何"，据天华馆本、明善本改。

凡人能治心，便是道中人。若全消俗障，何患乎不成。虚之又虚，与天合体。

空空空，空中有实功。若还纯寂灭，终是落顽空。

静坐者，不在坐时静，要在常时静。

灵台不灭，慧觉常存，此道之至宝也。然无形无影，莫可明言。默以心会，不在外求。

神乃心之苗也。面色润泽，方征血气冲和。总要华池养得水足，意树自然花开。

昔人教人寻孔颜乐处。此乐非章句可能寻，在天命也。心静则神清，神清则气和，始可得之。

下手工夫疏不得，因循无益。得一刻便做一刻，念头须时时返照此处。神到则气到，气到则命坚。

"敬慎"二字，通天彻地。再无放心之人，能仙能佛。

人生做事，业传千古，不过此一点神光耳。然神非精不能生，而精非静不能养。欲至极虚极灵地位，须炼此能①生能养工夫。

道心常现，则凡念自退。一时忘道，则起一时之凡念；一念忘道，则起一念之凡情。须要时时提醒。

人生若幻，须要寻着真身。天下无一件是实，连此身也不是自家的，只这一点灵光。若无所依，到灭度时，何所附着，岂不哀哉？

焚香烹茶，是道也。即看山水云霞，亦是道。胸中只要浩浩落落，不必定在蒲团上求道。

学道是乐事。乐则是道，苦则非道。但此乐不比俗人乐耳。

居尘世中应酬，最是妨道。人能于尘世少一分，道力即进一分。幻缘不破，终无着处。

人当以圣贤自待，不可小视自己，则上达矣。故天下未有不圣贤的神仙。

世人当知俭之道，俭于目可以养神，俭于言可以养气，俭于事可以养心，俭于欲可以养精，俭于心可以出生死，是俭为万化之柄。若不知俭之道，惟以刻薄悭吝是趋，则于俭之道失之远矣。

---

① 能，原本无此字，据天华馆本、明善本补。

无上妙道，原从沉潜幽静中得来。若是一念纷纭，则万缘蔚起，身心性命，何日得了。一己尚不能照应，何暇及他事哉。人须亟亟回首，早登彼岸。

玄功不但要养气足精，仍宜运髓补脑。家私攒聚到十分，方称富足。倘身中稍有缺乏，便是空体面的穷汉子。分明一条好路，为何不走，可惜一个神仙阙，夜间难道也匆忙？

烦恼是伐性之斧，人当于难制处下功。若不将气质变化完善，怎得成善士？

凡学道人，言语行事，必较世俗人要超脱些。若仍走俗人行径，何贵乎学道？

学道先以变化气质为主，再到与人接物上浑厚些，方是道器。

今之文人，只因理障，难以入道，不知道即孔孟之道。濂溪、尧夫非此乎？不可专作道家看。要知儒与道是合一的，周、邵二子，何尝出家修行耶？今人将道作出世一派而畏之，何其误也。

春桃多艳，是三冬蕴藏之真阳也；秋菊多黄，是三伏聚养之真阴也。此中玄理，意会者得之。

人为形质所累，年①纪一到，则百节风生，四体皆痛。何必地狱，即此便是。倘平日少有静功，就可免此一段苦楚。故形为我所爱，我亦为形所累。若将此一段灵性，做到把握得住时，出生入死，总由我使唤。

学道者，首以清心寡欲为主。高枕茅檐，肆志竹窗，方是道家逸品。若纷纷逐逐，何异流俗。"陶养性情，变化气质"，二语乃入门之始事也。

修道之人，未有不静默者。粗心浮气，一毫用不得。

有问前知者，答曰："机从心生，事以理断。以理断事，人即神也。弃理问神，神亦不告。"

凡入玄门，只以静性为主。如目前春庭新雨，四壁寂然，草木含春，暗藏长养。理会此中，就有个究竟，不必定以谈玄为道。

人心如目也，纤尘入目，目必不安。小事入心，此心即乱。故学道只在定心。若心不定，即纸窗之微，为人扯破，必生怒忿。一针之细，为人去取，便生吝惜。又不定以富贵乱心，得失分念。

---

① 年，原本作"道"，据天华馆本、明善本改。

烦邪乱想，随觉即除。毁誉善恶，闻即拨去。莫将心受，心受则满，心满则道无所居。要令闻见是非，不入于心。是心不外受，名曰虚心；使心不逐外，是名安心。心安而虚，道自来居。

仙经云：专精养神，不为物杂谓之清；反神复气，安而不动谓之静。制念以定志，静身以安神，保气以存精。思虑兼忘，冥想内观，则身神并一。身神并一，则近真矣。

垢渐去而镜明，心渐息而性澄。养成一泓秋水，我不求镜物，而物自入我镜中。

有诸内，必形诸外，一毫也假不得。前贤云："山有美玉，则草木为之不凋；身有妙道，则形骸为之不败。"故心有真工夫者，貌必有好颜色。人心犹火也，弗戢将自焚也。防微杜渐，总在一心。

天下人不难[①]立志，最怕转念"富贵"二字，是钩人转念的香饵。所以每每得道者，非贫寒，即大患难之后。何也？割绝尘累，回头皆空。故孙真人注《恶疾论》曰："神仙数十人，皆因恶疾而得仙道。"是尘缘都尽，物我俱忘，毫无转念，因得福也。

凡修道之人，一手握住此物，行住坐卧，不为外动，安如泰山，不动不摇，紧闭四门，使十三贼人不得外入，身中之宝不使内出。日日如此，何必顶礼求真仙，便是蓬莱第一座。

玄修与释家不同，释家呼此形骸为臭皮囊。道家入门，全要保此形体。故形为载道之车，神去形即死，车败马即奔。

大道之传，原自不难，是世人错走路头，做得如此费力。岂不闻"大道不远在身中，万物皆空性不空，性若空时和气注，气归元海寿无穷"。又曰："欲得身中神不出，莫向灵台留一物。物在身中神不清，耗散真精道难得。"

一念动时皆是火，万缘寂处即生真。此守中之规也。进道之要，无如问心。故云："学道先从识自心，自心深处最难寻。若还寻到无寻处，始信凡心即道心。"

学道性要顽钝，毋用乖巧。其要总在将心放在何思何虑之地、不识不知之天，此大道之总纲也。

---

① 难，原本作"离"，据天华馆本、明善本改。

捷径之法，惟守此一心。阳气不走，相聚为玄海。

夫道未有不探讨而得者。即三教圣人语录，无非发天地之秘密，接引后学阶梯。细心玩味，便知端底。

有问静功拿不住者，答曰："万缘寂处即是仙界。此时诚一不二，龙可拿，虎可捉。若云无拿处，仍是未空。"

光景倏忽，鲁戈难留，那还禁得执着。

自一身推之，吾一身即天地，天地即吾一身，天下之人即吾，吾即天下之人。不分人我，方是入道之器。倘少分芥蒂，即差失本来。

凡有志修道者，趁得一时间光阴，便进步用工夫去，将精气神做到混合而为一的时节，以待事机之来。不可望事全方下手，是自虚时日也。悠悠忽忽，日复一日，白驹易过，几见挥戈。

三界之中，以心为主。心能内观，即一时为尘垢所染，终久必悟大道。若心不能内观，究竟必落沉沦。故《道德经》首章曰常有欲以观其窍者，观此窍也；常无欲以观其妙者，观此窍中之妙也。太上曰："吾从无量劫中以来，存心内观，以至虚无妙道。"学子既欲潜心，先去内观，待心中如秋潭浸明月，再谈进步。

初入玄关者，不用他求，自今日始，要无漏精液，便是登仙梯航，便是结婴种子。

修道工夫，如抽蕉剥笋，层层求进，必至头方止。

学道人全要敛藏，最忌明察。故曰："人不藏，不能得道之要。"

万事萌芽，在乎一心。心动则机动，机动则神明而合之，故曰至诚之道。可以前知，神而明之，存乎其人。

修道总是炼得一个性。有天命之性，有气质之性。本来虚灵，是天命之性；日用寻常，是气质之性。今一个天命之性，都为气质之性所掩。若炼去气质之性，即现出天命之性来，而道自得矣。

先天一炁，本属无形，妙能生诸有形，所以为生天、生地、生人、生物之根本也，而道之源头在是矣。

真言数段，性体性源，将历来圣贤未泄之天机，不惜一口道尽。然理虽载于书，法仍传于口，必待圣师口诀真传，下手方有着落。学人切勿自作聪明可也。

注释类

道德宝章①

体道章第一

道〇（如此而已）可道，非常道（可说，即不如此）；名（强名曰道）可名，非常名（谓之道，已非也）。无〇（此即是道）名天地之始（道生一，即是天地之初），有（一生二，二生三，三生万物，故有）名万物之母（一无生万有，万有归一无）。故常无（虚心无念）欲以观其妙（见物知道，知道见心），常有（守中抱一）欲以观其徼（身有生死，心无生死）。此两者（万有一无，一无亦无，无中不无）同出而异名（万法归一，一心本空），同谓之玄（道非欲虚，虚自归之；人能虚心，道自归之），玄之又玄（虚里藏真，无中生有）众妙之门（悟由此入，用之无穷）。

养身章第二

天下皆知美之为（求为美名）美，斯恶已（不得美名）；皆知善之为（求为善人）善，斯不善已（反为恶人）。故有无之相生（无必生有，有必归无），难易之相成（先难后易，先易后难），长短之相形（道本无形，自相长短），高下之相倾（天旋地转，本无高卑），音声之相和（一风所鸣，万籁皆应），前后之相随（往古即今，来今即古）。是以圣人处无为之事（贵乎自然），行不言之教（道寓于物）。万物作而不辞（无必生有，安得不生？倘若不生，安见长存），生而不有（无非妄幻），为而不恃（今日今日而已），功成而弗居（岂可以梦为实）。夫惟弗居（忘外而不忘其内也），是以不去（一我自存）。

---

① 据元赵文敏墨迹《道德宝章》整理。

安民章第三

不尚贤（为子当孝，为臣当忠），使民不争（饱不思食）；不贵难得之货（黄金与土同价），使民不为盗（如意无他）；不见可欲（耳目之间，心实在焉）使心不乱（去即唤回）。是以圣人之治（多少分明），虚其心，⊛实其腹；⊙弱其志，⊖强其骨。⊖常使民无知无欲○使夫知者⊙，不敢为也（多少分明）。为无为，○则无不治⊛。

无源章第四

道○冲而用之，⊙或不盈（虚中）。渊乎似万物之宗（心也）。挫其锐（敛神），解其纷（止念），和其光（藏心于心而不见），同其尘（混心于物）。湛兮似若存（存神于无），吾不知○谁之子，㊉象帝之先○。

虚用章第五

天地不仁（无心），以万物为刍狗（任其自然）；圣人不仁（以天地之心为心也），以百姓为刍狗（尚自忘我，岂有他哉？）。天地之间（心也），其犹橐籥乎（运而不息）？虚而不屈（用之无穷），动而愈出（纯亦不已），多言数穷（如何说得），不如守中（尽其在我）。

成象章第六

谷神不死（此心本无生死），是谓玄牝（同此一天）；玄牝之门（念头动处），是谓天地根（惟心）。绵绵若存（只是如此），用之不勤（无为而已）。

韬光章第七

天长地久（湛然无为）。天地所以能长且久者（心亦如是），以其不自生（此心长存），故能长生（本无生灭）。是以圣人（我也）后其身而身先（无乎不在），外其身而身存（今古如此）。非以其无私耶（天地与我同根，万物与我同体），故能成其私（我即天地，天地即我）。

易性章第八

上善若水（性犹水也），水善（不为物所忤而已）利万物而不争（初何心哉），处众人之所恶（于我何有），故几于道（心亦如此）。居善地（无所择也），心善渊（有所养也），与善仁（无分彼此），言善信（真实），正善治（无往不正），事善能（无为而无所不为），动善时（与时偕行）。夫惟不争（方寸不竞），故无尤矣（亦不以为福也）。

运夷章第九

持而盈之（无欠无余），不如其已（放下身心）；揣而锐之（贵欲无为），不可长保（谨而勿失）。金玉满堂（俭视俭听，裕然有余），莫之能守（终日如愚）。富贵而骄（潜心勿用），自遗其咎（寂然不动，何咎之有）。功成名遂（月到天心处，风凉人面时）身退，天之道（退有余地）。

能为章第十

载营魄（安心）抱一，〇能无离乎（甚处去来）？专炁致柔（纯清绝点），能如婴儿乎（混然一片）？涤除玄览（无事于心，无心于事），能无疵乎（身心一如）？爱民治国（怡神养炁），能无为乎（无念无为，无思无虑）？天门开阖（心地开明），能无雌乎（一而不二）？明白四达（一理烛物，冰融月皎），能无知乎（终日如愚）？生之畜之（一心所存，包含万象），生而不有（心同太虚），为而不恃（智周万物），长而不宰（泰然无我），是谓玄德〇。

无用章第十一

三十辐（如三十日是也），共一毂（一月是尔），当其无（月大月小），有车之用（虽是月小，亦成一月）；埏埴以为器（阴阳往来，而成造化），当其无（天地无全功，圣人无全能），有器之用（间有不及，亦见天工）；凿户牖以为室（万象森罗，同乎一天），当其无（神不守舍，五官失卫），有室之用（圣愚同性，忘内逐外）。故有之以为利（得此父母之身为用），无之以为用（存我厥初同然之性，无内无外）。

检欲章第十二

五色（青、黄、赤、白、黑）令人目盲（其机在目，志之所之），五音（宫、商、角、征、羽）令人耳聋（贪外丧内），五味（甘、辛、醎、酸、苦）令人口爽（忘其自然）。驰骋田猎（心猿气马），令人心发狂（不定身心，无所归宿）；难得之货（金玉何用），令人行妨（所宝惟心，贵乎守一）。是以圣人为腹（其乐也内），不为目（耳随声走，眼被色瞒），故去彼取此（见色明心，闻声悟道）。

厌耻章第十三

宠辱若惊（无荣无辱，此心泰然），贵大患若身（思患预防）。何谓宠辱（贵贱贫富）？辱为下（人之所恶。一本"辱"作"宠"）得之若惊（苟非吾之所有），失之若惊（虽一毫而莫取），是谓宠辱若惊（于我何有）。何谓贵大患若身（安危累吾心，得丧累吾性）？吾所以有大患者（心之不宁，身之不安），为吾有身（有我则有身，无我则无身）。及吾无身（湛然一天，我亦非我。），吾有何患（忘我忘世，天真自然）？故贵以身为天下者（心犹君也，身犹天下。），则可寄于天下（百年如过客，万物如逆旅）；爱以身为天下者（能治其身，亦犹治国）乃可以托于天下（可以久而勿失）。

赞玄章第十四

视之不见名曰夷（身中之心），听之不闻名曰希（心中之性），抟之不得名曰微（性中之神）。此三者不可致诘（不可以说说，惟当以会会），故混而为一。〇其上不皦（性无体），其下不昧（神无方）。绳绳兮不可名（绵古亘今，昭然独存），复归于无物（见物便见心）。是谓无状之状（心无形相），无物之象（性无形象。一本作"无象之象"），是谓惚恍（神无去来）。迎之不见其首（其来非今），随之不见其后（其去非古）。执古之道（本自圆成），以御今之有（本无生死）。能知古始（古即今，今即古，听其自古自今），是谓道纪（如是如是）。

显德章第十五

古之善为士者（明心见性），微妙玄通（允执厥中），深不可识（吾道一以贯之，不可得而闻也）。夫惟不可识（惟精惟一），故强为之容（谓之道也，皆吾心焉）。豫兮若冬涉川（得处彻骨），犹兮若畏四邻（君子慎其独），俨兮其若客（毋不敬），涣兮若冰之将释（心开神悟），敦兮其若朴（终日不违如愚），旷兮其若谷（庶乎屡空，忆则屡中），浑兮其若浊（心与道冥）。孰能浊以静之徐清（澄之不清，挠之不浊），孰能安以久动之徐生（昔既不生，今亦不灭）？保此道者（道不假修，但莫染污），不欲盈（道无穷，心无尽）。夫惟不盈（有成者有败，道本无成败），故能弊（潜龙勿用）不新成（唤作如如，早是变了也）。

归根章第十六

致虚极（忘形），守静笃（忘心），万物并作（忘物忘我），吾以观其复（回光返照，见天地心）。夫物芸芸（身外无为），各复归其根（洞见本来，灵光独耀）。归根曰静（无生无灭），静曰复命（我无生死，我不能无生死；我能生死，我本无生死）；复命曰常（常光现前，如如不动），知常曰明（心死方得神活，魄灭然后魂昌）。不知常（道不可以须臾离也），妄作凶（一念所形，无非妄幻）；知常容（其大无外），容乃公（其小无内）；公乃王（能为万象主，不逐四时凋），王乃天（本有之天）；天乃道（一炁之始，万象之祖），道乃久（道即心，心即道）。没身不殆（心无生死，道无往来）。

淳风章第十七

太上（心之精神，是谓之圣），下知有之（万物皆有此理），其次亲之誉之（有物生天地，无名本寂寥），其次畏之（百姓日用而不知也），其次侮之（寂然不动，感而遂通）。信不足（不知有此理，只为大分明），有不信（平常心是道，不用生分别）。犹兮其贵言（尚何言哉），功成事遂（此理素存，此心素有），百姓皆谓我自然（圆陀陀，光烁烁，净裸裸，赤洒洒）。

俗薄章第十八

大道废（自昧固有之心，本来之性），有仁义（非其本真）；智慧出（终非本然），有大伪（即非自然）；六亲不和（自相分别），有孝慈（盖所当然）；国家昏乱（生死岸头，身心茫然），有忠臣（到此方知有所养也）。

还淳章第十九

绝圣（任其天然）弃智（寂然无念），民利百倍（清明在躬，志气如神）；绝仁（听其自尔）弃义（皇恤有余），民复孝慈（安时处顺）；绝巧（忘机）弃利（泯虑），盗贼无有（心兵不起，方寸太平）。此三者（忘形以养炁，忘炁以养神，忘神以养虚），以为文不足（使其使然，孰若自然），故令有所属（应无所著，洞然无我）。见素抱朴○，少私寡欲（见素抱朴）。

异俗章第二十

绝学无忧（无事无为，何思何虑），唯之与阿（一气聚散），相去几何（所过者化）？善之与恶（一念动静），相去何若（所存者神）？人之所畏（生死亦大矣），不可不畏（生死事大，无常迅速）。荒兮其未央哉（流浪生死，沉滞声色）。众人熙熙（守真之志不坚，逐物之情易荡），如享太牢（于道无味），如春登台（恣纵情欲）。我独泊兮其未兆（专炁致柔，能如婴儿），如婴儿之未孩（冥冥然而无所知，寂寂然而无所为）；乘乘兮若无所归（应无所往，而生其心），众人皆有余（不知戢敛）。而我独若遗（惟恐失之），我愚人之心也哉（离种种边，名为妙道）。沌沌兮（观空亦空）俗人昭昭（耳目所娱，内真已丧），我独若昏（终日如愚）；俗人察察（用心不已，劳神不止），我独闷闷（若有所思，实无思者）。忽兮若海（道无边际。一本作"忽若晦"），漂兮若无所止（一心自如，万物无著。一本作"寂兮似无所止"）。众人皆有以（一人之心有限，万机之事无穷），而我独顽似鄙（身如槁木，心若死灰）。我独异于人（道不远人，人远乎道），而贵食母（夫道一而已矣）。

虚心章第二十一

孔德之容（大无不包），惟道是从（细无不入）。道之为物○，惟恍惟惚（不可以知知，不可以识识）。惚兮恍兮（即心即道），其中有象○；恍兮惚兮（即道即心），其中有物○。窈兮冥兮（心与道合），其中有精○；其精甚真○，其中有信○。自古及今（心无所始，亦无所终），其名不去（人能弘道，非道弘人），以阅众甫（万物之中惟道为大）。吾何以知众甫之然哉（五行之中，为人最灵）？以此○。

益谦章第二十二

曲则全（性不可穷），枉则直（神不可测），洼则盈（心不可尽），弊则新（以心尽心），少则得（以性穷性），多则惑（以神测神）。是以圣人抱一为天下式（心即性，性即神，神即道）。不自见故明（见见之时，见非是见见，犹离见，见不能及），不自是故彰（多少分明），不自伐故有功（心上工夫，何分彼此），不自矜故长（寸心不昧，终古长存）。夫惟不争（忘我），故天下莫能与之争（我尚自忘，何况非我）。古之所谓曲则全者（性不可穷），岂虚言哉（是真实者）！诚全而归之（一念既正，无往不正）。

虚无章第二十三

希言自然（无可得说）。飘风不终朝（有为者也），骤雨不终日（何可长也），孰为此者？天地（终不可久也）。天地尚不能久（天地万物，无非妄幻），而况于人乎（惟此心为实，余者即非真）？故从事于道者（了心而已），道者同于道（无思即道），德者同于德（为无为），失者同于失（忘所忘）。同于道者○，道亦得之○；同于德者○，德亦得之○；同于失者○，失亦得之○。信不足焉（自信不及），有不信焉（日中逃影，疾走渴死）。

苦恩章第二十四

跂者不立（心如墙壁，乃可入道），跨者不行（心性无染，体露真常）；自见者不明（凡所有相，皆是虚妄），自是者不彰（不可以声色求，不可以名相见）；自伐者无功（百念云消而风止，寸心霜降而水涸），自矜者不长（真净明妙，虚彻灵通）。其于道也○，曰余食赘行（仁者见之谓之仁，智者见之谓之智）。物或恶之（瞥起是病，不续是药），故有道者不处也（不怕念起，惟恐觉迟）。

象元章第二十五

有物混成○，先天地生（有物混成）。寂兮寥兮（先天地生），独立而不改（廓然独存），周行而不殆（无穷无尽），可以为天下母（能生天地）。吾不知其名（吾即我也），字之曰道○，强为之名曰大（无边）。大曰逝（无著），逝曰远（无尽），远曰反（无往）。故道大○，天大（同乎无始），地大（同乎无终），王亦大（心君也）。域中有四大（上无复色，下无复渊，灵然独存，玄之又玄），而王居其一焉（即心是道）。人法地（有所据依），地法天（一灵妙有，法界圆通），天法道○，道法自然○（道如此而已）。

重德章第二十六

重为轻根（心为万物之宗），静为躁君（道为一心之体）。是以圣人（得道之士）终日行（持心抱一）不离辎重（惟恐丧失）。虽有荣观（无所贪著），燕处超然（心超物外）。奈何万乘之主（心也），而以身轻天下（恋有贪生）？轻则失臣（情欲所使），躁则失君（无所持守）。

巧用章第二十七

善行无辙迹（以心知心），善言无瑕谪（以性觉性），善计不用筹策（以神合神），善闭无关楗而不可开（合神于无），善结无绳约而不可解（合无于道）。是以圣人（心一而已）常善救人（视人犹己），故无弃人（凡厥有生，均气同体）；常善救物（见物便见心，见心便见道），故无弃物（心超物外，而不外物）。是谓袭明（定能生慧，睿可作圣）。故善人者（正己处物），不善人之师（物自物，我自我）；不善人者（不可离生死而求心，不可脱心而离生死），善人之资（生死自生死，此心自此心）。不贵其师（道无可学，心无可用），不爱其资（寒灰枯木，死心忘形），虽智大迷（一念万年），是谓要妙（与道合真）。

反朴章第二十八

知其雄（神也），守其雌（性也），为天下溪（心广体胖）。为天下溪（深妙），常德不离（颠沛必于是，造次必于是），复归于婴儿（无念）。知其白（性也），守其黑（命也），为天下式（空寂合无，专炁致柔）。为天下式（见闻觉知，尽皆空寂），常德不忒（道在万物，万物即道），复归于无极〇。知其荣（心也），守其辱（我也），为天下谷（但可空诸所有，不可实诸所无）。为天下谷（虚中），常德乃足（身心一如，身外无余），复归于朴（大易无极）。朴散则为器（易有太极，是生两仪），圣人用之（知有此理），则为官长（如有所畏），故大制不割（心同虚空，虚空非心）。

无为章第二十九

将欲取天下而为之（欲行此道），吾见其不得已（道本无为）。天下神器（心之所居），不可为也（无作无止，无任无灭）。为者败之（道本圆成），执者失之（愚者逐于外，贤者执于内，圣人皆伪之，吾亦非圣人）。故物或行或随（念兹在兹），或嘘或吹（思无邪）；或强或羸（善用其心），或载或隳（精思此理）。是以圣人（我也）去甚（过犹不及）、去奢（道常如如）、去泰（道无不足）。

俭武章第三十

以道佐人主者（道与心合），不以兵强天下（善胜在于不争）。其事好还（归根复命）。师之所处（心兵所起），荆棘生焉（心荒神狂）；大军之后（心与物驰，事与心战），必有凶年（情欲驱驰，神气昏耗）。故善者果而已（定力所到），不敢以取强（忘我而已）。果而勿矜（静以待之），果而勿伐（默而守之），果而勿骄（存之以和），果而不得已（用之以虚），是果而勿强（虚无自然）。物壮则老（心为物移），是谓不道（性为心所蔽），不道早已（神为性所窒）。

偃武章第三十一

夫佳兵者，不祥之器（以心胜物，终莫能胜）。物或恶之（为物所诱），故有道者不处（不离生死，而离生死）。是以君子居则贵左（忘心），用兵则贵右（任真）。兵者不祥之器（不得已而用之），非君子之器（触来勿与竞，事过心清凉），不得已而用之（欲求合道，乃不合道），恬淡为上（寂然）。胜而不美（求欲凝神，神乃不凝），而美之者（用志不分，乃凝于神），是乐杀人（用心一处，无事不办）。夫乐杀人者（绝欲），则不可得志于天下矣（凡百从俭）。故吉事尚左（不可师心），凶事尚右（当为心师）。偏将军居左（省心），上将军居右（全神）。言以丧礼处之（若论此事，如丧考妣），杀人之众（六贼之兵已息，三尸之火不焚。一本"之众"作"众多"），以哀悲泣之（心死神存），战胜则以丧礼处之（孤光独照）。

圣德章第三十二

道常无名○，朴虽小（亦甚大），天下不敢臣（道为万化之君）。侯王若能守（守一），万物将自宾（心为主，物为客）。天地相合（身心一如），以降甘露（大道得矣），民莫之令而自均（心无病而身自安，心无为而神自化）。始制有名（道也），名亦既有（心也），夫亦将知止（性也。一本作"天亦将知之"，下同），知止所以不殆（神也）。譬道之在天下（心之在我），犹川谷之与江海（万法归一，归一而已）。

辨德章第三十三

知人者智（不为物所转也），自知者明（以心合道）。胜人者有力（久于其道，而化自成），自胜者强（真积力久）。知足者富（何物非道），强行者有志（有志者事竟成），不失其所者久（性常存也），死而不亡者寿（神不死也）。

任成章第三十四

大道泛兮（心无方所），其可左右（了无所知）。万物恃之以生而不辞（大道无生，不免于生。万化自生，大道无生），功成不名有（实无所得）。爱养万物（道能育物。一本"爱养"作"衣被"），而不为主（忘其所自），故常无欲（而不为主），可名于小矣（道虽小，含万物）；万物归焉（人能虚心，道自归之），而不为主（尚自不见乎我，将何有于我哉？），可名于大矣（何所不容)。是以圣人(心也)终不为大(粟中藏世界,芥子纳须弥),故能成其大(诸佛法身入我性,我性同共如来合)。

仁德章第三十五

执大象〇,天下往(万物归焉)。往而不害(道无鬼神,独往独来),安平泰(心安则性平,性平则神泰)。乐与饵(从心不逾矩),过客止(邪念自绝)。道之出口(淡而有味),淡乎其无味(无味之味),视之不足见(道无形),听之不足闻(道无声),用之不可既(道无尽)。

微明章第三十六

将欲噏之(摄心),必固张之(忘物);将欲弱之(忘形),必固强之(忘我);将欲废之(忘心),必固兴之(忘性);将欲夺之(忘神),必固与之(忘道)。是谓微明(忘其所得)。柔弱胜刚强(游心于物,而不为物所囿)。鱼不可脱于渊(心不出乎道),国之利器(天理固存),不可以示人(人欲自尽)。

为政章第三十七

道常无为(用之不可既)而无不为(何所施而不可)。侯王若能守(心主于道),万物将自化(万化自然)。化而欲作(一念欲起),吾将镇之以无名之朴(要知真一处,当使六用废)。无名之朴〇,亦将不欲(道常无为)。不欲以静(而无不为),天下将自正(身心一如。一本"正"作"定")。

论德章第三十八

上德不德(无著),是以有德(不自有其有);下德不失德(有所窒碍),是以无德(与道相违)。上德无为(无所事于心)而无以为(何所为也),下德为之(逐妄迷真)而有以为(道无可为);上仁为之(以心合道)而无以为(寂然不动),上义为之(以物为心,乃昧所见)而有以为(流而忘返)。上礼为之(道法自然)而莫之应(去道远矣),则攘臂而仍之(自昧其天)。故失道而后德(不能神其神),失德而后仁(不能性其性),失仁而后义(不能心其心),失义而后礼(已失其真)。夫礼者,忠信之薄而乱之首也(已非自然）；前识者，道之华而愚之始也（不可以知知，知即不知）。是以大丈夫处其厚不处其薄（还淳返朴），居其实不居其华（收视返听），故去彼取此（回光返照）。

法本章第三十九

昔之得一者（我是何人）：天得一以清〇，地得一以宁〇，神得一以灵〇，谷得一以盈〇，万物得一以生〇，侯王得一以为天下贞〇。其致之一也（昔之得一者），天无以清，将恐裂（天法道）；地无以宁，将恐发（地法天）；神无以灵，将恐歇（道法自然）；谷无以盈，将恐竭（夫道一而已矣）；万物无以生，将恐灭（故去彼取此）；侯王无以为贞而贵高，将恐蹶（一点不动，万化自然）。故贵以贱为本（神者性之基），高以下为基（性者心之本）。是以侯王（心也）自称孤、寡、不谷（无所用其用）。此其以贱为本耶（惟道为身）？非乎？故致数车无车（无我），不欲琭琭如玉（不有其有），落落如石（冥然自全。一本"落落"作"硌硌"）。

去用章第四十

反者道之动（以性全神），弱者道之用（以心全性）。天下之物生于有（以我全心。一本"之物"作"万物"），有生于无（以无我为全我）。

同异章第四十一

上士闻道〇，勤而行之（如无手人欲行拳也）；中士闻道〇，若存若亡（哑者得梦）；下士闻道〇，大笑之（百姓日用而不知也）。不笑不足以为道〇。故建言有之（因理见道）：明道若昧（不昧本来），进道若退（为道日损），夷道若类（不生分别），上德若谷（包含万化），大白若辱（大无不包），广德若不足（惟恐不及），建德若偷（常怀此念，一照一用），质真若渝（不自以为我），大方无隅（神无方），大器晚成（道生于万物之先，而成于万物之后），大音希声（无所觉知），大象无形（无所名相），道隐无名（无所可说）。夫惟道〇，善贷且成（能化其化，而不自化）。

道化章第四十二

道生一〇，一生二◉，二生三☷，三生万物☷。万物负阴而抱阳☳，冲气以为和☷。人之所恶，☷唯孤、寡、不谷☶，而王公以为称☷。故物或损之而益◉，或益之而损〇。人之所教（无一亦无二），亦我义教之（惟道而已。一本作"我亦教之"）。强梁者（心念所形，起灭不停）不得其死（不能至于无我之地），吾将以为教父〇。

遍用章第四十三

天下之至柔（道也），驰骋天下之至坚（物我也）。无有入于无间（大无不包，细无不入），吾是以知无为之有益也（以有契无）。不言之教（冥心合道），无为之益（为学日益，为道日损），天下希及之（众人昭昭，我独闷闷）。

立戒章第四十四

名与身孰亲（不可使之亲）？身与货孰多（不可使之多）？得与亡孰病（不可使之病）？是故甚爱必大费（溺于情欲，必丧其本），多藏必厚亡（累于贪故，必失其真）。知足不辱（大圆觉满），知止不殆（应如是住），可以长久（无量无边）。

洪德章第四十五

大成若缺（自晦），其用不弊（韬光）；大盈若冲（自然），其用不穷（澄虚）。大直若屈（顺适），大巧若拙（无为），大辩若讷（忘言）。躁胜寒（清者浊之源），静胜热（动者静之基），清静为天下正（心无其心，是谓大同）。

俭欲章第四十六

天下有道（知有此心），却走马以粪（忘其所为）；天下无道（不知有此），戎马生于郊（情欲交战）。罪莫大于可欲（一念易流），祸莫大于不知足（迷己逐物），咎莫大于欲得（岂可更添一物）。故知足之足（有情无情，同此一理），常足矣（人人具足，个个圆成）。

鉴远章第四十七

不出户（潜心），知天下（智周万物）；不窥牖（隳肢体，黜聪明），见天道（离形去智）。其出弥远（心包太虚），其知弥少（神游万国）。是以圣人不行而知（明镜当台），不见而名（宝剑在手），不为而成○。

忘知章第四十八

为学日益（百尺竿头，更进一步），为道日损（空诸所有，纳此一无）。损之又损之（皮毛剥落尽，惟有真实在），以至于无为（空寂）。无为而无不为矣（万化自然）。故取天下常以无事（心不在物，无物无心），及其有事（物来斯照），不足以取天下（弃天下如弃敝屣）。

任德章第四十九

圣人无常心（不以我为我，乃见心中心），以百姓心为心（人心我心，同乎一性）。善者吾善之（与我同然），不善者吾亦善之（亦与我同），德善矣（同乎自然）；信者吾信之（万神即一神，万炁即一炁），不信者吾亦信之（我不轻于汝等，汝等皆当作佛），德信矣（谁非此道）。圣人之在天下惵惵（毋不敬也。一本"惵惵"作"怵怵"），为天下浑其心（忘其所以然），百姓皆注其耳目（任其自尔），圣人皆孩之（无心）。

贵生章第五十

出生入死（日圆月缺之类），生之徒十有三（月自初三日生魄，至十五日乃圆，故曰十有三），死之徒十有三（月自十六日亏，至二十八日丧魄，故曰十有三）。人之生（亦如月然），动之死地亦十有三（前半月，其上旬之十日，自初一日至初三日，亦十日之三日，其月尚生；后半月，其下旬之十日，自二十八日至三十日，亦十日之三日，其月已死）。夫何故（盖人与月相似）？以其生生之厚（同乎天地之一气耳）。盖闻善摄生者（无思无虑），陆行不遇兕虎（忘形），入军不被甲兵（忘我）。兕无所投其角（身非我有），虎无所措其爪（我亦非我），兵无所容其刃（夫生死者，特一炁聚散耳）。夫何故（是如此）？以其无死地（此心自若，本无生死）。

养德章第五十一

道生之（神也），德畜之（性也），物形之（心也），势成之（我也）。是以万物（物也）莫不尊道而贵德（忘物）。道之尊（忘我），德之贵（忘心），夫莫之命（忘性。一本"命"作"爵"）而常自然（忘神）。故道生之（神全），德畜之（性全），长之育之（心全），成之熟之（我全），养之覆之（物全）。生而不有（无也），为而不恃（无为），长而不宰（无我），是谓玄德（道也）。

归元章第五十二

天下有始（道生一），以为天下母（一生二）。既得其母（二生三），以知其子（三生万物）；既知其子（夫物芸芸），复守其母（各复归其根），没身不殆（归根复命）。塞其兑（听乎无听），闭其门（视乎无视），终身不勤（无为）；开其兑（神若出，便收来），济其事（惟欲是耽），终身不救（永绝道根）。见小曰明（虚中则明），守柔曰强（刚中则强）。用其光（以心契心），复归其明（以道合道），无遗身殃（心无一尘），是谓习常（是谓之道。一本"习"作"袭"）。

益证章第五十三

使我介然有知（一念而已），行于大道（一我而已），惟施是畏（一理而已）。大道甚夷（一道而已），而民好径（思无邪）。朝甚除（心不正），田甚芜（性不明），仓甚虚（神不灵），服文采（好荣华），带利剑（贪嗜欲），厌饮食（不知乎恬淡），财货有余（舍此道而逐物），是谓盗夸（人欲胜天理）。非道也哉（于道不然）！

修观章第五十四

善建者不拔（不出乎道），善抱者不脱（不离乎道），子孙祭祀不辍（此道长存）。修之于身（心也），其德乃真（真心）；修之于家（性也），其德乃余（真性）；修之于乡（神也），其德乃长（真神）；修之于国（道也），其德乃丰（真道）；修之于天下（空也），其德乃普（真空）。故以身观身（心中心），以家观家（性中性），以乡观乡（神中神），以国观国（道中道），以天下观天下（空中空）。吾何以知天下之然哉（空中不空）？以此○。

玄符章第五十五

含德之厚（抱道），比于赤子（无心）。毒虫不螫（无畏），猛兽不据（无忧），攫鸟不搏（无虑）。骨弱筋柔而握固（神全）。未知牝牡之合而 作（凝神），精之至也（杳杳冥冥）；终日号而嗌不嗄（性全），和之至也（恍恍惚惚）。知和曰常（常寂光中），知常曰明（大光明里）。益生曰祥（灵源不竭。一本作"日祥"），心使气曰强（真一长存。一本作"日强"）。物壮则老（人欲大盛），是谓不道（丧失本真），不道早已（真不立，妄不空）。

玄德章第五十六

知者不言○，言者不知○。塞其兑（闭目，见自己之目），闭其门（收心，见自己之心），挫其锐（观我非我），解其纷（观物非物），和其光（观心非心），同其尘（观空非空），是谓玄同（圣凡一体）。故不可得而亲（释迦文佛参禅未已），亦不可得而疏（老聃学道未浓）；不可得而利（伏羲究《易》未了），亦不可得而害（孔子梦奠方终）；不可得而贵（道者心之体），亦不可得而贱（心者道之用）。故为天下贵○。

淳化章第五十七

以正治国（凝神），以奇用兵（明心），以无事取天下（了性）。吾何以知其然哉（得道）？以此（道也）。夫天下多忌讳（居移炁，养移体），而民弥贫（此心易失）；人多利器（念念伏跃），国家滋昏（此性不明）；人多伎巧（性静情远），奇物滋起（心动神疲）；法令滋彰（以心用心。一本"法令"作"法物"），盗贼多有（百念愈炽）。故圣人云（如是如是）：我无为而民自化（神之所化），我好静而民自正（性之所正），我无事而民自富（心之所富），我无欲而民自朴（我之所朴）。

顺化章第五十八

其政闷闷（天然），其民醇醇（自然。一本作"淳淳"）；其政察察（复然），其民缺缺（不然）。祸兮福所倚（祸福无门，惟心所召），福兮祸所伏（损者益也）。孰知其极（无有边际）？其无正耶（道无体）。正复为奇（心不可测），善复为訞（道不可识。一本"訞"作"妖"）。人之迷（昧其本性。一本"人"作"民"），其日固久（无始以来，有生以后）。是以圣人（我也）方而不割（圆通），廉而不刿（空寂。一本"刿"作"害"），直而不肆（冲虚），光而不耀（中正）。

守道章第五十九

治人事天（以天理胜人欲），莫若啬（俭视、俭听、俭思、俭为）。夫为啬（俭从约，易从简），是谓早服（先得此理）。早服谓之重积德（有所操存），重积德（涵养）则无不剋（克人欲求天理。一本"剋"作"克"，下同），无不克（克己复礼）则莫知其极（道即心也）。莫知其极（道如虚空），可以有国（性与道合）；有国之母（神也），可以长久（神与道存）。是谓深根固柢（天崩地裂，此性不坏），长生久视之道（虚空消殂，此神不死）。

居位章第六十

治大国（尽其心者知其性），若烹小鲜（治心亦甚易）。以道莅天下（道不远，在身中），其鬼不神（无妄）；非其鬼不神（幻尽觉圆），其神不伤人（心境两忘，物我一空）；非其神不伤人（尔为尔，我为我），圣人亦不伤人（非我何有）。夫两不相伤（心复何物），故德交归焉（惟道而已）。

谦德章第六十一

大国者下流（以大就小），天下之交（以小就大），天下之牝（无小无大）。牝常以静胜牡（以静制动），以静为下（无争）。故大国以下小国（不竞），则取小国（静定）；小国以下大国（处顺），则取大国（此理固存）。故或下以取（净心），或下而取（止观）。大国不过欲兼畜人（神者，万化之主），小国不过欲入事人（心者，大道之源），夫两者（即心是道）各得其所欲（神亦道，性亦道）。故大者宜为下（除垢止念）。

为道章第六十二

道者，万物之奥（心者造化之源），善人之宝（一滴真金，源流天造。前无古人，后无来者），不善人之所保（人各有心，此心长存）。美言可以市（至言如宝），尊行可以加人（道可贵）。人之不善（昧道），何弃之有（道亦在）？故立天子（心也），置三公（神气精也），虽有拱璧以先驷马（世之所贵），不如坐进此道（我之所宝）。古之所以贵此道者，何也（在我本然）？不曰求以得（不离乎心。一本"不日以求得"），有罪以免耶（纯一如初）？故为天下贵（道者，万物之奥）。

恩始章第六十三

为无为（心也），事无事（性也），味无味（神也）。大小多少（总在其中），报怨以德（心不外物）。图难于其易（抱一），为大于其细（执中）。天下难事（道也）必作于易（此心），天下大事（神也）必作于细（此心）。是以圣人终不为大（不自知其大小），故能成其大（性等虚空）。夫轻诺必寡信（易悟则易疑，易得则易丧），多易必多难（大迷之下，必有大悟）。是以圣人犹难之（不可说破），故终无难（欲其自得）。

守微章第六十四

其安易持（道可恃），其未兆易谋（道可思），其脆易破（道可悟。一本"破"作"泮"），其微易散（道可一）。为之于未有（不知其始），治之于未乱（不见其尾）。合抱之木（如道也），生于毫末（防微杜渐）；九层之台（如道也），起于累土（从微至著）；千里之行（如道也），始于足下（在我自到）。为者败之（道不可穷），执者失之（道不可得）。是以圣人无为（与道合一）故无败（千古不朽），无执（与神合无）故无失（万世常行）。民之从事（不知自然），常于几成而败之（有为者有成败）。慎终如始（知此心即道心），则无败事（无为者无成败）。是以圣人欲不欲（无为），不贵难得之货（道无玄妙）；学不学（无事），复众人之所过（觉空觉满）。以辅万物之自然（与时偕行）而不敢为（性空）。

淳德章第六十五

古之善为道者（我也），非以明民（不使其有知），将以愚之（昏昏默默）。民之难治（心乱），以其智多（静则易昏，动则易散）。故以智治国，国之贼（觉亦是念）；不以智治国，国之福（无所觉知而已）。知此两者亦楷式（道贵如愚，愚中不愚）。能知楷式（抱虚守冲），是谓玄德（教父）。玄德深矣远矣（道为万化之宗），与物反矣（道在万化，而非万化），然后乃至大顺（万化出乎道，而入乎道）。

后已章第六十六

江海所以能为百谷王者（心所以能合道也），以其善下之（虚而能容，寂而不见），故能为百谷王（心为万法之王）。是以圣人欲上民（使人知道），必以言下之（示之以无）；欲先民（使契乎道），必以身后之（先忘其心）。是以圣人处上而民不重（道大），处前而民不害（性空）。是以天下乐推而不厌（与物无碍）。以其不争（不与物竞），故天下莫能与之争（我之自然）。

三宝章第六十七

天下皆谓我道大（道大性空），似不肖（如愚）；夫惟大〇，故似不肖（默然）。若肖久矣〇，其细也夫（不可分别）。我有三宝（道尊德贵），宝而持之（道不离我。一本作"持而宝之"）。一曰慈（专炁至柔，能如婴儿），二曰俭（少私寡欲），三曰不敢为天下先（忘其所以忘我）。夫慈，故能勇（其力大）；俭，故能广（其量深）；不敢为天下先（心广），故能成器长（体胖）。今舍慈且勇（逐物），舍俭且广（贪嗔爱欲），舍后且先（急欲求成），死矣（不见乎道）。夫慈以战则胜（身心不动），以守则固（静以待之）。天将救之（其应亦然），以慈卫之（乃与道合）。

配天章第六十八

善为士者不武（慈和），善战者不怒（宽泰），善胜敌者不争（安稳），善用人者为之下（小心翼翼）。是谓不争之德（顺帝之则），是谓用人之力

（天理自见），是谓配天（此心为大）古之极（大道乃明）。

玄用章第六十九

用兵有言（默然）：吾不敢为主而为客（忘我），不敢进寸而退尺（不敢有所为）。是谓行无行（为无为），攘无臂（事无事），仍无敌（守无守），执无兵（味无味）。祸莫大于轻敌（见闻觉知，当下心息），轻敌则几丧吾宝（照见生空）。故抗兵相加（我自我，物自物），哀者胜矣（一曰慈）。

知难章第七十

吾言甚易知（心而已），甚易行（道而已）。天下莫能知（不知心），莫能行（不知道）。言有宗（无为），事有君（无念）。夫惟无知（冥然），是以不我知（我即是我，尚复何有？）。知我者希（知我则知此理），则我贵矣（我亦非我，道亦非道）。是以圣人（知我无我）被褐怀玉（终日如愚）。

知病章第七十一

知不知上（吾所谓知知与不知，不知之知，乃是真知），不知知病（知知一字，此事不圆）；夫惟病病（病在于知），是以不病（尘净光生）。圣人不病（无念之念，亦复是念），以其病病（一念不存，此性乃见），是以不病（三界惟心，一切惟识）。

爱己章第七十二

民不畏威（人不能究心），大威至矣（生死事大，无常迅速）。无狭其所居（神无方），无厌其所生（性无灭）。夫惟不厌（道无尽），是以不厌（心无形）。是以圣人自知不自见（如人饮水，冷暖自知），自爱不自贵（无法可说，无道可得）。故去彼取此（自知不自见，自爱不自贵）。

任为章第七十三

勇于敢则杀（有力于翦除妄念也），勇于不敢则活（有力于守雌抱一也）。

此两者（能杀能活）或利或害（吾道如剑，不能持者，伤锋犯刃），天之所恶（贵乎无所用），孰知其故（道本空相）？是以圣人犹难之（道易知而不易于行，心易悟而不易于了）。天之道（吾心而已），不争而善胜（无为），不言而善应（无念），不召而自来（无著），坦然而善谋（无无亦无。一本"坦"作"繟"）。天网恢恢（何物不在此道之中），疏而不失（此道常在万物之内）。

制惑章第七十四

民常不畏死（此念不死，此道不全），奈何以死惧之（海枯终见底，人死不知心）？若使民常畏死（只知贪生，不知有死），而为奇者（生死亦大矣），吾得执而杀之（安能杀其心哉），孰敢（其心使之自杀）？常有司杀者杀（心为司杀，能绝百念）。夫代司杀者杀（我心与他心虽同，不可以我心代他心也），是谓代大匠斲（才生思惟，便成拟议）。夫代大匠斲者（事物之来，情虑之及），希有不伤其手矣（谨者不言，言者不知）。

贪损章第七十五

民之饥（人之不知道），以其上食税之多（以其心之念不已），是以饥（所以不知道）；民之难治（人不得道），以其上之有为（以其心之事不停），是以难治（所以不得道）；民之轻死（人之不合道），以其求生之厚（以其心之情不尽），是以轻死（所以不合道）。夫惟无以生为者（勇于忘我），是贤于贵生（所以得道）。

戒强章第七十六

人之生也柔弱（水结成冰），其死也坚强（冰消即水）。万物草木之生也柔脆（水流元在海），其死也枯槁（月落不离天）。故坚强者死之徒（死者生之本），柔弱者生之徒（生者死之基）。是以兵强则不胜（心杂则道愈远），木强则共（念头不已，心则愈杂）。强大处下（谁使之念头不已），柔弱处上（谁使之心杂）。

天道章第七十七

天之道（心之性、性之神），其犹张弓乎（有力）？高者抑之（省思虑），下者举之（奋精神）；有余者损之（绝嗜欲），不足者与之（养冲和。一本作"补之"）。天之道（心也），损有余而补不足（生处使熟，熟处使生）；人之道则不然（亦心也），损不足以奉有余（贪其所爱，忘其自然）。孰能以有余奉天下（要在忘我。一本"孰能有余以奉天下"）？惟有道者（忘心）。是以圣人为而不恃（忘性），功成而不处（忘神），其不欲见贤（忘忘亦忘）。

任信章第七十八

天下柔弱（人之生也）莫过于水（人之心也），而攻坚强者（欲不死者）莫知能胜（心，无生死。一本"知"作"之"），其无以易之（情念死矣）。故柔胜刚（心有力，则情念自消），弱胜强（心无为，则天道乃见），天下莫不知（人人有此理），莫能行（人人昧此理）。是以圣人言（圣人知之）：受国之垢（藏心于心，而不见也），是谓社稷主〇；受国之不祥（藏神于神，而不露也），是谓天下王〇。正言若反（苍天中更添冤苦）。

任契章第七十九

和大怨（嗜欲杀身），必有余怨（情念不断），安可以为善（何以见道）？是以圣人执左契（正念现前），而不责于人（不为物移，不与物竞）。故有德司契（以心契心，以道契道），无德司彻（自非寂照，何能混融）。天道无亲（灵光独耀，迥脱根尘），常与善人（无得无失）。

独立章第八十

小国寡民（大圆镜中）。使有什伯（可养者也）人之器而不用（其国太平。一本作"使民有什伯之器而不用"），使民重死（一念不生）而不远徙（念兹在兹）。虽有舟车（无去无来），无所乘之（实无去来）；虽有甲兵（不争善胜），无所陈之（六处清净）。使民复结绳而用之（信是道之源），甘其食（味道之腴），美其服（受道之庇），安其居（处道之安），乐其俗（乐道之和）。邻国相望（心心相照），鸡狗之声相闻（照见五蕴皆空），民至老死

（灰心绝念），不相往来（如如自然）。

显质章第八十一

信言不美〇，美言不信（不得动著）；善者不辩〇，辩者不善（父母所生口，终不为汝说）；知者不博〇，博者不知（只在目前）。圣人不积〇，既以为人（贼来便打）已愈有〇，既以与人（客来须看）已愈多〇。天之道〇利而不害（时清道泰），圣人之道〇为而不争（一人有庆，兆民赖之）。

太上老君说常清静经注 [①]

海南琼琯子白玉蟾分章正误

混元三宝之图

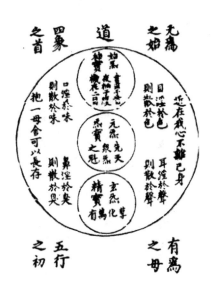

---

① 据《道藏·洞神部·玉诀类》增。按：原文有题为"终南隐微子王元晖"的注文，因无关白真人手笔，今削删不录。

初真内观静定之图

金丹大道之图

传经证道品

先天大道章第一

太上老君曰：（老君注，见前《渊源》。今本无"太上"二字）大道无形（无之始也），生育天地〇（不待安排，自然而然）；大道无情（有之始也），运行日月〇（灵宝净明，普照无穷）；大道无名（万象始也），长养万物🈂①（二炁氤氲，万物化醇）。吾不知其名，强名曰道〇。

造化自然章第二

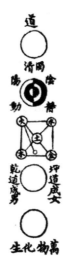

---

① 校者按：图中为"金、木、水、火、土"五字。

夫道者（未见炁也），有清（阳炁始也）有浊（阴炁始也），有动有静（阳动阴静，而生三才）。天清地浊（清炁为天，浊炁为地），天动地静◉（天圆而动，包乎地外；地静而方，处乎天中）。男清女浊，男动女静〇（乾男坤女，配合相生）。降本流末，而生万物〇（三才生万物）。清者浊之源〇，动者静之基◉。人能常清静◗，天地悉皆归◗。

全神合道章第三

夫人神好清而心扰之（道本无魔，人心自障），人心好静而欲牵之（道高一尺，魔高一丈）。常能遣其欲而心自静（意畅心宽，炁壮神安），澄其心而神自清（泰宇生光，魔王束首）。自然六欲不生，三毒消灭（阴魄潜消，阳神自现）。所以不能者（财炁乱性，酒色惑情），为心未澄也（活泼泼、转渌渌），欲未遣也（耳随声走，眼被色瞒）。能遣之者（万事付之一笑），内观于心（回光返照。本作"其心"），心无其心🔲①；外观于形（以道观之，无贵无贱。本作"其形"），形无其形🔲②。远观于物（若以物观之，自贵而物贱。本作"其物"），物无其物🔲③。三者既悟，惟见于空🔲④（函三为一，贵乎自然）。观空以空，空无所空〇（道无象）。所空既无，无无亦无〇（神无方）。无无既无，湛然常寂〇（性无体）。寂无所寂，欲岂能生〇（炁无形）？欲既不生，即是真静〇（雾开日莹，尘尽鉴明）。真静应物🔲（圆陀陀，光烁烁。一本"作真常应物"），真常得性🔲（一灵妙有，三界圆通）。常应🔲⑤常静🔲，常清静矣🔲⑥。如此清静🔲⑦，渐入真道〇（心性无染，入众妙门）。既入真道，名为得道（心同虚空，虚空非心）。虽名得道（显法不真），实无所得〇（真法不显）。为化众生，名为得道（万化俱通，道本无名）。能悟之者，可得圣道〇（思曰睿，睿作圣）。

---

① 图中为"神之元"三字。
② 图中为"炁之元"三字。
③ 图中为"精之元"三字。
④ 图中为"神炁精"三字。
⑤ 图中为"慧光"二字。
⑥ 图中为"阴尽阳纯"四字。
⑦ 图中为"心如皎月"四字。

贤愚见识章第四

太上老君曰：上士无争〇（性天广大），下士好争〇（慧力无边）；上德不德（无为），下德执德（有为）。执著之者，不名道德（逐妄迷真）。

应现无方章第五

太上老君曰：众生所以不得真道者，为有妄心（贪其所爱，不知休息。本无"太上"二字）。既有妄心，即惊其神（眼观心动，耳听神移）；既惊其神，即著万物〇（道生之）；既著万物〇（德畜之），即生贪求〇（日日新，又日新）；既生贪求，只是烦恼〇（十二时中，守满持盈）；烦恼妄想（念中境像，梦里精神），忧苦身心〇（行住坐卧，如护婴儿）。便遭浊辱，流浪生死（贵贱高低，死生平等）。常沉苦海，永失真道（精竭炁亡，炁亡神灭）。真常之道，悟者自得〇（若向此玄玄里得）。得悟道者〇（此玄玄外更无玄），常清静矣〇（天地合其德，日月合其明）。太上老君说常清静经终〇（谨终如始，则无败事）。

大叙尝获紫清白真人《分章证误》，司马子微《解注》之本，言言造微，句句明理，实乃修真之指归。切惧斯文之漫灭，辄绣梓以广其传。若遇有眼睛汉，便能彻视玄机，打翻关楗，何异披云瞰日、觌面见老聃？既到此际，则又清浊两忘，动静惟一，行住坐卧皆清静也。白云流水，青山明月，掀髯而长啸者，无不清静也。活泼泼地，如盘走珠，岂徒滞于枯木死灰耶？由是为清静之说。句曲山人王大叙谨识。

《道德经》云："谷神不死，是谓玄牝；玄牝之门，是谓天地根。"玄牝，一阴阳也；阴阳，一天地也。《易》乾为天玄，坤为地牝。类此天地之玄牝，人一身一乾坤，命肾左右分阴阳，此人之玄牝。命肾之间其门欤？其天地之根欤？《清静经》原动静即是理也。白玉蟾释经，为作图像于前，显明是义。盖会此经于方寸，非徒口耳之学也。尝谓儒者性命之说、释氏胎息之说、老氏玄牝之说，名虽殊而理实一。第慨夫世之人假儒者之名，心图进取，托佛老之言，而愚人心福田利益，岂立教之初意哉？观白玉蟾传此经若图，当颜厚汗下，非独师老氏者。王大叔、史大闻得是经，绣之梓，其志可尚，遂为之书。

皇庆初元上巳后，金坛四清翁蒋华子敬书。

九天应元雷声普化天尊说玉枢宝经注 ①

卷上

注曰：九者，阳数也，乃天道也。主于震宫，故东南有九炁之说也，即雷师出入之地也。天者，至大至圣无极无为之炁也；应者，无物不承天命而生也；元者，至大也，又曰万善之长也，乃四时之首也，五行之先也；雷者，乃天令也，掌生生杀杀之权，动静人莫可测，万神之奉行也；声者，生也，万物得雷震声而萌也，又曰天不言，以雷代言也；普者，上天下地、四维八荒、无形有形也；化者，天道阴阳运行则为化，又自无而有，自有而无则为化，万物生息则为化，老子云"我无为而民自化"，又云"以德化"是也；天尊者，至大至贵之称也；说者，赞扬也，阐教也，解隐释奥也；玉者，天地日月之精华，阴阳水火之结秀也，润而温，宝而贵，万载之不可朽灭也；枢者，机也，轴也，乃生杀之始由也；宝者，珍重也；经者，径也，乃修真入道之要路也。

尔时，九天应元雷声普化天尊，

注曰：九天者，乃统三十六天之总司也。始因东南九炁而生，正出雷门，所以掌三十六雷之令，受诸司府院之印，生善杀恶，不顺人情。盖以九天之名者，取其阳刚而不泯者之谓也；应元者，仰惟元始祖劫一炁分真，玉清真王应元之体；雷者，阴阳二炁结而成雷，既有雷霆，遂分部隶九天雷祖。因之以剖析为五属，神霄真王用之，以宰御三界。真王所居神霄玉府，其道在乎巽。巽者，天中之地也，东南乃九阳之炁。结清朗光，元始父祖，化神霄玉清真王。玉府在碧霄梵炁之中，去雷城二千三百里。雷城高八十一丈，左有玉枢五雷使院，右有玉府五雷使院。天有四方四隅，分为九霄，惟此一霄居于梵炁之中。在心曰神，故曰神霄，乃真王按治之所，天尊

---

① 据《道藏》增，并校以清雍正十一年（1733 年）宁边妙香山普贤寺刻本。按：《道藏》本题为"集注"，即集"白玉蟾注、张真君解义、张天君释、吕纯阳赞"四家解，今只取白注，余不录。

临莅之都。卿师使相，列职分司，主天之灾福，持物之权衡，掌物掌人，司生司杀，检押启闭，管钥生成。上自天皇，下自地帝，非雷霆无以行其令。大而生死，小而枯荣，非雷霆无以主其政。雷霆政令，其所隶焉，三清上圣雷霆祖也，十极至尊雷霆本也，昊天玉皇上帝号令雷霆也，后土皇地祇节制雷霆也，北极紫微大帝掌握五雷也。五雷者，天雷、地雷、水雷、龙雷、社令雷。又有十雷：一曰玉枢雷，二曰神霄雷，三曰大洞雷，四曰仙都雷，五曰北极雷，六曰太乙雷，七曰紫府雷，八曰玉晨雷，九曰太霄雷，十曰太极雷。又有三十六雷：一曰玉枢雷，二曰玉府雷，三曰玉柱雷，四曰上清大洞雷，五曰火轮雷，六曰灌斗雷，七曰风火雷，八曰飞捷雷，九曰北极雷，十曰紫微璇枢雷，十一曰神霄雷，十二曰仙都雷，十三曰太乙轰天雷，十四曰紫府雷，十五曰铁甲雷，十六曰邵阳雷，十七曰欻火雷，十八社令蛮雷，十九曰地祇雷，二十曰三界雷，二十一曰斩圹雷，二十二曰大威雷，二十三曰六波雷，二十四曰青草雷，二十五曰八卦雷，二十六曰混元鹰犬雷，二十七曰啸命风雷，二十八曰火云雷，二十九曰禹步大统摄雷，三十曰太极雷，三十一曰剑火雷，三十二曰内鉴雷，三十三曰外鉴雷，三十四曰神府天枢雷，三十五曰大梵斗枢雷，三十六曰玉晨雷。有三十六神，曩尝陈之于太上之前。雷法有七十二阶，天地赏善罚恶、发生万物，皆雷也。虽阴阳之激剥，亦由神人之兴动，雷鸣则雨降矣。声者，天地之仁声也。春分五日，雷乃发声，可闻百里，震九天而动九地，惊四海而翻四溟。太上曰："吾不发阴阳之声，吾之大音无以召。"故鼓之以雷霆，以声召气也。雷帝之前，有雷鼓三十六面。凡行雷之时，雷帝亲击本部雷鼓一下，即时雷公、雷神兴发雷声也。普化天尊者，自浮黎元始天尊生九子，玉清真王化生雷声普化天尊。天尊以历劫应化，随时示号。本元始祖劫一炁分真，乃玉清真王，九霄主宰。一月四辰监观万天，浮游三界、九州、万国，赏善录愆，是为普化至大至贵也。

在玉清天中，与十方诸天帝君，会于玉虚九光之殿，郁萧弥罗之馆，紫极曲密之房。阅太幽碧瑶之笈，考洞微明晨之书，交头接耳，细议重玄，诸多陪臣左右踧踖。天尊宴坐，朗诵洞章；诸天帝君，长吟步虚；彩女仙姝，散花旋绕。复相引领，游戏翠宫。群仙导前，先节后钺，龙旂鸾辂，飘飘太空，并集于玉梵七宝层台。

注曰：在者，其时也。天尊游于玉清天中，与十方诸天帝君，宴会于玉虚殿馆紫极之房。是时，天尊检观太幽碧瑶之箱，稽考洞微明晨之纪。交头接耳者，盖诸天帝君列坐有次，圣圣相传，共听微密玄玄之言。彼时诸天帝君，亦各有众多家臣，左右跐踏，恭谨侍焉。天尊安然高座，朗诵洞章。诸天帝君深有所悟，各各起座长吟，步虚赞咏天尊之教。彩女仙姝，散花盘绕于天尊之座，复请天尊往诣翠宫之七宝层台，欲望天尊大演妙法也。层台即龙凤之座，有七级，皆珍宝饰之，故名七宝层台。天尊驾兴，白鹤师子，威仪节仗，引导其前。青龙白虎、六甲六丁，侍卫左右；九天仙女、十二溪真，陈奏仙乐。诸天大帝、神君神王、太极真人，副从凤辇龙舆，经游翠宫。仙仗节钺，龙旃鸾辂，飘飘太空，集聚宝台。

时有雷师皓翁，于仙众中越班而出，面天尊前，俯颡作礼，勃变长跪，上白天尊言："天尊大慈，天尊大圣，为群生父，为万灵师。今者诸天，咸此良觐，适见天尊阅宝笈，考琼书，于中秘赜，不可缕计。唯有玉霄一府所统三十六天内院中司、东西华台、玄馆妙阁、四府六院，及诸有司，各分曹局，所以总司五雷天、临三界者也。天尊至皇，心亲庶政，此等小兆，以何因缘得以趋服，愿告欲闻。"

注曰：雷师皓翁，乃帝臣元老，卿师重臣也。玉霄府，即高上神霄天中玉清真王府，居三十六天之上天中。有五殿，东曰蕊珠，西曰碧玉，北曰青华，南曰凝神，中曰长生。又有太一内院，可韩中司，东西二台，四曹四局，外有大梵紫微之阁，仙都火雷之馆。皆有玉府，左玄右玄、金阙侍中、仆射上相、真仙真伯、卿监侍宸、仙郎玉郎、玉童玉女、左右司麾、诸部雷神、官君将吏，上统三十六天。东方八天，谓高上道寂天、高上阳岐天、高上洞光天、高上紫冲天、高上玉灵天、高上清虚天、高上微果天、高上正心天；南方八天：高上道元天、高上太皇天、高上玄冲天、高上极真天、高上梵炁天、高上辅帝天、高上玄宗天、高上历变天；西方八天：高上左罡天、高上主化天、高上符临天、高上保华天、高上定精天、高上青华天、高上景琅天、高上丹精天；北方八天：高上安墠天、高上广宗天、高上浩帝天、高上希玄天、高上庆舍天、高上天娄天、高上变仙天、高上升玄天。东北方高上敬皇天、东南方高上移神天、西南方高上琼灵天、西北方高上升极天。下镇三十六垒，每方有九阳梵炁，以应一年三十六炁，每十日一炁上应。天有一帝，统治一炁，天仙神鬼功过，付与本天校勘。功者列名本天，过者囚于本天天狱。凡善恶事，三十六垒皇君，奏上神霄玉府而纠察也。每天各有龙神兴雷，生杀伐暴诛邪，罔不由之。四府者，九霄玉清府、东极青玄府、九天应元府、洞渊玉府；六院者，太一内院、玉枢院、五雷院、斗枢院、氐阳院、仙都火雷院；诸有司者，天部霆司、蓬莱都水司、太一雷霆司、北帝雷霆司、北斗征伐司、北斗防卫司、玉府雷霆九司及诸曹院子司。凡世间亢阳为虐，风雨不时，干戈妄动，饥馑荐臻，皆请命玉府，经由玉枢，大布分野。兼判三司将兵、三界鬼神功过，匡济黎民，应雷霆诸司院府并佐玉枢之令，禀听施行。至于雷霆斧钺，庆赏刑威，有条不紊，悉有分司。或曰兼司、行司、巡察官司，皆设曹局官僚任职。是以玉霄一府，总司五雷、天临三界者也。

　　天尊言："雷师皓翁，尔等仙卿，储勋夙世，累行昨生，故得玉府登庸，琼宫简录。今兹勋行，视夙昨多。尔其悉力雷司，委心火部。日复日，岁复岁，勋崇行著，性霁神融，克证高真，即阶妙道。惟是雷部鬼神，昼劳夕役，动有捶楚。大则考戮，屑云雕雪，无有已时。檄龙命鸦，此息彼作，彼所因故，尔其耳焉。"雷师皓翁及诸天诸仙，耸耳而默。天尊所坐九凤丹霞之宸，手举金光明之如意，琅风清微，绮云郁丽，天尊寂然良久。

　　注曰：雷司布令行事，疾如风火，不可留停。降泽之处有方，震雷之声有数，可旱即旱，可雨即雨，必奉帝敕。其雷司所行，鬼神何以致也？盖此等之人，居尘世之上，不忠不孝，不仁不义，不礼三宝，不修五常，不惜五谷。所以身没之后，听我雷司之驱役，实此等罪报也。闻天尊所说善恶因缘，雷师皓翁及诸天诸仙启耳悚惧。天尊所坐之时，其神风琅琅然而清微，彩云郁郁然而华丽，沉静良久，欲对仙众再演玄文也。

　　天尊言："吾昔于千五百劫以先，心缝此道，遂位上真，意酿此功，遂权大化。尝于大罗元始天尊前，以清净心，发广大愿，愿于未来世，一切众生、天龙鬼神，一称吾名，悉使超涣。如所否者，吾当以身身之。尔等洗心，为尔宣说。"

注曰：心缝，此道者谓如裁段布帛，若不缝就，焉能为衣。且天地一点元炁，散遍太虚六合，人禀父母一点元炁在身，即是祖宗之遗体也。若修之智慧，定观清净之心，收聚七宝，结成还丹，是谓以心缝合，成其大道，而位证上真。又以天地化醇之炁，大道混合冲和之妙，酿成巨功，遂权大化，提挈天地，隐显莫测。天尊于大罗元始天尊前，发广大愿，愿一切众生、天龙鬼神，一称名者，悉使超涣。如所否者，天尊当以身身之。此足见天尊普护人天，发弘誓愿也。

天尊言："尔诸天人，欲闻至道，至道深窈，不在其他。尔既欲闻，无闻者是无闻，有见即是真道，闻见亦泯，惟尔而已。尔尚非有，何况于道？不闻而闻，何道可谈？"

注曰：至道者不在其他，在自己也。尔既欲闻，若明自己之道，即是不必闻也。是云"无闻者是无闻，有见即是真道"。若闻他人之说，自己有见即是真道，闻见亦泯，皆不必闻见矣。若谓非有，既不闻道而欲闻，不可与谈道矣。

天尊言："道者，以诚而入，以默而守，以柔而用。用诚似愚，用默似讷，用柔似拙。夫如是则可与忘形，可与忘我，可与忘忘。入道者知止，守道者知谨，用道者知微。能知微则慧光生，能知谨则圣智全，能知止则泰定安。泰定安则圣智全，圣智全则慧光生，慧光生则与道为一，是名真忘。惟其忘而不忘，忘无可忘，无可忘者即是至道。道在天地，天地不知，有情无情，惟一无二。"

注曰：道者，乃三界所由之路也。然入则有由，守必有方，其用固有理也。盖道乃天地无为之称，即人之真常也。诚者，端恪不移，无妄之理也。故惟以无妄之诚，而入于真常之道。然真常之道，悟者自得，故默识心融而后能守，雍容不迫而后能用。夫入不能守则非所谓入，守不能用则非所谓守。故用真实者，如愚而默，雍和而不刚暴，是亦如拙者何异焉。然其为愚讷拙也，特如之而已，亦岂真愚讷拙哉！人能入之、守之、用之，如是者则不特可与忘物，而亦可以忘我，至于物我俱忘，亦忘其所谓忘矣。何言乎忘形？我者心不之动，湛然常寂，无彼此之间也。知者识之，明者见之，真之谓也。入道而知止，守道而知谨，则固循于道而不离。用道而知微，则能反约，而不惑于远大。此其道体之本原在是，而一心之妙用所由生也。则凡所谓无所不通、无所不知，乃本性之所具者，至此亦复全于我矣。原其所自，则又皆本诸知止。知止而后有定，定而后能静。静定日久，聪明日全，天光内烛，心纯乎道，与道合真。抑不知孰为道孰为我，但觉其道即我，我即道，彼此相忘于无忘可忘之中，此所谓至道也。至道在乎天地之间，而反不知其道之所在。要知道者，则凡有情之物我蠢动，无情之山河草木，岂出于至纯而不杂之外耶？其惟抱一为天下式者知此。凡人修真炼道，惟守一而不杂，则进德无魔，升举有日也。

天尊言："吾今于世，何以利生？为诸天人演此妙宝。得悟之者，俾跻仙阼。学道之士，信有气数。夫风土不同，则禀受自异，故谓之气；智愚不同，则清浊自异，故谓之数。数系乎命，气系乎天，气数所囿，天命所梏，不得真道。愚可以智，浊可以清，惟命俾之。愚昏昏，浊冥冥，亦风土禀受之。移之天地，神其机，使人不知，则曰自然；使知其不知，则亦曰自然。自然之妙，虽妙于知，而所以妙，则自乎不知。然于道，则未始有以愚之浊之。"诸天闻已，四众咸悦。

注曰：凡人生处，若土厚水深，地气多寒，万物晚成，造化之功厚，故多寿也；若土薄水浅，地气多热，万物速成，造化之功薄，故多夭也。此风土不同，禀受之异也。若人禀胎气清者，为人慈善，端正忠孝，智慧聪明，乐仙慕道之人也；禀气浊者，为人凶恶，邪佞狠毒，愚痴悖逆无道，不仁不义之人也。智愚不同，清浊之异也。气数所囿，如花木之开发，亦各有时，皆禀天地之气。天命所梏，乃天令施于桎梏。不善之人，长沦恶趣，不得真道也。愚者，可以智慧门化之；浊者，可以清净门化之。愚者常自昏昏，浊者常自冥冥，此乃自然而然也，皆风土禀受之分配定矣。盖天地之生杀万物，亦随其四时之气候也。若智人，得五行之气，阴阳之精，修之炼之，以保固其身命，便与天地同久，日月齐明。愚人只知声色滋味，而不知反以害其命也。是以学道之人，当默而思之。

天尊言："吾今所说，即是《玉枢宝经》。若未来世，有诸众生，得闻吾名，但冥心默想，作是念，言九天应元雷声普化天尊，或一声，或五七声，或千百声，吾即化形十方，运心三界，使称名者，咸得如意。十方三界，诸天诸地，日月星辰，山河草木，飞走蠢动，若有知若无知，天龙鬼神，闻诸众生一称吾名，如有不顺者，馘首刳心，化为微尘。"

注曰：夫玉枢者，即玉清之气也。玉为至尊至贵，故元始天尊称玉清，昊天上帝称玉皇，太上道君称玉晨，太上老君称高上玉帝也，三清之都号玉京，神霄真王称玉清。玉者，宝中之尊贵也；枢者，天之枢纽也；雷霆者，天地之枢机。天枢地机，枢阴机阳。天本阳，曰枢者，乃颠倒之理也。虽曰天阳地阴，盖天一生水也。北斗贪狼星号枢星，贪狼配天元，乃七政之首也。如枢密院，亦朝纲之枢机也。总国之机密政务，掌杀伐之目也。《玉枢》之经，乃天府之雷文也。如有不顺之人，当刳心斩首，皆在雷司之主令也。

天尊言："吾是九天贞明大圣，每月初六及旬中辛日，监观万天，浮游三界。若或有人欲学道，欲希仙，欲逭九玄，欲释三灾，当命正一道士，或自同亲友于楼观，于家庭，于里社，醮水馈花，课诵此经。或一过，三五过，乃至数十百过，即得神清气爽，心广体胖，凡所希求，悉应其感。"

注曰：天尊号贞明大圣，夫贞者，贞观其天地，贞胜其吉凶。而乃天地变化，圣人效之；吉凶垂象，圣人则之。夫《易》乾元亨利贞，贞者，四时为冬，四方为北，令亦属北。天一生水，玉清之祖气也。天尊每月初六及辛日下降。初六者，六阳降而生乾，六阴胜而生坤，消息升降，周流六虚，以为道极。圣功生焉，神明出焉。盖天地生数一，成数六。天地得之，润泽济世。六辛者，天之水数、天数，当先号六辛。辛数，乾天也。天一生水，皆先天一气之义。万天者，自大罗清微禹余大赤玉境之天，周遍诸天，无不监观其天人功过。至于三界，无不浮游察录其万灵功过也。若人诵此经者，凡所希求，悉应其感。

天尊言："身中九灵，何不召之？一曰天生，二曰无英，三曰玄珠，四曰正中，五曰子丹，六曰回回，七曰丹元，八曰太渊，九曰灵童，召之则吉。身中三精，何不呼之？一曰台光，二曰爽灵，三曰幽精，呼之则庆。五心烦懑，六脉抢攘，四肢失宁，百节告急，宜诵此经。"

注曰：九灵者，人身中之本神也；天生者，玄牝也；无英者，婴儿也；玄珠者，谷神也；正中者，泥丸夫人；子丹者，灵台神也；回回者，贵券神也；丹元者，心神也；太渊者，肾宫列女，水府神也；灵童者，主制五脏神也；台光者，男女构精，胞胎始荣；爽灵者，魂也；幽精者，魄也。凡为人，既知身中有此神灵，何不时时呼召，炼成一家，则学道希仙，无诸障碍也。若五心烦懑，六脉抢攘，诵此经，则身中诸神咸得以宁，则使人安逸也。

天尊言："若或有人五行奇蹇，九曜欹崎，年逢刑冲，运值克战，孤辰寡宿，羊刃剑锋，劫煞亡神，鬼门钩绞，禄遭破败，马落空亡，动用凶危，行藏坎壈，即诵此经。上请天官解天厄，地官解地厄，水官解水厄，五帝解五方厄，四圣解四时厄，南辰解本命厄，北斗解一切厄。"

注曰：凡人五行不通，九曜失度，又值刑冲及诸神煞，动用行藏皆不顺利，大则天谴地责，丧身陨命，皆由三官、五帝、四圣、二斗以主之。归命此经，诵咒焚香告符，则一切厄难，皆能解释。

天尊言："沉疴伏枕，痼疾压身，积时弗瘳，求医罔效，五神无主，四大不收。或是五帝三官之前，泰山五道之前，日月星辰之前，山林草木之前，灵坛古迹之前，城隍社庙之前，里巷井灶之前，寺观塔楼之前，或地府三十六狱，冥官七十二司，有诸冤枉，致此牵缠。或盟诅咒誓之所招，或债埭负偿之所致。三世结衅，异劫兴仇，埒其咎尤，厘其执对，皆当首谢，即诵此经。"

注曰：沉疴痼疾，伏枕床蓐，医祷无效。盖三官五帝，泰山岱岳，日月星辰，城隍社庙，里巷井灶，灵坛古迹，寺观塔楼，五道诸司，地府冥官，至于山川草木，皆有神祇。故误冒犯，或夙有冤牵，负财致命，或被人咒诅，或自设誓违盟，累劫以来，兴仇结衅，皆当悔过，发露罪尤，请诵经咒，焚此篆符，而悉得消愈也。

天尊言："天官符，地官符，年月日时，各有官符。方隅向背，各有官符。大则官符，小则口舌，是有赤口白舌之神以主之。凡诸动作兴举，出入起居，不知避忌。如遇官符口舌，则使人击聒。晓夜煎炒，多招唇吻。面是背非，动致口牙。盟神诅佛，始于谲议，终于诟诋。由是狱讼生焉，刑宪存焉。若欲脱之，即诵此经，遂得口舌潜消，官符永息。"

注曰：此章天尊言诸官符赤口白舌之神者，乃天省下之恶曜也。盖因世人不修正道，不畏公法，渎雷亵雨，故遣此神以挠之。若人犯者，急诵此经，焚诸符篆，即得应时消灭矣。

卷下

天尊言："土皇九垒，其司千二百神，土侯土伯，土公土母，土子土孙，土家眷属。若太岁，若将军，若鹤神，若太白，若九良，若剑锋，若雌雄，若金神，若火血，若身黄，若撞命，若三煞，若七煞，若黄幡豹尾，若飞廉刀砧，如是等土家神煞。若人兴修卜筑，一或犯之，即致病患，以迄丧亡。才诵此经，则万神皆起，天无忌，地无忌，阴阳无忌，百无禁忌。"

注曰：凡人动作兴工，不无有犯神煞，其祸立至。大则丧命，小则官非，可不慎欤。依仪书篆行持，诵经祈祷，则百无所忌也。

天尊言："世人夫妇，其于婚合，或犯咸池，或犯天狗，三刑六害，隔角交加，孤阴寡阳，天罗地网，艰于嗣息，多是孤独。若欲求男，即诵此经，当有九天监生大神，招神摄风，遂生贤子。于其生产之时，太一在门，司命在庭。或有冤愆，或有鬼魅，或有禁忌，或有凶厄，致令难产。请诵此经，即得九天卫房，圣母默与抱送，故能临盆有庆，坐草无虞。凡有婴孩，在于襁褓，为栴檀神王座下一十五种鬼，加诸恼害，因多惊痫，宜诵此经。"

注曰：世人婚合产育，皆有神煞。不知方向，不避太岁，偶尔犯之，其祸不浅。急宜诵经焚符以禳之，则自安荣也。

天尊言："若人居止，鸟鼠送妖，蛇虫嫁孽，抛砖掷瓦，惊鸡弄狗，邀求祭杞，以至影胁梦逼，及于奸盗。而敢据其所居，以为巢穴，遂使生人被惑。庭户不清，夜啸于梁，昼瞰其室，牛马犬豕，亦遭瘟疫。祸连骨肉，灾及孳生，淫祠妖①社，党庇神奸，吊客频仍，丧车叠出。若诵此经，即使鬼精灭爽，人物咸宁。"

注曰：盖此等之家，不崇纲常理道，不畏天地神明。口味厌秽荤膻，身履邪淫杀道。不遵公法，惟务私荣，肆毒逞凶，恣行不善。是致鬼妒神憎，妖邪竞起。若能悔过首谢，诵经焚符，即得祸乱不生，人物安宁也。

天尊曰："九天雷公将军、五方雷公将军、八方云雷将军、五方蛮雷使者、雷部总兵使者、莫赚判官，发号施令，疾如风火。有庙可伐，有坛可击，有妖可除，有祟可遣。季世末法，多诸巫觋，邪法流行，阴肆魇祷。是故上清，乃有天延禁鬼录奸之庭，帝由束妖考邪之房。能诵此经，其应如响。"

注曰：经中凡二十一段，皆天尊言，惟此章云"天尊曰"。盖称扬雷公将军、使者判官，发号施令，应响威德，故不直言也。巫觋之徒，务行邪术，妄构妖言，魇祷夫妇分离，蛊媚女流苟合。值此妖巫，诵宝经、焚符篆，则雷司剿除，应报如响，人得安宁。

天尊言："天瘟地瘟，二十五瘟；天蛊地蛊，二十四蛊；天瘵地瘵，三十六瘵。能诵此经，即使瘟 清净，蛊毒消除，劳瘵平复。亦有其由，或者先亡复连，或者伏尸故气，或者冢讼墓注，或者死魂染蒽，或者尸气感招。凡此鬼神，或悲思，或恚恨牵连执证，并缘注射②，乘隙伺间③，乃得其便。故此经者，上通三天，下彻九泉，可以追荐魂爽，超度祖玄，太上遣素车白马大将军以监之。"

注曰：凡人患瘟蛊瘵疾者，皆有所致，甚至绝灭一门，牵连六亲。若能诚心诵经，焚烧符篆，则雷司差素车白马之将以拔之，使人不陷此苦也。

天尊言："若或有人治装远行，贼盗骋奸，五兵加害。陆行则虎狼魑蜮磨其牙，水行则蛟龙鼋鼍张其颐。或难赖有幽枉之魂，或风涛有劫数之会。前亡后化，捉生代死，能于此经归命投诚，故得水陆平康，行藏协吉。"

① 妖，原本作"祅"，据雍正刊本改，下同。
② 原注：并，音塝；射，音石。
③ 原注：间音谏。

477

注曰：凡人出陆遇贼迎兵，或逢蛇虎恶域山魈。水行或值蛟龙鼋鼍作浪兴风，滞魄沉魂，求生捉替。或遭劫会，或飘堕他方。常预备符篆防之，可水可火化去，亦急诵宝号，立免诸厄也。

天尊言："亢阳为虐，雨泽愆期，稽颡此经，应时甘澍；积阴为厉，雨水浸淫，稽颡此经，应时朗霁。祝融扇祸，飞火民居，赤鼠游城，惊蛰黎庶，此经可以禳之；海若失经，鱼鳖妄行，洪水稽天，民生垫溺，此经可以止之。"

注曰：此章天尊爱群生之心切切。久旱久阴，实天地之气不和，乃人民之业难释。以致三界震怒，水涝山崩，祝融扇祸，赤鼠兴妖，黎庶不安。若人遭此岁时，宜诵此经，焚此符篆，晴雨得宜，人民自安也。

天尊言："世人欲免三灾九横之厄，即于静夜稽首北辰。北辰之上，上有三台，其星并躔，形如双目，叠为三级，以覆斗魁，是名天阶。若人见之，生前无刑囚之忧，身后不沦没之苦。斗中复有尊帝二星，大如车轮，若人见之，留形住世，长生神仙。归命此经，投心北极，即有冥感。斗为天枢，中有天罡，在内则为廉贞，在外则为破军。雷城十二门，并随天罡之所指。罡星指丑，其身在未，所指者吉，所在者凶，余位皆然。若人见之，寿可千岁。"

注曰：北辰者，北极星也。辰星五位，乃帝座星也。居常不动，而众星皆共之也。此北斗居天之中，为天之枢纽，斡运四时。凡天地、日月、五星、列曜、六甲、二十八宿诸仙众真及下元生人，上自天子，下及黎庶，寿禄、贫富、生死、祸福、幽冥之事，无不属于北斗之总统也。太上授以天师张真君北斗经诀，若有危厄，急告北斗，礼诵本命真君，方获安泰。又得三台生，三台养，三台护也。三台星有六座，上中下台，名天阶者，太上升降之道也，其势横亘北斗第二魁星。上台虚精，中台六淳，下台曲生，乃星君内讳。知星名者，众恶消除，诸善备至；见星象者，生无刑忧，死无诸苦。凡于静房端坐，思三台覆头，次思两肾气从胸出，与三台相连。久久思毕，啄齿二七，鼻微微出气，闭口满咽而毕。乃咒曰："节节荣荣，愿乞长生，太玄三台，常覆我形，出入往来，万神携荣。步之五年，仙骨自成；步之七年，合药皆精；步之十年，上升天庭。急急如律令。"可叩头瞻仰拜礼，则百事皆遂。又北斗乃阴阳之精神也。精曜九道，光荫十天，七现二隐。世人惟见七星，不见尊帝二星。此二星即辅弼帝皇太尊晨君，乃天地魂魄之威神。辅星主天曰常，弼星主地曰空。空者，九天之魂精；常者，九地之魄灵。天休地泰，空常隐藏；天否地激，空常焕明。变化万气，改易阴阳，四时代谢，莫不由焉。二星尊贵，隐伏华晨，九天亦秘其灵音，不行于世。诸得道高仙贵真，乃得见之。其营名逐利流俗秽浊之人，星光所不临照，难可得见也。曩亦有误见之者，今俗人脱有误见者，切不可言，泄则身被兵火卒形，获考地狱生死，父母皆受罪于三官。瞻礼之法，常以每月初三日、二十七日夜，勿令人知，阴下中庭，烧香礼诵，咒曰："尊帝二星，北极之灵，愿臣早见，见即长生，福庆无穷，天与长龄。"诚心更念此经，默有感通，久久自当见也。亦不可泄其天罡名，在斗枢之内，星形与破军星相对，此星红色稍大，每一时辰，随斗杓照临地支一方位，时时运转，无有停息。经云"天罡所指，昼夜常轮"是也。雷城，按地支有十二门，雷欲发声，却随天罡，其时所指方位之门，乃发声也。且如天罡坐于未，对指丑宫，何故却有吉凶？盖天罡正气，能生能杀，若所指向之处，即是生方，故有生气，取之则可以治病补虚，安神旺气，却祸消灾，延生度厄也。所在之处，则有杀气，用之可以斩鬼驱邪，夷凶禁暴，箴毒制魔，故曰"所指者吉，所在者凶"也。

天尊言："世衰道微，人无德行。不忠君王，不孝父母，不敬师长，不友兄弟，不诚夫妇，不义朋友，不畏天地，不惧神明，不礼三光，不重五谷，身三口四，大秤小斗，杀生害命，人百巳千，奸私邪淫，妖诬叛逆。从微至著，三官鼓笔，太一移文，即付五雷斩勘之司。先斩其神，后勘其形，斩神诛魂，使之颠倒。人所鄙贱，人所嫌害，人所怨恶，以至勘形震尸，使之崩裂。驱其卷水，役其驱车，月核旬校，复有考掠。一闻此经，其罪即灭。若或有人为雷所瞋，其尸不举，水火不受，即称九天应元雷声普化天尊，作是念言，万神稽首，咸听吾命。"

注曰：人一有犯，理应诛灭，岂雷司天府一一轰之？即今伏法遭刑，刀兵水火，但死于非命者，皆是也。盖人始以小恶，为之不改，日积月增，遂成大咎。罪已彰著，又不悔悟，三官太一，考核文移，五雷之司，先斩神魂，伺其时至，然后施行。其死魂却听雷司驱役捶考也。若人改过迁善，归命此经，其罪即灭。凡有男女为雷所瞋，冠帻须发不被燎去，亦可归告天尊，取自圣裁，万神皆听其命令也。

天尊言："此经功德，不可思议。往昔劫中，神霄玉清真王长生大帝所曾宣说。至士授经，皆当剟金置币，盟天以传。"雷师皓翁，长跪拜兴，重白天尊言："是经在处，当令土地司命，随所守护，雷部按临，以时稽审。若人家有此经，至诚安奉，即得祥烟满庭，庆云荫轩，祸乱不萌，吉福来萃，于其亡没，不经地狱。所以者何？死即往生，生归善道，承天尊力，有此灵通。出入起居，佩带此经，众人所钦，鬼神所畏。遇诸险难，一心称名九天应元雷声普化天尊，悉得解脱。"

注曰：天尊发大慈悲，说是宝经，上利诸天，下济群品。至士受经，必用金帛为信，以质其心，告盟十天，然后传付。其金帛者，但欲质心盟天，岂较多寡？金帛虽微，盟约实重。大圣非吝惜而不普及，恐人轻慢，故谆切以谕。雷师宜令土地司命，在处守护也。若人侍奉天尊，持诵经号，致感圣真降庭，故祥云缭绕。生奉真诠，则死归善道。更能依式篆符，书写此经，至诚佩带，诸难不生，人神敬畏也。

于是雷师皓翁对天尊前，而说偈曰："无上玉清王，统天三十六。九天普化君，化形十方界。披发骑麒麟，赤脚蹑层冰。手把九天炁，啸风鞭雷霆。能以智慧力，摄伏诸魔精。济度长夜魂，利益于众生。如彼银河水，千眼千月轮。誓于未来世，永扬天尊教。"时雷师皓翁说是偈已。

注曰：此章雷师皓翁顿有所得，故说是偈，以称扬天尊好生大德之万一。所以文义溜亮，语言华泽，其功德力可胜言哉！

天尊言："此经传世，世人未知。吾今所治九天应元府，府有九天雷门使者，以纠录典者、廉访典者佐之。复有四司：一曰掠剩司，二曰积逮司，三曰幽枉司，四曰报应司，各有大夫以掌其事。吾之所理，卿师使相咸赞元化。"

注曰：天尊自言所治之司官兵将吏善恶，各付其职。所以生杀之枢，皆由天尊之命令，三界万灵，莫不皆奉行也。

天尊说是经毕，玉梵七宝层台，天花缤纷，琼香缭绕。十方诸天帝君，咸称善哉。天龙鬼神，雷部官众，三界万灵，皆大欢喜，信受奉行。

注曰：说经已矣，诸天帝君、雷部鬼神，悉皆赞叹，踊跃而去。凡我同志，信士善人，得遇宝经，当洗心涤虑，至诚朗诵真文，则祸难不萌，永保长生者也。

《指玄篇》注[①]

唐大道金阙选仙纠司度人孚佑演正警化兴隆大道真人吕纯阳　撰
宋雷霆都尉神霄大帝仙君五雷判善恶真人紫清白玉蟾　注

《吕祖全书·指玄篇》小序

今世盛行《参同契》《悟真篇》二书，注释者多家，诚丹道之津梁也。第继《参同》之后，开《悟真》之先，有吕祖之《指玄篇》。原藏诸青城石室，以待其人者。迨数传而紫清白真人注之和之，虽已刊行，其传未广。今细读之，与《参同》《悟真》，不差毫末。如律诗一十六首，《悟真》亦律诗十六首；绝句三十二首，《悟真》卷末杂言亦三十二首。若出一手，他可知矣。然后知紫阳真人所谓"梦谒西华入九天，真人授我指玄篇，其中简易无多语，只是教人炼汞铅之诗"，即专指此篇无疑也。尝考紫清之赞紫阳云："元丰一皂吏，三番遭配隶。遗下《悟真篇》，带些铅汞气。"吾谓《悟真》，《指玄》之外传也；《指玄》，又《参同》之外传也。其实三书，又皆《阴符》三百字、《道德》五千言之外传也。世不乏会心人，当自知之。

《指玄三灿》原序

余苦志玄门，酷好阴阳，童稚及今，四十年矣。凡诸圣祖丹经，无不请录考诵，参求至理。凡遇海上诸先生，或道像游方者，或居家修炼者，吾未尝不请其大旨也。间有明首而无尾者，间有全道不知者，间有将道书熟记，一法不明者，种种多人。余窃疑之，不敢自以为是。偶幸天缘，得遭圣

---

① 据清乾隆年间刘体恕汇辑之《吕祖全书》卷六增。

师，朝夕侍几，方得阴阳全学、内外大丹秘诀。俗云："若要人不老，须遇不老人。"信不诬耳。侍教之暇，博览丹经，启金书宝藏，而得《指玄》一书，乃圣祖所撰，白紫清真君所述，而程弄丸先生为序。楚窃思张紫阳仙师之梦谒西华，乃此经也。今圣师光锡下土，千载一时，幸求证焉。圣师谕曰："此诗句果吾之留题也。阴阳大道，龙虎口诀，尽在诗中，子其味之乎！"楚领圣谕，心喜神怡，豁然大贯，方见仙道之有衣钵也。是以述圣诀，下陈愚学，作为草注，附于白师之后，而自刊行，以广同志。非敢曰擅注圣经，但聊述圣教耳。同志之士，当珍重仙经，而归此正门，方不失登瀛之大路也。谨序。

古濱阳弟子岐谷子良裔郭楚阳拜序于辟玄丹室。

《指玄篇本末》原序

余求仙道五十余年，三教经书，涉猎万卷。惟有《悟真篇》中十一诗云："梦谒西华到九天，真人授我指玄篇。其中简易无多语，只是教人炼汞铅。"四句之中，独有《指玄》一书，不知何人所作。所以遍搜丹经，广讯师友，俱谓许旌阳所作，又谓吕洞宾所作，又谓白玉蟾所作。余观旌阳圣师指玄之词，虽言汞铅，甚是繁杂，亦不简易，亦与《悟真》全不相合。而紫清《指玄篇》，乃是悟真五代玄孙所作，亦不相干。又观古仙《指玄集》《指玄歌》《指玄要语》《指玄秘诀》，皆与《悟真篇》相违，无有契合，余甚疑之，积有年矣。

兹于庚申十月晦日，是余诞期，寓于金陵朝天宫中。有门人吴鸣凤者，赍书一册，曰："弟子家藏此书，五六代矣。今为师之寿日，特进献之。"余即焚香开诵一遍，乃是纯阳真人所作《指玄篇》上下二卷。上卷十六诗，系白玉蟾真人注释；下卷三十二诗，亦是玉蟾真人和韵而注释之，甚是分明，全与《悟真》契合。始知紫阳真人，得此纯阳《指玄》上下二篇，而作《悟真》三篇，以度后学，可见仙师慈悲之心切切。

余将《悟真》三篇八十一诗，印证《指玄》二篇四十八诗：纯阳诗云"光阴犹似箭离弓"，紫阳亦云"百岁光阴石火烁"；纯阳云"此法真中妙更真"，紫阳亦云"此法真中妙更真"；纯阳云"一三五数总皆春"，紫阳亦云"三五一都三个字"；纯阳云"种得金花果是强"，紫阳亦云"种得黄芽渐长成"；纯阳云"前弦之后后弦前"，紫阳亦云"前弦之后后弦前"；纯阳云"不是凡砂及水银"，紫阳亦云"不是凡砂及水银"；纯阳云"大道玄机颠倒颠"，紫阳亦云"不识玄中颠倒颠；"纯阳云"好把无毛猛虎牵"，紫阳亦云"牵将白虎归家养"；纯阳云"丁宁学道诸君子"，紫阳亦云"报言学道诸君子"；纯阳云"弹琴须要遇知音"，紫阳亦云"未逢一个是知音"；纯阳云"不免天机重漏泄"，紫阳亦云"莫怪天机重漏泄"；纯阳云"果然由我不由天"，紫阳亦云"始知我命不由天"；纯阳云"返老还童寿万年"，紫阳亦云"跳出樊笼寿万年"。

余略观之，篇篇仿佛，句句旨同。再索其数，纯阳《指玄》上卷律诗一十六首，紫阳《悟真》上卷亦是一十六首，俱合二八一斤之数；纯阳《指玄》下卷三十二首，而紫阳《悟真》卷末亦作歌颂乐府杂言三十二首，以应仙佛同源共本之妙，毫发无差。所以纯阳诗云："朝朝只在君家舍，要见须知掘土中。"而道光禅师诗云："朝朝只在君家舍，夜夜随君知不知。"所以仙佛修行，均同妙法。玉蟾注释泄尽天机。今始知紫阳真人之诗"只是教人炼汞铅"一句七字，足以发明人身之中虚无之处，而炼汞铅耳。真人犹恐后学不知其人，所以特云"知牵无毛猛虎、掘地寻天、龙虎同宫、龟蛇同穴、交感阴阳、共床同类、花发拈花、月圆赏月、两重天地、四个阴阳、花发西川、月明北海、真铅大药、只在人心"等语，破尽三千六百旁门，扫尽八万四千邪径。而房中采战，俱是妖魔；打坐独修，终为下鬼；烧炼铅汞，到老无成。所以纯阳真人特作一诗于十四章之末句云："丁宁学道诸君子，好把无毛猛虎牵。"而玉蟾真人注云："纯阳特作此诗，惟恐后人信心不坚，教人知牵无毛猛虎，道不远矣。"可怜二位仙师，慈悲接引，后人奈何迷惑，不思无毛猛虎是何等物也，何等人也，只将有毛猛虎，终日猖狂，丧身失命而不知。有等上根利器，悟得浊里求清，邪中得正，入虎穴而得虎子，入龙宫而得龙儿，方知接命延年、山泽通气、长生不死、水火相胥、进火退符、风雷鼓舞、丹成药熟、颠倒乾坤。学者知此，方知紫阳真人之言"其中简易无多语，只是教人炼汞铅"二句，包括一部大藏仙经，至矣尽矣。

是日门下诸友，皆见《指玄》真书，踊跃而喜。内有歙邑门人似之方允谷者，愿将此书捐资锓梓，以广其传。得是书者，遵而行之，必登紫府，超上玄宫，而与纯阳、紫阳、玉蟾诸仙，遍游八极，以度祖宗，同归于不夜之天，居于不死之地，永乐无忧，方是天地间之大孝子也已矣。言至此，不觉心酸，回思从前，受苦无量，今虽道之未成，幸尔获其真旨，万事俱备，只候东风，得一贤良，同了斯道，以足生平之初念耳。诸生欲余一序，纪其得仙真书，证之无毛猛虎，寄于《指玄》之右，以遂易明求仁得仁之本末云尔。

新安休邑弄丸子体刚程易明焚香拜序。

《指玄篇》自序

余精儒业，应试，路逢正阳仙翁，悯岩，指修大道，遂弃功名。始生疑惑，后蒙指出，余方省悟。再访圣师，登山涉水，游至终南，稽首讯问根由。不责前愆，授余《太上无量度人妙经》及丹房秘诀，反复丁宁告诫，命余珍藏，密修大道，采炼还丹，以逃生死，入希夷门，游长生境。余既得闻，喜而敬之，叩头谢恩。别圣师云游尘境，誓度百人成道，皈奉真风。不料世之迷徒，只知恶死，不肯求生，不悟玄机，殊昧妙理，反生谤毁。或有执著而怀邪妄者，或服金石草木者，种种痴愚，入于迷境。及至老死，犹不知悔，深可惜也。吾固怜之，无能拔济，特作《指玄篇》一册，留于青城石室之中，稽首告天，拂袖而去。倘后之君子，得遇此书，乃三生有缘。收吾秘诀，务必严整衣冠，具香火灯水，于静夜面朝北斗，致谢高真。日逐虔诚，感格仙圣，自有明师剖决简奥细微、水火进退、药物斤两。明后下手隐身，煅炼龙虎大丹，脱胎入口，接命延年，驱魔剪怪。修得三千行满，候诏飞升，逍遥物外，与天齐年，与吾无异也。是为序。

《指玄三灿》上篇律诗一十六首

其一

叹世凡夫不悟空，迷花恋酒逞英雄。

春宵漏永欢娱促，岁月长时死限攻。

弄巧常如猫捕鼠，光阴犹似箭离弓。

不知使得精神尽，愿把身尸葬土中。

玉蟾曰：纯阳仙师慈悲，大开接引，故叹世人险曲迷昧，自丧其身。后览书者，当见仙翁之言，的无虚也。正好回头悟道，切莫错过光阴。非大慈悲，谁肯苦口劝人？

其二

昔年我亦赴科场，偶遇仙师古道旁。

一阵香风飘羽袖，千条云带绕霓裳。

开言句句谈玄理，劝世声声唱洞章。

我贵我荣都不羡，重重再教炼黄房。

玉蟾曰：此诗自叹遇钟离老祖，讲道劝化之意也。羽袖霓裳，乃仙家所穿之服；玄理洞章，乃仙家所修之业；黄房者，非世之黄房，乃中央属土，黄帝所居之位也。

其三

（第四句借韵）

玄篇种种说阴阳，二字名为万法王。

一粒粟中藏世界，半升铛里煮山江。

青龙驾火游莲室，白虎兴波出洞房。

此个工夫真是巧，得来平步上天堂。

玉蟾曰："阴阳"二字，极有妙理，若欲见形，龙虎是也。一粒者，乃混沌之初，先天之炁，故能包罗天地，养育群生；半升铛者，乃是炼药鼎器，非铁鼎之铛也。青龙在东，东方属木，木能生火，故谓之驾火，非凡之水火也。若求大药，有足能行，是个活物。莲室乃丹房之所。白虎在西，西方属金，金能生水，故曰兴波。波非海水，金非凡金，若求金水，有手能拈，亦是活物。近世多执凡水火，煅炼金石草木，以修诸身者，深可惜也。洞房者，乃出丹之所。噫，观此书者，当知神仙称赞大丹，若能得之，升天入地，不可测也。

其四

寻天撅地见天光，种得金花果是强。

那怕世间诸饿鬼，何愁地下老阎王。

正心收住黄龙髓，张口擒吞白虎浆。

不是圣师当日诀，谁人做得者文章。

玉蟾曰：老子云"先天地生"，若欲见之，必寻天撅地。寻之得手，何畏鬼神。龙髓虎浆，乃是药名。纯阳得钟离之传，能知玄妙，方作大丹诗歌，以留于世。读者参究，信受玄言。

其五

（四韵并用）

一三五数总皆春，后地先天见老君。

花发西川铺锦绣，月明北海庆风云。

好抛生计于斯觅，莫逞浮华向外营。

念念不忘尘境灭，静中更有别乾坤。

玉蟾曰：一、三、五乃阳数，二、四、八乃阴数。修仙之士，能知一生二，二生三，三生万物，便有还丹至宝，不可错过。后地先天者，得地中一阳之气，上升于天；天有一阴之气，下降于地。二气相交，发生万物，则为泰卦；二气不交，则为否卦。真阴真阳，隐于天地之中，无形无影，视之不见，听之不闻。若能擒得，便是花发月明，总一意也。花发于春，月明十五，修丹炼药，要识其时，不遇真师，纸上难得。若得师指，将家业抛去，趁其时而急修，不可迟延。苟或迟延，药物过矣，即无用也。炼药之时，念念不忘，道心如铁，莫被尘境所牵，色欲所蔽。动中得静，便是幽微，所谓有动工、有静工。噫，妙哉意也。学道本无先与后，新笋生同旧竹高。

其六

世间无物可开怀，奉劝世人莫自埋。

好趁风云真际会，须求鸾凤暗和谐。

两重天地谁能配，四个阴阳我会排。

会得此玄玄内事，不愁当道有狼豺。

玉蟾曰：世间荣华富贵，都是漫天之网，众生被他罩住，故不开怀。只有上圣高真，有大智慧，将浮华扫退，炼就还丹，以超三界，永无忧矣。故真仙劝世，莫自沉埋。噫，未遇真师，何人识得？天地阴阳，其意玄微。惟有神仙能穷本，得返还之理，何愁虎狼当道，蛇虫遍地？自在逍遥，与天齐寿。噫，神仙都是凡夫做，只是凡夫不信心。

其七

前弦之后后弦前，圆缺中间气象全。

急捉虎龙场上战，忙将水火鼎中煎。

依时便见黄金佛，过后难逢碧玉仙。

悟得圣师真口诀，解教屋下有青天。

玉蟾曰：修丹之士，莫问弦前弦后，止看月缺月圆。月圆玉蕊生，月缺金花卸。生时好用工，卸即无用也。龙东虎西，间隔甚远，学者趁圆缺之时捉之，相战水火。盖龙虎中之元气，取于金鼎，仔细烹煎。水冷须进火，水滚须抽火，进退之理，方保成也。仙师再说"依时"二字，反复丁宁，指示后来慕道贤士，能趁月圆之时，正好行工，非寻常也。黄金佛者，乃释氏之大觉金仙，真身丈六，同大丹理。至于《周易》卦数，深有幽微。魏伯阳老仙得丹之后，作《参同契》流传于世，其言似解《周易》，其实明大丹之诀。顽石中藏宝，时人眼未明，卞和若一见，怎肯不相亲。过后难逢者，乃月缺之时，有何用也。屋下有天者，非虚浮之事。以世理譬喻，天之在天，屋下岂能藏之？神仙之道，多般颠倒，火里栽莲，水中捉虎，死处逢生，故有登天之灵梯。

其八

（三韵并用）

修仙善士莫痴迷，于此宜当早见机。

花发拈花须仔细，月圆赏月莫延迟。

得来合口勤烹炼，既济休工默守持。

从此不须心懊恼，管教平步宴瑶池。

玉蟾曰：花发月明，前已漏泄。花不在山，月不在天，要知著实。家家有之，人人可修。水火不合，卦爻未济；水火一合，道得既济。休工默守，然后修炼，以复其初也。日满工完，皆同众仙，游宴瑶池圣境，其实不虚也。噫，洞宾一得真铅后，弃却瓢囊碎却琴。传于后学牢把念，六根有耳不闻音。

其九

要知大药妙通神，不是凡砂及水银。

世间药材俱是假，人烧水火总非真。

有形有质何须炼，无象无名自可亲。

一得便超三界外，乘鸾跨鹤谒枫宸。

玉蟾曰：大丹妙药，至灵至神，非世间金石草木、黑铅水银，亦非炉釜水火，俱是有形有质可见之物。盖灵丹妙药，乃是生天地之祖炁，无形无影，难执难见，隐于空洞玄牝之中。惟有神仙参透阴阳造化，旋斗历箕，暗合天度，攒簇五行，和合四象，龙吟虎啸，天地动静，方得元始祖炁，化为黍光，降见浮空。采而服之，还元接命，以作长生之客，升入无形，故有无穷变化，自在逍遥。后之学者，切莫听信邪师惑误性命，必仔细参求，投明弃暗。噫，迷者自迷，各宜穷理，覆鸡用卵。

其十

（二韵并用）

天机不泄世难知，漏泄天机写作诗。

同类铸成驱鬼剑，共床作起上天梯。

人须人度超尘世，龙要龙交出污泥。

莫怪真情都实说，只缘要度众群迷。

玉蟾曰：同类者，天以地为类，日以月为类，女以男为类，阴以阳为类。《契》云："勾陈螣蛇，青龙白虎。相呼相唤，相扶相舞。颠倒修之，离取坎补。"纯阳此诗，真实泄漏天机。蟾复解此，惟愿后来万万人，学同长生之域，各当及早修持，莫待今生错过。

十一

返本还源已到乾，能升能降作[1]飞仙。

一阳发[2]是兴工日，九转周为得道年。

炼药但寻朱里汞[3]，安炉先立地中天。

此中就[4]是还丹理，不是真[5]人莫浪[6]传。

玉蟾曰：返本还源，须要天地相合，龙虎相交，方得木火下降，金水上升。要识一阳生时，安炉立鼎，掘地寻天，采丹接命。知之者切莫乱传，若非道心坚固者，虽金玉丛中，视若浮云。任是父子骨肉，道心不坚，敢轻妄传，天必殃报，九祖沉沦。还丹秘宝，《度人经》云"四万劫一传"，故纯阳告戒。

---

① 原注：一作"号"。
② 原注：一作"生"。
③ 原注：一作"金里水"。
④ 原注：一作"便"。
⑤ 原注：一作"遇奇"。
⑥ 原注：一作"誓莫"。

十二

天生一物变三才，交感阴阳结圣胎。

龙虎顺行阴鬼出[①]，龟蛇逆往火神[②]来。

婴儿日食[③]黄婆髓，姹女时餐白玉杯。

功满自然居物外，人间寒暑任轮回。

玉蟾曰：一物，是真铅也。盖真铅生于天地之先，号为元始一炁，能生天生地生万物。今者返而求之，须用阴阳交感，逆施造化，故能成仙成佛。上圣已知汞性好飞，遇铅乃结，炼真铅伏制真汞，如母伏子，不致逃失，方结圣胎，以为长生不老神仙。

十三

先天一炁号虚无，运转能教骨不枯。

要识汞根寻蒂子，方求铅本问仙姑。

人人会饮长生酒，个个能成不死夫。

色即是空空即色，朗然飞过洞庭湖。

玉蟾曰：先天炁为铅，无形而能制汞。离虚坎实，采而补之，汞精不致飞走，故能结胎神化。妙在心如太虚，色境两忘，忘无可忘，方可求之。若人欲横流，终不能成。

十四

（第四句借韵）

大道玄机颠倒颠，掀翻地府要寻天。

龟蛇共穴谁能见，龙虎同宫孰敢言。

九夏高山生白云，三冬奋火种金莲。

丁宁学道诸君子，好把无毛猛虎牵。

玉蟾曰：颠倒之机，前篇已露。纯阳复作此诗，惟恐后人信心不坚。知牵无毛猛虎，道不远矣。

---

① 原注：一作"去"。

② 原注：一作"龙"。

③ 原注：一作"吃"。

十五

（首句借韵）

地上灵芝天上安，时中采得结纯乾。

无根自有阳春至，有本多因气脉缠。

姹女戏时神力壮，婴儿舞处道心坚。

可怜世上无知识，我得长生寿万年。

玉蟾曰：花果非在天地，不离人身。婴儿姹女，无媒不合，有缘能悟，便可得仙。噫，只待地母花开日，便是黄河彻底清。

十六

（第六句借韵）

劝君保重一分阴，悟此仙机在用心。

只是人身常运转，何劳物外苦搜寻。

忙求北海初潮水，灌济东山老树根。

此个玄机重漏泄，弹琴须要遇知音。

玉蟾曰：以上诗十六首，以为二八一斤之数。古仙尝惜分阴，今人反有休息，将身至死，犹不知悔。须将精气顾惜，莫听邪师妄惑，服炼草木药石，皆是胡为，去道远矣。有等愚夫俗子，又不知出世间法，不知还丹至理，妄生议论。皆言修道炼丹，必居深山穷谷，必须抛妻弃子，此辈真可惜也。蟾今直指，各宜究参。深山所有者，草木禽兽，皆是非类，岂能修炼还丹？《悟真》云："未炼还丹莫入山，山中内外尽非铅。此般至宝家家有，只是愚夫识不全。"又云："汞是我家原有物，铅是他家不死方。"若将金石草木任猜量，到底枉猜量，必入轮回去。今纯阳云"北海初潮"，即是丹井中新出之甘泉，实为难得之宝耳。盖"初潮"二字，便是先天一炁、真铅之炁，故谓之至宝、无价之宝，可为大丹之母。东山枯木，北泉注之，枝叶重荣，根本永固。《歌》云："北方正气为河车，东方甲乙为丹砂。两情合养为一体，朱雀调运生金花。"《契》云："丹砂木精，得金乃并。太阳流珠，常欲去人。卒得金花，转而相因。"盖此意也。

以上丹经万卷，天机不漏。今纯阳真人悯世愚迷，故诗中发泄。蟾今又注释之，指下琴音，世无知者。此书在处，当有神祇拥护。学仙者有缘得遇，信受奉行，立跻天仙也。

《指玄三灿》下篇绝句三十二首

（玉蟾注和三十二首，应六十四卦之火候。）

其一

（三韵并用）

世人宜假不宜真，难度长生上品经。

不免天机重漏泄，灵丹只是气和精。

和曰：纯阳仙圣得全真，慈度重宣上品经。后学殷勤加爱敬，只宜修炼气和精。

其二

道在人为日用常，逆修入口遍身香。

便须默养天胎就，稳跨翔鸾谒玉皇。

和曰：无中生有得非常，西海金生丽水香。取得归来铛内煮，待炉丹熟礼虚皇。

其三

西北东南在两厢，长房缩地合中央。

后人好学神仙法，一样丹砂补败场。

和曰：雄虎雌龙各一厢，凭媒牵引入中央。炼时匹配休轻视，顷刻终成大道场。

其四

（第二句借韵）

此法真中妙更真，无头无尾又无形。

窈冥恍惚能相见，便是超凡出世人。

和曰：真中无假假中真，听不闻声视没形。学道知机能著力，得之凡骨变仙人。

其五

东华姓木老仙翁，独坐长房未有功。

忽遇西王金圣母，灵丹一粒便腾空。

和曰：家家有过主人翁，只为贪迷昧圣功。若解转头颠倒做，守真志满总归空。

其六

一法通时万法通，休分南北与西东。

朝朝只在君家舍，要见须知撅土中。

和曰：玄牝之门若会通，百川万派总归东。时人若识真消息，子正阳生月正中。

其七

黄鹤楼中吹笛时，白苹红蓼满江湄。

衷情欲诉无人识，只有清风明月知。

和曰：铁笛横吹正子时，一轮明月见江湄。此中便是真端的，试问诸君知不知。

其八

（二韵并用）

法是先天一点炁，将来煅炼作元神。

法官存想驱雷使，炼此方能上玉京。

和曰：太乙含住先天炁，灵阳藏固养精神。两般若得相和合，指日飞升朝玉京。

其九

二八佳人体似酥，腰间仗剑斩愚夫。

分明不见人头落，暗里教君骨髓枯。

和曰：无情何怕体似酥，空色两忘是丈夫。识得刚柔相济法，一阳春气为嘘枯。

其十

曾读仙经万卷多，篇篇只教运黄河。

此中有盏长生酒，问道时人能吃么。

和曰：一句通玄不用多，大家著力挽银河。三花灌上昆仑顶，不是神仙是甚么。

十一

朝游北海①暮苍梧，袖里青蛇胆气粗。

① 原注：一作"北越"，又作"百越"，又作"岳鄂"。

三醉岳阳人不识，朗然①飞过洞庭湖。

和曰：一对鸾凤戏碧梧，性情相契要精粗。有人识得玄中理，何必登山及泛湖。

十二

我命从来本自然，果然由我不由天。

金丹一服身通圣，可作蓬莱阆苑仙。

和曰：道本无言只自然，真铅要识地中天。河车运上昆仑顶，作圣超凡便是仙。

十三

修仙不问男和女，炼药无拘富与贫。

一念不差皆可作，我知不是世间人。

和曰：王母本是凡人女，葛洪家道十分贫。二仙有样皆当学，苦口良言不惧人。

十四

（末句借韵）

神仙歌诀泄天机，方便慈悲指世迷。

见者莫生颠倒见，大家都好学妆痴。

和曰：篇篇字字有真机，悟者回头莫执迷。大药丹方难得遇，遇之不炼是愚痴。

十五

不死金丹种土砂，诸人会得早离家。

一心只望长生路，切莫如蜂苦恋花。

和曰：非金非木亦非砂，此个原来本在家。释氏初生全漏泄，因何末后又拈花。

十六

（第二句借韵）

真铅大药本无形，只在人心暗与明。

老子怀胎十个月，功圆行满自通灵。

---

① 原注：一作"吟"。

和曰：哑子得梦醒无形，有口难言只自明。脓血皮包无价宝，若还人得便通灵。

十七

（末句借韵）

鼎炉安立守真心，八两朱砂八两金。

和合天平兑定了，便须仔细定浮沉。

和曰：昨夜进心要坚心，煅炼顽铜化赤金。赫赫光明侵碧嶂，丹成妙诀定浮沉。

十八

奉真修道守中和，铁杵成针要琢磨。

此事本然无大巧，只争日逐用功多。

和曰：人人天赋此元和，好把真常各打磨。今古上仙成道者，皆缘掘地采铅多。

十九

一阳气发用工夫，日月精华照玉壶。

到此紧关休妄动，恐防堕落洞庭湖。

和曰：达磨当日用工夫，独坐长芦用酒壶。得了一杯倾灌顶，摘芦脚踏过东湖。

二十

（第二句借韵）

曲江月现水澄清，沐浴须当定主宾。

若得水温身暖处，便当牢固办前程。

和曰：采药须知浊与清，饶他为主我为宾。若非猛火汤烹处，端坐休教再进程。

二十一

龙虎相逢上战场，霎时半刻定兴亡。

诸君逢恶当行善，若要争强必损伤。

和曰：五炁朝元作道场，三华聚顶万邪亡。嗜美景时须谨慎，切防危险莫遭伤。

二十二

（第二句借韵）

道本无言法本空，强名指作虎和龙。

天然一物真元始，隐在阎浮同类中。

和曰：须信金丹本不空，成功须用虎和龙。子时运入昆仑顶，午后循环沧海中。

二十三

人言我道是虚浮，我笑世人太没谋。

一粒金丹长命药，暗中失了不知愁。

和曰：炼丹须要识沉浮，未炼还丹用意谋。指教后人能得手，不须日夜用心愁。

二十四

龙虎金丹妙合天，风云际会泄甘泉。

白头老子能知此，返老还童寿万年。

和曰：金丹妙道本先天，隐在坤维化玉泉。松柏因他滋本固，经霜耐雪没穷年。

二十五

（首句借韵）

两口相逢是吕岩，诸人识得莫胡谭。

离中力量人难敌，能把乾坤一担担。

和曰：伏虎须教入虎岩，吞声忍气绝言谭。得他虎子牢擒捉，配个龙儿一担担。

二十六

降龙须要志如天，伏虎心雄气似烟。

痴蠢愚人能会得，管教立地作神仙。

和曰：亏心亏理即欺天，四物相遮黑似烟。此辈即同禽兽类，如何见得玉天仙。

二十七

一本梅花十月开，预先待得早春来。

木微尚且知时景，人不回头只得呆。

和曰：枯木逢春花再开，皆因天地一阳来。诸人年老难重少，只是贪痴呆上呆。

二十八

方方游化唱仙歌，反被时人笑似魔。

不识真金如粪土，老龙把做毒蛇蹉。

和曰：颠倒修行唱道歌，篇篇剪怪又驱魔。人人要上蓬莱路，会用工夫心莫蹉。

二十九

昔年游戏岳阳楼，好个莺花鹦鹉洲。

今日重来沽美酒，故人多半丧荒丘。

和曰：茅庵静坐胜高楼，耐守功完上十洲。堪叹玉堂诸学士，文章锦绣葬荒丘。

三十

遨游大地十余秋，劝化时人不肯修。

留此一篇真奥妙，飘然直上凤麟洲。

和曰：暑往寒来春复秋，人生如梦早宜修。仙家岂有浮空语，悟透玄风上十洲。

三十一

苦劝人修不肯修，却将恩德反为仇。

如今回首朝天去，不管人间得自由。

和曰：世人宜早发心修，夫妇恩深总是仇。不信吾言当自省，眼昏背曲为何由。

三十二

浮名浮利事如风，飘来飘去有何功。

诸人各自宜三省，莫把仙方当脱空。

和曰：纯阳袖大惹春风，归去来兮甚有功。留下玄机无价宝，玉蟾解和亦谭空。

坐炼工夫①

赤松子 尹真人　述

白玉蟾　注

两眼对两肾，认取此中间。

凝神定息，舌拄上腭，心目内注，俯视丹田。片时，存祖炁氤氲，绵绵不绝，即两肾中间一点明，又名曰"破地召雷法"。

忽然一声响，霹雳透泥丸。

当一阳初动，存祖炁自下丹田透过尾闾，微微凸胸偃脊，为开下关；觉自夹脊而上，运动辘轳，微微伸中，为开中关；却缩肩昂头，觉过玉京，入泥丸，为开上关。师云："夹脊双关透顶门，修行只此是为根。"此名开天门也。

复运丹田养，如蜜甜又凉。

当觉津液满口，闭息合齿，微微吞咽，如石坠下丹田，师云"华池玉液频吞咽"。即中理五炁，混合百神，十转回灵，万炁齐仙。刀圭橐籥，阖辟工夫，皆在此矣。

有人达此者，即可返仙乡。

复存祖炁在中黄脾宫，结成一团金光，内有一秘字，觉如婴儿未出胞胎之状。咽液，存炼金光结聚，忘机绝念，然后剔开尾闾，涌身复自夹脊双关直上，师云"紫府元君直上奔"。心目注射，胸间迸裂，自眉间明堂而开。仰视太虚，金光秘字分明，充塞宇宙，则火炎中使者现。师云："踏翻斗柄天昏黑，倒卷黄河水逆流。"又云"倾翻北海万重云，卷起黄河千丈雪"是也。

---

① 据《道法会元》卷七十七增。

书符内秘[①]

上官真人　述

白玉蟾　注

一笔分明无起止，此是雷霆玄妙理。若能念念不忘吾，三界万神咸顶礼。

两手握固，目视鼎中，叩齿三通，关身四正，金闲木动。水、火、土雷车，徐徐登玉境。火空则明，火炎则升；水流则响，水凝则冰。此水火为雷之妙也。

师曰：凡行持，须备香案，面南焚香，趺坐，定息凝神，两手雷局握固，瞑目定心。却以两目下视两肾，舌拄上腭。待炁定神凝，魂安魄妥，见吾心如太阳，大如车轮，红光赫奕，九芒交射，恍有〇〇〇三字金光灿然，一吸入至心宫。见心如莲花状，三字在太阳莲花中。微觉玉液水生，即咽下，注入心宫，自然如真晶玉露自莲花内出，下降滴入玄府，如日月之光明，照彻五内。真水滴注，飒飒有声。水火激剥，自然火发风腾。却运自三关，冲焰而起，入中宫祖炁根蒂之内。即用意一提，透上玉楼十二重，过刚风浩炁，直至八宫之内，众妙之门，日月交映，遍身火热，金光朗耀，光芒四迸，此即金弹丸也。再运收入中宫，微微咽津纳炁，存注祖炁穴中，充塞中宫，永镇黄庭，金光迸耀，表里洞明。每日于子、午、卯、酉时中运一次。如此修持，更得明师点化，玄妙渐可成也，秘之毋忽。

木郎祈雨咒[②]

（并注）

乾晶瑶辉玉池东，

乾者，亥方也，西北之位，为天门也。天中之晶，乃琼华瑶辉之境，梵

---

① 据《道法会元》卷七十七增。

② 据《武夷集》增，校以珍本、《道法会元》卷七十一收录本（简称"会元本"）、同治本。

气之上，玉符之中，有玉池东际，乃空洞之城，是雷神所居之所也。

盟威圣者命青童。

九天有无极盟威真人，乃圣者也。真人行号令，召命东方蛮雷神将，姓朱名青童。

掷火万里坎震宫，

掷火万里，乃雷神之威也；流铃八冲，乃雷母之权也。自坎之震，乃自北而东也。地从东北而生，故东北乃雷神之宫。故《易》曰："雷在地中，复也。"

雨骑迅发来太濛。

雷车雨骑，风驾雷辕，皆雷神部从也。奋迅自空中而来，故曰"来太濛"也。

木郎太乙三山雄，

太乙碧玉之府，乃木郎皓灵神君居其左，主祈雨；瑞华东灵神君居其右，主祈雪。左宫有三山，右宫有四垒。木郎乃太乙府左右三山之雄神也。

霹雳破石泉源通。

雷神以雷槌、雷斧破石，通其旱涸之泉源也。

坤震巽土皓灵翁，

坤属西方，震属东方，巽巳属东南。以西方之金克东方之木，以东方之木生南方之火，以南方之火生中宫之土，土能克水。水师，乃皓灵翁也。歘火神君居西方，主帅辛判官居东方，邵阳雷公在南方，五方蛮雷会于玉枢使相之中宫。玉枢乃斗枢也。斗中有都水使者，乃皓灵翁也。是故激厉如是。

猛马四张歘火冲。

雷神四方驰猛马，中宫歘火飞空下。乃雷咒中语。

流精郁光奔祝融，

水神名玄溟，字流精；雨神名渀涄，字郁光；火神名回禄，字祝融。以水神、雨神驱奔火神也。

巨神泰华登云中。

泰华乃东岳上卿，巨神乃西岳白虎神主也。奔迸于云中也。

墨幡皂纛扬虚空，

墨幡皂纛，状似阴云，飞扬虚空，沛然下雨。

掩曦蒸雨屯云浓。

屯聚浓云，掩隐炎曦，酿阴雨也。

阏伯撼动昆仑峰，

南方荧惑星君，下有阏伯神君。撼昆仑之山顶，有天河也。此言火神动山岳、倾天河也。

幽灵翻海玄溟同。

水神名玄溟，波神名翻海，江神名幽灵。此言波神用力，与江神用力，而水神亦同用力行雨也。

冯夷鼓舞长呼风，

六波天主帝君，乃冯夷也。鼓舞长呼起风雨也。

蓬莱弱水兴都功。

蓬莱有都水使者，弱水有都功使者。

龙鹰捷疾先御凶，

雷府有火龙之车，火鹰之骑，先御炎凶也。

朱发巨翅双目彤。

欻火律令邓大帅，有朱发，两畔肉翅，银牙耀日。①

雷电吐毒驱五龙，

雷公电母吐威毒之气，驱五海之龙。

四溟暧㽼罗阴容。

四海黯霭，森罗阴色。

一声四海改昏蒙，

霹雳一声，则四海之内改炎热而为昏蒙。

雨阵所至川流洪。

雨阵如骑，飞空而至，川流洪水。

金光流精斩旱虹，

金光流精，乃西南雷神，人首神身，仗火剑，斩蟛蜞也。

洞阳幽灵召丰隆。

洞阳幽灵，乃东北雷神，人首鱼身，号召雷师丰隆也。

玉雷浩师变崆峒，

玉雷浩师，乃东南雷神，人首龟身，变阴黑之色，满雷府崆峒之城也。

虚皇泰华扫妖虫。

虚皇泰华，乃西北雷神，人首蛇身，扫荡为旱之妖虫。

---

① 此句注文会元本作"欻火律令邓天君，有朱发，两畔肉翅，两目重瞳。"

群梁玄黄号前锋，

群梁玄黄，乃风神也。风势号为雷阵之前锋。

祠泉恣蜃威天公。

祠者，祷也；泉者，龙潭也；恣者，纵也；蜃者，蛟虬也；威天公者，施行天公之威也。

欻火律令翻穹窿，

欻火律令邓元帅，飞冲于穹窿虚空之表。

鞭击妖魅驱蛇虫。

旱魃、旱妖，乃为旱之鬼魅；异蛇、怪虫，乃倦晦之隐龙。

勾娄吉利炎赫踪，

勾娄，吉利之言，在雷府乃火龙之字。言火龙炎炎赫赫之踪，事见方丈王侍宸《紫微雷书》。

登僧泽颐悉听从。

登僧泽颐之言，在雷府乃火车之字。言火阵元帅听五雷之号令，事见方丈侍宸《雷书》。

织女四哥心公忠，

织女四哥之言，在雷府乃霹雳大仙。其心公忠，为民祈雨。

辅我救旱功勋隆。

雷神、风神、雨神、电神，助吾救旱。按《法书》云："救旱一次，以其阴功，升转一阶，准活一百二十人，大旱过两旬者迁三阶。"

赤鸡紫鹅飞无穷，

唐天师叶法善《雷书》中有赤鸡紫鹅之符，投于东南水瓮中，诵木郎咒，可致雨。事见方丈《法书》。

摄虐缚祟送北酆。

摄虐龙，缚旱祟，送北阴之天狱，以考亢旱之咎。

敕紫虚元君降摄，急急如火铃大帅律令。

紫虚元君，乃玉枢使者；火铃大帅，乃阙伯神君也。

三十六雷名 [①]

五帝雷公　阴阳雷公　四令雷公　六甲雷公　霹雳雷公　发水雷公　八风雷公　十雨雷公　六道雷公　掣电雷公　兴风雷公　行雨雷公　五岳雷公　四渎雷公　八节雷公　六候雷公　大川雷公　溪谷雷公　江河雷公　四海雷公　鸣鼓雷公　轰轮雷公　火车雷公　火轮雷公　移山雷公　走石雷公　兴云雷公　洒雨雷公　行雪雷公　布霜雷公　打瘟雷公　驱邪雷公　光明雷公　黑暗雷公　破庙雷公　火印雷公

玄珠歌 [②]

侍宸灵慧冲虚妙道真君王文卿　撰
雷霆散吏紫清真人海琼白玉蟾　注

大道无言，

道本无言，多言损炁。收炁存神，惜精爱己。内炼成丹，外用成法。神炁散乱，法不灵也。

闭息内观。

闭息者，外无所入，内无所出。内观者，无一毫之杂念，目视泥丸，舌拄上腭，神炁自然来往。闭息则炁聚，内观则神凝。

天罡运转，

天罡，心也。以心运诸炁，动阳则阳报，动阴则阴报。运转五行，常朝

---

① 参校本无"三十六雷名"一篇，据会元本补。

② 此篇出《道法会元》卷七十。

上帝，斡旋造化，颠倒阴阳，随机而应。

七曜芒寒，

七曜者，在天北斗也，在人眼耳鼻口七窍。若能关闭七窍，则七曜光芒交射，气迸浑身汗出，头脑之上亦汗炁如云，始合造化。

五星相联，

五星，金、木、水、火、土，在人乃心、肝、脾、肺、肾。闭息内观，五炁自聚，炁满泥丸，方朝上帝。

还绕泥丸。

泥丸，万神会约之所，乃上帝所居。行功之际，运炁自尾闾上度夹脊双关，直至泥丸，方得天翻地覆，晴雨随机。

水火交射，

水肾火心，水阴火阳。阴阳相剥，水火相攻，雷电交作。

金木相克，

金肺木肝，金能克木。木为震，震为雷。以西兑之金，克东震之木，故雷声也。

金水相生，

金肺水肾，金能生水，水从金生。以金生水，以水克火，乃金水辅太阳，祈雨之妙也。

木火相得。

木肝火心，木能生火，火从木而生。以木生火，火乃祈晴祈风之窍也。

土为意神，

金、木、水、火，相生相克，土者不动。诸炁无土不能聚会，不能生发。土，脾也，意也。脾神乃使者。但水年戊月不必祈雨，还则本身犯祖讳也，达道者不为也。

随炁生克。

诸炁无土不能造化。随炁生克者，如祈雨，金水相生，木火相得；动雷，金木相克是也。

风火雷电，

风者，巽也；火者，心也；雷者，胆炁也；电，亦火也。

雨晴雪雹，

雨者，肾水也，运动自己阴海之炁，遍满天地，即有雨也；晴者，心火也，想遍天地炎炎大火，烧开自身炁宇，乃晴也。雪雹，尽用阴炁逆转，存阳先升，阴后降，方知是也。

一炁流通，

炁，乃元阳真炁，随意运行，发生风、云、雷、雨、电也。

浑沦磅礴。

刚柔相摩，八卦相荡，鼓以雷霆，润以风雨，日月运行，寒暑充满之意。

散为万有，

万有者，万象也。在天成象，在地成形，周流生化，此炁之运行也。

聚为赤子。

赤子，吾身之真人。人之修炼，要神炁混合，内炼成丹，则圣胎凝结。

变为雷神，

雷神，亦元神之应化也。人知动静，则通天彻地，呼风召雷，斩馘邪妖，驱役鬼神，无施不可，即所谓将用自己元神是也。

化为自己。

自己者，真性也，寂然不动是也。盖所谓卷之则退藏于密，纵之则弥满六合。千变万化，何者非我。

先天先地，一而已矣。

天得一以清，地得一以宁，神得一以灵。一者，炁也。天地以炁而升降，人身以炁而呼吸。能知守一之道，静则金丹，动则霹雳。故侍宸云："世人见一不识一，一回存想一回空。"

心火为神，

心者，主帅。火发神行，神粗法阐，炁宇轩昂，万神伏听。心神，欻火也，红炁也。

肝怒魂惊，

肝者，木也。心火发，肝神方怒，自体魂惊。我怒，即上帝之怒，鬼神孰敢不惧，听令施行？肝神，辛君也，青炁也。

脾神主意，

脾中宫土也。念头急切，有感皆通，不疾而速，不行而至，动天地，感鬼神。人之至诚尚能之，况执法之士耶！脾神，使者也，黄炁也。

　　三帅化形。

　　三帅者，邓、辛、张是也。心为邓帅，肝为辛帅，脾为使者。意诚则使者至，肝怒则辛帅临，心火奋发则欻火降。此三帅化形也。

　　清浊初分，

　　天地既判，便有雷霆。轻清之炁为天，重浊之炁为地。天为阳，地为阴，雷为阳，霆为阴。

　　便有五雷，

　　五雷者，金、木、水、火、土，在人乃心、肝、脾、肺、肾。五炁相激剥，便有五雷。

　　下有五岳。

　　上应天之五星，中应人之五藏，下应地之五岳。

　　五炁往来，

　　五炁往来，生生化化。人能攒簇五行之炁，应变无穷。

　　生旺墓克，其义玄哉。

　　五行生旺墓克，方成造化。如祈雨，金水相生；动雷，金木相克也。此理玄奥，非遇明师口诀，不可得知也。

　　玄牝人门，

　　玄牝，祖炁也。乃天地之根，性命之本。人能知此一窍，为道则真，为法则灵。乃神炁之化，坎离之精。

　　五炁之祖。

　　玄牝为五炁之祖，若要运用，须是先闭五炁，祖炁方有所养。开晴致雨，斡旋造化，须仗此发用。

　　泥丸天门，

　　头有九宫，中为泥丸，上帝所居。泥丸运用，须从三关上直至此中，方合乾坤造化。

　　万神之府。

　　泥丸乃万神之府，又有阴神、阳神之说。混合万神，尽于此中听候驱役。

　　胆炁为雷，

　　胆在肝中，内有青炁。胆怒赤炁聚，五炁运入胆宫，水火相搏，雷声动也。胆雄肝怒，忿炁成雷，天怒大叱，雷声霹雳。

意为使者。

使者属土，居黄庭中。使者，使也，随意役用，出口便是使者。务在澄心定念，口说意行。此先天一炁也。

两肾日月，

右肾属阴为月，左肾属阳为日。云雾才起，先闭肾中日月，然后吐出，遮蔽天地。

脐轮星斗，

脐轮星斗，人身八万四千毫毛，同八万四千周天躔度，血为海潮，炁成云雾，皆是工夫实处。

心为天罡。

天罡煞炁，罡星在丑，炁冲斗牛，心怒则煞炁发。行持之际，以心大怒，紧咬牙关，忍炁忿怒而作，以北方之炁一吹，天倾地裂，雷雨大作。

水火成雷，

肾水心火相搏，雷声大作，正所谓相刑相害，而雷雨大沛。

金火掣电，

金肺、火心也。以金克木，木返生火，以制其金。行持之际，以两手擦起心火，顷刻屯蒙发，雷电光现矣。

木火风动，

木肝、火心也。风，巽方。火木相克，木在东，火在南。肝怒则火发，巽风大起，可嘘青炁向巽方，狂风大发。

金水沛然。

金肺、水肾。运肺液灌满肾中，方生雨露，此乃金水相生。

土为中宫，

脾属土，中宫乃黄庭。木、金、水、火，无土不能聚会。

运转五行。

诸炁才到黄庭，乃都省也，方可运转五炁，上朝帝阙。

常朝上帝，

五炁运转，朝礼上帝于泥丸宫。返为婴儿，即浮黎始祖。

泥丸之尊。

上帝，乃泥丸真人，即我也。

我口是敕，随吾令行。

号召万神，无不听令。

神非外神，

神乃自己元神。存精则炁全，存炁则神全，非纸画泥塑之比，世人错认者多。

五炁之精。

神乃五炁之精，精存则神灵。炁乃养精，精炁神全，何法不灵。

我炁自神，

炁全神全，自然通灵，炁乃神之主。抱元守一，神应无方。

外神不灵。

自己精炁神全，何施不可。向外求神，实非明理，空将酒物祭祀神明，真炁耗散，外神不灵。

五户不闭，

五户，眼、耳、口、鼻。五户不闭，五炁不聚。要炁聚神凝，天地方可交合。

天地不合。

地炁升为云，天炁降为雨。天地交合，方生雨露，长养万物。

五炁不聚，

世人行罡作诀，念咒书符，不识内中造化，徒尔身衰炁竭。五炁不知攒聚，无克制，无蒸郁，五雷不动矣。

五雷不生。

炁无所聚，不知克剥，五雷不生。若金木相克，水火相搏，五雷动矣。五雷，即五藏也。

阴阳不蒸，

阴阳，水火也。先行阳火遍身，次行阴水。缩谷道，放下水火相交，引上昆仑，便有雨也。

雨从何生？

世人不知雨从何至？须水火相蒸，乾坤升降，方有雨也。

若无屯蒙,

屯蒙者,郁闭之义。如祈雨运用之时,遍身冷汗沾衣,凄惨惊寒,即大雨降。

雨从何起?

祈雨之时,冷汗先湿左臂,东方雨起;先湿右臂,西方雨起;湿于头,南方雨起;湿于肾,北方雨起。

屯蒙不发,

不合阴阳造化,屯蒙不发。先须闭谷道,运肾水,至心外,以两手擦紧心火到烦怒,电光立现。

电光不现。

无怒炁,心火不发,因此电光不现。要大怒叱咤,双目电迸,浑身冰冷,电光现矣。

此神无炁,

神炁无主,无作用,乃神无炁也。正所谓击石得火,炁壮神全,何法不灵。

何由而发?

无运用,无收闭,无取吸,不刚不强,不忿不怒,何由而发泄?所谓:"有罡有诀,愚人夸说;无作无用,贤人笑杀。"

心火不炎,

心火炎炽,大忿大怒,性急将易降。心不急,神不降。

欻火不降;

心神,欻火也。借事激起心火,大怒大咤,欻火立降也。

肝神不怒,

心火既发,肝神必怒。大怒魂惊魄惧,即将至矣。

辛帅不临;

心火发,肝魂怒,一志向前,不摇不动,是有主也。

意无所主,使者不行;

脾神使者所主,铁定决要如此行事,专心致志,使者立便奉行,所谓三帅化形。

水火不交,

心火肾水,一时不交,便生疾病。火无水则燥,水无火则滥。一升一降，水火均调，方神炁混合。

神无所养。

水火混融，神强炁壮。水火不交，神衰炁竭。如人无食，枯木无根，渐至倾倒也。

元神不完，

积精生炁，积炁生神。精炁耗散，神何所养。丧亡可待，何法能为？

元炁又短，

元炁者，祖炁也。神为炁子，炁为神母。神强炁壮，神弱炁衰。元神不完，元炁短也。

妄役鬼神，

神炁耗散，作用不灵，徒尔怨神骂鬼，心生疑虑，返将神将轻视，更无敬道之心。

谓法不灵。

徒尔行罡作诀，不知返求诸己。及乎无验，便谓道法不灵。此等之人，良可叹也。

书符念咒，笑杀世人。

枉自书符念咒，徒泥纸上玄文，不知身中造化。譬如爆竹，无火何以致响。达人智士，咸笑此人不知道法之妙，徒事朱墨，欲其灵验，其可得乎？

天地人物，

天地人物，无非阴阳生育。人与天地均体同炁，是可以参天地而赞化育也。

一炁相感。

天以炁下降，地以炁上升。人之呼吸，同天地之升降。

古今圣贤，

自古至今得道贤圣，无非内积阴功，外修实行，方证仙阶。

一理贯通。

此理人人具足，个个圆成，特患不能行尔。古云："勤而不遇，终遇至人；遇而不勤，终为下鬼。"

茫茫九州，四方万里。

茫茫九州之远，孰得而穷焉。四方动辄万里，何处寻觅真师？弟子寻师难，师寻弟子尤难。常云："寻个好心人难得。"

何处寻师，不如求己。

吾身之中，自有天地；神炁之外，更无雷霆。若向外求，画蛇添足，乃舍源求流，弃本逐末也。反求诸己，清静无为，顺神养炁，何患道不完、法不灵耶！

掌上玄机，

人能明此《歌》中妙用，真是乾坤归掌内，晴雨不由天。

胸中奥旨。

胸藏奥妙之机，应变无穷，即此《歌》中之旨。

勉乎好学，吾言毕矣。

后进好学之士，依此操修，幸勿生疑。此言决不误人，何处别去寻求。非人勿示。会得个中之意，得真传者，莫非宿幸。得之而不修者，乃自暴自弃也。得之而自信不及，不能行者，无他，乃宿世恶业之深。急宜速修，把此心一旦改了，无不成就也。如得此文而不行，即系窃窃道法，其罪尤甚，勉之。

法帖类

紫清道人书华阳《真诰》

清虚真人云：栉头理发，欲得遍多。

〔P9，卷一 运题象第一，10：栉头理发，欲得过多。P492〕

虚妄者德之病，华衔身之灾，滞者失之首，耻者体之篱，此难可以问道。

〔P23，卷二 运题象第二，12：虚妄者德之病，华衔者身之灾，滞者失之首，耻者体之篱。遣此四难，然后始可以问道耳。P497〕

南岳夫人曰：言者，性命之全败也；信者，得失之关键也。

〔P36，卷二 运题象第二，46：夫言者性命之全败也，信者得失之关楗也。张良三期，可谓笃道而明心矣。P502〕

守真一笃者，一年使头不白，秃发更生。内接儿孙，以根业自羁，外综王事，朋友之交，耳目广用，声气杂役，此道之不专，行事亦无益。夫真才例多隐逸，栖身林岭之中，远人间而抱淡，则必婴颜而玄发。

〔P39，卷二 运题象第二，54：守真一笃者，一年使头不白，秃发更生。夫内接儿孙，以家业自羁，外综王事，朋友之交，耳目广用，声气杂役，此亦道不专也，行事亦无益矣。夫真才例多隐逸，栖身林岭之中，远人间而抱淡，则必婴颜而玄鬓也。P503〕

火枣交梨之树，已生君心也，心中犹有荆棘相杂，是以二树不相见。不审可剪荆棘出，此树单生，其实几好也。

〔P39，卷二 运题象第二，56：火枣交梨之树，已生君心中也。心中犹有荆棘相杂，是以二树不见。不审可剪荆棘出，此树单生，其实几好也。P503〕

西城真人云：神为度形舟，薄岸当别去。徘徊生死轮，但苦心犹豫。

〔P52，卷三 运题象第三，39：西城真人王君常吟咏曰：神为度形舟，薄岸当别去。形非神常宅，神非形常载。徘徊生死轮，但苦心犹豫。P507〕

紫薇夫人歌：褰裳济绿河，遂见扶桑公。高会大林墟，寝宴玄华宫。信道苟淳笃，何不栖东峰。

〔P66，卷四 运题象第四，14：紫微夫人歌：褰裳济绿河，遂见扶桑公。高会太林墟，寝宴玄华宫。信道苟淳笃，何不栖东峰。P511〕

右英吟曰：有心许斧子，言当采五芝。芝草不必得，汝亦不能来。

〔P69，卷四 运题象第四，26：有心许斧子，言当采五芝。芝草不必得，汝亦不能来。汝来当可得，芝草与汝食。P512〕

琼丹一御，九华三飞，云液晨酣，流黄徘徊，仰咽金浆玉蕤，改容于三阴之馆，童颜于九炼之户。

〔P75，卷四 运题象第四，39：若夫琼丹一御，九华三飞，云液晨酣，流黄徘徊，仰咽金浆，咀嚼玉蕤者，立便控景登空，玄升太微也。……故改容于三阴之馆，童颜于九炼之户。P514-515〕

老君者，太上之弟子。年七岁知长生之要，是为太极真人。有四真人，老君处其左，佩神虎之符，带流金铃，紫毛之节，巾金精之巾。

〔P78，卷五 甄命授第一，3：老君者，太上之弟子也。年七岁而知长生之要，是以为太极真人。太极有四真人，老君处其左，佩神虎之符，带流金之铃，执紫毛之节，巾金精之巾。P516〕

中山刘伟道学仙十二年，仙人试之，以石重十万斤，一白发悬之，使伟道卧其下，伟道心安体悦，卧其下十二年。仙人遂赐神丹，白日升天。

〔P83，卷五 甄命授第一，57：昔中山刘伟道学仙在嶓冢山，积十二年。仙人试之，以石重十万斤，一白发悬之，使伟道卧其下。伟道颜无变色，心安体悦，卧在其下，积十二年。仙人数试之，无所不至，已皆悟之，遂赐其神丹，而白日升天。P517〕

为道者当令三关常调。三关者：口为心官，足为地关，手为人关。调为五藏安，而举身无病。

〔P87，卷五 甄命授第一，71：为道当令三关恒调，是根精固骨之道也。三关者，口为心关，足为地关，手为人关，谓之三关。三关调则五藏安，五藏安则举身无病。P519〕

欲使心正，常以日出三丈，错手着两眉上，以日当心，心中间暖则心正矣。昔姜伯行道采药，值仙人。仙人使平倚日中，其影偏。仙人云：子笃志学仙，不知心不正之为失。因教以此，遂得道。

〔P88，卷五 甄命授第一，73：欲使心正，常以日出三丈，错手着两肩上，以日当心，心中间暖则心正矣。常能行之，佳。昔有姜伯真者，学在猛山中，行道采药，奄值仙人。仙人使平倚日中，其影偏。仙人曰：子知仙道之贵而笃志学之，而不知心不正之为失。因教之如此，后遂得道。P519〕

喜怒损志，哀戚损性，荣华惑德，阴阳竭精，学道之人大忌也。

〔P89，卷五 甄命授第一，78：夫喜怒损志，哀戚损性，荣华惑德，阴阳竭精，皆学道之大忌，仙法之所疾也。P519〕

食慎勿多，多则生病。饱慎勿便卧，卧则心荡。心荡多失性，食多生病，则药不行。

〔P89，卷五 甄命授第一，80：食慎勿使多，多则生病。饱慎便卧，卧则心荡。心荡多失性，食多生病，生病则药不行。P520〕

式规之法，使人目明。常以甲子取东流清水，合真丹以洗目。

〔P89，卷五 甄命授第一，81：式规之法，使人目明，久而彻视。常以甲子之旬，取东流清水，合真丹以洗目。P520〕

欲为道，口常吐死气、取生气，慎笑节语，常思其形。

〔P90，卷五 甄命授第一，82：欲为道者，目想日月，耳响师声，口恒吐死气、取生炁，体象五星，行恒如珊空，心存思长生，慎笑节语，常思其

形，要道也。P520〕

青童君曰：人之为道，能拔爱欲之根者，如掇悬珠，一掇之，会有尽时；稍去外恶，会有尽时，尽则得道矣。

〔P99，卷六 甄命授第二，3：方诸青童君曰：人之为道，能拔爱欲之根者，譬如掇悬珠，一一掇之，会有尽时；稍去外恶，会有尽时，尽则得道矣。P523〕

太上曰：行道如磨镜，垢去明存，即自见形。断六情，守空呼，见道之真，亦知宿命矣。又曰：念道、行道、信道，遂得信根，其福无量。

〔P100，卷六 甄命授第二，9：太上答曰：道德无形，知之无益，要当守志行道，譬如磨镜，垢去明存，即自见形。断六情，守空净，亦见道之真，亦知宿命矣。又曰：念道、行道、信道，遂得信根，其福无量也。P524〕

学道之心，如忆朝食，未有不得者也。惜气如惜面目，未有不全者也。

〔P103，卷六 甄命授第二，17：学道之心，常如忆朝食，未有不得之者也。惜气常如惜面目，未有不全者也。P525〕

人随俗求名，譬如烧香，众人皆闻其芳，不知薰以自燔，燔尽则气灭，名立则身绝。

〔P104，卷六 甄命授第二，18：人随俗要求华名，譬若烧香，众人皆闻其芳，然不知薰以自燔，燔尽则气灭，名立则身绝。P525〕

《太素经》曰：一面之上，两手常摩拭使热，合人光，皱班不生。先摩两手令热，以拭两目。又顺手摩发理栉之状，两臂更互以手摩之，发不白，脉不浮外。

〔P142，卷九 协昌期第一，5：《太素丹景经》曰：一面之上，常欲得两手摩拭之使热，高下随形，皆使极匝，令人面有光泽，皱斑不生。行之五年，色如少女。所谓山川通气，常盈不没。先当摩切两掌令热，然后以拭两目。毕，又顺手摩发而理栉之状，两臂亦更互以手摩之，使发不白，脉不浮外。P537〕

《消魔经》云：若体中不宁，当反舌塞喉，漱满咽液亦无数，体中自觉宽软。耳欲数按抑，令人聪彻，所谓营治城郭，名书皇籍。鼻亦欲得按其左右，令人气平，所谓灌溉中岳，名书帝箓。

〔P143，卷九 协昌期第一，7,8,9：《消魔上灵经》曰：若体中不宁，当反舌塞喉，漱漏咽液亦无数。须臾，不宁之病自即除也，当时亦当觉体中宽软也。《消魔经上篇》曰：耳欲得数按抑其左右，亦令无数。令人聪彻，所谓营治城郭，名书皇籍。又曰：鼻亦欲得按其左右，唯令数。令人炁平，所谓灌溉中岳，名书帝篆。P538〕

《经》曰：坐常欲闭目内观，存见五藏肠胃，朝夕行之，自得分明了了。

〔P145，卷九 协昌期第一，11：《丹字紫书三五顺行经》曰：坐常欲闭目内视，存见五藏肠胃。久行之，自得分明了了也。P538〕

夜卧觉，叩齿九过，以手按鼻，以左右上下数十过。

〔P148，卷九 协昌期第一，16：夜卧觉，常更叩齿九通，咽液九过。毕，以手按鼻之边，左右上下数十过。P539〕

《栉发咒》云：泥丸玄华，保精长存。左为隐月，右为日根。六合清炼，百神受恩。咒毕，咽液三过。能常行之，发不落而再生。《经》云：理发欲向王地。

〔P149，卷九 协昌期第一，19：《太极绿经》曰：理发欲向王地。既栉发之始，而微祝曰：泥丸玄华，保精长存。左为隐月，右为日根。六合清炼，百神受恩。祝毕，咽液三过。能常行之，发不落而日生。P539〕

数遇恶梦，一曰魄妖，二曰心试，三曰尸贼。梦觉，以左手摄人中二七过，琢齿二七过，反凶成吉。夜遇善梦，当摩目二十过，叩齿二七过。

〔P156，卷九 协昌期第一，39，40：数遇恶梦者，一曰魄妖，二曰心试，三曰尸贼。厌消之方也，若梦觉，以左手蹑人中二七过，琢齿二七遍，微祝曰："大洞真玄，……反凶成吉，生死无缘。"……若夜遇善梦，吉。应好梦而心中自以为佳，则吉感也。卧觉，当摩目二七，叩齿二七遍。P542〕

为道者当如射箭，直往不顾，乃能得造朒的。

〔P162，卷九 协昌期第一，55：为道当如射箭，箭直往不顾，乃能得造朒的。P544〕

人卧床当令高，高则地气不及，鬼吹不干。鬼气侵人，常依地而逆上耳。

〔P173，卷十 协昌期第二，28；又 P274 阐幽微第一，28。P547〕

八节之日，当谋善事，不可忿争喜怒，及行威刑。

〔P183，卷十 协昌期第二，51：又八节之日，皆当斋盛，谋诸善事，以营于道之方也。慎不可以其日忿争喜怒，及行威刑。P551〕

· 515 ·

学生之法，不可泪泣及多唾泄。是以真人常吐纳咽沫，以和六液。

〔P184，卷十 协昌期第二，53：学生之法，不可泣泪及多唾泄。此皆为损液漏津，使喉脑大竭。是以真人道士常吐纳咽味，以和六液。P551〕

甲寅庚申，是尸鬼竞乱、精神躁秽之日，夫妇不可同席，当清斋不寝。凡五卯之上当斋，必存神念焉。常如此者，玉女降侍。

〔P184，卷十 协昌期第二，54，55：凡甲寅、庚申之日，是尸鬼竞乱、精神躁秽之日也。不可与夫妻同席及言语面会，当清斋不寝，警备其日，遣诸可欲。凡五卯之日，常当斋入室，东向心拜，存神念焉，期感神明，亦适意所陈。恒如此者，玉女降侍。P551〕

黄仙君口诀：服食药物，不欲石蒜及石榴子、猪肝、狗头肉。

〔P186，卷十 协昌期第二，63：黄仙君口诀：服食药物，不欲食蒜及石榴子。猪肝、犬头肉至忌，都绝为上。P552〕

有人好道，不知其方，朝夕拜一枯树，辄云："乞长生。"如此二十八年不倦。一旦木生紫华，华甘精如蜜，食乞即仙，精诚之至也。有人数向太华为礼，一旦西岳丈人授其仙道。一人十年拜河水，遂见河侯、河伯，教授水行不溺法。

〔P220，卷十二 稽神枢第二，24，25，26：昔有一人，好道而不知求道之方，唯朝夕拜跪，向一枯树，辄云："乞长生。"如此二十八年不倦。枯木一旦忽然生华，华又有汁，甜如蜜。有人教令食之，遂取此华及汁并食之，食讫，即仙矣。……昔有刘少翁，曾数入太华山中，拜礼向山，如此二十年。遂忽一旦得见西岳丈人，授其仙道。昔有一人，数旦旦诣河边拜河水，如此十年，河侯、河伯遂与相见，与其白璧十双，教授水行不溺法。P564〕

晋王衍女，字进贤，为愍怀太子妃。洛阳乱，刘曜掠进贤，妻之。进贤骂曰："我皇太子妇，司徒公女也，胡羌小子，敢干我乎？"即投孟津。侍婢亦出曰："大既有之，小亦宜然。"复投孟津河中。嵩高女真韩西华出游，抚接二人，将入华阳宫洞内。

〔P229，卷十三 稽神枢第三，16：王衍为晋武帝尚书令，其女字进贤，为愍怀太子妃。洛阳乱，刘曜、石勒略进贤，渡孟津河，于河中欲妻之。进贤骂曰："我皇太子妇，司徒公之女，而胡羌小子，敢欲干我乎？"言毕，即投河中。其侍婢名六出，复言曰："大既有之，小亦宜然。"复投河中。时遇

嵩高女真韩西华出游而愍之，抚接二人，遂获内救，外示死形，体实密济，便将入嵩高山，今在华阳宫洞内易迁之中。P567〕

罗江大霍有洞台，中有五色隐芝。华阴洞有五种夜光芝。良常山有萤火芝，得食一枚，心中一孔明；食七枚，七孔明；得食四十九枚，寿万年。

〔P230，卷十三 稽神枢第三，23，24：罗江大霍有洞台，中有五色隐芝。华阳洞亦有五种夜光芝。良常山有荧火芝，此物在地如荧火状，其实似草而非也。大如豆形，紫华，夜视有光。得食一枚，心中一孔明；食七枚，七孔明，可夜书。计得食四十七枚，寿万年。P567〕

青精先生、彭铿、凤冈、南山四皓、淮南八公，并以肥遁山林，游仙为乐，升虚为戚，非不能登天也，弗为之耳。

〔P260，卷十四 稽神枢第四，53：至于青精先生、彭铿、凤纲、南山四皓、淮南八公，并以服上药不至一剂，自欲出处嘿语，肥遁山林，以游仙为乐，以升虚为戚，非不能登天也，弗为之耳。P577〕

至人在元为气元君，在玄宫为玄师，在南辰为极老人，在太虚为太虚真人，在南岳为赤松子。

〔P262，卷十四 稽神枢第四，58—61：至人焉在，……在元炁为元君，在玄宫为玄师，在南辰为南极老人，在太虚为太虚真人，在南岳为赤松子。P577-578〕

桐柏山高八千丈，其山八重，周回八百余里。树则苏玗琳碧，泉则石体金精，其山尽五色金也。

〔P262，卷十四 稽神枢第四，62：桐柏山高万八千丈，其山八重，周回八百余里。四面视之如一，在会稽东海际，一头亚在海中。金庭有不死之乡，在桐柏之中，方圆四十里，上有黄云覆之。树则苏玗琳碧，泉则石髓金精，其山尽五色金也。P578〕

世人有知酆都六天宫一名，则百鬼不敢为害。

〔P266，卷十五 阐幽微第一，3：世人有知酆都六天宫门名，则百鬼不敢为害。P579〕

酆都稻，名重思，其米如石榴子，亦以上献仙官。

〔P269，卷十五 阐幽微第一，7：酆都稻，名重思，其米如石榴子，粒异大，色味如菱，亦以上献仙官。P580〕

鬼官君北斗君，乃道家七辰北斗之考官。此鬼一官，又肄北星精，上属北晨玉君。天上北斗有所司察，故鬼官亦置此职。

〔P268，卷十五 阐幽微第一，5：鬼官北斗君，乃是道家七辰北斗之考官。此鬼一官又隶九星之精，上属北晨玉君。天上北斗有所司察，故鬼官亦置此职。P566〕

武王发，今为北君。夏启为东明公，领斗君师；友王为西明公，领北帝师；召公奭，为南明公；吴季礼，为北明公。四明公有宾友四人，此四公后并当升仙阶。四明主领四方鬼。

〔P269，卷十五 阐幽微第一，9-14：武王发，今为鬼官北斗君。夏启为东明公，领斗君师；文王为西明公，领北帝师；邵公奭，为南明公；吴季札，为北明公。四明公复有宾友四人，然此四公后并当升仙阶也。四明主领四方鬼。P580〕

北斗君天亭长，今是臧洪。纪善与虞潭更直，一日守天门。殷浩侍帝宸，与何晏对。温太真为监海一国伯，取杜预为长史。

〔P272，卷十五 阐幽微第一，19-24：北斗君天门亭长，今是臧洪，臧洪代隗嚣。……纪瞻本为抚河将军司马，今为北天修门郎，代田录。瞻与虞潭更直，一日守天门。……殷浩侍帝晨，与何晏对。温太真为监海开国伯，治东海，近取杜预为长史，位比大将军长史。P581〕

人卧室宇，当令洁盛，则受灵气，不盛则受故气。故气乱人室宇者，所为不成，所作不立。一身亦当洗浴澡洁。故气者，鬼神尘浊不正之气也。

〔P275卷十五 阐幽微第一，29：人卧室宇，当令洁盛，洁盛则受灵炁，不盛则受故炁。故炁之乱人室宇者，所为不成，所作不立。一身亦耳，当洗沐澡洁，不尔，无冀矣。故炁，皆谓鬼神尘浊不正之炁。P581〕

侍帝宸有八人：李广、王嘉、何晏等，如世之侍中。

〔P277，卷十五 阐幽微第一，34：侍帝晨有八人：徐庶、庞德、爰愉、李广、王嘉、何晏、解结、殷浩，并如世之侍中。P582〕

魏武帝为北君太傅。

〔P274，卷十五 阐幽微第一，26。P581〕

孙策、汉高祖、晋皇帝、荀彧为四明宾友。

〔P280，卷十五 阐幽微第一，41；P281，卷十六 阐幽微第二，1~3：孙

策为东明公宾友，汉高祖为南明公宾友，晋宣帝为西明公宾友，荀彧为北明公宾友。P583〕

史元规为北太常中卫大将，以华歆为司马。所谓军公也，领鬼兵数千人。

〔P282，卷十六 阐幽微第二，5：庾元规为北太帝中卫大将军，取郭长翔为长史，以华歆为司马。此所谓军公者也，领鬼兵数千人。P583〕

孔文举为后中卫大将军。

〔P282，卷十六 阐幽微第二，6。P584〕

陶侃为西河侯，求胜含自代，未许。

〔P283，卷十六 阐幽微第二，7：陶侃为西河侯，亦领兵数千。近求滕含自代，犹未许。P584〕

王逸少有事，系禁中已五年，云事已散。

〔P285，卷十六 阐幽微第二，15。P584〕

至孝之人，既终，皆为地下主者。一百四十年受下仙之教，授以大道，渐补仙官。比干今在戎山，李善在少室。得此变炼者甚多，举此二人为标耳。

〔P290，卷十六 阐幽微第二，29：夫至忠至孝之人，既终，皆受书为地下主者，一百四十年乃得受下仙之教，授以大道。从此渐进，得补仙官。……比干今在戎山，李善在少室。有得此变炼者甚多，举此二人为标耳。P586〕

至贞者，纷华不能散其正气。男言之，务光之行；女言之，宋金潭女是也。

〔P292，卷十六 阐幽微第二，32：夫至贞者，纷华不能散其正炁，万乘不能激其名操也。男言之，务光之行有似矣；女言之，宋金漂女是也。P587〕

齐桓公为三官都禁郎，主生死简录。晋文公为水官司命。此等名位是三官之僚，无预真仙家事。

〔P294，卷十六 阐幽微第二，36：齐桓公今为三官都禁郎，主生死之简录。晋文公今为水官司命。……此等名位自是三官之寮耳，无豫真仙家事矣。P587〕

八渟山高五十里，与沧浪、方山相连，下有碧海，上有桑林贞人郁池玄宫，东王公所镇处也。

〔P262，卷十四 稽神枢第四，63：八渟山高五千里，周币七千里，与沧浪、方山相连比。其下有碧水之海，山上有乘林真人郁池玄宫，东王公所镇处也。P578〕

王子者，帝啻也。诣钟山，获《十变九化》之经，以隐遁日月，游行星辰。一旦上仙，后有发其墓者，惟见一剑作龙鸣虎嗥之声。

〔P261，卷十四 稽神枢第四，55：玉子者，帝倍也，曾诣钟山，获《九化十变经》，以隐遁日月，游行星辰。后一旦疾崩，营冢在渤海山。夏中衰时，有发王子墓者，室中无所有，唯见一剑在北寝上，自作龙鸣虎嗥之声。P577〕

大道玉晨君，登玉霄琳房，四眄天下有志节远游之心者。

〔P155，卷九 协昌期第一，36：太上大道玉晨君，常以正月四日，……十二月十二日，登玉霄琳房，四眄天下有志节远游之心者。P541〕

学生之道，当先治病，不使体有虚邪及血少脑减。有道士王仲甫，吸引二景飡霞四十余年，都不觉益。其子亦服之一十八年，白日升天。南岳真人降而教仲甫云：子身有大病，脑宫亏，筋液不注，虽接景飡霞，未为身益。仲甫因服药治病，兼修其事，后亦升天。

〔P182，卷十 协昌期第二，49：夫学生之道，当先治病，不使体有虚邪及血少脑减、津液秽滞也。不先治病，虽服食行炁，无益于身。昔有道士王仲甫者，少乃有意，好事神仙，恒吸引二景飡霞之法，四十余年，都不觉益。其子亦服之，足一十八年，白日升天。后南岳真人忽降仲甫而教之云：子所以不得升度者，以子身有大病，脑宫亏减，筋液不注，灵津未溢。虽复接景飡霞，故未为身益。仲甫遂因服药治病，兼修其事。又一十八年，亦白日升天。P551〕

老子拔白日：正月四日、二月八日、三月十一、四月十六、五月二十、六月二十四、七月二十八、八月十九、九月十六、十月十三、十一月十日、十二月七日。上帝杀害日，百事不宜：正月庚申、二月辛酉、三月庚戌、四月癸亥、五月壬子、六月癸丑、七月甲寅、八月乙卯、九月甲辰、十月丁巳、十一月丙午、十二月丁未。

〔P321，卷十八 握真辅第二，36,37：正月四日、二月八日、三月十一日、四月十六日、五月二十日、六月二十四日、七月二十八日、八月十九日、九月十六日、十月十三日、十一月十日、十二月七日。右老子拔白日。正月庚申、二月辛酉、三月庚戌、四月癸亥、五月壬子、六月癸丑、七月甲寅、八月乙卯、九月甲辰、十月丁巳、十一月丙午、十二月丁未。右上帝煞害日，不可请乞，百事无宜。P596〕

处女得道者，居含真台；童男得道者，居萧台堂^①。

〔P223，卷十二 稽神枢第二，36，37：含真台，是女人已得道者，隶太元东宫中，近有二百人。……又有童初、萧闲堂二宫，以处男子之学也。〕

凝心虚形，抱玄念神，专守真贞一，则发不白，秃更鬒。

〔P39，卷二 运题象第二，58：凝心虚形，内观洞房，抱玄念神，专守真一者，则头发不白，秃者更鬒。P503〕

断谷入山，当煮白石。昔白石子者，以石为粮，世号白石先生。

〔P90，卷五 甄命授第一，86：断谷入山，当煮食白石。昔白石子者，以石为粮，故世号曰白石生。P520〕

嘉定壬申上元日琼山道人录。

① 按：此段书帖，在《真诰》原文无准确出处，惟择其近似者而已。

第九卷

诗类

四言诗

寄三山彭鹤林

鹤林，彭耜自号也。玉蟾于彭耜，则仙家父子也。相别久之，故作是诗也。

瞻彼鹤林，在彼无语。鼓山之下，螺江之隅。瞻彼鹤林，在彼长乐。嵩山之上，螺江之角。一别鹤林，春聿云杪。青山之外，落花啼鸟。一望鹤林，回首千里。斜阳之外，白云流水。日复一日，思我鹤林。雁断鱼沉，实伤我心。

暑热

玉友避嫌，竹奴专宠。听官丐闲，诗勇不将。

天朗气清诗 [①]

天朗气清，三光洞明。金房曲室，五芝宝生。天云紫盖，来映我形。玉童侍女，为求其灵。九帝齐气，三光洞軿，得尔飞盖，升入紫庭。

---

① 据台北故宫博物院所藏白玉蟾墨迹增。按：原诗无题，末署名"玉蟾"。按：此诗非白玉蟾所作，因系其手书，故收录之。

五言古

孤鹤辞

芝田长相依，瑶池长相随。云泥共悲欢，生死同襟期。行啄林莽间，断翅谁与医。往者不可复，病者不得飞。极目青云中，临风翘以思。思深不复啄，一唳天容悲。

临安天庆陈道士游武夷赠之

七闽多山水，两淮好风月。潇湘之烟云，巴广之雨雪。收拾归武林，细与令师说。

红楼曲

红楼贮飞琼，夜夜令人忆。回盼千山外，天远暮云碧。西风白芙蓉，往事殆陈迹。为我收眼缬，织得愁成疋。

暮云辞

云行太虚中，薄暮何冥冥。仰望青松梢，上有白雪翎。千岩舞落叶，万树罗翠屏。流水咽寒涧，湛露濡香蘅。幽人一回首，家世渺浮萍。蓬莱在何许，绛阙邈太清。青鸟杳不来，白云去玉京。夫我何凄其，怅哉此幻形。注目玉霄峰，青猿一声声。

妾薄命

妾居西北方，容貌亚冰雪。妾长嗟无媒，孤影对明月。头绾堕马髻，脚衬凌波袜。钗梁溜金凤，舞带蒙锦缬。颈瑳素玉圆，胸莹新酥滑。翠靥中蛾眉，瑶花犐鸦发。腰袅柳丝轻，脸润桃花发。出郊乘紫骝，蔽目举青伞。不敢一回首，烟际暗愁结。谁家白面郎，志气何飘扬。使妾一过眼，吾肉燔如汤。自惟父母严，折花回倚墙。

陌上桑

春深陌上桑，群蚕赖以食。鞠蚕妾之事，采桑妾之职。桑老蚕茧成，幸而筥筐实。缲之复纺之，妾复躬纴织。织成一端练，于以蔽袒裼。使君一问桑，下车辄思惑。妾固愿相从，妾夫不足惜。人得以妇人，而灭使君德。使君勿内热，妾心坚如石。

岁晚书怀

岁事忽婉娩，旅怀良尔悲。风雾起无边，雨雪凄霏霏。岂无销金帐，唱饮羊羔儿。寄食他人门，屏息从所依。雕鹗翔九天，鹪鹩巢一枝。烟霄有熟路，我当何时归。人间自富荣，信美非所宜。朱颜日已改，华发渐复稀。触目思远人，胜赏怀昔时。园林向衰谢，青山吞斜晖。坐久露华重，吟残云意迟。晴空清已旷，寒月满我衣。莫言一杯酒，容易相对持。病鹳栖草亭，会须唳声飞。

黄叶辞

男儿铁石肠，遇秋多凄凉。节物遽凋变，今古堪悲伤。西来白帝风，暗惊万叶黄。拚与舞零落，此意付夕阳。堪叹远行子，只影天一方。佳人去不返，苍烟冥八荒。对此一黯然，两鬓沾吴霜。自顾蒲柳姿，眇在烟水乡。晚汀慨鸿雁，夜浦羞鸳鸯。何当从宋玉，问路游高唐。

明妃曲

行行莫敢悲，一死复千怨。脱身歌舞中，姊妹不足恋。蛮帐紫茸毡，虽卑固不贱。昔在后宫时，几见君王面。君王有凤偶，不数芹边燕。倪曾赐御览，岂为尽所幻。粉黛相巇巉，亦惧人戗变。但念辞乡国，远适堪慨叹。此时汉无策，聊塞呼韩愿。非无霍嫖姚，两国虑涂炭。欲宽公卿忧，只影非所羡。敬将金缯行，不觉泪珠溅。请行安得辞，心心存汉殿。所怜毛延寿，既杀不可谏。马蹄蹴胡尘，晓月光灿灿。凄怆成琵琶，千古庶自见。他时冢草青，汉使或一奠。

长歌行

厥初由阀阅，吾志在林泉。为舜不无地，晞颜尽有天。鱼虫犹可佛，鸡犬皆登仙。顾我非六六，荷天良拳拳。幼时气宇壮，长日文彩鲜。琴剑微暖席，江湖动经年。异乎三子撰，契彼五家禅。既已出洙泗，从而师倔佺。肩依洪崖右，道在灵运前。所得既天秘，与交又国贤。可图大药资，以办买山钱。东访鼎湖浪，西寻苍梧烟。一寸百炼刚，半生双行缠。簪绅非无欲，鱼鸟从所便。逸兴五湖阔，虚名四海传。饱餐青精饭，细读黄石编。顷自七闽出，放焉迷市廛。红尘刺人眼，名利交相煎。富贵已尝鼎，云霄当著鞭。蹉跎度青春，迟暮即华颠。且有安期枣，与夫泰华莲。高陵易为谷，沧海俄成田。光景亦倏忽，物华随变迁。仰天时一笑，顾影长自怜。紫府何冥邈，青鸾何沉绵。蓬莱云渺渺，小有月娟娟。策足青霞路，收功黄芽铅。上以游太虚，下以穷九渊。莘轂气所王，湖山乐无边。飘然复何往，此去如蛇蝉。

谿鹤

白云无消息，黄鹤杳不归。华表风露冷，临皋星斗稀。不念桑田变，但向瑶台飞。盍不归来乎，翩然点翠微。

舒啸

豁然登高台，四天一何眇。舒怀摩丹田，静境万籁悄。前村生孤烟，半山吞残照。倚剑呼黄鹤，遽然发长啸。

秋宵辞

（十二首）

其一 ①

秋色何凄凄，奈此可怜宵。银河望不极，万籁凉萧萧。云花远缥缈，月影寒寂寥。一雁蹲沧洲，群萤飞断桥。仰盼苍松枝，黯然不自聊。

其二

长天滑如纸，皓月寒如水。今人成古人，人生复能几。顾此清凉夜，此

---

① "其一"二字原无，为校者所加，后同。

情不自已。聊以写怀抱，黯黯泣神鬼。所泣复何言，已矣复已矣。

其三

仰观银河月，千林散寒光。佳人今何之，远在天一方。烁声酸我鼻，秋色断我肠。夜深倚西风，清泪如雨滂。世有千里马，可怜无王良。

其四

空山寂无人，出门但明月。悲哉谁与论，对此一愁绝。清露袭衣裳，凉风逼毛发。泪雨忽复晴，愁云悄自灭。顾影青松下，此意在绛阙。

其五

长天与远水，极目烟冥茫。暮鸿孤悲鸣，霜林万叶黄。倚松望翠微，数点寒萤光。吾非长夜魂，堕此寂寞乡。衷情凭谁诉，空山草木长。

其六

月华明如许，秋色清可掬。小立西湖道，弥漫芰荷绿。人生真是梦，造物不可覆。英雄受凄凉，娇騃饱梁肉。湖山却见知，对人长青目。

其七

眇哉青松梢，高高九千尺。两班森道傍，暮起凄黯色。嗟彼昂藏姿，山林端可惜。浩然呼西风，夜深鸣萧瑟。此意偶相似，叹息复叹息。

其八

孤月明秋空，清影跨洞门。彼美婵娟姿，的是姮娥魂。凄然到书帙，惝然入酒樽。不归广寒家，夜游天子园。无人知此怀，惊烟笼啼猿。

其九

吾身如浮云，缥缈归无家。又如孤飞雁，不鸣跕蓼花。路傍多青草，无语阅岁华。野外亦有兰，抱香委泥沙。夫岂造物者，故欲孤此邪。

其十

清秋薄湖山，蒲柳生寒烟。怅望荷花中，谁家鸣筦弦。岂复念伊人，孤影芙蓉边。吸风咀月露，照水时自怜。暗怀夜光宝，长吁不成眠。

其十一

佳人遽成古，冰魂唤不应。料得冥冥中，怜我身如僧。松间一太息，树吼苍云崩。幽愁积如山，心上一层层。成连与瓠巴，枯骨悲荒陵。

其十二

此身非我有，在世聊尔为。于此傥有得，夫复何所悲。遂将郁抑怀，写作凄苦辞。如彼深闺妇，暗起鸳鸯思。苍苍亦有耳，此情知不知。

凝翠

香毯飞紫烟，茗花涌白雪。坐对松竹林，已换尘俗骨。前山多翠色，凝然暮欲滴。凭栏拍掌呼，天外鹤来一。

述古

（三首）

其一

黍大青混沌，此即万化鞘。盘古不得窥，凿之忽七窍。太朴既脱手，银蝠乃夜啸。乾坤两饼分，日月双丸跳。九鸦方爇天，致渠共工斗。额血不周山，山裂天西漏。娲皇炼彩石，一发大庭笑。宓牺方蛇蟠，商契亦燕鷇。

其二

帝子御飞龙，鼎湖叫奚为。玉京郁崔嵬，银河泛渺弥。俯首视红尘，万蚁纷何知。乘云游八极，手玩珊瑚枝。汤武事干戈，此事矧肯期。但闻穆天子，八骏曾瑶池。

其三

河水一镜清，中有骊龙舞。波心呈宝图，始脉造化祖。燧人钻炎凉，炎帝饵甘苦。身披獝狘衣，口服鷇觫乳。此时至尊者，帝阶三尺土。嬴政筑阿房，钱铿才伛偻。

栖霞

冷烟缠山腰，暗水洌石骨。欲风松先鸣，未雨苔已滑。洞前多琪花，洞里多紫霞。高人得所栖，日永蒸胡麻。

夜坐

砚水寒欲冰，烛蜡凝成泪。月夜天飞霜，琐窗人不寐。万竹舞风青，孤松溘露翠。楼前呼黄鹤，凄然发清唳。

百丈岩观水

手携青藜杖，岩上俯清池。池水夜来冰，冻磷殊未澌。戏以藜杖尖，斲破黄琉璃。横杖担两片，忍冻岩前嬉。爱日怡我神，凉风吹我衣。应念石季伦，销步锦金围。终夜烧红兽，但饮甘如饴。夫岂知山林，清寒益我姿。此意谁与论，岩下青松知。

少年行

寸心铁石壮，一面冰霜寒。落叶鬼神哭，出言风雨翻。气呵泰山倒，眼吸沧海干。怒立大鹏背，醉冲九虎关。飘然乘云气，俯首视世寰。散发抱素月，天人咸仰观。

大霄观风竽轩

萧萧从何来，撼我青琅玕。笙箫动天籁，雨露生秋寒。铁笛不用吹，瑶琴不用弹。听此夜不寐，山月落邯郸。

明月曲

月色一何明，不堪顾孤影。倚楼暮风寒，举手挈衣领。行云若相怜，徘徊西风顶。强饮不成醉，幽情默自省。莫道负明月，明月亦应知。只知今夜我，不觉琼楼时。我记在琼楼，醉弄珊瑚枝。枝头月明好，何曾解相恼。今夜涕泛澜，只恐朱颜老。

雁

嗺唳畴尔怜，凄凉去何渺。宁无稻粱谋，岂是江湖小。昆仲畏弓矰，奴怡失昏晓。关山夜月寒，风雨秋天杳。

赠紫岩潘庭坚

（四首）

其一

我穿双不借，已办一莫难。背剑嗟绣铗，腰瓢独金丹。岁晏乃得子，劳作青眼看。行矣各努力，岁月飒已残。

其二

得君四律诗，保啬百木难。我老非田光，何以酬燕丹。俯挹流泉漱，仰把青天看。绛阙遥相期，莫待琼花残。

其三

无愁是云愁，无羞是云羞。我非云与雪，何以白我头。日出雪自消，雨晴云亦休。盛年轻弃掷，不及且娱游。

其四

富贵非足羡，贫贱不足羞。张仪但有舌，周朴不惜头。我少亦学剑，到此万年休。知君耿素抱，曷不远行游。

双鹊

苍然东阿松，上有乌鹊枝。双双噪西风，而背夕阳归。双飞复双止，长与苍松期。饥啄鼎垒巅，渴饮闽水湄。莫苦飞太远，咫尺成相思。

西湖大醉走笔百韵

乃先天皇君，万有七千祀。迄彼大庭时，对于葛天氏。邈计几何年，是生余小子。上清太极公，造道穷天髓。有晋勾漏侯，炼丹极地肺。岂曰其云仍，容或有肖似。阿婴昔吞月，诞日非指李。少长异强襁，世家得源委。谁言空桑生，乃嗣白仲理。少傅任唐朝，香山号居士。不曾受衣盂，漫自访根柢。长是娱林泉，靡复閟都鄙。光景长如丝，功名大似米。留情十种仙，托契五穷鬼。尘埃日以遥，富贵云而已。允矣躬清明，听之自赞毁。且非笔不锋，自信文甚绮。接踵李杜坛，信威屈贾垒。既而倦钓鳌，何以更呼蜗。此念轻万钟，所欢在四美。青帝御山河，东风管红紫。烟寒绿柳颦，日暖黄鹂喜。当此醉则歌，悠然起而舞。槐阴清昼长，蝉噪新声止。修竹森群贤，瑞莲立万妓。顿忘蜗蝇心，坐洗笙笛耳。月色凝冰壶，桂花落金蚁。风松啸长林，霜雁过寒水。于心慸然凄，有酒多且旨。及无蟋蟀吟，渐至芙蓉死。腊雪飞鹅毛，江梅吐玉蕊。吟诗三嗅之，对景一莞尔。亦以寸心坚，于焉百念弛。往时卯角间，纵步禅关里。香象截河流，冻蝇透窗纸。洞搜到户庭，何异丧考妣。手接秘魔杈，胸当石巩矢。最初悟苦空，旋复学久视。虽殊斩雪功，同一标月指。凿井求丹砂，斸云种枸杞。矧当偷蟠桃，亦欲追騄駬。神授咽日书，帝锡驱雷玺。那知天可阶，是盖道在迩。吾生讵已而，君子诚乐只。回首三十年，如之何也矣。旧尝习骑射，马鞍谩伤髀。亦尝习剑击，镡櫑屡捣齿。筹略成无庸，韬钤谁可比。东方罢奏书，南郭归隐几。澡虑服参苓，洁身佩兰芷。然虽羡簪缨，奚若就刀匕。展也趣清虚，终焉知本始。顷年事四方，重趼啻万里。海岳靡不周，风烟莫能纪。东游衡庐巅，北逮灉皖趾。南登苍梧脊，西瞰青城觜。云伴金华栖，月依玉笥舣。罗浮山以南，彭蠡水之涘。横笛岳阳楼，飞舲金山寺。武夷猿相呼，委羽鹤久俟。禹穴郁嶀嶵，秦城就颓圮。桂林岚光娇，瓯越海气诡。合皂青崔峨，麻姑翠迤逦。醉寻张陵孙，走遇许逊婢。澎浪若山高，浯溪与天峙。曾樵雁荡中，亦钓太湖底。所交皆英豪，初不介彼此。素志骖龙鸾，寒厨敓犬豕。苦吟思呕心，俗状厌擎踞。徘述煮笋经，笑补遗民史。风骚追苏黄，寂寞造陶姒。饥寒莫荧惑，炼养有凭恃。余有黄芽田，旦暮举耒耜。余有白雪蚕，左右置箱筐。尽使闲姓名，浩然满朝市。方将山水蒙，毋怪天地否。颜舜足侪晞，广聃敢肩拟。但令心以灰，世事尽糠粃。造物神与游，天公气可使。伏槽待赏音，焦尾叫知己。投阁辱太玄，舞雩风一唯。行藏固不同，领略贵有以。浮海慨槎仙，临风唤月姊。或疑有庪庩，岂谓惟薏苡。若士乘大鹏，蹬音卜嫩蟢。阴阳透曰深，血脉微可揣。畔岩透曰遐，舟车容可庀。孤鸦唤晴晖，拱鼠濯清泚。龟蛇伏剑蟠，鸡犬待鼎舐。不愁松柏凋，只畏桑榆徙。意马息驱驰，心兵遂消弭。身中玉楼台，赤子处非侈。身外金坤圠，虎臣治不圮。畴能弗鸿鹄，而又恋枌梓。未免畏白圭，禔身蹈廉耻。非将献黄金，赂天丐福祉。决之西则西，可以仕则仕。荷钟死便埋，归园生为诔。怆神眺高遐，怀宝谨操履。我往蓬莱山，世人劳所企。

丹丘同王茶干李县尉高会

佳友品字坐，寒宵未渠央。竹亭天籁动，梅坞月华香。酒与我为春，我瘦如松苍。过酒辄一笑，梅竹侍我旁。以诗互埙篪，笑语逐飞觞。酒行三四周，五官舞明堂。王郎信矣伟，心胸浩琳琅。咳唾亦珠玉，气习无膏粱。顷来赤城天，谒我九华房。期俱控绿烟，汗漫游帝乡。李郎自可喜，契阔俄四霜。少日珠庭丰，今愈奕有光。手仗六尺藜，叩我青锦囊。不思蓬莱路，往昔同商羊。年时鼓高志，海上弄干将。笑抚苍崔嵬，眇视碧浩茫。一别何沉绵，再见欲飞扬。胡不贾酒勇，相与形骸忘。烛花已三炧，醉墨方琳琅。此乐良难常，人生易夕阳。

相思

萧瑟兮枫林，呜咽兮岩泉。于此明月夜，拨动相思弦。音容尚如昨，恩爱空自怜。天风吹广寒，夜露飘飞仙。夫岂不垂念，孤凤谁与眠。人生亦客寄，胡不俱死遄。使我向阑干，泪雨如涓涓。

自谓

造物果小儿，可得问天公。一生贫到骨，万感悲填胸。形神本尘坌，身世相羁笼。安得骑玉鳌，眇然追冥鸿。锦步四十里，浊哉一石崇。东阁万张颐，哺一公孙洪。铜山流臭泉，到了埋邓通。何如德行贵，睎颜师仲弓。文苑丽长春，学海深无穷。人自泾渭水，我但夷齐风。貂裘有何异，羊枣远不同。人生水上萍，世事江头枫。三思欲四休，一拙胜万工。火宅煎杀人，此身如甑中。于道有所味，触意无复忡。心杓指以南，性水决而东。炼得身如鹤，始可冲秋空。道人亦不贫，朝灌三畦松。

怀仙楼歌奉呈鹤林尊友

闽为昔无诸，山水实秀妩。其间多神仙，后先各轩翥。任敦丹井寒，董奉杏坛古。云飞邓伯元，风御王玄甫。乌石隐士周，霍童仙君褚。王霸骑白龟，徐登跨黑虎。赵炳石室空，薛丕梅溪举。何家九弟兄，黄老一宗祖。无处觅榴花，曾巅但烟雨。此身犹埃尘，不得奉笑语。偶亦嗜好同，于焉问出处。彼美彭鹤林，往在神霄府。名位居瑶台，觞咏挥玉麈。不入鸳鹭行，甘与猿鹤侣。清誉塞江湖，大手压燕许。西北有高楼，怀仙扁其所。生晚不同时，怅欲与为伍。青蛇吼云崖，黄鹤眇星渚。去去无消息，忡忡镇凝仁。天上多欢娱，世间厌凄苦。鸾凤相招携，云泥少间阻。几回心欲飞，不觉手自舞。倚栏数百年，归日指可偻。先谒南华宫，次谒西王母。献之以玉环，酌我以璚醑。何必偷蟠桃，尽可擘麟脯。回首视蓬莱，三点烟如缕。

江子有怀

（二首）

其一

寒梦去易回，归心动复止。天涯一逆旅，身傍五穷鬼。渺渺三山云，浩浩九江水。幽窗风雨夜，此情竟谁委。

其二

人生一梦耳，梦中复作梦。一夜月许明，千里思与共。我且执诗筹，尔或卧酒瓮。梦回自搔首，此梦亦无用。

游简寂观

手把武夷竹，江山满吾目。落花称意红，芳草无心绿。双涧泻翠瑶，群山断苍玉。青林隐成帷，碧洞深如屋。烟锁花间猿，雨惊岩下鹿。药炉埋白云，丹井浸枯木。虎岫耸锦屏，龙湫喷银粟。晋人陆修静，于此曾卜筑。饥则饵嫩松，寒则披老槲。惠远同种莲，渊明共采薇。当年学阿弥，飞神到天竺。旧有晒药台，荆棘蔽幽谷。旧有朝元石，雾霭笼飞瀑。园桃晓猿攀，庭柏夜鹤宿。何人建琳宫，先生留宝躅。铁板时敲茶，铜钟晓唤粥。冠褐霭镃镃，车马来仆仆。巨壑有鱼飞，寒池足鸦浴。天高星斗寒，更深鬼神哭。到此风骨清，直欲骑黄鹄。

结庵

结庵居深山，静中观万物。绿苔封晓云，苍藤缚夜月。啼鸟挂岩头，暗水洗石骨。风起山若雷，海翻浪似雪。少年不归来，人间空白发。

玉涧桥

长虹饮玉涧，飞下苍松湾。高僧一指呼，蜿蜒依青山。涧底绿水寒，倒影卧波间。行人此驻锡，直透赵州关。

明发石壁庵

有客东北来，翩然袖青蛇。掀髯石壁前，人间日已斜。前望罗浮山，千峰如排衙。鱼龙吹海水，洒雨行天涯。何处安期生，种枣大如瓜。见说蒲涧中，尚有九节芽。后来葛稚川，亦得饭胡麻。自汲水帘洞，笑咽黄金砂。海山冥古今，缥缈烟月赊。急呼南海神，采采扶桑花。我欲骑天风，去归五云家。整衣谒紫皇，及此鬓未华。嗟彼红尘人，还如兔在罝。胡不学飞仙，白日升九霞。

题友人夜光诗集

海底有明月，圆于明月轮。得之一寸光，可买万古春。石上栽花者，火中捞雪人。步行骑水牛，乃知无价珍。

赠谭倚

丹山金鸑鷟，绛阙玉麒麟。气宇秋潭月，文章阆苑春。青云露如掌，策骑上龙津。

赠秦止斋

名显不如晦，身进不如退。水澄秋月现，云散春山在。神栖方寸间，心照大千界。虚室乃生白，天光始发泰。可以止则止，知止则不殆。冥茫无有边，不在天地外。

琼姬曲

深深芙蓉城，凤笛声何长。绰约六铢衣，云中弄明铛。琼姿夜月暖，玉唾春风香。去去劳怅想，峡猿啸高唐。

忆留紫元古意

（二首）

其一

东风若有情，吹我梦魂飞。灯前半夜醒，枕上三山归。二子相与言，相执不相违。何处一声钟，寒泪滴征衣。

其二

为山莫太高，太高常苦寒。恩爱莫太深，太深别离难。黄鹤今何之，白云不复还。暗想紫仙堂，月照双飞鸾。

寒碧

清秋访林馆，寒碧凝瑶风。冷入琅玕聚，凉生琛玉丛。枝枝撑明月，叶叶起清风。朝云挂余翠，夕照摇残红。断鸦噪方宿，鸣凤栖复冲。扶疏玉梵府，析薪水晶宫。露花滴翡翠，烟絮缠蛟龙。万竿响笙竽，一林撼丝桐。饮罢身欲蜕，联镳翔太空。

楼前雨霁

飞廉驱铁骑，万雨飞落地。烟淡松自苍，风起竹似醉。倚窗横膝琴，政有作诗意。白鸟忽飞来，点破一山翠。

病起

我爱山水清，淘洗诗中俗。暍来山水间，白昼卧茅屋。天公知此癖，复还我以病。病中玩山水，诗句觉愈胜。我欲抱病吟，生怕病忽愈。铟口莫汤药，静对山水语。君看病中句，不特苦且清。长如酒后时，雄吟畏酒醒。行带琼台云，随风下山去。回首山上庵，记在猿啼处。

戴月游西林

悄然无人声，但有一林月。谁家鸣乳虎，万籁静不发。苍须指前路，满地铺翠樾。清露滴秋衾，夜气飞霰屑。遥岑有无中，烟渺天空阔。剑光冲斗牛，长啸苍崖裂。山行二三里，诗肠思酒渴。冷云曳山腰，暗水洗石骨。勒马过断桥，枯木冻欲折。枝头惊鸟鹊，草根鸣蟋蟀。试问夜如何，孤猿啼不歇。柴门自推敲，残灯更明灭。回首古招提，地僻居穷发。红裳照轻幢，紫殿闭锁闶。题名墨未干，壁上龙蛇活。秉烛出云房，古径苍苔滑。归来倦拂床，联句斗击钵。老苍拥地炉，坐把寒灰拨。黄鸡啼四更，惊破梅花雪。

月庭

佳人冰雪姿，奕奕紫芝眉。中怀径寸珠，晓夜光陆离。似月充其庭，谓是亦良非。乃知可怜宵，诚与姮娥期。四座生虚白，一笑搴其衣。拔子出红尘，相与游瑶池。举头叫风伯，招手邀云师。高折丹桂花，纵身空中飞。

题三山天庆观

（三首）

其一

渺渺神霄天，玉京何岧峣。琼花露泣蕊，琪树风鸣条。瑶妃侍云笈，羽童舞金翘。嗟彼世间人，红尘徒朝朝。

其二

紫琼飞清都，翠云护绛阙。不见有星辰，俯视但日月。下世二千年，不敢向人说。吾已成金丹，留下飞仙诀。

其三

玉皇香案吏，金阙禁垣卿。宝炉烹日月，铁尺鞭雷霆。晓炼西山云，夜煎北斗星。城南告树精，吾家在瑶京。

鹤林赏莲

玉洞生翠雾，瑶林映素霞。天飞明月英，夜浴白莲花。碧水香以净，松声吹露华。众仙鸾鹤散，寂寂五云家。

荷风荐凉岗于御风台者六因赋古意示诸同我

黄昏六点星，飞堕天南方。荡荡无边秋，水色涵天光。紫壶如朱槿，鲜妍敌露霜。紫琼如芙蓉，风韵何清凉。紫烟如芝兰，涧谷含幽芳。紫云如木犀，内秘天家香。鹤林如甘菊，端可寿而臧。满泛九霞觞，与客秋兴长。紫清如芰荷，堪制仙人裳。愿言六人者，驾月宾帝旁。先拜紫皇前，次谒王母房。人间尘埃子，白日空茫茫。

秋风变

一从佳人去，念念思杳魂。顷刻不离怀，梦寐常温温。幽人非好色，脂粉何万群。良马只一鞍，好花只一春。流水去不返，青霄徒白云。香魂在九泉，夫岂不酸辛。人间尚寂寂，阴府复何言。造物略不悲，苍天不我怜。南风复西风，景物易变迁。独有一寸心，朝暮佳人边。幽冥不可诘，宁忍度岁年。此身当如何，何当委荒烟。若夫世间人，岂知道义坚。孤然不自惜，怅望瑶台仙。置之勿复道，时时泪涟涟。不堪酒醒时，月下与风前。有梦梦不成，所思长县县。万里亦可到，一死今杳然。相忆而自叹，苍天复苍天。

夜阑

试问今宵月，今夕何爽约。遂令山中人，倚户守寂寞。上界足官府，天门有关钥。云锁乌鹊桥，风把凤凰阁。蟾吞不夜天，兔捣生长药。否则广寒君，尚或事梳掠。如何二鼓去，桂影更不作。幽人惟太息，远趣在碧落。伊本不窈窕，我非业谐谑。如此良夜何，不饮何时乐。悠然举大白，清啸散万壑。那有扬州鹤，那有扬州鹤。

定斋为杨和甫赋

水澄秋月现，云散春山出。镜内影去来，杯中形出没。释氏慧之源，儒者诚之骨。忘躯见天机，灰心契造物。落花问啼鸟，流水噪幽石。不如窗间云，不如屋角月。此意谁与论，知音更何说。悄如寒岩烟，寂似阴崖雪。栖神要山林，晦迹老岩穴。吾当叫张葛，起与共散发。

赠侯先生

腰悬龙泉剑，背负寒玉琴。阅世几秋雨，随身一纸衾。苍髯怒更直，碧眼笑仍深。今过青城去，人间何处寻。

苍琼轩

竹已萌千龙，水自走万马。人在苍琼轩，笑倾白玉斝。饮到月华落，醉倒洞之下。一堂皆酒仙，地远无人画。

赠李道士谒仙行

蓬莱空夜月，琪树不秋风。霜畦老芝术，烟阙多麟龙。灵龟不知岁，孤云杳无踪。白鹤忽归来，紫鸾鸣雏雏。谁种蟠桃核，花开昆仑峰。一曲舞胎仙，瑶池谶已终。手持三尺霜，浩气渺太空。坐断壶山景，杖头风月浓。

玉皇知何时，锡诏下霄濛。玉膏满瓯雪，刀圭一粒红。赠子谒仙行，金鸡呼晓钟。唤起老飞廉，羊角舞巽宫。为君吹梦魂，横飞过海东。

春日道中

春光入万象，天意开百花。莺雏戏云锦，鸠妇络雨纱。晓日晴弄柳，夜雷暗惊茶。溪带缚洞口，醉归蜂正衙。

妾薄命

（有感故先师故作）

长天云茫茫，流水去不返。寂寥不可呼，死者日已远。旧事常在心，思之辄泪眼。修昼劳怅想，寒夜百展转。梦里时相逢，醒后细思忖。门前青衿子，相顾吾安忍。罗衣叠空箱，久矣废檀板。月明燕子楼，风清荷花馆。置之勿复道，此念增缱绻。自怜妾薄命，鸳衾为谁暖。冉冉冥中魂，尚或暗相管。邻家琴声悲，精爽竟难挽。琴调何凄凉，闻是广陵散。

姚魏堂

青帝收成功，乃王木芙蓉。姚魏久燮理，功成盍受封。向已魁梅花，此当相芍药。桃李寂不言，蜂蝶寒无托。

白莲诗

渊明归西天，不作东林社。不见张昌宗，无人举此话。谁家栽绿荷，薰风漾碧波。波底水晶空，化出玉姮娥。嫣然冷无语，冰肌卧晓雨。东君如夏日，此花不受暑。一点天然香，随风入画堂。折之置坐隅，窈窕弄玉郎。忽然心绪变，如睹佳人面。寄语明月楼，莫贮双飞燕。

古别离

（五首）

有婉孤山梅，香根寄霜雪。早被东皇知，占断西湖月。天风何狼籍，吹付寿阳人。骑箕弃鼎鼐，百花空自春。

（右臞庵李侍郎谌）

青青冬岭松，高出寒崔嵬。忆昔可怜宵，声如瀺灂堆。冰霜矧肯摧，枝叶故条畅。一夕乘风雷，龙化失群望。

（右回庵谯大卿令宪）

彩凤何毰毸，有玉飞则立。竹林失所依，梧枝夜露泣。鸡鹜疑九苞，鹓鹭厌五毛。伊独怨德衰，箫韶如之何。

（右觉非彭吏部演）

溶溶空中云，肤寸能滂沱。旦暮依神龙，所至蒙恩多。归来太山阿，已罢泽民志。溘然登昆仑，猿鹤为嘘欷。

（右盘庄黄检院庸）

彼美幽汀兰，开花满国香。怅无与同心，隔水遐相望。皓月泽清姿，凉风怜幽芳。不及见妆台，委之田舍郎。

（右竹庄苏筠州森）

步虚四章

其一

昔在神霄府，飞云步玉天。玉天三十六，六梵聚飞仙。太帝升烟殿，东皇驾凤軿。真灵来亿万，听演太灵篇。

其二

玉清长生君，锡命青华房。上念神母言，下慰天八方。八方俱红尘，尘埃何迷茫。谁复念玉府，飞神登苍苍。

其三

帝在蕊珠殿，骞林白鹤翔。方会琪花宴，遽听青鸾歌。云笼六六天，下界徒嗷嗷。尔不慕玉府，轮回复奈何。

其四

清都五云天，天中飞紫琼。上皆青琳府，中有白玉京。风露凄且冷，蕊宫云冥冥。玉童折珊瑚，下弄银河星。

赠何道人

冠褐满天下，几个能贤贤。忽来龙虎山，结这粥饭缘。方丈最高处，幽居今几年。一双岩电眼，识尽地行仙。

赠潘高士

（二首）

其一

冬至炼朱砂，夏至炼水银。常使居士釜，莫令铅汞分。子母既相感，火候常温温。如是既久久，功成升紫云。

其二

龙虎战百六，乌兔交七九。坎离直寅申，艮巽司卯酉。　一粒同朱橘，千古永不朽。八月十五夜，三杯冬至酒。

炼丹不成

八两日月精，半斤云雾屑。轻似一鸿毛，重如千秤铁。白如天上雪，红似猩猩血。收入玉葫芦，秘之不敢泄。夜半忽风雷，烟气满寥泬。这般情与味，哑子咬破舌。捧腹付一笑，无使心脑热。要整钓鱼竿，再斫秋筠节。

金液大还丹

乌兔乾坤鼎，龟蛇复姤坛。世间无事客，心内大还丹。白虎水中吼，青龙火里蟠。汞铅泥蕊艳，金木雪花寒。离坎非心肾，东西不肺肝。三旬穷七返，九转出泥丸。

养真歌 [①]

老君说不妙，鸟啼花却笑。佛氏圆未通，青山树几重。仲尼贯莫一，兔儿随月出。三教总虚花，争如白虾蟇。芥子未是渺，须弥未是小。芥子与须弥，撮来作一口。非道非释亦非儒，读尽人间不读书。非凡非圣亦非士，识破世上未识事。琼州澄迈县，香山处士家，种得东园好木瓜。

宗阳福临洞 [②]

朅来寻仙居，一一抚遗迹。羊化石自驯，龙飞洞犹湿。西冈万玉虬，头

---

① 据明《琼台志》卷四十增。
② 据明《事文类聚翰墨全书》卷十增。

角复戢戢。枝藤有山友，劝我何叹息。煮茗松树阴，清风动虚壁。

秘诀诗 [①]

我有神仙方，教子无损伤。频频热擦手，勤勤摩肾堂。心大常宜健，神水不可吐。华池灌乎吞，切不可回顾。精盛面生炁，炁盛而生神。三物药周流，金刚不坏身。一念起扰心，龙虎难拘束。子若不谨戒，安能去色欲。

七言古

红岩感怀

（四首）

其一

山高兮风寒，烟濛濛兮雨漫漫。雨霁兮雪飞，半夜无人兮倚栏，明月兮空山。

其二

猿啼兮鸟哀，风飕飕兮雪皑皑。雪霁兮云收，思我故人兮伤怀，古径兮苍苔。

其三

风悲兮花落，鸟哀哀兮水簌簌。水寒兮石苍，幽人自感兮悁独，古洞兮枯木。

其四

草青兮烟冷，山苍苍兮水楚楚。山深兮地僻，青鸟不来兮凄苦，断烟兮荒草。

枫叶辞

丹枫陨叶纷堕飞，撩拨西风尽倒吹。云外飘飘呼莫回，四方沉冥雁为悲，辞柯一去遽不归。已判此秋长别离，生者有尽死有期。凭高望远深相

---

① 据明罗洪先秘传、曹若水增辑《万寿仙书》增，原题《白玉蟾秘诀》。

思，手挥丝桐送斜晖。

孤雁叹

孤雁声嗳嗳，忧如司马牛。君不见煮豆燃豆箕，斯人者斗米尺布渠岂羞。知有鹡鸰在原，不知有棠棣之华不。

梧州江上夜行

云去云来几点星，城头画鼓转三更。草深萤聚浑成磷，月暗鹤飞惟有声。何处夜航鸣橹过，沧江如镜烟半破。忽然长啸惊沙鸥，飞入前山不留个。

悲风曲

山风凄冷山木悲，虎不敢啸鬼夜啼。溪声暗绕苍苔路，翠羽丝毛寒不栖。幽人此时楼上立，叶照松梢露珠泣。有酒欲饮饮不成，月华缥缈烟光湿。

有赠

我见千家闹管弦，金瓶玉水养春妍。一朝花落空枝在，爨下焦枯亦可怜。曾闻李白之诗否，以色事人几长久。断蕊残英尚未衰，月明人立黄昏柳。

笔架山

吾是瑶台翰墨仙，操觚弄椠玉皇前。翻云为墨海为砚，一片寒空如雪笺。兔豪象管用不得，倒蘸昆仑醉钩画。当年染罢八角芒，金阙上章求放逸。三峰坐断江南天，临汝城头苍苍然。状如笔架翠起伏，与吾阁笔驹驹眠。山灵惊呼猿鸟乱，清魂复被风吹散。起来叫问山前人，几度松枯白石烂。

积翠楼

飞云涌浪天边来，翠色迷空拨不开。逸人怜此一崔嵬，峨嶪危檐倚翠堆。客来楼前认林樾，坐久神爽愈飞越。移时双鹤何处归，遥见前山两点雪。

孤鸿曲

秋阴薄薄天风凄，黄落满空孤鸿飞，志在江湖叫何悲。桂枝初花来几时，得非往者失埙篪，云情月思哀独归。青霄高处更危机，胡不少栖欲何之，霜翎雨翅不自持。非无稻粱与菰黍，食不下咽情永辞。江头吊影鸣愈凄，嘹唳之声矧可思。

初至梧州

夜半江风吹竹屋，起挑寒灯怜影独。荒鸡乱啼思转多，黠鼠啸跃眠不熟。旧曲情声觉悲凉，故国心眼时断续。何当牵犬臂苍鹰①，锦帽貂裘呼蹴踘。

公无渡河

君不见猿啼苍梧烟，风卷潇湘水。双蛾无处挽重瞳，粉篁点点凝春泪。又不见鹤饮瑶池月，露泣龟台花。百官极目望八骏，青鸟寥寥空暮霞。呜呼，不自爱惜甘蹈死，亦不闻乎千金子。公无渡河要渡河，公要渡河争奈何。

听猿

三树五树啼寒猿，一声两声落耳根。吾疑耳到猿啼处，却是猿声随风奔。猿声不悲亦不怨，吾亦于世何所恋。夜深月白风籁寒，听此忽然毛骨换。

挹爽

高人今居笔架山，苍烟冥濛常风寒。西壁千岩青未了，万顷岚光薄清晓。晓来轩窗敞且明，风栊月牖一壶冰。鸡声未断钟声起，起饮沆瀣朝紫清。人间红尘刺人眼，世上蜗蝇徒尔乱。岂复知此爽气佳，已被高人俱占断。

希夷堂

道人久矣泯耳目，萧然自如脱羁束。朝随扶桑日头起，暮趁昆仑云脚伏。青牛过关今几年，此道分明在目前。昨夜琴心三叠后，一堂风冷月娟娟。

---

① 鹰，原作"膺"，据同治本改。

山中忆鹤林

（四首）

其一

碧桃兮花落，青鸟去兮春寂寞。风止兮雪霁，望美人兮天一角。

其二

可惜兮春光，芹泥香兮燕忙。花红兮水暖，望美人兮天一方。

其三

白云兮孤飞，雁向北兮燕南枝。青山兮方叠，望美人兮天一涯。

其四

苍崖兮巍巍，对落花兮倚斜晖。猿啼兮鹤唳，望美人兮天一隅。

习剑

剑法年来久不传，年来剑侠亦无闻。一从袖里青蛇去，君山洞庭空水云。逸人习剑得其诀，时见岩前青石裂。何如把此入深番，为国沥尽匈奴血。

题《黄庭经》后

琴心玉文洞玄玄，金钮朱锦乃汝传。子能得之可长年，黄素镇赝完且坚。横理如发约两边，从有赤道如朱弦。文居其间走玄蚁，飞云相与为终始。大道甚夷非力使，无为自然有至理。谁能精专换骨髓，扫去俗尘不瑕秽。目中有神乃识真，白玉为轵装车轮，裹以天上翠织成。仙人楼居俨长生，鸾鹤翔舞猿猱轻。子能宝之慎勿轻，室宫之中夜自明。上清真人杨与许，焚香清斋接神女。手作此书留下土，千年流传子为主。东方苍龙右白虎，四神严诃执予侮。

清夜辞

（十首）

其一

霜清兮露冷，暮天碧兮微云飞。北风兮吹我衣，梅花下兮明月来几时。

其二

月明兮星稀，烟漠漠兮风悲。空阶兮竹影，悄无人兮萤飞。

其三

微云兮淡月，万籁静兮猿啼。梅花兮无人言，夜气清兮露凄凄。

其四

风起兮霜下，池塘冰兮井水寒。望清都兮鹤未还，明月兮空山。

其五

清都兮绛阙，五云深兮冥冥。玉楼高兮珠殿寒，漠漠兮无声。

其六

橙黄兮橘绿，湛雾飞兮夜月寒。幽人兮夜坐，顾影兮自怜。

其七

南山兮北陇，相对兮碧崔嵬。青松兮白石，暮烟兮猿哀。

其八

餐松兮饮水，望绛阙兮思归。白云兮黄鹤，胡不来兮何时。

其九

凭虚兮御气，乘风兮驾浮。朝罢兮归来，天边兮月一钩。

其十

百年兮一炊黍，万幻兮一浮沤。吾不知兮此身，骑鲸兮醉游。

易水辞

天为燕丹畜赵高，风鸣易水止荆轲。不令刘季身秦怨，却速吴陈此水过。
秦王环柱刘光急，尺八匕首手死执。伊独徙木信市人，殿下钤奴赢得立。

鹤谣

（八首）

其一

鹤者胎化之禽兮明明，后玄鹄兮前苍鹰，冲若舞兮太清。

其二

鹤者还丹之使兮洋洋，缟云衣兮玄绮裳，唳以下兮郴阳。

其三

鹤者冲虚之梯兮冥冥，朱霞弁兮翠锦棚，浩然归兮辽东。

其四

鹤者飞仙之御兮英英，十二裙兮六六领，翻而来兮华亭。

其五

鹤兮鹤兮芝田兮，遐征不可望兮，倏去忽来兮。

其六

鹤兮鹤兮瑶池兮，若有控以御兮，杳不可诘兮。

其七

鹤兮鹤兮玄圃兮，是必有以致兮，将为谁来兮。

其八

鹤兮鹤兮丹丘兮，下界尘土腥兮，何当致我归兮。

怀仙吟

我怀仙兮神仙侣，霞裾摇曳兮居何所。见鹤长吟犹可覆，蓬莱果在半步许。空留宝墨落人间，字句成行秋雁序。正心诚意语犹奇，谁识忘形相尔汝。

见鹤吟

午吟三华院，忽有仙鹤十二只，玄裳缟衣，飞鸣盘舞于其上。因作《见鹤吟》，呈倪梅窗、卢副宫。时七月二十三日也。①

纸上画仙挂古壁，朝朝暮暮被烟熏。泥塑钟离木雕木，不见元皇大道君。近来尘世无丹诀，哑口道人俱不说。武夷散人不辱仙，只图一日三碗雪。白鹤白鹤何方来，丹墀绛阙几时开。空中莫作嘹唳声，片云冷风何快哉。鹤作声时我无耳，鹤振羽时我无眼。蓬莱只是半步许，一生且做老担板。

天开画楼图

层檐叠巘入苍冥，千山万山相送迎。晴云一抹收未了，溪尾更濯余霞明。化工朝暮费点染，丹青变态随深浅。凭栏展空千里眼，却愁此轴难舒卷。

---

① 此段据《武夷集》卷八补。

立秋有怀陈上舍

没巴没鼻落一叶，发颠发狂何处风。九十日暑扫地去，满怀汗珠寻已空。却烦察判潘孺子，说与上舍陈元龙。来宵无雨必好月，一樽还要与君同。

题三清殿后壁

些儿顽石些儿水，画工撑眸几睥睨。忽然心孔开一窍，呼吸掇来归幅纸。白发黄冠逞神通，手把武夷提得起。大槐宫中作蝼蚁，醒来闻此心豁喜。芒鞋竹杖一弹指，三十六峰落眉尾。魏王岂是中秋死，玉骨犹存香迤逦。八百年来觅只鹤，一举直上三万里。半杯浇湿曾孙齿，幔①亭遗事落人耳。新村渡头拽转蓬，寒猿声落青烟里。老松今已几年梢，毛竹于今复生米。岩上无人花自红，幽鸟自鸣鸣自止。笑将铁笛起清风，白云飞过看无踪。夜来月影挂梧桐，莓苔满地绿容容。丹崖高处药炉空，洞前云深千万重。我亦偶来还自去，一夜潇潇江上雨。飞廉怒作满空雪，天柱峰前飞柳絮。

题丹枢先生草庵

数朵奇峰如削玉，一溪秋水生寒绿。幸有白云深处茅，更兼明月坛前竹。诛茅伐竹结蓬庐，现成山水可樵渔。随缘随分山中住，收拾摩尼如意珠。草庐道人贫彻骨，一庐潇洒空无物。身中有宝不求人，价大难酬不拈出。朝朝暮暮了身心，山自开花鸟自吟。未见桑田成海水，夕阳几度锁平林。住此草庐无别术，终日凝神惟兀兀。不是十洲三岛仙，亦非阆苑蓬莱客。是个逍遥无事人，庐中涵蓄一壶春。窗前明月千年影，枕上清风万劫声。庐内主人那个是，古今占断清闲地。忽然洗面摸得鼻，不饮不食亦不寐。庐空人去烟濛濛，白鹤呼云满碧空。一瞻元始天尊面，处处为庐处处同。有个草庐不复小，此是虚空那一窍。顶头不挂一茎茅，万象森罗为拱斗。劫火洞然毫末尽，此庐不坏人如旧。

赠赵太虚画竹石

竹魂竹魄竹精神，飞落潇湘淇水濒。千竿万竿竞青翠，吹风饮露千来

---

① 幔，原作"慢"，据同治本改。

春。先生笔端自风雨，惊起竹魂无着处。一点水墨化成龙，龙孙飞去鹅溪住。先生把笔无逡巡，造物不敢私为春。新梢劲节森寒玉，鸾凤无处栖梦魂。晋人神仙如孙且[①]，画竹每每天作雨。唐人神仙如张臻，画竹每每闻雁鸣。先生自得入神手，一竿两竿发于酒。当时大醉呼墨奴，一笔扫出竹千亩。酒力安能夺化工，先生炼就金丹红。一粒阳光照肺腑，森罗万象罗心胸。有时持出风竹叶，银海不寒皆震摄。有时持出雪中枝，恍如冻碧欺涟漪。复能濡墨作石块，天然峭拔古且怪。沙中伏虎草中犀，教人持向蓬莱卖。竹之清虚石坚硬，以此发明真性命。使人观石及爱竹，知有真个赵元静。先生醉时常风颠，世人眼孔无神仙。我今珍藏数本画，云鹤来也公归天。

赠郭承务芦雁

画士郭熙画之冠，郭熙去后名未断。其裔复有郭万里，胸中丹青饱无限。为谁作此芦雁图，杰出南齐宇文焕。烟水潇潇风卷芦，沙边鸿雁暮相呼。潇潇洞庭此秋景，世间此画知有无。幻出栖雁三四只，八九叶芦横古碛。欲宿未宿嘹唳声，渔舟泊岸山烟黑。秋风吹落梧叶黄，过雁往往归衡阳。横空书字人不识，飞过有影沉沧浪。落霞浸水江村暮，数只翱翔回古渡。引领举喙啄荷花，飞越戍楼西畔去。云寒月淡西塞秋，几声凄切惹人愁。岸头飞共丹枫落，打团成阵访沙鸥。似此景物似此意，君今画之不难事。数幅鹅溪冰雪缣，须臾扫出芦雁市。世间岂无学画者，未必有与君相似。我欲致之箧笥间，满笥爽气生秋寒。恐君此画无人见，有画斗者谁敢战。挂于幽轩素壁间，一日须看千百遍。

纯阳会

一点薰风舞绿槐，祝融衮火从南来。海棠落地蜂蝶去，池馆无人莲未开。溶溶一掬清和髓，纯乾已作牝马矣。岳渎将此英雄气，收来顿在葫芦里。阶前十有四荚蓂，谏议夜来梦麒麟。披榯老翁自鼻笑，胞胎未兆天元春。洞宾弄巧翻成拙，蓬莱路上空明月。墙头梅子枝上蜡，池畔榴花叶底血。生来挺挺其精神，所适性癖穷天真。蓦然悟得铅汞机，敢谓大道无楚

---

① 原注云："音沮。"

秦。忽尔金丹成九转，十月胎圆^①人不问。撼动乾坤走鬼神，青云白鹤方解闷。天下后世思真人，常与真人庆诞辰。樱笋厨开正来日，释氏亦欲制蜡人。不知故事自谁始，实是五代谯陵起。王诜建会集冠褐，飞来白鹤不知几。次则萧氏建宅仙，七闽万户生祥烟。一郡二郡渐风化，骎骎知省洞宾贤。城南城北走几次，人亦不知回老是。但见老松作人语，先生携墨归谁氏。太平寺里作篇诗，又道摩镜嫌人痴。岳阳市心一长啸，铁笛无声今几时。宝婺有人潘氏子，功名愿足心肺喜。髫年崇奉迄今日，四海杖屦纷如蚁。万指丛中见玉蟾，不作衣衫褴褛嫌。题诗祝君励金石，晨香夕烛增肃严。妙通老人暗抚掌，何年熊罴入梦想。待渠峥嵘欲及笄，整顿衣钵福无量。半千白鹤呼青云，青云深处琼梅新。有人要问飞升事，只看天边日月轮。

赠城西谢知堂（时通）

蓬莱山上神仙翁，道貌挺挺乔如松。双眸炯炯黑于漆，脸边隐隐如桃红。有时仰天笑开口，撮起昆仑归右手。忽然虚空跌落地，不觉满腹藏星斗。有时惊起老龙号，一口汲尽沧浪波。打破混沌揣出骨，拈起芥子贮山河。偃月炉中煮天地，煎炼日魄并月髓。笑把葫芦禁鬼神，杖头挑起山和水。栾巴噀饭飞成蜂，左慈剪艾化为龙。夏月梅花冬月电，似此伎俩问吕钟。撮土为香犹是假，水底麒麟取作酢。鬼神眼睛突出外，无根树下骑铁马。工夫到处戏极时，拈弄造化如儿嬉。大虫舌上翻筋斗，却笑金刚学画眉。女皇要补西天窍，炼石不得羲皇笑。秦皇凿山通四溟，汉帝掣之一长笑。先生手持没底篮，出有入无犹不凡。携此道术问四海，洞宾今正觅同参。盏里绵包或聚散，火里游鱼水里雁。黄鹤楼前大醉时，撑眼撮与钟离看。水盆搅散五色沙，满地写出龙蛇花。自将一盏逡巡酒，敢向人前化作茶。笊篱里面一条路，透入青霄云外去。十字街头开铺席，翻手覆手成云雨。如今天下觅无人，似君道术真入神。踏遍江湖今几春，都来一个云水身。

---

① 圆，原作"团"，据参校本改。

胡东原香锦亭

东皇剖破勾芒腹，锦心绣肠香馥郁。绛都风雨僝僽春，花魂无主自精神。黄鹂初唤柳开眼，海棠枝上春烟暖。放出一点两点红，墙头红腮微笑风。东原去后花无主，春工亦懒施机杼。亭前忽遇诗酒仙，花亦喷出些龙涎。风催雨趱花不辨，满庭芬芳生烂熳。牡丹吐火花欲然，日将锦绣铺苔毡。诗狂梦与花神饮，酒醉不与花神寝。酒阑令我忆东原，花木虽在人恻然。此诗终不为花作，惆怅东原此丘壑。而今赏花不见人，但见蜂蝶飞闲亭。

谒仙行赠万书记

嶰管飞葭方孟籥，青女仍前行夜恶。连日东风料峭寒，黄鹂声断梅花落。客来武夷访灵踪，八字洞门无锁钥。溪头昨夜添新雨，桃片满溪红灼灼。苍苔满地空绿匀，芳草无言烟漠漠。捣药声干丹井寒，虹桥一断收霞幕。千古松风学凤笙，向晚清客满林壑。山光不动旧松竹，洞中惨惨悲猿鹤。机岩学馆空无人，紫领丹丘久潇索。雾暗平林虎长啸，碧潭生花老龙跃。峭崖飞鸟不敢过，万丈苍琼真峻削。山中金蟾不可寻，石边且取黄芝嚼。我生逍遥事落魄，泉石烟霞得真乐。身披绿麻戴青蒻，横担碧藜蹑芒屩。只爱山林厌城郭，却厌膏粱爱藜藿。冷眠石上入华胥，梦见太虚无斧凿。揭来洞中未半饷，转盼又觉经旬朔。今朝云头雨收脚，欲归又被溪山缚。欲作此地三间茅，朝餐红霞暮饮瀑。已有神仙分定缘，定知道外无乾坤。只愁天上多官府，九转丹成未敢吞。

山月轩

老蟾飞上梧桐枝，苍屏烟冷猿夜啼。潋滟金盘挂寒巘，婵娟玉镜沉清溪。风前松竹尽起舞，姮娥徘徊不归去。人在广寒天在水，满天星斗知何处。幽人为我鸣瑶琴，山前月下千古心。不知明月几圆缺，只有青山无古今。醉持玉盏吞金饼，尘世无人知此景。青山无言人酩酊，浩歌卧断桂花影。

送谈执权张南显归广州

七月送我东南道，八月送我西南道。西南江沙黄茫茫，东南海水白浩浩。海水飞作潮头来，潮头卷取潮舌回。江沙一望渺千里，千里亦此一江水。水外青山山外云，云边苍树树边村。村有酒酤酤不得，小船寂寞愁黄昏。大丈夫，不拘此，无酒便如何，有酒亦乐只。为问东南海水西南江，如何滔浮独未降。岂不亦笑老先生，有如此水亦迷邦。君但归，归去好，人生有情为情恼。明朝轻舟当径度，不须回首端州路。

杜鹃行

杜鹃哭，杜鹃哭。微雨村，远烟麓。山花红，江枫绿。一声残，一声续。一声一声复一声，不管世间银发生。啼尽天涯夕阳影，又向空中啼月明。山中憔悴人，无绪伤春色。今古兴亡一肚脾，临风再拜君得知。两行茅舍苍烟泪，滴破浣花溪上诗。

题杨家酒楼

碧落散郎下人世，骑云鞭霆日日醉。杨家三杯松花醪，眼花浑不醒天地。知有溪山无名利，铁笛吹破西山翠。

友人陈橚得杨补之三昧赏之以诗

梅花不清是水清，最是一枝溪上横。梅花不明是雪明，冻折老梢飘碎琼。梅花不暗是雨暗，隔篱和雨粘珠糁。梅花不淡是烟淡，烟锁江村烟惨惨。梅花不枯是霜枯，霜后不俗霜前粗。梅花不瘦是月瘦，月下徘徊孤影峭。梅花不寒是风寒，落英飞上玉阑干。梅花不湿是露湿，冷蕊含羞晓鸣唈。雪明偏见梅花魂，笔下六花堆烂银。水清偏见梅花骨，笔下一溪寒浸月。烟淡偏见梅花情，笔下一片黄昏晴。雨晴偏见梅花貌，笔下娉婷向人笑。月瘦偏见梅花真，笔下蟾蜍弄早春。霜枯偏见梅花操，笔下飞霜送春耗。露湿偏见梅花奇，笔下冷蕊垂百琲。风寒偏见梅花意，笔下萧骚夺云气。有人身心似梅花，写出清浅与横斜。补之若见亦惊嗟，机杼迥然别一家。繁处不繁简处简，雪迷晓色月迷晚。更得一些香气浮，阳春总在君笔头。

觉非居士东庵甚奇观玉蟾曾游其间醉吟一篇旧风以纪之

一瓯之闽古无诸，山奇水透真画图。霍童山在闽之隅，天下第一神仙都。神仙渺茫不可见，桑田沧海几迁变。三山峄峥青至今，堪嗟山下人如燕。螺女江头十万家，西湖十里碧莲花。满城和气浓于酒，一天雨露饶桑麻。东有鼓山榴花谷，南有方山小王屋。王霸炼药怡山西，老任跨鹤升山北。距城以东七里余，丹崖翠壁凌太虚。天閣地藏一蓬壶，神刊鬼划画不如。种橘仙人来瑞世，况是篯翁其后裔。苍松筋骨鹤精神，谓之觉非老居士。居士少时观此山，便拟归隐乎其间。及其赋罢归去来，此山尚锁青烟寒。平生使节半天下，秋霜夏日大声价。咄哉富贵非吾愿，何似归来一茅舍。百丁持镵薙荆榛，寒岩怪石翠峥嵘。奇花异草不知名，地灵夜泣猿鸟惊。天然一石大如廪，裂开发露五云锦。满地璀璨黄金沙，地下掘出玄玉枕。度其广袤筑屠苏，鹓鹩峭耸鸳鸯铺。人来山下抬头看，直疑上有神仙居。夜静星辰挂朱桷，万丈华表立双鹤。山童指向游山人，高处更有兼山阁。阁边数石罗翠屏，倚崖建一介隐亭。一登云外忽舒啸，醉归小山风月清。双石削成辟紫户，犹胜武夷石门坞。一石俯仰状如龟，一石跨蹲露如虎。岩头千尺炼丹台，银泥丹砂朱草堆。台上凿开四小涝，不见炉鼎空寒灰。石眼有泉迸山腹，可成一池足鸦浴。千山万山翠打围，稻田万顷如棋局。于中突出五石岩，紫云苍雾缠松杉。吾疑闽中四五辈，向者曾此话同参。粉墙围住万竿竹，白凤飞来枝外宿。山前山后多麋鹿，疏栽兰蕙密栽菊。何年种此千树梅，满山雪色白皑皑。晚来山风扫落英，五色虹霓明绿苔。隔林髣髴闻机杼，人家知在云深处。何处招提最近傍，早暮送钟斋送鼓。凫汀鹤渚白苹洲，小溪流水横断桥。画出一派潇湘秋，万家秋色人渔樵。长江浩浩数千里，浪花喷薄蛟龙起。叶叶扁舟古渡头，目力所至海门止。仆家本住青城边，去此迢迢路八千。对面窣堵高插天，恍惊天柱落樽前。觉非居士高且洁，时把黄庭玩岁月。丹山碧水我楼观，苍椿翠桧我幢节。客来到此蛰仙庵，披蒙茸兮登巉岩。龙盘虎踞甚形胜，大江以东斗以南。酒空核尽人亦醉，眼花浑不醒天地。壁间醉墨正淋漓，夕阳已挂青山外。

题浯溪

芙蓉睡足西风冷，渔阳卷入来无影。不思夜火笑骊山，甘欲庭花唱宫井。马嵬山下杜鹃声，罗袜空凄花草馨。谁谓霓裳非有情，倚腔犹韵雨霖铃。胡人先母而后父，此语悟君君不悟。天下何思复何虑，华清目送猪龙去。已矣去，知不知，悲莫悲于南内悲，危犹危似西狩危。伊人事定有所制，但得抱女成歔欷。元都水，颜太师，截禄山骨为之字，沥禄山血为之辞。未千年事几如此，风雨剥蚀苍苔碑。禹启乘云去亦久，客舟空舣浯溪湄。

赏梅感兴

千树梅花明如月，一天月华皎如雪。幽人心似梅花清，梅花亦作如是说。银色世界生梅花，水晶宫中明月华。醉卧月华嚼梅蕊，满身清影乱交加。今夕幽人换诗骨，花月即是诗衣钵。明朝花作雪片飞，花下鹤雏啄苔发。

赠陈高士琴歌

昨夜西风起白苹，从前湖海几酸辛。感今怀古无限事，挂颊闲思一怆神。琼窟先生鼓玉琴，一调一弄符我心。屈平宋玉不可挽，西风黄叶为知音。初闻如风吹梧①桐，次听如雨鸣芭蕉。凄然如雁声遥遥，温然如莺暖夭夭。忽而转调缓复急，海风吹起怒涛立。夜深星月堕蓬山，神官不管蛟龙泣。顿又换指清而和，牡丹芍药香气多。露桥月榭风雨夕，如此杜鹃愁奈何。浩浩长风送急雨，寂寞孤鸿落寒渚。昏昏月色老猿啼，蔼蔼风光新燕语。又如晴鹤唳苍烟，倏似寒鸦噪晴川。良宵砌畔响秋蛩，清昼林间悲风蝉。我思此声不堪比，使人欲悲复欲喜。五月葛亮渡泸溪，九月荆轲过易水。此声喜喜复哀哀，我志渺然在江淮。方且琵琶亭下坐，倏又郁孤台上回。琴声展转我心碎，我心多少平生事。弦中招我栖林泉，指下呼我入富贵。上界瑶池玉浪寒，凤凰阁下罗千官。紫皇宴坐苍琳宫，岂复知我犹人间。龟台烟冷风萧萧，十万彩女歌云璈。自怜踪迹今尘土，安得金妃复赐桃。青琅真人骑白鸾，日往日复玉京山。不念曾与同僚时，清都绛阙何时还。紫清夫人侍帝轩，朝朝嫣然妙华门。盍思人世此凄苦，金鱼玉雁凭谁

---

① 梧，原作"悟"，据同治本改。

传。琪花开遍翠微台，彩凤舞彻宾云仙。麒麟守住虎关严，獬豸时复森其前。不成终身只人世，吾身不翻心亦翅。粗且神霄觅一官，早作啸风鞭霆计。此曲此曲君休弹，老眼无泪徒悲酸。自知逍遥时节近，与君一笑开欢颜。太华宫中多白莲，以金为花玉为根。上有琼甲金丝龟，夜吸珠露花间眠。紫琅殿深不可诘，时有火铃飞出入。殿中仙君乘云轺，三千玉娥傍侍立。此般景象犹未忘，所以思念时悲伤。闻君琴声洗我心，自盍泰然发天光。我昔神霄西台里，雪肌玉肤冰霜齿。长歌一曲惊帝阍，解使八鸾舞神水。又赏飞过广寒宫，一见嫦娥琼玉容。不敢稽首便行过，倏复呼我醉瑶钟。水府左仙蓴绿华，身居东华帝子家。时以瑶琴鸣五霞，一声弹落琼台花。上元太真安长仙，日事玉皇上君前。玉龙娇痴不肯舞，独自奏帝鸣鸾弦。此声远矣吾不见，人间琴声更多变。谁能以此清净心，许多悲欢相练缠。琼窟先生然我言，我是霆司笔墨仙。昔为东华校籍吏，屡亦舞笔灵君前。失身堕世自叹息，东华欲归归未得。翠娥掩泪香骨寒，长天远水日相忆。君知否，吾将呼起大鹏驾琼云，手持百万苍鹰兵。前驱天丁后火铃，飞罡蹑纪下太清。又将东海捕金鲸，骑之去谒蟾蜍精。却持万阵貔虎人，下来红尘扬鼓钲。更烦先生试一举，为我调中作金鼓。为我唤起李太白，与我浩歌拍掌舞。君琴定是天上琴，天上曲调人间音。为君醉中一狂歌，千岩万壑白云深。

一览亭

千山万山耸寒碧，桃花李花正春色。客来登此一览亭，东望长江渺无极。烟飞松坞晓苍凝，雨过竹林晚翠滴。人家楼阁下参差，天宇云霞上郁密。平湖青草覆白沙，峭崖断岸几千尺。芦荻丛中鸥鹭闲，来往渔舟三两只。柳阴浓淡夕阳斜，藓岩石磴满山赤。落鸦噪下枯树枝，鸡犬声中半樵笛。疏篱小屋可容膝，目对青霄一太息。满城车马走红尘，何人知享此幽寂。竹炉焚罢柏子香，瓷杯倾泻碧玉液。饮到如泥卧石鼓，醒来瀹茗自闲适。啸咏太空歌一曲，风吼千林月华白。一览亭前双月明，诗成自觉天地窄。云崖烟树几重重，三百六十真奇峰。我将持斧扣洞门，借问蟠桃几时红。流光瞬息付一电，万事转头如去箭。南康有个陈参军，心镜如如成一片，自笑浮生若春燕。

题潜庵

已把功名等风絮，鹤氅星冠懒成趣。谷口人寻虎迹来，林间庵在猿啼处。好向青山白云中，参取翠竹黄花句。道人珍重老维摩，明日千峰万峰去。

赠崧庵造墨

水铢胶法仙而黠，万杵玎珰肩欲脱。龙尾磨开紫玉腴，鼠须点动青霓活。油然作云升太清，沛然下雨惊四溟。何当点开众生眼，大千世界常光明。

飞仙吟送张道士 ①

夜骑玉鳌采明月，蕊殿瑶台寒彻骨。三十六天不闭门，风吹琪花散飞雪。箫韶鸣处队仗多，八万霓裳歌一阕。紫皇宴罢驾方出，整衣端简去朝谒。火铃将军呵一声，左右万真耸毛发。奏云臣是雷霆卿，旧因罪去辞金阙。红尘埋身平至耳，餐青饮绿守苦节。飞神登天来正渴，见帝有酒觅一啜。赐臣一醉放臣归，归去人间向人说。凤凰阁下问归途，琼童玉女却问予。天上日长太清虚，人间还似此间无。摇头不答径拂袖，白云眇眇迷清都。洞中猿鹤更相认，白石烂兮青松枯。

咏雪于清虚堂火阁

长空惨惨昼如夜，严风刮得雪片下。寒猿傍树不敢声，江梅羞开恐易谢。万山无限落叶愁，处处凝烟缠草舍。枯槎冻僵不复活，飞廉截住阳春赦。馁虎呼雏入岩卧，过鸟如梭钻树罅。园林萧索无一物，几夜霜威煞无藉。欲雨不雨数点霰，雪意沉吟天似诈。满空飞起杨花架，三日两日冻不化。眼前幻出白玉楼，谁敢登陟空嗟讶。肌肤生粟鼻流水，前村新醅复增价。渔翁溪畔笑收网，鱼亦不知钩有鐴。洗铛簇火煎雪茶，垂帘叠足说清话。呼童凿碎砚中冰，呵手团挛结诗社。诗成此景尚自尔，安得王维收入画。

---

① 《语录》题作"飞仙吟赠留紫元"。

波罗密

（并序）

广州东南道，其南海庙之王殿左阶有焉。状如瓜枣，形如佛髻，云是达摩弟达奚司空自天竺持来也。于是遣道士决垓乞其一，王从之。是时有罗浮之兴，同舟共济之人，问予得此欲何为？予笑曰："偶欲得之耳。"吁，亦异也。前此盖未有赋之者。临风举酒，怃然有作。

南方有此波罗密，人所厌弃鬼神惜。大如瓶笙身拳挛，长如囊枕针历刺。天西[①]故是来处遥，天南亦有能相识。君不见北人不梦象，南人何处梦骆驼。蜀犬吠月越吠雪，识与不识吾奈何。

悲秋辞

虫声树声各已变，吾知流年暗中换。昼乌夜兔忙如箭，各光渐入芦花岸。芦花白兮蓼花红，鸿雁跰蹲满荻丛空。人生岁月去如水，燕去莺归一弹指蚁。感今慨昔令人愁，乃知宋玉非悲秋。古人混混去不返，今人纷纷知何限周。此身飘飘如游尘，身体发肤皆他人乱。向时欢娱成冷落，谁与感慨怜萧索嗔。所可悲者贫且孤，览镜自笑清而癯鹤。秋风起兮秋水寒，秋心悲兮秋兴酸逾。此心寥寥秋夜月，孤光散入寒光阔难。不堪举此向愁人，使人泣下肝肠裂撒。庶令鬼神伴伊泣，山空树冷风萧森襟。

牡丹海棠如梦中，莲藕香散池馆。星霜磨老道人心，满目世人纷如周。江山紫翠钱汉唐，风物不复追商。古人怜今今怜古，夕阳影里云影。尚余方寸管喜怒，不敢漏泄天公。定知悲喜聚散因，世间果无扬州。安能十事九如意，定数岂复人能。佳人一去不复还，顾影度此时光。夜深月落无人知，江上渔翁空网。何人为我调素琴，叠叠为我写孤。

题欧阳氏山水后

平沙断岸几千尺，树色烟光渺无极。一叶扁舟归去来，渔翁放棹倚芦荻。八九山家云水村，白苹红蓼数渔船。沙寒石瘦木叶落，一钩淡月照黄昏。小桥跨水碧溪浅，苍壁丹崖半苔藓。樵子归担竹两竿，落霞孤鹜天边

---

① 西，原作"回"，据同治本改。

远。千山万山风色清，四柱茅亭立晚汀。花红草绿山水静，独步亭前秋月明。山前一阵梧桐雨，落花惊断山禽语。谁家楼阁隐青林，老僧归寺立溪浒。一溪流水绕云根，草舍茅庵常闭门。客来倚棹一回顾，直疑此是真桃源。洞门紫翠交相映，林崿山屏更清胜。何人作此无声诗，展开如入溪山镜。

永州花月楼

春风夜飞招月橄，橄月司花月供职。月落千娇百媚丛，诸花为月妍为容。楼东月照楼西皎，楼西月向楼东笑。月与花戏天中流，花与月浴江中浮。月皆不管春风怒，花为月歌为月舞。舞者媚绿歌娇红，争怜妒宠惊春风。出有入无多变异，花竟不晓月之意。江花恼天天花愁，东楼月掩西楼羞。花亦自睡花自醉，月倦欲归归未至。却缘晓钟呼月回，月回花醒花不知。

燕岩行

有客来从天竺峰，渡溪恰趁一篙风。秋风着力送行李，吹入燕岩松竹里。松竹凄凄天作秋，空来空去空中浮。高岩万丈耸空碧，仙翁骑鹤去无迹。丹炉不火草芊芊，数间岩屋掩寒烟。下有龙潭绿无底，瀑布悬崖千尺水。夜来月影满空山，石钟一响生秋寒。玉燕何年岩下舞，飞时化作满天雨。尽言此岩多仙灵，白鹤点破一山青。烟雾罩山石常润，莓苔满地翠无尽。我欲诛茅此炼丹，夺取人间千岁闲。有个高人陆岩主，抱琴对我弹中吕。劝我他年归去来，此岩莫被烟云埋。

卧云庵醉后

千岩万壑深复深，洞口枯树鸣幽禽。瑶月影松天静淡，琅风韵竹夜萧森。暮云献碧出孤岫，夕鸟拖红投暝林。孔明终久须朝日，安石不来谁作霖。然则从龙虽有志，定知化鹤亦无心。先生不是终南子，满洞苍烟何处寻。

景德观枕流

寒泉泻破青山腹，青山不改寒泉绿。幽人一心泉石心，倚溪著此数椽屋。窗外飘喷万斛珠，枕边玲珑一片玉。山涧金龙啸欲飞，涧底银蟾清可掬。敲磬愁惊晓鹭眠，停经坐看昏鸦浴。香浮茗雪滋肺腑，响入松涛震崖谷。

清净耳观绝弦琴，广长舌相无生曲。客来坐此亦忘归，溪南溪北千竿竹。

将进酒

秋山苍苍秋云黄，鸦浴咸池忽扶桑。一月二十九日醉，百年三万六千场。嗟君千丈擎天手，而有万卷悬河口。乱花飞絮心扰扰，不如中山千日酒。黄凿落，赤叵罗。姑射真人注宝雪，广寒仙子行金波。玉蛆初泛松花露，琼螺再荐椒花雨。米大功名何足数，鸿毛利害奚自苦。醉则已，睡则休。水浩浩，天悠悠。君知否，昔在甲辰尧嗣位，迄今嘉定之辛巳。其中三千六百年，几度寒枫逐逝川。

赠琴客陆元章

手持一枚寒水晶，十指击戛如玉鸣。曲弹白雪阳春调，调有高山流水声。松梢鹤唳恰夜半，寒烟寂寂风泠泠①。纸衾瓦枕冷如水，展转无梦睡不成。起来搔首②抚一阕，吟罢满山秋月明。

题清胜轩壁

奇花两朵香一炉，片心无事便清虚。壁头有琴床有剑，浩歌梵曲声虚徐。物外志趣本不俗，山轩清胜万事足。自劝之酒三两杯，无争之棋三两局。

赠蕊珠侍经潘常吉

一点红尘惹人心，蕊珠殿上堕遗簪。当时同降瑶台路，只是于今彭鹤林。梦到人间不知退，夜夜窗下调玉琴。笑指神霄归未得，绛阙清都烟霭深。

赠紫华侍经周希清

蝤首蛾眉天上人，不知何事到红尘。神霄蕊笈今谁侍，紫府琪花不敢春。无梦去陪王母宴，前生多是紫虚身。寄言寻取蓬莱路，风送双鸾上太旻。

---

① 泠泠，同治本作"冷冷"，据珍本、《武夷集》改。
② 首，同治本作"手"，据珍本、《武夷集》改。

秋思

苍崖高处云濛濛，云气深中有碧鸿。万里青霄飞径度，依然又掠西风去。此时桂花开未开，故人不来鸿雁来。一瞬四方无觅处，不堪回首潇湘路。我方挂颊吟夕烟，徘徊欲赋空茫然。故人有酒坐秋夕，似我两地遐相忆。一写此诗聊问秋，江枫岸柳替人愁。纵然对面亦如梦，幽情付在玉三弄。玉笛凄凉远不闻，不念山中有白云。

闻鹤叹

霜翎雪羽臙脂顶，玄裳翠距白玉颈。何年乘风下太清，芝田烟暝瑶池冷。天台山上玉京天，何似青天玉帝前。晓云黯淡但欲喉，夜月凄凉那得眠。君不见东海苍鱼浮吞舟，一朝失却风涛秋，陆地蝼蚁俱逆谋。又不见南山白虎啸裂石，一朝不得山林力，平原狸兔起图食。如彼茅圃蝇，不知天池翔大鹏。如彼布裈虱，不知白鸢舞空碧。世间炎凉相渭泾，是非宠辱无限情。彼鹤暂尔耳，自警聊自鸣。山灵更须勤爱护，忽然鼓翅翔四溟。上有昆仑琪花红，下有蓬山芝草青。山头知音复能几，几人得如华与丁。那堪九霄去，人世无此声。

道过成蹊庵偶成旧风一篇

笑把青藜出武夷，不辞千里访幽奇。吐吞风月一壶酒，拈弄溪山万首诗。道过星河骇双目，万灶清烟缠华屋。樵人弛薪指似予，中有玉洞藏仙都。夕阳挂树暮山紫，行行到此欲脱屣。孑然放步成蹊庵，其一仙翁乐笑谈。青牛人去几千载，源流尚有玄孙在。大隐从来只市廛，年来教法况萧然。琅庭琛馆五云起，五湖四海来如蚁。自非先生真栋梁，安能玄阃颜辉光。先生何年创丹室，宝篆灰寒门牖密。先生何日结草庐，读书丹台紫府书。老岩峭拔森翠屏，大江东去流苍玉。楼阁参差美轮奂，神仙隐显知有无。门前三径绿苔深，浩荡春风醉桃李。苍髯绿鬓两眸碧，霞标芝宇清岩岩。身里蓬莱十二楼，杖头云水三千年。混俗和光四十此。天下三百六十洲，未见堂宇高于堂。烟簑雨笠拨入门，琴佩剑履充其息。明窗净几一炉香，何人会此真消息。有时瞑目坐蒲团，闲即汲水浇园蔬。妙南老人画真迹，一枝薜荔缠寒碧。莫问当年老沈翁，先生默契真端的。竹锁庵边炼药台，鹧鸪啼得百花开。归去武夷向人说，也曾亲诣同原来。先生此功与此德，不须语句碑诸石。铭在诸人肺腑间，闻者欲见不可得。斩新花竹旧烟霞，十洲三岛共一家。有人问着长生事，默默无言指落花。璚山道人懒成趣，勉强搜索此数句。明朝铁笛吹一声，直入千山万山去。

琵琶行

长江浩浩送千古，江流不断鱼龙舞。芦花荻花愁暮云，天风吹我客溢浦。移舟回首思故人，凄然一登琵琶亭。琵琶亭上秦天远，琵琶亭下楚江横。呜呼我祖唐少傅，兜率天中已归去。客来倚棹问渔翁，香山居士今何处。冰魂雪魄挽不回，涛山浪屋空崔嵬。樯乌惊起水鸥睡，绕船明月夜徘徊。谪官江左秋风惨，江上黄昏月黯黯。那堪送客闻琵琶，况对怨女不伤感。洛阳城外虾蟆陵，下有甲妓何娉婷。花落色衰婚舶客，独守孤舟伴月明。手抚琵琶意呜咽，挑拢捻抹缓复急。大弦哀哀小弦悲，孤舟嫠妇岂不泣。霓裳才歇六么鸣，四弦尽作裂帛声。碧落黄泉两凄苦，幽愁暗恨不堪听。凛如猿咽梧桐晚，款若莺啼春昼暖。鹍弦转处如胡笳，宫调弹时若羌管。江州司马一断肠，灯前老泪如雨滂。老妇低眉娇滴滴，琵琶掩面罗衣香。初弹如珠后如缕，一声两声落花雨。诉尽平生云雨心，尽是春花秋月语。罗衣揾泪向人啼，妾是秦楼浪子妻。流落烟尘归未得，青楼昔在洛阳西。今嫁商人岂妾意，一曲萧骚夜无寐。秋风吹破居士心，琵琶声声堕珠泪。居士左迁郁小邦，鼎鼐志愿犹未降。闻其曲声见其语，万斛愁肠如秋江。江花江草庐山下，春江花朝秋月夜。江风飕飕江水寒，不见长安十年话。当时风月亦有情，为伊翻作琵琶行。居士悲乐似此妇，此妇激发居士情。居士还朝此妇死，琵琶古声今已矣。邦人江上建此亭，古往今来亭下水。柿叶翻红枫叶黄，荒烟压蓬月堕樯。星霜磨老香山句，香山骨冷今如霜。亭空江阔情何极，一思古人一叹息。两岸黄芦今画楼，山水窟中安乐国。江国凄凉人自悉，香山一去三百秋。长江不管愁人恨，泪与江波还共流。九江风月嗟无主，孤月依然几今古。江头愁绝到三更，琵琶不作亦凄苦。我来适是九世孙，思贤怀古独销魂。悲风如舞琵琶调，哀鸟如歌琵琶弦。古人去去不复返，孤亭寂寂寒江远。琵琶无声万艇横，留得庐山遮醉眼。

酌月亭

夜深花前月落酒，花前举酒月在手。一杯咽下月一团，并把青天都吸了。酒沃诗肠犹醺醺，月乃渺渺深入云。从知我醉认不真，所咽只是兔魄蟾蜍精。天又领月杯中走，月还把天杯中搅。临风酌尽我欲眠，一声鸡唱千山晓。

观鱼歌

君不见东海有鲤钓不上，冯夷翻江春浩荡。渔者归舟载月明，一声雷震桃花浪。又不见北溟有鲲能吞舟，浪屋涛山相拍浮。忽朝击水三千里，九万扶遥吴叶秋。道人放浪游太乙，一泓寒玉浸春碧。十太晴波何净明，百尾巨鱼自跳踯。锦鳞铁鬣红玉鬐，珠齿冰腮紫金脊。绿玻璃里飞璃梭，碧琉璃中掷金尺。吾疑汉室曾漏网，否则禹门曾点额。钓台千古松风寒，渭水一竿霜月白。子产之意徒洋洋，庚氏之呼可策策。有时听琴跃水心，有时认履伏池侧。古人观棠有何心，今朝鉴止输闲客。群鱼群鱼听我语，太乙真人在何许。尚埋头角守污池，不展爪牙上星渚。种成红杏不骑去，留向人间作霖雨。

问月台苏竹庄同赋

千山万山翠交锁，何处瑶台天上堕。台前吟久忽登楼，楼前开窗天入座。留天且莫放天归，问天明月来几时。青天推月上云表，使我对月自问之。试问月中玉妃子，人言羿妻无乃是。夜夜清风为作媒，欲把冰姿嫁谁氏。桂子婆娑今几秋，蕊宫珠殿何年修。吴刚执斧胡不休，玉兔银蟾犹更留。我闻明皇排空听，又闻李白骑鲸水中捉。至今天上弄银盘，依旧万星攒碧落。但见一轮月在天，如何千江千月圆。月还似水水似月，千眼所见皆同然。今方得月为诗侣，月亦有情但无语。延月不久月竟归，我欲乘风游玉宇。

赠画鱼者

昔日僧繇所画鱼，三十六鳞依翠蒲。徐高画中多画鱼，鼓鳞扬鬣今为图。古人妙画犹不朽，今人妙处古未有。郭丹青者冠古今，天下画鱼第一手。画到妙处手应心，心匠巧甚机智深。纸上溶溶一溪水，放出鲦鲨二三尾。金鳞锦鬣红玉鬐，圉圉洋洋戏波里。小鱼如针同队行，喻喁水面随风萍。掷头掉尾浮沉势，三聚二散游跃意。笔分浓淡计万鳞，划须点眼匀墨痕。状如抛尺量波练，复似穿梭掷水纹。宛然鱍鱍巢青藻，渔翁未钓先吹火。壁上鱼跃水不流，稚子睥睨敲针钓。君今画到入神处，此画一出声尤著。鱼虽无肠有活意，玉波浸荇澄寒渚。深恐后夜或雷雨，化作龙飞禹门去。

题诸葛绣香园

碧桃枝上东风转，一点阳和开柳眼。何人收拾罗浮春，藏在此园天不管。每岁东君召勾芒，玉壶淡淡晴烟暖。佳人有恨嫌花迟，王孙不来空草偃。南阳公子笔下诗，先遣一番风雨趱。底事莺啼似骂春，山川失色花神赧。浅碧牡丹呈一枝，嫩红芍药开数本。小池水脉涨春波，古洞烧痕铺翠巘。寒泉漱玉夺琴声，旧竹移阴侵酒盏。如人画出香锦图，任与白云自舒卷。海棠落地春闭门，杜鹃声断蜂蝶懒。秧针刺水盈南亩，老桑脱树蚕方茧。其它苑囿皆春归，酒酽花魂不可挽。此园春色无增损，主人不肯扃池馆。荷花吐出十丈红，芹秀泥融燕空卵。茉莉避席方夏阑，芙蓉弹冠已秋晚。面兰琢句诗清新，宾菊开樽意萧散。丹桂风中金屑飞，早梅雪里璚香远。晓来泣烟枝上猿，夜静吠月花间犬。壶中景富人荣华，身外天寒苦日短。醉后焚香厌浊醪，诗成入口胜金脔。水晶帘卷翡翠屏，何必蓬莱和阆苑。诸郎青衿辈侃侃，一觞一咏心燕衎。红袖佯醉倚莆萄，白丁不敢蹑苔藓。诗翁一字轻华衮，南来见此亦希罕。主人青眸终日阮，会将此诗刊翠琬。

丫头岩

君不见武夷九曲溪之东，三峰号为玉女峰。当时嫁与大王峰，至今栉雨而梳风。又不见庐山三叠江之湄，大姑小姑凡两矶。小姑聘与彭郎矶，至今波眼而浪眉。湘夫人寂寞湘水滨，巫山女窈窕巫峡浦。亦有有情者，亦有无情者。鬼物托物以为灵，俗子谓之山石精。吾来丫头岩下坐，已觉此身本非我。朝云暮雨或有之，年来心下已无火。两峰相并各崒，对人长是娇媚色。过者见此如双鬟，云髻雾鬓苍苔发。我来适值天方秋，孤怀暗抱不能愁。岩下行人几回老，此岩依旧唤丫头。

麻姑山

瑶林猿啸春坡月，玉渊蛟舞秋崖雪。伊独脯麟饭胡麻，仙爪肯埋君毛发。往事王远征蔡经，苔碑寂寞颜真卿。嗅柑羽人叫无处，一鹤飞上寻真亭。

常山道中

既雨山色晴转佳，望洋雪色脂麻花。白云无边鸟声暮，目断远水明残霞。流萤飞出衰草丛，宿鹊走上枯松丫。行人路上暗回首，月下独对溪头沙。

久旱得雨晚凉得月奉似鹤林

骄魃羞月晓失威，前村落罢雨丝丝。四方万里共明月，五岳六辅生凉飔。我亦白云一逋客，幸不龙门遭点额。寻常袖手不为霖，直恐风生天地黑。

余方在闽清县治祈雨文字名之曰《大宋济世金书》书成录寄鹤林靖末寄间闻本靖亦闵雨诣岳祠有祷祷且应诸黄冠皆有诗以美之余亦以寄之并为吾法之勉云

魃焰爇天草木烦，请檄上清火铃君。为我挽断黄河源，并与拽翻苍海根。我亦弗信神龙顽，我亦弗疑神雷蛮。速须霍雨如倾盆，鹤林真人事奏函。白昼香篆升天门，东井箕星访白羊。丰隆急速追玄溟，宇宙肦䢔一弹指。郊外万丝悬如绳，人疑袖手倦作霖。岂知此心冥太清，凤世已是神霄卿。

王仙君谶

王仙君上升时留谶曰："皂木不结子，结子人得道。"其皂木之侧有一炼药坛，亦谶曰："枯木不用伐，坛坏不用修。"坛之前有一井，白龟吐泉于其中，亦谶曰："吾乘龟往来，龟归吾亦归。"仙君在日，炼水火成药。千日药成，遂倚皂木蝉蜕而去。以此观之，其白龟应西方白色，为之金龟亦可。白龟吐泉，盖金生水之意也。皂木应奎娄星，乃南方火宿。此盖皂木应火宿，则是火生于木也。皂木、白龟泉犹存。复有古坛，乃合真土之象。仙君得魏伯阳炼丹之旨，其所以攒簇五行者，实寓意于此。夫白龟者属西方，而皂木应火宿者属南方。张紫阳有诗曰："药在西南是本乡。"又足以见仙君深藏不尽机。白龟应金，皂树应木，仙人炼金丹，要须识金木间隔之义也。

持蠡一酌白龟泉，滋味有若醍醐然。白龟上合玄武精，碧溜甃玉寒涓涓。何人汲水灌皂木，树必开花趁春绿。前人遗谶人不知，皂木本应奎娄宿。金水木火结成丹，复用真土筑为坛。阿谁会此造化机，千日药成登云端。

秋思

万蠢惧寒皆向蛰，千岩凉风舞黄叶。雨痕印水如撮缬，虫声入夜如弹镊。酒浇心绪转凄怆，带减腰围增瘦怯。梦向西湖采芙蓉，觉来山外青猿泣。

可惜

人间何似神霄府，我今面目蒙尘土。年来无梦到神霄，一度伤怀泪如雨。风前无奈倚栏干，雪里不堪闻杜宇。此情欲诉有谁知，只有春风知我苦。竹篱断兮茅檐颓，桃花落兮猿声哀。白云漠漠去无尽，青鸟杳杳何曾来。不愁我死故自惜，有此枯骨知谁埋。芳草连汀雨如织，春烟惨愁昼不开。可惜可惜复可惜，幽怀欲吐不可得。神霄有路平如掌，青云可梯星可摘。可惜袖中一卷书，可惜手中一枝笔。南方有人无消息，对花对酒长相忆。

行路难寄紫元

赠君以丹棘忘忧之草，青裳合欢之花，马脑游仙之梦枕，龙综辟寒之宝砂。天河未翻月未落，夜长如年引春酌。古人安在空城郭，今夕不饮何时乐。

怀仙吟

（二首）

其一

蟠桃脱核吾来时，铢衣拂石吾未归。翻思此日朝玉帝，有泪如雨沾帝衣。自起凭楼眉自茧，琪花开后知谁剪。凤凰阁上定蛛丝，凤凰阁下须苔藓。

其二

坐见云来复云去，楼里朝朝还暮暮。人间天上梦悠悠，把酒长吁知几度。不堪吞吐良亦苦，暗想珠宫欠良遇。临风对月但无言，无言即是怀仙处。

夜漫漫

雷声初散天成霁，雨改青山颜色翠。清猿啸夜月濛胧，木客暗吟凄怆意。麻姑峰头一缕云，苒苒如绵飘羽袂。良宵展转不成眠，天外青鸾何未至。碧空冷露落无声，谁见幽人挥玉涕。情绪纷纶天籁起，起读璚书言语秘。晓雾护寒山狗吠，红日松窗金缕细。

周唐辅仙居庄作

黄鹏声断桃花飞，一雨三日溪水肥。龙孙破地蝴蝶懒，梅子如豆糁青枝。东风吹转杨柳腰，村南村北杜鹃啼。稻针刺水鸥抱卵，双燕商量春欲归。蟾溪主人拆社瓮，百杯醉我烂如泥。翠麓轩壁凝古墨，一阕松窗伤春词。夜来饮到姮娥去，笙鹤响空人不知。露华烟华湿苍藓，朦胧沆瀣沾我衣，瀑布悬珠溅紫芝。山猿恐我呼杖屦，啼到日高丈二时。庐山山下一回首，只是此生长别离。

浙江待潮

秋空无尘雁可数，芦花蓼花满江渚。夕阳影里高掀蓬，落叶声中更鸣橹。六角扇起解热风，三杯酒为浇诗雨。船头拔剑叫飞廉，潮花卷雪鱼龙舞。

赠陶琴师

一雨濯旱秋滴滴，西风吹破苍苔色。松坛月冷夜三更，乌鹊无声露华白。鳌宫饮散酒杯空，万籁萧骚天变黑。惠然为我鼓长琴，声里胡笳十八拍。凄凄呜呜寒蝉鸣，黯然古涧泉玲玲。挑拢捻抹缓复急，远听近听如猿声。我生飘泊何云萍，故国关山万里程。君将三叠入吾耳，调中话出吾平生。曲罢空歌舞笙鹤，直欲腾身归碧落。

赠周庞斋居士

召公八十入为相，太公八十出为将。赵州八十方行脚，钟离八十离尘劫。古者八十方施为，何况百岁七十稀。居士而今七十七，黄发皓齿修庞眉。汉时栾巴七十七，红炉炼就一朱橘。晋郑思远七十七，方与葛洪一相识。我知居士神仙人，蓬莱路上空月明。人间宿留不肯归，老松筋骨鹤精神。性海淡淡寒潭莹，心天耿耿银河静。有一孟子耕书田，有一季子鏖笔阵。弄璋弄瓦遂箕裘，双凤飞鸣椿树秋。寿山福海身优游，掇取酒船相拍浮。南极一点夜照耀，劝君迟赴玉皇诏。既到人间不住千百年，归去空被老彭笑。

赠玉隆王直岁游武当山

西山猿啼啼不已，千岩万壑绿烟起。杖头挑月过潇湘，去饮清阳涧下水。清阳涧上五龙池，池边落叶不敢飞。太玄真人去未归，七十二峰空斜晖。峰头有人名爇火，洞泉飘出松花老。他年君自武当回，惠我数枝石灯草。

吊刘心月 ①

（刘妙清入水而逝，我来吊以一章。）

汨罗江山水呜唈，鱼鳖不知老龙泣。徒棹龙舟何处寻，何不办取屈原生前一枝楫。大吴江头伍侯庙，夕阳满树闻啼鸟。行人过此焚纸钱，何不办取子胥生前一杯酒。屈伍死后今寥寥，其名千古如一朝。江边垂泪知几人，冰魂雪魄不可招。哀哉道人刘心月，其身贫甚其性烈。少年虽落风尘中，末后猛省自摆脱。其心虽美其名腥，一旦死于武夷溪之滨。却将九曲溪中水，洗却千愁万恨身。曹娥寻父尸赴水，死作妇女英灵鬼。柳翠萧璚俱水亡，但见渺渺一溪水。汝何不自忍些忧，又却结愤满心头。冰肌玉肤落潭碧，黄昏风惨水空流。武夷溪九曲，无人垂钓水空绿。武夷三十六峰峦，无人结草惟空山。月明寻之不知处，尚自哀猿声不住。那堪一夜潇潇雨，使人吟尽哀惨句。休休心月君亦贤，人生不死空百年。掀翻四大惊鱼龙，踏破碧潭深处天。李白骑鲸去捉月，知章水底眠霜雪。古人犹自水中逝，皆得水化超生诀。吾与心月系渠师，来此惨惨烟正飞。天空水寒千山暗，酌水一酹心含悲。西风吹此两行生铁汁，去作笛中声又急。

冥鸿辞

夜来乌鹊栖寒枫，苍天万里烟霞浓。海神汹涌翻怒涛，风伯鼓舞吹冥

---

① 底本作"题刘心月刘妙清入水而逝吊以一章"，此处据珍本、《武夷集》改。

鸿。霜翰不入矰缴内，星眼直射烟霄中。下嗤鸟雀恋篱落，俯视鹭鸥偎芦丛。云间矫首已万里，天外鼓翅期四通。铁爪裂破帝乙网，银觜笑折由基弓。知音鲲鹏击溟渤，娇驁鹦鹉遭牢笼。数行纵横洒天面，一声嘹唳悲秋客。来时踪迹度衡湘，昔者音信通镐丰。岂念稻粱在一粒，如彼仕宦迷千钟。横飞直梢林壑表，自是挺出风烟雄。易水荆轲业已北，大泽苏武势须东。好同鹰鹘弹燕雀，满地萍芜毛血红。

有所思

苍官无禄花有封，花王开国胙春风。不念苍官秦大夫，竹君亦嗤梅兄聋。夜寒愁吟正无思，青灯唤人补残睡。梦为蝴蝶宿花回，画角吹香蒸素被。

送珊上座归育王

一双膝胫两条铁，一掬精神一团雪。早曾火焰上翻身，鸳帏不把丁香结。风吹香囊满路香，知君也结钦山辙。忽然洗面摸得鼻，方知皮下各有血。急携柏子礼孤云，后来足迹遍江浙。阿育王山仓廪空，百指张颐欲嚼舌。延寿堂中几病僧，囊无挑药寒彻骨。见君把个无孔笛，吹起还乡曲一阕。此来漳泉走一遭，庞翁犹在波旬灭。拄杖挑起空中云，钵盂漉上波心月。默随春色归故山，江路梅花先漏泄。遂邀君来香一爇，重把篇诗呈丑拙。此行拗折老藤条，选佛场中作英杰。君今三千里外行，不步程途犹自别。恰似一壶冰，千古光莹彻。

端午述怀

方瀛山上风飕飕，五月六月常如秋。松花落地鹤飞去，万顷白云空翠浮。夜半蟾蜍落丹井，琪林深锁寒叶暝。满天白露点苍苔，蛙市一散万籁静。三树两树啼断猿，树冷栖禽夜不眠。数点飞萤恋沙径，山腰石润悲寒泉。钟声隔断华胥路，不知蝴蝶茧何处。摩挲两眼折纸衾，人道今辰正端午。晓雨初霁梅子肥，龙孙脱箨新燕飞。山居萧然无一物，摘荠捣麦充晨炊。忆着往年五月四，葛巾羽扇鸢溪市。龙艘破浪桨万枝，钲鼓聒天旗掣水。纸钱飞起屈原祠，行人往来如蚁移。桐花入鬓彩系臂，家家御疫折桃枝。庭前绿艾制绿虎，细切菖蒲斟醁醑。羹鹅鲙鲤办华筵，冷浸水团包角黍。今年寂寞坐空山，山雨山风生晓寒。默庵令我休噎气，作诗略述山居意。安得两腋生飞翰，与君飞上元寥间，免使在世赋辛酸。

仙岩行

醉携七尺霜前行，云锦山前湾几曲。溪头秋雨添寒绿，蛟龙冷浸一壶玉。蓼花锦岸红欲流，稻田高下铺棋局。碧岩耸出碧天半，鸟不敢飞缩双足。古洞无人石酒酢，峭壁仙仓积天粟。老梢指顾犹惊呼，神刓鬼划出崖谷。捣药声干人已仙，万丈丹井一泓泉。风击古松飞翠盖，日射苍苔铸绿钱。藤萝拽树擘轻烟，黄鹤一去今何年。天欲夕阳空鸣蝉，夜深岭月向谁圆。古寺老屋留数橼，残僧一二掩柴门。铁像面壁萧萧然，瓦炉无火古殿前。寒鸦到窗檐息溜，暮云衰草觉山瘦。楮衾不暖不成眠，虎声入耳猿声又。几点疏星落梧桐，丹峦紫壑高相斗。何当汗漫跨青牛，晓露泠泠白玉楼。

短歌行

我适越，君适秦。舟挂越帆犹柳下，马回秦首更江滨。江滨绿柳多烟鞚，岸下碧水生风鳞。四海交游不易得，一州云月聊相津。向来君亦何为者，空自红生满袖尘。君行无遽行，感我思古人。诗礼谩撩颇牧笑，弓刀自取荀杨嗔。君不见赵壁生还燕图死，轻肥关心不顾身。又不见鸿门舞罢已成陈，怒撞玉斗岂无因。夫谁击筑血朱泚，或者明年贵买臣。题柱高司马，弃繻壮终军。君去几时回，此别休怆神。百万吁卢银烛夜，十千买酒玉楼春。

琴歌

月华飞下海棠枝，楼头春风鼓角悲。玉杯吸干漏声转，金剑舞罢花影移。蕊珠仙子笑移烛①，唤起苍潭老龙哭。一片高山流水心，三奏霓裳羽衣曲。初如古涧寒泉鸣，转入哀猿凄切声。吟猱捻抹无尽意，似语如愁不可听。神霄宫中归未得，天上此夕知何夕。琼楼冷落琪花空，更作胡笳十八拍。君琴妙甚素所悭，知我知音为我弹。瑶簪琅佩不易得，渺渺清飔吹广寒。人间如梦只如此，三万六千一弹指。蓬莱清浅欲桑田，君亦辍琴我隐

---

① 烛，原作"蠋"，据同治本改。

几。为君歌此几操琴，琴不在曲而在心。半輊如苦万绿缕，一笑不博千黄金。我琴无徽亦无轸，瓠巴之外余可哂。指下方尔春露晞，弦中陡觉和风紧。琴意高远而飘飘，一奏令人万虑消。凄凉孤月照梧桐，断续夜雨鸣芭蕉。我琴是谓造化柄，时乎一弹混沌听。见君曾是蕊珠人，欲君琴与造化并。昔在神霄莫见君，蕊珠殿上如曾闻。天上人间已如隔，极目霭霭春空云。

食生菜

残风剩雨放春晴，久醉欲醒何由醒。枕上扶头更解酲，五官六吏皆失宁。满园莴苣间蔓青，火急擊铃呼庖丁。细胘雨叶缕风茎，酢红姜紫银盐明，豆䜺麻膏和使成。食如辣玉兼甜冰，毛骨洒洒心泠泠。

拙庵

笑携藜杖倚寒松，现世神仙一拙翁。冠简投关离玉阙，天人推出镇琳宫。身居星弁霞裾上，心在烟都月府中。岂是摩挲令发黑，不须服饵自颜红。百年赢得十分讷，万事算来俱是空。解识蜘蛛空结网，能言鹦鹉被樊笼。闲将世味闲中嚼，静把天机静处穷。学巧不如藏巧是，忘机不与用机同。虚空不语虚空广，造化无声造化公。六贼奈人闲不得，十魔见我懒相攻。凝神多得伴呆力，养气无非守口功。欲雨只消呼澁沆，要雷略目召丰隆。人间若也不容住，学骑白鹤乘天风。

听赵琴士鸣弦

我寻屏迹到猿啼，云满山前花满溪。高峰壁立七十二，风生两腋天可梯。炼师两鬓东风黑，绀天不流月光白。檐牙咬雨昨已晴，松樨长空夜瑟瑟。兴浓抱石玄以轻，得意七弦横玉绳。膝头指弄响玲玲，灿然夺目三十星。初如雨滴芭蕉夜，久坐梧桐猿啸罢。宛然幽涧听鸣泉，偶杂修篁戛清夏。先疑易水渡荆轲，已转似劝无渡河。美人金帐别项籍，壮士铁笛吹孟婆。不然双雉两南北，或者妇牵苏武服。弦中何似湘妃怨，指下为甚明妃哭。又非林下感蟏蛸，更匪胡笳叫晚秋。自然雁声下遥塞，忽觉蝉噪过南楼。君休弹终我畏听，满怀今古兴亡病。苍梧云愁虞舜远，鼎湖云出轩辕冷。一声一声复一声，不管世间银发生。弹尽天涯夕阳影，又向山中弹月明。胡长卿，去已久，韩飞琼，无此手。玉帝闻未曾，人间空白首。柳花霏霏满江城，城外海棠红泪倾。恐君余思更未已，为我春昼闻晴莺。

赠方壶高士

蓬莱三山压弱水，鸟飞不尽五云起。紫麟晓舞丹丘云，白鹿夜啮黄芽蕊。浩浩神风碧无涯，长空粘水三千里。中有一洞名方壶，玉颜仙翁不知几。上帝赐以英琼瑶，缝芝缉榍佩兰芷。戏吹云和下朱尘，还炼五云长不死。丹砂益驻长虹容，玉石弗砺愈白齿。醉飞罡步蹑星辰，时把葫芦梏鬼神。早曾探出天地根，寸田尺宅安昆仑。安知我即刘晨孙，不复更觅桃花源。或者即是刘㞦身①，岂复别寻会仙村②。一闭目顷游六合，坐里汗漫诣浑沦。何必裹粮圆峤外，宁又远泛阆风津。云屏烟障只笑傲，烟猿露鹤与相亲。君不见刚风浩气截碧落，上严天关九屏恶，俯视万方万聚落。丝长岁月能几时，米大功名安用为。不将世界寄一粟，便请芥子纳须弥。初从螺江问草屦，已判此身轻似叶。及其流湘过衡岳，一笑江山阔如楪。如今坐断烟霞窝，已诵东皇太乙歌。不作竹宫桂馆梦，奈此四海黄冠何。夜来坐我酌桂醑，不敢起舞宾云曲。何年踏踏去方壶，我欲骑风后相逐。

赠蓬壶丁高士琴

瓠巴骑鲸上天去，伯牙成连亦千古。浅世断无钟子期，弦中妙意为谁举。春风春雨满潇湘，人在蓬窗闭竹房。竹里鹃啼喉舌冷，花间莺宿梦魂香。客从漓沅下衡岳，满怀诗愁无处着。道人问予若为情，伊弦凄兮余莫听。请君拂去水晶尘，瀹茗一了抚然晴。俛首沉吟声一曲，吟狃一罢捻拨续。一春十病九因酒，三月都无二日籁。于中亦有蟃蛸鸣，倏忽变作冷猿声。初如雪泉嗽鸣玉，已转忽如雨簌簌。零。昔从抚断南风了，羑里幽人始能晓。始疑荆轲渡易水，乃是湘妃夜涕杳。道人此意非人间，笑咏洞章锵佩环。可叹坛中苦杏花，山高水寒即声看。世间鸡虫互得失，只好牧羊坐花石。能令凤舞下丹汉，云里大地垂头何为儿女谩眤眤，候虫时鸣徒戚

---

① 原注："建州武夷有藏岩，有老仙刘㞦。"
② 原注："在武夷第九曲。"

戚。输君朝朝在翠微，鹤已睡去人不知。笑思古今一俯仰，弹到千山月落时。君知否，梧桐枝上双燕语，尽将万事等风絮。琴中日月何偹闲，肯使事逐孤鸿度。

南岳九真歌题寿宁冲和阁

笑携魏王大瓠落，往观洞庭张帝乐。醉骑人风访广漠，九天之上无南岳。我寻九真①诮冥寞，乱云深中涌楼阁。玉帝苦诏陈兴明，双童前吹紫鸾笙。尹君道全骖后尘，先殿后卫森火铃。皓首惠度其②姓陈，却立虹桥叫霜鹰。施友粲③然索天笑，露冷松寒月华皎。无人为呼张法要，万山猿啼夜虎啸。张复有若如珍少，炼得身形成鹤瘦。我今只忆徐灵期，漱④炼华池灌玉芝。天柱峰头凤邓郁，旦旦黄芽饲白龟。玉仙灵舆昔无期，想跨九凤衣羽衣。香火在帝去已久，玉笥亦九门亦九。坛上仙翁何仙良，为问渺茫再来否。朝粤暮梧傥可到，泠然来此同楼居。

清胜轩夜话

残灯结花满堂红，酒兴未已诗兴浓。寒云蠹星琐翠空，一林幽竹夜呼风。逸士倚楼啸玉龙，秋声泣露落梧桐。把酒论文开心胸，墨甜相催话未终。香篆飞蛇穿帘栊，邻鸡唤晓何处钟。摩挲醉眼栏干东，茶铛无火召玉童。三子芒鞋七尺筇，踏破青山绿几重。

夜宴清胜轩醉吟呈倪梅窗吴道士隐南

山前浩歌觉声干，长啸直入碧云间。梅窗主人携百壶，一夜谈话秋雨寒。灯红吐出玉虫巧，道人大啸拍床吼。连榻隐南吴庚契，要看纸上生蛇走。停杯撑眼发诗颠，横捉一笔半欲眠。笑把昆仑蘸沧海，写出新词数万篇。

---

① 真，原作"贡"，据参校本改。
② 其，原作"甚"，据刘本、辑要本改。
③ 粲，原作"餐"，《玉隆集》作"灿"，据参校本改。
④ 漱，原作"嗽"，据《玉隆集》改。

题清胜轩

满林幽竹夜来风，南极一点飞寒空。玉炉异香绕琳宫，此间知有神仙翁。清胜轩中颇幽绝，白须道士持檀笏。眉毛掀起溪上云，眼光烁破峰头月。琼房壁上挂瑶琴，把剑舞罢千古心。蓬莱一别醉吹笛，今日一见歌长吟。天祇呵道绿烟起，满前王赵皆珠履。倦虬缩尾青蛇死，弹指倾倒天河水。砂篆一挥走神鬼，雷电霹雳动天地。信知妙用古所无，犹未收拾归天衢。月冷风清白鹤唳，宝幡飞霞绕玉壶。武夷散人好诗酒，昔者见君今番又。

仙岩金仙阁

寒烟锁断梵王家，一篆博山飞冷蛇。满天秋雨落琼花，清溪涨绿浸平沙。老松压石岩争耸，青萝拽树牵云遮。竹根倒出乌翅斜，夜半寒风搅宿鸦。木鱼唤粥蝴蝶醒，岩头残月沉丹井。

云游歌

（二首）

其一

云游难，云游难，万里水烟四海宽。说着这般滋味苦，教人怎不鼻头酸。初别家山辞骨肉，腰下有钱三百足。思量寻师访道难，今夜不知何处宿。不觉行行三两程，人言此地是漳城。身上衣裳典卖尽，路上何曾见一人。初到孤村宿孤馆，鸟啼花落千林晚。明朝早膳又起行，只有随身一柄伞。渐渐来来兴化军，风雨萧萧欲送春。惟一空自赤骷髅，囊中尚有三两文。行得艰辛脚无力，满身瘙痒都生虱。茫然到此赤条条，思欲归乡归未得。争奈旬余守肚饥，埋名隐姓有谁知。来到罗源兴福寺，遂乃捐身作仆儿。初作仆时未半月，复与僧主时作别。火云飞上支提峰，路上石头如火热。炎炎畏日正烧空，不堪赤脚走途中。一块肉山流出水，岂曾有扇可摇风。且喜过除三伏暑，踪迹于今复剑浦。真个彻骨彻髓贫，荒郊一夜梧桐雨。黄昏四顾泪珠流，无笠无簑愁不愁。偎傍茅檐待天晓，村翁不许住檐头。闻说建宁人好善，特来此地求衣饭。耳边但闻惭愧声，阿谁可具慈悲眼。忆着从前富贵时，低头看鼻皱双眉。家家门首空舒手，那有一人怜乞儿。福建出来到龙虎，上清宫中谒宫主。未相识前求挂搭，知堂嫌我身繿缕。恰似先来到武夷，黄冠道士叱骂时。些儿馊饭冷熟水，道我孤寒玷辱伊。江之东西湖南北，浙之左右接西蜀。广闽淮海数万里，千山万水空碌碌。云游不觉已多年，道友笑我何风颠。旧游经复再去来，大事忽忽莫怨天。我生果有神仙分，前程有人可师问。于今历练已颠顶，胸中不着一点闷。记得兵火起淮西，凄凉数里皆横尸。幸而天与残生活，受此饥渴不堪悲。记得武林天大雪，衣衫破碎风刮骨。何况身中精气全，犹自冻得皮迸血。又思古庙风雨时，香炉无火纸钱飞。神号鬼哭天惨惨，露冷云寒猿夜啼。又思草里卧严霜，月照苍苔落叶黄。未得些儿真受用，如何禁得不凄凉。偶然一日天开眼，陈泥丸公知我懒。癸丑①中秋野外晴，独坐松阴说长短。元来家里有真金，前日辛勤枉用心。既得长生留命诀，结茅静坐白云深。炼就金丹亦容易，或在山中或在市。等闲作此云游歌，恐人不识云游意。

其二

尝记得洞庭一夜雨，无簑无笠处，偎傍茅檐待天明，村翁不许檐头住。又记得武林七日雪，衣衫破又裂。不是白玉蟾，教他冻得皮迸血，只是寒彻骨。又记得江东夏热时，路上石头如火热，教我何处歇。无扇可摇风，赤脚走不辍。又记得青城秋月夜，独自松阴下，步虚一阕罢，口与心说话。寒烟漠漠万籁静，彼时到山方撮乍。又记得潇湘些小风，吹转华胥梦，衔山日正红。一声老鸦鸣，鸦鸣过耳寻无踪。这些子欢喜，消息与谁通。又记得淮西兵马起，枯骨排数里。欲餐又无粮，欲渴又无水。又记得一年到村落，瘟黄正作恶。人来请符水，无处堪摸索。神将也显灵，乱把鬼神捉。又记得北邙山下行，古墓秋草生，纸钱雨未干。白杨风潇潇，荒台月盈盈。一夜鬼神哭不止，赖得《度人》一卷经。又记得通衢展手处，千家说惭愧，万家说调数。倚门眼看鼻，频频道且过。满面着尽笑，喝骂叫吾去。又记得入堂求挂搭，嫌我太蓝缕。直堂与单位，知堂言不合。未得两日间，街头行得匝。复入悲田院，乞儿相混杂。又记得几年霜天卧荒草，几夜月明自绝倒。几日淋漓雨，古庙之中独自坐。受尽寒，忍尽饥，未见些子禅，未见些子道。贤哉翠虚翁，一见便怜我。说一句痛处针便住，教我行持片饷间骨毛寒。心花结

---

① 癸丑，善本、《上清集》作"癸酉"。

成一粒红，渠言只此是金丹。万卷经，总是闲。道人千万个，岂识真常道。这些无跷蹊，不用暗旗号。也是难，八十老翁咬铁盘，也是易，一下新竹刀又利。说与君，云游今几春。蓬头赤骹髅，那肯教人识。

快活歌

（二首）①

其一

快活快活真快活，被我一时都掉脱。撒手浩歌归去来，生姜胡椒果是辣。如今快活大快②活，有时放颠或放劣。自家身里有夫妻，说向时人须笑杀。向时快活小快活，无影树子和根拔。男儿端的会怀胎，子母同形活泼泼。快活快活真快活，虚空粉碎秋毫末。轮回生死几千生，这回大死方今活。旧时窠臼泼生涯，于今净尽都掉脱。元来爹爹只是爷，懵懵懂懂自瓜葛。近来鬓髯辨西东，七七依前四十八。如龙养珠心不忘，如鸡抱卵气不绝。又似寒蝉吸晓风，又如老蚌含秋月。一个闲人天地间，大笑一声天地阔。衣则四时惟一衲，饭则千家可一钵。三家村里弄风狂，十字街头打鹘突。一夫一妻将六儿，或行或坐常兀兀。收来放去任纵横，即是十方三世佛。有酒一杯复一杯，有歌一阕复一阕。日中了了饭三餐，饭后齁齁睡一歇。放下万缘都掉脱，脱得自如方快活。用尽醒醒学得痴，此时化景登晨诀。时人不会翻筋斗，如饥吃盐加得渴。偶然放浪到庐山，身在白苹红蓼间。一登天籁亭前望，黄鹤未归春雨寒。心酸世上几多人，不炼金液大还丹。忘形养气乃金液，对景无心是大还。忘形化气气化神，斯乃大道透三关。绛宫炎炎偃月炉，灵台寂寂大玄坛。朱砂乃是赤凤血，水银乃是黑龟肝。金铅采归入土釜，木汞飞走居泥丸。华池正在气海内，神室正在黄庭间。散则眼耳鼻舌忙，聚则经络荣卫闲。五脏六腑各有神，万神朝元归一灵。一灵是谓混元精，先天后天乾元亨。圣人采此为药材，聚之则有散则零。昼夜河车不暂停，默契大造同运行。人人本有一滴金，金精木液各半斤。二十八宿归一炉，一水一火须调匀。一候刚兮一候柔，一爻武兮一爻文。心天节候定

---

① 明彭好古《道言内外全书》（下简称"彭本"）分为"前快活歌"与"后快活歌"。
② 快，原作"恬"，据参校本改。

寒暑，性地分野争楚秦。一日八万四千里，自有斗柄周天轮。人将蜕壳阴阳外，不可不炼水银银。但得黄婆来紫庭，金翁姹女即婚姻。青龙白虎绕金鼎，黄芽半夜一枝春。九曲江头飞白雪，昆仑山巅腾紫云。丁公默默守玉炉，交媾温养成胎婴。神水沃灭三尸火，慧剑扫除六贼兵。无中生有一刀圭，粪丸中有蜣螂形。诚哉一得即永得，片饷中间可结成。忽然四大成虚白，不觉一灵升太清。纵使工夫汞见铅，不知火候也徒然。大都要藉周天火，十月圣胎方始圆。虽结丹头终耗失，要须火候始凝坚。动静存亡宜沐浴，吉凶进退贵抽添。火力绵绵九转后，药物始可成胎仙。一时八刻一周天，十二时辰准一年。每自一阳交媾后，功夫炼到六纯乾。精神来往如潮候，气血盈虚似月魂。一毂从来三十辐[1]，妙处都由前后弦。专气致柔为至仁，礼义智信融为仁。真土归位为至真，水火金木俱浑全。精水神火与意土，炼使魂魄归其根。先天一炁今常存，散在万物与人身。花自春风鸟自啼，岂知造物天为春。百姓日用而不知，气入四肢徒凋残。松竹虚心受气足，凌霜傲雪长年青。况人元神本不死，此气即是黄芽铅。老松可少病可健，散者可聚促可延。心入虚无行火候，内景内象壶中天。须知一尘一蓬莱，与夫一叶一偓佺。神即火兮气[2]即药，心为炉兮身为田。自耕自种自烹炼，一日一粒如黍然。灵芝一生甘露降，龟蛇千古常相缠。一朝雷电撼山川，一之则日万则烟。日中自有金乌飞，夜夜三更入广寒。子子孙孙千百亿，炉鼎鸡犬皆登天。大道三十有二传，传到天台张[3]悟真。四传复至白玉蟾，眼空四海嗟无人。偶遇太平兴国宫，白发道士其姓陈。半生立志学铅汞，万水千山徒苦辛。一朝邂逅庐山下，摆手笑出人间尘。翠阁对床风雨夜，授以丹法使还元。人生何似一杯酒，人生何似一盏灯。蓬莱方丈在何处，青云白鹤欲归去。快活快活真快活，为君说此末后句。末后一句亲分付，普为天下学仙者，晓然指出蓬莱路。

其二

破衲虽破破复补，身中自有长生宝。柱杖奚用岩头藤，草鞋不用田中藁。或狂走，或兀坐，或端立，或仰卧。时人但道我风颠，我本不颠谁识

---

① 辐，原作"幅"，据参校本改。
② 气，原作"去"，据参校本改。
③ 张，原作"有"，据参校本改。

我。热时只饮华池雪，寒时独向丹中火。饥时爱吃黑龙肝，渴时贪吸青龙脑。绛宫新发牡丹花，灵台初生薏苡草。却笑颜回不为夭，又道彭铿未是老。一盏中黄酒更甜，千篇内景诗尤好。没弦琴儿不用弹，无腔曲子无人和。朝朝暮暮打憨痴，且无一点闲烦恼。尸解飞升总是闲，死生生死无不可。随缘且吃人间饭，不用缫蚕不种稻。寒霜冻雪未为寒，朝饥暮馁禁得饿。天上想有仙官名，人间不爱真人号。跨虎金翁是铅兄，乘龙姹女为汞嫂。泥丸宫里有黄婆，解把婴儿自怀抱。神关炁关与心关，三关一簇都穿过。六贼心如火正焚，三尸胆似天来大。不动干戈只霎时，破除金刚自搜逻。一齐缚向火炉边，碎为微尘谁斩挫。而今且喜一粒红，已觉丁公婚老媪。当初不信翠虚翁，岂到如今脱关锁。叶苗正嫩采归来，猛火炼之成紫磨。思量从前早是早，翠虚翁已难寻讨。我今不见张平叔，便把《悟真篇》骂倒。从前何知古圣心，慈悲反起儿孙祸。世人若要炼金丹，只去身中求药草。十月工夫慢慢行，只愁火候无人道。但知进退与抽添，七返九还都性燥。溪山鱼鸟恁逍遥，风月林泉供笑傲。蓬头垢衣天下行，三千功满归蓬岛。或居朝市或居山，或时呵呵自绝倒。云满千山何处寻，我在市廛谁识我。

必竟恁地歌

我生不信有神仙，亦不知有大罗天。那堪见人说蓬莱，掩面却笑渠风颠。七返还丹多不实，往往将谓人虚传。世传神仙能飞升，又道不死延万年。肉既无翅必坠地，人无百岁安可延。满眼且见生死俱，死生生死相循旋。翠虚真人与我言，他所见识大不然。恐人缘浅赋分薄，自无寿命归黄泉。人身只有三般物，精神与炁常保全。其精不是交感精，乃是玉皇口中涎。其炁即非呼吸炁，乃知却是太素烟。其神即非思虑神，可与元始相比肩。我闻其言我亦怖，且怖[①]且疑且擎拳。但知即日动止间，一物相处常团圆。此物根蒂乃精气，精气恐是身中填。岂知此精此神炁，根于父母未生前。三者未常相返离，结为一块太无边。人之生死空自尔，此物湛寂何伤焉。吾将巍然以自思，老者必不虚其言。是我将有可爱业，渠必以此示言诠。开禧元年中秋夜，焚香跪地口相传。揭尔行持三两日，天地日月软如

---

① 怖，原作"布"，据参校本改。

绵。忽然嚼得虚空破，始知钟吕皆参玄。吾之少年早留心，必不至此犹尘缘。且念八百与三千，云鹤相将来翩翩。

安分歌

神仙底事君知否，君若知兮求不苟。先且回头自揣量，须量瞒心方开口。神仙有术非不传，也要依①家有夙缘。若也人人皆会得，天机容易向人言。学道学仙须笃志，坚然一念无疑意。如是操心无始终，又道辨金将火试。你们心地荆棘多，善根才发便成魔。若能先合神仙意，已分无时也奈何。心地不明言行恶，做出事来须是错。自家无取他无求，思量何似当初莫。恁地思量本故然，且教自己故心坚。君看古②今得事者，一片灵台必不然。未见志人须愿见，逢着人时心百变。何缘传授有易难，自是玄门未历炼。问你如何不料量，自家穷达任穹苍。但且奈心依本分，人言有麝自然香。玉蟾本是山林客，寻个好心人难得。于今且趁草鞋壮，脸似桃红眼正黑。玉蟾你也好呆头，何似拂袖归去休。有可度人施设处，便还钟吕逞风流。无人知，独自去，白云千里不回顾。依前守取三脚铛，且把清风明月煮。

茶歌

柳眼偷看梅花飞，百花头上东风吹。壑源春到不知时，霹雳一声惊晓枝。枝头未敢展枪旗，吐玉缀金先献奇。雀舌含春不解语，只有晓露晨烟知。带露和烟摘归去，蒸来细捣几千杵。捏作月团三百片，火候调匀文与武。碾边飞絮卷玉尘，磨下落珠散金缕。首山黄铜铸小铛，活火新泉自烹煮。蟹眼已没鱼眼浮，飕飕松声送风雨。定州红玉琢花瓷，瑞雪满瓯浮白乳。绿云入口生香风，满口兰芷香无穷。两腋飕飕毛窍通，洗尽枯肠万事空。君不见孟谏议，送茶惊起卢仝睡。又不见白居易，馈茶唤醒禹锡醉。陆羽作《茶经》，曹晖作《茶铭》。文正范公对茶笑，纱帽笼头煎石铫。素虚见雨如丹砂，点作满盏菖蒲花。东坡深得煎水法，酒阑往往觅一呷。赵州梦里见南泉，爱结焚香瀹茗绿。吾侪烹茶有滋味，华池神水先调试。丹田一亩自

---

① 依，原作"俨"，据参校本改。
② 古，原作"故"，据参校本改。

栽培，金翁姹女采归来。天炉地鼎依时节，炼作黄芽烹白雪。味如甘露胜醍醐，服之顿觉沉疴苏。身轻便欲登天衢，不知天上有茶无。

大道歌

乌飞金，兔走玉，三界一粒粟。山河大地几年尘，阴阳颠倒入玄谷。人生石火电火中，数枚客鹊枝头宿。桑田沧海春复秋，乾坤不放坎离休。九天高处风月冷，神仙肚里无闲愁。世间学仙者，胸襟变清雅。丹经未读望飞升，指影谈空相诳吓。有时驰骋三寸舌，或在街头佯做哑。正中恐有邪，真里须辨假。若是清虚冷淡人，身外无物赤洒洒。都来聚炁与凝神，要炼金丹赚几人。引贼入家开宝藏，不知身外更藏身。身外有身身里觅，冲虚和气一壶春。生擒六贼手，活嚼三尸口。三尸六贼本来无，尽从心里忙中有。玉帝非惟惜诏书，且要神炁相保守。此神此气结真精，唤作纯阳周九九。此时方曰圣胎圆，万丈崖头翻筋斗。铅汞若粪土，龙虎如鸡狗。白金黑锡几千般，水银朱砂相鼓诱。白雪黄芽自无形，华池神水无泉溜。不解回头一着子①，冲风冒雨四方走。四方走，要寻师，寻得邪师指授时，迷迷相指可怜伊。大道不离方寸地，工夫细密有行持。非存思，非举意，非是身中运精气。一关要锁百关牢，转身一路真容易。无心之心无有形，无中养就婴儿灵。学仙学到婴儿处，月在寒潭静处明。枯木生花却外香，海翁时与白鸥盟。片饷工夫容易做，大丹只是片时成。执着奇言并怪语，万千譬喻今如许。生也由他死由他，只要自家做得主。空中云，也可缚。水中月，也可捉。身心两个字，是火也是药。龟蛇乌兔总闲言，夫妇男女都扬却。君不见虚无生自然，自然生一炁。一炁结成物，炁足分天地。天地本无心，二炁自然是。万物有荣枯，大数有终始。会得先天本自然，便是性命真根蒂。《道德》五千言，《阴符》三百字。形神与性命，身心与神炁。交媾成大宝，即是金丹理。世人多执着，权将有作归无作。猛烈丈夫能领略，试把此言闲处嚼。若他往古圣贤人，立教化人俱不错。况能蓦直迳路行，一条直上三清阁。三清阁下一团

---

① "一着子"，原作"一着火"，彭本作"一痴子"，刘本作"一者火"，辑要本、同治本作"一煮火"。按：据善本、《上清集》、彭本三本，底本、刘本、辑要本、同治本均脱"冲风冒雨四方走"至"寒时自有丹田火"一大段，故致诗句不通，今据善本补，并校以《上清集》及彭本。

髓，昼夜瑶光光烁烁。云谷道人仙中人，骨气秀茂真磊落。年来多被红尘缚，六十四年都是错。刮开尘垢眼豁开，长啸一声归去来。神仙伎俩无多子，只是人间一味呆，忽然也解到蓬莱。武夷散人与君说，见君真个神仙骨。我今也不炼形神，或要放颠或放劣。寒时自有丹田火，饥时只吃琼湖雪。前年仙师寄书归，道我有名在金阙。闲名落世收不回，而今心行尤其乖。那堪玉帝见怜我，诏我归时未肯哉。

画中众仙歌

不兴饮尽孙权酒，正欲画屏笔脱手。一点凝墨状生蝇，剔之不飞心始惊。献之兴来①拈起笔，笔如解飞自钩掣。戏染松烟作牸牛，脱似偃角眠沙丘。萧贲深得鹤三昧，胸中不与造化碍。一幅素绢如片天，雪翎欲起凌苍烟。僧繇醉后觕觕睡，睡起濡墨作石块。擘山裂岩而拏云，或如伏虎如露拳。恺之画兰藏玉笥，开而视之已飞去。安得翠叶成寒丛，四景常使飘春风。闻道南齐宇文焕，精笔妙墨扫芦雁。低颈吸水昂颈飞，髣象荷枯沙瘦时。唐有处士吴道元，丹青之余多画猿。状②出抱子落寒泉，又如弯弓绕树奔。季成画虎常作怒，鬼神不敢正眼觑。但见纸上生狰狞，开口解啸风悲鸣。叶公好龙故学画，不觉心孔开一罅。纸上笔画方似龙，风鬐浪鬣来争雄。韩幹画马得滋味，霜蹄巧作追风势。可怜张口嘶无声，只惜风棱瘦骨成。江头细草为谁绿，只有风烟相管束。阮瞻收拾草精神，笔端与草私为春。画鱼古有康灵叔，掷头摆尾万鳞足。红鳜紫鲤成队行，跃碎琉璃跳上冰。仁老胸中有雪月，画出梅花更清绝。鲁直嗅之嫌无香，幻出江南烟水乡。张臻虚心而学竹，风雨潇潇生锦轴。风枝雨干欲化龙，不堪裁杖扶葛洪。钱觐画松扫烟雨，松梢鹤立飞不去。凌风傲雪冷几时，翠色不改常清奇。王维笔下多山水，千山万水一弹指。万顷玻璨碧欲流，千层翡翠波上浮。有时画出几枯木，一片落霞间飞鹜。有时画出古涧泉，浪花滚滚人不闻。有时花落鸟啼处，正是千林俵秋雨。有时日暮鸦鸣时，烟际钟声催月迟。有时移却潇湘岸，移入洞庭彭蠡畔。有时掇过天台山，相对雁荡烟雨寒。古人去后无人学，

---

① 来，原作"未"，据参校本改。
② 状，原作"壮"，据参校本改。

学者往往得皮壳。鬼神却易狗马难，匠世未能窥一班。见君丹青与水墨，笔下剜出心中画。一发才精百发精，留取后世不死名。

祈雨歌

天地聋，日月瞽，人间亢旱不为雨。山河憔悴草木枯，天上快活人诉苦。待吾骑鹤下扶桑，叱起倦龙与一斧。奎星以下亢阳神，缚以铁札送酆府。驱雷公，役电母，须臾天地间，风云自吞吐。燄火老将擅神武，一滴天上金瓶水，满空飞线若机杼。化作四天凉，扫却天下暑。有人饶舌告人主，未几寻问行雨仙，人在长江一声橹。

武夷歌 ①

天下武夷兮第一山溪，升真有洞兮大王天柱交相齐 ②。不知何年中秋兮玉帝赐宴会曾孙，幔亭结云霞兮彩桥跨虹霓。欲访仙迹兮搜剔地灵，遡洄乘舟兮陟险杖藜。身轻欲生羽翰兮扪烟萝而蹑天梯，下视人境杳邈兮但见乱峰参错相高低。龙洞通天池兮 ③ 岩鹤舞双翎，鏻骨藏玉匣兮玉蜕和香泥。月浸观音石兮恍有金身现普陀，风号玉女峰兮疑是湘江虞妃啼。仙馆学堂兮闻书声，丹炉茶灶兮晓烟迷。船架半壑兮使星会泛河汉归，期留古洞兮天孙去作牵牛妻。棋盘开岩石兮钓台瞰晴川，岩有虎啸兮窠有金鸡栖。狮子伏岩兮耀日气犹鲜，仙羊化石兮眠云青草萋。大小藏蕴灵异兮下有龙湫水冷冷，一线天通九有兮旁有风洞凉凄凄。翰墨罗列兮因之生兴，廪石高贮兮可以忘饥。红尘迥绝兮山中发兰桂，神仙何许兮云间闻犬鸡。茶洞幽宇兮悬崖飞瀑布，桃源深邃兮沿流得径蹊。有人卜居大隐屏兮学宗周孔事盐齑，但见此心上上兮炼成大药服刀圭。武夷君去后兮有十三仙之同时，代不乏其 ④ 人兮仙阶陆续跻。或尸解兮只履归去，或飞升兮铁笛长嘶。以今视昔兮吴李可接踵，不须怀古兮感慨而怆凄。作诗勉同志兮欲倩仙掌摩丹崖，我醉挥椽笔兮大书特

---

① 此首原无，据同治本录，校以明万历蓝格钞《海琼白真人文集》（简称"明钞本"）、刘本、辑要本。

② 齐，原无，据明钞本补。

③ 兮，原无，据明钞本补。

④ 其，原无，据明钞本、辑要本补。

书而留题。

西林入室歌①

有一明珠光烁烁，照破三千大千国。观音菩萨正定心，释迦如来大圆觉。或如春色媚山河，或似秋光爽岩壑。亦名九转大还丹，谓之长生不死药。步步华严妙宫殿，重重弥勒宝楼阁。墙壁瓦砾相浑融，水鸟树林共寥廓。缺唇石女驾土牛，跛脚木人骑纸鹤。三业三毒云去来，六根六尘月绰约。所以然者本体空，谁言何似当初莫。此珠价大实难酬，不许巧锥妄穿凿。若要秘密大总持，只于寂灭中摸索。几多衲子听蛰雷，几个道人藏尺蠖。茫茫尽向珠外求，不知先天那一着。那一着，何须重注脚，注脚也不恶。好呵兄弟，杜宇声随晓雨啼，海棠夜听东风落。

万法归一歌②

金丹大药妙无穷，一点丹头内外红。真汞真铅才入手，片时伏虎活擒龙。黄公聘入丁公舍，巽位吹嘘九转功。十月胎圆坎离外，紫云飞出玉炉空。短褐包巾满廛市，寻草烧茅烹药柜。自己三黄及四神，谁知安灶烹炉意。纸袄麻衣要隐山，餐松饮水守饥寒。日魂月魄空呼吸，到底方知入道难。黑山山下鬼窟里，背曲头垂口流水。梦中梦见梦中人，几时待得硫黄死。薄福痴人不断淫，尾闾闭了采他阴。元精摇撼无墙壁，错认黄泥唤作金。容成三峰学御女，采精吸血兼服乳。大道本来无阴阳，劳形著相徒自苦。叩齿吞精咽气声，辘轳空动髑髅形。妄将口鼻为玄牝，谩说金精肘后盈。鼻头闭息空画饼，几人日中逃得影。客风邪气肚中鸣，安得长灵砂在鼎。参禅见性契真如，莫道无心便靠虚。悟了不行乾智慧，千崖万壑涉程途。多少老儒学《周易》，岂知太极归无极。忘形便欲任天真，只恐春归草无力。明教专门事灭魔，七时功德便如何。不知清净光明意，面色痿黄空自劳。胡氏阳山一果祖，九返庄严皆妄语。手执金环运三车，阿谁飞上金天去。更有持斋四果徒，九曲江头下铁符。乳香烧尽难成佛，精血元阳搬运

---

① 此首原无，据同治本录。
② 此诗原无，据同治本录，《语录》作"海琼君万法归一歌"。

枯。三千六百旁门术，开顶缩龟习定息。存想丹田炼五芽，吐故纳新虚费力。礼塔焚香诵藏经，更能拜斗与瞻星。吞符饮水专持咒，恁地如何得道成。注想按摩八段锦，嘻呵六字拘兴寝。若要还精补脑时，除非一盏醍醐饮。双眼遥思运顶门，戏言日月照昆仑。那堪又见圆光现，便指天尊与世尊。眼本无光人妄想，耳本无声那得响。上有大渊下泓池，妄指中黄忍肚饥。空按周天行卦数，几能识得真龙虎。若识真龙真虎人，了得向上一条路。暗把箪瓢服小便，吐吞涎唾作珠圆。鼻头流出两条涕，便敢呼为玉筋仙。说尽存三守一底，九年炼丹思想里。忘却家珍向外寻，百年做个阴灵鬼。天门枸杞与黄精，豆杏姜椒白茯苓。未悉地仙成也未，皮焦肉腐可怜生。斋醮关宣歌梵曲，分环破券受科录。不识天心两字真，口会三光符水熟。袖中雷印赫山精，手把杨枝学隐形。此心本是通神藏，一念差时万状生。此身身外皆隐物，此心心外皆妖术。身里真心心里身，不在中间内外出。这些金液大还丹，自从元谷至泥丸。抽添七返无多事，草木无心天地闲。真根真蒂结真酥，真鼎真坛真药炉。阳日起头阴日积，分明阳火与阴符。半亩丹田种金粟，一朵灵芝香馥郁。铁牛哮吼入绵厨，木马奔驰跳金屋。乾坤二八结丹砂，满鼎溶溶白雪花。提住龟蛇归两手，山中玉兔化金鸦。还丹有诀知音少，汞龙铅虎凭火候。三千刻内结婴儿，调和温养终无漏。遍体浑如一片琼，寒蟾光照玉壶冰。顶门夜半雷声吼，匝地清风神鬼惊。天上人间真妙诀，谁敢天机私漏泄。须是英雄大丈夫，了然胸中无一物。一阳才动大丹成，片饷工夫造化灵。只恐南宫录姓名，醉骑白鹤朝上清。

游白石洞 ①

昔年曾上白石峰，晓汲丹井搴芙蓉。坛前星斗光灿灿，凌空坐可摩飞鸿。刘郎重到幽都观，东风不改桃花红。谁向阴崖结虚实，石鲸饮润水龙湿。流泉叠磴发天阊，野蔓蓁篁自蒙密。忽然飞雨来半空，不知林外犹残日。引身东望沧海田，谷神洞口云绵绵。琅玕珊瑚远莫致，且锄笋蕨烹春鲜。此中佳趣不可传，我欲矫首问计然。吴越兴亡迹如扫，山色依依青未了。何年金鼎出空山，鸡犬余丹能却老。短衣射虎自有人，共着青鞋拾瑶草。

---

① 据清光绪刊《琼州府志》增。

三级泉①

缘溪深入桃花坞，紫霞隐隐幽禽语。九层峭壁划春空，三级鸣泉飞暮雨。落日衔山红影湿，冷云抱石苍崖古。激回洞底散冰花，喷上松梢雪飘缕。点点溅湿嫦娥衣，潭潭下有扶桑府。朝来似展朝天带，夜半如闻捣药杵。寒入山骨吼千雷，派出银河轰万鼓。广寒殿下银蟾飞，水晶宫中玉龙舞。琼英斧碎非月老，瀑布天成非织女。初疑鱼鳖谒龙门，复恐星辰会牛渚。欲寻当下点额蛟，但见天上拖肠鼠。溶溶浸此一潭霜，滴滴结冻千岁乳。月照神珠洒翠麟，风吹天粟沾苍虎。瑶虹界碧翻地轴，铁马盘涡卷天宇。谷草凝烟色净明，野猿悲露声清苦。绿苔锁迳阻清游，白鹤凌霄唤冲举。紫元景曜神府君，仙灵咏其洞天主。画屏幻出金芙蓉，仙杯琢就石鹦鹉。当时此地蔡寻真，青鸾一去今何许。锦阁凭空银海寒，宸书丽天丹凤纛。竹炉烧起紫旃檀，古琴呜咽鸣中吕。曲罢萧萧天籁动，长笑一声朝帝所。

白鹤观②

琅庭珍馆一何清，四壁如银窗更明。雨余草色欺苔色，风送松声杂涧声。芍药花开今四月，杜鹃啼恨到三更。我来暂息白鹤观，忆着故人刘混成。松殿空遗金凤舞，芝田不见铁牛耕。云迷古洞虎狼吼，烟锁平林鸟雀惊。日暮山屏增紫翠，晓来天籁自箫笙。杖头挑月过山北，要趁如今几日晴。

青华吟③

罗浮山中春昼长，风吹兰花满面香。博山香断一欹枕，飞神直到玉帝旁。火铃将军同直舍，忽觉羽衣惊羽驾。三千神女笑回眸，整裾端简龙墀下。奏言臣昔因饕酒，醉堕红尘如此久。袖藏一卷玉雷书，进前再拜重稽首。今朝天开九虎关，乃将见帝玉炼颜。令臣奏毕速回首，下界一去思帝难。此时侍仙小黄散，手执金书贴玉版。精神缥缈素光中，不觉琼文照心眼。于中最妙何所言，青霞命下龙台昏。脚拨南辰开地脉，掌翻北斗透天

---

① 据明刊《南康府志》增。
② 据明刊《南康府志》增。
③ 据明陈琏《罗浮志》卷十增。

门。香烟未灭乌云走，风驱火猪逐铁狗。紫童飞出碧霄中，剑光只见雷声吼。梦回无人可与言，一啸天地阴晴分。

忆神童歌①

高怀落落如可羁，芳辞葳蕤谁摘奇。我独一览如醉痴，恨不快睹紫芝眉。望美人兮天一涯，面不相识心相知。青牛不跨策蒺藜，金波停饮忘醇醽。句高耿耿横虹蜺，列星北斗不敢辉。玄猿号木骥缩蹄，霜鹘挛翼鬼神悲。天籁自鸣非嘘吹，肯与蛙蚓湫污泥。何当握手谈玄机，蟠桃未熟香难期。金牌玉字空陆离，碧云谩锁骞林枝。谪籍尘寰辞玉墀，凡埃俗气非所宜。世缘未了如沸麋，徒将姹女媒婴儿。丹霄玉诏何时飞，青鸾久约宴瑶池。他年骑鹿相追随，玉笥山前同采芝。

倪昭卿赋赠叶神童②

叶神童弃儒术从赤松子游，道高德粹，而形骸土木，丰神峻拔，不事修饰，其神仙中人也。邂逅祷雨来归，深以不及款陪清高之论为歉。敬裁斐句，寓乡慕之诚，切幸教之。

神童之貌清且奇，神童之道传希夷。入室三年丹已熟，肌肤绰约光离离。结缡自覆有余乐，晔晔紫芝堪疗饥。跳入壶中人莫见，朝游五岳暮瑶池。有时混世来尘境，短发鬖鬖满面垂。顷刻龙蛇生笔下，为将高兴寄新诗。我疑虚静乐山水，来归旧隐挂冠绥。愿策浮云飞碧落，致身绛阙长相随。

又

神童天纵何聪明，十幅一息增荣名。若非唐朝李太白，靖通真人当复生。击石轰雷惊四座，宝卷拈出安群情。八卦五行有妙用，金丹大药自然成。布衲蹁跹贱罗绮，银钩婉娩鬼神惊。仙山便好留仙佩，何必蓬莱顶上行。

---

① 据《武夷集》增。按：此诗《武夷集》视为白作，珍本题名张元静作。
② 据《武夷集》增。珍本作"赠叶神童"，题名阮昭乡。

五言律

白云庵

宿雾恋乔木，落花粘瘦枝。鸟声人静处，山色雨来时。霁月成相约，凉风解见知。僧房安一枕，海气濯冰肌。

海丰道中

海近疑无地，山长尽有天。蛇岗岚雾湿，鱼市水风膻。苔色陪岩草，榕阴冒浦莲。由来金翠盛，遮莫酌贪泉。

闽清醉中

东风正月二，吹我上梅溪。白雪方才散，黄莺未见啼。半空萌雨意，一蝶访桃蹊。醉卧黄三店，夜深闻竹鸡。

顺昌即事

笔下千机锦，胸中一滴金。乾坤春瓮阔，风月夜楼深。世绝夫君操，人谁梁父吟。只寻云外路，谁复听寒砧。

即事寄紫元

老雨饯秋菊，孤烟酝暮岚。雁惊十月北，梅早一枝南。往事风吹帽，良宵月挂簪。时哉亦难得，我已到无参。

五更解醒梅竹之间徘体

宿鸟能传语，残风且点心。山情怜淡坐，月色笑孤斟。惊我梅花睡，闻他竹叶吟。清归无所得，得句贵如金。

云霄庵会宿

春自如情暖，夜何如话长。酒醨成水淡，诗妙夺花香。月出星转闹，云行山似忙。起来携素手，拥被视农秧。

秋夜

有客眠孤馆，更阑拥纸衾。清风千里梦，明月一声砧。素壁秋灯暗，红炉火夜深。寒猿啼岭外，惹起故乡心。

得鹤林书

东望吾彭耜，晴窗坠一蛛。万金何足抵，尺纸寄来迂。夜后灯花喜，朝来鹊语符。手中舒复卷，久别可长吁。

博罗县驿

虎啸月生海，猿啼风撼山。梦回三鼓尽，身自九天还。云气浮窗外，泉声入枕间。问心宜富贵，为复要清闲。

景泰晚眺

海岸孤绝处，晴沙露远汀。潮花人鬓白，山色佛头青。夕照雌黄笔，秋烟水墨屏。天空杉月冷，鹤梦几回醒。

十月十四夜

十月十四夜，灯寒焰寸长。披衣临曲水，把笔向清霜。月透诗情冷，风吹醉面凉。故人知得否，空断早梅肠。

温学士再访山中

炎帝辞朱节，清晨立素秋。借绯皆木叶，脱白满林丘。流水万山兴，疏风冷雨愁。诗人应自乐，歌知海东州。

张道士鹿堂

清梦绕罗浮，羽衣延我游。新茶寻雀舌，独芋煮鸥头。春鹤饮药院，夜猿啼石楼。丹炉犹暖在，聊为稚川留。

春日词

春日何迟迟，东风吹紫微。子规愁句句，杨柳恨丝丝。上帝无消息，仙飚杳去期。水长更天远，跬步成相思。

再会薛黄庭

别来真梦耳，相对各潸然。一向于湖海，如今更市廛。知心能有几，顾影独兴怜。自叹吾衰矣，犹期子勉旃。

送春

草木从交代，溪山无故新。更斟些子酒，尚是霎时春。雨止莺如怨，花飞柳亦颦。东皇催上印，生怕子规嗔。

述怀

吊影自怜孤，消愁得酒壶。客惊迷晓夜，梦事付江湖。雨壁琴弦润，风窗砚水枯。晚蝉知此意，为我噪高梧。

有怀

紫绮轻裘稳，青绫广被长。明珠怀夜月，孤剑匣秋霜。气魄今诸葛，襟期旧子房。西风一长啸，草木正凄凉。

红梅

人赋红梅少，予诗为补遗。霞融姑射面，酒沁寿阳肌。太洁遭时妒。独醒为众疑。漫随春色媚，自保岁寒姿。

感物

月生看柳瘿，风起笑花痫。事业三杯酒，勋名九转丹。神凄身外蝶，梦黯镜中鸾。为问金堪带，如何玉可餐。

春日道中

洞口鸟呼鸟，山头花戴花。风簧苍韵玉，烟树晚笼纱。怀白一樽酒，邀卢七椀茶。春光索弹压，万象晓排衙。

月窗写闷

不分庭前柳，长啼月下乌。半生嗟命薄，中夜正心孤。勋业看双鬓，歌吟在数须。从今闲草马，休得更江湖。

泰定庵

太极函三性，千灯共一光。猿啼庐阜月，雁叫洞庭霜。夜半冰生水，风前麝出囊。吾师知个事，念念守中黄。

舟中遣兴

（二首）

其一

江水皱寒绿，山花蓓淡黄。断云漫远浦，归雁背斜阳。客恨何凄寞，诗怀堕渺茫。人生本萧散，我欲问渔郎。

其二

暮树烟凝翠，秋花雨著黄。万松罗谷口，一鹤点山阳。霜叶梦零乱，云山望杳茫。眼稍林下寺，仿佛数支郎。

小桃源

好事开三径，栽花满一园。前头平俯水，里面曲通村。自有鸠夫妇，仍多竹子孙。醉归迷去路，题作小桃源。

八月三日即事

烟冷浑沾水，溪清可数鱼。鸦翻千点墨，雁草数行书。今日征帆下，前年上国初。诗盟寒复讲，无酒兴何如。

泊头圆照堂

脱白来求法，披缁去出家。此心如水月，结屋老烟霞。翠长真如竹，黄开般若花。寄言刘铁磨，自识赵州茶。

和张紫微韵题清虚庵

鸡犬声村市，烟霞古洞天。晨坛凝玉露，夜井浸珠躔。凤翼团宸画，龟趺负古镌。于湖诗去后，今昔几千篇。

睡起

眼瞌蚊方谒，灯微蛾更来。汗珠流似雨，鼻息响如雷。蝶魄游仙去，猿声惊梦回。梦回嫌簟湿，怒把枕头推。

梅窗

南窗屋数楹，一点阳和生。枝上雪妆瘦，墙头风作清。霜天酒自暖，月夜梦难成。何处人吹笛，黄昏送几声。

张进甫静寮

脱俗卧云眠，胸中别有天。壁间五六榻，屋上两三椽。风月真滋味，溪山旧面缘。静中有真静，猿啸暮林边。

立秋有感

流年急似箭，日月跳如丸。炎皇初解印，白帝又弹冠。方旦喜无暑，教人又怕寒。人生只如许，不觉鼻头酸。

神霄吟三绝 [①]

其一

渺渺神霄天，玉京何岹峣。琼花露湿蕊，琪树风鸣条。瑶妃侍云笈，羽童舞金翅。嗟彼世间人，红尘徒朝朝。

---

① 据《语录》卷一增。

其二

紫琼飞清都，翠云护绛阙。不见有星辰，俯视但日月。下世二千年，不敢向人说。吾已成金丹，留下飞仙诀。

其三

玉皇香案吏，金阙禁垣卿。宝炉烹日月，铁尺鞭雷霆。晓炼西山云，夜前北斗星。城南告树精，吾家在瑶京。

赠冲虚邹道士 [①]

吾师有道貌，山水个中人。无著故无累，是清还是真。烟霞供笑咏，泉石瀹精神。何日分峰隐，诛茅愿卜邻。

七言律

靖通庵

靖通庵外锁晴云，壁莹飞琼瓦叠鳞。野鸟无心一声晓，岩花有意四时春。凿开风月长生地，占断烟霞不老身。虚靖当年仙去后，不知丹诀付何人。

淡庵

平生只要乐清虚，占断人间静处居。古壁空悬三尺剑，幽窗闲却一床书。远山喜色日初染，枯木凉声风自梳。细嚼清闲滋味别，云霞收拾作粮储。

假山

一林幽竹几时栽，怪石花砖砌绿苔。羽客游岩乘雨至，仙翁采药破云来。天台犹在眉毛耸，雁荡依然眼睫开。昨夜摘珠人报道，海中失却小蓬莱。

赠慵庵卢副官

山色凝云翠几重，鸟声惊落夕阳红。要携琴去弹秋月，且掇棋来著晚风。

---

① 据明陈琏《罗浮志》卷十增。

一度醉眠知事少，数番吟畅觉心空。慵庵不与人相与，阁上柴门滋味浓。

天谷庵

半天突出一奇峰，小小茅檐滋味浓。夹道新松招夜月，满林幽竹唤秋风。迎人野鸟间关语，恼客岩花烂熳红。策杖且随流水去，柴门时倩白云封。

怡斋

逸士幽居松竹林，小堂偃枕北山阴。夜深冷月寒蓬户，晓起清风爽楮衾。把剑更餐杯内酒，收书动破壁头琴。自从一见羲皇面，千古谁知养浩心。

雨中题旅馆

风搅长空秋雨悬，路如苔滑懒摇鞭。入门指仆买杯酒，磨墨倚窗吟一篇。黄竹绕檐黄蚁战，白芦映水白鸥眠。一声长啸便归去，回首孤村空暮烟。

游杨梓岩

天半秋风鸣万松，芫花半落夕阳红。寮烟暗锁仙坛古，野意深藏丹灶空。人采紫芝何处觅，我来白昼不相逢。一声箫管笑扬袂，秋色满怀诗兴浓。

赠吴草裘

闻道青城有老吴，话头入耳十年余。偶同婺女无忧客，来到天台撞见渠。身上衣衫惟布素，口中谈吐尽丹书。想君已是千余岁，谁道神仙世上无。

赠天台老樊

别后俄经几许春，相逢一笑挹南薰。灰头土面无人识，木食草衣嫌俗纷。在浙之台今已久，姓樊名邴寂无闻。为君传此新诗去，寄与铅山赵翠云。

胡中隐庵中伤春

尽把天工付祝融，东皇归去太华宫。稜稜山色耸苍玉，湛湛波光浸碧铜。杨柳入天鸠要雨，海棠落地蝶嫌风。好将杖屦西园看，万紫千红一夜空。

景泰山送友人

白云影里话三生,起坐相从夜共行。谊与云天高也薄,道于泰华重邪轻。酒非贪饮惟知己,诗不求工贵适情。但使忘年成莫逆,何须肉袒负渠荆。

醉中赋别

话别应知太去匆,明朝马首定东风。镜中人瘦如花瘦,湖上春浓似酒浓。行色已如天色好,道情不与世情同。如今老眼浑无泪,醉颈当筵似玉虹。

过林灵素坟

众僧莫怨赵归真[1],此是容成太玉君[2]。始末四年曾就日[3],相将五秩即腾云[4]。帝心俾立神霄教[5],州额由升应道军[6]。泉石依然冠剑冷,至今雷电御松坟[7]。

嘉定甲申闰月五日闻皇帝升遐

唳鹤啼猿怨满怀,烟葵露槿泪盈腮。一钩桂月千林黯,半夜松风万壑哀。不御六龙昌宝祚,遽骖八骏驻瑶台。小臣泉石膏肓了,无任冰肝玉胆摧。

武昌怀古十咏

南楼

凭暖朱栏醉已酥,楼前眼缬望中疏。汉阳草树看来短,淮岸渔家淡欲无。薄暮鸦翻千点墨,晴空雁草数行书。多情庾亮吟魂远,风泛芦花秋满湖。

黄鹤楼

白云黄鹤迹成遗,何独当年丁令威。洞里不知朝市改,人间再到子孙非。

---

[1] 原注:"唐武宗用道士赵归真,发诸僧。"
[2] 原注:"温州容成太玉洞天。"
[3] 原注:"政和六年赴召,宣和九年放归。"
[4] 原注:"还山二载卒,四十五。"
[5] 原注:"徽宗令天下并建神霄万寿宫。"
[6] 原注:"建炎改元罢之。"
[7] 原注:"人有犯其坟,则风雨立至。"

笛声吹断秋江黯，月影飞来夜漏稀。大醉倚楼呼费祎，蓬莱山下几斜晖。

赤壁

不说江山笑老权，尽称造化戏曹瞒。飞鸟绕树孤回首，断戟沉沙怒激湍。
豪杰已随霜叶尽，兴亡尽付浪花翻。画堂莫唱坡仙赋，战骨草中吟夜寒。

吴王宫

不将胆命付周郎，安得儿孙见太康。三国兴亡成梦事，一川烟草断人肠。
黄旗紫盖伊巴蜀，翠殿朱楼自武昌。纵谓西山非王气，金陵能得几时王。

灵竹寺

孝之一字协天伦，信可通天感鬼神。霜满竹林安得笋，心倾泪雨自生春。
只闻郭巨曾埋子，岂得曾参亦杀人。凿隧及泉愚尔耳，斯人盖是舜之臣。

奇章台

登台日费万缗钱，宾从如云剑履骈。食鼎歌钟移楚地，貂金佩玉整唐天。
缅怀瑊钺熊旂里，尚有冰辞雹语传。偃月堂中人用事，牛家僧孺得称贤。

江汉亭

西风黄叶满秋城，水鸟飞无沙碛腥。淮浪白如头似白，沔山青与眼俱青。
何人得见莲花女，此地空余江汉亭。一自郑生双佩断，幽情渺在蓼花汀。

鹦鹉洲

无人为叫祢平原，表祖牾人岂识文。鹤在鸡群怀月露，豹将虎变欠风云。
凤凰池上才方酒 ①，鹦鹉洲边已自坟。道大不容才见忌，渔阳挝断不堪闻。

西塞

落尽桃花水满湖，西山西塞长新蒲。斜风细雨今如许，青笠绿簑谁又无。
圣主龙飞邦有道，醉仙睡到日高梧。何时尧舜无巢许，我也人乎粘壁枯。

南浦

越禽胡马易空疏，水远天长梦亦迂。南北故人鸿去外，古今陈迹雨晴初。
云连碧草别愁黯，风眇绿波征骑孤。三径凄凉一杯酒，夜深重读寄来书。

潮阳谒灵山大颠禅师

天地神祇不可诬，小人君子费分疏。我无其事初何衄，自揆于心或未如。

---

① 原注："池在城南"。

岂是大颠留乃服，只闻刺史造吾庐。谁能脱略形骸外，孟简尚书谩寄书。

次韵宋秀才

昼弄朱曦夜弄蟾，知他何处地行仙。殿前昔奏三千字，腰下曾缠十万钱。
得句直疑无李白，草书真个过张颠。有时兴发临风舞，饮似长鲸吸百川。

暑夕有怀

幽人避暑海城西，西北浮屠尽得栖。更漏有无风逆顺，纸窗明暗月高低。
石泉未到秋先冷，野虎偏从夜即嘶。记得去年常德府，武陵今夕况桃溪。

蓝琴士赠梅竹酬以诗

手补天工笔法奇，笑将造化作儿嬉。胸中夜雨浇龙干，纸上春风舞玉蕤。
云水一生无别好，琴心三叠有谁知。今宵松殿相期会，弹到西山月落时。

送黄心大师

如今无用绣香囊，已入空王选佛场。生铁脊梁三事衲，冷灰心绪一炉香。
庭前竹长真如翠，槛外花开般若香。万事到头都是梦，天倾三峡洗高唐。

奏章归

玉殿朝回夜已深，三千世界静沉沉。微微花雨粘琪树，浩浩天风动宝林。
烟锁昆仑山上顶，月明娑竭海中心。步虚声断一回首，十二楼台何处寻。

泛舟黄桥归庐山

清风为我送归船，数粒青松起薄烟。帆影惊飞秋水雁，橹声搅断夕阳蝉。
几人家在溪头岸，一片云生水底天。满眼良朋无好酒，此心已挂九江边。

留别铁柱宫叶法师

不嫌来往日诗筒，春兴无穷我欲东。一雨放行三尺水，万松回纳半帆风。
且将南浦难题景，寄在西山绝顶峰。柳处酒家花处寺，并留他日款游从。

次韵彬上人见惠

象轮何事过毗耶，诗窍禅关事一家。自古行春难尽美，非风即雨辄成差。我文柔似三眠柳，君句清如六出花。应悟已公茅屋下，拟之早已涉河沙。

送王侍制自温州移镇三山

春暖涂歌里咏喧，鹑衣百结过苏天。九重亲擢公为此，百姓皆云我自然。五马重来寻墨沼，一麾又去镇闽川。庙堂相位犹虚左，已筑沙堤在日边。

见浙翁琰禅师

谓师有道国人皆，何必文殊更五台。棒喝交驰聊复尔，离微不犯亦奇哉。且言风动还幡动，莫问船来与陆来。不道相逢不相识，尽教寒拾笑哈哈。

为李县尉寿

浪萍风絮客他乡，喜者青春鬓未霜。到处烟霞成莫逆，如今山水已相忘。子还真个为仙尉，我定终身作懒王。何似著鞭铅汞事，笑骑云外鹤翱翔。

归雁亭

嗟予尚未发星星，今日杯茶归雁亭。几见霜翎巢白草，数行云足篆青冥。方将寄字来苕雪，莫便翻身过洞庭。握手亭前话今古，仇池仙墨有余清。

月岩

素娥飞下碧霄间，别馆嵌空万仞寒。不是高悬青玉玦，直疑斜捧烂银盘。云根朴朔兔相似，灌木参差桂一般。说与长风休送上，千秋留与往来看。

席上偶成呈主簿兄

原气推宗分不疏，一相思一检舆图。三生骨肉几回别，万里音书半字无。风雨每思君对榻，江湖长只影为徒。春城烟锁南台暮，两地襟情片月孤。

夏五即事

（二首）

其一

惊心节物读齐谐，迎面南风①泛觞杯。池畔雨荒灵运草，庭前云酿洞宾槐。
藕丝冰水敌时暑，臂彩钗符付女孩。遐想湘沅歌楚些，兰魂桂魄不归来。

其二

晓来掠面更东风，过尽溪山属祝融。杨柳引教荷芰绿，海棠让与石榴红。
稻针刺水连青亩，麦浪翻云涨碧空。我有浮瓜沉李约，诸君同上紫霄峰。

题迎仙堂

昔日寻师到海涯，手中常袖一青蛇。随身风月长为伴，到处溪山总是家。
玉笋岩前曾结草，金华洞里独餐霞。有人问我长生事，默默无言指落花。

题鼓山超凡阁

轮与黄龙第一筹，于今不到洞宾羞。九重城里圣箭子，三百年来粪扫头。
山月扶疏龛石冷，天风浩荡海槎浮。我来会得谦公意，竖起拳头向赵州。

题余府浮香亭

小亭低瞰小池边，日日春风醉管弦。盘礴好穷诗世界，登临疑是水神仙。
玉萍掩映壶中月，锦鲤浮沉镜里天。芍药牡丹归去后，花开十丈藕如船。

赠坦庵告别

杖头挑起一天云，政是梅花十月春。猿叫千山风势恶，雪迷万里雨声频。
今朝瓢笠游方外，旧处烟霞失主人。好去著鞭行所得，他时相见话头新。

天籁堂

到此令人玉骨寒，四围紫翠玉回环。玲珑苍壁竹敲竹，重叠画屏山间山。
猿笛晓闻冥漠外，松涛夜吼有无间。我将唤起陈知白，蜕却尘躯跨彩鸾。

---

① 原注：一作"薰"。

寄郑天谷

况此三晴二雨天，孤村寒馆①缠苍烟。客来长是有蝴蝶，春去不堪闻杜鹃。汉蕨可羹今已晚，胡麻未饭必须仙。九江城里郑天谷，许结焚香瀹茗缘。

题栖云堂

高人占断一生闲，长得青山在眼看。棋子纵横星点乱，琴弦戛击玉声寒。无心门掩苔三径，观化庭栽竹万竿。中有玄机人不会，清风明月两丸丹。

契妙

契妙堂中静养神，神凝气聚一壶春。青山绿水无非道，翠竹黄花有几人。世外不知千百世，身中还更两三身。一从契得虚无妙，明月清风是我邻。

玉壶轩

玉壶四榻静无尘，琴上无徽笔有神。诗债已还休骨瘦，酒冤今醒但眉颦。清风吹鹤梧桐晓，明月啼猿杨柳春。见说玉楼新架就，紫皇有诏日来频。

悠然堂

一池寒碧浸红鳞，芍药方花春后春。烟阁晓垂天幕静，风帘夜上月钩新。闲云流水无穷意，绛阙清都被谪身。不向悠然堂上饮，篇诗斗酒付何人。

奉酬陈宫教

落魄逍遥一醉仙，笑携藜杖夕阳边。三年睡法应须得，九蕴仙方妙不传。骤雨猛催今日作，老苔为锁异时镌。偶来水绿红花野，自与庐山亦有缘。

题瓮斋

万轴牙签聚碧芸，数间茅屋锁闲云。莺吟芍药一歌女，蚁绕菖蒲万水军。香穗横窗盘瘦影，茗花浮枕斗清芬。琴心三叠昼眠觉，熟读数篇韩柳文。

---

① 馆，原作"绾"，据同治本改。

翠麓即事

千峰万峰翠入门，一树两树啼断猿。山后山前鸠唤妇，舍南舍北竹生孙。烟迷洞口苔三径，风吼松梢月一痕。芍药未花春未老，客来到此倒芳樽。

快轩书怀

满树牡丹相次红，客来不放酒杯空。三分春色二分去，一处风光四[①]处同。柳絮打残连夜雨，桃花飞落五更风。与君饮到如泥烂，我欲明朝杖屦东。

清明

新除小垒燕方谋，又拜晴蜂万户侯。占破清明三五日，实封芍药一千头。花间作梦碧蝴蝶，柳外谈禅黄粟留。物物是题吟不尽，却烦酒作钓诗钩。

题天开图画

四时风物现安排，醉上高楼眼豁开。云散远山元不断，池成明月自然来。夕阳妆点丹青树，烟雨和匀水墨梅。此是天工无尽巧，何曾染惹俗尘埃。

次李侍郎见赠韵

家居琼馆海山隅，腹内包藏三教书。明月清风为活计，蓬头跣足走寰区。玉炉丹熟酾琼醑，金阙朝回唱步虚。要识我侬真面目，广寒宫里看蟾蜍。

呼唤体自述

只贪饮酒与吟诗，炼得丹成身欲飞。曩劫曾为观大士，前生又是派禅师。蓬莱旧路今寻著，兜率陀天始觉非。料我年当三十六，青云白鹤是归期。

题净明轩

净几明窗兴味浓，老僧心下万缘空。黄鹂睡起摇开竹，白鹤飞来点破松。些子溪山藏夜月，无边花柳恼春风。真如般若头头是，坐断蒲团子细穷。

---

① 四，原作"是"，据同治本改。

华阳堂二咏

其一

幕天席地做生涯，凡圣同居气象佳。拨过浮山供醉眼，斩新风月入诗怀。花间自舞三台鹤，竹外空歌两部蛙。不是道人多计较，是渠诸圣早①安排。(华阳堂)②

其二

不著人间一点尘，满堂尽是学仙人。衣衫总带烟霞色，杖屦相随云水身。铁笛横吹沧海月，纸袍包尽洞天春。而今会聚十方客，认看何人是洞宾。(会云堂)③

赠卢④隐居

日高丈五尚酣眠，心下无愁不管天。野蕨山肴酬白醑，干柴净米煮清泉。不须求仕如藏用，且自烹茶学玉川。时策短筇松竹下，清闲便是地行仙。

陪庄岁寒夜坐小酌

偶然气分颇相同，道院新移喜毕工。坐把诗吟中夜月，笑将酒洒一窗风。博山香篆浮青蚓，古壁灯光吐玉虫。君已酕醄吾酩酊，化为蝴蝶入槐宫。

悲秋

庭皋一叶夜来秋，拍塞乾坤爽气浮。有客放船芳草渡，何人吹笛夕阳楼。鲈鱼蓴菜季鹰兴，鸿雁芦花宋玉愁。碧水映天天映水，淡云如幕月如钩。

桐柏山书怀

桐柏山头避俗嚣，篇诗斗酒自逍遥。九峰野草迷丹灶，三井飞泉喷石桥。万顷白云蒸绿野，一声黄鹤唳青霄。人言华顶高高处，东海蓬莱浸海潮。

---

① 早，底本脱此字，据同治本补。
② "华阳堂"三字原无，据同治本补。
③ "会云堂"三字原无，据同治本补。
④ 卢，原作"虑"，据同治本改。

挽知宫王月谷三章

其一

去年五月扣松关，方与先生一解颜。今我杖藜寻旧隐，闻君琴剑蜕空山。交朋满眼今无几，羁旅伤心为一潸。自叹洞前东去水，不若逝者若为还。

其二

去年五月风飕飕，人在方瀛山上头。见我飘然动行色，有诗因尔话离愁。早知如许归仙速，悔不迟为几日留。闻道先生归去日，千岸万壑正中秋。

其三

去年五月访丹元，月谷先生与我言。将谓此生共茅舍，不知何事速云轩。亲书数卷空悬壁，旧隐三间半掩门。雪魄冰魂无处觅，秋烟秋雨暗孤村。

陪王仙卿登楼

身在烟霞缥缈间，此心已学白云闲。遣怀把酒自酌月，无事卷帘常看山。老去棋冤休死战，年来诗债逐时还。于今养鹤多栽竹，缚住时光且驻颜。

捣药禽

灵禽悲噪白云边，人到天台古洞天。点化春愁三月暮，唤回晓梦五更前。有如捣药珰珰响，非杵非舂自戛然。毛羽也知仙可学，声声要结炼丹缘。

赠夏知观

早岁江湖走一遭，归来姓字籍祠曹。未还风月烟霞债，又主香灯粥饭劳。卷雪楼前更被褥，驻云堂内饮蒲萄。新凉要过庐山去，拟欲从君借小艘。

张子衍为至德鄢冲真求诗

一簇楼台水上居，琅风韵竹动笙竽。鱼龙飞舞半帆雨，鸥鹭眠呼两岸芦。雪覆高低春玉树，月明表里夜冰壶。渔郎倚棹桃花落，认得扶桑宫殿无。

罗适轩净明轩

占断人生百岁闲，绛宫有路透玄关。明如雪夜潭心月，静似春天雨后山。

万籁无声人不寐,一尘何处夜将阑。琴心三叠倚楼坐,黄鹤悠悠去不还。

题平江府灵岩寺

万松挟岭壮招提,上有琴台与墨池。佛殿尚存今智积,姓宫曾馆古西施。太湖远水如奁镜,木渎平田似局棋。策杖访回无际塔,日晡聊看草书碑。

泛舟松江

白酒黄封冽以妍,鲈鱼买得一双鲜。舟行无浪无风夜,人在非晴非雨天。醉熟不知天远近,梦回但见月婵娟。垂虹亭下星如织,云满长洲草满川。

题笔架山积翠楼

万顷平田指掌间,松梢直上与檐干。云粘暮色月华湿,树颤秋声天籁寒。窗外好山千翡翠,屋头修竹万琅玕。楼中啸罢玉龙去,浩荡天风生羽翰。

题鹤林宫

王邓诸公焉在哉,云屏烟嶂锁苍苔。大千国土无双客,第一洞天游两回。太极光阴忘甲子,九霄云气接蓬莱。桑田海水今如许,劳得朝猿暮鹤哀。

柳花

闲傍珠帘散漫初,垂垂欲下得风扶。绣床渐满圆还碎,醉目遥看有似无。只见鱼吞池面水,不知萍满岸头湖。往来无数香毬子,粘缀春衣自不须。

白石岩

平野巉然石一拳,千崖万岫翠相连。鸟飞不到疑无路,云与齐高直接天。下面仰看岩是屋,上头仍有玉为泉。李仙丹熟山魈遁,尚有宸章寄紫烟。

送蜀李道士

我居琼海子潼川,相望西南路八千。乃祖青牛今不返,予家白鹿尚闲眠。云萍莫测真如梦,琴剑相逢亦宿缘。多少西风黄叶恨,待须贳酒泛湖船。

次玉箫台韵

莫便嗔人离此山，白云黄鹤云游还。意行但任杖屦乐，别后岂忘诗酒欢。不谓业风吹我脚，只将明月当君颜。未知云水何时会，烟雨萧萧暗碧坛。

次韵东坡蒲涧寺

（二首）

其一

满山红白福桑花，蒲涧深中尽可家。景泰得泉从卓锡，安期种枣说成瓜。岂无仙化羊如石，尚有书踪壁似鸦。一饭招提共僧语，法华经里问牛车。

其二

陈踪行览寺门前，自取椰瓢酌冷泉。山下果然无白地，洞中尽自有青天。更谁识得安期事，且去参他景泰禅。冠盖如云自来往，如今何处有神仙。

赋梅呈陈大博

霜清木脱嫩寒森，惊见孤英吐竹林。不负雪期如有信，偶先春事本无心。月横瘦影池塘浅，风递微香院落深。莫问调羹并止渴，枝枝且惬醉来簪。

次韵王将仕

诗坛勍敌我何堪，只把新诗著意参。韵险有如行栈合，句香何止食余甘。江寒风落余章谬，鸟过身轻一字惭。饭了相陪闲笑语，锦囊非我许谁探。

题南海祠

何处人间得五羊，海城鼓角咽昏黄。无心燕子观秦越，有口檐铃说汉唐。九十日秋多雨水，一千年史几兴亡。圣朝昌盛鲸波息，万国迎琛舶卸樯。

秋日有怀

一点秋光寄画图，秋来吟鬓似枫疏。晴烟染树看何足，缺月梳云状不如。暑退凉生蝉有语，水长天远雁无书。此心直欲鹏南举，不学蜘蛛结网居。

舟行适兴

天知一舸过扶胥，排办千山作画图。暮霭催诗归彩笔，秋光入酒透冰壶。篙头点水月破碎，云脚行天星有无。岸柳江枫共招手，西风吹我出贲隅^①。

夏夜宿水馆

松脂明灭已更寒，蛙市无声万籁沉。千里清风孤馆梦，一轮明月故人心。欲眠还醒推藤枕，骤热仍寒弄楮衾。搔首起来顾清影，断烟低锁荻花林。

清听堂

白龙过涧玉琤琮，涧外松声击虡鸣。烟锁檐牙春二月，月移帘额夜三更。琴弹白雪阳春调，曲转高山流水声。清听堂中杳无梦，我将乘兴跨长鲸。

游山

庐山山下倒芳樽，八九人家烟水村。千尺云崖春上藓，几重月树夜啼猿。人骑黄鹤去不返，草没丹炉今尚存。携子高歌醉归去，一溪寒碧绕山根。

别李仁甫

君向星江结草庐，我来抵掌笑相于。三杯碧液涨瓷盏，一缕青烟缠竹炉。剑舞春风花烂熳，琴弹夜雨竹萧疏。明朝拄杖知何处，猿叫千山月满湖。

俞楼

十二栏杆秋月明，谪仙曾此宴飞琼。半窗树色粘山色，隔岸风声送水声。织翠回纹伤薄倖，香红染袖怅都城。酒愁花恨无人诉，赖有延年俞秀英。

赠樗野

不叹劳生行路难，自怜云水许间关。别来五载多怀感，待有尺书无往还。微白一钩天外月，淡青数点海边山。襟情欲向何人诉，与子簪灯到夜阑。

---

① 原注：一作"入罗浮"。

谢鹤林见访

我方一枕午风眠，君正然香未解船。知问无为三不答，广咨王母几寥然。
分明翠竹黄花意，何必红铅黑汞篇。寄语鹤林老居士，甚时叱鹤过西川。

大都督制侍方岩先生召彭白饮于州治之春野亭因和苏子美韵

夕阳花木丹青活，烟月山林水墨昏。碧缕倦飞萦宝鼎，红波惊涨溢金樽。
掀髯醉接君谟笔，击缶吟招子美魂。因逐尚方双舄至，亦随桃李入春园。

题天宁寺海月亭

昼潮夜汐大江东，江上东南宝刹雄。饭了从容陪海月，禅余宴寂享松风。
主宾无间诸尘净，心目相忘万象空。橙熟手香吟笔滑，余情渺在夕阳中。

和主簿家兄赠别韵

接耳交肩话绮疏，扶摇九万此南图。对床风雨人皆有，协韵埙篪我独无。
偶尔诗家鸿雁行，为今酒岛鹡鸰徒。情知一舸鸥夷去，临欲出门灯影孤。

峡山寺

重楼复屋枕层崖，想有残碑锁翠苔。但见苍山如壁立，不知绿水自何来。
岩花满眼红而紫，谷鸟呼名去复回。便欲买舟从此隐，岂惟一处子陵台。

峡中见芙蓉

峡畔寻常有虎踪，峡中闻说有蛟龙。心知峭壁生如剑，目送清波去似弓。
绕树尽皆青薜荔，举头忽见白芙蓉。西风为我吹残酒，最喜千峰翠色浓。

初至肇庆府砚岩

峡口青门束碧流，天生双剑割清秋。可怜柳叶黄如此，曾见芦花白也不。
本意买舟归楚国，此行为砚访端州。渴来欲吸三江水，洗出胸中万斛愁。

梅花

损之又损玉精神，松竹新来渐卜邻。月夜一枝香暗度，溪楼数点影横陈。直须何逊为知己，始信张良似妇人。从此东风还入手，管教桃李十分春。

三月芙蓉

岂论春夏及秋冬，事事皆由造化工。谁道一生无好运，何缘三月见芙蓉。骚人犹恐东风误，醉眼真疑芍药红。便是重阳开未晚，且传好意取欢容。

柳塘送春

急雨将雷过柳塘，春因底事亦归忙。经时不放荷花叶，昨夜尽收栀子香。判断千林成梦去，安排一夏纳风凉。开眉无觅愁来处，数笔晴云尽水乡。

暂别游德声监税

风樯小舣水中央，接袖交肩话柄长。贷粟庄周轻得失，倚楼杜甫重行藏。情知此去无多远，未别一声先断肠。排办新诗消遣酒，高吟大笑渡番阳。

赋月同鹤林酌别奉似紫琼友

婀娜姮娥处玉宫，秋来梳洗越当空。阴晴圆缺天何意，离合悲欢事与同。好去画楼歌舞地，莫来清馆别愁中。应知人不能如月，月且团圆月月逢。

题诸葛桂隐书堂

豪侠相逢好弟兄，竹篱茅舍聚双星。青松影里诗鸿雁，白石岩前酒鹡鸰。笔下驱回千铁骑，胸中包得几沧溟。令人忆著张华剑，三百年来无血腥。

题华严寺

匹马追风访地灵，山衔夕照鸟飞惊。裴休虽是参黄檗，韩愈何曾嗣哲兄。竖拂拈槌吾不会，篇诗斗酒过平生。侬家自有修行处，夜夜丹炉炼月明。

草庐

刘禅材非天下君，出师一表费殷勤。卧龙梦破隆中月，列雁轰开蜀口云。甫得江心成八阵，奈何天意要三分。木牛流马今何用，赖有玄仍继策勋。

不赴宴赠丘妓

舞拍歌声妙不同，笑携玉笋露春葱。梅花体态香凝雪，杨柳腰肢瘦怯风。螺髻双鬟堆浅翠，樱唇一点弄娇红。白鸥不入鸳鸯社，梦破巫山云雨空。

夜宿太清悟真成道宫

朱楼紫殿贴晴空，前后千峰更万峰。蝶殢秋花黄淡伫，猿啼晓树翠溟濛。断霞烟重苔粘露，薄暮云兴夜起风。醉倚玉栏弄明月，嗟嗟身世等萍蓬。

栩庵以冰字韵求大风诗口占

山高万籁作秋声，六月胡床冷似冰。浩浩拍窗人不寐，飔飔到枕梦难成。掀开云幕飞苍絮，推出蟾轮碾素璃。幸有许多闲气力，何如吹我上瑶京。

寄桂隐

指点篇书说向谁，武侯之后独公奇。许瓢却大尧天小，严濑应高汉座卑。夙世已偿霖雨债，我身今结水云知。何人桂树中间隐，莫作南阳一睡骊。

舟行西湖诗赠诸友

二十年来云水身，今凡七度踏京尘。丝长岁月能多少，粟大功名徒苦辛。白日戏陪人世事，绿烟锁断洞门春。云岩月岫今何处，一听猿声一怆神。

绣香亭招饮

海棠开后雨冥绵，寒食清明又一年。胜赏挨排三月朔，嫩晴将息百花天。水光山色供图障，燕语莺声助管弦。我自吟边闲拄颊，笑人陌上拾花钿。

悟空寺

迷则僧祇悟刹那，遍将此事勘禅和。春深未解桃花旨，日永其如燕语何。晓殿冷凝山色重，夜楼阔占月华多。西来祖意凭谁委，只有门前窣堵波。

春夏之交奉呈胡总领

残红点点尚春光，小立芳台送夕阳。莺语只闻花里面，鸥飞宛在水中央。风前绿草无人管，烟外青山底处藏。柳幄张天槐幕静，一川涨起麦云黄。

初冬即事

揸颐默默靠柴扉，顿放诗题塞翠微。三径寒松含宿雨，一川衰草卧斜晖。孤烟白处丫峰露，乱叶红边个鸟归。触目园林已如洗，菊花犹著郁金衣。

梅花二首寄呈彭吏部

其一

一自花光为写真，至今冷落水之滨。惟三更月其知己，此一瓣香专为春。清所以清冰骨格，损之又损玉精神。雪中好与谁为伴，只有竹如君子人。

其二

冰玉丰姿不可双，霜前雪后想凄凉。绝怜夜气浑如水，而况笛声堪断肠。以月照之偏自瘦，无人知处忽然香。从今桃李皆门士，谁道花中有孟尝。

有赠

云锁蓬莱海接天，琪花瑶草簇春烟。三千年里桃初实，十二楼前月正圆。白日尘埃飞不到，青冥风露冷无眠。共君既饱胡麻饭，一棹归欤弱水船。

黄岩舟中

满船明月浸虚空，绿净无痕夜气浓。诗思浮沉樯影里，梦魂摇曳橹声中。星辰冷落碧潭水，鸿雁悲鸣白蓼风。一点渔灯依古岸，断桥垂露滴梧桐。

奉呈天谷

底事英人便养高，角鹰放了弃弓刀。六壬八遁成韬晦，四塞三边娄绎骚。九十日秋凉气少，一千年事乱时多。长歌大笑不对饮，奈此水光山色何。

蟠龙庵

五乳峰前第几峰，碧潭深处有蟠龙。半岩冷落孔明雨，一枕萧骚少说风。变化爪牙君子竹，埋藏头角大夫松。高人栖①此结茅屋，天下苍生怨旱虹。

玉壶睡起

白云深处学陈抟，一枕清风天地宽。月色似催人起早，泉声不放客眠安。甫能蝴蝶登天去，又被杜鹃惊梦残。开眼半窗红日烂，直疑道士夜烧丹。

携友生诣桐柏

篮舆过尽几山丫，夜宿天台仙子家。我昔岩前种芝草，尔来云表饭胡麻。金钱②错落枫犹叶，玉靥飘零菊更花。霜露逼人心兴倦，无穷旧事散天涯。

山中

天台山头梅花时，天台仙人去不归。晓猿夜鹤不堪听，丹井药炉何所依。老竹数竿濒碧涧，寒鸦几点钱斜晖。幽人无限萦心事，未得工夫隐翠微。

谒鹅湖大义禅师

古塔寒龛几岁华，粥鱼斋鼓响岩丫。满湖春水浸明月，一带晚山横彩霞。石鹿至今空卧草，金鹅终不再衔花。寥寥此意无人委，欲界无禅果是耶。

醉里

道人天地便为家，惯见溪山眼不花。竹月光中诗世界，松风影里酒生涯。醒时吟笑扬州鹤，梦见常骑月府蟆。是则官家糜好爵，此生只合饭胡麻。

---

① 栖，原作"凄"，据同治本改。
② 钱，原作"前"，据同治本改。

寄泉州侍郎

海山迢递信音稀，静对斜阳独倚扉。回首八千余里路，觉今二十一年非。白云流水聊相伴，绛阙清都未得归。昨夜乐丘残梦觉，窗前明月照鹑衣。

知足轩

得陇还为望蜀谋，贪心来往似江潮。谁知一死乃所欠，若曰四休渠不消。田氏三千人食客，元家八百斛胡椒。更烹侍妾充肴馔，何事贫颜但一瓢。

除夕客桂岭

谁使诗狂堕桂林，鸣鞭袤雪一伤心。自怜褴褛衣何薄，安有酥酥酒得斟。真个飘蓬将欲老，何曾卤莽似如今。黄刘不喜瑜蒙喜，须信甘宁有赏音。

卧病

故故抽身入翠微，头昏背痛便相随。只今得病缘身有，待我无身更病谁。天际寒云糊远岫，松梢归鹤客枯枝。青灯独照黄昏影，且自扶头强赋诗。

轿中

红轮苒苒向西颓，笋乘鸥蹲手拄腮。摇兀形神生睡思，按行水石得诗媒。山光走向檐前拱，溪响飞从闵畔来。遥见青山如雪白，心知个是数枝梅。

题金粟洞

白云乱山深复深，洞口枯树鸣幽禽。玉雪影梅春寂寞，琅风韵竹夜萧森。海流城外青罗带，岩耸天边碧玉簪。忆著仙人郑文叔，泪随夕照落平林。

赠相士岳鬼眼

眉峰肩井额陂陀，此相曾经鬼眼过。知有命存聊尔耳，谓无天定盍如何。十常九事未如意，一满三停属甚科。佛说我身周法界，恐君莫是烁迦罗。

归雁亭

坡仙曾此缕归程，归雁因而扁此亭。草劲风刚苔水绿，水枯雪老弁山青。霜翎去去宾沙漠，云足翩翩影洞庭。渠亦偶来还自去，弋^①人何用慕冥冥。

黄刑部仓部陈宗博招饮

暇日联镳共暑鏖，冰吾瓜李雪吾醪。楼前一水佳人士，眼底千山儿女曹。朝士西湖正絺绤，将军北塞更弓刀。道人万丈英雄气，不信胥台便是高。

草亭偶书

赋罢清都白玉楼，不知何事复阆浮。琴弹十二栏杆月，酒洗三千世界秋。绛阙瑶台知有路，空青水碧若为求。紫皇早晚怜孤愤，背土凌虚上去休。

年逾弱冠又多锦瑟之一弦身堕尘樊未彻玉霄之半日醉怀无奈顾影自怜抱明月以兴悲向西方而思远谩拈秃兔姑慰心猿寄鹤林友

夜凉莫听野猿哀，觉我枯肠转九回。淅淅秋风吹性水，淹淹暮雨滴心灰。自怜孤影青灯下，曾作神霄故吏来。若待此生尘债足，凤凰合^②下已青苔。

留别鹤林诸友

千林凉叶颤秋声，前庭后庭新月明。聚头举酒固自乐，秉烛游园聊适情。此去寒衾仙骨冷，可堪清夜泪珠倾。人生聚散浑无据，相约同游白玉京。

见蟎翁^③

（二首）

其一

一掬精神迥出尘，蟎翁自是不凡人。渊明松菊迳犹绿，灵运池塘草正春。

---

① 弋，原作"戈"，据同治本改。
② 合，同治本作"阁"。
③ 刘本、辑要本作"初见蟎翁二首"，底本及同治本仅录第一首。第二首同治本辑于"赋呈蟎翁二首"之第一首，今考核诸本，将"赋呈蟎翁二首"第一首移置于此，而第二首，善本、《上清集》本题作"赋五十六字呈蟎翁"。

已把芝田栽枸杞，不将苔砌展蒲轮。家传衣钵归龙凤，自指冰壶嗣颍滨。

其二

坡仙何日跨鲸归，公是苏家老白眉。把剑舞残杯内酒，抚琴弹破笔头词。
桂林种德不知岁，福海流长无尽时。他年翁若回蓬岛，稳把青毡付阿谁。

复卢艮①庵韵

拟占朝班最上头，宦情冷似一天秋。风花雪月千金子，水竹云山万户侯。
海客盟鸥终不动，塞翁失马更何求。明窗净几华胥外，蝴蝶翩翩自梦周。

题张知丞翛然轩②

不著人间一点尘，翛然一室贮幽人。清宵瓮下酒中圣，白昼笔头诗泣神。
芳草惜锄怜绿净，落花慵扫爱红匀。棋声隔断华胥路，自把博山烧暮春。

梦中得五十六字

醉醒曳杖访松关，正在黄昏杳霭间。既去复来秋后暑，似无还有雨中山。
涧边几叶晚花落，天际一钩明月弯。自觉余烟埋屐齿，行行印破藓痕班。

谒雩都灵济大师

雪里僧伽已寂然，不知香火几何年。殷勤琢雪雕冰语，忏悔嘲风弄月愆。
林壑烟霞容有分，庙堂钟鼎得无缘。天池旧拜金灯了，却裹兜罗一袖绵。

题玉隆宫壁诗

旌阳归去太康年，石灶灰寒古洞前。笑斩白龙横蓼岸，醉骑黄鹤步云天。
金丹玉屑不复得，铁臼石函犹宛然。四十二口家何在，猿啸西山柏树烟。

早秋诸友真率相聚

白帝如今已有权，骄阳退壁渐凉天。兑支一霎风来享，供送三更月与眠。

---

① 艮，原作"良"，据《武夷集》、刘本、辑要本、同治本改。
② 《武夷集》、刘本、辑要本作"题张知丞翛然轩"，原无"题张知丞"四字。

山水秋来浑是画，宾朋酒后总成仙。暗蛩弹镊知何处，远树长川忽眇绵。

春梦

我亦频年饮大苛，吟髭捻尽为诗魔。夜来斗转参横后，梦在吴头楚尾多。所喜江山无病痛，可怜故旧半消磨。水车自转知谁踏，枕上松声奈若何。

呈沈同知

三面俱江一面湖，古今画作水晶图。门临车马红尘道，身在冰霜碧玉壶。何①道两山俱翠紫，霅苕二水合清污。岸头笑与黄冠语，为问东林沈在乎。

别蒋都辖用归雁韵

别来不觉八周星，过尽长亭又短亭。霜雁贴天飞去去，弋②人何事慕冥冥。梅开春信宾南国，草劲秋声警庑庭。我亦年来还慷慨，亭前一笑万山青。

三衢舟次

柿叶翻黄枫叶红，一江涨起芦花风。水清石露沙痕瘦，日落雨来云意浓。诗思动摇帆影里，梦魂摇兀橹声中。黄昏有底愁如织，南外寄书无去鸿。

再用前韵

困兽犹强剑未红，少年羞见白苹风。心寒赤县神州远，兴入胡庭沙漠浓③。谁谓阿蒙犹洛下，未应老亮更隆中。年来弓矢浑无用，只好江头射暮鸿。

偶成

倚蓬小立拂征衣，沙上渔翁理钓丝。举世更谁闲似我，只今何事未如伊。莫将水动疑天动，且道舟移是岸移。家在神霄归未得，钓周钓汉笑人痴。

---

① 河，同治本作"何"。
② 弋，原作"戈"，据同治本改。
③ 原注：一作"阴出大汉"。

午饭罗汉寺

林间一径似惊蛇，中有禅关隐紫霞。烟锁苍松遮寺额，风摇翠竹撼檐牙。客来寂寞盘香穗，饭罢从容瀹茗花。到此徘徊归去晚，夕阳挂树一声鸦。

北山

驿酒沽来满满斟，现成诗句不须寻。轻云阁雨风声软，淡霁笼云日影沉。夹路栀花香野水，隔山杜宇响乔林。草庵饭了从容睡，门外通衢无古今。

清贫轩

一味逍遥不管天，日高丈五尚闲眠。溪鱼村酒别般味，野蕨山肴不用钱。瓮牖荜门关小迳，干柴白米煮清泉。　有时拄①杖青松畔，便是人间快活仙。

春日遣兴

大家放下杖头云，夜宿南安烟水村。蝴蝶梦残天拂晓，杜鹃声断月黄昏。蜂王遣使使花坞，蚁阵分屯屯荜门。自是吾侬适怀处，诗山酒海一乾坤。

乞纸寄诸葛桂隐

翰墨膏肓二十年，才亲笔砚便垂涎。东阳鱼卵寒霜幅，嵊县溪藤妙雪笺。一日秃除千兔颖，霎时磨尽万松烟。洛阳市上今无价，直欲昂头写碧天。

春日即事

伶伦窥管夜飞灰，万紫千红暗②剪裁。微雨绩天烟织雪，寒风簸水月筛梅。寿鸠索妇花前笑，鹨燕呼雏柳外哀。春色无边茶未荚，社前犹欠一声雷。

次韵紫岩潘庭坚

（二首）

其一

人情不似吴笺厚，世路常如蜀道难。两鬓已将沾雪白，寸心尚自炳枫丹。

---

① 拄，原作"挂"，据《武夷集》、明钞本、同治本改。
② 暗，原作"睹"，据同治本改。

君还有意凭谁说，我亦无言把剑看。相对一窗风打雪，通红榾柮谩烧残。

其二

何人皮里有阳秋，谁绢能包得许羞。早趁黄书丞相押，莫空白了少年头。既无顾恋于人已，便请清闲袖手休。岂必灭秦安汉后，始来寻个赤松游。

赠王太尉

笑曳华裾出禁庭，一声长啸万山青。归来车马如云拥，扫去簪缨似梦醒。红码磲杯斟白酒，碧珊瑚枕倚朱屏。也须趁取些强学，作个唐人五达灵 [①]。

和叶宰韵题无咎斋

蜗角蝇头既可憎，如何又问利和名。学他太古先天妙，舍取中庸一点诚。乾坤所谓日月祖，坎离乃是天地精。工夫学到震无咎，只字拔茅乘泰亨。

寓息庵送春

笔下自然诗料饱，天工钉出好山溪。鱼知水暖不胜跃，莺见花飞只管啼。树头鸠使妇唤雨，屋后竹教孙出泥。太白十杯人酕醄，碧桃洞口日衔西。

胡子嬴庵中偶题

道人惯吃胡麻饭，来到人间今几年。白玉楼前空夜月，黄金殿上起春烟。闲倾一盏中黄酒，闷扫千章内景篇。昨夜钟离传好语，教吾且作地行仙。

寄苏侍郎

往古来今如换肩，我疑公便是坡仙。满城都没个伯乐，一日可能无乐天。方且论文俄判袂，不知握手又何年。忽然铁笛一声响，响到金华古洞边。

赠危法师

曾见先生在九华，朝餐玉乳看 [②] 琼花。鹿冠夜戴青城月，鹤氅晨披紫府霞。

---

① 刘本、辑要本、同治本原注云："唐五达灵因诣青城山，遇丈人得道。"
② 看，原作"着"，据参校本改。

偶携剑在人间世，未把琴归仙子家。一笑相逢松竹里，炷香新话啜杯茶。

燕岩游罢与岩主话别

西风吹作此岩游，满目松筠翠欲流。玉燕不飞明月夜，石钟一振晓霜秋。惜乎分手[1]便南北，忽尔回头欲去留。且去人间办丹料，却来山顶结茅休。

题舒氏难老亭

（二首）

其一

别是人间一洞天，椿松郁郁起祥烟。德同桂种不知岁，福与水流无尽年。萱草堂前千古事，莲花池上两神仙。莱衣戏彩人无恙，结尽溪山风月缘。

其二

三十三天第一天，玉皇殿下袅轻烟。不知劫数今何代，方是延康第二年。弱水无船归似箭，华胥有梦且游仙。携筇难老亭前坐，且结焚香瀹茗缘。

题栖仙馆

好松好竹好溪山，车马骈阗自往还。行客闻筠新酒白，入门踏[2]破嫩苔斑。我言物外清幽地[3]，却似廛中阛阓间。谷粟桑麻空润屋，主人陪接不曾闲。

降真室

琼钟发响彩旛飞，窗外青乌半夜啼。松竹无言争地静，星辰可摘觉天低。黄云屋角腾金辇，素月檐头放玉梯。稽首紫皇初宴罢，步虚声断乞刀圭。

劣隐

世态炎凉觉鼻酸，洞门空掩绿烟寒。仗三尺剑临风舞，把一张琴对月弹。斫竹数竿容水过，倚松半日执经看。山林心绪得闲处，好炼长生不死丹。

---

① 手，原作"水"，据参校本改。
② 踏，原作"路"，据参校本改。
③ 地，原作"他"，据参校本改。

思微堂

访灵宝观，咏思微堂。《灵宝中盟箓》有"思微定志胜"，因以命名，取
为之吟曰[①]：

思微堂里自冲虚，高士闲居兴味殊。月冷花开数朵静，风清鸟过一声孤。
谁知心上工夫妙，欲觅人间俗累无。九转内丹成也未，快骑白鹤去天衢。

题上清法堂壁

秋雨悬天风作寒，冷烟锁住屋头山。半岩飞鸟一声过，峭壁断云千古闲。
世俗不知幽静处，神仙隐在有无间。夜来小艇篙脱手，醉把霜筇入翠湾。

太虚堂

满堂冷静爽精神，不著人间一点尘。檐鹊噪风呼薄晚，庭花飘露落残春。
华胥上国今无梦，龙汉元年古有身。香篆飞从窗外去，云梢孤鹤唉何人。

送江子恭

（三首）

其一

我欲杨村结草庐，不知踪迹又江湖。回观咫尺如天远，自别丰标仅月余。
忽一二时思故旧，整千百里望音书。忆君不忍忘怀处，一片青云点太虚。

其二

春来行尽烂田畦，云满春空水满溪。风漾碧波翻麦垅，日晴红雨落桃蹊。
杜鹃声断惊寒兔，蝴蝶梦残听晓鸡。人在江东寄归信，海棠花谢燕衔泥。

其三

子到铅山我信州，笋舆轧轧又归休。数程细雨斜风路，一片落花啼鸟愁。
何必便为阮籍哭，不来相伴赤松游。他年我到蓬莱去，一粒金丹汝去不。

送张大师

自从汝离武夷来，险阻艰难历几回。江左旅中连值雨，春深路上滑成苔。

---

① 此"小引"原无，据刘本、辑要本、同治本补。

乌啼花片落流水，风惨猿声啸古台。举眼四山如壁立，教君归去也心灰。

赠杜省元

海外三山一洞天，金楼玉室有神仙。南柯国里柯岩叟，白马江边马自然。鲸脯味甘供老广，黄麻饭熟饲彭铿。金丹炼就炉无火，桃再开花经几年。

淡庵倪清父

地僻人闲春昼长，了然物我两相忘。薄披明月归诗肆，细切清风入醉乡。蜡味溪山闲里嚼，齑羹松竹静中尝。把琴弹破世间事，净几明窗一炷香。

倪敬父柯山

暮云横翠夕阳斜，啼罢歌楼林外鸦。绿竹弄摇风里影，碧桃开遍雨中花。三杯淡酒邀明月，一局残棋惊落霞。人在柯山山上咏，笑挥管笔走生蛇。

酬蒋知观所惠诗

一篇飞乌云，破午鬼神泣，视之，五十六粒珠矣。座上客曰："蒋知观所惠子之诗也。"索纸笔以代皇恐。①

新雁飞来一朵云，读之毛骨耸寒鳞。展开大句几钩墨，存想先生满面春。榻上宾朋谈盛德，山中冠褐混凡身。来朝盥手炷香去，恐是蓬莱相识人。

题钟

闻道琳宫欲梵钟，上皇敕赐万斤铜。一模脱出等闲事，千古要知陶铸功。敲得星飞惊落月，撞教云破响呼风。于今欲为吾皇寿，笑指琼楼贴碧空。

美周都监祷雨验

旱魃为妖欲请雩，真人问雨几时无。先将凤表投金阙，拟向龙潭下铁符。弹指雷鸣三霹雳，举头云起一须臾。笑将斗柄轻轻扆，倒泻银河万斛珠。

---

① 此"小引"原无，据刘本、辑要本补。

别句呈庚契吴高士

一笑相逢在翠微，绿槐高柳借凉时。只将水竹烟云兴，说与风花雪月知。
日落三杯无事酒，人闲八句自然诗。来朝云过青山外，回首空闻猿鹤悲。

蒙谷

淡烟轻锁数株松，夜静潇潇古谷风。云掩草舒青洞绿，鸟衔花落碧岩红。
神仙去后无金剑，仕宦来时有玉桐。未知此后谁人隐，寂寞南来几朵峰。

丹诗

太乙坛前偃月炉，不消柴炭及吹嘘。金翁跨虎归瑶阙，姹女骑龙到雪壶。
采得三斤寒水玉，炼成一颗夜明珠。从兹只用抽添法，产个婴儿一似渠。

述翠虚真人安乐法

收敛神光少默然，顶门一路聚云烟。且升阳火烹金鼎，却降灵泉灌玉田。
交结只于牛渚外，分明正在鹊桥边。功夫九九数六六，此是人间安乐仙。

呈万庵十章

归山

生死轮回第几番，尘尘劫劫不曾闲。一潭湛绿是非海，千尺粉青人我山。
性地灵苗思水国，心天明月掩云关。衣中珠子无寻处，今且随邪①炼大还。

采药

五蕴山头多白云，白云深处药苗芬。威音王佛随时种，元始天尊下手耘。
石女骑龙攀雨术，木人驾虎摘霜芸。不论贫富家家有，采得归来各一斤。

炉鼎

须信先天事事无，阴阳陶铸此形模。真空平等砗砂鼎，虚彻灵通偃月炉。
九窍可风坛埠暖，二时失火药材枯。只兹一点无明焰，炼出人间大丈夫。

火候

无位真人炼大丹，倚天长剑逼人寒。玉炉火煅天尊胆，金鼎汤煎佛祖肝。

---

① 邪，同治本作"和"。

百刻寒温忙里准，六爻文武静中看。有人要问真炉鼎，岂离而今赤肉团。

沐浴

药炉丹鼎火炎炎，六贼三尸怕令严。无去无来无进退，不增不减不抽添。爱河浪静浮朱雀，觉海波深浸白蟾。一自浴丹归密室，太阳门下夜明帘。

温养

金翁姹女结亲姻，洞口桃花日日春。拾得一轮天上月，炼成万劫屋中珍。黄婆即是母之母，赤子乃其身外身。龙汉元年消息断，威音前面更何人。

脱胎

青天白日一声雷，撒手悬崖了圣胎。有眼如盲光烁烁，无绳似缚笑哈哈。黄金殿下千株柳，碧玉堂前万树梅。辜负鸳帏人寂寞，秦楼宴罢盍归来。

金丹

佛与众生共一家，一毫头上现河沙。九还七返鱼游网，四谛三空兔入罝。混沌①何年曾结子，虚空昨夜复生花。阿谁鼎内寻丹药，枯木岩前月影斜。

冲举

自从踏著涅槃门，一枕清风几万年。弱水蓬莱虽有路，释迦弥勒正参禅。谁将枯木岩前地，放出落花啼鸟天。两个泥牛斗入海，至今消息尚茫然。

参同

道人家在海之南，来访庐山老万庵。露柱灯笼同请举，僧堂佛殿总和南。山河大地自群动，蠢动含灵共一龛。虀瓮里鱼淹未死，此香炷向活瞿昙。

三华院还丹诗

绛宫无事绝尘埃，坎虎离龙战几回。白雪飞空铅蕊绽，黄云覆鼎汞花开。龟蛇抱一成丹药，乌兔凝真结圣胎。夜半瀛洲寒月落，冷风吹鹤上蓬莱。

题紫芝院

武夷山前啸一声，云愁雾惨野猿惊。闲披破衲藏风月，醉把葫芦禁鬼神。杖弄银蟾搅天地，夜烹金鼎煮星辰。　睡酣不觉机关露②，身是红光火一轮。

---

① 沌，原作"洗"，据刘本、辑要本、同治本改。
② 露，原作"路"，据明钞本、辑要本改。

题西轩壁

随身风月几清闲，不做人间泼底官。朝饮一壶朱凤髓，暮餐八两黑龙肝。打开俗网了无事，缚住时光自驻颜。昨夜梦回天上去，琼楼玉阙不胜寒。

赠赵县尉 ①

半斤雷火烧红杏，一滴露珠凝碧荷。锦帐中间藏玉狗，宝瓶里面养金鹅。铅花朵朵开青蕊，汞叶枝枝发绛柯。莫问婴儿并姹女，等闲寻取旧黄婆。

赠赵翠云诗

金公姹女到黄家，活捉苍龟与赤蛇。偃月炉中烹玉蕊，朱砂鼎里结金花。奔归气海名朱骥，飞入泥丸是白鸦。昨夜火龙争战后，雪中微见月钩斜。

赠雷怡真诗

地魄天魂日月精，夺来鼎内及时烹。只行龟斗蛇争法，早是龙吟虎啸声。神水华池初匹配，黄芽白雪便分明。这些是饮刀圭处，渐渐抽添渐渐成。

题清虚堂

月移花影来窗外，风引松声到枕边。长剑舞余烹茗试，新诗吟尽抱琴眠。酒醡初拨青螺髓，香篆常烧紫马鞭。九曲溪头冲佑观，清虚堂里有神仙。

赋五十六字呈嬾翁 ②

惊秋镜里鬓边星，到处溪山皆洞庭。怒雨打莲欹沼绿，颠风擘竹过墙青。趁船紫燕辞芹渚，缩颈白鸥眠蓼汀。荷笠欲寻嬾翁去，带些爽气入疏棂。

再赋 ③

嬾翁老白结忘年，秋入淡烟疏雨天。醉把黑甜圆个梦，时将草圣放些颠。

---

① 按：底本此首诗重出，题名"赠余先生"，明修《处州府志》作"题余纲屋壁"。

② 《武夷集》与下一首诗题作"赋诗二首呈懒翁"，同治本作"赋呈嬾翁二首"，但同治本第二首前已见录，今据珍本录。

③ 据珍本及《武夷集》增。

杖藜还尽溪山债，杯酌结交风月缘。梭督青童驰讷榘，鳞烦紫吏馈雄篇。

金华都似一楪大，却贮两枚诗酒仙。

薄暮抵巘斋醱酡至醉迟明有诗以控感怀耳①

旋开白酒买莲房，满泻桐膏炤玉缸。月女冷窥青斗帐，风神轻撼碧纱窗。

公疑我是今皇甫，我恐公为昔老庞。醉后唾珠粘纸面，笑将笔力与人扛。

题天庆观

买得螺江一叶舟，功名如蜡阿休休。我无曳尾乞怜态，早作灰心不仕谋。

已学漆园耕白兆，甘为关令候青牛。刀圭底事凭谁会，明月清风为点头。

题岳祠

南来一剑住三山，分得平生风月欢。虽宰旌阳应施药，本求勾漏为修丹。

蒙庄且慕漆园禄，李老尝为柱下官。我视荣华真惯见，何如早炼碧琅玕。

次黄提刑雪韵

久晴忽尔雨丝丝，既雨还晴亦不疑。滕六假宁催入局，赵衰回避乞寻医。

捣霜碾雹些来个，剪水雕冰片子时。一夜悄然飞到晓，满天满地化琉璃。

送春郊行②

怨风怨雨总皆非，风雨不来春亦归。越鸟啼残花影瘦，吴蚕眠老柘阴稀。

枝头红绽梅初熟，口角黄干燕学飞。我亦欲归归未得，担头犹挂一簑衣。

养真③

道人不作槐根梦，一片虚顽太古心。无雪可摧桑柘老，有家原住白云深。

山头日落虎长啸，海面风生龙自吟。世上几人能了此，野花啼鸟却知音。

---

① "耳"字据珍本补。
② 同治本原注云："据《琼州府志》增入。"
③ 同治本原注云："《养真》一首，据《琼山县志》增入。"

桐柏观留别 ①

身落天台古洞天，蒲团未暖又飘然。如何庵不琼台地，想是吾非桐柏仙。
无复得餐三井水，未曾深结九峰缘。杖头挑月下山去，空使寒猿啸晓烟。

凤凰台 ②

凤去台空事尚存，晨钟暮鼓换炉薰。鱼龙吞吐四海水，鸾鹤歌啸三天云。
花觉月寒春又老，沙知潮落夜将分。紫霞真人去路杳，步虚一声闻不闻。

洞庭 ③

帆腹膨脝饱北风，一弹指顷万山空。天垂九马层云外，人在孤鸿过影中。
夙世曾游银世界，飞精复谒水精宫。湖神波吏须相识，吾在神霄旧有功。

桃源祠

因访翟仙傍柳隈，不堪风景把人推。松杉十丈入斤斧，夏屋数间俱劫灰。
道士潜心隐丹灶，儿童劝我举霞杯。谁知自有长生诀，独步白云归去来。

次水帘洞韵

天上真珠真下垂，更无钩箔惹尘埃。青鸾白鹤从教入，紫诏黄封不用来。
夜月只为苏邝照，晚风端与葛黄开。纵饶展挂长千尺，莫掩罗浮紫翠堆。

罗浮歌朝斗回作 ④

紫霄飞步谒琼楼，回首人间只一周。云绕昆仑山上起，月沉娑竭水中浮。
香烟欲断归来早，羽驾相迎未敢留。尽洗尘缘知熟路，瑶池花木未应秋。

---

① 据明钞本增。
② 据明修《东莞县志》卷八增。
③ 据明《永乐大典》卷二二六一增。
④ 上三首，据明陈琏《罗浮志》卷十增。

访昭德陈灵宝 ①

我见乡仙不是夸，面颜玉炼灿丹霞。新开天上图书府，旧是云中鸡犬家。
三十七年心胜铁，百千万事眼无花。而今渐觉逢迎懒，每日两番蜂报衙。

燕 ②

新巢故园两依依，似与春花秋叶期。雨过池塘得泥迹，日高台榭卷帘迟。
秋千节后初相见，被褉人归有所思。双侣多情拟凭仗，小笺封就碧云诗。

演教堂 ③

洞霄大涤扈神京，玉佩金珰会百灵。天柱一尖凌碧落，云关九锁叠苍屏。
前峰后峰烟漠漠，东洞西洞风泠泠。见说坡仙诗墨在，约君同坐翠蛟亭。

峡山 ④

百粤青山第几层，飞来延祚语难征。猿闻客语惊归洞，鹊解人来嘉报僧。
北户三生惟避暑，夏虫千古不知冰。达摩曾到番禺地，当有浮屠为续灯。

华盖山吟 ⑤

（二首）

其一

宴罢瑶池跨鹤来，三峰高处久徘徊。金鸡叫破岩前月，铁笛吹残洞口梅。
碧落歌中皆造化，元关深处即蓬莱。灯前一笑逢知己，漫把新诗共品裁。

其二

汞叶铅枝滴滴娇，绛宫五夜正迢迢。霞光灿烂黄金鼎，天籁虚寒碧玉箫。
明月一钩秋影薄，清风半榻睡魔消。神仙懒话人间事，静看飞神谒九霄。

---

① 据元《历世真仙体道通鉴》卷三十一"刘道成"传增，诗题为校者所拟。
② 据宋刘克庄《后村千家诗》卷十九增。
③ 据宋邓牧《洞霄图志》卷六增。
④ 据民国修《清远县志》卷五增。
⑤ 据清《华盖山志》增。

游麻姑山①

绛节清都潇散郎,更无蝴蝶到平康。床头琴抚七弦雪,袖里剑横三尺霜。九十日春半晴雨,一千年事几兴亡。丝丝摆绿水杨柳,点点飞红山海棠。

排律(五、七言)

明堂礼成

丰年有高廪,宗祀拜明堂。玉辂迎阊阖,银蟾跃未央。虎贲森卤簿,龙衮照旗常。宝幄燃红炬,璇霄降紫皇。竹宫循汉古,茅屋法周荒。云蔼箫韶暖,风融黍稷香。典刑存郁邑,陟降奉珪璋。水醮方诸氏,星沉析木乡。金鸡欢舞蹈,翠凤播琳琅。何日当封禅,如今尚小康。

皇初平故隐

昔日登山愿,今年破夏偿。乘壶斟雪白,独酌判黄昏。有许松俱老,皆为鹤所房。能多云擘絮,若个石为羊。怀古兴三叹,凭高眺八方。归归天籁起,一我正诗狂。

赠鹤林

骨气秋江月,文章春苑花。片心穷万法,半语辨千邪。朝罢鸡司晓,醉酣蜂报衙。未为三岛客,笑指五云家。骑月游沧海,鞭霆步太霞。鬼神私侧目,袖里一青蛇。

挽觉非先生彭吏部

公本籛仙后,缘何出自闽。东山为别久,西浙得书频。投老欣添岁,归闲剩得春。满朝俱叹誉,八秩向精神。见说临终日,鞭霆谒上真。不能舀桂醑,千里一沾巾。

---

① 据《麻姑山志》卷七增。

题福海院

庐阜新兰若，龙天古道肠。殿妆金彩焕，佛放白毫光。竹长真如翠，花开般若香。禅波风浩浩，慈荫日穰穰。鼻祖其谦老，中兴乃谷堂。僧勤今继志，万载一炉香。

题仙槎寄呈王侍制

道人身世已盟鸥，便好乘云御气休。何足风波吾一点，盍思舟楫彼迷流。从教水击三千里，别是烟飘十二楼。松以碧涛成夜吼，山为翠浪接空浮。初非孔圣乘桴志，薄类梁僧渡苇谋。庐阜插篙空木末，武夷停棹尚岩头。争如太乙真人叶，往荡须弥绝顶秋。昔者天孙失机石，我疑博望乃牵牛。却无沧海桑田事，底用浮家泛宅愁。个里且吹无孔笛，向人只下直针钩。而今性水涵孤月，休遣禅河起一沤。逝者如斯曾不返，凭谁为我问阳侯。

卷雪楼

烟水苍苍古渡头，神鸦噪罢缆方收。泊舟凫渚鸥汀晚，夜入兰宫桂殿秋。绿苇黄芦悲落日，白苹红蓼闹沧洲。冥冥千古今如梦，浩浩长江不管愁。雁阵归时云似幕，风樯高处月如钩。惊涛飞起银花舞，万顷寒光十二楼。

慵庵

绛阙清都旧姓名，此生落魄任天真。横窗古砚前朝水，挂壁闲琴几日尘。幽草莫锄沿日静，落花不扫衬苔匀。倩风来作关门仆，借月权为伴酒人。书吏无言舌滋味，关山不动画精神。有茶不作蜗牛战，无梦可为蝴蝶身。一得自家慵底事，幽禽檐外一般春。

五言绝句

立春

颛帝位方禅，勾芒印已交。芭蕉有封事，黄鸟莫譊譊。

早行

店远鸡声近，月斜人影长。再三谢风露，拜赐一天凉。

风窗

窗隙针来大，霜风圣得知。耳边如箭急，直把菊花吹。

远景

岸树冥茫外，人家点画中。断烟分紫翠，残照抹青红。

梅花

影上酥花峭，枝头蜡糁清。姮娥约媵六，夜半过江城。

江头

江上初收雨，云头尚恋山。归帆巡古岸，晴草守沧湾。

示周道士

人行秋色里，诗入画图中。笑指白云顶，猿啼第一峰。

得友人书

千里如天远，三年不此来。书从云外至，手把月中开。

五夜

五夜风吹露，林间鸟唤群。钟声和月落，惊起四山云。

步自玉乳峰归

（二首）

其一

薄暮一凝伫，归鸿千有余。倚松吟半饷，月影泻庭除。

其二

月映山头秃，云迷路口叉。仰天方索句，一鹤立松丫。

课园夫

（二首）

其一

已属畦丁了，都将菜甲耘。数时稽食籍，醯芥又羹芹。

其二

问我何厨传，珍鲜满故园。笋方青剥指，茄欲紫垂拳。

蜡梅

破苞如凝蜡，粘枝似滴酥。恍疑菩萨面，初以粉金涂。

宝慈寺

殿古涵烟冷，楼空得月多。钟声巡远岫，塔影卧清波。

木犀

雨送炎官印，风宣白帝麻。欲知秋面目，细看木犀花。

江楼夜话

江雾秋楼白，灯花夜雨青。九天无一梦，此道付晨星。

独步

月淡黄茅路，烟明红叶村。有怀如阮籍，更赠一声猿。

晚眺

岭口云拖白，江头叶借绯。西风来问罪，老火不须威。

晚酌翛然阁

残暑犹拖尾，新凉恰打头。酒方屯鲁郡，舞已彻伊州。

闲纵偶成

已具看云眼，而生伴月心。西风相体认，红尽绿枫林。

落梅

终日听莺语，商量一树梅。看承花未了，排办雨将来。

春晴

宿霭萦余冻，松阴挟嫩晴。朝来花万福，莺奏起居声。

牧童

杨柳阴初合，村童睡正迷。一牛贪草嫩，吃过断桥西。

送别

十日九风雨，一春三别离。予嗟吟骨瘦，子亦坐诗痴。

夜醉

冬冬珰珰珰，烂醉如泥了。睡至谷谷呱，东窗梅影晓。

南湖

已拾诗盈箧，犹如酒满船。湖光清似镜，俯仰两青天。

送郭进之

避暑白云乡，茶甘齿颊香。海城悲暮角，烟树淡斜阳。

睡起雨作

一枕梦云过，半空诗雨来。新蝉吟不了，尽晚自衔杯。

风雨

隔岸芦招手，沿溪柳拜人。两庚黄竹路，水嚣白沙津。

惜春

薄倖东风者，无心半点春。桃花吹满地，片片似鱼鳞。

泊舟听雨

人已就船眠，犬知何处吠。雨来闹秋江，全似茶铛沸。

醉吟

（二首）

其一

松风吹我飞，手搦空中月。笑指蓬莱山，可补银河缺。

其二

醉掬山先走，行呼月后随。欲眠梧影下，又恐白云知。

感咏十解寄呈杨安抚

大隐在朝市，仙人好楼居。方平今白发，未许见麻姑。身如云样轻，心似月兮皎。何物堪赠君，一颗安期枣。风吹五花辇，露缀九光舆。夜半红尘起，琴高失鲤鱼。上界足官府，大仙多拘束。遂令东方朔，只恋殿前肉。玉女鸣珂佩，投壶不忆题。刘安无复傲，殿殿叩星扉。酒专风月权，诗欠江山债。恐是试长房，尘劳君少耐。伊昔为句漏，其心在丹砂。丹成遽仙去，不且判莺花。鸡翘豹尾中，凤阁鸾台客。何似许旌阳，西山煮白石。跃马西湖道，载酒湖水滨。一蝶忽花下，招之论大椿。青山犹古人，碧草亦大雅。幽鸟话升平，陈抟何为者。

棹歌九章寄彭鹤林

榔声击空碧，帆影浮沧浪。倚棹蓼花洲，一犬吠斜阳。鸥飞梅山前，翠中一点雪。何处钟声来，云梢推上月。碧潭藏老龙，夜半水底吟。激飞寒空露，凄动幽人心。岸上酒旗舞，寒芜生秋风。谁家六七童，手持金芙蓉。波心采莲女，流花近吾船。移船入芦荻，吹笛下晴川。朝吸西风餐，夜弄明月舞。万顷碧琉璃，下有玉清府。黄昏杳无人，孤江但翠竹。惟有白鹭鸶，伴

第九卷

我舟中宿。夜阑笙鹤鸣,银汀斗欲泻。可怜舟中子,散发苍山下。青山衔落日,白杨吐悲风。欲觅玄真子,沧州云濛濛。

芙蓉

临水玩芙蓉,一花还两影。上倚夕阳斜,下浸秋波冷。

月夜书事

月光流如酥,天影湛于水。饥鹤啄梅花,风吹酒波起。

晚吟

（二首）

其一

山似诗肩耸,江如酒量宽。云描秋色老,松写暮声寒。

其二

山色重拈出,秋云似削平。可怜松下路,月黑不堪行。

晓晴

（二首）

其一

昨夜天成雨,今朝水满池。睡酣浑不觉,想见竹声奇。

其二

月落松方暗,花飞① 鸟正啼。青山春窈窕,碧草晓凄迷。

泊舟顺济庙前

梧叶落满地,西风洗九天。鹤声明月夜,曾此系吾船。

山居

月落鸡吹角,夜长鹅报更。山中无历日,日出即天明。

---

① 飞,原作"非",据同治本改。

山前散策

月影黄昏后，诗天眼界宽。野香寻得见，石背一枝兰。

有怀聂尉

（五首）

其一

身岂能为患，心何可得安。想应知鹤怨，未得伴鸥闲。

其二

北阙投封事，南山返故庐。李衡千树橘，张琰一园蔬。

其三

月湿松梢露，溪鸣竹里风。是中有诗味，何日一樽同。

其四

不是无知己，相忘独有君。孤襟开皓月，往事付浮云。

其五

剑浦犹残堞，螺江始问津。向来风浪恶，回首谢灵均。

徐道士水墨屏

（四首）

其一

雁侧风前字，烟凝雨后情。不知谁氏子，持钓立江城。

其二

人远看来短，山遥淡欲无。水边渔舍密，天际客帆孤。

其三

乱山草斜出，危冈竹倒悬。人家春树里，山色夕阳边。

其四

霜月沉青嶂，汀鸥卧白沙。晓风删竹叶，秋雾补山丫。

春宵有感

（八首）

其一

春夜常如岁，何妨秉烛嬉。百花俱中酒，万竹自吟诗。

其二

安得安期枣，如瓜恐不然。楚江萍似斗，泰华藕如船。

其三

百念今何女，何年遂大刀。瑶池春不老，谁复敢偷桃。

其四

憎却堤边柳，青丝复尔长。自怜愁里鬓，不觉暗中霜。

其五

月落知何处，夜长无了时。幽人春自感，莺燕亦何知。

其六

书来相借问，客至欲如何。自草《黄庭》去，归来管割鹅。

其七

命驾承千里，论文且一樽。春高人易老，风雨闭柴门。

其八

多愁君自尔，不乐我何曾。西北山如削，明朝约共登。

闲吟

（三首）

其一

东园风雨霁，一巷海棠开。曲折穿花去，深行忘却回。

其二

回首乌啼夜，伤心月满楼。真成花命薄，不及柳风流。

其三

啼鸟千山暮，轻风一路清。草连江色暝，月对夕阳明。

听琴

（三首有序）

夫琴惨舒，即心喜忧。心逸琴逸，心戚琴戚。琴感诸心，心寓乎琴。心乎山则琴亦山，心乎水则琴亦水，心乎风月，则琴亦倚之。而于弦外求之，斯道也已。《黄庭》三叠，可舞胎仙；《紫经》九灵，可谐造化。瓠巴死人，非钟子期。鸣乎，琴在人亡，世无琴矣。庐山杏溪高人吴唐英，延帝一于绛宫，召太和于丹府，浏其所传而养，而嫁之于琴也。予过听之，弦指相忘，声徽相化，其若无弦者也。故作是诗以美之。

其一

十指生秋水，数声弹夕阳。不知君此曲，曾断几人肠。

其二

心造虚无外，弦鸣指甲间。夜来宫调罢，明月满空山。

其三

声出五音表，弹超十指中。鸟啼花落处，曲罢对春风。

山庵晓色

烛影夺明月，钟声撞晓云。瓷盘余柏子，倾作一炉焚。

雪窗

素壁青灯暗，红炉夜火深。雪花窗外白，一片岁寒心。

赠船梢

苦海无船渡，众生到岸难。劝君齐着力，结取万人欢。

风台遣心

（三首）

其一

春色浓于酒，梅花瘦似诗。长青今岁叶，粲白去年枝。

其二

鸦报千林晓，梅供一枕香。晓来春思倦，余梦尚悠扬。

其三

青尽池边柳，红开槛外花。数时长病酒，今日且分茶。

玉艳亭即事

（五首）

其一

正月梅花尽，一溪春雨香。燕方寻故垒，蜂已葺华房。

其二

夙酒萦怀处，芳亭拄颊间。一莺黄翠柳，双鹭白青山。

其三

黄鸟新声变，青山霁色妍。预为寒食地，晴放海棠天。

其四

犬见行人吠，牛寻熟路回。烟光迷碧嶂，花片点苍苔。

其五

风雨平安日，山林富贵天。笋芽青露爪，蕨萁紫伸拳。

偶作

（二首）

其一

露滴中宵月，松摇古谷风。三身红菡萏，四智碧芙蓉。

其二

雪后竹君子，霜前松大夫。梅残半点白，猿叫一声孤。

饮彻

美事般般四，良辰盏盏双。霜风冰砚水，山月影轩窗。

虱

裈里无供给，裤头尽受降。赐之汤沐罢，投置不毛邦。

山斋夜坐

（二首）

其一

嗅花风入鼻，掬水月浮身。夜静焚香坐，空山一个人。

其二

惊梦猿三咽，窥帷月一痕。无人空犬吠，依旧掩柴门。

护国寺秋吟

（八首）

其一

雁过天成画，鱼惊水作纹。檐牙宵吐雨，殿脊晓驮云。

其二

酒弄三竿日，诗成一枕风。寒声落鸿雁，秋意著梧桐。

其三

楼影秋江白，苔碑卧夕阳。水昏沙暮起，一一雁南翔。

其四

嫩竹容归鹊，寒松捧落晖。危红和露落，空翠扑衣飞。

其五

竹手擎云重，松肩荷月高。烟收天地阔，醉目数秋毫。

其六

犬吠月如昼，马鸣人渡桥。更无诗与酒，虚度可怜宵。

其七

香篆孤烟袅，灯釭寸火微。梦和明月冷，心与白云飞。

其八

星似萤千点，云如鹤一双。孤吟寒不寐，落叶打空窗。

春日散策

（二首）

其一

水长二三尺，梅余六七花。明朝须不雨，今晚已成霞。

其二

柳眼开何媚，蒲芽长得伸。寒花方谢日，新燕已参春。

寒食

日落千山暝，风吹一路香。燕依花色紫，莺体柳丝黄。

冬暮

风落松梢雪，山收竹外烟。清吟凝醉眼，独立耸新肩。

倚马观二鹤

对舞鸣仍和，双飞去复回。归家千载远，丹灶付苍苔。

卜居

路似羊肠绕，溪如燕尾分。青山相领略，许我一丘云。

感春

晴少春光浅，寒多酒力微。一声山鹧过，数点海棠飞。

山前行散

人在莺花里，春归杖屦中。风迎何处鹤，宿我洞门松。

水蛭

屋宅才蜗大，身躯与蚓般。楚王吞不得，敕赐鹭鸶餐。

春日自省

（二首）

其一

燕语今生事，花开夙世红。不知终日醉，何以谢春风。

其二

雪洗桃花面，烟描柳叶眉。与春同是梦，安用赏春为。

春晚

我怪东风黠，暗知春欲归。尽将杨柳絮，剪作雪花飞。

六铢

（五首）

其一

身衣六铢衣，笑折琼林花。岂知人间世，有人服苧麻。

其二

人间百春秋，天上一昼夜。六丁驱日轮，长过咸池下。

其三

紫皇坐瑶台，敕我草洞章。落笔三百首，饮我白玉浆。

其四

我着紫绮裘，俯视蓬莱洲。手把八空氛，纵身云中游。

其五

我醉辄指麾，莫向太帝说。要炼五彩石，去补西天缺。

棘隐壁

（三首）

其一

苔空绿钱死，松老清阴瘦。结庐卧白云，柏子烧春昼。

其二

幽鸟噪岩谷，寒烟锁薜萝。忽遇金蟾蜍，无人自呵呵。

其三

碧草正春风，雨晴竹落涕。白鸟忽飞来，点破一山翠。

霞隐

仙翁栖紫霞，颜童鬓不华。客来问玄机，笑指菖蒲花。

露珠

秋河一滴露，夜堕即珠然。吹入玉盘里，走盘如许圆。

雷怡真小隐送春

天不欲留春，东君暗归去。碧梧枝上看，潇潇风送雨。

旅邸睡起

云为山积翠，雨倩草添青。一觉南柯梦，俄然鸟唤醒。

题仙岩无尘轩

麈尾清虚语，铜炉起淡烟。岭头猿叫罢，月落碧潭圆。

许旌阳故宅

诗多唐代刻，柏尚晋时青。想得真君剑，犹余蛟血腥。

题桐柏观 ①

淡月笼苍松，清流蘸修竹。水深蟾不设，长伴道人宿。

---

① 据明钞本增。

六言绝句

题丹晨书院壁

春昼花明日暖，夏天柳暗风凉。秋桂月中藏影，冬梅雪里飘香。

冬夜岩居

（二首）

其一

回首青鸾何处，长空万里苍烟。中酒梅花月夜，怀人松籁霜天。

其二

孤涧月华明水，半帘梅影香风。惆怅谪仙何处，无人共倒金钟。

田舍

清闲实天所惜，富贵于我何如。野马书空咄咄，醯鸡击缶乌乌。

苦雨

樱桃大如红乳，芍药开似巨觥。不念蝶蜂苦雨，姑烦莺燕祈晴。

偶成

柳叶枝枝弄碧，花梢点点粘红。尚有几分春色，还我一半东风。

午睡

簟织湘筠似浪，帐垂空翠如烟。一片睡云惊散，绿槐高处风蝉。

秋热

槐窗过两顷雨，竹榻无一张凉。风揭莲花白起，月筛桂子黄香。

谢叶文思惠茶酒

先将荼蘼薰酒，却采枸杞烹茶。子谓人非土木，贤知吾岂匏瓜。

呈嬾翁

（六首）

其一

倦子冷居姑射，居士高卧毗耶。钝置诗盟酒约，只自焚香吃茶。

其二

酒恶频将花嗅，睡酣便把茶浇。秋到梧桐枝上，夜来风雨萧萧。

其三

金醴青如竹叶，玉娥白似莲花。闻君微恙脱体，杖藜欲访君家。

其四

莲蕊嫌风狼籍，稻苗得雨精神。翻忆武夷九曲，去秋舣棹溪边。

其五

醉时枕上化蝶，睡起笔下生蛇。日长心下无事，饥来只是餐霞。

其六

秋雨织愁成段，暮云过眼生花。栖凤亭中寂寞，武夷旧有仙家。

七言绝句

武夷有感 ①

（十一首）

春

雨霁烟凝正夕阳，子规啼断几人肠。东风不动些情思，无限落花春自香。

夏

莺唤绿杨抽嫩叶，蝶催碧藕发新花。飒然一点薰风至，日落前山噪乱鸦。

---

① 此诗原只"十首"，无"结末"一首，据明钞本、刘本、辑要本补。

秋

雨余秋藓几堆锦，日出朝葵千簇金。对景适然发清啸，野猿惊泣绿杨深。

冬

几尺雪藏山径暮，一枝梅簇洞门春。溪头昨夜冰寒绿，风卷彤云发晓嗔。

晓

风吹万木醒栖鹊，月落西山啼断猿。云卷翠微深处寺，一声钟落碧岩前。

暮

碧云红树晚相间，落日乱鸦天欲昏。人去采芝不知返，草庐空自掩柴门。

行

两脚初收起暮烟，芒鞋竹杖翠云边。东风解发阳春意，放出落花啼鸟天。

住

月冷风清三径竹，猿啼鹤唳一窗云。开门放入前山翠，试把星儿柏子焚。

坐

千山猿叫月如昼，万籁风号天正秋。雾湿苍苔烟漠漠，白云飞梦过瀛洲。

卧

岩下烟深人不来，白云寂寂掩苍苔。松花落地鸟声寂，一枕清风送梦回。

结末

道人心与物俱化，对景无思诗自成。诗句自然明造化，诗成造化寂无声。

题精舍

到此黄昏飒飒风，岩头只见药炉空。不堪花落烟飞处，又听寒猿哭晦翁。

渔舍

江上蓼花红似血，江头沙碛明如雪。前山后山寂无人，一犬夜吠松梢月。

午顿

笋方合爪蕨擎拳，好与同参诗里禅。居士闻韶今已久，炉峰为我晓生烟。

酌贪泉因吊吴隐之

（三首）

其一

人其禄仕为蘸盐，溪壑民财饱未厌。不识隐之心与口，酌泉依旧只清廉。

其二

酌之一似取廉名，未酌泉时本自清。向使无泉亦无语，不贪不酌更分明。

其三

晋人相扇以清名，何事因泉始立清。清到饥寒妻子地，此清太不近人情。

栩庵力高士与同散步

（二首）

其一

老槐苍苍嫩槐绿，小麦青青大麦黄。燕已生雏莺已去，落花不管蜂蝶忙。

其二

功名不直一杯水，富贵于我如浮云。诗句清妍仍净远，游丝飞絮听缤纷。

示如净讲主

浩浩春风泛碧梧，娟娟秋水照芙蕖。大师佛法无多子，居士身心本一如。

重九

疏风冷雨北山南，时见归鸿度碧潭。重九日人多是醉，两三枝菊总斜簪。

闽中晓晴赏牡丹

晴窗冉冉飞尘喜，寒砚微微暖气伸。唤醒东吴天外梦，化为南越海边春。

忆鹤

洞里不知城市改，人间再到子孙非。有谁尚自看华表，何处如今叫令威。

夜半

夜半风吹远梦回，直从海上忽飞来。回头但见山三点，彻席犹余酒一杯。

朝斗

夜楼一穗玉炉烟，飞入三天最上天。朝罢满空风露晚，世人应是更贪眠。

过石梯

小伞轻包手自携，少需脚力过危梯。入门失问翁高姓，看尽壁间前后题。

城楼晚望

女墙驾月子城东，暮色初来诗兴浓。绿暗红稀春结局，望中白鸟入青峰。

仙居楼

万籁沉沉清夜阑，楼前独自倚栏干。金鸡叫罢松风动，三十六天秋月寒。

折梅

（二首）

其一

夜半披衣凭玉栏，天风吹露洒琅玕。前台后台月如水，云去云来梅影寒。

其二

一朵寒香已自奇，高丫两朵更清姿。树前树后花都绝，折了南枝折北枝。

幽兴

一春病酒废登临，风搅石楠花满林。山色有无烟聚散，溪光动静鸭浮沉。

夜深

一晚寻思未得诗，楼前只有月相知。夜深欲睡还贪坐，坐到五更钟动时。

炙灯

观里多时道士憎，只知贪酒百无能。黄昏钟了无人迹，借得邻房一盏灯。

偶书

（二首）

其一

手捻荼蘼缘酒恶，十二栏干凭一角。归兴应如春样浓，前亭后亭花自落。

其二

绛阙清都何时到，沧海桑田谁与怜。三十六天归路稳，捻花对酒一凝然。

墨竹

虚舟惠我一墨竹，纸上森森一枝玉。展向庭前与鹤看，今宵不许枝头宿。

莺

踏折海棠花一枝，一枝花露湿金衣。捎将粉蝶直飞去，却在绿杨深处啼。

春晚忆故人

车痕马迹遍江湖，且卷琴书入① 草庐。芳草两堤三月暮，故人千里一书无。

赠相士徐碧眼

碧眼何须青白为，冰辞霭语不吾欺。君看衮衮腰金者，曾见骚坛大将谁。

雪晴

（二首）

其一

桃李无言蜂蝶忙，晓寒未肯放春光。花将计会千山雪，风为栽埋一夜霜。

其二

早上新莺语尚蛮，花无气力倚雕栏。幸蒙残雪回头早，又遭东风薄倖寒。

---

① 入，原作"又"，据同治本改。

梧窗

（二首）

其一

夜半山风响翠梧，一窗皓月照琴书。试将笔架山头屋，问有清幽似此无。

其二

世事如尘扫又生，梧窗终日坐冥冥。有时饮罢却行乐，立看风吹阁上铃。

盘云

（二首）

其一

今古无门闭是非，无心出岫已知机。于今收拾归山谷，不逐春风上下飞。

其二

笔架山头一片去，船旋岩谷不求伸。时人只恐清风起，吹作皇都雷雨春。

戏鹤林

柱下固能官老子，漆园亦可禄庄周。鹤林不仕知何意，快取青毡趁黑头。

览镜

岁事轹輕好送穷，头今未雪脸犹红。一回览镜一回老，天已安排欲我翁。

黄冈

海山千里起风沙，拂拂篮舆细雨斜。云里桂松连岫碧，自酤市酒慰蕉花。

赠别徐监观

晓来自点素馨汤，两朵莲花隔宿香。夜醉至今犹未醒，荔枝取次对离觞。

送郑阳春

前身莫是郑安期，井灶重来迹已遗。涧底菖蒲无可采，共君细读汉时碑。

蜗牛

有宅一区长自负，受田百亩不能耕。壁间银篆方犹湿，早已枯然梦两楹。

早秋

云来云去状秋阴，细雨笼晴夕照沉。半夜月明千籁静，一声猿叫万山深。

七仙寺石履

（二首）

其一

踏遍三千及大千，除非铁脚始能穿。当时达磨持归去，何事传来到七仙。

其二

古人参罢祖师禅，已证如如不动尊。想见脚根坚似铁，履鞋化石俨然存。

次韵王将仕

（二首）

其一

散发披襟乐醉乡，从朝笑语到斜阳。坐来一片蝉声久，未信人间有此凉。

其二

白雾重重山复山，山光树色有无间。是中紫翠皆诗料，病起无聊着句难。

示周道士

前山隐隐起雷声，细雨丝丝濯旱氛。何处飞来松上鹤，晚风唳断九天云。

秋日书怀

（三首）

其一

桂花已是上番香，枫叶飘红柿叶黄。社日雨多晴较少，秋风昼热暮差凉。

其二

检点秋光莫问天，只从鸿雁见推迁。未霜杨柳老多病，既雨芙蓉美少年。

其三

秋风秋雨索人诗，云放千山翠色奇。重九数来还渐近，本犀开了不曾知。

残春

昨日春光更水涯，水涯今日已春赊。春归只道无踪迹，尚有青苔一片花。

萧侍郎故居

玉笥山前萧子云，手携白璧玩青春。碧坛夜夜松风起，八十二人朝玉宸。

行春辞

（九首）

其一

一斗百篇诚有之，无人知我只春知。吟逢蝴蝶即庄子，醉见海棠真贵妃。

其二

春来春去不知时，只有诗人冷眼窥。夜雨揩磨好山色，晓风抬举旧花枝。

其三

园园是日是花开，我又何朝不醉来。井有人焉蛙两部，日之夕矣蝶三台。

其四

借彼笙箫鼓笛中，诗人随分得春风。提壶处处若监酒，布谷朝朝讲劝农。

其五

几日春功似有加，晓来万象尽排衙。群莺主管园林事，一雨巡行桃李花。

其六

终日寻春入醉乡，不知何处见春光。风条舞绿水杨柳，雨点飞红山海棠。

其七

政是风娇日骤天，蔷薇粉褪海棠蔫。贵人那得看花福，多在绿窗犹醉眠。

其八

绿杨无力暖相依，不管黄莺诉落晖。水被鱼吹成雨点，花为蝶扰逐风飞。

其九

宝马香车政踏青，岂知已自过清明。燕雏告诉花都落，鸠妇丁宁雨速晴。

山歌

（三首）

其一

中秋夜月白如银，照见东西南北人。古往今来人自老，月生月落几番新。

其二

典钗卖钏买中秋，买得中秋醉又休。明日酒醒无米煮，儿啼妻怨甚来由。

其三

人来人去唱歌行，只道灯明不月明。月不如灯灯胜月，不消观月但观灯。

农歌

上田稻似下田青，乳鸭儿鹅阵阵行。稻熟酒新鹅鸭大，村歌社舞贺秋成。

春晚行乐

（四首）

其一

一点春山一点愁，一丝暮雨一声鸠。病中况更缘诗苦，夜去可堪无酒休。

其二

今夜遥知春欲归，望春不极立多时。草迷野渡东西岸，月挂寒松上下枝。

其三

晓雨初收翠霭浓，此番二十四番风。忽惊春暮翻为雪，乃是杨花飞满空。

其四

落红庭院绿池塘，语燕啼莺亦可伤。霁柳吹花春已老，暝槐成幄日初长。

舟中晚眺

（二首）

其一

小立船仓揭起篷，晚来帆幅饱西风。望他鸿雁一双去，过了峰峦千万重。

其二

不成无语立江滨，事事堪吟句句新。白鹭前身真钓叟，青山今日是诗人。

江上散纵

欲晓江头杖策徐，一峰西去众峰趋。不知林里犹僧寺，少立忽闻敲木鱼。

话旧

风露三更月一帘，共君握手不能厌。酒杯满泛榴花色，烛焰斜抽柳叶尖。

夏日遣兴

（三首）

其一

枕簟来寻瓜李盟，银床金井已关情。牡丹芍药成前辈，茉莉素馨方后生。

其二

素馨蕊点粉描笔，红藕花开金镀杯。乳燕新蝉相对语，诗人何日不亭台。

其三

四壁青山翠打围，诗人坐久淡忘归。桥边荷芰欹头立，水底蜻蜓仰面飞。

闻子规

二十年前怯杜鹃，枕边时把泪珠弹。如今老眼应无泪，一任声声到月残。

问子规

绿柳阴中问子规，劝人归是劝春归。人须回首春须暮，何不成都① 西去飞。

润夫饭僧景泰相款信宿告归

梦中也学云峰路，未老来游蒲涧山。无数老僧闲道士，笑人骑马出松关。

送郑道人归罗浮

铁作桥梁云作盖，石成楼观水成帘。归时猿鹤烦传语，记取前回白玉蟾。

---

① 原注："成都"，一作"青城"。

赠徐钟头

楼上疏钟撞月明，五云影里一声声。九天星宿皆朝斗，人世晓鸡浑未鸣。

问春

不教蜂蝶略来些，岂是春神病酒耶。燕语莺啼今几日，风魔雨难许多花。

舟行

梢子欢呼御晓风，诗人亦自起推蓬。数来数去山都乱，忘却前峰与后峰。

秋园夕眺

木犀倜傥散麸金，松举笙竽竹奏琴。临水芙蓉自儿女，镜边刺绣晚沉吟。

夏夜露坐

披襟岸帻藕花桥，一片哀鸿度碧霄。新月出来真解事，嫩蝉吟得自无聊。

春宵酌雨

更无半点海棠飞，一听黄莺雨里啼。啼得碧坛红药破，淡烟芳草满长堤。

嘲杜鹃

杜宇声声盖自嗟，春残何事更天涯。不归则是归还是，伊是无家或有家。

晓巡北圃七绝

其一

隔水人家似画图，鬓边香露缀成珠。日高丈五云犹宿，乌鹊已归三哺雏。

其二

柳色花光映晓云，半窗红日已东升。行人隔水自相语，无数莺啼闻不曾。

其三

蜂蝶如知春欲归，雨余莺亦缕金衣。东风尽把杨花剪，吹作满城轻雪飞。

其四

池边弄水手犹冰，藕臂风寒更粟生。柳叶春深槐叶浅，桃花夜暗李花明。

其五

非云为侣更无人，独倚雕墙诗思冥。日色淡红烟色紫，山光浓绿水光青。

其六

雨余花点满红桥，柳雪粘泥夜不消。晓雾忽无还忽有，春山如近又如遥。

其七

游人脚踏杏花泥，花片吹风点绮衣。为复残春催杜宇，是他杜宇唤春归。

水村吟雾

淡处还浓绿处青，江风吹作雨毛腥。起从水面萦层嶂，恍似帘中见画屏。

岩下闻鸦

行绕松林不见鸦，只疑山后噪查查。更移数步俄回首，缩脰蹲身立树丫。

枯松

霜鳞雪爪一枯松，恍似湖心见白龙。想得吕仙曾点化，拿云攫雾欲腾空。

示英州风僧

宗门老衲旧仪刑，配字年来老转青。谁道南能无一物，如今英石尽铜腥。

江亭夜坐

月冷松寒露满襟，天容绀碧鹤声沉。夜深独把栏干拍，只有长江识此心。

东山道院

烟月荒凉野色寒，松梢滴露夜将阑。人家旷绝无鸡犬，一鹤飞来点翠山。

暮色

江烟漠漠月昏昏，一点渔灯贴岸根。风搅长芦鸦睡起，游鳞惊动水花痕。

牛渡问舟

岁晚行人苦欲分，山昏水暮鸟寻群。舟行棹进空回首，一望苍梧但白云。

泊头场刘家壁

春深空度可怜宵，江岸风沙好寂寥。人间孤舟多少恨，五更寒雨报芭蕉。

罗浮山上过铁桥

飞云顶下见罗浮，五色珍禽绕石楼。行过铁桥猿啸罢，稚川丹灶冷飕飕。

绘莲

（二首）

其一

笔底荷花水面浮，纤毫造化夺工夫。为谁画出生绡上，泰华山头玉井图。

其二

浓淡色中匀粉腻，浅深痕上著臙脂。华堂展处南薰起，一似西湖六月时。

剑池

人间无处著青蛇，池水清泠浸落花。几度清风明月夜，怅然无语忆张华。

九曲杂咏

流水光中飞落叶，白云影里噪幽禽。人间几度曾孙老，只有青山无古今。

一曲升真洞

得得来寻仙子家，升真洞口正蜂衙。一溪春水漾寒碧，流出红桃几片花。

二曲玉女峰

插花临水一奇峰，玉骨冰肌处女容。烟袂霞衣春带雨，云鬟雾鬓晓梳风。

三曲仙机岩

织就霓裳御冷风，玉梭随手化成龙。天孙归去星河畔，满洞白云机杼空。

四曲金鸡岩

水满寒潭潭著月，山藏空谷正吞烟。金鸡初报洞中晓，咿喔一声飞上天。

五曲铁笛亭

满天沉瀣起清风，白鹤飞来上翠松。月冷山空吹铁笛，一声唤起玉渊龙。

六曲仙掌峰

仙子扪萝上翠崖，岩头旧有炼丹台。至今石上留仙掌，十指春葱渍绿苔。

七曲石塘寺

高僧参透赵州禅，拔寺移归兜率天。天圣二年四月朔，一宵雷雨撼山川。

八曲鼓楼岩

万太高岩耸石楼，云犀烟桷瞰寒流。幔亭昔聚曾孙宴，石鼓挐归古渡头。

九曲新村市

落日移舟上碧滩，桃花林外见青山。耳边忽尔闻鸡犬，不遇刘郎不肯还。

九曲棹歌

（十首）

武夷

三十六峰真绝奇，一溪九曲碧涟漪。白云遮眼不知处，谁道神仙在武夷。

一曲

幔亭峰下泛仙船，洞口琼花锁翠烟。一自魏王归绛阙，至今哀怨岭头猿。

二曲

山下于今几代孙，当时箫鼓寂无闻。丹炉复尔生春草，玉女峰①前空白云。

三曲

仙舟停棹架岩头，黄鹤归天今几秋。满洞桃花人不见，一溪绿水为谁流。

四曲

万顷秋光无著处，满潭清水莹青铜。金鸡叫落山头月，淡淡寒烟飒飒风。

五曲

闻道谁知铁笛声，石崖轰裂老龙惊。当年人已服丹去，千古荒亭秋草生。

六曲

仙掌峰前仙子家，客来活火煮新茶。主人遥②指青烟里，瀑布悬崖剪雪花。

七曲

寂寂秋烟锁碧湾，往年此地有禅关。水神移入龙宫去，一夜风雷吼万山。

八曲

几点沙鸥泛碧流，芦花两岸暮云愁。鼓楼岩下一声笛，惊落梧桐飞起秋。

九曲

山市晴岚天打围，一村鸡犬正残晖。稻田高下如棋局，几点鸦飞与鹭飞。

华阳吟③

（三十首）

其一

家在琼崖万里遥，此身来往似孤舟。夜来梦趁西风去，目断家山空泪流。

其二

海南一片水云天，望眼生花已十年。忽一二时回首处，西风夕照咽悲蝉。

其三

一从脚别海南船，身逐云飞江浙天。走遍洞天寻隐者，不知费几草鞋钱。

---

① 峰，原作"蜂"，据参校本改。
② 遥，原作"摇"，据《上清集》、同治本改。
③ 底本作"二十二首"，缺第三、第九、第二十二至第二十七、第二十九，据《语录》补，校以明钞本、刘本、辑要本、同治本。

其四

白云和我到天台，眼入青山意豁开。到彼山中还又起，空令到处夜猿哀。

其五

拄杖寻身入武夷，幔亭峰下雪花飞。行从九曲滩头看，万壑千岩翠打围。

其六

武夷结草二年余，花笑莺啼春一壶。流水下山人出洞，岩前空有炼丹炉。

其七

得诀归来试炼看，龙争虎战片时间。九华天上人知得，一夜风雷撼万山。

其八

白马江头啸一声，红光紫雾水中生。急抽匣内青蛇剑，才得黄河彻底清。

其九

渴饮金波数百钟，醉时仗剑指虚空。脚根戏蹋交乾斗，长啸一声天地红。

其十

移将北斗过南辰，两手双擎日月轮。飞趁昆仑山上出，须臾化作一天云。

其十一

戏泛金船到海涯，暗随海水度流沙。一从登着蓬莱岸，去看琼台阆苑花。

其十二

人身自有一蓬莱，十二层楼白玉阶。姹女金翁常宴会，堂前夜夜牡丹开。

其十三

怪事教人笑几回，男儿今也会怀胎。自家精血自交媾，身里夫妻真妙哉。

其十四

一吟一醉一刀圭，真气真精满四肢。若到酒酣眠熟后，满船载宝过曹溪。

其十五

元神夜夜宿丹田，云满黄庭月满天。两个鸳鸯浮绿水，水心一朵紫金莲。

其十六

饥餐一两黑龟肝，寒向丹田猛火山。但见心头无点事，不知人世有饥寒。

其十七

青牛人去几多年，此道分明在目前。欲识目前真的处，一堂风冷月婵娟。

其十八

片饷工夫炼汞铅，一炉猛火夜烧天。忽然神水落金井，打合灵砂月样圆。

其十九

一泓神水满华池，夜夜池边白雪飞。雪里有人擒玉兔，赶教明月上寒枝。

其二十

不动丝毫过玉关，关头自有玉京山。能于山内通来往，风搅九天霜雪寒。

其二十一

谁识周天造化工，于今蹙在片时中。只将铅汞入真土，炼出金花满鼎红。

其二十二

昨夜三更雷撼山，九天门户不曾关。曹溪路上分明见，有个金乌入广寒。

其二十三

曹溪一路透泥丸，只在丹田上下间。解使金翁媒姹女，朝云暮雨满巫山。

其二十四

只将戊己作丹炉，炼得红丸化玉酥。慢守火爻三百日，产成一颗夜明珠。

其二十五

绛阙仙都一散郎，偶来尘世且佯狂。身中自有长生宝，夜夜飞神谒上苍。

其二十六

家在神霄九炁天，天中楼殿贮群仙。偶然来到人间世，料想神霄未一年。

其二十七

玉皇殿下一仙童，曾掌符书守蕊宫。因甚俗缘犹未断，于今幻质入尘笼。

其二十八

气盖山河心胆粗，不能学剑不搜书。夜来掇得乾坤动，火候温温守玉炉。

其二十九

梦幻之身不久长，桑榆能几耐风霜。何如跳去利名窟，赠汝长生不死方。

其三十

拈弄溪山诗伎巧，吐吞风月酒神通。且将诗酒瞒人眼，出入红尘过几冬。

赠诗仙

学诗有似学仙难，炼句难于学炼丹。换骨脱胎君有诀，炷香特特扣诗坛。

题光孝观

偶然骑鹤去游仙，来访泉山古洞天。一剑当空又飞去，碧潭惊起老龙眠。

赠蓝琴士

（三首）

其一

江湖见说老蓝公，今日相逢在玉隆。竹样精神梅样骨，况君梅竹在胸中。

其二

逍遥阁下暮烟生，相对无言坐复行。弹尽胡笳十八拍，床头剑吼月三更。

其三

夜来莫说西山冷，见说庐山夏有冰。直恐与君相别后，错听猿啸作琴声。

清静经

大地山河一卷经，拈来题目甚分明。山花野草皆谈说，蠢动含灵侧耳听。

招贤道士

解鞍默默对斜晖，无限诗怀在翠微。一句秋鸿来入耳，两行客泪下沾衣。

秋思

滴尽池荷无奈雨，吹翻井叶可怜风。溪毛山骨犹无恙，尚有芦花对蓼红。

徐仙

（崇安县黄连坑）

采樵有遇才三日，归路还家已十年。自古得仙非苦节，此坑安得号黄连。

忆西湖

银月窥人夜漏沉，断蒲疏柳忽关心。西风为报西湖道，留取芙蓉供醉吟。

问花

蓦地诗心到海棠，问花开未晓来忙。村童熟睡不知唤，惟有流莺语似簧。

梅花醉梦

纸帐梅花醉梦间，了无它想鼻雷鼾。鸳愁凤恨不入枕，睡觉身疑在广寒。

柏子家风

山居剩得静乾坤，竹鼎时将柏子温。会似赵州参得透，等闲莫与俗夫论。

首夏

（三首）

其一

懒中倍觉我神清，烦恼如今叶似轻。青士庭前销昼暑，苍官枕上送秋声。

其二

日与浮云相往还，落花啼鸟总相关。初无东观北门梦，只在西山南浦间。

其三

满目晴峦总是诗，诗情飞絮逐游丝。雨肥碧涧落花水，风瘦青松啼鸟枝。

与永兴观主梅

（二首）

其一

破袖悬鹑鬓鬖苍，山前山后乐相羊。三更月影如酥白，一树梅花似雪香。

其二

玉艳冰英绝可怜，即之时复一嫣然。姑苏日暮逢西子，采石江明见谪仙。

春词

（七首）

其一

春光若海渺无边，日暮归来泛玉船。红酽海棠红似雪，翠娇杨柳暗如烟。

其二

千红万紫竞繁华，莺燕多依富贵家。上巳兰亭修禊事，一年春色又杨花。

其三

瘦沉皤潘莫自匆，花边有酒且从容。春三二月东风里，莺百千声翠柳中。

其四

柳困花慵风力轻，脱禅衣夹过清明。唤晴唤雨鸠无准，飞去飞来燕有情。

其五

且上禅衣试绿罗，情知春暮亦无何。风吹一架荼蘼雪，酒恶频将玉蕊挪。

其六

晴帘暖幕笑如烘，春事还归缥缈中。红药一枝寒食过，东风万点海棠空。

其七

春色将穷诗未穷，开樽姑为慰东风。偶然行到青苔上，尚有残英一片红。

祈雨伏虎庵

梵相无言旱气奢，三农无饭欲蒸沙。猊头香穗成禾穗，麈尾天花化雨花。

冬夕酌月

（三首）

其一

半规新月滑如酥，流入清樽一吸无。明日定知广寒殿，姮娥失却水晶梳。

其二

兔冷蟾寒桂影疏，化为霜露泻庭除。已惊柏液冰吾齿，莫弄梅花粟尔肤。

其三

二毛可惜雪霜侵，日有清都绛阙心。枝冷鹊翻檐外影，庭空鸿堕月边音。

赠明讲师

（二首）

其一

昔从师在月岩时，我过鹅湖即语离。每见孤鸿每生感，不曾一日不相思。

其二

岂谓东吴得再逢，二俱老尽少时容。来从上国莺花里，堕在辋川图画中。

雪中

（三首）

其一

朔风吹冷裂窗纱，重把罗帏绣幕遮。青女先将霜起早，素娥始放雪飞花。

其二

晓来红日尚羞明，四外彤云欲诈晴。一夜九天开玉阙，六花万里散璃英。

其三

飞廉滕六逞寒威，费酒陪诗为解颐。雪待夜深飞落尽，梅嗔风恶放开迟。

龙虎山祈雨早行有作

两三条电复无雨，六七点星微上云。鞭起卧龙我骑去，挥戈叱问五雷君。

题栖凤亭

（四首）

其一

亭前绿密玉成丛，凤宿枝头烟雨空。箫管一声人未寝，满林明月浸清风。

其二

竹也多年管风月，凤兮几夜宿云烟。林间有客吹箫去，竹化成龙凤入天。

其三

潘氏亭前饮一宵，酒酣对竹啸琼箫。不知栖凤来多少，凤去人归竹寂寥。

其四

声传琴瑟风生枕，影泻琅玕月满庭。白凤飞来枝外宿，夜深点破一林青。

梅花有叹

苍苔玉艳委西施，玉胆冰姿尚伯夷。春色一般清浊异，梅花亦自有安危。

中秋月

千崖爽气已平分，万里青天辗玉轮。好向钱塘江上望，相逢都是广寒人。

卧云

满室天香仙子家，一琴一剑一杯茶。羽衣常带烟霞色，不惹人间桃李花。

题客省

炼就红铅不计斤，五湖四海十余春。今朝杖屦庐山下，雨笠烟蓑一个身。

洞前亭

洞前春水漾桃溪，洞后数声青鸟啼。二十四岩风雨夜，神仙过此话刀圭。

送林古虚归闽

名落江湖二十春，江湖那个是知音。于今拄杖挑明月，云满千山何处寻。

和刘司门韵题临溪亭

临水皤然两鬓丝，山烟凝翠入鹑衣。横吹铁笛且归去，懒把渔竿立藓矶。

登爱阁有感

五六年前彭觉非，同登爱阁玩荷池。如今再到还重省，十二阑干谩雨丝。

琴

夜静无云月似银，清宵鹤唳一伤神。子期玉骨寒于雪，世上知音能几人。

天窗

层头除却数条椽，政好临风对月眠。行客只从门外过，岂知屋里有青天。

七台山

六月泉声带雨寒，斜阳染出淡红山。白云无恙青枫老，不见龚刘振锡环。

春风

（四首）

其一

一一须梢一雾珠，晓来雨意尚踌躇。落花也避东风恶，水面相驱弹向隅。

其二

燕燕于飞引蝶狂，娇莺歌懒笑蜂忙。庭前萱草台前竹，也学春风舞绿杨。

其三

底事东风苦欲寒，不教诗客纵游观。无端虚把秋千送，落尽梨花似雪团。

其四

远草将人双眼行，飞花误蝶乞流莺。更饶一夜东风劣，且博三朝五日晴。

观物

（二首）

其一

蜂占蔷薇封食邑，蚁侵螟赢借军须。雨天风急鸠呼妇，水国烟寒雁唤奴。

其二

晓鹭守溪图口腹，暮蛛借屋计家生。不羁野马空中骋，无喘蜗牛壁上耕。

荷池追凉

清晓无人知此凉，岸巾植杖立银塘。晴霞烧眼收将敛，荷叶生风绿水香。

舟程苦迟

水马轻便胜陆行，冲风遡水反多程。溪流诘曲成千摺，云色阴晴没十成。

晓醒追思夜来句

（四首）

其一

孤梦归从偃月城，清寒入骨倚危亭。雪花散作杨花片，酒色酤来竹叶青。

其二

茅屋萧然诗满怀，一天风雪白皑皑。身如纸帐梅花梦，心似香炉柏子灰。

其三

孤云野鹤寄山家，不料寒空璨六花。越样月明浑不夜，个般天气好分茶。

其四

竹林如洗静娟娟，雪意犹酣晓色鲜。云缠山腰腰带缓，雨沾水面面花圆。

立马待舟

拂晓匆匆马首东，嫩寒初破酒无功。自知雾帽清珠湿，少立霜桥脆玉松。

夕眺风泉亭

（三首）

风泉亭，霁光涵空，爽气在野。冈岭伏跃，烟岚飞浮。风吹云来，目送鸟去。欻尔神会，恍如天游。幽泉琮琤，不能自已，于是乎诗。

其一

苒苒斜阳恋竹边，秋阴惨昧响寒泉。如何今夜成无月，却遣西风一问天。

其二

拄杖相寻访夕阳，诗肩独耸到昏黄。白苹洲上西风起，黄叶声中秋意长。

其三

西风黄叶夕阳村，山水苍寒雾霭昏。手捻菊花都是泪，枯松骨立绿毛鬈。

凤箫阁玩月

（四首）

其一

一醉高寒清到骨，四无尘滓月当空。光芒万里今犹昔，牢落十年西复东。

其二

暮霭收无归鸟尽，凤箫阁上听松涛。宿枝不稳鸦飞起，照水当中月上高。

其三

画阁岿然百尺危，吹来花片点春衣。黄昏璧月溪心浴，白昼银盘水面飞。

其四

凤箫吹断无人见，但有寒光拂太虚。仰面笑天天亦笑，此心如月月何如。

栩庵同步偶成

枯木冷灰甘寂寞，片云孤月自优游。君生平事皆如梦，我两眉间不著愁。

同邓孤舟林片雪二友晚吟

（三首）

其一

扁舟如叶片帆孤，少霁临江得句无。雨竹似人扶酒病，风松学我捻吟须。

其二

君非爱此数峰青，肯恋扁舟尚蓼汀。群雁横空成一字，孤萤度水似双星。

其三

江天漠漠但黄芦，雁鹜相呼日已晡。雨过月如全赵璧，烟深山似绐秦图。

上元玩灯

（二首）

其一

碧玉融成万里天，满城罗绮竞春妍。柳梢挂月黄昏后，夜市张灯白昼然。

其二

上界天官此按行，五云深处有箫笙。一轮宝月明如昼，万斛金莲开满城。

寄王察院

（三首）

其一

不读儒书读道书，故人听我自江湖。君今一武登台省，我亦三清直殿庐。

其二

恩怨荣污总不知，片云只鹤久相期。驱磨花月三千界，断送风波十二时。

其三

黄金台迥鸳鸿集，碧玉壶深日月长。大隐从来在朝市，谪仙况复富文章。

新正

（三首）

其一

九天日月开黄道，十洞烟霞接紫清。为问蟠桃当熟未，人间春草几枯荣。

其二

九重天上星三点，万顷波心月一钩。醉有百篇来笔下，愁无半点到眉头。

其三

一番桃李又春风，送古迎今事不穷。南北故人鸿去外，东西野渡雪晴中。

张楼

前度相逢一似曾，瘦宽金镯可怜生。绿窗朱户如无恙，酌我百杯秋月明。

中秋

风卷青天落大江，江风江水自春撞。万千人看中秋月，十二楼开八面窗。

董楼

文章道德今谁似，事业功名我不无。十载江湖一杯酒，夜深说与董归奴。

对月

（六首）

其一

深秋荷败柳枯时，霜蟹香枨副所思。月要人窥娇不上，风知我醉放多吹。

其二

醉袖舞低千嶂月，清歌遏住九天云。鸿归燕去伤秋老，鹤唳猿啼觉夜分。

其三

烟鞚雨鞩到今朝，嫩火温香破寂寥。月下饮残千日酒，云间吹断一声箫。

其四

水澄熊白成壶酒，枫染猩红满路旗。坐待西风迎素月，青天笑我独诗痴。

其五

早已棋中悟死生，不须须上看勋名。风吹酒面秋情眇，月透诗肠夜未清。

其六

山似愁眉烟画翠，月如醉眼晕生红。鹤雏踏碎芙蓉影，酒思诗情渺碧空。

易道录招饮

（五首）

其一

竹风不断凉如水，山雨无声细似尘。世事总归簪上雪，人生聊寄瓮头春。

其二

诗酒交游如骨肉，江湖聚散似云萍。已烦鹤唳供头盏，且借岚光作画屏。

其三

素白见招真慷慨，苍黄欲赴又趑趄。命存一定百年见，事要十全千古无。

其四

诗疵得似维摩病，酒圣能如孟子醇。何事多时疏杖屦，亦缘避俗屏冠巾。

其五

名于瑚琏斯为贵，身与鸿毛孰较轻。诗社近来多笔冢，醉乡何处得愁城。

夏日睡起

圆玉响中销日永，铿金徽外作风悲。万蚁战酣山雨至，饥肠雷动且吟诗。

谷帘下

（二首）

其一

紫岩素瀑展长霓，草木幽深雾雨凄。竹里一蝉闻竹外，溪东双鹭过溪西。

其二

步入青红紫翠间，仙翁朝斗有遗坛。竹梢露重昼犹湿，松里云深夏亦寒。

栖真观

鞭雷斩蘖震南昌，拔宅升天谒玉皇。西岭双枫南瀑布，自言曾识许旌阳。

感兴

（二首）

其一

又见荷开满故园，夙红昨紫俨然存。画梁飞燕前身赵，曲槛歌莺阿姊樊。

其二

酒兴诗狂似蝶蜂，终朝上下逐东风。梁间燕共何人语，庭下花无百日红。

夜坐忆刘玉渊

（三首）

其一

多多泻酒愁无况，久久吟诗淡有情。花作雪飞深一寸，月随云上恰三更。

其二

夜已三更忽坐忘，吟魂醉魄政悠扬。孤鸿见召听寒角，残月相辞过粉墙。

其三

冰枯雪老尚天台，使我诗肠日九回。归去来兮须岁暮，岁云暮矣不归来。

蟋蟀

（二首）

其一

白发秋来又几茎，萍蓬湖海困平生。三更窗外芭蕉影，九月床头蟋蟀声。

其二

秋暮无①聊饮不多，素空皓月舞傞傞。也知落叶风前拍，似应寒蛩砌下歌。

赠观庵主

蹲鸱味美还师独，榾柮烟青喜我同。挂杖出门谁会得，松梢浩浩啸天风。

湘江遇雨

骚人载酒泛潇湘，预约寒鸥立岸旁。雨点斫蓬休作梗，浪声与枕始相忘。

---

① 无，原作"何"，据同治本改。

冥鸿阁即事

（四首）

其一

腊雪飞如真脑子，水仙开似小莲花。睡云正美俄惊起，且唤诗僧与斗茶。

其二

雪白霞红云色黄，晚风先办晓来霜。吹开一路江梅蕊，薰作九天沉水香。

其三

瑞香蓓蕾破寒晴，稚子呼为紫素馨。万斛幽香量不尽，霜风吹送暮天青。

其四

夜饮青莲居士家，高吟大笑对梅花。饕杯自喜更筹缓，醉墨偏随烛影斜。

董双成旧隐

（二首）

其一

断霞残雨洗虹桥，群雁衔枚度碧霄。半夜风鸣云里佩，乘鸾人弄月中箫。

其二

月恋梅窗呈水墨，风依竹槛奏笙竽。金幡玉胜无从见，尚想云间唱步虚。

安仁县问宿

幕燕翻雷天作云，一声归鸟万林昏。荒城寂寞无堪酒，灯下搒颐雨打门。

孤凝

筠皮月静铺金屑，仙掌云寒砌玉花。人在华胥初梦断，乱山满目一声鸦。

洞虚堂

青牛人去几千年，此道分明在眼前。要识个中端的意，一堂风冷月婵娟。

赠沙书先生

生蛇满地走如飞，入石三分未是奇。掇取恒河归掌握，毫毛不动始知机。

陶弓手弃役入道

青黑文身志气豪，生擒六贼脱尘劳。当年尚有弯弓手，射杀三尸入大罗。

双溪馆

两点文章翰墨星，夜翙双鹤入青冥。楼前为忆张华剑，八百年来无血腥。

书怀

（二首）

其一

一春十病九因酒，三月都无两日晴。明旦乘驴芳草路，绿杨深处听啼莺。

其二

山色未教晴日染，松声时听晚风梳。韶光九十去无几，春雨春烟锁翠芜。

奉酬瞿庵李侍郎

（五首并序）

愚尝为观使待制侍郎鸣珂粉社，觞咏自娱。游云宿檐，奇峰走案，心融目悟，与物为春。动容周旋，义聊左右。自非服云浆、吸月液者不能尔也。方兹霜醉雪娇，酥颦玉笑，蜂闻露叶，雀抢风英，发为声诗，五云绚目，岂山野之所宜。蒙义暖情香，词珍翰绮，得之如嚼玉餐香于玉山之前矣。勉强次韵，聊以解颐。学伯夷者，未得其清，先得其隘；学柳下惠者，未得其和，先得其不恭。蛮语侏离，然虽续貂，其殆类狗者也。

其一

坐对梅花捻白须，吟边有酒不须酤。松窗昨夜冰生砚，冻合银床读易朱。

其二

南枝才放两三花，雪里吹香弄粉些。淡淡着烟浓着月，深深笼水浅笼沙。

其三

全是山林居士风，不知位重更官穹。名书玉几金瓯内，心在蒲团纸帐中。

其四

满月世界琉璃光，通宵不寐据胡床。语言玉润篇篇锦，心胆冰清字字香。

其五

酒红沁面晕成霞，笑捻吟髭数暮鸦。不入朝廷鸳鹭侣，自甘白发插梅花。

见莺

（三首）

其一

夜来新长水三尺，雨过横流春一溪。翠柳颦眉花阁泪，乳莺空对妇鸠啼。

其二

鲜怡寡乐负清明，帘外花如红泪倾。又是残春将立夏，如何到处不啼莺。

其三

一莺飞去一莺啼，桃李一空春已归。踏破苍苔殊可惜，坐看流水拽斜晖。

幽居杂兴

（三首）

其一

岸花洗面初收雨，江草摇头已怯风。独立无聊聊送目，西边落日叫孤鸿。

其二

阳春有脚三杯酒，野战无哗一局棋。见说王门堪炙手，抱猿弄鹤不曾知。

其三

月来佐酒如随牒，花自从诗各寄名。尽把烟霞归节制，闲中排日听泉声。

流憩

苍崖万仞倚空寒，一道飞泉泻半山。到此倚栏聊植杖，少时款款入松关。

洞明轩

夜坐幽堂听玉泉，松号风吼不成眠。蒲团里面真消息，猿叫千山月正圆。

元旦在鹤林偶作

东风吹散柳梢雪，一夜挽回天下春。从此阳春应有脚，百花富贵草精神。

酬颜宣教

柳梢黄鸟韵绵蛮，风雨将春暗锁关。镇日吟诗无好句，坐看乳燕语梁间。

螺青山下皆地锦花

螺青山绾青螺髻，地锦花铺锦地衣。雨过花娇山色蒨，疑山解舞欲狂飞。

许天游见过

蝉外西风风外叶，雁边落日日边云。诗仙世界无疆场，一片青山共子分。

江口有怀

（二首）

其一

霜将枫绿染为红，风把芦花缕作茸。云自幕天谁钉挂，月来佐酒与从容。

其二

丹枫偷落风无觉，白鹭微行鱼不知。两地南楼今夜月，一般清皎百般思。

飞行

（二首）

其一

飞行三十六天门，我是东华上相孙。戏把蟠桃剜出核，玉童持去种昆仑。

其二

剑光长笑古刘家，不斩流星只斩蛇。从得历年三四百，蟠桃犹自未开花。

龙潭

（二首）

其一

尖峰簇簇容林笋，曲径盘盘绕树藤。中有古潭深万丈，老龙独卧似禅僧。

其二

惊崖却立挨斜日，老桧前临接断烟。水鸟负暄闲整翼，山禽相贺已晴天。

双莲

一池莲菡漾红霞，并蒂双花足赏嗟。醉面相看谁得似，三郎夜饮玉真家。

伤春词寄紫元

（四首）

其一

幽人抱膝掩柴门，八九渔家烟水村。坐对青山两无语，春风春雨送黄昏。

其二

幽人何事苦伤春，春雨无端愁杀人。不但幽人独愁怨，江头多少柳眉颦。

其三

孤村古馆雨凄凄，客里愁闻乌夜啼。枕冷衾寒才闭目，春风吹转梦魂迷。

其四

望眼生花泪已枯，青衣也合递归书。客情无奈春风雨，更问春空有雁无。

次韵永兴王宰游钟成观

（二首）

其一

万斛苍烟恋钓矶，一川秋绿漾清晖。空明隐映流光薄，翻忆当年苏紫微。

其二

眼力招回西去山，风苹烟蓼白鸥闲。归舟满载斜阳返，欸乃一声空翠间。

霜夕吟月

（二首）

其一

神飘骨竦影悠扬，独捻吟须恼醉肠。霜月慰人于冷寞，溪梅挑我以清香。

其二

吟魂缥缈迈霜空，立影惮然翠阁东。素喜半钩西面月，生憎一箭北头风。

月夕书事

悲秋念远夜将阑，黄叶乘风直斩关。微白一钩天外月，淡青数点海边山。

疑潮

卧闻雨吼是潮奔，直恐横舟堕海门。凡百可疑多若此，万今千古共谁论。

落梅

惆怅风前问落梅，既开不久底须开。芳心未忍轻离折，更遣残春度水来。

赠何画梅

一枝照夜向清寒，恍似孤山跋马看。却恐春风咎毛颖，泄他消息貌他颜。

舟次吉溪

十年三过吉溪滩，想被溪梅笑往还。尘暗壁间题迹旧，满斟杯酒慰寒山。

送晋上人游雁荡

岭外猿啼秋树月，林间鹤唳晓松风。此行雁荡须参透，依旧归来玉几峰。

尝青梅

青梅如豆试尝新，脆核虚中未有仁。勘破收香藏白处，冰肌玉骨是前身。

荷花

小桥划水剪荷花，两岸西风晕晚霞。恍似瑶池初宴罢，万妃醉脸沁铅华。

春雨

柳色烟光正斗青，桃花落尽杏花惊。风从窗眼空中入，雨在檐前滴到明。

菜羹

一卷仙家煮菜经，宰夫失笑太官惊。蓝田山里空餐玉，岂识闻韶别是清。

扇

怀袖相忘去不能，也知轻薄恶蚊蝇。南风虽汝持权柄，只恐秋风见汝憎。

题武夷

（五首）

其一

不见虹桥接幔亭，空余水绿与山青。客来剔出些奇胜，五曲溪头大隐屏。

其二

龙骧仙掌岩头水，鹤唳幔亭峰上云。但得明窗尘一匕，跃身去谒武夷君。

其三

芳草暗分流水绿，老松刚借远山青。独拈铁笛溪头立，吹与洞中仙子听。

其四

显道真人去不回，幔亭不见旧楼台。曾孙倚着寒松立，日落风悲猿自哀。

其五

山耸千层青翡翠，溪流万顷碧琉璃。游人来此醉归去，几个亲曾到武夷。

先生曲肱诗

（二十首）

其一

昔在青华第一宫，只缘醉后怒骑龙。倾翻半滴金瓶水，不觉人间雨发洪。

其二

玉皇有敕问神霄，谁去骑龙乱作妖。自别雷城一回首，人间天上已相辽。

其三

谪君尘世意徘徊，炼尽金丹待鹤来。归去神霄朝玉帝，依前命我掌风雷。

其四

五雷深锁玉清宫，白鹤呼风唳碧空。说着这般辛苦处，三千玉女蹙眉峰。

其五

太乙天皇谒紫清，翠娥百万拥云軿①。当时不合抬头看，忽见天丁叱火铃。

---

① 軿，原作"骈"，据参校本改。

其六

我不生嗔怨玉皇，翠娥无复舞霓裳。如何天上神仙女，染污清都一散郎。

其七

梦断南柯觉昨非，因缘尽处两分飞。寒松空锁翠娥梦，我独于今未得归。

其八

玉府官僚无甚人，上皇怜我最辛勤。忽然诏下催归去，猿叫万山空白雪。

其九

瑶池王母宴群仙，两部笙歌簇绮筵。误取一枚仙李吃，又来人世不知年。

其十

我到人间未百年，恰如顷刻在三天。向来我本雷霆吏，今更休疑作甚仙。

其十一

往昔逍遥在太华，朝餐玉乳看琼花。当年身着六铢服，不识人间有苧麻。

其十二

做到天仙地位时，三遭天谴落天墀。却嫌天上多官府，且就人间洞府嬉。

其十三

白云随我见天台，又趁金华路上回。栖凤亭中留不去，武夷山下野猿哀。

其十四

说与清风明月知，扬州有鹤未能骑。夜来五凤楼前看，天上白云空自飞。

其十五

跣足蓬头破衲衣，闷来饮酒醉吟诗。廛中走遍无人识，我是东华大帝儿。

其十六

这回空过二十年，肉重不能飞上天。抖擞衲头还自笑，囊中也没一文钱。

其十七

我有随身一颗珠，见时似有觅时无。金鸡叫罢无人见，月射寒光满太虚。

其十八

不识看经不坐禅，饥来吃饭困来眠。玉皇若不开青眼，却是凡夫骨未仙。

其十九

不把双眸看俗人，五湖四海一空身。洞天深处无人到，溪上桃花几度春。

其二十

桑田变海海成田，这话教人信也难。只有一般输我处，君王未有此清闲。

题胡运幹别墅

（二首）

其一

闷来爱竹把花嫌，无事看山高卷帘。好鸟一声飞过檐，清风着力送银蟾。

其二

博山一炷小蛇寒，无人须自从蒲团。柴门却倩冷风关，檐外白云时往还。

孤萤

夜静乘凉坐水亭，草头隐映见孤萤。瞥然飞过银塘面，俯仰浮光几点星。

舟行

山锁晓烟迷紫翠，花凝宿雨间青红。快帆幸自泛秋绿，乞与一篙东去风。

上清宫方丈后亭

三四声猿叫落月，六七竿竹呼起风。夜静无人知此味，还他方丈拙庵翁。

赠吴道士

（香篆之余，玉童荐筯。对谭诗味，心思风清。僭有一绝，斤斧可也。）①
延陵大士诗中虎，接武黄陈肩李杜。无盐争敢陋西施，也向雷门声布鼓。

赠何道人

汞虎铅龙炼气神，黄芽昨夜一枝春。刀圭底事如何会，伏虎朱砂匮水银。

赠张知堂

清河知堂武当来，左日右月双眼开。高卧云堂留梦醒，笑骑白鹤归蓬莱。

赠云谷孔全道

凝神爽气炼金丹，七返从来有七还。昨夜一声雷霹雳，不知人已在泥丸。

---

① 此小序据珍本、《武夷集》补。

赠葆元

弃儒为见儒多误，学道缘吾道化贤。且把功名权架阁，抱琴随我去修仙。

与赵寺丞

汞铅不在身中取，龙虎当于意外求。会得这些真造化，何愁不晓炼丹头。

题潘察院竹园壁

夜雨洗开千翡翠，春风撼碎万琅玕。满林鸦鹊卧明月，铁笛一声烟正寒。

题郑通妙方丈

无争之棋两三局，自劝之酒一二杯。但且任么随俗过，丹成云鹤自然来。

赠黄亭虞丈

修爵固当修天爵，选官何似选天官。青骊走遍皇都易，白鹤飞来绛阙难。

赠陈孔目

制锦堂前万事闲，掉头来入武夷山。当年种放如能学，白鹤青云也不难。

赠陈先生

（三首）

其一

炯炯双眸古老锥，手提向上大钳锤。蓦然寻著钟离老，捉住长髯问是谁。

其二

木人手里挥泥剑，石女头边带铁花。龙汉元年冬上巳，相逢一盏赵州茶。

其三

翻身趯倒玉葫芦，神水华池一夜枯。蓦地夜行见月影，水晶盘里走明珠。

中秋月

（二首）

其一

风吹玉露洗银河，爽气平分桂影高。把笛倚偻人不寝，此心直拟数秋毫。

其二

钱唐江上雪飞花，人在天边泛海槎。乌鹊一声星斗落，姮娥梳洗去谁家。

赠徐翔卿之别

桃花落地雨漫漫，子乃担簦过万山。临别有些无尽意，篇诗送子到崇安。

番阳旅寓留题

洞门深锁绿烟寒，来享浮生半日闲。城北城南无老树，横吹铁笛过庐山。

山居

（五首）

其一

松竹成林云气深，洞门风冷绿苔阴。落花飞尽青山在，幽鸟声中野客心。

其二

楮衾滴破松梢露，草屦淘穿石缝泉。猿在岭头声未断，道人月下伴云眠。

其三

一片幽心卧紫霞，松梢①凝翠夕阳斜。尚无心绪听啼鸟，那有工夫扫落花。

其四

竹风瑟瑟野猿号，月下酣眠不脱蓑。恐至丹炉伤白蚁，懒烧松烛惜飞蛾。

其五

天静无尘夜半时，鹊乌啼罢众星稀。数峰明月光无尽，一洞闲云淡不飞。

---

① 梢，原作"稍"，据文义改。

即事君子堂

（五首）

其一

墙头榴火正烧空，风削苍云作数峰。避叶荷花如避暑，病香愁态若为容。

其二

南薰唤起莲花悟，西照催归燕子忙。自洗霜刀来切藕，传君嚼玉咽冰方。

其三

招风竹下凉生扇，弄水荷边香满衫。自拾落花揩面汗，唤将红白酒相挼。

其四

枝头尚有烂黄梅，次第荷花白者开。庭雀被人惊得惯，作群飞去又飞回。

其五

自点雌黄改自诗，苧衣不著著蕉衣。前山何故枯松上，半月巢空鹤不归。

春兴

（七首）

其一

草根未放晓霜稀，骤冷初暄蝶倦飞。行到碧桃花下看，新花良是旧枝非。

其二

未炊盥栉且看云，空翠濛濛霁色分。日线穿窗蜂透出，隔窗花影动欣欣。

其三

茜草叶交萱草叶，桃花枝映李花枝。飕风馊雨休相恼，放我水边林下嬉。

其四

晓日激昂山吐雾，东风从臾水生波。燕才邂逅莺相款，花自将迎蝶见过。

其五

细雨如毛暮霭浓，山光水色醉春空。认来认去燕还舍，吹落吹开花使风。

其六

望中白鸟入空无，一带青山似画图。宿雨初醒云半敛，垂杨微困水平铺。

其七

娇烟嫩霭弄晴晖，谁见诗人太息时。风主庭前花寿夭，水占溪上柳安危。

晚春遣兴二绝

其一

不但风饕雨更尤，落英满地诉春愁。诗人分韵留春处，一句韩诗七个阄。

其二

临临春去却成晴，花落无声片片轻。一句杜鹃香国泪，半帘皓月故人情。

春夕与西林老月下坐

（二首）

其一

燕子呢喃君得知，深谈实相妙难思。久参贝叶云何梵，一见桃花更不疑。

其二

一物言无也大奇，如何半夜却传衣。于知见处生知见，在是非中起是非。

竹园

（三首）

其一

可惜洋州不再生，此君只许伯夷清。霜删近觉林方瘦，笋碍浑无路得行。

其二

一片琅玕香净天，风吹细细雨娟娟。龙孙始学斑衣戏，鹜子从谈玉版禅。

其三

自笑园丁职事新，一春风雨为供申。笋如滕薛皆争长，瓜似朱陈已结亲。

山歌

（桐峰悟道书示同参）

几家娘子守黄昏，多少郎君醉打门。睡了不知明月好，三更三点似金盆。

与赵将军

（三首）

其一

见君除授千牛贵，过眼光荣一蟭微。人爵未知天爵美，脂韦只道布韦非。

其二

醉头一月不曾梳，共整扁舟又太湖。昔日舞雩多一唯，他人陌巷只如愚。

其三

芒鞋布袜与青藜，朝市迷心忽几时。料得山中猿鹤冷，多应相怨不相思。

瑶台散天花词

（三首）

其一

夜半泠然御八风，下观四海气濛濛。举头忽已三更上，上有琼楼十二重。

其二

诸天彩女一双双，十二楼前并捧香。太乙真人乘白鹤，云中端简候虚皇。

其三

翠幢绛节忽纷纷，空里笙箫节奏闻。碧玉宫中花似雪，蕊珠殿下鹤如云。

竹里桃花

风吹雨洗玉猗猗，云卷霞舒锦陆离。竹夹桃花花映竹，雅如翠障绣西施。

水团

火宅煎熬不自由，就中涝漉几沉浮。翻身得入清凉国，也合甘心吃水休。

烟中梅花

烟里梅花别是清，略无风动亦寒馨。如焚古鼎龙涎饼，坐对幽窗水墨屏。

湖上偶成

（二首）

其一

葭蒲满荡起晴烟，总属霜鸥雪鹭天。一片紫菱开十字，中间放过采莲船。

其二

湖天清旷万缘虚，暂借僧房作宰予。梦觉风凉归去晚，满空飞翠扑篮舆。

睡起

清似垂竿钓楚江，酒兵已退睡魔降。霜风吹破梅花晓，雾月飞浮竹影窗。

次韵王御带

晓风吹醒桃花醉，暮雨添成柳叶愁。醉了又愁愁又醉，莺煎燕炒过春休。

徐处士写予真

心潜天地笑藏春，月佩云衿绝一尘。前世率陀天上客，今生大宋国中身。

次韵曾丈探梅

夜半风吹雪满阶，头巾不裹把窗开。南枝暗就江头发，一点香从月下来。

红梅

（二首）

其一

明皇爱雪响云营，侍宴宫娃不计名。守等太真眠未起，醺然秉烛到深更。

其二

玉妃初醉下瑶台，紫雾深深拨不开。却恐错穿桃杏径，高烧银烛照归来。

咏雪

青女怀中酿雪方，雪儿为曲①露为浆。一朝雪熟飞廉醉，酨得东风一夜狂。

题凝翠阁

日射新苔铸绿钱，山耸花屏草刺毡。剩把苔钱买风月，山屏低拥草毡眠。

咏韩湘

汝叔做尽死模样，雪里出来无意况。赖有当年花一篮，至今推与闲和尚。

---

① 曲，原作"麹"，据参校本改。

黄仙庵字谜

青红白黑欠中央，闻道西人已大方。二十一人田下电，阿谁访之詹仲皇。

赠薛氏绳歌

其青节如竹之青，其白气如梅之白。有时抱至假山边，被人唤作谪仙客。

赠薛氏振歌

麟角独异凤毛轻，得龙之秀龟之青。麟凤龟龙谓四灵，尔曹骨气同峥嵘。

武夷有感结末

诗人心与物俱化，对景无思诗自成。诗句自然明造化，诗成造化寂无声。

题莫于山

封到半天烟霭间，一卷仙书一粒丹。城南城北无老树，又吹竹笛过前山。

题胡子山林檎坡

洞宾踢碎金葫芦，夜半姮娥下蕊珠。但见满天尽角角，不知春去鬼椰榆。

织机

天地山河作织机，百花如锦柳如丝。虚空白处做一疋，日月双梭天外飞。

奉题仙庐峰六咏 ①

丹光亭

仙人不见张惊喜，尚有药炉荒碧苔。亭下丹光犹夕夕，我今办此恰方才。

藏丹岩

想得金丹初熟时，无人堪与乃藏之。岩前穴有六七迹，人不能寻鬼不知。

梯云栈

莫把凡胎问圣胎，君看石壁是谁开。后来唤作梯云栈，不是好仙那肯来。

---

① 据上海博物馆珍藏纸本《行书仙庐峰六咏卷》增。

听鹤台

心知有路透青云，不可将机泄与人。来此台边时自听，鹤来则去去超尘。

宣诏石

帝遣朱衣司命君，火铃捧诏此中宣。台石上宣台下听，一宣诏罢上三天。

整衣坛

仙骨瘦来无一把，却将鹤子养教肥。鹤肥不可还同瘦，旧上天时此整衣。

七女峰 ①

宋时松竹晋时苔，路转山回洞户开。流水也知尘世杂，依然流向此山来。

洞庭庙 ②

樯乌啼罢纸灰飞，神去神来人不知。惟有金沙堆下水，东西南北任风吹。

龙井 ③

山腰石有千年润，海眼泉无一日干。天下苍生望霖雨，不知龙在此中蟠。

题桐柏观 ④

仙翁夜来扣林壑，约我明朝过南岳。石坛对坐话松风，鹤唳一声山月落。

山中偶成 ⑤

（二首）

其一

酒恶频频嗅素馨，满天风雨晚凉生。岩花乱落无一点，谷鸟时闻啼数声。

其二

长日扃门坐小亭，松阴竹影自清清。山翁莫问吾名姓，天上星辰地下行。

---

① 据明修《岳州府志》卷七增。
② 据明修《岳州府志》卷九增。
③ 此诗刘本、辑要本有目无诗，据明钞本增。此诗一作王安石"龙泉寺石井二首"之一。
④ 据明钞本增。
⑤ 据明修《惠州府志》卷十六增。

金丹诀示张月窗①

火金只是水中金，一物飞浮一物沉。两畔②一斤同二八，昆仑山顶波海心。

飞云顶③

（此诗在冲虚蓬莱阁。此诗是丹诀，传于邹师正，不能自悟，惜哉！真素稽首。）
飞云顶上阁阑干，夜半南溟出玉盘。卷起水帘三百尺，松风吹度铁桥寒。

妓④

一握精神赛百娇，玉为肢体柳为腰。三杯舞罢霓裳曲，送我乘鸾上碧霄。

题十八学士卷⑤

台阁峥嵘倚碧空，登瀛学士久遗踪。丹青想出忠良手，不书当年许敬宗。

初夏⑥

城中厌雨过清和，偶出西郊野兴多。蚕簇趁晴方摘茧，麦场经润欲生蛾。

雁阵⑦

几是霜翎巢白草，数行云足篆青冥。方将寄字来苕雪，莫便翻身过洞庭。

画石⑧

（二首）

其一

一片嵯峨堕碧空，嵌崎落最玲珑。从教把玩真堪醉，疑自当年栗里中。

---

① 据民国《罗浮山志补》卷七增。
② 畔，原作"办"，据清康熙刊本《罗浮山志会编》卷五改。
③ 据明修《罗浮志》卷十增。
④ 据宋刘克庄《后村千家诗》卷二十三增。
⑤ 据《坚瓠甲集》卷一增。
⑥ 据宋刘克庄《后村千家诗》卷十七增。
⑦ 据宋刘克庄《后村千家诗》卷十九增。
⑧ 据清陈邦彦《历代题画诗类》卷七十四增。

其二

直作壶中九华看，碧于簪玉小于拳。好藏莫便令人见，恐有痴情似米颠。

游圣水寺^①

（二首）

其一

骑鹤来游众宝山，山中石室水光寒。岩前峭壁松花落，午夜月明初炼丹。

其二

山僧问我家何在，笑指白云带日斜。佩剑朗吟明月下，落花流水是生涯。

八景诗^②

（八首）

龙潭夜月

水溢龙潭西折东，潭涵明月水涵空。几回嘘气腾霄汉，霖雨苍生溥化工。

鲤石春涛

石肖金鳞珠水东，年深静养欢成龙。一朝涛浪兼天涌，曾看云从上九重。

山城百雉

支分华顶脉灵长，叠叠天关拱凤凰。自是溪山长险固，绵延堵雉胜金汤。

溪水九回

仙岩飞瀑绕庭长，曲曲青流衍庆芳。却讶武夷多胜概，濯歌珠水亦沧浪。

文笔蘸天

万仞文锋插大荒，淋漓浓淡扫青苍。几番白日天章焕，文烂云霞五色光。

云龟泛水

当年出落已知奇，幻入珠浜亦几时。应是灵符千载瑞，至诚今日有前知。

华盖后悬

派传西晋几千年，结屋依林傍紫玄。人杰继登华盖殿，玉堂春晓拜金銮。

---

① 据明王应山《闽都记》卷三十二增。
② "八景诗"出于江西抚州《珠溪余氏族谱》，白真人后又重题八首，共十六首。校者于互联网上只见及前八首，故据此增录。

榜山前揭

山拥黄罗紫玉回，九重天榜倚云开。明朝揭晓联名姓，喜捷泥金天上来。

联句

盱江舟中联句

（嘉定癸未仲秋之朔，偕黄天谷道盱而渝，舟中联句。）

倏忽缯千兔，寻常涸百蠡（白）。眼光摩日月，足迹遍山河（黄）。

赤壁聊化鹤，黄庭浪换鹅（白）。秋声归款乃，云影映婆娑（黄）。

夜后调焦尾，风前舞太阿（白）。待藏班婕扇，却援鲁阳戈（黄）。

点尔言其志，虞兮奈若何（白）。道缘宁择地，世事总随波（黄）。

万象由弹压，千篇在切磋（白）。酒徒从狎至，诗客听相过（黄）。

辍我芒不借，就伊金叵罗（白）。峰巅餐地秀，霞外挹天和（黄）。

拍手傲傲舞，忘形踏踏歌（白）。力辞金殿客，高应玉皇科（黄）。

八桂招六逸，九嶷哀两娥（白）。清漪驯绿鸭，列阜拊眠驼（黄）。

逸韵应无敌，清名到不毛（白）。樵仙分我席，力士汗吾韈（黄）。

风沉腰何束，霜潘鬓谩幡（白）。怀丹医病鹤，寻饵钓神鳌（黄）。

为问六国印，何如一渔簑（白）。清飔茶腋爽，韶景醉颜酡（黄）。

且噉藕如臂，从教晷似梭（白）。推蓬延月桂，引襕玩烟萝（黄）。

君已人登泰，辞皆水导嶓（白）。蕊宫①清缥缈，云阙郁嵯峨（黄）。

未到桑田变，疑将铜狄摩（白）。谁知天不管，敢谓世无魔（黄）。

觞政欢无忤，骚坛今太苛（白）。玄谭时脍炙，杰句肆吟哦（黄）。

大道真溟涬，浮生但刹那（白）。玉天还有诏，应是典风骚（黄）。

南台舟中联句

秋阳红若柿，晓雨翠如丝（白）。福地逢迎日，江天笑傲时（黄）。

莲膲犹殢水，桂粟已粘枝（白）。波静天一色，山低云四垂（黄）。

① 宫，原作"官"，据辑要本、同治本改。

垂纶怀渭叟，纵棹拟鸥夷（白）。上水迟吾乐，西风壮我诗（黄）。

疏山舟中联句

山影卧寒碧，波光摇虚空（白）。棹凌千顷月，帆鼓一天风（黄）。

列岸万丝柳，遥岑数粒松。诗魂混雁鹜，草圣惊鱼龙（白）。

梦断江楼笛，吟余烟寺钟。电华飞我剑，虹晕挂吾弓（黄）。

清啸骑汗漫，朗吟泛冥濛（白）。谁云漳国小，乐亦在其中（黄）。

泊舟浮石寺前有善士百余辈拜迎因联句于水滨民居之壁

三百六旬周复始，二十四岩高且寒（白）。

法乳试流锋上蜜，诗肠略露管中班（黄）。

山山日脚黄金软，片片梅心白雪乾（白）。

遥指烟霄呼缟鹤，一声清啸水云闲（黄）。

冬日同王茂翁联句

（二首）

其一

凿冰添砚水（白），燃干发梅花（王）。踏破霜苔迳（白），烧红雪树槎（王）。

闭门风愈怒（白），送客日将斜（王）。寒甚酒无力（白），闲多道有芽（王）。

楮衾眠不暖（白），苇壁破难遮（王）。他日瑶台上（白），流传仙子家（王）。

其二

风箭射壁缝（白），寒棱入被单（王）。幽栖悄无梦（白），神思静常安（王）。

纸帐悬冰帘（白），霜华结玉盘（王）。窗外竹敲竹（白），坛前幡动幡（王）。

青灯寒焰短（白），红炭冷灰残（王）。暗香何处梅（白），彻夜相檀栾（王）。

灯花联句

（王枞、张云友、刘希古三友预焉。）

青灯知有喜，花发满堂红。宝饼攒金蚁，琼钗缀玉虫（白）。

根非滋夜雨，玉蕊绽春风（刘）。照破乾坤事，能攘日月功（王）。

焰凝中夜露，烬落五更钟（张）。蟾桂光无比，冰花巧不同（白）。

无香开瑞瓣，有焰似珍丛（王）。鹊噪欢娱定，蛛丝信息通。

今宵真有感，好事喜相逢（白）。不假金乌照，应非玉斧工（刘）。

草虫空乱树，野磷谩枯蓬（王）。蛾至浑疑蝶，蛟飞不是蜂（刘）。

酒亲思杜老，诗咏忆韩公。不昧本来者，孤光曜太空（白）。

雪窗联句

霜风寒袭人（张），梅香清透骨。莫色冥九峰（白），月华淡双阙。

青猿啸苍虬（王），红萤粘绿发。滕六欲飞花（刘），巽二急催雪。

炉烹兽炭红（张），帘卷鸳罗缬。更烧古龙涎（白），满斟清凤血。

堆盘老榛栗（王），托契旧瓜葛。笑挥白玉麈（刘），共说丹砂诀。

飘飘志欲仙（张），酣酣耳正热。松鹤警清露（白），烟麇卧苍樾。

一雁过天外（王），孤鹊绕木末。隐约银汉星（刘），微芒翠杉月。

烛花冻不泪（张），火柿拨欲灭。回首顾壁影（白），开怀吐谈屑。

结习三生路（王），慷慨万人杰。聚散如浮萍（刘），死生犹幻沫。

万事一置之（张），四皓不渠劣。夜深尸泣鬼（白），岁晚霜摩鹘。

泉涸水涯涘（王），云渺天空阔。饿鼠啮枯藤（刘），冻蝇栖琐闼。

觞咏兴未阑（张），烘堂各粲发（白）。

棹歌联句

西风起兮，落叶黄兮，黍稷香兮（白）。

击空明兮，溯流光兮，天一方兮（白）。

彼美人兮，遥相望兮，彼苍茫兮（黎）。

系孤舟兮，蓼花傍兮，啼寒螿兮（黎）。

道中与谢紫壶联句

阴晴荏苒风吹霜（白），山北山南稻正黄（谢）。

照涧芙蓉何绰约（谢），掠云鸿鹄向微茫。

心同秋水与天远，夜折岩花和月香。

岭海青红俱在目，先随夕阳入诗肠（白）。

戏联食鲝体取其骨糜肉化之义

何其秀且明，而况清以美。不醉将如何，无吟讵自已（白）。

凡与共此者，但须行乐耳。无意固必我，可久速仕止（黄）。

离合忍复道，光阴能有几。相对默不言，新篘多且旨（白）。

玄中难致诘，圣处可胜纪。何为是栖栖，未免聊复尔（黄）。

戏联仄字体

一雨倏复霁，早魃已退垒（白）。远水白浩荡，列岫翠迤逦（黄）。

古碛缠荇带，宿鹭恋荻米（白）。搦笛叫月姊，伴我啜绿蚁（黄）。

戏联平字体

西风来无边，松声填虚空。晴云飞弥漫，凉蟾光玲珑（白）。

挥觚奔长鲸，凭栏穷冥鸿。诗成摘霜毫，吹嘘呈天公（黄）。

戏联叠韵体

两桨往莽苍，弓蓬穷空濛（白）。伛偻苦怒雨，穿窿通雄风（黄）。

美苴迤逦紫，丛枫朦胧红（白）。彼美绮里子，终同隆中翁（黄）。

戏联回文体

水连天渺渺，山映月亭亭。尾棹依凫渚，头船过蓼汀（白）。

鬼神号暝壑，烟雾霭疏棂。美酝浮觞玉，轻衣拂剑星（黄）。

夜船与盘云联句回文

烟山暮滴翠，露叶秋翻红（白）。川急回斜岸，草枯凋薄霜（黎）。
蝉寒嘶月淡，雁过唳天长（白）。船泊宜沙浦，夜深同咏觞（黎）。

潘紫岩与余赋雪约不得用色数并实字及比喻

不似寻常冻，俄而散漫飞。羞明犹欲落，等伴未全晞（白）。
承得圆还碎，看来是复非。积深仍密密，舞急转霏霏（潘）。
弗是筛成细，何如拾取归。今焉皆璀璨，昨者只浚（白）。
扫去依元有，呵来忽渐微。乱飘寒转甚，相映远生辉（潘）。
莫踏凹中满，遥知凸处肥。严凝吟不厌，凛冽饮无威（白）。
赏玩真堪乐，丰穰不用祈。婵娟虽可待，融散恐几希（潘）。

叠字招隐

逐逐何时知足。来归山，共种菊。有松为酒，有藜当肉。亦有涧底芝，亦有岩上瀑。白日自觉如年，青山长是对目。闲云与充封门人，清风为作扫室仆。朝宴息乎长松之阴，夜偃仰乎冷翠之谷。我无涕唾津精气血液，了绝喜怒哀乐爱恶欲。练空碧毓紫冲兮身如玉，乘气御炁兮咏九霞之曲。

再用前韵

逐逐且贪怎足。恋松楸，爱莲菊。食玉衣锦，池酒林肉。瓮埋地阁钟，月泻天窗瀑。郑卫殆塞其聪，赵燕可盲其目。镜盟钗诅谩交交，马迹车尘何仆仆。名伤神兮宠辱若惊，事掣肘兮进退惟谷。一真妄兮故知空不空，观徼妙兮常有欲无欲。吾将先天后天明月之珠，裁作左仙右仙女宾云之曲。

紫溪偶成回文体

鹏黄并柳风飘絮，蝶粉粘花露浥香。离别恨深深院静，少年人去去途长。

集句赠王秀才

富贵必从勤苦得，名位岂肯卑微休。劝君更尽一杯酒，与尔同销万古愁。

第十卷

诗余类

兰陵王

一溪碧。何处桃花流出。春光好，寻个，小小篮舆谩行适。苍苔满白石。涧底阴风凛栗。疑无路，幽壑琮琤，峡转山回入林僻。

千峰呈翠色。时亦有声声，樵唱渔笛。忽然一树樱桃白。又回头一顾，掀髯一笑，诗情酒思正豪逸。虎蹄过新迹。

幂幂。雾如织。见异草珍禽，问名不识。山灵勒驾雨来急。欲游观未已，仆言日夕。看来看去，似那里，似少室。

又题笔架山

三峰碧。缥渺烟光树色。高寒处，上有猿啼，鹤唳天风夜萧瑟。山形似笔格。人道江南第一。游紫观，月殿星坛，积翠楼前吹铁笛。

客来访灵迹。闻王郭当年，曾此驻锡。二仙为谒浮丘伯。从骖鸾去后，云深难觅。丹炉灰冷杵声寂。依然旧泉石。

泉石。最幽闲。更禽静花闲，松茂竹密。清都绛阙无消息。共羽衣挥麈，感今怀昔。堪嗟人世，似梦里，驹过隙。

又紫元席上作

桃花瘦。寒食清明前后。新燕子，禁得余寒，风雨把人苦僝僽。梅粒今如豆。减却春光多少。空自有，满树山茶，似语如愁卧晴昼。

幽人展襟袖。惜莺花未老，江山如旧。杜鹃声里同携手。叹陌上芳草，堤边垂柳。一春十病九因酒。愁来独搔首。

豆蔻。枝头小。应可惜年华，孤负时候。九十日韶光那得久。问芍药觅醉，牡丹索笑。三万六千，能几度，君知否。

沁园春

（二首）

其一

嫩雨如尘，娇云似织，未肯便晴。见海棠花下，飞来双燕，垂杨深处，啼断孤莺。绿砌苔香，红桥水暖，笑捻吟髭行复行。幽寻懒、就半窗残睡，一枕初醒。

消凝。次第清明。渺南北东西草又青。念镜中勋业，韶光苒苒，樽前今古，银发星星。青鸟无凭，丹霄有约，独倚东风无限情。谁知有，这春山万点，杜宇千声。

其二

暂聚如萍，忽散似云，无可奈何。向天涯海角，两行别泪，风前月下，一片离骚。啼罢栖乌，望穷芳草，此恨与之谁较多。昏黄后，对青灯感慨，白酒悲歌。

梦中作梦知么。忆往事落花流水呵。更凭高望远，沈腰不瘦，怅今怀昔，潘鬓须皤。去燕来鸿，寻梅问柳，寸念从他寒暑熬。消魂处，但烟光缥渺，山色周遭。

又送王侍郎帅三山

（二首）

其一

锦绣文章，圭璋闻望，碧落侍郎。昨履声渐近，星辰避次，竹符重剖，湖海生光。委羽天空，石桥水冷，每为泉生时雨滂。君知否，是民心襦袴，吏胆冰霜。

少须召入鹓行。也不念无人荷紫囊。有本朝曾旦，移春手段，旧家羲献，补月心肠。此去三山，却登八座，已准金瓯姓字香。还朝处，双凫作对，五马成行。

其二

大丈夫儿，冰肝玉胆，砺山带河。算此身此世，无过驹隙，一名一利，未值鸿毛。相府如潭，侯门似海，那得烟霄尔许高。当初我，是乘云御气，几百千遭。

此生勋业无多。也手种梅花三百窠。又底曾嗅著，庙堂钟鼎，底曾拈得，帷幄弓刀。玉帝遥知，金书何晚，时有鹤鸣于九皋。如今且，向风前浪舞，月下高歌。

又寄鹤林

（三首）

其一

三径就荒，松菊犹存，归去来兮。叹折腰为米，弃家因酒，往之不谏，来者堪追。形役奚悲，途迷未远，今是还知悟昨非。舟轻扬，问征夫前路，晨色熹微。

欢迎童稚嘻嘻。羡出岫云闲鸟倦飞。有南窗寄傲，东皋舒啸，西畴春事，植杖耘耔。矫首遐观，壶觞自酌，寻壑临流聊赋诗。琴书外，且乐天知命，复用何疑。

其二

乍雨还晴，似寒而暖，春事已深。是妇鸠乳燕，说教鱼跃，豪蜂醉蝶，撩得莺吟。斗茗分香，脱禅衣夹，回首清明上已临。芳菲处，在梨花金屋，杨柳璃林。

如今。诗酒心襟。对好景良辰似有妊。念恨如芳草，知他多少，梦和飞絮，何处追寻。病酒时光，困人天气，早有秋秧吐嫩针。兰亭路，渐流觞曲水，修禊山阴。

其三

吹面无寒，沾衣不湿，岂不快哉。正杏花雨嫩，红飞香砌，柳枝风软，绿映芳台。燕似谈禅，莺如演史，犹有海棠连夜开。清明也，尚阴晴莫准，蜂蝶休猜。

朝来。应问苍苔。甚几日都成锦绣堆。念四方宾友，不堪渭树，一年春事，已属庭槐。宿酒难醒，多情易老，争奈传杯不放杯。如何好，看秋千则剧，蹴鞠恢谐。

又赞吕公

渭水秋深，溢江春老，洞庭一湖。问城南古树，如今在否，洛中狂客，还更来无。独上君山，渺观岩石，八百里鲸波泛巨区。何曾错，有茶中上灶，酒里仙姑。

终须。度了肩吾。稽首终南钟大夫。自太平寺里，题诗去后，东林沈宅，大醉归软。天上筵多，人间到少，更不向庐山索鳜鱼。如何好，好借君黄鹤，上我清都。

又题罗浮山

且说罗浮，自从石洞，水帘以还。是向时景泰，初来卓锡，旧家勾漏，曾此修丹。药院空存，铁桥如故，上更有朱仙朝斗坛。飞云顶，在石桥高处，杳霭之间。

山前。拾得清闲。也分我烟霞数亩宽。自竹桥人去，青莲馥郁，柴门闭了，绿柳回缳。白酒初篘，清风徐至，有桃李时新竹几盘。仙家好，这许多快活，做甚时官。

又赠胡葆元

（二首）

其一

要做神仙，炼丹工夫，亦有何难。向雷声震处，一阳来复，玉炉火炽，金鼎烟寒。姹女乘龙，金公跨虎，片晌之间结大还。丹田里，有白鸦一个，飞入泥丸。

河车运入昆山。全不动纤毫过玉关。把龟蛇乌兔，生擒活捉，霎时云雨，一点成丹。白雪漫天，黄芽满地，服此刀圭永驻颜。常温养，使脱胎换骨，身在云端。

其二

岁去年来，思量人生，空自沈埋。既这回冬至，一阳来复，便须修炼，更莫疑猜。好个鼎炉，见成铅汞，片晌工夫结圣胎。人身里，三千世界，十二楼台。

周年造化安排。只在这些真妙哉。要先擒日月，后攒星斗，黄庭中畔，化作璚瑰。谁会天机，分明说破，恰似江头雪里梅。丹成后，做些功行，归去蓬莱。

又题桃源万寿宫

黄鹤楼前，吹笛之时，先生朗吟。想剑光飞过，朝游南岳，墨篮放下，夜醉东邻。铛煮山川，粟藏世界，有明月清风知此音。呵呵笑，笑酿成白酒，散尽黄金。

知音。自有相寻。休踏破葫芦折断琴。唱白苹红蓼，庐山日暮，西风黄叶，渭水秋深。三入岳阳，再游溆浦，自一去优游直至今。桃源路，尽不妨来往，时共登临。

又题湖头岭庵

客里家山，记踏来时，水曲山崖。被滩声喧枕，鸡声破晓，匆匆惊觉，依旧天涯。抖擞征衣，寒欺晓袂，回首银河西未斜。尘埃债，叹有如此发，空为伊华。

古来客况堪嗟。尽贫也输他在家。料驿舍旁边，月痕白处，暗香微度，应是梅花。拣折一枝，路逢南雁，和两字平安寄与他。教知道，有长亭短堠，五饭三茶。

水龙吟
（二首）

其一

雨余叠𪩘浮空，南枝一点春风至。洞天未锁，人间春好，玉妃曾坠。锦瑟繁弦，凤箫清响，九霄歌吹。问分香旧事，刘郎去后，知谁伴、风前醉。

回首暝烟千里。但纷纷、落红如泪。多情易老，青鸾何许，诗成难寄。斗转参横，半帘花影，一溪寒水。怅飞凫路杳，行云梦断，空自有三峰翠。

其二

层峦叠𪩘浮空，断崖直下分三井。苍苔路古，鹿鸣芝涧，猿号松岭。露浥凤箫，烟迷枸杞，绿深翠冷。笑携筇一到，登高眺远，是多少、仙家景。

长念青春易老，尚区区、枯蓬断梗。人间天上，喟然俯仰，只身孤影。世事空花，春心泥絮，此回还省。向璇台双阙，结间茅屋，坐千峰顶。

又采药径

云屏谩锁空山，寒猿啼断松枝翠。芝英安在，术苗已老，徒劳屐齿。应记洞中，凤箫锦瑟，镇常歌吹。怅苍苔路杳，石门信断，无人问、溪头事。

回首暝烟无际，但纷纷、落花如泪。多情易老，青鸾何处，书成难寄。欲问双娥，翠蝉金凤，向谁娇媚。想分香旧恨，刘郎去后，一溪流水。

十二时·鹤林靖作

素馨花、在枝无几。秋入阑干十二。那茉莉、如今已矣。只有兰英菊蕊。霜蟹年时，香枨天气。总是悲秋意。问宋玉、当日如何，对此凄凉风月，怎生存济。

还未知、幽人心事。望得眼穿心碎。青鸟不来，彩鸾何处，云锁三山翠。是碧霄有路，要归归又无计。奈何他、水长天远，身又何曾生翼。手捻芙蓉，耳听鸿雁，怕有丹书至。纵人间富贵，一岁复一岁。此心终日绕香盘，在篆畦儿里。

瑞鹤仙

（二首）

其一

残蟾明远照。正一番霜讯，四山秋老。孤村带清晓。有鸣鞭归骑，乱林啼鸟。青帘缥渺。懒行时，持杯自笑。甚年来、破帽凋裘，惯得淡烟荒草。

多少。客愁羁思，雨泊风餐，水边云杪。西窗政好。疏竹外，粉墙小。念归期相近，梦魂无奈，不为罗轻寒悄。怕无人、料理黄花，等闲过了。

其二

赋情多懒率。每醉后疏狂，醒来飘忽。无心恋簪绂。谩才高子建，韵欺王勃。胸中绝物。所容者、诗兵酒卒。一两时，调发将来，扫尽闷妖愁孽。

莫说。杀人一万，自损三千，到底觥觯。悬河口讷。非夙世，无灵骨。把湖山牌印，莺花权柄，牒过清风朗月。且束之、高阁休休，这回更不。

祝英台近

月如酥，天似玉，长啸弄孤影。十二楼台，昨梦暗寻省。怜露满衣襟，风吹毛发，浑无寐、寒宵漏永。

捧香鼎。翻起一片龙涎，梅花对人冷。庭户冰清，何处鹤声警。少时烛暗梧窗，烟生苔砌，晓钟动。忽然心醒。

水调歌头·咏茶

二月一番雨，昨夜一声雷。枪旗争展，建溪春色占先魁。采取枝头雀舌，带露和烟捣碎，炼作紫金堆。碾破香无限，飞起绿尘埃。

汲新泉，烹活火，试将来。放下兔毫瓯子，滋味舌头回。唤醒青州从事，战退睡魔百万，梦不到阳台。两腋清风起，我欲上蓬莱。

菊花新

（九首）

一

渺渺烟霄风露冷，夜未艾、凉蟾似水。海山外、五云散彩，三峰凝翠。一鹤横空何缥缈，见殿阁、笙歌拥罗绮。笑劳生，空如尺鹦，恋槿花篱。

于中青鸾唱美。丹鹤舞奇。有粉娥琼女，齐捧芳卮。天真皇人陈玳席，宴太姥、思之暗生悲。念如今，红尘满面，谩洒晚风泪。

二

十二楼台，但前回旧迹。想琪花似雪，忘了还思。朝暮痴痴地。只有老天知。却自省，玉阶金砌。错抛离。

梧桐声颤，窗外草虫吟细。醉魂觉，又听秋鸿悲呖。极目寒空，叹未有紫云梯。绛阙消息子。也无一二、枉垂涕。

三

宝鸭温香，诉丝诚寸意。记当年事，闷本愁基。人间天上，只争得那些儿。吃禁持。却念九霄风味。

清晨雁字。一句句在天如在纸。只得向风前，默默自嗟惜。业债俱消，还未了、甚时已。一日里。滴了掩儿来泪。

四

念我东皇大帝儿。是操觚弄翰之职。飞落尘寰，似此度，算应希。向这里。安能便、策景御气。

灰头土面、千河水。把我如何洗。纵便有铢衣，已失眉峰翠。看看皓首，瞒不过镜台儿。除是去、青松下、碧云底。

五

弱水去蓬莱，四万八千里。远漠漠，俯仰天水青无际。鸟飞不到船去难，渺无依。剪锦字。云信待凭鸾翼。

青芝素瀑，草舍儿、隐隐烟霞里。向闲处，批风切月烹天地，三岛十洲，去有日，几何时。胎仙就，直待鹤书来至。

六

铜壶四水。寒生素被。夜迢迢，烟月熹微。池浸霜荷，槛竹响，井枫飞。宝枕潭无梦，念忡忡地。

形留神往，镇日价、忘食应忘寐。省得起、都是天上仙家事。珠歌舞，酌玉液，饭云子。怎得麟麟脯，更教知味。

七

有个闷甚处，一向如痴醉。独倚住危栏，坐咬无名指。金鱼玉雁一从去，绝消息。念念怀天帝。密与冥契。

晴霞照水。叹细草新蒲寒萋萋。对夕照，树色烟光相紫翠。花落莺啼。把往事似川逝。光阴速，何时是伊归日。

八

雪牖风轩度岁。时听芭蕉，雨声凄恻。情多易感，渐不觉鬓成丝。忽又成千古，诮如梦里。

西山南浦尽秋意。一望芦花飞。有一点沙鸥，点破松梢翠。凄然念起。觉两腋凉飙细。诗兴浑飞在渔乡橘里。

九

忽水远天长，笑把玉龙嘶。一声声，吹断寒云沧波里。幽愁暗恨，弄皓月，怨白日。问太虚不尚，则成休矣。

云心鹤性，死也要冲霄，乘风去。分自有、终合仙飞。感古怀今聊把笔。落叶寒蝉悲。使人增怨抑。

菩萨蛮·送刘贵伯

合山云冷风萧瑟。野猿啼罢蟾光白。听彻太清弦。断肠云水天。
金陵君此去。秋入蒹葭浦。兴满即回辕。明年二月春。

谒金门

春又去。愁杀一声杜宇。昨夜海棠无□□。晓来闻燕语。
缥渺佳人何处。镇日愁肠万缕。千里无家归未得，春风知我苦。

喜迁莺·鹤林靖偶作

吾家何处。对落日残鸦，乱花飞絮。五湖四海，千岩万壑，已把此生分付。怎得海棠心绪，更没鸳鸯债负。春正好，叹流光有限，老山无数。

归去。君试觑。紫燕黄鹂，愁怕韶华暮。细雨斜风，断烟芳草，暑往寒来几度。锁却心猿意马，缚住金乌玉兔。今古事，似一江流水，此怀难诉。

水调歌头·自述

（十首）①

一

金液还丹诀，无中养就儿。别无他术，只要神水入华池。采取天真铅汞，片晌自然交媾，一点紫金脂。十月周天火，玉鼎产琼芝。

你休痴，今说破，莫生疑。乾坤运用，大都不过坎和离。石里缘何怀玉，因甚珠藏蚌腹，借此显天机。何况妙中妙，未易与君知。

二

吃了几辛苦，学得这些儿。蓬头赤脚，街头巷尾打无为。都没蓑衣笠子，多少风烟雨雪，便是活阿鼻。一具骷髅骨，忍尽万千饥。

头不梳，面不洗，且憨痴。自家屋里，黄金满地有谁知。这里一声惭愧，那里一声调数，满面笑嘻嘻。白鹤青云上，记取这般时。

三

有一修行法，不用问师传。教君只是，饥来吃饭困来眠。何必移精运气，也莫行功打坐，但去净心田。终日无思虑，便是活神仙。

不憨痴，不狡诈，不风颠。随缘饮啄，算来命也付之天。万事不由计较，造物主张得好，凡百任天然。世味只如此，拼做几千年。

四

一个清闲客，无事挂心头。包巾纸袄，单瓢只笠自逍遥。只把随身风

---

① 底本误题为"六首"，实则为十首。按：此十首，善本、《上清集》、刘本、辑要本与底本、同治本顺序、内容不尽相同，但是其全部内容皆已见于底本、同治本，今依二本所定，未按它本。

月，便做自家受用，此外复何求。倒指两三载，行过百来州。

百来州，云渺渺，水悠悠。水流云散，于今几度蓼花秋。一任乌飞兔走，我亦不知寒暑，万事总休休。问我金丹诀，石女跨泥牛。

五

不用寻神水，也莫问华池。黄芽白雪，算来总是假名之。只这坤牛乾马，便是离龙坎虎，不必更猜疑。药物无斤两，火候不须时。

偃月炉，朱砂鼎，总皆非。真铅真汞，不炼之炼要何为。自己金公姹女，渐渐打成一块，胎息象婴儿。不信张平叔，你更问他谁。

六

要做神仙去，工夫譬似闲。一阳初动，玉炉起火炼还丹。捉住天魂地魄，不与龙腾虎跃，满鼎汞花乾。一任河车运，径路入泥丸。

飞金精，采木液，过三关。金木间隔，如何上得玉京山。寻得曹溪路脉，便把华池神水，结就紫金团。免得饥寒了，天上即人间。

七

草涨一湖绿，天醮四山青。这千年里，几多兴废不容声。无分貂金佩玉，不梦歌钟食鼎，何处有车旌。便念旌阳剑，枉自染蛟腥。

生诸葛，少马援，尚云萍。醉乡日月，飘然身世付刘伶。知道东门黄犬，不似西山白鹭，风月了平生。起来忽清啸，惊落夜潭星。

八

杜宇伤春去，蝴蝶喜风清。一犁梅雨，前村布谷正催耕。天际银蟾映水，谷口锦云横野，柳外乱鸣蝉。人在斜阳里，几点晚鸦声。

采杨梅，摘卢橘，钉朱樱。奉陪诸友，今宵烂饮过三更。同入醉中天地，松竹森森翠幄，酣睡绿苔茵。起舞弄明月，天籁奏箫笙。

九

一个江湖客，万里水云身。鸟啼春去，烟光树色正黄昏。洞口寒泉漱石，岭外孤猿啸月，四顾寂无人。梦魂归碧落，泪眼看红尘。

烟濛濛，风惨惨，暗消魂。南中诸友，而今何处问浮萍。青鸟不来松老，黄鹤何之石烂，叹世一伤神。回首南柯梦，静对北山云。

十

昔在虚皇府，被谪下人间。笑骑白鹤，醉吹铁笛落星湾。十二玉楼无梦，三十六天夜静，花雨洒琅玕。瑶台归未得，忍听洞中猿。

也休休，无情绪，炼金丹。从来天上，神仙宫府更严难。翻忆三千神女，齐唱霓裳一曲，月里舞青鸾。此恨凭谁诉，云满武夷山。

又和孀翁

（二首）

其一

昔在虚皇府，啸咏紫云中。不知何事，误蒙天谪与公同。偶到金华洞口，忽见孀翁老子，挺挺众中龙。握手归仙隐，谈笑起天风。

忽相逢，一转瞬，酒杯空。几时再会，唱赓词翰倒金钟。只恐武夷山里，千古猿啼鹤唳，未便蹑飞虹。公欲归仙去，我欲继公踪。

其二

误触紫清帝，谪下汉山川。既来尘世，奇奇怪怪被人嫌。懒去蓬莱三岛，且看江南风月，一住数千年。天风自霄汉，吹到剑峰前。

做些诗，吃些酒，放些颠。木精石怪，时时作地行仙。朝隐四山猿鹤，夜枕一天星斗，纸被里云眠。梦为蝴蝶去，依约在三天。

又丙子中元后风雨有感

（二首）

其一

一叶飞何处，天地起西风。夜来酒醒，月华千顷浸帘栊。塞外宾鸿来也，十里碧莲香满，泽国蓼花红。万象正萧爽，秋雨滴梧桐。

钓台边，人把钓，兴何浓。吴江波上，烟寒水冷剪丹枫。光景暗中催去，览镜朱颜犹在，回首鸳巢空。铁笛一声晓，唤起玉渊龙。

其二

江上春山远，山下暮云长。相留相送，时见双燕语风樯。满目飞花万点，回首故人千里，把酒沃愁肠。回雁峰前路，烟树正苍苍。

漏声残，灯焰短，马蹄香。浮云飞絮，一身将影向潇湘。多少风前月下，迤逦天涯海角，魂梦亦凄凉。又是春将暮，无语对斜阳。

又石知院生辰

两鬓青丝发，双眼黑方瞳。人皆道是，昭庆一个老仙翁。暂别蓬莱弱水，自把星冠月帔，玉佩舞薰风。醉入桃源路，归去不知踪。

举云璈，鸣铁笛，抚丝桐。满前剑弁森列，稽首捧金钟。挺挺松形鹤貌，任待桑田变海，宝鼎粒丹红。玉帝下明诏，独骑上瑶空。

满江红·咏武夷

忆昔秦时，中秋日、武夷九曲。烟寂寂、斜阳数尺，寒鸦枯木。三十六峰凝晓翠，一溪流水生秋绿。正满林、桂子散天香，飞金粟。

神仙客，金丹熟。玉诏下，云生足。岩头新换骨，尚枯红肉。夜半月华明似昼，玉皇降辇铺毂𬭤。笑曾孙、回首幔亭前，空松竹。

又咏白莲

昨夜姮娥，游洞府、醉归天阙。缘底事、玉簪坠地，水神不说。持向水晶宫里去，晓来捧出将饶舌。被薰风、吹作满天香，谁分别。

芳而润，清且洁。白似玉，寒于雪。想玉皇后苑，应无此物。只得赋诗空赏叹，教人不敢轻攀折。笑李粗、梅瘦不如他，真奇绝。

又听陈元举琴

树色冥濛，山烟暮、鸟归日落。凭阑处、眼空宇宙，心游碧落。古往今来天地里，人间那有扬州鹤。幸而今、天付与青山，甘寥寞。

好花木，多岩壑。得萧散，耐淡泊。把他人比并，我还不错。一曲瑶琴知此意，从前心事都忘却。况新秋、不饮更何时，何时乐。

又别鹤林

（二首）

其一

明日如今，我已是、天涯行客。相别后、麻姑山上，齐云亭侧。几个黄昏劳怅想，几宵皓月遥思忆。与二仙、不但此今生，皆畴昔。

频到此，欢无极。今去也，来无的。念浪萍风絮，东西南北。七八年中想契密，三千里外来将息。怅金丹、未就玉天辽，还凄恻。

其二

钧天高处，元自有、琼楼玉阙。又那更、九霞隐映，五云斗绝。八面玲珑光不夜，四围晃耀寒如月。有广寒、宫殿隐姮娥，冰壶洁。

飘飘去，天风冽。星河外，花飞雪。见三千神女，尊前一阕。来到人间浑似梦，未能归去空悲咽。问仙都、此去几由旬，归心热。

又赠豫章尼黄心大师

（尝为官妓）

豆蔻丁香，待则甚、如今休也。争知道、本来面目，风光洒洒。底事到头鸾凤侣，不如挦脱鸳鸯社。好说与、几个正迷人，休嗟讶。

纱窗外，梅花下。酒醒也，教人怕。把翠云剪却，缁衣披挂。柳翠已参弥勒了，赵州要勘台山话。想而今、心似白芙蕖，无人画。

摸鱼儿

问沧江、旧盟鸥鹭。年来景物谁主。悠悠客鬓知何事，吹满西风尘土。浑未悟。谩自许。功名谈笑侯千户。春衫戏舞。怕三径都荒，一犁未把，猿鹤笑君误。

君且住。未必心期尽负。江山秋事如许。月明风静苹花路。欹枕试听鸣橹。还又去。道唤取。陶泓要草归来赋。相思最苦。是野水连天，渔榔四处，蓑笠沾①烟雨。

又寿觉非居士

（二首）

其一

雨肥梅、亭台初夏。昙花开向前夜。纯阳鹤会先三日，何处神仙降驾。知得也。是西山彭抗来胎化。平生性野。自倒指今年，七旬有六，使节半天下。

焚金兽，毋惜满斟玉斝。儿孙况又潇洒。公今骨相如松在，一掬精神堪画。于今且。炼金丹成了为凭藉。归心莲社。便做得乃翁，年登八百，未是寿长者。

---

① 沾，原作"占"，据同治本改。

其二

这身儿、从来业障。一生空自劳攘。生死死生皆如梦，更莫别生妄想。没伎俩。只管去、天台雁荡寻方广。几人不省。被妻子萦缠，生涯拘束，甘自归黄壤。

世间事，一斤两个八两。问谁能去俯仰。道义重了轻富贵，却笑轮回来往。休勉强。老先生、从来恬淡无妆恍。一声长啸，把拄杖横肩，草鞋贴脚，四海平如掌。

又寿傅枢阁中李夫人

跨飞鸾、醉吹瑶笛，蓬莱知在何处。薰风飘散荷花露。梦觉已非□所，忘归路。谁知道、人间别有神仙侣。身游枢府。奈诏入玉楼，猛骑箕尾，四海忆霖雨。

问王母。天上桃红几度。蕊宫今是谁主。明年甲子从头数，春入鬖云鬟雾。如今去。是处里、福田都著黄金布。庭前玉树。看子早生孙，孙还生子，岁岁彩衣舞。

洞仙歌·为鹤林赋梅

南枝漏泄，一点春光别。无蝶无蜂正霜雪。向竹梢疏处，瘦影横斜，真个是，潇洒冰肌玉骨。

黄昏人静，踏碎阶前月。忍冻相看惜攀折。巡檐空索笑，似笑无言，夜悄悄、香入寒风清冽。更那堪、画角恼幽人，又满地落英，愁肠万结。

满庭芳·和陈隐芝韵

百雉城边，乱花深处，竹间一笑双清。天公解事，为我弄阴晴。雨过槐阴绿净，女墙外、杨柳丝轻。堪嗟惜，诗尤酒殢，镜里失青春。

清和如许在，莺莺燕燕，相与忘情。谪仙风度，命代万人英。游戏琴棋书画，人间世、别有方瀛。酏醻后，玄裳效舞，所欠董双成。

琼台月

烟霄凝碧。问紫府清都，今夕何夕。桐阴下、幽情远，与秋无极。念陈迹、虎殿虬宫，记往事、龙箫凤笛。露华冷，蟾光白。云影净，天籁息。知得。是蓬莱不远，身无羽翼。

广寒宫、舞彻霓裳，白玉台、歌罢瑶席。诤不思下界，有人岑寂。羡博士、两泛仙槎，与曼倩、三偷蟠实。把丹鼎，暗融液。乘云气，醉挥斥。嗟惜。但城南老树，人谁我识。

永遇乐

懒散家风，清虚活计，与君说破。淡酒三杯，浓茶一碗，静处乾坤大。倚藤临水，步屧登山，白日只随缘过。自归来，曲肱隐几，但只恁和衣卧。

柴扉草户，包巾纸袄，未必有人似我。我醉还歌，我歌且舞，一恁憨痴好。绿水青山，清风明月，自有人间仙岛。且偎随、补破遮寒，烧榾柮火。

又寄鹤林靖

银月凄凉，绮霞明灭，秋色如此。露满清襟，风生衰鬓，夜已三更矣。寻思往事，千头万绪，回首消如梦里。指烟霄，不如归去，不知今夕何夕。

鹑衣百结，臙脂垢腻，犹是小蛮针指。对酒逢诗，高吟大笑，四海今谁似。荷亭竹阁，共风同月，此会今生能几。君须记，去来聚散，只阃底是。

好事近·赠赵制机
（二首）

其一

行到竹林头，探得梅花消息。冷蕊疏英如许，更无人知得。

冰枯雪老岁年徂，俯仰自嗟惜。醉卧梅花影里，有何人相识。

其二

何事雁来迟，独步秋园默默。莫恨桂花开尽，有菊花堪惜。
回头顾影背斜阳，听西风萧瑟。无限诗情酒思，那早梅知得。

桂枝香

楼前凝望。见水满一溪，云满千嶂。将晚欲行无绪，欲眠无况。岩花涧草春无极，倚东风、忽然惆怅。淡烟飞过，幽禽叫断，远钟嘹亮。

为底事、沈吟一晌。念只影飘浮，寸心虚旷。无限游丝落絮，此怀难状。江湖淮海行将遍，觉诗肠、酒胆超畅。一丘一壑归来，念我旧家天上。

南乡子·爱阁赋别
（二首）

其一

夜月照千峰。影满荷池静袅风。明日今宵还感慨，梧桐。叶叶随云扬碧空。
聚散与谁同。野鹤孤云有底踪。别处要知相忆处，无穷。总在青山夕照中。

其二

前度几相逢。此日游从乐不同。竹阁荷亭欢聚处，雍容。如在蓬莱第一宫。
夜半月朦胧。秉烛东园风露中。明日匆匆还入浙，忡忡。却把音书寄远鸿。

霜天晓角·缘净堂

五羊安在。城市何曾改。十万人家阛阓，东亦海、西亦海。年年蒲涧会。地接蓬莱界。老树知他一剑，千山外、万山外。

贺新郎

（二首）

其一

且尽杯中酒。问平生、湖海心期，更如君否。渭树江云多少恨，离合古今非偶。更风雨、十常八九。长铗歌弹明月堕，对萧萧、客鬓闲携手。还怕折，渡头柳。

小楼夜久微凉透。倚危栏、一池倒影，半空星斗。此会明年知何处，苹末秋风未久。谩输与、鹭朋鸥友。已办扁舟松江去，与鲈鱼、莼菜论交旧。因念此，重回首。

其二

梦绕荷花图，遍橘州柳市，芙蓉巷陌。桂社兰乡白苹里，月冷波寒之夕。有孤鹜、落霞知得。一鹤横空云漠漠，见梅梢、万粒真珠滴。犹未把，寒香惜。

画楼何处吹瑶笛。便酥颦玉笑，露松霜瘠。姑射真人游紫府，下戏三江七泽。此莫是、冰魂雪魄。半逐风飞半随水，半在枝、半落苍苔白。酒醒后，晓窗碧。

又雪

（二首）

其一

是雨还堪拾。道非花、又从帘外，受风吹入。扑落梅梢穿度竹，恐是蛟人诉泣。积至暮、萤光熠熠。色映万山迷远近，满空浮、似片应如粒。忘炼得，我双睫。

吟肩耸处飞来急。故撩人、粘衣㗱袖，嫩香堪浥。细听疑无伊复有，贪看一行一立。见僧舍、茶烟飘湿。天女不知维摩事，谩三千、世界缤纷集。是剪水，谁能及。

其二

挽住风前柳，问鸥夷当日扁舟，近曾来否。月落潮生无限事，零落茶烟未久。谩留得莼鲈依旧。可是从来功名误，抚荒祠、谁继风流后。今古恨，一搔首。

江涵雁影梅花瘦，四无尘、雪飞风起，夜窗如昼。万里乾坤清绝处，只许渔翁钓叟。近又落、诗人豪友。猛拍栏干呼鸥鹭，道他年、我亦垂纶手。飞过我，共樽酒。

又咏牡丹

晓雾须收霁。牡丹花、如人半醉，抬头不起。雪炼作冰冰作水。十朵未开三四。又加以、风禁①雨制。是是东吴春色盛，尽移根、换叶分黄紫。所贵者，称姚魏。

其间一种又姝丽。似佳人、素罗裙在，碧罗衫底。中有一花边两蕊。恰如妆成小字。看不足、如何可比。白玉杯将青玉绿，据晴香、暖艳还如此。微笑道，有些是。

又紫元席上作

飞尽桃花片。倚东风、高吟大啸，开怀消遣。芍药牡丹开未遍。不道韶华如电。无心向、小庭幽院。秉烛夜游虽不倦，奈一番、风雨花容变。春去也，无人见。

何处莺莺啼不断。探后园、红稀翠减，青稠绿满。蝶在花间犹死恋。早有行人摇扇。故自要、与春为饯。笑指白云归去好，对夕阳、泻酒凭谁荐。柳深处，有双燕。

①　原注：平声。

又肇庆府送谈金华、张月窗

谓是无情者。又如何、临临欲别，泪珠如洒。此去兰舟双桨急，两岸秋山似画。况已是、芙蓉开也。小立西风杨柳岸，觉衣单、略说些些话。重把我，袖儿把。

小词做了和愁写。送将归、要相思处，月明今夜。客里不堪仍送客，平昔交游亦寡。况惨惨、苍梧之野。未可凄凉休哽咽，更明朝、后日才方罢。却默默，斜阳下。

又再送前人

风雨今如此。问行人、如何有得，许多儿泪。为探木犀开也未，只有芙蓉而已。九十日、秋光能几。千里送人须一别，却思量、我了思量你。去则是，住则是。

归归我亦行行矣。便行行、不须回首，也休萦系。一似天边双鸣雁，一个飞从东际。那一个、又飞西际。毕竟人生都是梦，再相逢、除是青霄里。却共饮，却共醉。

又隐括菊花新

露白天如洗。淡烟轻、疏林映带，远山横翠。对此情怀成甚也，云断小楼风细。独倚遍、画栏十二。花馆云窗成憔悴。听宾鸿、天外声嘹唳。但不过，闷而已。

房栊深静难成寐。夜迢迢、银台绛蜡，伴人垂泪。巴得暂时朦胧地。还又匆匆惊起。谩自展、云笺锦字。往后各收千张纸。念梦劳魂役空凝睇。终不负，骖鸾志。

又罗浮作

醉见千山面。晚晴初、蝉声未了，鸟声尤远。知道仙人丹灶在，尚有陈灰犹暖。但只恐、松枯石烂。笑问年华应不换，又如何、洞里笙箫断。还念我，去归晚。

千峰[①]万壑猿啼遍。一思量、一回懊恨，一回泪退。岂是自家无仙骨，尚被红尘牵绊。要分此、烟霞一半。当日朱仙和葛老，更老黄、亦合同萧散。上帝近，永容懒。

又贺胡大卿生日

仙鹊梁银汉。见青原、白鹭一点，秋光犹嫩。青鸟密传云外信，王母夜临香案。与河鼓、天孙为伴。太素真人乘此景，到芗城、即嗣胡忠简。南极上，星璀璨。

松溪居士多词翰。是神仙风骨，元自无心仕宦。人道月卿临总饷，便合机廷拨馆。还又爱、山林萧散。玉女金钟萦暖响，指灵椿、仙鹤祈遐算。公自有，青精饭。

又送赵师之江州

（三首）

其一

倏又西风起。这一年光景，早过三分之二。燕去鸿来何日了，多少世间心事。待则甚、功成名遂。枫叶荻花动凉思，又寻思、江上琵琶泪。还感慨，劳梦寐。

愁来长是朝朝醉。划地成、宋玉伤感，三间憔悴。况是凄凉寸心碎。目

---

① 峰，原作"岁"，据同治本改。

断水苍山翠。更送客、长亭分袂。合皂山前梧桐雨，起风樯、露舶无穷意。君此去，趁秋霁。

其二

一别蓬莱馆。看桑田成海，又见松枯石烂。目断虚皇无极疑，安得殿头宣唤。指归路、钧天早晚。此去罡风三万里，但九霞、渺渺青云远。望不极，空泪眼。

瑶池昔会群仙宴。此秋来、荻花枫叶，令人凄惋。满面朱尘那忍见，酒病花愁何限。知几度、春莺秋雁。从此飞神腾碧落，向清都、来往应无间。丹渐熟，骨将换。

其三

遥想阳明洞。夜深时、猿啼鹤唳，露寒烟重。家在神霄归未得，十二玉楼无梦。梦里听、瑶琴三弄。醉卧长安人不识，晚秋天、此意西风共。黄金印，吾何用。

云衢高策青鸾鞚。把天书玉篆，留与世人崇奉。垂手入廛长是醉，醉则从教懵懂。那些子、凝然不动。一剑行空神鬼惧，金粟儿、日向丹田种。把得稳，任放纵。

又西湖作呈章判镇、留知县

万顷湖光绿。是处里、芙蓉金盏，木犀金粟。鷾御飘飘行水毂，正是蟹香粔熟。山色似、梳风沐雨。携取阿娇命豪杰，过北山、瞳处南山曲。寒烟淡，晴鸦浴。

巨觥数引苍髯蠹。便论诗说剑，人各有怀西北。两见西风客京国，多在红楼金屋。凝情处、落霞孤鹜。蒲柳凄凉今如许，问功名、志在何时足。更簪取，一枝菊。

又赠紫元

极目神霄路。斗柄南、丹华翠景，红霞紫雾。手折琪花今似梦，十二楼台何处。犹记得、当时伴侣。东府西台知谁主，忆当时、自泻金瓶雨。人间事，等风絮。

上皇赫雷霆主。我何缘、清都绛阙，遽成千古。白鹤青鸟[①]消息断，梦想鸾歌凤舞。应未得、翻身归去。业债须教还净尽，这一回、尝遍红尘苦。归举似，西王母。

又别鹤林

昔在神霄府。是上皇娇惜，便自酣歌醉舞。来此人间不知岁，仍是酒龙诗虎。做弄得、襟情如许。俯仰红尘几今古。算风灯、泡沫无凭处。即有这，烟霄路。

淮山浙岸蒲湘浦。一寻思、柳亭枫驿，泪珠溅俎。此去何时又相会，离恨萦人如缕。更天也、愁人风雨。语燕啼莺莫相管，请各家、占取闲亭坞。人事尽，天上去。

又游西湖

倚剑西湖道。望弥漫、苍葭绿苇，翠芜青草。华表凄凉市朝古，极目暗伤怀抱。秋色与、芰荷俱老。桂棹兰舟聊遣兴，仗金风、吹使芙蓉破。柳阴里，堪少坐。

衷肠底事君知那。要繁弦急管，又且沉酣则个。烟水冥茫黄叶断，嘹唳数声雁过。醉归去、山寒云暮。整日消闲镇来往，问城南、老树知渠么。黄鹤氅，青纱帽。

---

① 鸟，原作"乌"，据同治本改。

又赋西峰

风送寒蟾影。望银河、一轮皎洁，宛如金饼。料得故人千里共，使我寸心耿耿。浑无奈、天长夜永。万树萧森猿啸罢，觉水边、林下非人境。睡不著，酒方醒。

芙蓉池馆梧桐井。悄不知、今夕何夕，寒光万顷。年少风流多感慨，况此良辰美景。须对此、大拚酩酊。满目新寒舞黄落，嗟此身、何事如萍梗。桂花下，露萧冷。

又咏雪
（二首）

其一

俯仰天粘水。尽山河大地，光涵表里。一夜春风搜万象，檐外雨声不已。到晓来、六花靡靡。瑶树琪林寒彻骨，知谁家、娇女慵梳洗。且捏个，小狮子。

琼楼架就东皇喜。使玉龙战罢，柳绵飞起。千古佳人诗句在，一任如盐似米。君试看、岩头溪底。刹刹尘尘银世界，记当年、曾赴瑶池会。玉清境，还如此。

其二

银汉千丝雨。被东风作恶，吹落满空柳絮。恰自江南消息断，才此六花飞舞。最好是、鹅毛鹤羽。万顷平田三尺玉，月明中、不见沙头鹭。苍烟里，一渔父。

鹊桥半夜寒云妒。到晓来、千岩万壑，了无认处。极目四方银世界，五凤楼前如许。应自感、伤心凝伫。人在神霄玉清府，小狮儿、捏就无佳句。骑汗漫，好归去。

又赠林紫光

月插青螺髻。柳梢头、夕阳荏苒，西风摇曳。数粒苍山粘远汉，树色烟光紫翠。飞骑气、半醒半醉。剑跨秋空磨星斗，指璃童、不得鸣金辔。恐惊动，紫清帝。

云飞度蓬莱水。忆山中、松寒露冷，猿啼鹤唳。家在武夷岩谷里，一亩烟霞活计。叹捻指、人生百岁。兰畹芝田几今古，洞门前、小鹿衔花戏。不知有，人间世。

又赋白芍药号为玉盘盂

静看春容瘦。未清明、荼蘼避席，蔷薇出昼。花里流莺骂桃李，似与东风管勾。怕虚度、兰亭时候。我也别来天上夕，向年时、感叹湖山旧。旧日事，君知否。

玉皇驾出清都晓。就御前、三千神女，指麾八九。化作花神下人世，如把粉团搦就。又一似、玉盘在手。莫是蕊珠亲付嘱，教小心、劝我杯儿酒。也只得，为陪笑。

又怀仙楼

极目飙尘表。醉酣时、楼中起舞，楼前舒啸。坐见四山烟雾散，是处落花啼鸟。忽惊下、九天星斗。双鹤飞来风露爽，一声声、清唳苍松杪。奈对景，不酾酒。

旧家三点蓬莱小。有璃台双阙，长是香花缭绕。铁笛夜吹金剑吼，恨此瀛洲路杳。知几度、琪林春老。闲倚朱栏思昨梦，对江山、感慨无人晓。但千里，月华皎。

柳梢青·海棠

一夜清寒，千红晓粲，春不曾知。细看何如，醉时西子，睡底杨妃。

尽皆蜀种垂丝。晴日暖、薰成锦围。说与东风，也须爱惜，且莫吹飞。

又寄鹤林

鹤使南翔。词珍翰绮，谊暖情香。如在璚台，梦回初饮，月液云浆。

风吹芦叶冥茫。夕照外、山高水长。遥想东楼，琪花玉树，梅影昏黄。

又送温守王侍郎帅三山

五马风流，销金帐暖，药玉船宽。放下荷囊，携来铜虎，又举熊幡。

棠阴已接三山。此列郡、彼食大藩。柳雪萦旗，东风栏马，父老争看。

一剪梅·赠紫云友

剑倚青天笛倚楼，云影悠悠，鹤影悠悠。好同携手上瀛洲，身在阎浮，业在阎浮。

一段红云绿树愁，今也休休，古也休休。夕阳西去水东流，富又何求，贵又何求。

虞美人

苹花零乱秋亭暮，篱落江村路。棹歌摇曳钓船归，搅碎清风千顷、碧琉璃。

山衔初月明疏柳，平野垂星斗。莫辞沉醉伴孤吟，他日江南江北、两关心。

阮郎归·舟行即事

淡烟凝翠锁寒芜，斜阳挂碧梧。沙头三两雁相呼，萧萧风卷芦。
何处笛，一声孤。岸边人钓鱼。快帆一夜泊桐庐，问人沽酒无。

酹江月

思量世事几千般，翻覆是非多少。随分随缘天地里，心与江山不老。道
在天先，神游物外，自有长生宝。洞门无锁，悄无一个人到。
一条柱杖横肩，芒鞋紧峭，正风清月好。惊觉百年浑似梦，空被利名萦
绕。野鹤纵横，孤云自在，对落花芳草。来朝拂袖，谁来南岳寻我。

又咏梅
(二首)

其一

孤村篱落玉亭亭，为问何其清瘦。欲语还愁谁索笑，临水嫣然自照。甘
受凄凉，不求识赏，风致何高妙。松挨竹拶，更堪霜雪偋僗。
争奈终是冰肌，也过了几个，晴昏雨晓。冷艳寒香空自惜，后夜山高月
小。满地苍苔，一声哀角，疏影归幽眇。世无和靖，三花两蕊不少。

其二

当初误触紫微君，谪下神霄玉府。醉后骑龙吹铁笛，酒醒不知何处。绛
阙寥寥，红尘扰扰，老泪滂如雨。人间天上，桑田沧海如许。
遥想十二楼前，琪花开已遍。鸾歌鹤舞。梦到三天还又落，愁听空中箫
鼓。独倚栏干，笑拈花片，细写思归字。东风还会，为伊吹上天去。

又次韵东坡赋别

寄言天上石麒麟，化作人间英物。醉拥诗兵驱笔阵，百万词锋退璧。世事空花，赏心泥絮，一点红炉雪。识时务者，当今惟有俊杰。

我本浩气天成，才逢知己，便又清狂发。富贵于我如浮云，且看云生云灭。羊石论交，鹅湖惜别，别恨多于发。共君千里，登楼何患无月。

又罗浮赋别
（三首）

其一

罗浮山下，正秋高气爽，凄凉风物。瘦落丹枫飞紫翠，峭拔青山石壁。客鬓萧疏，诗肠清苦，病骨如冰雪。怒髯铁立，有怀不下三杰。

袖里宝剑生寒，中宵起舞，引酒清歌发。襟曲屡兴猿鹤梦，坐看月痕生灭。露沁桃花，云笼芝草，任长莓苔发。如今话别，橙黄橘绿时月。

其二

旧家宋玉是何人、偏到秋来凄惨。细雨疏风天气冷，离别令人销黯。檐燕飞归，岸花吹送，自是生怀感。挑灯酌酒，平生明目张胆。

二十年在江湖，枫亭柳驿，往事都曾览。胸次可吞云梦九，也没尘埃一糁。木落山高，云寒雁断，水瘦溪痕减。不知把菊，又在何处轩槛。

其三

海天秋老夜凄清，坐对香温金鸭。听得寒蝉声断续，一似离歌相答。鸿雁初来，骅骝欲去，永夜烧红蜡。不须别酒，有时亦呷一呷。

丈夫南北东西，何天不可，鸣剑雄开匣。岂特东湖徐孺子，下得陈蕃之榻。黄叶声干，碧莲香减，枕上凉萧飒。出门一笑，四方风起云合。

又送周舜美

道人于世已忘情，尚更区区钱别。栖碧先生辞蕙帐，夜夜猿声凄切。剑上星寒，琴中风惨，眉宇飞黄色。一杯判袂，出门烟水空阔。

我今流落江南，朝朝还暮暮，千愁万结。那更荻花枫叶景，又见长亭短驿。世事空花，人情风絮，山外云千叠。君还到阙，为言踪迹风雪。

又春日

桃花开尽，正溪南溪北，春风春雨。寒食清明都过了，愁杀一声杜宇。醉跨蹇驴，踏翻芳草，满满斟鹦鹉。游仙梦觉，不知身在何处。

因甚青鸟不来，一年春事，捻指都如许。人在白云流水外，多少莺啼燕语。遣兴成诗，烹茶解酒，日落蔷薇坞。玉龙嘶断，乱鸦惊起无数。

又武昌怀古

汉江北泻，下长淮、洗尽胸中今古。楼橹横波征雁远，谁见鱼龙夜舞。鹦鹉洲云，凤凰池月，付与沙头鹭。功名何处，年年惟见春絮。

非不豪似周瑜，壮如黄祖，亦随秋风度。野草闲花无限数，渺在西山南浦。黄鹤楼人，赤乌年事，江汉亭前路。浮萍无据，水天几度朝暮。

又西湖
（二首）

其一

绿荷十里吐秋香，湖水掌平如镜。日落云收天似洗，况又月明风静。露逼菰蒲，烟迷菱芡，缩尽寒鸦颈。两枝画桨，柳阴浓处乘兴。

遥想和靖东坡，当年曾胜赏，一觞一咏。是则湖山常不老，前辈风流去尽。我兴还诗，我欢则酒，醉则还草圣。明朝却去，冷泉天竺双径。

其二①

晚蝉断续似谁家，拥出笙歌一片。数点杨花萦绣幕，飞去也无人见。烟帐云屏，牙床角簟，闲却霜绡扇。枕痕印脸，小窗自捻琴线。

应念当日瑶台，飞璃何处事，逐流年转。佩结兰英凝念久，尚想花姿娇面。萱草栏干，榴花庭院，羞对雕梁燕。良辰美景，为伊负了芳宴。

又赋梅②

寒梢冻折今无几，渐放三花五蕊。天下才闻春信近，九曲溪头雪里。独立萧骚，孤芳绰约，影落黄昏水。冰肌玉骨，不容蜂蝶相戏。

为问青帝何之，葭灰未动早，有江南意。笑杀纷纷桃李辈，不数牡丹富贵。青女先知，姮娥应见，松竹为知己。一枝初破，万花总属节制。

又窗竹遣兴

花阴移昼静横窗，窗外青山无数。烟锁松梢初霁雨，杜宇一声何处。寒食清明，不堪回首，满目垂杨絮。落花流水，明知暗里香去。

梦魂飞入蓬莱，此身归未得，神霄玉府。芍药牡丹都赏遍，不管莺啼燕语。我醉还歌，我歌且舞，世事浑如许。逍遥四海，人生有甚凭据。

蓦山溪·黄州怀古

长江浩浩，日东流水。白浪青天，有鸥鹭，往来沙嘴。荆州无恙，赤壁也长存。曹孟德、周公瑾，曾于此，争些气。

如今安在？逝者如斯矣。谁解一三分，算不过，大仓秭米。渔翁冷笑，

---

① 此首原无，据朱本补。
② "又赋梅、又窗竹遣兴、蓦山溪、喝马一枝花"四首原无，据朱本补。

无□□□□。蓑笠重，古今轻，多少兴亡意。

喝马一枝花·别紫元

万里霜风起，吹裂寒江水。幽人何缥渺，今何之？独把玉炉烧，望断斜阳里，想行云归鹤也啰。天上人间，知他后会何时。

试问三山何处是，奈玉皇诏未至。身堕人间世，觉浮生如寄。梦寐神霄路，月露冷人衣，璚楼玉阙难觅也啰。但只得，朝朝默谒，长生大帝。

促拍满路花·和纯阳韵

多才夸李白，美貌说潘安。一朝成万古，又徒闲。何如猛省，心地种仙蟠。堪叹人间事，泡沫风灯，阿谁肯做飞仙。

莫思量、骏马与高轩。快乐任天然。最坚似松柏、更凋残。有何凭据，谁易复谁难。长啸青云外，自嗟自笑，了无恨海愁山。

行香子·题罗浮

满洞苔钱，买断风烟，笑桃花流落晴川。石楼高处，夜夜啼猿。看一更云，三更月，四更天。

细草如毡，独枕空拳，与山麋、野鹿同眠。残霞未散，淡雾沉绵。是晋时人，唐时洞，汉时仙①。

八六子
（戏改秦少游词）

倚危亭，恨如芳草，萋萋刬尽还生。念柳外青骢去后，洞中白鹤归来，恍然暗惊。

---

① 原注："洞府自唐尧时始开，至东晋葛稚川方来。及伪刘称汉，此时方显，遂兴观。"

吾家眇在瑶京。夜月一帘花影，春风十里松鸣。奈昨梦、前尘渐随流水，凤箫歌杳，水长天远，那堪片片飞霞弄晚，<u>丝丝细雨笼晴</u>。正消凝，子规又啼数声。

汉宫春·次韵李老汉咏梅

潇洒江梅，似玉妆珠缀，密蕊疏枝。霜风应是，不许蝶近蜂欺。嫣然自笑，与山樊、共水仙期。还亦有，青松翠竹，同今凛冽年时。

何事向人如恨，半苍苔，半倚临水荒篱。孤山嫩寒放晓，尚忆前诗。黄昏顾影，说横斜、清浅今谁。它自是，移春手段，微云淡月应知。

卜算子·景泰山次韵东坡
（三首）

其一

云散雨初晴，蝉噪林逾静。古寺敲钟暮掩门，灯映琉璃影。
浩气镇长存，昨梦还重省。独倚栏干啸一声，毛发萧萧冷。

其二

古寺枕空山，楼上昏钟静。饥鼠偷灯尾蘸油，悄悄无人影。
长剑匣中鸣，今古深思省。此夕行藏独倚楼，风雨凄凄冷。

其三

渔火海边明，烟锁千山静。独坐僧窗夜未央，寂寞孤灯影。
感慨辄兴怀，往事无人省。江汉飘浮二十年，一枕西风冷。

鹧鸪天

（二首）

其一

雨过山花向晚香，烟丝空翠柳微茫。旧家丹灶何人葛，今日帘泉阿老黄。
犀角枕，象牙床，椰心织簟昼生凉。杯行无算何曾醉，不觉罗浮日月长。

其二

西畔双松百尺长，当时亲自见刘王。山前今日莲花水，往者将军洗马塘。
南粤路，汉宫墙，晚风历历说兴亡。摩挲东晋苍苔灶，细说仙翁炼药方。

又灯夕天谷席上作

翠幄张天见未曾，驼峰鹅掌出庖烹。醉酣浑是迷天地，但见樽前万点星。
人似玉，酒如饧，果盘簇钉不知名。东风吹我三山下，如在神霄上帝庭。

蝶恋花·题爱阁

（三首）

其一

冷雨疏风凉漠漠。云去云来，万里秋阴薄。笑倚玉栏呼白鹤。烟笼素月
青天角。
竹影松声浑似昨。醉胆如天，谁道词源涸。满地苍苔霜叶落。今宵不饮
何时乐。

其二

绿暗红稀春已暮。燕子衔泥，飞入谁家去。柳絮欲停风不住。杜鹃声里

山无数。

白马青衫无定据。好底林泉，信脚随缘寓。拼却此生心已许。一川风月聊为主。

其三

楼上风光都占断。楼下风光，还许诗人管。管领风光谁是伴。一堤杨柳开青眼。

波面琉璃花影乱。玉笋持杯，画舸歌声颤。醉里寻春春不见。夕阳芳草连天远。

杨柳枝

揉碎梅花一断肠，送斜阳。风烟缥缈月微茫，又昏黄。
平野寒芜何处断，接天长。短篱浅水橘青黄，度清香。

念奴娇·咏雪

广寒宫里，散天花、点点空中柳絮。是处楼台皆似玉，半夜风声不住。万里盐城，千家珠瓦，无认蓬莱处。但呼童、且去探梅花、攀那树。

垂帘未敢掀开，狮儿初捏就，见佳人偷觑。溪畔渔翁蓑又重，几点沙鸥无语。竹折庭前，松僵路畔，满目都如许。问要晴，更待积痕消，须无雨。

水调歌头·修炼

（二首）

其一

一个奇男子，万象落心胸。学书学剑，两般都没个成功。要去披缁学佛，首下一拳轻快，打破太虚空。末后生华发，再拜玉清翁。

二十年，空挫过，只飘蓬。这回归去，武夷山下第三峰。住我旧时庵子，碗水把柴升米，活火煮教浓。笑指归时路，弱水海之东。

其二

土釜温温火，橐籥动春雷。三田升降，一条径路属灵台。自有真龙真虎，和合天然铅汞，赤子结真胎。水里捉明月，心地觉花开。

一转功，三十日，九旬来。抽添炁候，炼成白血换骷骸。四象五形聚会，只在一方凝结，方寸绝纤埃。人在泥丸上，归路入蓬莱。

又自述

（四首）

其一

苦苦谁知苦，难难也是难。寻思访道，不知行过几重山。吃尽风僝雨僽，那见霜凝雪冻，饥了又添寒。满眼无人问，何处扣玄关。

好姻缘，传口诀，炼金丹。街头巷尾，无言暗地自生欢。虽是蓬头垢面，今已九旬来地，尚且是童颜。未下飞升诏，且受这清闲。

其二

天下云游客，气味偶相投。暂时相聚，忽然云散水空流。饱饫闽中风月，又爱浙间山水，杖屦且逍遥。太上包中下，只得个无忧。

是和非，名与利，一时休。自家醒了，不成得恁地埋头。任是南州北郡，不问大张小李，过此便相留。且吃随缘饭，莫作俗人愁。

其三

未遇明师者，日夜苦忧惊。及乎遇了，得些口诀又忘情。可惜蹉跎过了，不念精衰气竭，碌碌度平生。何不回头看，下手采来烹。

天下人，知得者，不能行。可怜埋没，如何恁地不惺惺。只见口头说着，方寸都无些子，只管看丹经。地狱门开了，急急办前程。

其四

堪笑廛中客，都总是迷流。冤家缠缚，算来不是你风流。不解去寻活路，只是担枷负锁，不肯放教休。三万六千日，受尽百年忧。

得人身，休蹉过，急须修。乌飞兔走刹那，又是死临头。只这眼前快乐^①，难免无常两字，何似出尘囚。炼就金丹去，万劫自逍遥。

酹江月·冬至与胡胎仙

因看斗柄，运周天、顿悟神仙妙诀。一点真阳生坎位，点却离宫之缺。造物无声，水中起火，妙在虚危穴。今年冬至，梅花依旧凝雪。

先圣此日闭关，不通来往，皆为群生设。物物含生育意，正在子初亥末。自古乾坤，这些离坎，日日无休歇。如今识破，金乌飞入蟾窟。

满庭芳·修炼
（二首）

其一

鼎用乾坤，药须乌兔，恁时方炼金丹。水中虎吼，火里赤龙蟠。况是兑铅震汞，自元谷、上至泥丸。些儿事，坎离复姤，返老作童颜。

五行全四象，不调停火候，间断如闲。六天罡所指，玉出昆山。不动纤毫云雨，顷刻处、直透三关。黄庭内，一阳来复，丹就片时间。

其二

两种汞铅，黄婆感合，如如真虎真龙。周年造化，蹙在片时中。炉里温温种子，玄珠象、气透三宫。金木处，炼成赤水，白血自流通。

无中胎已兆，见龟蛇乌兔，恍惚相逢。但坎离既济，复姤交融。了得真空命脉，天地里、万物春风。阴阳外，天然夫妇，一点便成功。

---

① 乐，《上清集》作"活"。

山坡羊

（四首）

其一

默坐寒灰清静。会向时中一定。金城贼返，报马流星奔。用将须分左右军。出师交征定主宾。排的是天文地理，九宫八卦天魂阵。捉住金精也，送黄庭土釜封。神通。战罢方能见圣人。英雄。不时干戈定太平。

其二

不刻时阴阳交并。古盆一声号令。九宫八卦，排列下挈龙阵。锁金乌左右军。夺乾坤始媾精。三回九转，交战在西南境。得胜回朝也，河车不曾暂停。辛勤。曲枕昼夜行。专精。铁打方梁磨绣针。

其三

独坐无为宫殿。息息绵绵不断。我把生身父母，要使他重相见。青头郎天外玄。白衣妇海底眠。婴儿姹女，阻隔在天涯远。全仗著黄婆也，黄婆在两下缠。团圆。打破都关共一天。托延。赏罢蟾辉斗柄偏。

其四

圆觉金丹太极。这造化谁人知味。傍门小径，正理全然昧。学三峰九鼎奇。习休粮与闭饥。吃斋入定，到底成何济。耽阁了浮生也，道无缘福不齐。须知。不识阴阳莫乱为。修持。莫信愚徒妄指迷。

沁园春·修炼

要做神仙，炼丹工夫，譬之似闲。但姹女乘龙，金公御虎，玉炉火炽，土釜灰寒。铅里藏银，砂中取汞，神水华池上下间。三田内，有一条径路，直透泥丸。

一声雷震昆山。真橐籥、飞冲夹脊关。见白雪漫天，黄芽满地，龟蛇缭绕，乌兔掀翻。自古乾坤，这些离坎，九转烹煎结大还。灵丹就，未飞升上阙，且在人寰。

珍珠帘

阴阳内感相交结。有铅汞、分八卦罗列。金鼎炼黄芽，正一阳时节。子后午前方进火，向玉炉、烹成白雪。通彻。这玄关、深奥难轻泄。

因师指诀幽微，把金丹大药，将来分说。捉住虎龙精，自然日月。造化天机人怎晓，换俗骨、永无魔折。超越。望仙都稽首，朝元金阙酥。

酴醾香

自小孤云，身外无萦系。披一片，搭一片，逍遥快活计。破葫瓢、腰间挂，别无行李。是人笑我没操持。尽教傍人点指。

古庙祠堂，且共泥神作戏。破砂盆，泼瓦罐，折匙无箸。破纸被，糊包定，弯跧打睡。只等待，行满功成朝玉帝。方表男儿有志。[1]

满庭芳·修炼[2]

一

道释儒门，三教归一，算来平等肩齐。道分天地，万化总归基。佛在灵山证果，六年后、雪岭修持。儒门教，温良恭俭，万代帝王师。

道传秘诀，佛流方便，忍辱慈悲。大成至圣，岂辩高低。都是后学晚辈，分人我、说是谈非。休争气，三尊一体，瞻仰共皈依。

---

① 上二首据《道藏·鸣鹤余音》卷一增。

② 据《道藏·鸣鹤余音》卷三增，并校以清黄丕烈抄本之明钞本。按:《鸣鹤余音》共计十二首，第一首"鼎用乾坤"句已见前，故不录。

二

这炷名香，天然清秀，生于象帝之先。金炉焚处，袅袅起祥烟。不是沉檀乳降，亦不是、四和龙涎。括来献，先贤后化，五祖大罗天。

此香灵妙处，遍周法界，气味真全。开人鼻窍，入至通玄。愿八荒四海，同沾至化，道气绵绵。从今后，一人有庆，万万余年。

三

命似清风，性如朗月，莹然独见辉辉。灵光普照，何日不归依。常在无明之处，任升腾、斗转星移。通真理，不无不有，动静应神机。

其间多少事，皆是方寸，或是或非。在人人运用，志见高低。悟者头头皆是，未明时、处处皆迷。修真士，观天行道，功满步云归。

四

寿竹长青，寿松高耸，寿山寿水俱全。寿星寿夜，寿象现中天。寿祝长生不老，寿香一炷，宝鼎龙涎。寿童引，寿龟寿鹤，寿烛比金莲。

寿盘添寿果，寿桃初熟，寿满三千。寿筵歌寿曲，寿酒与流连。寿从今去，福寿无边。寿仁者，寿门高大，福寿永绵绵。

五

辰出街头，酉归堂内，切须规矩随身。志诚香火，早晚去朝真。遍历名山福地，不耻问、参访高人。休夸逞，断除人我，心地放教平。

烧丹并炼药，琴棋书画，各有司存。应干请祈法术，都是谩劳神。且任随缘乞化，省多少、劳碌精神。团圞坐，齐同慈爱，异骨总成亲。

六

减饭除情，敌魔战睡，圣贤学道根基。进人退己，用事契心机。遇境休生烟火，安闲处、性要无疑。争知道，洪波跳出，却还入希夷。

罢贪财色酒气，掣开利锁，截断嗔痴。完全性命，物外何为。悟彻元初色相，功成也、归去来兮。乘丹凤，蓬莱宫里，独步访钟离。

七

稽首诸兄，略听吾劝，化饭朝日随缘。残余好恶，只要自心坚。饱后归庵静坐，无益语、闭口藏言。他人过，见如不见、方寸得安然。

且休，寻玄妙，牢拴意马，紧锁心猿。去除人我，灭火消烟。昼夜敌魔战睡，常寂静、调息绵绵。君知否，如斯妙用，子母自团圆。

八

今日荣华，前生福善，悟来更好重修。百年光景，生灭水浮沤。贩骨无休歇，欢未尽、又遭愁然。嗟人世，忙忙造业，几个肯抽头。

清闲，归物外，逍遥独步，身内闲搜。把汞铅颠倒，性月如秋。直待功成行满，超三界、永列仙俦。乘云去，真容不朽，免再卧荒丘。

九

清净家风，如常合道，本来面目休迷。行住坐卧，何处不相随。达理头头解脱，明心、无作无为。君还悟，丝毫放过，画饼不充饥。

古今贤达者，伏无情慧剑，斩断昏迷。把三尸赶退，六贼分离。云散天心独露，吐红霞、烹炼须弥。真功至，长生活计，能有几人知。

十

恬淡家风，寂寥活计，无为无作无言。行住坐卧，莫放马猿颠。性有调和柔弱，触来、无火无烟。通真理，无情无欲，无罪亦无愆。

诸公休外觅，天真一点，元在心间。被黑云遮障，不计余年。好用清风吹散，云收处、露出青天。森罗见，一轮明月，光耀照无边。

十一

过去休思，未来莫想，见前一念俱忘。三心灭去，显出法中王。便是生前面目，无形貌、独露堂堂。玄玄理，四方真兖，攒结聚中黄。

闲闲，常内守，胜如尘世，苦海茫茫。任随缘随分，柔弱和光。渐渐轮回路出，看看近、来到蓬庄。功成日，携云独步，朝见礼虚皇。

水调歌头·会仙桥

一辆踏云屐，几尺倚云筇。探奇览胜，忽声长啸起天风。睇望石楼烟外，惆怅云来海上，碧眼送千峰。叫住青精子，笑问稚川翁。

是何年，曾此地，瘗金龙。水帘不卷，中藏灵物待飞冲。远契岩边黄老，玩弄室间姹女，九转著亲功。鸾鹤看飞举，龙虎谩勋庸。

鹧鸪天·七星坛

步入罗浮山水乡。烟花气色暗苍苍。园林晓浥蔷薇露，草木春深木樨香。

猿叫罢，涧声长。药炉丹灶尚荒凉。雨从白鹤峰前过，云入黄龙洞里藏。

沁园春·题冲虚观云堂吕祖师座

瑞鹤翻云，长风舞浪，仙家画图。问城南老树，如今在否，洛中狂客，还更来无。独上君山，渺观磊石，百里清波漾具区。何曾错，有茶中土灶，酒里仙姑。

当日度了肩吾，却稽首、终南钟老夫。自太平寺里，题诗去后，东林沈宅，大醉归与，天上筵多，人间会少。更不向庐山索鲙鱼①。相怜否，好借君黄鹤，上我清都。

华清引·谢王是庵辑成罗浮记
（三首）

其一

是庵胸次有罗浮，弥驾南州。笙箫缥缈鸾鹤，飞云顶上头。仙踪从此策瀛州，谩留玉唾银钩。且酬轩冕志，还伴赤松游。

---

① 原本作"鲙鱼"，疑"鱼"字衍。

其二

乘龙来访白云乡，手抉天章。罗浮无限风物，收藏云锦囊。文明垂世与天长，昭回草木辉光。从今山上气，秀彻斗牛傍。

其三

仙人满酌紫霞卮，握手相期。勉公经济尘世，云来约早归。罗浮风日且清夷，欢游风沼鳌扉。笑扪空洞腹，芥子纳须弥。①

杂著

诸葛桂隐、苏蠵翁、留紫元、姚鹿卿、冲尚老人、觉非居士、潘紫岩是数子者，于紫清仙师为方外交，唱酬甚富，兹录其尤著者附之卷末。②

《松风集》序
青社谯令宪

夫松风者，天籁也。松非有约于风，风非有情于松，适然相遇，则若嘶云啸月者，使人听之，自有周情孔思存乎其中。倏如锵玉珮，忽如鸣瑶琴。转而为洞箫，缓而为云韶。又其霏微瑟缩，则如寒食清明之雨。至澎湃喧豗，则如杨澜左蠡之浪起彼焉。千扶万叶，其为一风所摄也如此；而风之晓夜，疾徐自不同，而松之所受也又如此。寒响满乎虚空，清音涨于崖谷，其非天籁乎，孰使之然哉！惟其出放自然也，非丝③非竹，故能换世人郑卫之耳。耳与之化，自不觉肝脾为清，毛骨欲蜕，飘飘然有乘云御氖之乐也。此逸人白君玉蟾之诗，汗漫成集而名之曰《松风》者以此。余持节宪江东之

---

① 上四首，据清康熙《罗浮山志会编》增。
② 此段文字惟同治本有。
③ 作"然"，据同治本改。

日，尝相契于庐山之阳。及其祠廪也，时过我于苕溪之上，比将漕指复为此来，又遂从容乎慢亭山水之间。谈笑琳琅，咳唾珠玉，洒然若松风之冷，而予所得于松风多矣。四方学者谓之紫清先生云。若曰荐有道、举逸民，其李泌、种放之流也。

嘉定壬午春，青社谯令宪序。

《紫元问道集》序
紫元子留元长

读韩昌黎"桃源"之句，则起神仙渺茫之念；读白乐天"海山"之辞，则起兜率归去之思。人心无根，随悟生智。噫，吾闻之神仙可以学得，不死可以力致，非曰能之愿学焉。幼时业爱修仙，鞭心于兹，不觉壬子又丁丑矣。人间岁月如许，头颅皮袋，又安以顿哉！天贷其逢，而于道有可闻之渐。是年春，遭遇真师海琼君，姓白讳玉蟾，或云海南人。疑其家于襄沔也。时又蓬发赤足，以入廛市；时又青巾野服，以游宫观。浮湛俗间，人莫识也。自云一十有四①矣。三教之书，靡所不究。每与客语，觉其典故若泉涌然。当世饱学者，未之能也。真草篆隶，心匠妙明；琴棋书画，间或玩世。所与交者，尽时髦世彦。虽敬慕之者，不可得亲。随身无片纸，落笔满四方。踏遍江湖，名满天下，其从之如毛也。时人多见其囊中，曾不蓄铢铜粒黍以自备。或醉甚，辄呼雷；或睡熟，能飞章。或喜或怒，或笑或哭，状如不慧。或亦出言，与休咎合。观其济世利人之念，汲汲也，彻也。烧烛以坐，镇日拍栏以歌。晨亦不沐，昼亦不炊，经年置水火于无用，称其耳聩目眵。或对客以牙宣为辞，未审厥旨也。无酒亦醉，睡醒亦昏。诸方士夫，刊其文，碑其言，多矣。今多嗔少欢，与世甚相违。故慕之而针芥欤！荷相授以九鼎金铅砂汞之书、太乙刀圭火符金液之诀、紫霄啸命风霆之文。元长自惟囊者获罪于天，失身坠世，何以得此！誓糜躯以修之焉，期不负所学矣，谨集问酬警悟之一二，以锓诸木，使四海同志之士，有所启发也。

---

① 一十有四，《道藏》本《紫元问道集序》作"二十有一"。

白君得之陈泥丸，陈得于薛道光，薛得于石泰，石得于张平叔，张得于刘海蟾，刘得于吕洞宾。况人皆知其为人，而读其书也，吾何赘以序哉！

紫元子留元长稽首再拜序。

《庐山集》序

姚鹿卿

尝谓世之学仙者，非羁困无聊之士，放逸以自宽；则年龄迟暮之人，侥幸于不死。盖未有春秋鼎盛、功名方来，而甘心淡泊、倏然为方外之游者。

琼山先生以妙龄赴高科，读书种子，宿世培植，根气已绝常人百倍矣。以其所学，肆而为文，登金上玉，直余事耳。顾乃弃轩冕之贵，而从冠褐之游；舍钟鼎之荣，而嗜山林之乐。大还丹法，独得安炉立鼎之妙。昔钱宣靖谒希夷，而麻衣熟视，以为无此分。先生超然风尘之表，领悟翠虚不传之旨，亶谓有此分者。龙虎铅汞之说，鹿卿固未之学。然窃谓文章以气为主，尤不可以昏气出之。先生噫笑涕唾，皆为文章。下笔辄数千言，不假思索，如元气浑沦，太虚中随物赋春，无一点剪刻痕，而曲尽其妙，则所养者可知矣。

名章丽语，流落人间。有志者会粹成编，宜求当代大手笔以赞其美。篇首之序，乃以属陈人，岂翅借听于聋而已。侯喜不识轩辕，非世俗人，而辄相与论诗，宜有石鼎之嘲。鹿卿虽未见先生，而读其诗文，则知非食烟火人矣。其敢违苍蝇蚯蚓之诮，所示巨编，以清静心，爇自然香，庄诵三复而云。

迪功郎南康军军学教授姚鹿卿序

跋《修仙辨惑论序》

嫡翁苏森

先生姓白，名玉蟾，自号海南翁，或号武夷翁，未详何处人也。人问之，则言十九岁师事陈泥丸九年，学炼金液神丹九还七返之道、虚坎实离之术。蓬头赤足，其右耳聋，一衲百结，辟谷断荤，经年不浴，终日握拳闭目。或狂走，或兀坐，或镇日酣睡，或长夜独立，或哭或笑，状如风颠。性喜饮酒，落魄不羁。心通三教，学贯九流。多览佛书，研究禅学。参受大洞

·736·

法箓，奉行诸家大法，独于雷法尤著验焉，尝自称玉府雷霆吏。至如驱邪治疾之间，汲汲焉如拯饥溺。旧有《群仙珠玉集》，乃先生著述丹诀也。广闽诸处，多有文集刊行。

偶来金华洞，森一见如故人。延归蜗舍，从容扣之，始觉其方寸一点浩然，发为词翰，已无烟火气。一丈草书，龙蛇飞动。诗章主成，文不加点。与森酬唱，仅百余篇，已板行矣。其他处吟咏，不可胜数。及在罗浮山、霍童山、武夷山、龙虎山、天台山，多遇异人，颇著符瑞。每所到处，间有异应。人有愿学之者，不可得而与语。独自往来，日行二三百里。人见其踪迹，多疑张虚靖即其前身。森汩没尘俗，徒起敬慕。及见《修仙辨惑论》，披读之余，知先生骨已仙矣。森晚节末路，方锐意为方外之游，得此岂非天赐耶！

嗟夫，古仙心传口授秘诀，先生一旦形之毫楮，坦然明白，使人人可晓，略无隐语，灼知二地凡夫，皆有仙分。则先生处心积虑，有意度人，与前贤不约而侔矣。先生此去，或隐于名山大泽之中，或游于通都大邑之内，后会又未知何日何地也。森遂将斯文锓版，传之于世，以成先生之志。如先正司马、欧阳、吕、富诸公，往往密修神仙之学。予二祖文忠、文定，尝有龙铅虎汞、水龙火虎之说。盖前辈名公巨儒，致君泽民，功成身退之后，未尝不留意于此，森愿尾其后尘。

嘉定丙子中元日，朝请郎主管建宁府武夷山冲佑观蠙翁苏森仲严述。

跋《鹤林问道集》

冲尚老人黄庸

予少时闻内丹可学，遍游海岳，参访师友，莫有知者。尝读赵彦纲《艺林集》，乃知太乙刀圭火符之正传，始自钟吕默相付授。吕传之刘海蟾，刘传之张平叔。先鸾后鹤，不曰无人。朝海暮梧，实难际遇。今观《鹤林集》，由平叔而下，石泰、薛道光、陈泥丸、白玉蟾，灯灯相续。吾乡彭季益，性理融明，投机一言，收功半饷。集其问答，刊而成编，以淑诸人，用志广且大矣。

嘉定丁丑腊日，冲尚老人黄庸子至书跋于后。

跋《鹤林紫元问道集》

桂隐诸葛琰

海璚先生，人耶仙耶，世不得而知之也。丙子岁，余于华阳道院，有一笑之适，已而追从乎墨池笔塚间，凡三数月，莫能窥其际。今先生少憩无诸，日偕鹤林、紫元二真士，发挥玄阃，朝夕问答，集以寄予。诵之终日，真奇书也。予别先生久矣，时起暮云春树之思，辄神交气合于华胥之国。近有携《梦蟾图》一卷惠予，图中具载孔毅甫元祐初年，一夕，梦月光斜照高岩中，有物如虾蟆雪色，旁立二道士，手各持文书。人告之云："此是上界真人，号娑罗台青莲白衣菩萨。"梦觉图形事之。淳熙间，周益翁尝刻，以遗临江简寿玉，石湖居士赋诗以纪灵。余得此图，始悟先生"玉蟾"之号，似非偶然者。先生灵踪异迹，在在声闻，其于佛老秘典，及人间所未见之书，靡不该贯，非自真人菩萨地位中来，傃克尔！余复怪先生雨巾风帽，朝北海，暮苍梧。所至户屦云集，独于二君有不忍去，岂图中所载执经二道士也耶？余非好为附会者，以其事有足证，因为之书，以附卷末云。

古武荣桂隐诸葛琰。

跋陈泥丸真人《翠虚篇》

陈与行

余舅新广东宪盘庄老人黄公庸，自其少时，足迹半天下，喜与方士高人游，得服饵长生之诀，今逾七望八，状貌强健如壮年。每每道泥丸陈先生之名，慨慕不可得而见，余从旁窃识之。嘉定丙子，余来金华。海南白公，比岁再遇解，后辄弥日款，议论衮衮，无非发明其师之道，平生出处甚悉，盖泥丸学者徒也。

神仙之事，渺茫恍惚，不可按搏。而传记所载，奇变万状，同出一源。若泥丸者，其可不传以补《列仙》之轶。先生陈氏子，讳南，字南木，惠州博罗人。以盘栊箍桶为业，浮湛俗间，人无知者。一日作盘栊之偈曰："终日盘栊圆又圆，中间一位土为尊。磨来磨去知多少，个里全无斧凿痕。"箍桶之偈曰："有漏教无漏，如何水泄通。既能圆密了，内外一真空。"其言下超诣如此，所得盖不凡矣。人以疾苦，撮土与之，随疗而愈，故俗呼"泥丸先生"，其自号则"翠虚翁"也。西华真人传之张紫阳，张传之石翠玄，石传之薛紫贤，薛传之陈翠虚。得太乙刀圭火符秘诀、景霄太雷琅书，以雷法行于世。所至，与人治鬼。潮阳民家女苦狐厌，狂易无度。先生用雷符，熏狐魅杀之。时被发走，日行四五百里。鹑衣百结，尘垢满身，喜食蛇狗之肉，终日烂醉，莫测所如。而济人利物，效验有不可掩。尝之苍梧，遇郡祷旱，人忧暍死，先生执铁鞭，下渊潭，驱龙起，须臾阴云四合，雷雨交作，境内沾足，遂为丰年。过三山大义渡，洪流湍悍，舟不敢行，先生浮笠而济。行钦管道上，遇群盗拉杀瘗之。后三日，盗散，复苏，游长沙，冲帅节执拘，送邕州。去数夕，又回长沙矣。中夜坐定，或含水银，越宿吐，视已成白金，乞与其徒，不顾也。嘉定四年春，作颂言出世意，四月赴鹤会于潮阳。执事者以其茹荤羶恶涕，坐之户外。适有持片竹若箍桶者，入呼之起，与喧争，至危桥，俱溺而逝，道家所谓水解云。时葛尉往湖南省亲，遇先生于宁乡，是年四月十四日也。先生自言阅岁四十三，而人有三世见先生者，亦异矣。

平生著述有《紫庭经》，察判潘公景良锓传；《翠虚篇》，真息子王公思诚续编之。自丹经行于世，几千万卷。高者入虚无，下者骋怪幻。如先生之书，划烦趋要，剔伪辨真，开后学以从入之途，归宿之地，凿凿乎有所据依。以为人皆可学，而卒莫有能学之者，岂真不可学耶？苟非其人，道不虚行。夫道一而已矣。翠虚之门，有鞠九思、沙道昭、白玉蟾，皆心传口授，其高弟也。是三人者，不可得而见，幸白公岁一逢焉。翠虚之道，得白公而益显。而白公浮游飘忽，又将离世绝俗而立于独。吾忧其不可得见也，故并书之，以贻好事。

嘉定丁丑六月初伏日，承议郎通判婺州军州兼管内劝农事陈与行书于风月堂。

琼山番阳事迹

汤于

白先生以二月五日到番阳旅邸，与一举公蔡元德剧谈，且命欲同饮，每问识白玉蟾否？蔡以其状若佯狂，且语言无择，意其不肖子弟也，不其领略其语。但得其集一编，麻沙刊者，又讶其才，且疑且信间，明日五更，留诗云："洞门深锁绿烟寒，来享浮生半日闲。城北城南无老树，横吹铁笛过庐山。"后题"玉蟾"二字，语邸翁曰："候蔡解元起，以此呈之。"遂翩然而行，亦有其徒数人相追逐。蔡大怅惜。诸公多赋诗纪其事。予尝游龙虎山上清宫，见其题咏甚富。前年又荷其寄《群仙珠玉》一册，然竟未识之。兹寓番城，又失于一见。感蔡君之事，亦赋数句云："白玉蟾来调蔡经，端如侯喜遇弥明。五更援笔留诗去，惆怅番江月满城。"亦禀谯提刑，或可遣人往庐山物色之，然恐未易寻。今因何德来问其详，谩书之。

戊寅二月十一日，从事郎新南剑州州学教授汤于述。

待制李侍郎书
山泽道人李訦

訦悚息启上：琼山居士道契，一别倏经年，人间岁月如许。一剑孤飞无定处，走天台，游庐阜，今又过三山，何异朝粤暮梧也。然尺书面目，常常堕前；珠玑翰墨，处处传布。如月行天，夜夜瞻仰。日来秋冬之初，寒燠不定。伏想真气炼就，超乎坎离之外。在处有物护持，不在多祝。訦行年七十有五，老境多逆，乃蒙飞章投简，特为启醮。顾惟尘缘，安得道根，可以称是？因作二句云："但得此身常老健，更于何处觅神仙？"谩奉一笑。伏读著述甚盛，且大聪明。随身无片纸，落笔满四方。人所难及，所愿收敛光芒，更不作此清静业。尤为奇特最胜，不知如何？见桂隐云，有人即行，匆匆不多及，一切长语烦仪略之。

訦悚息启上。

诗赠琼山高人
山泽道人李訦

莫笑琼山僻一隅，有人饱读世间书。何曾地脉断沧海，自是神仙混市区。到处炎凉无冷热，随缘烟火不饥虚。定应月里长生乐，窃得成功号玉蜍。

敬次璚山·水调歌

山泽道人

足迹走天下，家说在琼川。往来无定，蓬头垢面任憎嫌。挥扫笔头万字，贯穿胸中千古，不记受生年。海角一相遇，缘契似从前。

钟离歌，吕公篆，醉张颠。恍如赤城龙凤，来过我鲸仙。笑我未离世网，不染个中尘土，饥食闲来眠。拟问君家祖，兜率乐天天。

华文杨郎中简子

庐陵杨长孺

长孺伏以寒尽春生，好雨知时，恭惟白君逸人，身寓世间，心超物外，尊候神介，动止亿福。长孺顷守三山，想莱采于老子之宫，识英豪于题壁之句，初以为仙侣，不以为今人也。徐而问之，乃知其为今人，而似仙非凡者也。闻在泉南，无从觌面，但忍渴望梅岭。尔退休山林，于石塘刘和夫处，见辞章翰墨甚富，诹孤云野鹤甚详，虽未觌面，如已觌面。读戊寅年"笔架山中二十八咏"，今五年矣。御风骑气，知在何许？专使程富骤至，辱惠以书，且寄之诗，又以草圣千文示之，惊喜下拜、如从天而下，何何必见紫芝眉宇，然后为晤对耶！论交自此始矣。《古风》一首，《绝句》三篇，别纸呈似，用酬来贶，未领其意，勿以俗人待我是幸，是望见教。二记展碑快读，《云锦》之文奇古，《道院》之文博洽，不胜叹服，珍而藏之。复命第达空函，当发大笑。逸人知我者，姑此为戏耳。

右谨具申呈，壬午十二月日，朝散大夫直华文阁主管亳州明道宫杨长孺简子。

奉和琼山白逸人见寄诗韵

庐陵杨长孺

云卧霞餐雪饮汤，赤城台上日偏长。灵丹自有天成底，金汞何须恼肺肠。

奉谢琼山白逸人惠草书千字文

庐陵杨长孺

（二首）

其一

草圣龙蛇字满千，真仙游戏笔清圆。孔融枉却知元德，杜甫何缘有一钱。

其二

君占清风明月多，不知些子肯分么。道人身自如蝉样，敢把黄尘涴绿蓑。

题福州天庆观壁白逸人诗后

（并序）

庐陵杨长孺

庐陵杨长孺伯子在福州时，一日，祷祈天庆观，见壁间有白玉蟾题诗，大书草圣，有吕洞宾之笔法，喜而貌之，标为大轴以归，因成五言古句跋其后，盖嘉定庚辰也。壬午腊月己亥，逸人自临川笔架山遣介惠书，非偶然者，录以寄之，逸人未通书，长孺已相识矣。

嬴政与刘彻，苦心求神仙。蓬莱不可到，长遭风引船。千年两痴儿，一笑堪粲然。何处觅庚冰，蓬蒎有人焉。如今白逸人，只在江海边。诗豪仍酒圣，不粒且不羶。果蔬供糇粮，笔研为原田。得句超象外，挥毫妙无前。龙蛇走屋壁，云烟起山川。姓名闻九重，文字流八埏。飞鸿矫冥冥，骑鹤横翩翩。邂逅傥识面，真成欠因缘。我来手合沙，徒喜词翰传。特以归野处，揭之伴枯禅。夜半每惊起，虹蜺忽垂天。

奉题杨伯子赠白琼山诗后

方岩王居安

佛说神仙事，寿经千万年。炼心或未尽，七趣尚循环。佛语不吾欺，敢谓然不然。我见海琼子，年少冰玉颜。语不及世利，口不茹荤膻。胸次饱经史，道释二藏全。扣之如汲水，挹注谁能干。一日来访我，如有宿昔缘。急索纸与笔，赠我锦绣篇。文词有根蒂，草圣生云烟。旁观骇众目，顷刻字数千。人言能入水，捉月自临川。杳不见踪迹，复在匡庐巅。变化有如此，谁能测其端。诚斋有贤子，高目视青天。于人罕许予，咏赞成巨编。我直凡骨尔，岂能识神仙。杨子所深信，我复何疑焉。拙语附卷末，再见知何年。

敬次海琼逸人小山韵

觉非居士彭演

芒鞋破腊似寻梅，谁识真仙亦姓回。居易未容归海院，自然聊与访天台。随缘又作匆匆别，乘兴何妨得得来。倘与衰翁闻一二，不辞日日辟蒿莱。

罗浮冲虚观壁间紫清道人诗笔因用赠邹知观韵作此寄

东皋曾治凤

闻君名字久，疑是谪仙人。诗酒偶留意，形骸一任真。炉中丹有诀，袖里笔能神。切戒才为累，无心与道邻。

琼山先生归自罗浮三诗言心

紫岩潘公筠

（二首）

其一

自从宿别罗浮去，北斗箕南欲问难。或说匡庐来采药，又传黎母去烧丹。玉天风露愁人甚，尘世荆榛没眼看。此日弄听华表语，男儿心事未摧残。

其二

螺江一别几经秋，颠到而今益可羞。既不将身葬鱼腹，爱谈飞剑取人头。时时仰面把天觑，处处逢人欲语休。万一顽仙如可学，壶公石下乞优游。

赠别琼山先生

紫岩潘公筠

（二首）

其一

仙人月下爱骑鸾，咫尺青天到不难。怪得螺江新税驾，又从勾漏去求丹。何如林下抽身早，留与人间作样看。顾我尚堪薪水役，觊觎他日鼎留残。

其二

世路崎岖泪欲流，满前景物替人羞。江风万里水皱面，晓雪四围山白头。酒味吾今知薄薄，亭名公合榜休休。子长史记今须了，南北何为苦好游。

公筠不敢放世俗寒暄之敬辄赋明月一篇寄呈琼山先生

紫岩潘公筠

明月何皎皎，桂树青团团。当此三五夜，浮云太无端。忽然长风起，来自玉门关。云破月走出，照见人心肝。影落千江水，凉生几处山。取酒共月饮，取琴共月弹。我欲抱此月，永不来人寰。初时玉川太早计，便谓已作煤炲看。何当再见白玉盘，李白翻身死不难。所愿斩尽浮云根，千古万古天中间。我吟此诗清夜阑，怀美人兮双泪潜。

潘状元上琼山书

维月吉日，紫岩潘公筠顿首拜书：

海琼先生，筠于人间世，无所甚敬。于古独长、孤竹君二子而爱李翰林，于今则海琼先生。然先生知蒉之面而已，便当谈笑，以明其心，而粗陈其大纲。筠少也贱，父兄勉励，临以苔莛，俾为文章，仅成可读。筠岂愿诵习嗷牙，博天子一官？秋风黍离，肉食者鄙。筠以为君父之仇不报，而求独善，非夫也。故未弱冠，来游京师，庶几佐助明主，攘除奸凶，然从赤松游耳。时既不航，万念灰冷，况离虚坎实，逝者如斯。筠犹隐忍，未能洒濯其心。筠亦有说，筠未能弃夫人间之事也。筠见夫为臣不忠、为子不孝者，筠思食其肉而寝处其皮也久矣。故尝午夜披发仗剑，刵刺臂血，申盟于天曰："四维上下，十方三界，有为臣而不忠者，臣愿得而杀之；有为子而不孝者，臣愿得而杀之。"潜心脑后，誓愿飞行，木丹风秋，有泪如雨，筠诚欲修顽仙之术而后知耳。故饮酣胆张，目眦尽裂。尝有诗曰："娶妻须聂隐，虬须要人肝。"又曰："古云燕赵多奇士，我欲载酒游邯郸。庶几一笑倘相遇，何处人间无白猿。"诚不知其不可者也。天巧其逢，遭遇海琼先生，共惟不舍，慈悲勉以大药。此畴曩心而尚持犹豫者，诚未忘夫人间事也。万一可教，乞露糟粕。如其去道浸远，用志徒辛，即望早示鞭影。筠不敏，尚能高卧壶公一然石下，不至效田子春呱呱儿女声也。吁，筠亦人杰也哉，惟先生尚留意焉。

公筠顿首百拜。

新福师王侍郎
方岩王居安

居安俗尘未脱，徒有慕道之怀。言别未几，已剧驰仰。示教二词，语意高妙，非肉眼人所能识也。谨珍藏以为篋笥之宝，五印文谨以封纳。切幸视至居安，往往月末起离此间，他时不志故乡，往来乌石九仙，毋客赐访也。紫清真人契友。

福师王侍郎
方岩王居安

居安方幸道旧，又复语离，此情何极！孤云野鹤，可见而不可亲，愈增怀仰而已。居安老矣，后会何期？愿言行满功成，早膺丹霄紫府之召，居安至祷。

右谨具呈

二月日中奉大夫敷文阁待诏知福州福建路安抚使王居安简子。

敬次白真人沁园春韵

方岩老圃

　　湖海襟期，烟霞气宇，天上星郎。有灵方肘后，年年却老，神锋耳底，夜夜腾光。万卷蟠胸，千钟酿甲，衮衮词源三峡滂。功成处，见须弥日月，河岳星霜。

　　兴来引笔千行。看举世何人是智囊。任纵横万变，难瞒道眼，优游自乐，不识愁肠。闹市丛中，密林静处，鼻观常闻三界香。天书到，听笙箫竟奏，幢盖班行。

附卷

附录一　序、跋、提要、传记

1.《海琼集》跋①

宋　彭耜

　　先生《海琼集》，顷尝累次传之久矣！载念曩岁丁丑暮春，师辕南游，得遂瞻礼。由是云鹤往来，每一参际，必有少憩，日侍丈席，闻所未闻。无非分别正邪，发扬玄妙，返而笔之，粲然盈帙。自惟衰朽，有负师训，不敢终秘，并以升堂小参、歌颂等作，厘为四卷，同寿诸梓。庶为学海之筌蹄，抑以开人天之耳目，实区区之愿也。旹淳祐辛亥季冬甲子鹤林彭耜稽首敬书。

　　右数语，乃白祖师上足弟子彭鹤林真人所作。真人乃三山巨族，茅山杨许长史之流也。是编皆嘱付授受真人之言。仆旧得本，乃福州天庆本，卷末有真人跋语如此，因重抄于右以足。是书盖乃大常斋蒋法师所藏也。得祖师景霄大法，多用鞠、郝二将，此文备载其目，是书奇秘，彭公所谓"开人天眼目"是也。学者宜熟味，当有所得也。岁在壬寅七月十八日，参学上清三洞经箓、大罗辅化仙卿、九天雷门祭酒方从义再拜谨书。

---

　　① 见《语录》卷四。

2.《海琼传道集》序
宋　陈守默　詹继瑞

　　关尹子曰："所可传者，只谓之事不谓之道。"老君曰："吾不知其名，强名曰道。"此《集》之行，其与三千六百法养命数十家大故天渊矣，凡我同志其精研之。《鲁语》有谓："夫子之言性与天道，不可得而闻也。"吁，天下后世，不审夫子之意，即以为甚高难行之事。夫岂知夫子之门，独称颜渊。颜渊得之，则三月不违仁，而又终日如愚。故其在陋巷，甘以箪食，瓢饮为乐，所以三十二岁而蜕去矣。人能悟颜渊心斋之旨，则知神室之说；既知神室，则知神水。孟子曰："性犹水也。"其斯之谓乎。《悟真篇》云："修生之要，在乎金丹；金丹之要，在乎神水华池。至简至易，虽愚暗小人行之，立跻圣地。"《道德经》云："吾道甚易知，甚易行。"昔者钟离云房以此传之吕洞宾，吕传之刘海蟾，刘传之张平叔，张传之石泰，石传之道光和尚，道光传之陈泥丸，陈传之白玉蟾，则吾师也。乙亥之秋，遇之于武夷山。越戊寅之春，复于庐山相会。过太平兴国宫，有道士洪知常，字明道，自号坎离子，于内外二丹留意久矣。千师万友，参究已遍；千经万论，搜括无踪。一旦与之因缘契合，半句之下，金箆刮膜；片饷之间，玄珠成象。洪公将隐形遁迹，杜门绝交，坐进火候，以图圣胎。恐此道无传，故以所得吾师《金丹捷径》一篇，《钩锁连环经》一卷，及《庐山快活歌》一章，刊行于世，总而名之曰《传道集》，欲天下共之。

　　　　　　　　刀圭子陈守默、紫芝詹继瑞稽首拜书。

3.《武夷集》跋语①
宋　赵汝渠

　　嗟予慕道今几年，检尽丹书要学仙。铅汞混融无法度，求金交结欠因缘。抽添徒泥《传道集》，沐浴不解《悟真篇》。从来玉诀不传注，莫将纸故

---

① 见《武夷集》。

徒穷研。半语轻逢至人授，要断江山一回首。精勤作用有阴阳，反覆短长分前后。黄婆媒娉岂因脾，金晶飞跃不在肘。若能夺得天地真，始与天地同长久。

修职郎新建宁府崇安县尉翠云子赵汝渠焚香稽首跋。

4.《上清集》序
宋　彭耜

庚申七月望日，了真子携丹诀访予于凤丘，谈笑之间，飘然不群，及披阅其文，亦有可观者。予订正之，又从而勉之，始终立志，必至大成，泥象执文，又奚益？

三山鹤林彭耜季益敬为之序云。

5.《上清集》序
宋　童应卯

昔黄帝到峨嵋山，见皇人于玉堂中问道。皇人曰：长生飞仙，则唯金丹；守形去老，则独真一。故仙重焉。是知炼金液还丹者，乃神仙之秘也。然世人徒知炼外丹而不知炼内丹。英明之君如唐宪宗，豪杰之士如李抱真，皆为外丹所误。吁，可叹也已。吾乡了真子，姓萧名廷芝，字元瑞，幼尝从吾学儒，壮能述父业医，因游玉清洞天，获遇至人授以炼金丹诀。元瑞遂筑净室独居，修炼十月成胎，因著书一编，名曰《金丹大成集》，托吾序其首以锓梓。吾闻广成子有言：上仙以元气为宗，炼金丹者，其广成子之所谓元气欤？东坡公云：唯华池之真液，古之仙者，以是为金丹之祖，长生不死之药也。吾嘉元瑞不隐此诀，直指其要，以晓世之学仙者焉。遂为之序。

时景定纪元太岁庚申上元平旦，临汀郡南冈逸叟童应卯知几谨序。
——上二序出元刻本《上清集》。①

---

① 读二序所言，似无关《上清集》，而是为萧廷芝之《金丹大成集》一书作序，不知何故刊于《上清集》之首。又因彭序萧著皆有关于白真人一脉授受，且原刻如此，故姑存之。

6.《海琼摘稿》序
明　唐胄

　　人而仙而诗仙，难矣哉！吾琼宋白仙玉蟾以诗名。然嗜酒任性，多信笔，或不羁格律。世谓既超宇宙而凌万物，则此固何俟区区乎？殊不知仙于诗不相及，术在轻身，炼阳真以消积阴之查质；诗则发灵于志，为神魂之精英。盖其自少颖绝，七岁能诗，背诵九经，十二应神童科，本业于儒者。后因黎母之遇，遂自松林历武夷，得师翠虚，仅九载而道成。故凡赤足蓬头、破褐聋眵，若狂呆然。叱风鞭霆，出龙坠刃，与凡休咎灾疾之谈治，灵异莫测。既为慧月盱江之解，而楚越陇蜀之踪迹复遍。名动九重而骇四海，咸疑为张虚靖。又自悟本微垣九皇星之紫清，是皆仙秘。至于章甫缝掖之爽迈，望之惊为神仙中人。出入三氏，笼罩百家，随身无片纸，落笔满天下。虽草书、篆隶、梅竹，亦且精绝，乞文者门市，居徒常数百人。伏阙言天下事，沮不得达，因醉执逮京尹，至称为"逸民"。比之于李泌、种放，则初志之未忘也。使其终焉一致，则践形于天性，得为圣人之徒必矣。惜其溺此，徒不泯于诗，为道之弃余也。夫若谓仙易于诗，则自广成以来，孤篇只句之偈诀，遗落于人间者，有矣。有此浩瀚而以诗名仙也哉，亦怪已。

　　本葛姓，名长庚，母梦食一物如蟾蜍，觉而分娩。大父有兴董珰，教叔监丞，诸兄主簿。出继白氏，号"海琼"。诗文有《松风》《上清》《武夷》《指玄》《玉隆》《问道》《珠玉》等集，多及方外。近乃得朦仙重编，并于翰墨郡志等书中摘其切于景事者为此集。其重编全裒，将携归郡别刻云。

　　嘉靖岁癸巳正月上浣吉，邑人西洲居士唐胄平侯甫寓广右紫薇堂书。

　　　　　　　　　　　　　　　　　　——出明·唐胄《海琼摘稿》。

7.《葛白叟诗集》序
明　潘是仁

　　长庚，先生讳也。字白叟，福之闽清人。于绍熙时，其母梦吞蟾蜍，觉而诞公。七岁能诗，以失怙恃，遂师翠虚陈泥丸而学道焉，得刀圭飞升隐显之术，别号"海琼子"。至雷州，继白氏后，改姓名曰白玉蟾。每自言因误校劫运之箓，降人间，凡作祷章，称玉皇门下选仙。为词森森，俨有堂陛之意。至若改"木郎咒"，以致面叱盗者而坠刃，跃身江流，蝉蜕龙现，种种奇幻，不能殚述，直可方左慈、曼倩之流。嘻，神仙之事，果有哉无哉？历按厥事，要非《齐谐》志怪比。其诗真若肺腑有烟霞，喉舌有冰雪，非丹台紫府中人，能构只字耶？

潘是仁识。

——出明·潘是仁《宋元诗四十二种·葛白叟诗集》。

8.《白真人文集》后叙

明　林有声

尝观古今异人得仙术者，类能修真炼气，颐息养神，乘云雾而羽化，驱雷雨而摄精。然未有娴于文辞，肆笔成章，开口而吐烟云、出吻而唾珠玑者。盖功成九转固难，而该通六籍尤不易也。噫，若琼琯白真人者，可不谓兼之乎？真人生于北宋之末季，距今四百余载。其时遍游名山，屡遇神人，授以还丹秘诀。真人盖已尽得其术，成九转之功矣。而游寓之余，尤多著作，若诗词歌赋，章奏序论，无虑数千万言，可谓仙而能文矣。顾世远道湮，莫有得其《集》而传之者。

不佞生同岭海，窃闻先辈之风，尝购求之而不可得。万历癸巳春，不佞转官入闽，承乏福倅，尝侍堂翁何泰宁先生谭，因及白真人事。先生语不佞曰："余夙爱白真人《集》，藏之箧笥有年矣。惜鲁亥多讹，篇类舛错，未有能校而梓之者，兹得寅丈为真人同乡，意者其在斯乎？"不佞谨奉教唯唯。已而先生自省中贻书古田，以真人《集》见寄。不佞受而阅之，见其旧本残缺，皆出先生补正。其中丹图玄论，《集》所未备者，亦多经先生手录，若得其口传而心授之者。乃知先生于百家之书，无所不读，修炼秘诀，靡不究心，匪直精吏治、树异绩，为二千石最已也。

不佞既奉教校辑，为之再定篇目，总十三卷，凡三阅月始竣，遂付之梓。业已请先生为序，以弁之首矣。独惟不佞谬叨校梓之役，可无一言以跋之后？因为之论次其事如此，盖有惭于续骚云。

时万历甲午岁端阳日，岭海后学潮阳林有声拜手谨撰。

——出清光绪《重刊道藏辑要·琼琯白真人集》。

9. 重刻白真人文集叙

清　王时宇

海琼白真人，琼山五原人也。生于绍兴甲寅，迄今六百余年矣。其文集镂于其徒彭鹤林，重镌于明正统南极遐龄矐仙，万历甲午，何公继高更为剞劂。历年久远，不惟不传于琼，即通都大邑藏书之肆，亦所罕有。

宇自少闻真人之名，窃心异之。甲午与修郡志，读真人诗文一二，意其必有全集，惜不得一见为快。辛亥冬，余友定邑莫君明甫，出真人全集相示，叩其所自，则得之外祖乐会王鹤洲公。鹤洲昔为温江令，得之一老生家，阅今垂六十年，剥落过半，属宇考订，重为付梓。宇俗人，何能知真人之万一哉！适郡司马滇西彭竹林先生，与真人有夙契，其诗文亦绝相类。宇告之，大喜，出行箧中真人集四本相质，盖何公所刻，与矐仙之八本，分类参差，多寡互异。竹林命宇重为编次，悉心校对，重者殳之，讹者正之，缺者补之。再三读之，其诗文之雄博瑰奇，诚有如真人所云"世间有字之书，无不读"者。于是知真人固天仙才子，合而为一，洵非操觚家所能及也。噫，真人之所传以不朽者，固不在乎《集》。而数百年来，重得是《集》于凋残剥蚀之余，俾后人重而新之，是亦真人之文之不容泯没于天壤也夫！

时大清乾隆辛亥仲冬既望，琼山慎斋王时宇谨识。

10. 重刻紫清白真人诗文全集跋

清　彭翥

余读仙史紫清真人事实，而窃叹仙学之不可易而希也。以紫清之天才，紫清之笃信，固老子所谓"早服而厚积德"者。使十六之年，即遇泥丸先生，授之以诀，何难一日而几乎道哉！而紫清方且混迹穷途，辛苦焦悴，几四十年，始遇泥丸先生，偕归罗浮，又激之远出。盖前之颠顿半生，天固使之涉历于世路之艰，以炼己净尽；后之奔驰远道，天固使之黾勉于道法之备，以立功完醇。然后假手泥丸，授之以法，而更无回惑也。然温养不谨，仍不免防危虑险。其后以身示人，历乎其难而后得其易。其难也，其即易之所由来欤！即吾儒行身植志之学，亦何独不然欤！

紫清于蟇，似有夙契。少时客京师，忽梦归巍山，景物明媚，山深迷路，得紫清指之以出，尔时不知梦中之人为紫清也。后十年归巍山，则含真楼有紫清像焉，即梦中之人也。于是紫清真人常往来余怀而不能置。在香山忽购仙史，得悉紫清生平颠末。庚戌北上，又得紫清诗文集四本。读之，于是益知紫清真人文章诗赋之工绝，所谓仙家才子者。辛亥渡海，以为此紫清乡庐所在也。意松林白石间，或可追仙舄于一再，而杳不可得。岂余之少也，或可以提携，故梦中为指其迷途？余之晚也，没于声名功利之场者，已非一日，虽欲痛自激发摆落一切，以希紫清之或我一顾，而亦不可得耶？

定安莫君莹章，得紫清《集》八本于其外祖王鹤洲家，属琼台山长王慎斋校订重付剞劂，以广其传。是盛举也，慎斋告于余，余并出其所藏本以为质，因论次之。紫清古文雄伟排宕，缥缈离奇，纯乎大手笔；诗则有唐音，有宋体。其恺挚和厚味之无极者，唐音也；其清新颖异出奇无穷者，宋体也。要皆不失为大著作手，读者当自得之。

时大清乾隆辛亥岁黄钟月冬至前五日，滇西弟子彭蟇竹林甫顿首薰沐谨跋于琼防官舍。

11. 重校白真人文集跋
清 林桂燕

仙可学乎？吾不得而知也；仙不可学乎？吾不得而知也。仙之可学、不可学，吾不知，而其诗其文，固人人得而学之也。曩余见真人诗，惊仙中有此才，以为古仙诗雄放如吕纯阳外，其清空缥缈，则推真人。继得读仙史，始知神仙才子，属是人矣。今又获见真人全集，伏而读之，浩浩乎如冯虚御风，而不知其所止；飘飘乎如遗世独立羽化而登仙。然则真人是《集》，谓作丹经观也可，谓作诗文读也可。噫，真仙长在，文字有灵，于编残简断之余，忽付诸夙契慕之人，与留心校刊之手，岂非吾乡人之幸哉！抑岂独吾乡人之幸哉！

琼山弟子林桂燕圃甫薰沐敬跋。

12. 重刻白真人集叙

清　许宝珩

　　紫清真人白玉蟾，诞生海表，位列真灵，有宋以来，谈道者罔不推为正宗，与紫阳、长春而并寿，是则然矣。然吾闻道之为教，冲虚淡漠，与元气同浑沦。昔人所传《道德经》《参同契》，以及《悟真》《指玄》诸作，指归具存，尽人可悟。至戋戋焉以文字鸣，抑又尠也。惟真人天才灏瀚，以垂露涌泉之笔，泄尽性至命之修。杖策所经，耳目所接，触处皆见端倪。慧业文人，即通元妙道，其殆庶几乎！

　　余以同治乙丑，来治琼山。邑为真人桑梓，谂知真人有《集》，而惜少概见。适江西邹镜湖、楚南周明觉求得是书，字已漫灭，惧其日久失传，亟为募资重刻，而以《道德经注》《指玄篇解》《木郎祈雨咒》附刻于后。越十余月藏事，请叙于余。余于道无所闻，然真人为道之正宗，亦琼之特产。则是《集》也，为斯道留不传之秘，即为琼人存著述之编，均宰斯土者所不容已也，故乐为书于简端。

　　　　　　时大清同治八年己巳秋，知琼山县善化许宝珩叙。

13. 重刻白真人集跋

清　柳承祖

　　白紫清祖师，海南之琼山人也。五指山拔立海表，灵秀所钟，厥有异人至矣。宋时发祥于琼山，而白祖降生焉。其本末详载《集》内。余昔游琼，得祖师所注《木郎祈雨咒》，如法虔诵，无不灵应，是知祖师之神灵默为庇佑，功参造化而人不知也。神仙种德，本不欲人知，而盛德光辉有终不可掩者。故蹈晦迹于一时，未尝不显著于万世。白祖师向有全集行于世，而琼人不多概见。余戚明觉周君，素好仙道，觅得是《集》，如获至宝，因欲刊刻，以公同志，而琼中宪绅士商，俱乐捐资成兹美举，又得镜湖邹君细为校对。是《集》刻成，不独得祖师之福荫，继祖师之道统，为琼人之大幸。即玩其诗文之清新隽逸，于词章之学广益良多。

余不敏，学道数十年，一无所得。周君问叙于余，不敢辞，因据鄙见，赘数言于篇末。寸莲击钟，曷足表扬于万一也！

同治八年仲春，番禺九十老人柳承祖谨跋。

——上五篇出清同治版《海琼白真人全集》。

14. 刻《道德宝章》跋

诸家注《老子》者，类出臆见，辞多漫衍，甚者错下注脚，失柱下本指。是编为真人白玉蟾所释，离章析句，稍加笺注，不费辞而理得，固知玄解者不假言诠。读者尚于言外荐取。无诤居士陆树声。

按：董迪《藏书志》述张道相集古今注《老子》，自河上公、严遵、王弼以下四十余家，并彭耜《道德经集注杂说》，皆不及是编。固知诸家仅名存，其逸而不传者多矣。古书散失，行世者少。长夏龙潭社中，阅陆文学天倪刻本《道德宝章》重跋。万历癸未夏五月。

《蟾仙解老》，就老氏本文稍为隐括，下一转语，大类禅旨。觉此中无言语凑泊处，其于伯阳，可谓千古神遇，金针默度者矣。适园居士识。

——此三则跋文出明刊《宝颜堂秘笈》之《蟾仙解老》。

15.《白紫清指玄篇》书后
明　王世贞

紫清白真人玉蟾，师事陈泥丸。泥丸之道，亦得之于薛紫贤矣。而紫清所著《辨惑论》，修仙三等，炼丹三成，皆取自身己，不假西邻。其它如《谷神不死》《玄关显秘》诸篇，皆妙合《黄庭》微旨，又何尝不与《悟真》相发挥？歌辞逸妙，往往有辨才，无碍机用，紫清之仙格，所以独胜也。第紫清六十四岁，卦气已满，而始得道，吾侪其庶可冀乎？泥丸之化迹，似不可晓。

诗歌之横逸痛快，无过于白紫清。凡张紫阳、陈泥丸之什皆近真，其它则不过陈上阳辈，依仿而成，虽纵横辨博，而实少精理。乃托之许旌阳、罗公远、钟、吕、刘海蟾、马自然辈，吾谁欺？欺天乎？又有《金丹证道》四歌，云太上老君作，尤可笑也。

——出明·王世贞《弇州山人续稿》卷一百五十八。

16. 书寿世堂《觉世》《修道》真言后

清 李应机

白海琼为南宗五祖，所著《觉世真言》《修道真言》二卷，皆有证入语。其《觉世》则可当清夜钟，其《修道》则真能直指精奥。余所不足者，《觉世》语时涉于境，则未免犹为境所使；《修道》以专修性为顽空，则犹未明修性源，本根尘未除。故犹有枝叶之言，参玄者必参宗，斯为至矣。

——出清·李应机《晨霞道言》。

17.《道德宝章》提要

（内府藏本）

宋葛长庚撰。长庚字白叟，闽清人，为道士，居武夷山，旧本题紫清真人白玉蟾。白玉蟾其别号，紫清真人则嘉定间征赴阙下所封也。其书随文标识，不训诂字句，亦不旁为推阐，所注乃少于本经，语意多近于禅偈，盖佛老同源故也。此本为元赵孟頫手书，钩摹雕板，字画绝为精楷。明陈继儒亦尝刻之汇秘籍中，改题曰《蟾仙解老》，非其本目。又前有万历癸未适园居士跋二则，其前一则称董逌《藏书志》述张道相集古今注《老子》四十余家，不载是编。案晁氏《读书志》，张道相乃唐天宝后人，安能以南宋宁宗时书著之于录？且道相所集凡二十九家，并其自注为三十家，亦无所谓四十余家者。《跋》所云云，殆于道听途说矣。

长庚世传其神仙，而《刘克庄集》有王隐居《六学九书》序称，所见丹家四人，邹子益不登七十，曾景建、黄天谷仅六十，白玉蟾夭死。又陈振孙《书录解题》"群仙珠玉集"条下云："白玉蟾葛其姓，福之闽清人，尝得罪亡命，盖奸妄流也。余宰南城，有寓公称其人云，近尝过此，曾相识否？余言此辈何可使及吾门"云云。二人与长庚同时，其说当确。流俗所传，殆出附会。然道家自尊其教，往往如此。其书既颇有可取，则其人亦不足深诘矣。

——出清·《钦定四库全书总目》卷一百四十六。

18.《海琼传道集》提要

旧本题庐太平兴国宫道士洪知常集。前有陈守黙、詹继瑞序，称乙亥之秋遇其师白玉蟾于武夷山，戊寅之春复于庐山相会，有道友洪知常，字明道，号故离子云云。白玉蟾即葛长庚，宋末道士。则所谓乙亥者，为宋德祐元年所；谓戊寅者，为元至元十五年。知常盖元人矣。其书称白玉蟾所传凡二篇，一曰《金丹捷径》，一曰《钩锁连环经》，文词鄙倍，殆村野黄冠所依托。前有钱曾名字二印，篆刻丑恶，亦庸劣书贾所赝造也。

　　　　　　　　　　——出清·《钦定四库全书总目》卷一百四十七。

19.《重编海琼白玉蟾文集六卷续集二卷》提要

清　阮元

宋葛长庚撰。长庚字白叟，福之闽清人。七岁能诗赋，父亡母嫁，弃家海上，号海琼子。至雷州，继白氏后，改姓白，名玉蟾，传以为仙去。所著诗文集凡四十卷，具详《事实》。此本乃明正统间南极遐龄老人臞仙重编，前有宋端平时推官潘枋原序，及嘉熙元年耜所书《事实》一篇。黄稷《千顷堂书目》载是集。臞仙序中，述及玉蟾有"《上清》《玉隆》《武夷》三集内未入者，皆收之，今重新校正，定为八卷，附录一册及霞侣奉酬之元简仍缀诸卷末，而寿诸梓，以永其传焉"。

臞仙乃明太祖第十六子、宁献王朱权之号，博古好学，凡群书有秘本，莫不刊布，著述之富，一时无有及者。

　　　　　　　　　　——出清·阮元《揅经室外集·四库未收书目提要》。

20.琼琯白玉蟾上清集八卷

（元刊本）

清　丁丙

宋葛长庚撰。长庚字白叟，福之闽清人。初母梦食一物如蟾蜍，觉而分婉。时大父有兴，董教琼琯，是生于琼。盖绍兴甲寅三月十五日也。七岁能诗赋，背诵九经。父亡，弃家游海上，号海蟾子。至雷州，继白氏后，名玉蟾。人有疾，或草或木，或土或炭，随所得予之，饵者辄愈。后伏阙上言天下事，沮不得达；继有言其左道惑众者，叔监丞，坐是得祸。一日诣临江之江月亭，忽跃入江流，从游呼舟援溺，长庚出水面，摇手止之而没。逾年，有人见于陇蜀间，未尝死也。有《上清》《武夷》《玉隆》三集。往见明宏治间所刻者，前有端平时推官潘枋之序，别有《文集》正续八卷，为矅仙序。此则其一种也。前题建安余氏刊于静庵，殆麻沙坊所刻，有"吴趋小圆印"、"停云得意"二小印，"文氏屡用之"，又"大石山人顾元庆印"二图记。

——出清·丁丙《善本书室藏书志》卷三十一。

21.《白玉蟾集》跋

清　张鉴

《海琼玉蟾先生文集》六卷、《续集》两卷，内分《武夷》《玉隆》《上清》三种。前有端平丙申潘枋及正统壬戌南极老人矅仙两序文，嘉熙鹤林彭耜《事实》一篇。文虽多道家之言，诗亦清逸，不知后世何以举人与诗俱佚之？按《神仙通鉴》，玉蟾号海琼子，得翠虚陈泥丸先生之道，喜饮酒不及醉，博洽儒书，究竟禅理，大字草书视之若龙蛇飞动，善篆隶，尤妙梅竹。受上清箓，行诸阶法，所用雷印常佩肘间，祈禳有异应。尝游西湖，至暮堕水，舟人惊寻不见，达旦则在水上，犹醺然也。《续文献通考》亦云：嘉定中命馆太乙宫，一日，不知所在，封紫清明道真人。然据李氏《紫桃轩又缀》及厉氏《宋诗纪事》，皆言本姓葛名长庚，字白叟，又号白玉蟾，闽清人，父亡，随母改适雷之白氏，因改姓名，后遂家琼州，入道武夷山中。此似得其实。杭编修世骏补《千顷堂书目》，载《海琼摘稿》十卷，嘉靖时吉邑西洲居士唐胄序；又有建安余氏所刊《琼琯白玉蟾上清集》八卷、《玉隆集》六卷、《武夷集》八卷，俱与此卷数不同。盖屡修刊，非复初定之旧。论其所得，亦庶几葛稚川、陶贞白之流，不可以异端尽没之也。若《读书敏求》载尚有《道德宝章》一卷，此卷恐是氏羽人之说矣。

——出清·张鉴《冬青馆甲乙集》。

22.《白玉蟾集》五卷

（明刻本）

缪荃孙

宋葛长庚撰。长庚字白叟，一字众甫，继白氏，母以玉蟾应梦，遂为之名。闽清人，自幼慕长生久视之道，长游方外，参究性命之旨，居武夷山中，号海琼子。嘉定中，诏征赴阙，封紫清明道真人。此集首有正统壬戌南极遐龄老人臞仙序，次玉蟾先生事实，次玉蟾象，次端平丙申潘妨序。有"闻喜堂藏书"朱文长印。（缪稿）

——出缪荃孙等撰《嘉业堂藏书志》。

23. 海琼玉蟾先生文集六卷续集二卷（宋葛长庚撰）附录一卷

傅增湘

明正统七年朱权刊本，十二行二十一字，大黑口，四周双阑，版心记"白一"、"白二"等字。卷首标题大字占双行。前有端平丙申日长至文林郎新镇南军节度推官潘妨叙（大字双行），次玉蟾先生事实，嘉熙改元仲冬甲寅鹤林彭耜谨书，次目录。

钤有"莲泾鉴赏"（白）、"留为永宝"（朱）、"桐轩主人藏书印"（朱文长方）、"茂苑韩氏藏书"（白文长方印。此印最古，是明人印。）

按：此书刊工精湛，极似元本，墨色亦佳，纸薄细黄润，或以为宋纸。然考此本辑自明宁献王朱权，王为明太祖第十六子，别号臞仙。《千顷堂书目》述王至详，此本佚去，殆欲充宋元本耳。然正统刊本精美可爱如此，亦良足贵，奚必冒充然后可珍耶！沅叔。

程荣刻《汉魏二十一家》，附有此集，惜未及一校。（己未）

24. 新刊琼琯白先生玉隆集六卷

（宋葛长庚撰）

傅增湘

　　元刊本，十一行二十字，注双行同，黑口，四周双阑，版匡高六寸。目录标题大字占双行，三四行跨行题"海南白玉蟾著"，五六行题"卷之一"，亦大字占双行（下各卷同）。卷一记，卷二歌，卷三旌阳许君传，卷四许真君后传，卷五逍遥山群仙传，卷六传。

　　本书题"白先生玉隆集卷一"，后题"建安余觉华刊于勤有堂"。（朱君希祖持来，曾经日本人所藏，朱君新得之。庚午元月十七日记。）

　　　　　　　　——上二则出傅增湘《藏园群书经眼录》卷十四。

25. 元刊本《玉隆集》跋

朱希祖

　　《玉隆集》六卷，宋葛长庚撰，首题《新刊琼琯白先生玉隆集》，海南白玉蟾著，葛长庚即白玉蟾原名。此书每半叶十一行，行二十字，黑口，卷一末有"建安余觉华刊于勤有堂"一行。案丁丙《藏书志》有元刊本《琼琯白玉蟾上清集》八卷，前题建安余氏刊于静庵。瞿镛《铁琴铜剑楼书录》有元刊本《琼琯白玉蟾武夷集》八卷，目录前有建安余氏新刊一行。《丁志》谓"长庚字白叟，福之闽清人，有《上清》《武夷》《玉隆》三集"。丁得《上清集》，瞿得《武夷集》，而《玉隆集》则未见于藏书家著录。兹得此集，始可见葛氏之全书矣，亦一快也。叶德辉《书林清话》有《宋建安余氏刻书》一篇，论宋元两朝余氏刻书于勤有堂者，有余志安、余靖安、余文兴，而不及余觉华，此可补其缺漏。叶氏又举《丁志》宋葛长庚《琼琯白玉蟾集》八卷，前题建安余氏刊于静庵，注云："静庵与靖安，疑即一人。"余谓静庵，室名；靖安，人名。余觉华，元时人，其刊书或题勤有堂，或题静庵。靖安，宋时人，乃志安弟兄辈，即宋版《古列女传》书末所题"建安余氏靖安刊于勤有堂者"。白玉蟾三集，疑皆为元余觉华所刊，他日当访之瞿氏所藏

《武夷集》、江南图书馆所藏丁氏之《上清集》，一印证之。

一九二五年一月二十一日

——见朱希祖《图书月刊》（渝版）第二卷第二期。

26. 琼琯白玉蟾武夷集八卷

（元刊本）

清　瞿镛

宋葛长庚撰。文三卷，诗五卷。前有沛郡凭虚子序，亦道家流也。目录前有"建安余氏新刊"一行。卷首末有"秀野草堂""顾氏藏书印"朱记。

27. 海琼玉蟾先生文集六卷续一卷

（明刊本）

清　瞿镛

题"南极老人臞仙重编"。前有嘉熙改元鹤林彭耜、端平丙申潘牥二序，及正统壬戌臞仙序，盖皆道流也。彭序谓先生属其校勘纂次，并以诸贤诗文录于篇末，凡四十卷。则是本非其旧矣。

——上二则出清·瞿镛《铁琴铜剑楼藏书目录》卷二十一。

28. 群仙珠玉集一卷

宋　陈振孙

其序曰："西华真人以金丹刀圭之诀传张平叔作《悟真篇》，以传石得之、薛道光、陈泥丸至白玉蟾。玉蟾者，葛其姓，福之闽清人，尝得罪亡命，盖奸妄流也。余宰南城，有寓公称其人云，近尝过此，识之否？余言不识也。此辈何可使及吾门。李士宁、张怀素之徒，皆殷监也。是以君子恶异端。

——出宋·陈振孙《直斋书录解题》卷十二。

29. 明万历闽书林刘双松安正堂刻本《新刻琼琯白先生集》

（节录）

沈津

　　《新刻琼琯白先生集》十四卷，宋葛长庚撰。明万历二十六年（1598 年）闽书林刘双松安正堂刻本，五册。半页九行十八字，四周单边，白口，单鱼尾。框高 18.5 厘米，宽 12.3 厘米。题"宋海南白玉蟾著"。前有万历二十二年（1594 年）何继高序，又《白真人事实》，末有万历二十二年林有声后序，又有"白玉蟾真人像并赞"（中略）。此本有扉页，刊"白玉蟾集，万历戊戌孟秋月，书林刘氏双松梓"。扉页之前页印有"新刻琼山白真人文集"，卷十四末刊有"安正堂刘双松梓"。戊戌为万历二十六年。

　　《四库全书总目》未收。《中国古籍善本书目》著录，北京图书馆、上海图书馆等七馆亦有入藏，作明万历二十二年安正堂刘双松刻本，疑七馆所藏皆佚去扉页。又日本内阁文库亦有入藏。按明万历二十二年林有声刻本，江西图书馆、北京师范大学图书馆、陕西师范大学图书馆入藏。

　　钤印有"衣笠山延庆庵"。

30. 明刻本《海琼玉蟾先生文集》

（节录）

沈津

　　《海琼先生文集》六卷《续集》二卷，宋葛长庚撰，明朱权编。明刻本。十册，半页九行二十字，左右双边，白口，单鱼尾。框高 20.3 厘米，宽 13.7 厘米。题"南极老人臞仙重编，山阴何继高、新安汪乾行、刘懋贤全校"。前有正统七年（1442 年）臞仙序、端平三年（1236 年）潘牥序。嘉熙元年（1237 年）彭耜撰《海琼玉蟾先生事实》，又有玉蟾先生像并赞。

　　朱权，太祖第十六子，封宁王。恃靖难功，颇骄恣。晚年托志冲举，自号臞仙、涵虚子、丹丘先生。好宏奖风流，群书秘本，莫不刊布之。又著《汉唐秘史》等书数十种，自经子九流、星历医卜、黄老诸术皆具。卒谥献。（中略）

此本扉页，刊"白玉蟾集，省吾堂藏版"。

《四库全书总目》未收。《中国古籍善本书目》著录，上海图书馆、南京图书馆等二十七馆、台湾中央图书馆（皆作明新安刘懋贤等校刻本。台馆缺卷二至五。）、美国国会图书馆（明万历刻本）、日本内阁文库（作明刊本）亦有入藏。按是编存世最早为明正统七年宁藩朱权刻本，藏北京图书馆。明代又有万历桂芳堂刻本，浙江图书馆、北京大学图书馆等六馆入藏。又有明刻本，行款同此本，北京大学图书馆、清华大学图书馆等三馆入藏。

钤印有"初斋秘笈""景荀堂藏书印""曾藏章武高氏水榘庵"。[①]

——上二则出沈津《美国哈佛大学哈佛燕京图书馆中文善本书志·集部》（上海辞书出版社）。

31. 宋白玉蟾尺牍跋 [②]
叶恭绰

此卷曾入《石渠宝笈》三编，闻近由长春流人关内，殆即清宫藏物前此赏与溥侊者。长庚墨迹至稀，余所见惟关伯衡、吴湖帆所藏各一卷，及余所藏《仙庐峰六咏》卷子耳。四十三代张天师题跋，谓其字与昔所见如出两人，余亦颇有同感。第思昔人纪载，皆谓长庚善草书，有鸾翔凤翥之势，余所见三卷皆行书，劲逸而略纤瘦，有贞白、图南风致，此卷则纯乎晋、唐法度，功力深至，殆书时有先后，趋向有殊异，非根本不同也。安绍茂跋谓此卷与向藏海云楼诗相似，足为反证，惜明僧四跋，为妄人弃去，不然或有足资参订者。杨铁厓、张宇清又吾宗南阳道人与之时代相接，其鉴赏当有灼见。毕秋帆以之刻入《经训堂帖》宜矣。乡先贤希有剧迹，愿芷园其善藏之。

——出叶恭绰《矩园余墨》。

---

① 按：原文所引原本序言部分，因已见于他处，为避免文字重复成赘，故删之。

② 此即白玉蟾手札《与宝谟郎中书》之跋文。

32. 白玉蟾

白玉蟾，姓葛，名长庚，宋琼山五原人，年十二应童子科。尝于黎母山中遇神人，授以洞玄雷法，养真于儋松林岭。有歌云："老君说不妙，鸟啼花却笑。佛氏圆未通，青山树几重。仲尼贯莫一，兔儿随月出。三教总虚花，争如白虾蟆。芥子未是眇，须弥未是小。芥子与须弥，撮来作一口。""非道非释亦非儒，读尽人间不读书。非凡非圣亦非士，识破世上未识事。""琼州澄迈县，香山处士家，种得东园好木瓜。"后从陈泥丸学仙术，之武夷山修炼。自赞喜神云"神府雷霆吏（衔称"上清大洞宝箓弟子、五雷三司判官、北极驱邪院事"），琼山白玉蟾。本来真面目，水墨写霜缣。"又："千古蓬头跣足，一生服气餐霞。笑指武夷山下，白云深处吾家。"嘉定中，诏赴阙，对御称旨，命馆太乙宫。一日，不知所在。往后往来名山，神异莫测，诏封紫清明道真人。平生诗韵清绝，非食烟火者所能道。著有《上清》《武夷》《指玄》《玉隆》等集传世。今武夷九曲有止庵烧丹灶。

桐乡《夜宿止庵诗并序》：白玉蟾，宋南渡季年应童子科。无何，入武夷山中得道。止庵乃修炼之处，在武夷九曲，中有烧丹灶见存。及今三百年余年，琼之人未有游武夷者。顷奉宪檄，夜宿山中，道人出玉蟾所著诗赋，读之有感，因留题五言古选一首。已而，道人持余诗去，余亦袖玉蟾集归。玉蟾，吾乡人。少闻诸父兄云，元末父老犹及见其还乡者，道其事甚详，此不能悉。

南渡琼诗人，求仙此得道。我来一访之，止庵空肖貌。止庵在何许，九曲武夷隩。上山多灵芽，下洞多瑶草。景物且夷旷，山水亦绝好。道人此修真，中有烧丹灶。闻说烧丹日，精致尤可道。九转未为至，十转不为到。温养黄庭珠，乾坤坎离奥。三光任陆沉，一珠温自保。功就山灵泣，鼎枯泉脉浩。身去仍丹丘，神与此山老。诗赋留山间，手泽尤精造。永与九曲歌，并作镇山宝。仙集响琅琅，我心明皓皓。持集归故乡，为报五原保。

——出明·唐胄修纂《琼台志》卷四十。

33. 白玉蟾

白玉蟾，姓葛，名长庚，琼山五原人，年十二应童子科。常于黎母山中遇仙人，授以洞玄雷法，养真于松林岭，长游方外，得翠虚陈泥丸之术。当时士大夫欲以异科荐之，弗就也。翠虚解化于临漳，乃往还罗浮、武夷、龙虎、天台、金华、九曲诸山，又于九曲作止庵，丹灶尚存。时或蓬头跣足入廛市，或青巾野服游宫观，浮沉俗间，人莫识也。博洽儒书，究竟禅理，出言成章，文不加点，真草篆隶、琴棋书画无不精妙。随身无片纸，落笔满四方。踏遍江湖，名满天下。尝游西湖，暮堕水，舟人甚惊，寻之不见。达旦，已在水上。后至临江慧月寺之江月亭，饮酣，袖出诗与诸从游，因跃身江流中。众呼舟人援溺，玉蟾出水面，摇手止之而没。洪都人谓已水解矣。是月，又见于融州老君洞，竟莫知所终。

尝有歌云："老君说不妙，鸟啼花却笑。佛氏圆未通，青山树几重。仲尼贯莫一，兔儿随月出。三教总虚花，争如白虾蟆。芥子未是渺，须弥未是小。芥子与须弥，撮来作一口"又曰："非道非释亦非儒，读尽人间不读书。非凡非圣亦非士，识破世上未识事。"自赞写真云"神府雷霆吏，琼山白玉蟾。本来真面目，水墨写缃缣。"又曰："千古蓬头跣足，一生伏气餐霞。笑指武夷山下，白云深处吾家。"嘉定中，诏赴阙，对御称旨，命馆太乙宫。一日，不知所在。所著有《上清》《武夷》《指玄》《玉隆》《海琼问道》等集传于世。元虞集《白玉蟾像诗》："日出扶桑积雪高，海空天净绝纤毫。每看剑气冲牛斗，知是吹箫咏碧桃。"王佐《夜宿止庵诗》："止庵在何许，九曲武夷隩。上山多灵芽，下涧多瑶草。景物且夷旷，山水亦绝好。道人此修真，中有烧丹灶。闻说烧丹日，精致尤可到。九转未为全，十转不为倒。温养黄廷珠，乾坤坎离奥。三光任陆沉，一珠温自保。功就山灵泣，鼎和泉脉浩。身去仍丹丘，神与此山老。诗赋留山间，手泽尤精造。永与九曲歌，并作镇山宝。仙集响琅琅，我心明皓皓。持集归故乡，为报五原保。"

——出明·万历纂修《琼州府志》卷十二"仙释"。

34. 白玉蟾

清　薛大训

　　先生姓白，母以玉蟾名之，应梦也。字以阅众甫，一字如晦，世为闽人。以其祖任琼州之日，故生于海南，乃自号为海琼子，或号海南翁，或号琼山道人，或号蟾庵，或号武夷散人，或号神霄散史。幼举童子，长游方外，得翠虚陈泥丸先生之道。当时士大夫欲以异科荐之，弗就也。自得道之后，蔬肠绝粒，凡九年，而四方学者如牛毛。若夫出处之大概，与其著书立言之略，及所行有神异灵奇之处，备见诸书。

　　其初先生事翠虚九年，始得其道。翠虚游方外，必与先生俱。逮翠虚解化于临漳，先生乃独往还于罗浮、霍童、武夷、龙虎、天台、金华、九日诸山。蓬头跣足，一衲弊甚，而神清气爽，与弱冠少年无异。喜饮酒，不见其醉。博洽儒书，究竟禅理，出言成章，文不加点，随身无片纸，落笔满四方。大字草书，视之若龙蛇飞动。兼善篆隶，尤妙梅竹，而不轻作。间自写其容，数笔立就，工画者不能及。受上清箓，行诸阶法，于都天大雷最著。所用雷印，常佩肘间；所至祈禳，辄有异应；时言休咎，警动聋俗。姓名达于九重，养素之褒，笑而不受。有愿从之游者，莫得也。尝在京都游西湖，至暮堕水，舟人甚惊，绕湖而寻不见，达旦则先生在水上，犹醺然也。一日，有持刃追胁者，先生叱之，其人不觉坠刃而走，先生召之曰："尔来勿惊。"遽以刃还之。都人有称先生入水不濡，逢兵不害者。

　　后纵游名山，莫知所之（刘后村序王隐《六学九书》云"蟾夭死"，非也），或云尸解于海丰县。

　　　　　　　　　　——出清·薛大训纂辑《古今列仙通纪》卷之二十一。

35.《神仙通鉴》白真人事迹三条

　　玉蟾，本姓葛，大父有兴，福州闽清县人，董教琼州。父振业，于绍兴甲寅岁三月十五，梦道者以玉蟾蜍授之，是夕产子，母即玉蟾名之以应梦。稍长，又名长庚。祖、父相继亡，母氏他适，因改姓白，号琼琯。天资聪敏绝伦，龆龄时背诵九经，十岁自海西来广城应童子科，主司命赋织机诗，应声咏曰："大地山河作织机，百花如锦柳如丝。虚空白处做一疋，日月双梭天外飞。"主司意其狂，弗录，遂拂袖归。年十六，专思学仙，毅然就道，囊中止有钱三百。初别家山，不知夜宿何处，鸟啼林晚，匆匆投止而已。行数日，至漳州城，衣服卖尽，举目无亲，宿江村孤馆，月照苍苔，阶飘黄叶。明早膳启程，随身只有一柄伞矣。至兴化军，风雨潇潇，送春时候，赤骹髅存两三文钱，脚力全无，两身疥虱，到此茫然，欲归不得，乃争祭充馁。旬余，至罗源兴福寺，愿捐身作仆。未半月，与主僧作别。值炎日烧空，石头火热，赤脚奔驰，肉流血汗。踪迹至剑浦，荒郊秋雨，无簑笠可御，黄昏四顾难行，借宿茅檐，村翁不许，挨立俟晓，复行。闻建宁人好善，特往彼此求活。通衢舒手，谁怜乞儿。因入悲田院，相混暂歇。上武夷山，道士叱骂其孤穷，玷辱宗风。去闽，至江右龙虎上清宫，谒见嗣师，欲求挂搭。知堂嫌其褴褛，与以馊饭冷汤。值东北渡江，时淮西兵火，横死载道。野无草粒。转南至江东，三伏炎天，避藏谷穴，无扇摇风。行入两浙，秋凉渐侵双臂。在武林，天方大雪七日，朔风刮骨，幸精炁全，身犹自皮绽血流。夜栖古庙，香炉无火，纸钱乱飞，鬼啸猿啼，殊为惨切。回思畏日驱途，严霜卧地，千山万水，碌碌空忙，人皆笑我风颠，未见些儿受用，乃自叹何日天闻眼乎，凄凉泣下。复自慰曰："此大事也，切莫怨尤，我生果有神仙之分，前程自有师指。幸而天与残生，受此饥寒，何足悲哉？"自此或对月长吟，临风绝倒（时年四十二，淳熙三年）。

游甬东海滨，适陈泥丸见而怜之，曰："子何事而来此？"玉蟾曰："为觅金丹。"泥丸笑曰："身口不给，奚暇求丹！况离家非道，岂必在外得乎！观子衣裳破碎，垢面蓬头，能从我游，当以真金相赠。"玉蟾会意，瞪视而拜。泥丸自庆得贤，携归罗浮。玉蟾恳求真金，师曰："汝家自有。"玉蟾再拜究问，师曰："行持既久，片晌间结成心华一粒，只此是丹之基，万论千经，皆说此真常道也。"玉蟾意为容易，不复再问，请结茅于白云深处，静坐炼丹，泥丸颔而不言。逾月，知其心懒就安，往谓之曰："勤而不惰，必遇至人；遇而不勤，终为下鬼。若此而修，有何证验？子可更往外勤求。"玉蟾摸不着里外痛痒处，随至庵，师闭关不应。玉蟾泣跪不起，师隔楞语之曰："且历游救年，当于此俟子。"玉蟾无奈，承遣辞行。初至黎母山，即遇神人授上清法箓、洞玄雷诀。北游洞庭，一夜大雨淋漓，立待天明，往看潇湘八景，倦而倚石，梦入仙乡，微风送鸦声过耳，瘟看衡山红日，点头暗喜。上武当，谒真武，遇一道士，云是北极驱邪院左判官，与讲行施符法。复西入蜀之青城山，明月松阴，寒烟漠漠，万籁悄然，作《步虚》一阕以自乐。进访金堂，逼老道授《度人经》。转至巴陵，村落瘟瘴正作，乡民见其夜行有光，来请符水治病。玉蟾无处摸索，依法本，乱书云篆，神将灵应，邪鬼驱捉殆尽，境赖以宁。夜行北邙山下，草衰古墓，月掩荒台，隐隐鬼哭不止。乃展经朗诵一卷，其声旋寂，姑知经符之妙。于是召雷雨，誡聂精魔。遍历名山，备尝艰苦。

如是七年，归罗浮复命。泥丸慰曰："学者须如此辛勤，方能任道也。"时癸卯中秋，天气晴爽，相邀游于野外，对坐谈元，因以《归一论》付之，是太乙刀圭之说。玉蟾奉事之暇，即诵而默味，忽已九年。辛亥春雨后，在岩阿松荫，夜静烟寒，玉蟾思生死事大，无常迅速。稽首再拜曰："玉蟾事师未久，自揣福薄缘浅，敢问今生有分可仙乎？"师曰："人人皆可，况于汝乎！"玉蟾曰："不避尊严之责，重伸僭易之问，修炼工夫，愿得一言点化。"泥丸悯其真切恳挚，为之讲明次第火候，令其速炼。玉蟾（年已五十八，绍熙二年）拜辞下山，大隐鄽市，急备药料，用尽辛苦。三年既得铅汞相投，入鼎烹炼，恃平日天姿，当温养之时，用心不谨，不觉汞走铅飞，无可收救。作诗自解其愠："八两日月精，半斤云雾屑。轻似一鸿毛，重如千秤铁。白如天上雪，红似猩猩血。收入玉葫芦，秘之不敢泄。夜半忽风雷，烟气满寥泬。这般情与味，哑子咬破舌。捧腹付一笑，无使心恼热。重整钓鱼竿，再斫秋筠节。"

紫阳在天台，遥知其事，命童以《金丹四百字》授之，教其关防慎密。玉蟾读之，悟分至沐浴之理，复办药材重炼，极其防危虑险，方得成丹（时年六十四，庆元三年）。再入武夷，痴坐九牟，然后出山（自号云外子、阆众甫，又号玉皇选仙、神霄散吏）。文思汪洋洒落，顷刻数千言。善草书，亦善丹青。尝自写其容，数笔立就，自赞云："千古蓬头赤脚，一生伏气餐霞。笑指武夷山下，白云深处吾家。"又题云："神府雷霆吏，琼山白玉蟾。本来真面目，水墨写缃缣。"其丰神峻拔，行诸阶法，雷印佩于肘间，祈禳则有异应。尝过鄱阳湖，值日暮，篙师议泊舟，玉蟾剪纸月嘘于樯，皎然达旦，前行无阻。朝廷知之，遣使至武夷，已为陈翠虚引往霍童，谒石紫虚、薛紫贤二师。甚喜，相与讲研丹旨，玉蟾爰闻重安炉鼎、再立乾坤之旨，又进一层，不胜欣喜。是秋闰月，作书谢紫阳、翠虚（复号称鹤奴，八十三岁，尚是童颜。）。自此随处游行，济人度世。

是冬，陈泥丸归惠州，浩然叹曰："帝王将相，皆有尽期，吾何久住于世！"时玉蟾、蛰虚同至，翠虚邀登罗浮观日。夜半，即现金霞光彩，太阳旋出，洵为巨观。翠虚归而端坐，作颂曰："顶上雷声霹雳，混元落地无踪。今朝得路便去，骑个无角火龙。"遂尸解。徒众议葬山南，明日已化泥丸十二，弟子不敢埋，陈露于净处，后遇病者，刮服悉愈（有《翠虚悟道集》行世）。

蛰虚因婴儿离母之故，欲到青城山省觐，乃居支提兹来渠。玉蟾留连未几，东游于杭。帝征至，对御称旨，命馆太乙宫。尝与众泛舟西湖，酒酣坠水，舟人惊呼援溺，玉蟾出水面摇手止之而没，复见于海丰县矣。后至姑苏，咏梅未竟，值泥丸至，邀之去。诏封海琼紫清明道真人。其至武夷时，俗流未之识，与言不合。独山南詹琰夫异之，乃重建止止庵，欲延以居，真人为之作记，以游兴未竟，许其再来，而所期之言果践（今三仰峰、九曲溪头等处，真人丹基犹存。）。万年宫道士施宗时幸蒙甄录，授以九灵飞步章奏，及太上紫枢玉晨洞阳飞符梵音炼科与五雷秘法，乃亲为陈过忏谢，表奏天庭。真人召众话别，坐而尸解，顶升一鹤，冲空而逝。

平生未尝着意著作，而应酬题咏，积久甚富，旧编散佚。其高弟彭耜，纂辑四十卷，并撰其《事实》（有《武夷》《上清》《玉清》等集，《指玄篇》《乌兔经》《钩锁连环经》《法渊秘宝》诸书，以发明道法。）。

岁余白紫清（玉蟾）来晤曰："曩于广野，闻姑苏徐姓医家将作史仙，在元末往访，遇其宗人，同业而向善。因留居六年，南极会上，始识二仙之容，欲观著述叩包山。适太史西游，其诸郎君延入登华藏检阅一月，归途进谒不恭。"完璞曰："蒙师先施未瞻，知止为罪。"紫清曰："近居闽县东山榴花洞，以其下通武夷第四曲溪也。"叙数日，别去（唐永泰中，樵者蓝超逐一白鹿，渡入石门，有鸡犬人烟。一翁谓曰："此道秦地也，留卿可乎？"超答曰："欲与亲旧诀乃来。"翁与榴花一枝而出，再往则迷矣。）。

吴城卧龙街南徐药铺，有佣工者，为供截药凡五载。忽一日抱徐之幼子出，逾时归。徐询之，庸佣："曾往福建。"徐不信。佣向儿袖取鲜荔枝果圆出，曰："此地所无，聊取共尝。"徐骇问儿，儿曰："佣抱我以手按吾面，闻轰轰声。少顷放手,身在树下摘果。"徐意入闽,遥隔数千里,安能片时回还。傭曰:"实非凡辈,为有夙缘,故来暂寓,今缘尽矣。将去,故少露吾迹。"徐唤为真仙,合门罗拜,求赐福以贻子孙。仙曰:"当为君择墓邻舍。"惟刘、盛两家深信,亦来求之。徐云:"无他望,止来世守医业。"盛云:"但求子孙平安耳。"刘云:"累代读书,其后愿得贵荫。"仙各如其请,为之择地。盛于黄山,徐、刘虎邱。独谓刘曰:"君家七世积德,当解元头、状元尾。"点穴毕,即辞去。众请留名,始晓之曰:"白玉蟾。"(迄今徐之世业不替,盛之族丁殆将千计,间有发于乡场者。刘之子在元为榷茶提单,其子政登建文乙卯科解元,为方正学门人,几及于难。政子行戊戌进士,凡十二世,科甲为吴门鼎族。)

按以人纪仙,只得其居世灵异之迹;以仙纪仙,始详其生平学道之真。并其既仙之后,出没隐显者,亦非仙莫志也。故摘仙史三条,以入本集,使后人得以考云。

滇西弟子彭翥竹林谨识。

——出同治本《白真人集》卷一[①]。

36.《崇仁县志·白玉蟾》

白玉蟾,字如晦,本葛长庚也。世为闽人,以祖任琼州之日生,因号海琼子。修道武彝,游临川,居笔架山三十载,来邑景云观聚徒授书,好吟咏,作《华盖山赋》。又尝露元机于溺器内,取酒作桂花香,连日不断,众诧异。私尾之幻为癞丐,踞塘边洗盂,后值洪水骤涨,置伞水面,乘之而去,今其地有桥名"登仙桥"[②]。嘉定初征入太乙宫,一日不知所往,诏封紫清明道真人。

按《通志》载:绍定己未冬解化,赐号养素真人。查绍定无己未年号,恐误。

——出清·《崇仁县志》卷十。

---

① 按:此则传记,系彭竹林摘取自清康熙年间徐道编著《历代神仙通鉴》卷二十、卷二十二而成。

② 按:据道光元年(1821年)《崇仁县志》卷四记载:"登仙桥,在珠溪白玉蟾飞升处,余仕济建。"

附录二　书帖真迹

紫清道人书华阳《真诰》

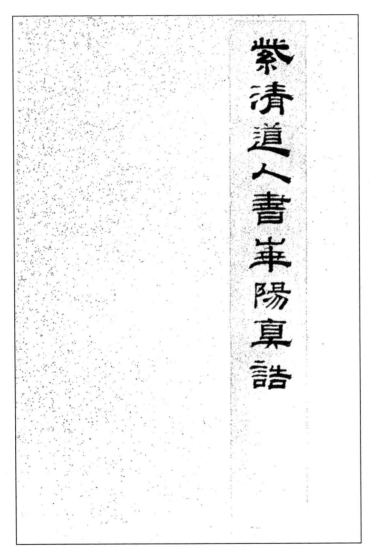

释文：紫清道人书华阳《真诰》。

華陽隱居告諭

清虛真人云：栉頭理發，欲得遍多。

君妄者德之病，華衡身之灾，滯者失之首，耻者體之簫，此難可以問道。

南嶽夫人曰：言者，性命之全敗也；信者，得失之關鍵也。

守真一篤者，一年使頭不白，禿發更生。內接兒孫，以根業自覉，外綜王事，朋友之交，耳目广用，声气杂役，此道之不专，行事亦无益。夫真才例多隐逸，栖身林岭之中，远人间而抱淡，则必婴颜而玄发。

火枣交梨之树，已生君心也，心中犹有荆棘相杂，是以二树不相见。不审可剪荆棘出，此树单生，其实几好也。

西城真人云：神为度形舟，薄岸当别去。徘徊生死轮，但苦心犹豫。

紫薇夫人歌：褰裳济绿河，遂见扶桑公。高会大林墟，寝宴玄华宫。信道苟淳笃，何不栖东峰。

右英吟曰：有心许斧子，言当采五芝。芝草不必得，汝亦不能来。

琼丹一御，九华三飞，云液晨酣，流黄徘徊，仰咽金浆玉蕤，改容于三阴之馆，童颜于九炼之户。

老君者，太上之弟子。年七岁知长生之要，是为太极真人。有四真人，老君处其左，佩神虎之符，带流金铃，紫毛之节，巾金精之巾。

中山刘伟道学仙十二年，仙人试之，以石重十万巾，一白发悬之，使伟道卧其下，伟道心安体悦，卧其下十二年。仙人遂赐神丹，白日升天。

为道者当令三关常调。三关者：口为心官，足为地关，手为人关。调为五藏安，而举身无病。

欲使心正，常以日出三丈，错手着两眉上，以日当心，心中间暖则心正矣。昔姜伯行道采药，值仙人。仙人使平倚日中，其影偏。仙人云：子笃志学仙，不知心不正之为失。因教以此，遂得道。

喜怒损志，哀戚损性，荣华惑德，阴阳竭精，学道之人大忌也。

食慎勿多，多则生病。饱慎勿便卧，卧则心荡。心荡多失性，食多生病，则药不行。

式规之法，使人目明。常以甲子取东流清水，合真丹以洗目。

欲为道，口常吐死气、取生气，慎笑节语，常思其形。

青童君曰人之為道能援愛欲之根者如掇懸珠一掇之會有盡時

稍去外惡會有盡

太上曰行道如磨鏡垢去明存即自見形

斷六情守空呼見道之真亦知宿命矣又

曰念道行道信道遂得信根其福無量

學道之心如憶朝食未有不得者也惜氣如

惜面目未有不全者也

　　青童君曰：人之为道，能拔爱欲之根者，如掇悬珠，一掇之，会有尽时；稍去外恶，会有尽时，尽则得道矣。

　　太上曰：行道如磨镜，垢去明存，即自见形。断六情，守空呼，见道之真，亦知宿命矣。又曰：念道、行道、信道，遂得信根，其福无量。

　　学道之心，如忆朝食，未有不得者也。惜气如惜面目，未有不全者也。

人随俗求名，譬如烧香，众人皆闻其芳，不知薰以自燔，燔尽则气灭，名立则身绝。

《太素经》曰：一面之上，两手常摩拭使热，合人光，皱班不生。先摩两手令热，以拭两目。又顺手摩发理栉之状，两臂更互以手摩之，发不白，脉不浮外。

《消魔经》云：若体中不宁，当反舌塞喉，漱满咽液亦无数，体中自觉宽软。耳欲数按抑，令人聪彻，所谓营治城郭，名书皇籍。鼻亦欲得按其左右，令人气平，所谓灌溉中岳，名书帝箓。

《经》曰：坐常欲闭目内观，存见五藏肠胃，朝夕行之，自得分明了了。

夜卧觉，叩齿九过，以手按鼻，以左右上下数十过。

《栉发咒》云：泥丸玄华，保精长存。左为

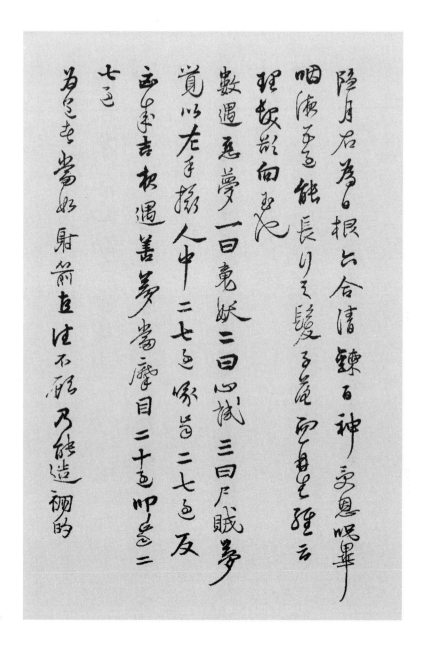

隐月，右为日根。六合清炼，百神受恩。咒毕，咽液三过。能常行之，发不落而再生。《经》云：理发欲向王地。

数遇恶梦，一曰魄妖，二曰心试，三曰尸贼。梦觉，以左手摄人中二七过，琢齿二七过，反凶成吉。夜遇善梦，当摩目二十过，叩齿二七过。

为道者当如射箭，直往不顾，乃能得造褦的。

人卧床当令高，高则地气不及，鬼吹不干。鬼气侵人，常依地而逆上耳。

八节之日，当谋善事，不可忿争喜怒，及行威刑。

学生之法，不可泪泣及多唾泄。是以真人常吐纳咽沫，以和六液。

甲寅庚申，是尸鬼竞乱、精神躁秽之日，夫妇不可同席，当清斋不寝。

凡五卯

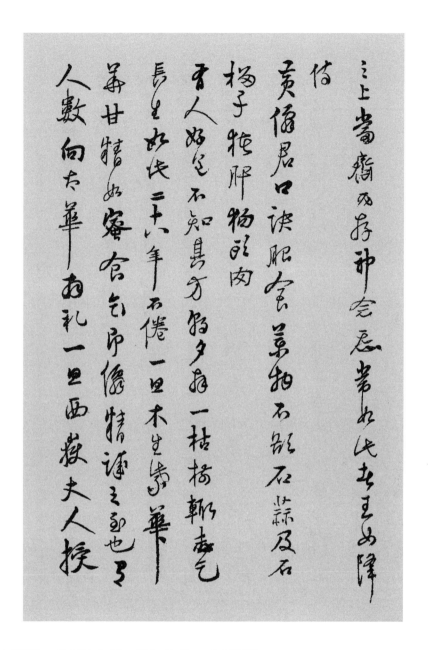

之上当斋，必存神念炁。常如此者，玉女降侍。

黄仙君口诀：服食药物，不欲石蒜及石榴子、猪肝、狗头肉。

有人好道，不知其方，朝夕拜一枯树，辄云："乞长生。"如此二十八年不倦。一旦木生紫华，华甘精如蜜，食乞即仙，精诚之至也。有人数向太华为礼，一旦西岳丈人授

附
卷

· 783 ·

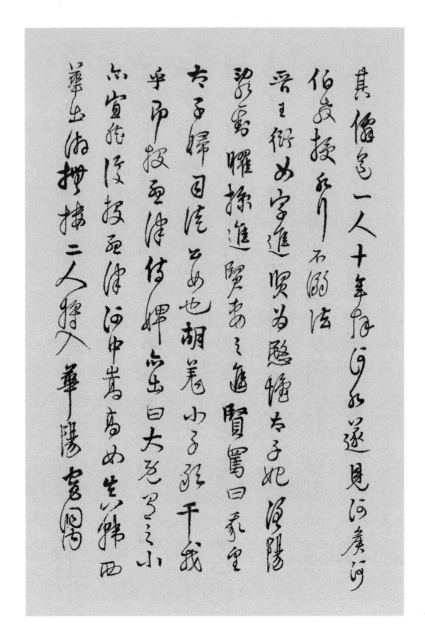

其仙道。一人十年拜河水，遂见河侯、河伯，教授水行不溺法。

　　晋王衍女，字进贤，为愍怀太子妃。洛阳乱，刘曜掠进贤，妻之。进贤骂曰："我皇太子妇，司徒公女也，胡羌小子，敢干我乎？"即投孟津。侍婢亦出曰："大既有之，小亦宜然。"复投孟津河中。嵩高女真韩西华出游，抚接二人，将入华阳宫洞内。

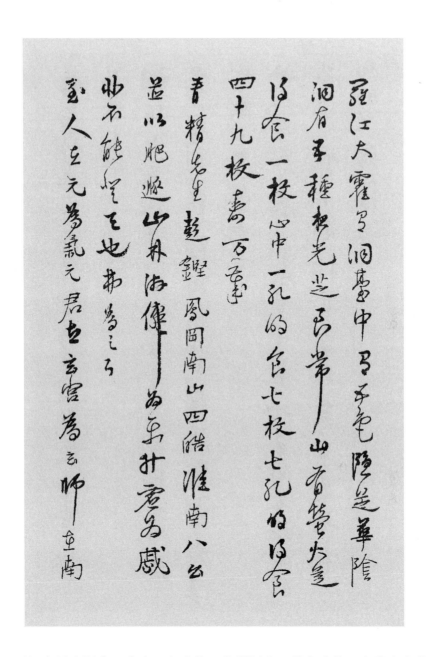

罗江大霍有洞台，中有五色隐芝。华阴洞有五种夜光芝。良常山有萤火芝，得食一枚，心中一孔明；食七枚，七孔明；得食四十九枚，寿万年。

青精先生、彭铿、凤冈、南山四皓、淮南八公，并以肥遁山林，游仙为乐，升虚为戚，非不能登天也，弗为之耳。

至人在元为气元君，在玄宫为玄师，在南

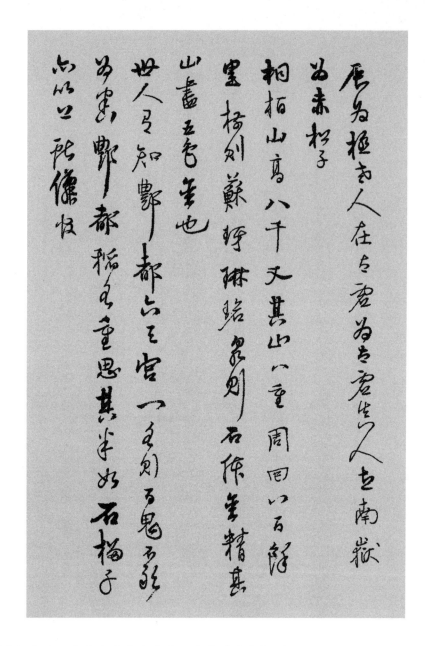

辰为极老人，在太虚为太虚真人，在南岳为赤松子。

桐柏山高八千丈，其山八重，周回八百余里。树则苏玝琳碧，泉则石体金精，其山尽五色金也。

世人有知酆都六天宫一名，则百鬼不敢为害。

酆都稻，名重思，其米如石榴子，亦以上献仙官。

鬼官君北斗君，乃道家七辰北斗之考官。此鬼一官，又肄北星精，上属北晨玉君。天上北斗有所司察，故鬼官亦置此职。

武王发，今为北君。夏启为东明公，领斗君师；友王为西明公，领北帝师；召公奭，为南明公；吴季礼，为北明公。四明公有宾友四人，此四公后并当升仙阶。四明主领四方鬼。

北斗君天亭长，今是臧洪。纪善与虞潭更

直一日守天門殷浩侍帝宸与何
温太真為監海一國伯取杜預為長史
人卧室宇當令洁盛則受靈氣不盛則受
故氣、乱人室宇者所為不成所作不立一
身亦當洗浴澡洁故氣者鬼神尘浊不正
之氣也
侍帝宸有八人李廣王嘉何晏等如
世之侍中

直，一日守天门。殷浩侍帝宸，与何晏对。温太真为监海一国伯，取杜预为长史。

人卧室宇，当令洁盛，则受灵气，不盛则受故气。故气乱人室宇者，所为不成，所作不立。一身亦当洗浴澡洁。故气者，鬼神尘浊不正之气也。

侍帝宸有八人：李广、王嘉、何晏等，如世之侍中。

魏武帝为北君太傅。

孙策、汉高祖、晋皇帝、荀彧为四明宾友。

史元规为北太常中卫大将，以华歆为司马。所谓军公也，领鬼兵数千人。

孔文举为后中卫大将军。

陶侃为西河侯，求胜含自代，未许。

王逸少有事，系禁中已五年，云事已散。

至孝之人，既终，皆为地下主者。一百四十年受

八僧之教，授以大色澌補僧寂比干今在
戎山李善去少室得比变鍊去甚多矣
此二人為標耳

至貞去紛華不能散其正氣男言之務
光之行女言之宋金潭女是也

齊桓公為三官都禁郎主生死簡錄晉
文公為水官司命此等名位是三官之僚
無預真僊家事

下仙之教，授以大道，渐补仙官。比干今在戎山，李善在少室。得此变炼者甚多，举此二人为标耳。

至贞者，纷华不能散其正气。男言之，务光之行；女言之，宋金潭女是也。

齐桓公为三官都禁郎，主生死简录。晋文公为水官司命。此等名位是三官之僚，无预真仙家事。

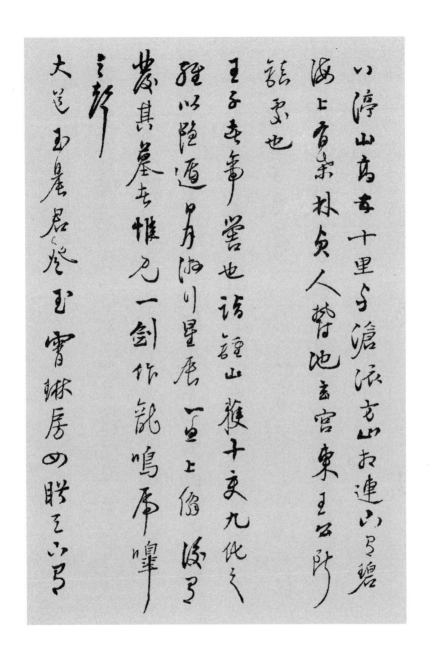

八淳山高五十里，与沧浪、方山相连，下有碧海，上有桑林贞人郁池玄宫，东王公所镇处也。

王子者，帝喾也。诣钟山，获《十变九化》之经，以隐遁日月，游行星辰。一旦上仙，后有发其墓者，惟见一剑作龙鸣虎啸之声。

大道玉晨君，登玉霄琳房，四眄天下有

志节远游之心者。

　　学生之道，当先治病，不使体有虚邪及血少脑减。有道士王仲甫，吸引二景湌霞四十余年，都不觉益。其子亦服之一十八年，白日升天。南岳真人降而教仲甫云：子身有大病，脑宫亏，筋液不注，虽接景湌霞，未为身益。仲甫因服药治病，兼修其事，后亦升天。

老子拔白日　正月四日　二月八日　三月十一　四
十六　五月二十　六月二十四　七月二十八　八月
十九　九月十六　十月十三　十一月十日　十二月
七日　上帝殺害日　百事不宜　正月庚申　二月辛
酉　三月庚戌　四月癸亥　五月壬子　六月癸丑
七月甲寅　八月乙卯　九月甲辰　十月丁巳
十一月丙午　十二月丁未
要如浮芒　居舍真臺　童男得道者　居

　　老子拔白日：正月四日、二月八日、三月十一、四月十六、五月二十、
六月二十四、七月二十八、八月十九、九月十六、十月十三、十一月十日、
十二月七日。上帝杀害日，百事不宜：正月庚申、二月辛酉、三月庚戌、四
月癸亥、五月壬子、六月癸丑、七月甲寅、八月乙卯、九月甲辰、十月丁
巳、十一月丙午、十二月丁未。

　　处女得道者，居含真台；童男得道者，居

箫台堂。

凝心虚形，抱玄念神，专守真贞一，则发不白，秃更鬓。

断谷入山，当煮白石。昔白石子者，以石为粮，世号白石先生。

嘉定壬申上元日琼山道人录。

宋葛长庚足轩铭①

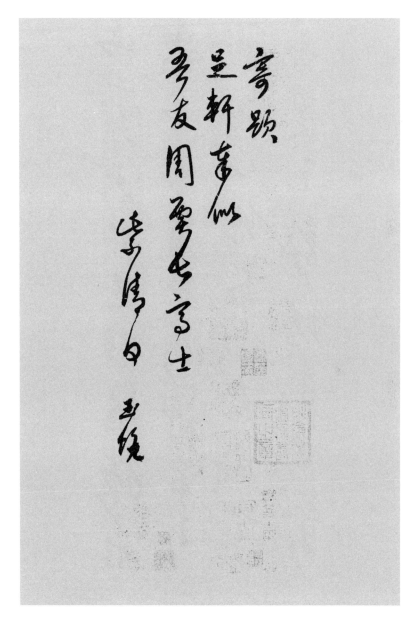

释文：寄题足轩，奉似吾友周贾长高士。紫清白玉蟾。

---

① 原件藏故宫博物院，据紫禁城出版社《宋葛长庚草书足轩铭》。

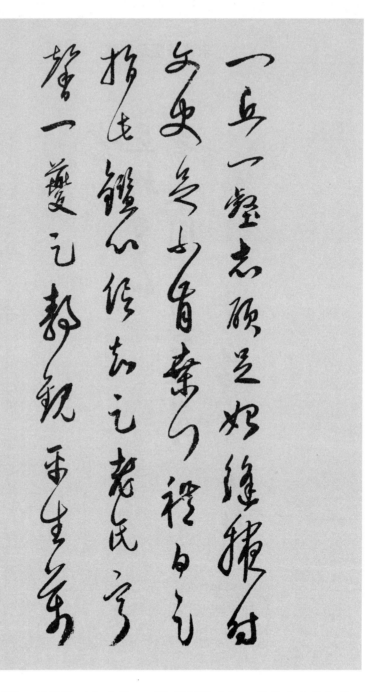

一丘一壑志愿足，始缝掖时文史足。不肯桑行礼自足，指此鉴心信知足。老氏宁馨一夔足，静观平生万

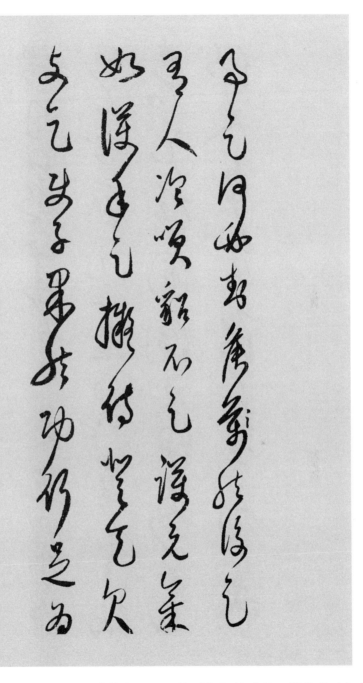

事足。何必封侯然后足，有人冷笑貌不足。护元气如护手足，拟待登天欠支

足。使子果然功行足，为

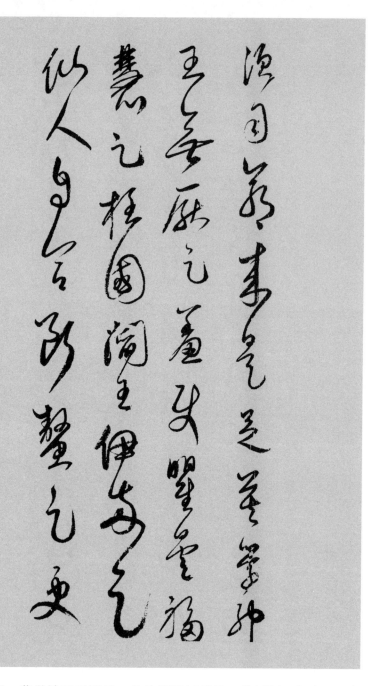

须司命来是足。莫学神王无厌足，羞使瞿昙福慧足。柱国阁王伊多足，仙人自合断鳌足。更

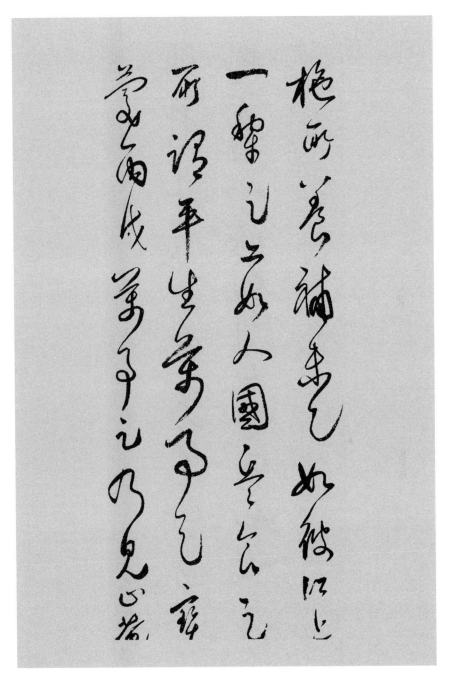

施所养补未足，如彼江上一犁足。亦如人国兵食足，所谓平生万事足。宝庆
丙戌万事足，乃见止庵

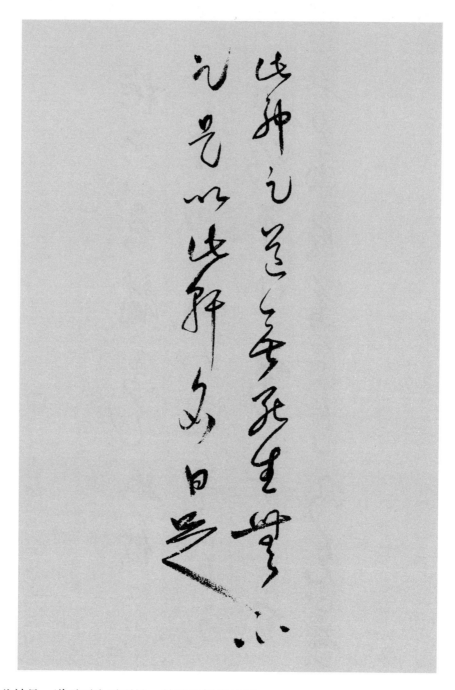

此神足。道无死生无不足，是以此轩名曰足。

与宝谟郎中①

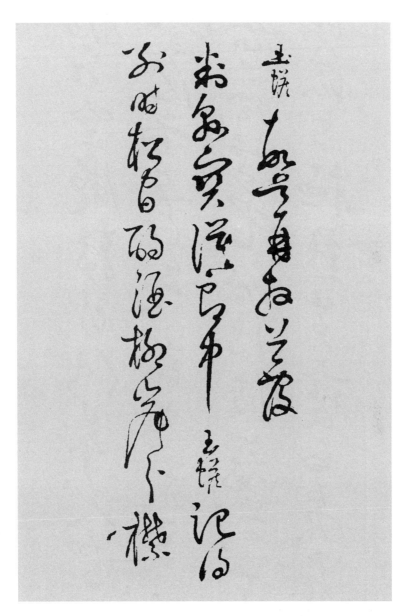

释文：玉蟾顿首再拜，上覆判县宝谟郎中：玉蟾记得别去时，松间酌酒，柳岸分襟。

---

① 收入清毕裕曾编次、毕沅审定《经训堂法书》卷四。

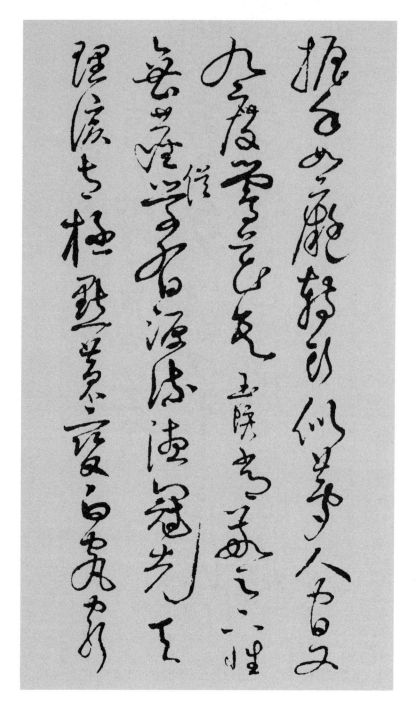

握手如痴，转头似梦，人间又九度莺花矣。玉蟾常敬足性下无尘俗，学有源流，德冠先天，理赅太极。点黄变白，穷究

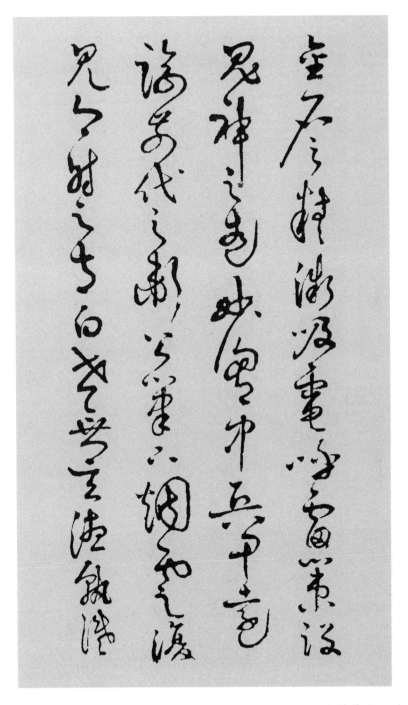

金石之精微；吸电呼雷，策设鬼神之造妙。胸中兵甲，远逾前代之卫公；笔下烟云，复见今时之太白。世无玄德，孰识

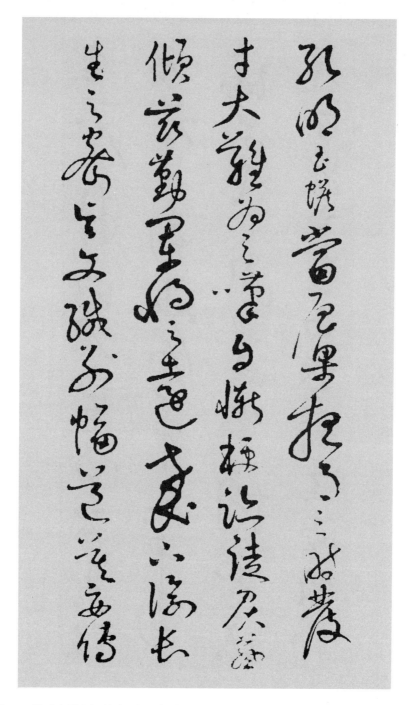

孔明？玉蟾当屋梁夜月之时，发才大难为之叹。自惭梗迹，徒负葵倾。兹勤军将之远来，下谕长生之密旨。文缄别幅，道莫妄传。

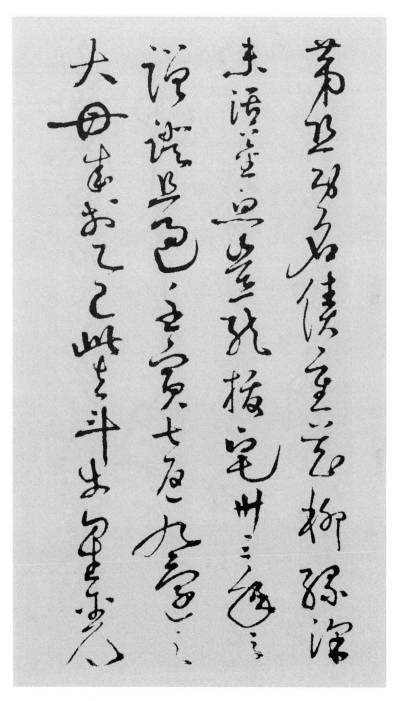

第恐功名债重，花柳缘深，未话养鱼，岂能拔宅。三十三年之蹭蹬，且过壬寅；七返九还之大丹，成于乙巳。此去斗牛星里，

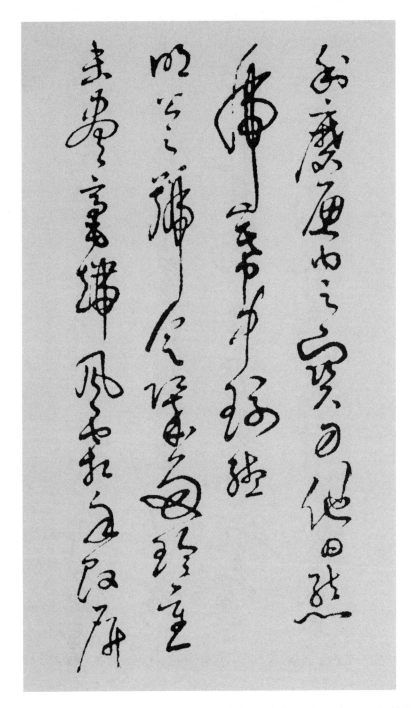

利磨匣内之宝刀；他日熊虎幕中，环听明公之号令。几多珍重，未尽毫端。
风云手段，屏

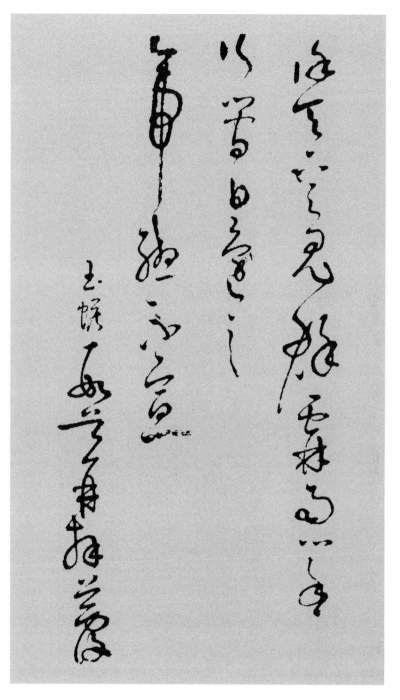

除天下之鬼群；霖雨心胸，行简日边之帝听。不宣。玉蟾顿首再拜上覆。

奉题仙庐峰六咏 ①

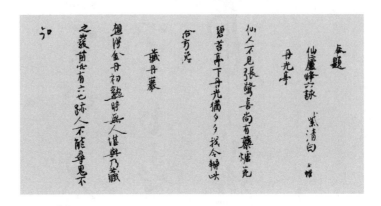

释文：奉题仙庐峰六咏，紫清白玉蟾。

丹光亭。仙人不见张惊喜，尚有药炉荒碧苔。亭下丹光犹夕夕，我今办此恰方才。

藏丹岩。想得金丹初熟时，无人堪与乃藏之。岩前穴有六七迹，人不能寻鬼不知。

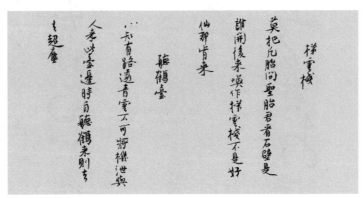

梯云栈：莫把凡胎问圣胎，君看石壁是谁开。后来唤作梯云栈，不是好仙那肯来。

听鹤台：心知有路透青云，不可将机泄与人。来此台边时自听，鹤来则去去超尘。

---

① 原件藏上海博物馆，珍藏纸本《行书仙庐峰六咏卷》。

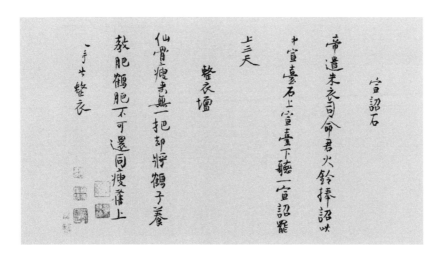

宣诏石：帝遣朱衣司命君，火铃捧诏此中宣。台石上宣台下听，一宣诏罢上三天。

整衣坛：仙骨瘦来无一把，却将鹤子养教肥。鹤肥不可还同瘦，旧上天时此整衣。

天朗气清诗 [1]

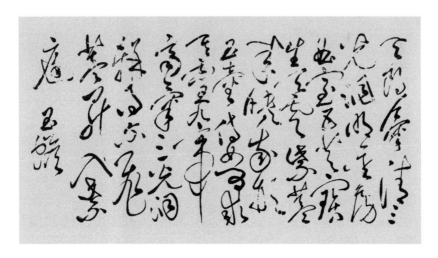

释文：天朗气清，三光洞明。金房曲室，五芝宝生。天云紫盖，来映我形。玉童侍女，为求其灵。九帝齐气，三光洞軿，得尔飞盖，升入紫庭。玉蟾。

---

[1] 原件藏台北故宫博物院，末署名"玉蟾"，诗非白玉蟾所作，系其手书。